Ada ou l'ardeur

Nabokov a trop de considération envers la littérature pour accepter qu'elle soit le fief des seuls écrivains dits sérieux. Les grands sentiments, les élans profonds du cœur, les perspectives sociales l'ennuient. Lui, le prudent, le sceptique, le perfectionniste, le scrupuleux, travaille dans la dérision, l'euphémisme, le détour. Jamais il n'attaque de front. Sa technique, c'est l'encerclement. Il vous enrobe, vous manipule, vous emporte, et vous voilà affolé jusqu'à la griserie, étourdi jusqu'au vertige.

La réalité se dérobe parce qu'il sape la réalité. Les repères sont minés, soufflés. Avec une vitalité surhumaine, celle du désespéré, il se lance dans l'absurde, provoque les événements, détruit les images, casse le récit, désarticule les mots. Il vous exile de vos terres familières et vous voilà expulsé, comme lui, du pays natal. « Je ne suis ni « sincère », ni « provocant »; je n'ai pas l'humeur « satirique »; je ne suis ni « didactique » ni, non plus, « allégorique »; la politique, l'économie, la bombe atomique, les formes d'art abstrait ou primitif, l'Orient tout entier, les symptômes d'un dégel en Union Soviétique, le futur de l'humanité et autres thèmes à la mode ne m'inspirent que de l'indifférence. »

Nabokov aime le trait subtil, l'ironie mordante, l'image qui étincelle et s'illumine dans les esprits comme autant de flammes insolites et insolentes. Il nous dévoile à travers ces éclats un autre monde de tendresse, de luminosité, d'étrangeté. « Une spirale de couleur dans une bille de verre, voilà comment je vois ma vie », écrit-il dans *Autres rivages,* son autobiographie, en 1951. Ces fluorescences de couleurs emprisonnées dans le verre renvoient aussi à son œuvre. Au travers des fantasmes de Nabokov, le lecteur a l'impression de vivre dans une galerie de miroirs. Il découvre le pouvoir hallucinant de l'enfance, des paysages, du « dernier été russe », du premier amour — qu'il se nomme Katia, Lolita ou Ada. Les volutes irisées de la bille de verre tournent toujours plus vite dans notre mémoire, nous projetant très loin dans l'univers de la déraison, de l'irrationnel, de la folie.

Le chant de Nabokov est un chant baroque. Il est l'écrivain de l'ornement, du sens multiple, des opacités sémantiques, des intuitions sensibles, des artifices élevés au rang d'œuvre d'art. Tout est une question de style, même la mort !

La vision d'Ada, dans *Ada ou l'ardeur,* de la blancheur de son corps d'adolescente, de ses courbes gracieuses, de sa crinière de jais, évoque nettement l'innocence et l'érotisme magique. Et, vieillard, au milieu du XXe siècle, Van, quatre-vingts ans plus tard, se souvient de cette cousine-sœur qui fut son premier amour. Il se plaît à retracer ce « premier été d'amoureux non comme un rêve qu'il

(Suite au verso.)

n'eût fait que rêver mais comme une récapitulation de la conscience qui l'aidait à vivre pendant les petites heures grises qui séparaient un sommeil fragile du premier comprimé de la journée ». Elle a douze ans, lui en a quatorze et le château d'Ardis voit disparaître la virginité d'Ada dans les jeux tumultueux auxquels ils se livrent. Jeux incestueux et ardents pratiqués avec euphorie, allégresse pure et bonheur. L'enfance et l'amour sont indissolubles et inféconds. Seul, sortant lentement de sa torpeur, l'érotisme se développe et monte jusqu'à l'exacerbation. A 97 ans, Van achève sa « Chronique familiale » et la cinquième partie du volume devient la véritable introduction à son Ada : « 97% de vérité et 3% de vraisemblance », tel en est le bilan.

Ada ou l'ardeur paraît en 1969. L'ultime étape d'un long parcours a conduit l'écrivain en Suisse. Retiré au Palace Hôtel de Montreux, c'est là aussi qu'il compose *Ada* considéré comme son chef-d'œuvre. C'est là aussi qu'il mourra, à la suite d'une mystérieuse maladie, le 2 juillet 1977.

Soixante-dix-huit ans plus tôt naît à Saint-Pétersbourg, en avril 1899, Vladimir Nabokov. Sa famille est aristocrate, cultivée et libérale. Très vite l'adolescent parle couramment le russe, le français, l'anglais, l'allemand. Très vite il découvre la littérature, les échecs et les papillons. Très vite il se met à écrire des poèmes mais très vite aussi, la révolution venue il doit quitter la Russie avec sa famille. De Cambridge où il termine ses études, il se retrouve à Berlin, à Paris, aux Etats-Unis. En 1945, il se fait naturaliser américain. Les papillons le passionnent toujours. Au musée de zoologie de Harvard, où on lui offre un poste de chercheur, il découvre deux espèces de papillons dont l'une porte son nom. Il a déjà publié des recueils de poèmes, des romans : *Roi, Dame, Valet, Chambre obscure,* mais en 1941, pour la première fois il publie des livres écrits directement en anglais : *La vraie vie de Sébastien Knight, Tournant dangereux* et surtout *Lolita* en 1958 qui le rend enfin célèbre dans le monde entier. Il traduit lui-même plusieurs de ses livres écrits en russe : *Invitation au supplice, Le Don, Feu pâle.* Il poursuit une quadruple carrière. Il enseigne la littérature russe à l'université, traduit en anglais les classiques russes et ses propres œuvres d'avant-guerre, poursuit ses recherches d'entomologie et écrit ses romans. Paraissent *La Défense Loujine* qui illustre son art de conteur et son obsession des échecs, *Pnine* et enfin *Ada ou l'ardeur*.

Et cette fabuleuse Ada, fraîche et tendre, aussi futée que son créateur, partage avec lui son goût pour les papillons, les chenilles, les larves, avec toute l'inconvenance et l'obstination d'une fillette troublée par Proust, Rimbaud, Chateaubriand, autant que par son beau cousin.

« Ada, dit Nabokov, une gamine vraiment exceptionnelle ! »

Nicole Chardaire

VLADIMIR NABOKOV

Ada
ou
l'Ardeur

TRADUIT DE L'ANGLAIS PAR GILLES CHAHINE
AVEC LA COLLABORATION DE JEAN-BERNARD BLANDENIER,
TRADUCTION REVUE PAR L'AUTEUR

FAYARD

Cet ouvrage est la traduction intégrale du livre de langue anglaise
ADA OR ARDOR
A Family Chronicle
édité par McGraw-Hill International, Inc.

CHRONIQUE FAMILIALE

A Véra

ARBRE GÉNÉALOGIQUE

Prince Vseslav Zemski
[1699-1797]

m. 17

Peter
[1772-1832]

m. 1824

Mary O'Reilly
[1806-1850]

Daria (Dolly)
[1825-1870]

m. 1840

Ivan Dourmanov
[1801-1872]

Ivan
[1842-1862]

Marina
[1844-1900]

m. 1871

Daniel Veen

Aqua
[1844-1883]

m. 1869

Dementiï Veen

Princesse Sofia Temnosinii
[1755-1809]

Olga
[1773-1814]

m. 1793

Erasmus Veen
[1760-1852]

Dedalus
[1799-1883]

m. 1837

Comtesse Irina Garine
[1820-1838]

Ardelion
[1800-1848]

m.

Mary Trumbell
[?-1849]

Dementiï (Démon)
[1838-1905]

m. 1869

Aqua Dourmanov

Daniel
[1838-1893]

m. 1871

Marina Dourmanov

Ivan (Van)
[1870-]

Adelaida (Ada)
[1872-]

m. 1893

Andreï Vinelander
[1865-1922]

Lucinda [Lucette]
[1876-1901]

A l'exception de Mr. et Mrs. Ronald Oranger,
quelques personnages secondaires
et quelques citoyens non américains, toutes les personnes dont le nom figure dans ce livre sont mortes.

[Ed.]

PREMIÈRE PARTIE

CHAPITRE PREMIER

« TOUTES les familles heureuses sont plus ou moins différentes, toutes les familles malheureuses se ressemblent plus ou moins. » Cette déclaration placée par un grand auteur russe en tête d'un célèbre roman (*Anna Arkadievitch Karenina,* transfiguré en anglais par R.G. Stonelower, Mount Tabor Press, 1880) n'a qu'un rapport fort éloigné avec le récit auquel nous convions notre lecteur et dont la première partie s'apparente sans doute davantage à un autre ouvrage de Tolstoï, *Detstvo i Otrotchestvo* (*Enfance et Patrie,* Editions Ponce, 1858).

La grand-mère maternelle de Van, Daria (« Dolly ») Dourmanov, était fille du prince Peter Zemski, gouverneur du Bras d'Or, province américaine située dans le nord-est de notre grande et diversiforme patrie. Le prince Zemski avait épousé une Irlandaise du grand monde, Mary O'Reilly. Leur fille unique, Dolly, conçue et enfantée à Bras, épousa en 1840, à l'âge tendre et fantasque de quinze ans, le général Ivan Dourmanov, commandant de la forteresse de Yukon, et gentilhomme campagnard d'humeur paisible. Il possédait des terres dans les Severn Tories (Severnyïa Territorii), ce protectorat échiqueté qu'on se plaît à appeler encore l'Estotie « russe » et qui se confond, organiquement et granoblastiquement, avec cette Canadie « russe » (ou Estotie

« française ») dont la population, composée non seulement de colons français mais encore de Macédoniens et de Bavarois, jouit toute l'année, sous les étoiles de notre bannière, d'un climat uniformément alcyonien.

Pourtant, le séjour favori des Dourmanov était leur domaine de Radouga, situé près du bourg du même nom sur le volet atlantique du polyptique continental, entre l'élégante Kalouga, New Cheshire, U.S.A., et la non moins élégante Ladoga, Maine, où se trouvait la résidence citadine des Dourmanov et où étaient nés leurs trois enfants, un fils mort jeune et célèbre et des jumelles peu commodes. Dolly avait reçu en partage la beauté et le tempérament de sa mère en même temps qu'une tendance ancestrale aux bizarreries d'un goût souvent déplorable. Les prénoms dont elle dota ses filles, Aqua et Marina, en sont un bon exemple. « Pourquoi pas Tofana ? », demandait avec un rire de ventre contenu l'excellent général (qui portait gaillardement ses dix cors) — boutade suivie et conclue par une petite toux faussement désinvolte; le général redoutait les éclats de son épouse.

Le 23 avril 1869, dans une Kalouga verte et voilée d'une petite pluie tiède, Aqua, âgée de vingt-cinq printemps et affligée de son habituelle migraine printanière, épousa Walter D. Veen, banquier de Manhattan issu d'une vieille famille anglo-irlandaise. Il avait été longtemps l'amant de Marina et devait bientôt le redevenir, au moins de façon intermittente. Marina, de son côté, épousa un certain jour de 1871 le cousin germain de son premier amant, un autre Walter D. Veen, non moins fortuné mais bien moins amusant.

Le D. qui figure dans le nom du mari d'Aqua est le substitut de Démon (forme de Demian ou de Dementius). C'est ainsi qu'on l'appelait dans la famille. Dans le monde, on le désignait le plus souvent sous le nom de Raven Veen ou simplement Walter le Brun pour le distinguer du mari de Marina, Walter Dourak ou simplement Veen le Roux. Démon avait une double marotte : il collectionnait les vieux maîtres et les jeunes maîtresses. Il aimait aussi les calembours d'âge intermédiaire.

Daniel Veen descendait par sa mère de la tribu des Trumbell. On le trouvait toujours prêt à expliquer en détail (à moins qu'un pourfendeur de barbes ne l'obligeât à s'écarter du sujet) comment, au cours de l'histoire américaine, un « Bull » anglais était devenu « Bell » en Nouvelle-Angleterre. Sur ses vingt ans, il était tant bien que mal entré dans les affaires et devenu avec une hâte suspecte marchand de tableaux et d'objets d'art à Manhattan. Il n'avait à l'origine aucun goût particulier pour la peinture, aucune aptitude pour aucune forme de commerce, et la nécessité ne le pressait aucunement d'exposer aux cahots d'un « job » hasardeux la solide fortune que lui avait léguée une lignée de Veen infiniment plus compétents et plus entreprenants que lui. Il reconnaissait n'avoir pas de tendresse particulière pour la campagne et passait seulement quelques week-ends d'été, soigneusement réfugié sous l'ombrage, dans son splendide manoir d'Ardis, près de Ladore. Il n'était retourné que peu de fois depuis son enfance dans un autre domaine qu'il possédait, dans le Nord, sur les bords du lac Kitej, près de Louga, et qui contenait... autant dire qui consistait en une étendue d'eau, de forme curieusement rectangulaire pour un ouvrage où seule la nature avait part et que certaine perche dont le jeune Daniel chronométrait la course avait mis une demi-heure pour traverser en diagonale. Daniel Veen et son cousin, grand pêcheur au temps de sa jeunesse, en étaient conjointement les propriétaires.

La carrière érotique du pauvre Dan ne fut ni belle ni compliquée. Pourtant (qui sait comment cela se fit, car il oublia bientôt lui-même les circonstances précises de l'événement comme on oublie les mesures et le prix d'un pardessus coupé avec amour qu'on a porté de temps en temps pendant deux saisons), pourtant donc, il devint commodément amoureux de Marina dont il avait connu les parents alors qu'ils avaient encore leur maison de Radouga (vendue par la suite à Mr. Eliot, homme d'affaires juif). Un après-midi du printemps 1871, dans l'ascenseur montant du premier building de dix étages qu'on eût construit à Manhattan, il offrit à Marina de l'épouser. Sa proposition ayant été repoussée avec indignation au septième étage (rayon jouets), il redescendit seul et, pour aérer ses pensées, partit pour un triple périple autour du monde dans le sens rétro-Fogg, en reprenant chaque fois, tel un vivant parallèle, le même itinéraire que la fois précédente. Un jour de novembre 1871, comme il était occupé à faire ses plans pour la soirée en compagnie d'un cicerone en complet café au lait, homme charmant bien que d'odeur un peu forte dont il avait deux fois déjà loué les services au même hôtel, à Gênes, il reçut de son bureau de Manhattan un aérogramme de Marina (transmis avec une bonne semaine de retard par suite de l'inadvertance d'une secrétaire novice qui l'avait relégué dans un fichier étiqueté RE AMOR). Par ce pli urgent, porté sur un plateau d'argent, Dan apprit que Marina était prête à l'épouser dès son retour en Amérique.

Dans le grenier du château d'Ardis, sous un monceau de vieux papiers, dormait à l'abri du temps le supplément dominical d'un quotidien qui venait à peine d'ouvrir ses colonnes, en page amusante, aux héros depuis longtemps défunts de « Bonne Nuit les Petits » (Nicky et Pimpernelle, gentils trésors qui partageaient une étroite couchette). Selon ce témoin défraîchi, le mariage Veen-Dourmanov fut célébré le jour de la Sainte-Adélaïde de 1871. Quelque douze ans huit mois plus tard, deux enfants nus, l'un brun et l'une brune, lui le teint mat et hâlé, elle blanche comme le lait, penchés sur des cartons poussiéreux dans le rayon de soleil brûlant qui tombait obliquement de la lucarne, comparaient cette date (16 décembre 1871) avec une autre date (16 août, même année) anachroniquement scribouillée de la main de Marina dans le coin d'une photographie « officielle » qui figurait, encadrée de peluche framboise, sur le bureau-ministre de la bibliothèque de son époux — identique dans ses moindres détails (y compris l'inévitable fasiement du voile ectoplasmique de la mariée entortillé par le petit vent des parvis au pantalon rayé de l'époux) à la photographie du journal. Le 21 juillet 1872 une fille vint au monde au château d'Ardis, résidence de son père putatif; pour quelque obscure raison mnémonique, elle reçut le prénom d'Adélaïde. Le 3 janvier 1876, Marina donna le jour à une autre fille — cette fois la vraie fille de son père.

Outre ce fragment illustré de la *Gazette* (encore vivante mais légèrement gaga) *de Kalouga*, nos espiègles amis Nicolette et Pimpernot découvrirent dans la même mansarde une boîte métallique dont le mystérieux contenu, au dire de Kim le marmiton (on nous entendra mieux plus loin), consistait en une collection de microfilms d'une longueur prodigieuse que le globe-trotter de la famille avait rapportés de ses trois voyages autour du monde. Des bazars bizarres, des angelots peinturlurés, l'homoncule qui pisse, y reparaissaient à trois reprises dans différents registres du spectre héliochromique. Il va de soi qu'au moment où l'on s'apprête à fonder une famille, mieux vaut ne pas faire étalage de certaines scènes d'intérieur (comme ces groupes à Damas, où l'on reconnaissait à côté de Dan Veen son ami l'archéologue de l'Arkansas, qui ne desserrait jamais les dents de son cigare et portait la cicatrice d'une opération du foie, et les trois hétaïres obèses, et l'éjaculation prématurée du « geyser arkansassien » comme disait cocassement le troisième mâle de l'assemblée, un chic type britannique). Cependant, la plus grande partie du film, accompagnée de notes purement documentaires (qu'il retrouvait avec peine car les signets se perdaient ou n'étaient pas au bon endroit dans les guides éparpillés autour de lui), fut souvent projetée par Dan pour sa jeune épouse au cours de la lune de miel instructive qu'ils passèrent à Manhattan.

Pourtant, c'est d'une couche plus profonde du passé que les deux enfants exhumèrent la boîte de carton qui contenait leur plus belle trouvaille : un petit album à la couverture verte dans lequel Marina avait très proprement collé des fleurs cueillies par elle (ou obtenues de quelque autre façon) à Ex, villégiature montagnarde proche de Brig en Helvétie, où elle avait séjourné bien avant son mariage dans un chalet en location. Les vingt premières pages étaient remplies de toutes sortes de menues plantes récoltées au hasard en août 1869 sur les pentes herbeuses au-dessus du chalet, ou dans le parc de l'hôtel Florey ou bien encore dans le jardin du sanatorium voisin (« ma Nusshaus » comme l'appelait la pauvre Aqua — jouant sur « nuts » démence — tandis que Marina dans ses étiquettes de localités disait avec plus de réserve « le Home »). Ces feuillets préliminaires offraient pour le botaniste ou le psychologue un médiocre intérêt et les cinquante dernières pages étaient demeurées vierges; mais la partie centrale, caractérisée par une diminution sensible du nombre des spécimens, recelait un vrai petit mélodrame dont les spectres des fleurs défuntes étaient les interprètes. Les végétaux étaient collés sur les pages de droite, en regard figuraient les commentaires de Marina Dourmanoff (*sic*).

Ancolie bleue des Alpes, Ex-en-Valais, I.IX.69. Donnée par l'Anglais de l'hôtel. « Colombine alpine, couleur de vos yeux. »

Epervière auricule, 25.X.69, *ex horto doctoris*

Lapiner. Cueillie dans les murs de son jardin alpin.

Feuille d'or [ginkgo], tombée d'un livre, *La Vérité sur Terra*, que m'a donné Aqua avant de repartir pour le « Home », 14.XII.69.

Edelweiss artificiel apporté par ma nouvelle infirmière avec une note d'Aqua me disant qu'il provient de l'arbre de Noël « misérable et bizarre » qui orne le « Home ». 25.XII.69.

Pétale d'orchidée, une des 99 orchidées (s'il vous plaît) que j'ai reçues hier par Délivrance Spéciale (c'est bien le cas de le dire) de la Villa Armina, Alpes-Maritimes. Mis dix de côté pour Aqua, pour les lui faire porter à son « Home ». Ex-en-Valais, Suisse. « Il neige dans la boule de cristal du destin », comme il disait. Date effacée.

Gentiane de Koch, espèce rare, apportée par ce *lapotchka* (adorable) Lapiner de son « gentiarium muet », 5.I.1870.

Tache d'encre bleue en forme de fleur; pur accident ou rature embellie au crayon de feutre. *Compliquaria complicata*. Var. *aquamarina*. Ex, 15.I.1870.

Fleur imaginaire en papier trouvée dans le porte-monnaie d'Aqua. Ex, 16.II.1870 Confectionnée par un co-convalescent, au « Home » qui n'est plus le sien.

Gentiana verna (printanière). Ex, 28.III.1870. Sur la pelouse du chalet de mon infirmière. Dernière journée ici.

Les deux enfants, qui trouvèrent ce trésor écœurant autant que singulier, devaient commenter ainsi leur découverte :

« Ma conclusion tient en trois points », dit le petit garçon. « Marina qui n'était pas encore mariée, et sa sœur, qui l'était déjà, hivernaient dans mon lieu de naissance. Marina avait, pour ainsi dire, son propre docteur Krolik. Enfin les orchidées étaient envoyées par Démon qui préférait rester au bord de la mer, son arrière-grand-mère bleu foncé. »

« Et moi », dit la petite fille, « je puis ajouter que les pétales appartiennent au vulgaire orchis papilionacé; que ma mère était encore plus folle que sa sœur; et que la fleur en papier si cavalièrement dédaignée est la reproduction parfaitement reconnaissable d'une sanicle du premier printemps que j'ai vue foisonnant sur les montagnes côtières de la Californie, en février dernier. Notre naturaliste local, le docteur Krolik, auquel tu as fait allusion, Van, comme aurait pu le faire Jane Austen pour la rapidité du récit informatif (vous vous souvenez de Brown, n'est-ce pas, Smith ?) a identifié l'exemplaire que j'ai rapporté de Sacramento comme un Bear-Foot (Pied d'Ours), B,E,A,R, mon amour, et non pas B,A,R,E (nu) comme le sont mon pied et le tien et celui de la Jeune Stabienne, Semeuse de Fleurs — une allusion que ton père (qui selon Blanche est aussi le mien) saisirait comme ça » — (claquant les doigts à l'américaine). « Tu me sauras gré, continua-t-elle en l'enlaçant, de passer sous silence le nom scientifique de cette plante. Notons seulement que l'autre « pied » — le Pied de Lion provenant du pauvre petit mélèze de Noël — fut sûrement fabriqué par la même personne, un jeune Chinois au cerveau très malade venu d'un collège lointain, Barkley à San Francisco. »

« Bravo, Pompeianella ! Je soupçonne que tu as trouvé la Semeuse de Fleurs dans un des livres d'art de l'oncle Dan; quant à moi, je l'ai vue et admirée l'été dernier dans un musée de Naples. Ne crois-tu pas qu'il est temps de renfiler nos shorts et chemises pour redescendre et aller enterrer ou brûler cet herbier tout de suite, girl ? Ai-je raison ?

— Oui », répondit Ada. « Le mot d'ordre est : Détruire et Oublier. Mais tu sais nous avons encore une heure avant le thé. »

Revenons à l'épithète « bleu foncé », laissée en suspens.

Un ancien vice-roi d'Estotie, le prince Ivan Temnosinii, père de l'arrière-arrière-grand-mère des deux enfants, la princesse Sofia Zemski (1755-1809), et descendant en ligne directe des souverains de Iaroslavl' d'avant le règne des Tatars, portait un nom vieux de dix siècles qui voulait dire « bleu foncé » en russe. Quoique Van fût inaccessible aux émotions somptueuses de l'orgueil héraldique et ne se souciât guère des sots qui voient du snobisme aussi bien dans le culte des ancêtres que dans l'indifférence à leur égard, il ne pouvait s'empêcher de ressentir un attendrissement d'esthète en contemplant le fond velouté qui était toujours là, comme un ciel d'été consolateur, entre les rameaux noirs de l'arbre généalogique. Plus tard, il ne put jamais relire Proust (comme aussi il ne put jamais reprendre goût à la pâte parfumée et visqueuse d'une friandise turque) sans qu'une houle de rassasiement âcre et râpeux ne lui soulevât le cœur. Et pourtant, son grand morceau favori restait celui où il s'agit du nom mauve de « Guermantes », dont la nuance voisinait avec la bande ultramarine dans le prisme de l'esprit de Van et chatouillait agréablement sa vanité artistique.

« Prisme, esprit. Allitération tapageuse. Remaniemoi ça » (Note en marge d'Ada Veen, écriture d'une époque récente).

CHAPITRE II

L'IDYLLE de Marina et de Démon Veen commença le jour de leur double anniversaire — c'était aussi l'anniversaire de Daniel Veen — le 5 janvier 1868.

Elle avait vingt-quatre ans, et les deux Veen trente.

Marina, actrice, était loin de posséder ce don saisissant qui fait du métier de mime, aussi longtemps du moins que dure le spectacle, une chose qui vaut même plus que la chandelle de l'insomnie, le jeu de l'imagination ou l'arrogance de l'art. Ce soir-là, pourtant, tandis que la neige tombait doucement sur la ville, au-delà des velours et des toiles peintes, la Dourmanska qui payait le grand Scott, son impresario, sept mille dollars or par semaine rien que pour sa réclame, plus une petite prime à chaque engagement, s'était montrée, depuis l'envol de l'éphémère de carton (une pièce américaine tirée par un prétentieux barbouilleur d'un célèbre roman russe), si semblable à une créature de rêve, si adorable, si troublante que Démon (lequel en amour n'était pas exactement un gentleman) avait fait certain pari avec le prince N. dont le fauteuil était voisin du sien, soudoyé un peloton d'ouvreuses préposées à la garde du foyer des artistes et, finalement, au fond d'un « cabinet reculé » (un écrivain français d'un siècle révolu aurait désigné sous ce nom mystérieux le local minuscule dans lequel le hasard avait réuni la trompette cassée d'un clown oublié, le cerceau de son caniche acrobate et nombre de petits pots poussiéreux remplis d'onguents de diverses couleurs), s'était employé à séduire la sylphide, entre deux scènes (chapitres III et IV du roman martyr). Dans la première de ces deux scènes on avait vu Marina se dévêtant, ombre exquise, derrière un paravent translucide, pour reparaître, aguichante et vaporeuse, en chemise de nuit. Notre héroïne passait la fin de cette scène pitoyable à s'entretenir d'un hobereau de l'endroit, le baron d'O., avec une vieille nourrice en bottes esquimau. Sur l'avis de cette campagnarde, dame de grand conseil, elle saisissait une plume d'oie, s'asseyait sur le bord de son lit et, prenant appui sur une table de chevet à pieds de biche, écrivait au baron une lettre d'amour. Il lui fallait cinq bonnes minutes pour se relire, langoureusement mais à voix bien haute — on ne sait pour l'instruction de qui, vu que la nourrice, assise sur une sorte de coffre de marin, avait sombré dans le sommeil et que les spectateurs étaient surtout intéressés par les ruissellements d'un clair de lune artificiel qui baignaient les bras nus et le sein palpitant de la fille enamourée.

Avant même que la vieille Esquimaude fût sortie, traînant ses bottes, pour porter au baron le tendre message, Démon Veen avait abandonné son fauteuil de velours rose et s'employait à gagner son pari. Au reste, le succès de l'entreprise n'était pas douteux : Marina, tendre demi-vierge, était amoureuse de Démon depuis leur dernière valse, la nuit de la Saint-Sylvestre. Qui plus est, le clair de lune tropical dans lequel elle venait de se plonger, le sentiment aigu de sa propre beauté, les émotions brûlantes de l'ingénue imaginaire à laquelle elle prêtait ses traits et les applaudissements admiratifs d'une salle presque comble l'avaient rendue particulièrement vulnérable aux picotements de la moustache de Démon. Et puis elle avait plus de temps qu'il ne lui en fallait pour changer de costume : la scène suivante débutait par un intermède plutôt longuet exécuté par une troupe de danseurs russes dont Scotty avait loué les services; ils étaient arrivés de Bielokonsk, en Estotie occidentale, entassés dans deux wagons-lits. Au milieu d'un verger magnifique, de jeunes et joyeux jardiniers, portant, pour une raison mal définie, le costume des tribus géorgiennes, avalaient gloutonnement des framboises pendant que de jeunes servantes, non moins invraisemblables dans leurs flamboyants « charovars » (quelqu'un avait évidemment fait une bévue; il pouvait s'agir du mot « samovar » dénaturé sur l'aérogramme de l'impresario), cueillaient diligemment de la guimauve et des cacahuètes aux branches des arbres fruitiers. Sur un signe invisible d'origine dionysiaque, tous se jetèrent dans une danse frénétique appelée la *kourva* ou « ruban de boulevard » selon le désopilant programme dont les fautes de traduction furent cause que Démon Veen (les reins allégés, encore parcouru de fourmillements électriques et serrant dans sa poche le billet de banque rose rouge du prince N.) pensa choir de son siège en le relisant.

Son cœur s'arrêta de battre un coup (mais il n'eut garde de regretter cette omission exquise) quand il la vit entrer en courant dans le verger, vêtue de rose, le regard fou, les joues en feu, s'appropriant un bon tiers des bravos prodigués par la claque en exercice pour saluer la dispersion instantanée des sots mais pittoresques transfigurants de Liaska — ou du Caucase. L'entretien de la belle avec le baron d'O., qui arrivait sans se presser par une allée latérale, tout éperons et basques vertes, ne retint pas l'attention de Démon Veen, tant lui inspirait de saisissement le miracle fugitif d'un abîme d'absolue réalité ouverte entre deux fulgurations d'existence fictive. Sans attendre la fin de la scène, il quitta précipitamment le théâtre et rentra chez lui pour préparer un souper magnifique. Dans la nuit de cristal crissant, son haut-de-forme se constellait d'étoiles de neige; en quelques enjambées il eut regagné sa demeure qu'une rue seulement séparait du théâtre. Quand il revint chercher sa nouvelle maîtresse dans son traîneau tintinnabulant, le ballet de généraux caucasiens et de cendrillons métamorphosées qui occupait une partie du dernier acte venait de s'achever brusquement et le baron d'O, portant cette fois habit noir et gants blancs, s'agenouillait au milieu de la scène déserte, tenant dans ses mains jointes la petite pantoufle de verre que la belle inconstante venait de lui laisser en se dérobant pour le punir du retard de ses avances. La clique des claqueurs commençait à se sentir fatiguée, chacun d'eux regardait sa montre, mais déjà Marina, enveloppée dans une mante noire, se laissait glisser dans les bras de Démon, qui la recevait entre les ailes d'un traîneau en forme de cygne.

Ils festoyèrent, ils voyagèrent... ils se maudirent, ils se perdirent, se retrouvèrent, éperdus. L'hiver suivant, Démon commença de soupçonner que Marina lui était infidèle, mais il ne lui fut pas possible de déterminer l'identité de son rival. Vers le milieu du mois de mars, pendant un déjeuner d'affaires avec un expert en objets d'art, un grand maigre d'humeur insouciante et d'un commerce aimable, vêtu d'un frac à l'ancienne, Démon assujettit son monocle, fit jouer le ressort d'un coffret plat et oblong, en tira un petit dessin à la plume et au lavis et suggéra (il n'en doutait pas à vrai dire, mais il lui plaisait que sa sûreté de jugement fût admirée) qu'il s'agissait d'une œuvre inconnue due au talent suave du Parmigianino. Le dessin représentait une jeune fille nue, assise de profil sur un piédestal, ornée d'une guirlande de liserons et tenant dans sa main élevée une pomme semblable à une pêche. Cette figure charmante présentait pour son possesseur une séduction supplémentaire, celle de ressembler à Marina quand, juchée sur le bras d'un fauteuil dans une chambre d'hôtel (la sonnerie du téléphone venait de la chasser de son bain), elle encapuchonnait l'écouteur pour poser à son amant une question qu'il ne parvenait pas à comprendre parce que le bruit de l'eau coulant dans la baignoire noyait le murmure de la bien-aimée. Il suffit au baron d'Onsky de jeter un regard sur l'épaule oblique et sur le friselis vermiculé par lequel était rendue certaine végétation délicate pour confirmer le diagnostic de Démon Veen. D'Onsky avait la réputation de ne jamais laisser paraître le moindre signe d'émotion esthétique, fût-ce devant le plus adorable des chefs-d'œuvre. Cette fois, pourtant, il posa sa loupe de côté comme il eût fait d'un masque et laissa son regard dévoilé promener une longue caresse, d'abord sur le fruit velouté, puis sur les fossettes et les retraites moussues de la nymphe nue, avec un sourire où le ravissement se mêlait à la confusion. Mr. Veen était-il disposé à lui vendre cette merveille séance tenante ? De grâce, Mr. Veen, de grâce. Mais Mr. Veen ne l'entendait pas de cette oreille. Skonky (sobriquet inadmissible venant de « skons », animal puant) dut se contenter de la pensée déjà fort exaltante que l'heureux propriétaire de la remarquable œuvrette et lui-même étaient les seuls jusqu'à ce jour qui l'eussent jamais admirée en connaissance de cause. La nymphe réintégra son cocon à fermoir mais, à la quatrième coupe de cognac, d'O. supplia qu'elle en fût retirée pour une ultime et brève apparition. Les deux hommes étaient légèrement gris et Démon se demandait à part soi si la ressemblance en somme assez banale de cette fille paradisiaque avec une jeune actrice que son visiteur avait certainement vue sur les planches dans *Eugène et Lara* et dans *Lenore Ducorbeau* (les deux pièces avaient été impitoyablement éreintées par un jeune critique « sordidement incorruptible ») devait ou pouvait faire l'objet d'un commentaire immédiat. Elle ne le fit point. Car en vérité les nymphes de cette espèce sont étrangement semblables les unes aux autres. Leur limpidité élémentaire en est la cause : ce qui fait la ressemblance des jeunes corps de nature aquatique n'est que murmures d'innocence et équivoques de miroirs — voilà mon chapeau, le sien est moins neuf, mais nous avons à Londres le même chapelier.

Le lendemain, Démon prenait le thé à son hôtel favori en compagnie d'une dame native de Bohème qu'il n'avait jamais vue et ne devait jamais revoir (elle souhaitait une recommandation pour obtenir un emploi à l'étage des Poissons-et-Fleurs de Verre dans un musée de Boston). Au milieu d'un abondant monologue, la brigueuse praguoise s'interrompit pour montrer Marina et Aqua qui traversaient le hall, renards bleus, regards moroses, avec une expression de lassitude très fashionable. Dan Veen accompagnait, un dachshund suivait...

« C'est extraordinaire, dit la dame, ce que cette actrice imbuvable peut ressembler à l'Eve au Clepsydrophone dans le célèbre tableau du Parmigianino.

— Célèbre est le mot qui lui convient le moins, répliqua tranquillement Démon, et vous ne pouvez l'avoir vu. Au reste, je ne vous envie guère. L'étranger naïf qui s'aperçoit qu'il a posé le pied dans le bourbier de l'existence d'autrui doit éprouver, je l'imagine, une impression assez écœurante. Tenez-vous ce ragot de ruelle directement du sieur d'Onsky ou, moins directement, de l'ami d'un de ses amis ?

— ... Ami d'ami », balbutia la Bohémienne marrie.

Soumise à la question dans les geôles de son amant, Marina déploya un ravissant tissu de mensonges frangé de rires perlés. Mais bientôt elle fléchit et passa aux aveux : elle jura que tout était fini, que le baron — une épave au physique, au moral un vrai samouraï — était parti pour le Japon et n'en devait plus revenir. Démon apprit d'une source moins suspecte que la destination véritable du samouraï n'était autre que le cher petit Vatican, élégante station thermale de la banlieue romaine. Il devait rentrer huit jours plus tard à Aardvark, Massa. Démon Veen, préférant par prudence tuer son homme en Europe (le décrépit mais indestructible Gamaliel s'efforçait, disait-on, de faire interdire le duel dans l'hémisphère occidental — simple canard ou caprice fugitif d'un président idéaliste, car tout cela n'eut aucune suite),

Démon loua le pétroloplane le plus rapide qu'il pût trouver, surprit à Nice le baron d'O. qui semblait se porter le mieux du monde et, le voyant entrer chez Gunter's, le libraire anglais, entra derrière lui dans la boutique, et là, sous les yeux de l'imperturbable Britannique, il souffleta son rival ahuri, en plein visage, avec un gant lavande. Le baron releva le gant; on choisit deux témoins — deux indigènes. Le baron opta pour l'épée. La quantité nécessaire et suffisante de bon sang bien rouge (sang polonais et irlandais — une manière de « Gory-Mary » pour parler le langage des barmans américains) ayant éclaboussé deux torses velus, le badigeon blanc de la terrasse, l'escalier qui montait à reculons au jardin clos dans un amusant dispositif scénique à la Douglas d'Artagnan, le tablier d'une petite laitière tout à fait imprévue et les manches de chemise des témoins, le charmant monsieur de Pastrouil et le colonel St-Aline, un scélérat, ces deux gentlemen séparèrent les adversaires pantelants et Skonky mourut, non pas des suites de ses blessures (comme à tort on le prétendit) mais d'une résurgence gangréneuse de la moindre d'entre elles (peut-être même se l'était-il infligée de sa propre main). Il s'agissait d'une piqûre à l'aine qui lui causa des troubles circulatoires nonobstant le nombre non négligeable d'interventions chirurgicales qui furent pratiquées sur sa personne au cours des deux ou trois années de séjour prolongé qu'il passa à l'hôpital d'Aardvark de Boston (Boston, où, soit dit en passant, le baron d'O. épousa en 1869 notre amie la Bohémienne devenue dans l'intervalle conservatrice des Verreries biologiques au musée de la ville). Marina arriva à Nice quelques jours après le duel et débusqua Démon dans sa retraite de la villa Armina. Tout à l'ivresse récréative de la réconciliation, ils oublièrent l'un et l'autre d'en déjouer l'inconvénient procréatif : tel fut le début de l'*interesnoe polojenie* (« l'état intéressant ») sans lequel en vérité ces notations pathétiques n'eussent jamais vu le jour.

(Van, je me fie à ton goût comme à ton talent, mais sommes-nous bien sûrs qu'il nous faille revenir avec tant de délectation sur un monde pervers qui, finalement, a fort bien pu n'avoir qu'une existence onirique, cher Van ? Note marginale écrite par Ada en 1965, biffée par elle plus récemment d'un trait de plume faible et tremblé.)

Ces retrouvailles imprévoyantes furent les plus brèves mais non pas les dernières de leur aventure. Ce fut l'affaire de quatre ou cinq jours. Il lui pardonna, il l'adora; il était tout prêt à l'épouser à condition qu'elle abandonnât sans délai sa carrière théâtrale. Il lui remontra la médiocrité de son talent, la vulgarité de son entourage. Elle rétorqua avec de grands cris qu'il n'était qu'une brute, un monstre de cruauté. Quand arriva le 10 avril, c'était Aqua qui le soignait : Marina s'était envolée pour répéter *Lucile*, autre drame exécrable parti bon train pour un nouveau fiasco retentissant au théâtre municipal de Ladore.

« Adieu. Peut-être est-ce mieux ainsi », écrivait Démon à son ex-maîtresse vers la mi-avril 1869 (s'agit-il de la lettre originale, jamais postée, ou d'une copie faite par Démon de son écriture calligraphiée ?). « Si grande qu'eût été la félicité qui eût accompagné notre mariage, si longtemps qu'eût duré cette vie bienheureuse, il est une image que je n'eusse jamais pu oublier, que je n'eusse jamais voulu pardonner. Qu'elle se grave dans ton esprit, mon amie. Je veux te la rappeler avec des mots choisis pour une fille de Thespis. Tu étais allée à Boston pour voir une vieille tante. Lieu commun de roman mais vrai cette fois. Et j'étais allé, moi, voir ma tante dans son ranch, aux environs de Lolita, Texas. Un matin de février (il était déjà midi chez vous) je t'appelai, à ton hôtel, d'une cabine publique en bordure de route. Son pur cristal était encore strié de larmes à la suite d'un orage effroyable. Je voulais te demander de prendre l'avion sans perdre une minute pour me rejoindre parce que moi, Démon, tout en agitant avec bruit mes grandes ailes froissées, tout en maudissant le dorophone automatique, j'allais me répétant que je ne pouvais vivre sans toi, et parce que je voulais que tu voies, blottie dans mes bras, le miroitement des fleurs du désert que la pluie avait fait éclore. Ta voix était lointaine mais tendre. Tu me dis que tu étais en tenue d'Eve... ne raccroche pas, le temps de passer un peignoir... au lieu de quoi, bloquant l'écouteur, pour m'occlure l'oreille, tu parlas, sans doute, à l'homme avec qui tu venais de passer la nuit (et que j'eusse volontiers expédié dans l'autre monde si je n'avais eu encore davantage l'envie de le châtrer). Or, c'est précisément là l'esquisse faite au XVIe siècle par un jeune artiste de Parme, visité par l'inspiration prophétique pour préfigurer la fresque de notre destinée et qui coïncide, sauf la pomme funeste du Savoir, avec une image doublement reflétée dans deux âmes d'hommes. A propos, ta cameriste fugitive a été retrouvée par la police, ici, dans un bordel. On te l'expédiera sans retard quand on l'aura suffisamment bourrée de mercure. »

CHAPITRE III

LES détails du désastre « El » (et ce n'est pas « Elysée » que j'entends), qui, au beau milieu du siècle précédent, eut l'effet singulier de déclencher aussi bien que de rendre maudite l'idée d'une « Terra », sont trop bien connus des historiens et sont bien trop obscènes du point de vue religieux pour être traités à fond dans un ouvrage qui s'adresse à de jeunes amateurs ou amants et non à des gens très posés ou trépassés.

Aujourd'hui, naturellement, après que les grandes années anti-El aux lubies réactionnaires se sont écoulées (plus ou moins), et que nos coquets petits engins (que Faradieu les bénisse !) bourdonnent presque aussi bien qu'au début du dix-neuvième siècle, l'aspect purement géographique de l'affaire est racheté par son côté farce comme le sont ces marquetteries de cuivre, ce bric-à-Braques, cet infect or moulu, que le manque d'humour chez nos ancêtres leur permettait de nommer « art »; car enfin qui ne sent ce qu'il peut y avoir de hautement grotesque dans la configuration des tachettes versicolores qui furent solennellement proposées à la crédulité générale comme la représentation géographique de la planète Terra ? *Ved'* (n'est-il pas, je vous prie) du dernier ridicule d'imaginer que le nom de « Russie », au lieu d'être un synonyme désuet d'« Estotie », cette province américaine qui s'étend depuis le cercle non plus vicieux mais seulement polaire jusqu'aux Etats-Unis proprement dits, devenait sur la planète Terra le nom d'un territoire transporté, par on ne sait quel tour d'eskimotage et par-delà le ha-ha d'un double océan, dans l'hémisphère adverse où il s'étalait sur toute l'étendue de notre moderne Tartarie, de la Courlande jusqu'aux Couriles. Mais (et ceci nous paraît plus absurde encore), si dans l'ordre de l'espace terrestre l'Amérussie d'Abraham Milton devait renoncer à la cohésion de ses parties constitutives (les entités Amérique et Russie, moins poétiques au reste que politiques, étant désormais séparées par une étendue matérielle d'eau et de glace), dans l'ordre du Temps, l'incongruité du fait créait une situation plus abstruse et plus irrationnelle encore, non seulement parce que l'histoire de chacune des parties de l'amalgame ne s'adaptait pas à l'histoire de sa contrepartie mais encore parce qu'il existait entre une terre et l'autre un décalage d'une bonne centaine d'années (dans un sens ou dans l'autre), décalage rendu sensible par une confusion bizarre des panneaux de signalisation aux carrefours du Temps-qui-passe où les « pas encore » d'un monde ne correspondaient pas tous aux « jamais plus » de l'autre. C'est (entre autres raisons) à cause de ce concours de divergences « scientifiquement insaisissables » que les esprits bien rangés, peu habiles à lutter avec des lutins, rejetèrent Terra comme un phantasme ou un dada tandis que les esprits dérangés, prêts à plonger dans tous les abîmes, l'acceptèrent comme le gage et le support de leur propre irrationalité.

Van Deen lui-même devait découvrir au temps de ses explorations passionnées dans les champs de la Terrologie (cette science était alors un rameau de la psychiatrie) que les penseurs les plus profonds, les plus purs philosophes, tels Paar de Chose et Zapater d'Aardvark, étaient eux-mêmes affectivement divisés quant à l'existence hypothétique d'une sorte de « verre déformant de notre terre déformée » selon l'expression d'un savant qui désire garder l'anonymat — expression si fine dans sa délicate euphonie. (Hum ! *Query, query* — kvery, kvery, comme la pauvre Mlle L. disait à Gavronski. Ada *scripsit.*)

Les uns soutenaient qu'entre l'un et l'autre monde les incompatibilités, les défauts de concordance, étaient trop nombreux, trop profondément insinués dans la trame de la succession des phénomènes, pour que la théorie de l'Identité fondamentale fût autre chose qu'une banale chimère. A quoi leurs adversaires répliquaient que les dissemblances incriminées confirmaient au contraire la vivante réalité organique de l'autre monde, qu'une similitude trop parfaite suggérerait bien davantage à l'esprit l'idée d'un phénomène spéculaire, donc spéculatif, et que deux parties d'échecs qui débutent par les mêmes coups et s'achèvent par une fin de jeu identique peuvent présenter, sur *un* même échiquier, mais dans *deux* intelligences, à toute phase intermédiaire de leur progression inéluctablement convergente, un nombre infini de variantes.

Si l'humble narrateur se sent tenu de rappeler à son relecteur ces considérations diverses, c'est qu'en avril (le mois que je préfère) 1869, (année nullement mirifique) le jour de la Saint-Georges (selon les larmoyants mémoires de Mlle Larivière), Démon Veen épousa Aqua Veen, par dépit et par pitié (la combinaison n'est pas exceptionnelle).

La situation offrait-elle une pincée d'épices pour corser le mélange ? Marina, dans sa gloriole perverse, déclarait volontiers au lit que les sens de Démon s'étaient laissé captiver par une sorte de plaisir bizarrement « incestueux » (quelle que puisse être la signification exacte de ce dernier terme). Quant au substantif qui le précède, nous disons bien « plaisir » et non *pleasure* avec le supplément de vibrato spinal que la langue française lui octroie. Et tandis qu'elle parlait, lui caressait, savourait, entrouvrait et délicatement profanait, avec des inventions inavouables et fascinantes, une chair qui était à la fois celle de sa femme et de sa maîtresse, charmes jumeaux de deux Péris confondus et rehaussés par leur parenté, aiguemarine à la fois simple et double, mirage dans un émirat, gemmes géminées, orgie d'allitérations épithétiales.

Au vrai, Aqua ou Aigue était moins jolie que sa sœur Marina et bien plus folle. Ses quatorze années de mariage, pitoyables années, consistèrent en une série intermittente de séjours de plus en plus fréquents et prolongés dans divers sanatoriums. Si l'on prenait une carte de dimensions modestes représentant la partie européenne du Commonwealth britannique, disons de la Scoto-Scandinavie jusqu'à la Riviera, Libralta et la Palermontovie, en même temps que la plus grande partie des U.S.A., depuis la Canadie et l'Estotie jusqu'à l'Argentine, et qu'on y plantât de menues épingles à tête d'émail portant le pavillon de la Croix-Rouge pour marquer les étapes et les bivouacs d'Aqua, héroïne d'une autre Guerre des Mondes, notre carte se trouverait couverte d'une épaisse forêt...

Un temps, Aqua avait projeté de se refaire un semblant de santé (oh, rien qu'un peu de gris, par charité, au lieu de ce noir compact) dans quelque protectorat anglo-américain comme les Balkans ou les Indes; peut-être même eût-elle essayé ces deux continents de l'hémisphère austral qui vont prospérant sous nos autorités jumelles. Il va sans dire que la Tartarie, enfer indépendant, dont le territoire s'étendait alors depuis la mer Baltique et la mer Noire jusqu'aux rivages de l'océan Pacifique, était impraticable au touriste, encore que les noms de Yalta et d'Altyntagh rendissent à l'oreille un son étrangement séduisant... Mais la vraie destination d'Aqua, c'était Terra la Belle, où, portée par de longues ailes de libellule, elle savait qu'à l'heure de sa mort elle s'envolerait. Les pauvres petites lettres qu'elle écrivait à son époux dans les havres de la démence étaient parfois signées Madame Chtchemyachtchikh Zvoukov (« Plaintes déchirantes »).

Après avoir soutenu le premier assaut de la folie à Ex-en-Valais, elle rentra en Amérique où l'attendait une défaite cruelle. En ce temps-là, Van suçait encore le lait de sa très jeune nourrice — presque une enfant — Ruby Black, née Black, qui allait bientôt perdre elle aussi la raison. Tant il est vrai que toute créature aimante et fragile qui entra en rapport intime avec Van Veen (ce qui plus tard arriva à Lucette) était vouée *ipso facto* aux angoisses, aux désastres, à moins que ne coulât dans ses veines une goutte du même sang paternel, du même élixir démonien.

Aqua n'avait pas encore vingt ans quand son tempérament naturellement exalté montra les premiers symptômes d'une altération morbide. Disons pour le chronologiste que la phase initiale de sa maladie mentale coïncida avec la première décennie de la Grande Révélation; peut-être eût-elle pu tout aussi bien trouver un autre thème à ses phantasmes; les statistiques néanmoins sont là pour témoigner que la Grande (et pour d'aucuns l'Intolérable) Révélation a répandu plus de folie dans le monde que l'obsession religieuse au Moyen Age.

Une Révélation peut être plus dangereuse qu'une Révolution. Les intelligences débiles identifièrent l'idée de la planète Terra avec celle d'un autre monde et cet autre monde se confondait non seulement avec l'« Autre Monde » mais encore avec le monde réel tel qu'il existe dans sa totalité en nous et hors de nous. Nos démons, nos enchanteurs à nous, sont des créatures toutes nobles, aux teintes chatoyantes, aux serres translucides, au battement d'ailes puissant; mais en mil huit cent soixante les Nouveaux Croyants vous sommaient d'imaginer une sphère où ces compagnons merveilleux, ignominieusement dégradés n'étaient plus que monstres pervers, bourreaux et contempteurs de l'âme féminine, d'immondes bélials aux crocs de vipères et aux noirs scrotums de carnassiers, cependant que, sur le bord opposé de la route cosmique, nimbés d'arcs-en-ciel vaporeux, un chœur d'esprits angéliques, habitants de la suave Terra, s'employait à restaurer les mythes les plus plats — mais combien tenaces — des anciennes croyances, avec réarrangement pour orgue de Barbarie de toutes les cacophonies déversées depuis l'origine des temps par tous les dieux et tous les prêtres dans tous les marais de ce monde — qui tant nous suffit.

Qui suffit pour ce que tu veux en faire, Van. Entendons-nous. (Note marginale.)

La pauvre Aqua, dont l'imagination était toute prête à succomber aux marottes des maniaques et des chrétiens, envisageait avec un joli sens du détail un paradis de Psalmiste mineur, une Amérique future aux édifices d'albâtre hauts de cent étages, des cités semblables à de magnifiques magasins d'ameublement tout remplis de grandes armoires peintes en blanc et de réfridges d'une taille plus modeste. Elle voyait voler dans les airs des requins géants munis d'yeux latéraux qui mettaient à peine une nuit pour transporter leur ventrée de pèlerins à travers les ténèbres éthérées d'un bout à l'autre d'un continent immense, d'une mer sombre, à l'autre luisante, avant de s'en retourner en grondant à Seattle ou à Wark. Elle entendait des boîtes à musique magiques, boîtes chantantes et parlantes qui noyaient les terreurs de la pensée, exaltaient le garçon d'ascenseur qui monte, descendaient avec l'ouvrier mineur, célébraient les louanges de la Beauté et de la Piété, de la Vierge et de Vénus dans les demeures du pauvre et du solitaire. La puissance magnétique inavouable qu'ont bassement vilipendée les législateurs de ce triste pays — où cela ? Oh, partout : en Estotie, en Canadie, dans la Mark Kennensie « allemande » comme dans le Manitobogan « suédois », dans l'atelier du Yukonais en chemise rouge comme dans la cuisine de la Liaskanka au rouge fichu, en Estotie « française » de Bras d'Or à Ladore, et bientôt du haut en bas de nos deux Amériques et dans toute l'étendue des continents stupéfiés — ce pouvoir donc était aussi couramment utilisé sur Terre que l'air et l'eau, la Bible et le plumeau. Fût-elle née deux ou trois siècles plus tôt, Aqua eût tout naturellement trouvé place dans la cohorte combustible des sorcières.

Au temps de ses études désordonnées, Aqua avait quitté le collège de Brown Hill, établissement de bon ton fondé par un de ses moins recommandables ancêtres, pour offrir son concours bénévole (ce qui n'était pas moins de bon ton) à quelque Œuvre pour le Progrès Social dans les Severnyïa Territorii. Avec l'aide inestimable de Milton Abraham, elle monta une Pharmacie Phraternaliste à Bielokonsk et tomba douloureusement amoureuse, dans la même cité, d'un homme marié qui lui administra pendant trois mois d'été les preuves sensibles d'une passion de parvenu dans sa garçonnière roulante (une Camping Ford) et préféra l'abandonner plutôt que de hasarder sa position avantageuse dans une ville d'« épiciers », où les bons bourgeois appartenaient à des loges et jouaient au golf le dimanche. Le mal terrible auquel était vouée la pauvrette et qu'un diagnostic sommaire définit comme une « forme aiguë de manie mystique mitigée d'existaliénation » (autant dire la bonne vieille folie) l'envahit de façon progressive avec des intervalles de paix extatique, des pointillés de bon sens précaire, des rêves soudains d'éternité certaine, hélas plus rares et plus brefs.

Après sa mort (elle s'éteignit en 1883), Van supputa qu'en l'espace de treize années, compte tenu de chaque instant présumé de maternelle présence, des visites lugubres qu'il avait faites, petit garçon, dans divers hôpitaux ou cliniques, des apparitions soudaines et tumultueuses dont il avait été parfois spectateur au milieu de la nuit — l'infortunée se débattant sur l'escalier contre son mari ou contre la gouvernante anglaise chétive mais agile, jusqu'au haut de la maison, et accueillie par l'aboiement joyeux de l'appenzeller, pour finir dans la chambre d'enfant sans pantoufles ni postiche et les ongles teints de sang —, le temps qu'il avait passé auprès d'elle ne devait guère dépasser le terme d'une gestation humaine.

Des brumes sinistres lui cachèrent bientôt les lointains rosés de Terra. Elle s'enfonça dans l'abîme de la désagrégation mentale par une succession de phases dont chacune était plus atroce que la précédente — tant il est vrai que le cerveau humain peut devenir un arsenal de supplices plus efficaces que tous ceux qu'il a imaginés, institués et expérimentés depuis des millions d'années, dans des millions de pays, sur des millions de victimes hurlantes.

Elle acquit une sensibilité morbide au langage des robinets, lequel parfois (quand nous nous lavons les mains après avoir pris des cocktails en compagnie étrangère) nous restitue l'écho d'un fragment de discours qui persiste dans notre oreille, tel le flux de sang dans les vaisseaux capillaires à la phase prédormitale. La première fois qu'elle prêta attention à ces reprises de tels ou tels propos récemment entendus, « reprises » spontanées, cohérentes et, dans le cas particulier qui nous occupe, ironiques, voire provocantes, quoique en réalité parfaitement inoffensives, elle s'amusa fort de l'idée qu'elle, la pauvre Aigue, avait découvert par accident un procédé de reproduction et de transmission du langage aussi exemplaire par sa simplicité, alors que tous les technologues du monde, ceux qu'on appelle des savants, s'efforçaient laborieusement de démontrer l'utilité publique et l'intérêt commercial d'instruments extrêmement compliqués et coûteux comme le téléphone hydrodynamique et autres misérables breloques destinés à remplacer ceux que la proscription d'un certain succin au nom interdit avait expédié *k tchertyam sobatch'im* (au diable).

Bientôt, hélas, la volubilité de la robinetterie, d'emblée parfaite quant au rythme, mais quelque peu floue encore sous le rapport de la précision des termes, prit une signification beaucoup trop pertinente. La pureté d'élocution du filet d'eau fit des progrès proportionnés à la malignité de ses insinuations. Son monologue commençait généralement peu après que la malheureuse Aqua eut entendu, ou écouté, quelqu'un parler d'une voix impérieuse et expressive, point nécessairement à son adresse, quelqu'un dont le débit oratoire eût une rapidité caractéristique, des intonations très personnelles ou marquées d'un fort accent étranger, le bavardage coercitif d'un raconteur d'histoires dans une soirée détestable, un soliloque liquide dans une pièce ennuyeuse à mourir ou bien encore la voix adorable de Van, un lambeau de poème entendu dans une conférence, le poète Housman priant un beau garçon — *my lad, my pretty* — de prendre pitié, et particulièrement le vers italien plus fluide, plus flou, comme cette ritournelle récitée entre martellement patellaire et palpement palpébral par un vieux docteur mi-russe, mi-toqué, doc, toc, toquant, toqué, ballatetta, deboletta... tu voce sbigottita... gouttelette diabolette... de lo cor dolente... con ballatetta va... va... della strutta, destruttamente... mente ...mente... arrêtez la musique ou le cicérone va continuer de nous débiter son boniment, comme à Florence ce matin même devant une sotte stèle commémorant, nous dit-on, le souvenir de cet « ormo » qui se couvrit de verdure au passage du corps roidi et refroidi de saint Zeus qu'on portait en terre à travers l'ombre des feuilles qui grandit, grandit, cette haridelle d'Arlington qui ne cessait de harceler son muet de mari pendant que défilaient les vignobles (et même dans le tunnel) : « On ne peut pas te faire ça, Jack Black. Faudra leur dire, faudra bien leur dire... » Le bain (ou la douche) était de nature trop calibanesque pour parler distinctement — ou trop pressé de vomir le flot torrentueux qui brûlait les entrailles et de soulager ses ardeurs infernales pour s'embarrasser d'un vain bavardage. Mais jour après jour les filets d'eau glougloutants se montraient plus ambitieux, plus détestables, tant et si bien qu'un beau matin, dans son premier « home », ayant entendu le plus odieux, peut-être, des médecins qui venaient quotidiennement la visiter (le citateur de Cavalcanti) dégoiser des instructions infâmes, en un mélange d'allemand et de russe, dans son bidet qu'elle haïssait, Aqua prit la résolution de ne plus jamais faire couler de l'eau.

Mais cet état de choses non plus ne persista point. D'autres supplices remplacèrent l'éloquence liquide de son homonyme : quand, dans un intervalle de lucidité, il lui arrivait d'ouvrir d'une petite main affaiblie le robinet d'un lavabo pour boire une gorgée d'eau fraîche, la lymphe tiède lui répondait en son langage, sans ombre de malice ou d'intention parodique : *Finito !* Maintenant, ce qui la tourmentait atrocement, c'était de sentir se creuser entre les reliefs de moins en moins saillants de la pensée et du souvenir de molles fosses noires (*yamy, yamichtchi).* La détresse mentale et la douleur physique joignirent leurs mains de rubis noir; l'une l'engageait à prier pour recouvrer la santé de l'esprit, l'autre à requérir la mort. Les objets façonnés par l'homme étaient dépouillés de leur signification ou se chargeaient d'allusions inquiétantes. Les porte-vêtements devenaient les épaules de Telluriens décapités, une couverture aux plis multiples qu'elle avait jetée d'un coup de pied à bas de son lit tournait sur elle un œil lugubre, la paupière alourdie par un orgelet, un air de reproche empreint dans la grimace flasque d'une lippe livide. L'effort auquel elle devait s'astreindre pour interpréter les informations que les esprits supérieurs semblaient tirer à si bon compte de la position des aiguilles d'une pendule ne tarda pas à devenir aussi vain, aussi désespéré que si elle eût cherché à comprendre le langage par signes d'une société secrète ou la chanson chinoise de ce jeune étudiant à la guitare non chinoise qu'elle avait rencontré au temps qu'elle — ou sa sœur — avait donné le jour à un bébé mauve. Mais sa folie, la majesté de sa folie, conservait encore la coquetterie tragique d'une reine folle. « Vous savez, docteur, je crois que j'aurai bientôt besoin de porter des lunettes. Je ne sais pas ce qui se passe (rire hautain). Je n'arrive pas à comprendre ce que dit ma montre. Pour l'amour du ciel, aidez-moi. Que dit-elle ? Quatre heures écart ? Quel écart ? Allons tant pis. Temps et pis sont jumeaux... J'ai une sœur jumelle, un fils jumeau. Je sais que vous voulez examiner mon pudendron, docteur, la Rose Moussue des Alpes de son album, à elle. Cueillie depuis dix ans déjà » (elle montre ses dix doigts, toute contente, toute fière : dix font dix).

Son mal empirant atteignit l'énormité écrasante du cauchemar. L'angoisse la faisait crier, la faisait vomir. Elle demanda (et fut autorisée, grâces soient rendues au coiffeur de l'hôpital Bob Bine) à faire raser ses boucles brunes à la longueur d'une pointe d'aigue-marine parce qu'elles poussaient vers l'intérieur de son crâne poreux et frisaient en dedans. Comme les pièces d'un puzzle, des morceaux de ciel, des morceaux de mur se désunissaient, quelle qu'eût été la minutie de leur assemblage; le moindre heurt, le coup de coude d'une infirmière étourdie suffisait pour détruire la cohésion de ces fragments sans pesanteur qui se transformaient en blancs indéchiffrables d'objets anonymes, envers vide de jetons de « Scrabble » que les mains d'Aqua, liées par un infirmier aux yeux noirs (les yeux de Démon), ne parvenaient pas à tourner du bon côté. Mais bientôt Effroi et Douleur, gamin et gamine turbulents qui mènent grand tapage, poussèrent un dernier hurlement hilare et s'enfuirent en courant derrière un buisson pour s'entre-masturber tout à loisir, comme dans l'*Anna Karénine* du comte Tolstoï — un roman — et, une fois encore, pour un moment, un tout petit moment, la maison redevint silencieuse et tranquille, et leur mère avait le même prénom que sa mère à elle.

Un temps, Aqua crut qu'un enfant mort-né, de six mois d'âge et du sexe masculin, un petit fœtus étonné, petit poisson de caoutchouc qui lui était venu au bain dans un lieu de naissance marqué simplement X dans ses rêves, après avoir heurté en skiant à tombeau ouvert une souche de mélèze, avait été ressuscité on ne sait comment, transporté à sa « Nusshaus » avec les compliments de Marina, enveloppé dans de la ouate ensanglantée, mais bien vivant et en parfaite santé, et déclaré comme son fils sous le nom d'Ivan Veen. A d'autres moments, elle était convaincue que cet enfant était le fils illégitime de sa sœur, né pendant une tempête de neige épuisante quoique éminemment romanesque dans un refuge de montagne sur le Sex Rouge, où un certain docteur Alpiner, grand amateur de gentianes, était assis dans une attente providentielle à faire sécher ses bottes, devant un poêle rouge et rustique. Quelque confusion devait en résulter moins de deux ans plus tard (septembre 1871 : Aqua était fière de se rappeler encore des dizaines de dates) quand elle s'était échappée de sa retraite (une autre retraite) et, Dieu sait comment, avait trouvé le moyen de regagner l'inoubliable maison de campagne de son époux (imitation d'un voyageur étranger : « *Signor Konduktor, aï vante go Lago di Louga, hier geld.* » Démon se faisait masser dans son solarium; elle en avait profité pour s'introduire à pas de loup dans leur ancienne chambre. La surprise qui l'attendait lui causa un choc délicieux : son poudrier de verre à moitié rempli de sa poudre de talc et pittoresquement marqué « Quelques fleurs » en lettres multicolores était toujours posé sur sa table de nuit; sa chemise de nuit préférée, couleur de flamme, gisait chiffonnée sur la descente de lit. Aux yeux d'Aqua, c'était la preuve qu'un rêve bref, un noir cauchemar avait seul ombré cette lumineuse vérité : elle avait passé tout ce temps incertain — depuis l'anniversaire de Shakespeare, un jour d'avril, vert et pluvieux — couchée dans les bras de son époux. Mais pour la plupart des gens, hélas, cela signifiait autre chose. Que Marina, abandonnée par le magnat du cinématographe G.A. Vronski pour une autre *Khristosik* aux longs cils (c'est ainsi qu'il appelait toutes les gentilles starlettes) avait conçu l'idée brillante de faire divorcer Démon d'avec Aqua la folle pour devenir le mari de Marina; laquelle pensait (avec plaisir et avec raison) être grosse pour une seconde fois. Marina et Démon avaient passé ensemble à Kitej un mois roucoulant, mais quand elle lui eut révélé d'un ton passablement satisfait le secret de ses intentions (juste avant l'arrivée d'Aqua), Démon chassa l'usurpatrice.

Plus tard, dernier feuillet d'une vaine existence, Aqua s'affranchit de tant de souvenirs ambigus et se retrouva dans un luxueux sanatorium de Centaure, Arizona, lisant et relisant — scrupuleuse, bienheureuse — les lettres de son fils. Il lui écrivait toujours en français, l'appelait petite maman et lui dépeignait l'école amusante dans laquelle il s'en irait vivre quand il aurait treize ans. Et la nuit, quand les oreilles lui tintaient dans ses nouvelles insomnies, ses insomnies volontaires, ses dernières, dernières insomnies, elle entendait sa voix et son âme en était consolée. Généralement, il l'appelait mama, accentuant en anglais la dernière syllabe, en russe la première. Quelqu'un a dit que les triplets et dracunculets héraldiques se rencontraient souvent dans les familles trilingues. La chose reste à vérifier. Mais ce qu'il y avait de certain, d'absolument certain, désormais (sauf peut-être dans l'âme infernicole de la détestable Marina, depuis longtemps défunte), c'est que Van était bien le fils d'Aqua, son fils à elle, son fils bien-aimé.

Se refusant à subir une nouvelle rechute après cet épisode béni de quiétude parfaite et sachant que le répit ne pouvait être qu'éphémère, elle fit ce qu'une autre malade avait fait avant elle dans un « home » beaucoup moins souriant et moins accommodant de la lointaine France. Un certain docteur Froid, un des centaures administériels auxquels Aqua avait affaire et qui était, peut-être, le frère émigré — au patronyme corrompu par la disgrâce d'un passeport — du docteur Froit de Signy Mondieu-Mondieu dans les Ardennes ou, bien plutôt, le docteur Froit lui-même, puisque l'un comme l'autre venaient de Vienne, sous-préfecture de l'Isère, et de plus étaient fils unique (comme le fils d'Aqua), instaura ou plutôt restaura un système thérapeutique destiné à encourager l'esprit de « groupe » et consistant à faire participer les malades de choix aux activités du personnel domestique, si le cœur leur en disait. Aqua répéta le coup de l'astucieuse Eléonore Bonvard; elle choisit de faire les lits et d'épousseter les étagères de verre. L'astorium de saint Taurus ou de sainte Aure ou de qui vous plaira (il n'importe guère; on oublie vite les petits riens de l'existence une fois plongé dans le rien infini) était peut-être plus moderne et plus raffiné quant au panorama (vue élégante sur le désert) que l'hospice dickensien de Mondefroid, mais dans l'un comme dans l'autre c'était un jeu d'enfant pour un fou du logis que de berner un pédant imbécile.

En moins d'une semaine Aqua avait récolté plus de deux cents pilules et comprimés d'efficacités diverses. Elle les connaissait presque tous : les sédatifs anodins et ceux qui vous assomment de huit heures du soir à minuit, et les diverses variétés de super-soporifiques dont on revient le mollet mol et la tête lestée de plomb après huit heures de non-existence, et certaine drogue, en soi exquise mais qui se fait un rien mortelle pour peu qu'on y ajoute une ou deux gouttes de ce détergent connu dans le commerce sous le nom de crétina — il y avait aussi une pilule violet prune qui rappelait à la pauvre Aqua (elle ne pouvait s'empêcher de rire en y pensant) celles qu'employait la petite magicienne gitane d'un conte espagnol cher aux écolières de Ladore pour endormir tous les nemrods et leurs limiers à l'ouverture de la saison de chasse. Redoutant qu'un gêneur au zèle intempestif ne s'avisât de la ressusciter pendant le prélude de la grande dérive, elle estima nécessaire de s'assurer un moment de stupeur solitaire aussi long que possible dans un lieu plus discret qu'une maison de verre. L'exécution de cette partie du projet fut simplifiée et encouragée par un autre agent ou double du professeur isérois, un certain docteur Sig Heiler, que tout le monde vénérait comme un crac, un as, une espèce de génie (dans le sens où l'on dit une « espèce » de champagne). Les malades qui témoignaient, à certains spasmes des paupières et autres parties mi-honteuses proposées à l'observation des carabins, que le grand Sig (gaillard légèrement déformé quoique plutôt bien de sa personne) figurait dans leurs rêves en cours sous les traits de « papa Figue », grand fesseur de filles et vaillant utilisateur de crachoirs, passaient pour être en bonne voie de guérison : on les autorisait, au réveil, à participer librement à des promenades ou pique-niques. La matoise Aqua battit des paupières, simula un bâillement, entrouvrit ses yeux bleu pâle (elle avait les mêmes yeux que Dolly, sa mère, avec le même contraste saisissant des pupilles de jais), mit un pantalon jaune, une veste noire, traversa un petit bois de pins, rencontra un camion mexicain qui la déposa au prochain carrefour et découvrit enfin un ravin propice où, après avoir écrit une lettre, elle commença tranquillement à manger, dans le creux de sa main, le contenu bigarré de son sac à main — ni plus ni moins qu'une paysanne russe *lakomyachtchaïasya yagodami* (faisant son petit festin d'airelles). Elle souriait, rêveusement, se délectant à la pensée (d'une couleur assez karénienne) que sa disparition troublerait les gens un peu, comme l'interruption soudaine, mystérieuse, à jamais inexpliquée d'une bande dessinée dans un illustré du dimanche qu'on lit depuis Dieu sait combien d'années... Ce fut son dernier sourire. On la découvrit bien plus tôt que prévu, mais elle était morte aussi bien plus vite et le sagace Siggy (encore vêtu de son short kaki informe) rapporta que Sœur Aqua (pour une raison ou pour une autre tout le monde l'appelait ainsi) avait été retrouvée dans la position *fœtus in utero*, comme les morts des sépultures préhistoriques. Ses élèves trouvèrent le commentaire pertinent. Les miens peut-être en jugeront de même.

La lettre retrouvée sur le corps d'Aqua était adressée à son mari et à son fils. L'esprit le plus sensé de cette terre ou d'une autre eût fort bien pu l'avoir produite.

Aujourd'hui, je, joujou aux roulantes prunelles, ai obtenu l'autorisation psykitsch d'aller à la promenade en compagnie de Herr Doktor Sig, de Sœur Jeanne la Terrible, notre infirmière, et de plusieurs autres « malades » dans le bor *(bois de pins) voisin. J'y ai aperçu, Van chéri, plusieurs de ces écureuils aux mines de mouffettes que ton aïeule Bleufoncé introduisit autrefois dans le Parc d'Ardis où quelque jour, sans doute, tu te promèneras. Les aiguilles d'une horloge, même d'une horloge détraquée, doivent savoir et faire savoir à la petite montre la plus sotte où elles en sont, sinon il n'y a plus d'horloge, plus de cadran, il n'y a plus qu'un visage blanc avec une fausse moustache. De même* tchelovek *(l'être humain) doit savoir où il en est et le faire savoir aux autres, sinon il n'est pas même un* klok *(morceau) de* tchelovek, *il n'est plus ni il, ni elle, il n'est plus rien qu'« un petit bout de rien du tout » comme disait ta pauvre nurse Ruby, mon petit Van, en parlant de son sein droit stérile. Moi, pauvre Princesse Lointaine, très lointaine déjà, je ne sais plus où j'en suis : donc il faut que je disparaisse. Adieu mon enfant chéri, mon fils chéri,* Farewell, *pauvre Démon. Je ne sais ni la date, ni la saison. C'est une journée raisonnablement belle — temps de raison, temps de saison sans doute, avec une foule de gentilles petites fourmis qui font la queue pour goûter à mes pilules jolies.*

[Signé] *La sœur de ma sœur, qui* teper'iz ada
(« est maintenant sortie de l'enfer »).

Van commenta cette lettre : « Si nous voulons que le gnomon de la vie nous indique où nous en sommes », dit-il (développant cette métaphore dans la roseraie du château d'Ardis aux derniers jours d'août 1884), « il faut se rappeler toujours que la force, la dignité, le délice de l'homme est de déjouer et de mépriser les ombres et les astres qui nous cachent leurs secrets. Le pouvoir ridicule de la souffrance a pu seul la contraindre à se rendre. Et souvent je me dis qu'il serait tellement plus vraisemblable, du point de vue esthétique, extatique, estotique, qu'elle fût vraiment ma mère. »

CHAPITRE IV

QUAND, au milieu du vingtième siècle, Van entreprit la reconstitution de son lointain passé, il ne tarda pas à s'apercevoir que la façon la plus appropriée (et souvent même la *seule* façon) de traiter les images de son enfance qui présentaient une importance significative (quant à l'objet particulier que se proposait cette reconstitution) et qui réapparaissaient à diverses périodes de son adolescence et de sa jeunesse d'homme, était d'y voir telles juxtapositions imprévues qui vivifiaient l'ensemble tout en restituant le détail. Ainsi son premier amour aura la priorité dans ces pages sur sa première blessure ou son premier cauchemar.

Van entrait dans sa quatorzième année. Jamais encore il ne s'était arraché aux aimables commodités du toit paternel. Jamais il ne s'était dit que ces « commodités » pouvaient n'être pas tenues pour chose acquise et ne se rencontrer que sous la forme d'une métaphore préliminaire et archi-rebattue dans un livre où il serait question d'un petit garçon et d'une école...

Quelques maisons seulement séparaient les bâtiments de l'école où le jeune Van avait pris pension de la boutique d'une certaine veuve Tapirov, dame française qui n'en parlait pas moins l'anglais avec un accent russe et tenait commerce d'objets d'art et de meubles anciens ou prétendus tels. Par un jour d'hiver frais et lumineux Van entra dans sa boutique. Des vases de cristal remplis de roses cramoisies et de reines-marguerites fauves étaient disposés un peu partout — sur une console en bois doré, sur un coffret de laque, sur la tablette d'un bonheur-du-jour, voire sur les bords d'un tapis qui garnissait le petit escalier montant à l'entresol où de hautes armoires et des vaisseliers prétentieux étaient rangés en demi-cercle autour d'une étrange assemblée de harpes. Van vérifia que les fleurs étaient artificielles et se demanda avec perplexité pourquoi ces sortes d'imitations ne cherchaient à tromper que la vue, et ne s'appliquaient pas à reproduire, aussi bien, le contact humide et charnel de la feuille et du pétale vivants. Quand il revint le lendemain pour chercher l'objet (oublié aujourd'hui, quatre-vingts ans plus tard) qu'il voulait faire réparer ou copier, sa commande n'était pas prête. En passant, il toucha une rose demi-épanouie mais ses doigts déroutés, au lieu de rencontrer le contact prévu d'un stérile épiderme, reçurent le baiser de la vie aux lèvres gonflées de fraîcheur ! Mme Tapirov remarqua sa surprise. « Ma fille, lui dit-elle, met toujours un bouquet de vraies roses, parmi les fausses, pour attraper le client. Vous avez tiré le joker. » Elle entra juste comme il sortait : menue écolière en manteau gris, joli visage, longues boucles brunes tuyautées à l'anglaise. Une autre fois (car certaine partie de l'objet — le cadre peut-être — ne fut pas recollée avant un temps infini, à moins que ce ne fût l'objet dans son entier qui, finalement, se révélât introuvable) il l'aperçut, avec ses livres de classe, blottie dans un fauteuil, meuble domestique parmi les articles à vendre. Jamais il ne lui adressa la parole. Il l'aima éperdument. Sa passion dura bien un trimestre.

C'était ça l'amour, l'amour normal, mystérieux. Moins mystérieuses, mais combien plus grotesques, ces passions dont plusieurs générations de bons maîtres n'étaient point encore parvenues à purger les mœurs écolières et qui, vers 1883, connaissaient encore à Riverlane une vogue non pareille. Chaque dortoir avait son giton. Un gamin névrosé d'Upsala, aux yeux louches, à la lèvre mollasse, aux membres disgracieux jusqu'à l'anomalie mais ayant un grain de peau merveilleusement tendre et les onctueuses rondeurs du Cupidon de Bronzino (le grand — celui qu'un satyre, ravi, découvre dans le boudoir d'une dame) était furieusement prisé et martyrisé par une bande de jeunes garçons étrangers, grecs ou anglais pour la plupart, dont le chef était Cheshire, l'as du rugby de l'école. Moitié par bravade et moitié par curiosité, Van, surmontant son dégoût, assistait d'un œil froid à leurs orgies grossières. Au reste, il ne tarda pas à abandonner la contrefaçon pour des divertissements plus normaux mais auxquels le cœur n'était pas moins étranger.

La vieille qui vendait des bâtons de sucre d'orge et des magazines Mikiki dans la petite boutique du coin (laquelle, par tradition, n'était pas strictement consignée aux pensionnaires du collège) vint à louer les services d'une auxiliaire, boulotte et de jeune âge, et Cheshire, qui était fils d'un lord assez ménager, s'assura sans perdre de temps qu'on pouvait avoir la petite catin pour un dollar russe. Van fut un des premiers à profiter de l'aubaine. La fille accordait ses faveurs dans une demi-obscurité, au milieu des caisses et des sacs qui encombraient l'arrière-boutique, après ses heures. Pour s'être présenté comme un libertin de seize ans au lieu d'un puceau de quatorze, notre polisson se mit dans l'embarras : il essaya de pallier son inexpérience par une action bravache et rapide mais ne réussit qu'à répandre sur le pas de la porte ce que la fille l'eût aidé de bon cœur à déposer en dedans. Cela se passa mieux, six minutes plus tard, lorsque Cheshire et Zographos eurent fini leur besogne. Pourtant ce ne fut qu'à la seconde séance que Van commença vraiment à apprécier la douceur de leur commune amie, l'étreinte délicieuse de son sexe, la franchise de sa cadence. Il savait bien qu'elle n'était qu'une petite pute pataude, un cochonnet rose, et chaque fois qu'elle cherchait à l'embrasser, après, du coude il lui détournait le visage, tout en s'assurant d'une main preste, comme il l'avait vu faire à Cheshire, que son portefeuille était toujours bien à sa place dans la poche revolver de son pantalon. Et cependant, qu'arriva-t-il à Van quand son quarantième et dernier spasme fut englouti par le temps au cours de son effondrement ordinaire et qu'il se retrouva seul dans le train qui l'emportait à Ladore, au milieu des champs noirs et verts ? Il se surprit, parant d'une poésie imprévisible la pauvre image de cette fille, l'odeur de cuisine de ses bras, ses cils humides s'éclairant à la lueur soudaine du briquet de Cheshire et jusqu'aux pas de Mrs. Gimber, la vieille sourde, là-haut, dans sa chambre au parquet grinçant... grinçant...

Confortablement installé dans un élégant compartiment de première classe, la senestre gantée nonchalamment suspendue à l'embrasse de velours, l'œil attentif au déferlement bien réglé d'un lisse paysage, on se sent tout à fait homme du monde. Mais de temps en temps, les yeux errants du voyageur s'immobilisent : il écoute monologuer, en son for intérieur, certaines démangeaisons des régions australes dans lesquelles il ne veut reconnaître (interprétation correcte, Dieu soit loué !) qu'une irritation épithéliale d'un caractère bénin.

CHAPITRE V

VERS trois heures de l'après-midi, Van sauta sur le quai, portant ses deux valises. La petite gare de campagne baignait dans une paix ensoleillée. Auprès, passait la route sinueuse qui conduisait au château d'Ardis. Van arrivait pour la première fois dans ce lieu mémorable. Son imagination lui avait montré, sur une miniature prémonitoire, un cheval sellé qui l'attendait pour l'emporter au manoir. Il ne trouva pas seulement un cabriolet ! Le chef de gare, gros homme au teint hâlé, en uniforme marron, savait de source certaine qu'on attendait Monsieur Van au train du soir — moins rapide, mais pourvu d'un wagon-thé. Il dit encore, en agitant son petit drapeau à l'adresse du mécanicien impatient, qu'il allait appeler le château dans une petite minute. Mais voici qu'une voiture de louage s'arrête au bord du quai; une dame rousse met pied à terre tenant à la main son chapeau de paille et riant de sa propre hâte; elle s'élance vers le train et se hisse de justesse dans le dernier wagon. Van donne son agrément au moyen de transport que ce faux pli dans le tissu du temps vient inopinément de mettre à sa portée; il s'installe donc dans la vieille calèche. La course dura une demi-heure et ne lui parut aucunement fastidieuse. Il se vit transporté au milieu d'une forêt de pins entrecoupée de gorges rocailleuses. Des oiseaux, et mainte autre bête, chantaient dans le sous-bois fleuri. Des paillettes de soleil, des dentelles d'ombre glissaient sur les genoux du voyageur et faisaient jaillir des lueurs vertes du gros bouton de cuivre (privé de son gémeau) que le cocher portait à la martingale de son habit. On traversa Torfianka, hameau rêveur, qui consistait en trois ou quatre isbas faites de troncs rustiques, une échoppe tenue par un raccommodeur de seaux à lait et une forge sous un dôme embaumé de jasmins. Le cocher salua de la main un ami invisible et la sensible voiturette fit une discrète embardée pour s'associer à ce geste courtois. A présent, on filait à découvert au milieu des champs, sur une route qui chevauchait colline après colline; à chaque montée, le vieux taxi mécanique ralentissait sa course comme s'il était sur le point de s'endormir et qu'il dût se faire violence pour vaincre sa fatigue. Bientôt, il tressautait sur les pavés cahoteux de Gamlet, village demi-russe, et le chauffeur salua derechef; il s'adressait cette fois à un gamin perché dans un cerisier. Les bouleaux s'écartèrent pour laisser passer l'équipage qui franchit un pont très antique, et la Ladore — rivière que Van devait revoir encore tant de fois — apparut, avec les ruines noires du château perché sur un roc escarpé et, en aval, la réjouissante bigarrure des toits.

Déjà le chemin longeait le parc d'Ardis et la végétation revêtait un caractère plus méridional. Au premier tournant, Van découvrit le romantique manoir, posé sur la « molle éminence » de nos vieux auteurs de romans. C'était une demeure magnifique, haute de trois étages — brique pâle et pierre violacée — dont les nuances et les matériaux semblaient, sous certains éclairages, s'entreprêter leurs apparences. Malgré la diversité, l'ampleur et l'exubérance des grands arbres qui avaient remplacé depuis longtemps deux rangées bien régulières d'arbrisseaux stylisés (projetés dans le décor par la volonté de l'architecte plutôt que sensiblement observés par l'œil du peintre), Van reconnut immédiatement le château d'Artis tel qu'il l'avait vu représenté sur certaine aquarelle deux fois centenaire qui ornait le cabinet de toilette de son père : l'édifice y était planté sur une hauteur dominant une prairie abstraite où deux minuscules personnages coiffés de tricornes s'entretenaient à petite distance d'une vache stylisée.

Aucun membre de la famille ne se trouvait au logis pour accueillir Van. Un damoiseau d'honneur prit son cheval par la bride et disparut. Van passa sous un porche gothique et pénétra dans le grand vestibule. Il y fut accueilli avec des gestes de joie par Bouteillan, le maître d'hôtel, vieil homme au crâne chauve, à la lèvre ornée, contre l'usage de sa profession, d'une moustache teinte en un riche brun de braisé. Bouteillan avait été valet de chambre chez le père de Van. « Je parie, dit-il, que Monsieur ne me reconnaît pas », et pour se faire reconnaître il entreprit de rappeler à Van ce que Van, sans son aide, venait de se remémorer : le « farmannequin » de son enfance, cerf-volant cellulaire d'un modèle particulier que l'on chercherait vainement, de nos jours, dans les plus riches musées du Jouet à travers les âges, et qu'un matin Bouteillan l'avait aidé à guider dans un grand pré pointillé de boutons d'or. Tous deux levèrent les yeux vers le zénith — et reconnurent, l'espace d'un instant, le minuscule rectangle rouge suspendu de guingois dans l'azur d'un céleste lambris. Le vestibule était renommé pour ses plafonds peints.

Il était trop tôt pour prendre le thé : le jeune Monsieur souhaitait-il que ce fût quelque servante, ou bien son humble serviteur, qui se chargeât d'ouvrir les bagages. « Quelque servante fera l'affaire », répondit Van en faisant vivement l'inventaire des articles contenus dans le bagage d'un écolier et en se demandant auquel, dans ce petit nombre, on pouvait prêter la vertu d'effaroucher une femme de chambre. L'image, nue, d'Ivoirine Rêverie (un modèle) ? Mais quelle importance puisqu'il était un homme, maintenant ?

Sur la proposition du maître d'hôtel, Van sortit pour faire un tour de jardin. Il avançait sans bruit sur le sable rosé d'une allée sinueuse, le pied pris dans des chaussures légères qui appartenaient à sa panoplie d'écolier — toile blanche et caoutchouc noir — quand il tomba sur une dame — obstacle inopiné — qu'il reconnut avec dégoût pour son ancienne institutrice française (l'endroit semblait une ruche de fantômes !). La dame était assise sur un banc peint en vert devant un bosquet de lilas de Perse, tenant d'une main son ombrelle et de l'autre un livre ouvert. Elle lisait à haute voix pour l'édification d'une fillette distraite qui ramonait son nez et examinait son index avec une satisfaction rêveuse avant de l'essuyer sur le bord du banc. Van décida qu'elle était « Ardélia », l'aînée des deux cousines dont il était venu en principe pour faire la connaissance. En réalité, il venait de découvrir Lucette, la cadette, petit être un peu neutre âgé de huit ans — bouton rose en guise de nez, piqueté de taches de son, frange d'un blond renard éblouissant. Lucette avait fait une pneumonie au début du printemps — et cet air étrangement lointain que gardent, pour un temps, les enfants échappés à la mort (les enfants espiègles surtout), l'enveloppait encore comme un voile. Par-dessus ses lunettes vertes, Mlle Larivière aperçut Van qui dut se prêter à de nouvelles effusions. Au contraire du vieil Albert, Larivière n'avait pas changé du tout depuis l'époque où elle arrivait trois fois par semaine à la maison de ville de Démon Veen, avec une saquée de livres et son caniche nain, animalcule trémulant (mort depuis) qui ne supportait pas de rester seul à la maison. Van se souvenait de ses gros yeux brillants, pareils à de mélancoliques olives noires...

On reprit tout doucement le chemin du logis. L'institutrice, troublée par un chagrin rétrospectif, allait, hochant la tête — gros nez, gros menton — sous la moire de son ombrelle. Lucette traînait sur le sable crissant une binette découverte au bord d'une platebande; et le jeune Van, avec son beau costume gris et sa cravate flottante, marchait, les mains derrière le dos, en regardant ses pieds se mouvoir avec une silencieuse dextérité et en s'efforçant, sans raison particulière, de les placer consciencieusement l'un derrière l'autre, sur une même ligne.

Une victoria venait de s'arrêter devant le perron. Une dame qui ressemblait à la mère de Van et une petite fille aux cheveux bruns (onze ans, douze ans peut-être) mirent pied à terre, précédées par un dachshund coulant comme une couleuvre. Ada serrait dans ses bras un bouquet échevelé de fleurs des champs. Elle portait une robe blanche avec un blazer noir; un grand nœud blanc était posé sur sa longue chevelure. Van ne devait jamais revoir ce costume et chaque fois qu'il en fera mention dans une évocation rétrospective, elle répliquera obstinément qu'il devait avoir rêvé, que de sa vie elle n'avait porté semblable tenue, qu'elle ne se serait jamais affublée d'une jaquette noire un jour si chaud — mais lui défendra jusqu'au bout cette dernière image.

Dix ans plus tôt (Van allait avoir quatre ans — s'il ne les avait déjà), vers la fin d'une « cure » qui avait longtemps retenu Aqua dans un sanatorium, « Tante » Marina s'était abattue sur son neveu dans un jardin public où il y avait une grande cage de faisans... La nounou rétive reçut avis de se mêler de ce qui la regardait et Marina le conduisit vers une baraque, auprès du kiosque à musique — où, lui ayant offert un sceptre de caramel émeraude à la menthe, elle lui dit que si son père voulait, elle remplacerait volontiers sa mère et qu'on n'avait pas le droit de donner à manger aux faisans sans la permission de Lady Amherst (c'est, du moins, ce qu'il avait compris).

Le thé fut servi dans le coin douillet du hall où aboutissait le grand escalier (à ce coin près, c'était un lieu fort austère). On s'assit sur des sièges tendus de soie autour d'une table ravissante. Sur un tabouret de chêne, Ada avait posé son blazer noir et son bouquet rose-jaune-bleu d'anémones, de chélidoines et d'ancolies. Dack recueillit plus de parcelles de pâtisserie qu'à son ordinaire. Price, le morne et vieux laquais, apporta une jatte de crème pour les fraises : il ressemblait assez au professeur d'histoire de Van, G.G. Jones.

« Il ressemble assez à mon professeur d'histoire », dit Van, quand Price se fut retiré.

« J'adorais l'histoire, commença Marina. Je m'identifiais avec délices aux femmes célèbres. Une bête à bon Dieu sur ton assiette, Van. Particulièrement aux beautés célèbres. La deuxième femme de Lincoln ou la reine Joséphine...

— Oui. Je l'ai remarquée — la petite bête est très bien dessinée. Nous avons aussi de ces assiettes à la maison.

— *Slivok* (un peu de crème) ? » demanda Marina en servant à son neveu une tasse de thé. « Tu parles le russe, j'espère !

— *Neokhotno no soverchenno svobodno* (sans plaisir, mais couramment) », répondit Van, *slegka oulybnouvchis'* (avec un demi-sourire). « Oui, tout plein de crème et trois sucres.

— Ada et moi partageons tes goûts extravagants ! Dostoïevski le prenait avec du sirop de framboise.

— Pah ! », fit Ada.

Derrière Marina était appendu son portrait, par Tresham; cette toile assez belle la représentait coiffée d'un grand chapeau romanesque, à large bord, avec une aile irisée et une longue plume tombante argent fascié de noir, qu'elle avait porté, dix ans plus tôt, pour la répétition générale d'une Scène de Chasse, et Van, se ressouvenant de la cage aux faisans et de sa mère captive, dans une autre cage, éprouva soudain un étrange sentiment de mystère — comme si les commentateurs de sa destinée se consultaient dans un coin. Le visage fardé de Marina s'efforçait d'imiter sa première apparence, mais la mode avait changé; sa robe de coton imprimé s'ornait de motifs campagnards; ses boucles châtain roux avaient été déteintes au peroxyde et ne retombaient plus sur ses tempes — et rien dans son costume ni dans sa parure ne rappelait l'élégance nerveuse avec laquelle elle tenait son stick de chasse ou la mosaïque de l'éclatant plumage rendu par l'habile Tresham avec la minutie d'un ornithologue.

Ce premier thé ne fournit pas matière à de grands souvenirs. Van remarqua certaine manière de sa cousine. Pour éviter de montrer ses ongles, Ada gardait le poing serré ou, quand elle avançait la main pour prendre un biscuit, ne montrait que sa paume ouverte. Tout ce que disait sa mère paraissait l'ennuyer, la gêner. Quand Marina commença de parler du Tarn, autrement dit le Nouveau Réservoir, Van s'aperçut qu'Ada n'était plus assise à côté de lui. Elle se tenait debout, un peu à l'écart, devant une croisée ouverte et tournait le dos à la compagnie. Le chien à la taille de guêpe avait sauté sur une chaise et, par-dessus ses pattes étalées, lui aussi contemplait le jardin — et Ada lui parlait à l'oreille et lui demandait ce qu'il était en train de renifler.

« On aperçoit le Réservoir de la fenêtre de la bibliothèque, dit Marina. D'ailleurs, Ada va te faire faire le tour de la maison. » Elle prononçait Ada à la russe avec des voyelles profondes et graves, un peu comme dans le mot anglais « ardor ».

« D'ici aussi on peut voir un bout d'eau qui brille », fit Ada de son poste de guet. La fillette tourna la tête, et *pollice verso* indiqua la vue à Van qui posa sa tasse, s'essuya les lèvres avec un minuscule napperon brodé qu'il fourra dans la poche de son pantalon et s'approcha de la petite brune aux bras pâles. Comme il se penchait vers elle (il la dépassait alors de trois pouces — et du double le jour où elle épousa son Russe orthodoxe, et où l'ombre de lui dressée derrière elle, soutint au-dessus de sa tête la lourde couronne nuptiale), elle écarta la tête pour lui permettre de se placer dans l'angle favorable et ses cheveux effleurèrent le cou de son cousin. Les premières fois qu'il rêva d'elle, la réitération de ce contact, si léger, si bref, faisait obstinément succomber son endurance et déchaînait, telle une épée brandie, la salve salvatrice.

« Finis ton thé, mon trésor », dit Marina à sa fille. Le moment était venu pour Ada de faire visiter la maison à son hôte.

« Qui me dira pourquoi les marches d'un escalier craquent si furieusement... pour deux enfants qui montent », se demandait Marina suivant du regard deux mains gauches qui progressaient sur l'appui de la rampe avec des glissés et des bonds, d'un mouvement identique, saisissant : frère et sœur à la première leçon de danse. « Après tout, nous étions sœurs jumelles, tout le monde sait cela. » D'un même effort, elle devant, lui derrière, ils enjambèrent au ralenti les deux dernières marches et tout rentra dans le silence.

« Scrupules surannés », dit Marina.

CHAPITRE VI

ADA conduisit son timide invité dans la grande bibliothèque du second étage, orgueil d'Ardis et pâturage favori de la petite verbivore. Sa mère n'y entrait jamais (elle détenait dans son boudoir la collection complète des « Mille et Une Meilleures Comédies »). Quant à Daniel Veen, poltron sentimental, il évitait même de s'en approcher, ne se souciant guère de rencontrer le fantôme de son père, mort au milieu de ses livres d'un coup de sang. D'ailleurs il ne trouvait rien de si déprimant que ces œuvres complètes d'auteurs complètement oubliés; mais il ne lui déplaisait pas qu'un visiteur de passage exprimât son admiration pour l'aménagement de l'endroit : ses hauts rayons et ses cabinets trapus, ses tableaux sombres et ses bustes pâles, ses dix chaises en noyer sculpté, ses deux tables monumentales aux incrustations d'ébène. Dans l'oblique faisceau d'un rayon studieux un Atlas botanique ouvert sur un pupitre montrait une planche figurant des orchidées. Une sorte de divan ou de lit de repos, couvert de velours noir et garni de deux coussins jaunes s'encastrait dans un enfoncement de la muraille, sous une fenêtre formée d'une seule glace d'où la vue s'étendait avec prodigalité sur le parc traditionnel et le lac fait de main d'homme. Une paire de bougeoirs, purs spectres de métal et de cire, étaient posés — ou paraissaient l'être — sur le large appui de la fenêtre.

Un corridor partant de la bibliothèque eût conduit nos explorateurs silencieux (s'ils eussent poursuivi leurs recherches dans cette direction) jusqu'aux appartements de Mr. et Mrs. Veen, situés dans l'aile du logis qui regardait au couchant. Au lieu de quoi, un petit escalier demi-dérobé, caché derrière une étagère tournante, les aspira dans sa spirale ascendante (elle devant, lui trois pas en arrière — trois marches plus bas que la fillette aux cuisses blanc de lait qui, des deux, faisait les plus longues enjambées) et les déposa à l'étage supérieur.

Les chambres à coucher et les installations attenantes étaient moins que modestes : Van ne put s'empêcher de regretter que sa jeunesse lui interdît de prétendre à l'une des deux chambres d'amis qui avoisinaient la bibliothèque. A la vue des objets révoltants qui allaient l'investir dans la solitude des nuits d'été, il se remémorait avec nostalgie le confort du logis paternel. Tout ici semblait destiné à l'usage d'un crétin servile : le lit navrant qui avait l'air de sortir de l'asile des pauvres avec son simple chevet médiéval en bois terne, l'armoire hantée de craquements inexpliqués, la commode pansue en simili-acajou avec ses boutons à chaînettes (dont un manquait), un coffre pour les couvertures, transfuge honteux de la lingerie, le vieux bureau au tambour impraticable — enclavé, collé peut-être : dans une de ses alvéoles inutiles Van découvrit le bouton qui manquait à la commode et le tendit à la petite fille qui le jeta par la fenêtre. Le chevalet porte-serviette était demeuré jusqu'à ce jour un objet inconnu à Van; de même le lavabo des sans-baignoire. Ici, ce dernier appareil était surmonté d'un miroir rond orné de grappes de raisin en plâtre doré; un serpent satanique entourait la cuvette de porcelaine (ce reptile avait une réplique dans le cabinet de toilette des deux petite filles, de l'autre côté du corridor). Un fauteuil à accoudoirs avec un haut dossier, et près du lit un tabouret garni d'un bougeoir de cuivre avec anse et bobèche (dont il lui semblait avoir vu le double, reflété dans un miroir, quelques instants auparavant, mais où, mais où ?) complétaient la principale et pire partie de l'humble mobilier.

Ils passèrent dans le corridor; Ada secouait sa brune

chevelure, Van s'éclaircissait le gosier. Un peu plus loin, la porte entrouverte d'une chambre d'enfant — playroom ou nursery — parut se mouvoir, comme sous l'effet d'un léger courant d'air. La petite Lucette regarda par la fente, on vit la pointe d'un genou rousselet puis la porte s'ouvrit toute grande; mais Lucette battit prestement en retraite et courut se cacher dans les profondeurs de ses appartements. Des voiliers bleu de cobalt ornaient les carreaux blancs d'un poêle de faïence. Comme Ada et Van passaient devant la porte ouverte, un orgue de Barbarie miniature entonna en manière d'invitation un minuetto hésitant. Ada et Van redescendirent le pompeux escalier. Entre les multiples ancêtres qui se succédaient le long de la muraille, Ada désigna son favori, le vieux prince Vseslav Zemski (1699-1797), ami de Linné et auteur d'une *Flora Ladorica*. Son portrait, peint à l'huile dans les tons les plus éclatants, le représentait assis, tenant dans son giron de satin sa promise à peine pubère et la poupée blonde de celle-ci. Une photographie agrandie encadrée d'une simple baguette voisinait (de façon plutôt incongrue, estima Van) avec le prince en habit chamarré, amateur de bourgeons de rose. Feu Soumeretchnikov, précurseur américain des frères Lumière, avait fixé le profil, violon contre joue, du feu frère de Marina (moribond à dix-neuf ans), le soir de son concert d'adieu.

Le salon jaune du rez-de-chaussée, entièrement tendu de damas à ramages et meublé dans un style que jadis les Français appelaient style Empire, s'ouvrait de plain-pied sur le jardin. L'après-midi touchait à sa fin et par la porte vitrée les larges feuilles d'ombre d'un paulownia envahissaient le parquet.

« Pauvres paulownias... » — Ada avait des explications à fournir — Ils ont reçu leur nom d'un linguiste négligent qui s'inspira du patronyme (pris par lui pour le prénom ou pour le nom de famille) d'une dame sans malice, Anna Pavlovna Romanov, fille de

Pavel, surnommé Paul-moins-Pierre (je me demande bien pourquoi) et cousine du botaniste Zemski dont notre non-linguiste était l'élève (c'est d'un rigolo à faire crier, se dit Van). Une vitrine, enfermant toute une ménagerie de petits animaux de porcelaine — dont l'oryx et l'okapi —, accompagnés de leurs noms latins, lui fut spécialement recommandée par sa charmante (mais passablement assommante) compagne. De même, un paravent à fond noir dont les cinq panneaux s'ornaient de peintures reproduisant les premières mappemondes de quatre continents et demi... Nous passons maintenant dans le salon de musique, au piano désœuvré, puis dans une pièce d'angle, dite la Salle aux Fusils, qui contenait un poney empaillé (race Shetland) monté jadis par une tante de Dan Veen (son nom ? oublié, grâce à Pieu). De l'autre côté, disons plutôt : d'*un* autre côté de la vaste demeure se trouve la Salle de Bal, désert luisant bordé d'un rang de chaises qui regardent danser. « Passe, cavalier, passe », comme disaient Tourgueniev et Yeats.

Ce qu'on appelait improprement dans le comté de Ladore les « communs » du château était d'une architecture assez confondante. Une galerie treillagée regardait le jardin par-dessous son épaule festonnée puis tournait à angle droit en direction de l'allée voiturière. Ada, dont la langue s'était soudain liée, et Van, qui s'ennuyait à mourir, suivirent une élégante loggia, qui prenait jour par d'étroites et hautes fenêtres et qui les conduisit dans le Berceau de Rocaille. C'était une grotte factice qu'enlaçaient sans honte des fougères naturelles. La cascade artificielle qui animait ce lieu prenait source non loin de là sur une hauteur ou dans un auteur bucolique, ou encore dans la vessie brûlante du jeune Van (après tout ce maudit thé) !

Les domestiques, sauf deux soubrettes peinturlurées et poudrées qui avaient leur chambre « dans les étages », logeaient au rez-de-chaussée, côté cour. Ada révéla qu'elle leur avait rendu visite un jour, dans la période exploratrice de son enfance, mais qu'elle se souvenait en tout et pour tout d'un canari et d'un appareil à moudre le café. Ce qui épuisait le sujet.

Zoom ! Ada et Van remontèrent l'escalier. Van visita le W.C. — et ressortit de bien meilleure humeur. A son passage, un Haydn lilliputien rejoua quelques mesures.

Le grenier. Voici le grenier. Le grenier vous accueille. Cet étage mansardé abritait un nombre considérable de malles et de boîtes en carton, deux couchettes couvertes de bure brune et disposées l'une au-dessus de l'autre comme des coléoptères accouplés, et des tableaux petits et grands, serrés dans des recoins ou posés sur des étagères, la face tournée contre le mur, comme des écoliers punis. Il y avait encore, roulé dans son étui, un « jikker » dit encore « escumeur » ou magicarpette, tapis volant bleu de ciel orné de dessins arabes aux tons fanés mais toujours exquis, sur lequel le père de l'Oncle Dan avait voleté dans son enfance et plané dans son âge mûr, les soirs qu'il était ivre. La police de l'air avait proscrit l'usage des jikkers, alléguant les multiples collisions, chutes et accidents divers auxquels ils s'exposaient, surtout dans les ciels crépusculaires, au-dessus des champs idylliques. Quatre ans plus tard, Van, sportsman passionné, devait soudoyer un mécanicien du canton qui nettoya l'appareil, rechargea ses tubes bondrés et remit le tout en bon état de marche magique. Depuis, combien de jours d'été n'ont-ils pas vu naître et mourir, Van et son Ada, balancés au-dessus des sources et des bocages ou survolant à l'altitude prudente de dix pieds la surface des toits et des grands chemins. Qu'il est comique le cycliste zigzaguant qui plonge avec sa bécane dans un fossé, qu'il est cocasse le ramoneur aux bras de fantoche qui glisse sur la pente d'un toit !

Mue peut-être par le vague sentiment que leur exploration domestique leur donnait à tout le moins l'illusion de faire *quelque chose*, qu'elle leur permettait de sauver un semblant d'activité conséquente et que, malgré les dons brillants qu'ils montraient l'un et l'autre pour la conversation, leur promenade risquait à tout moment de s'enliser dans un vide consternant sans autre recours qu'un trait d'esprit forcé, suivi d'un grand silence, Ada n'eut garde d'épargner à son compagnon la visite des sous-sols. Un robot ronflant et ventru infusait vaillamment son ardeur dans un système de tuyaux dont les arborescences méandrines aboutissaient dans l'immense cuisine et dans les deux lugubres salles de bains, s'efforçant, tant mal que bien, de rendre le château habitable aux invités des festivités hivernales.

« ...Et tu n'as encore rien vu ! s'écria la fillette. Reste le toit.

— Va pour le toit, mais ce sera la dernière escalade de la journée, tu peux m'en croire », se dit Van avec autorité.

Par l'effet combiné d'innombrables chevauchements de styles et de tuiles (difficilement explicables en termes non techniques à qui n'est pas un amoureux des toits), et, si j'ose m'exprimer ainsi, d'un *continuum* capricieux de restaurations et de rénovations alternées, les toits d'Ardis Manor offraient un labyrinthe indescriptible d'angles, de volumes, de surfaces gris de fer ou vert-de-gris, de crêtes vertigineuses, de niches abritées...

On pouvait s'étreindre et s'embrasser, et contempler, dans l'intervalle, le Réservoir, les bosquets, les prairies, la ligne à l'encre de Chine d'un rideau de mélèzes qui marquait à plusieurs lieues de distance la frontière du domaine voisin, et les vilaines petites silhouettes de quelques vaches plus ou moins apodes paissant sur une colline lointaine. On pouvait aussi se soustraire, derrière quelque ressaut ou projecture, aux investigations indélicates d'un « escumeur » ou d'un monsieur en ballon qui prenait des photos.

Le bronze d'un gong vibra sur la terrasse. Ada et Van (voyez leur bizarrerie) furent soulagés d'apprendre que l'on attendait à dîner un inconnu. Un architecte andalou à qui l'Oncle Dan pensait confier les plans d'une piscine « artistique » pour le château. L'Oncle s'était promis de venir à ce dîner flanqué d'un interprète, mais il avait attrapé entre-temps le *khrip* russe (encore appelé grippe espagnole) et n'avait pu que téléphoner à Marina pour lui demander d'être tout à fait aimable avec le brave Alonso.

Marina montrait un front soucieux, quand les deux enfants vinrent la rejoindre. « Il faudra m'aider », leur dit-elle. Ada, s'adressant à son cousin : « Peut-être pourrai-je lui montrer la copie d'une nature morte absolument fantastiquement exquise de Juan de La Brador d'Extremadure. Une grappe de raisins dorés et une rose ambiguë, sur fond noir. Dan l'a vendue à Démon et Démon a promis de me la donner, le jour de mes quinze ans.

— Nous avons, nous, des fruits de Zurbaran, dit Van d'un air avantageux. Des mandarines, je crois bien, et une espèce de figue, avec sa guêpe. Le bonhomme sera ébloui de nous entendre parler boutique. »

Mais le bonhomme ne le fut point. Alonso était tout petit, ridé, habillé d'un smoking croisé, et il ne comprenait que l'espagnol. Malheureusement le répertoire des mots espagnols que pratiquaient ses hôtes ne dépassait guère la demi-douzaine. Van connaissait *canastilla* (petit panier) et *nubarrones* (nuées d'orage) : il avait puisé l'un et l'autre dans la traduction « en regard » d'un très beau poème espagnol cité dans un de ses livres de classe. Ada se souvenait évidemment de *mariposa* (papillon) et de deux ou trois noms d'oiseaux rencontrés dans les guides ornithologiques de l'Ibérie, comme *paloma* (pigeon) ou *grevol* (gelinotte). Marina savait *aroma* et *hombre*, et certain terme anatomique, avec un « j » pendant entre deux « o ». En conséquence, les propos de table consistèrent ce soir-là en phrases espagnoles longues et grumeleuses, énoncées d'une voix forte par le volubile architecte qui pensait avoir affaire à des gens très sourds, et en un salmigondis de vocables français, bien vainement quoique délibérément italianisés par ses trois victimes. Après ce dîner difficile, Alonso explora le terrain, escorté par deux laquais portant trois torches de résine, à la recherche d'un site propice au percement coûteux d'une piscine. Cela fait, il replia son plan, le glissa dans son portefeuille, et repartit en grande hâte pour prendre le dernier train pour le Mexique, non sans avoir, dans l'ombre et par erreur, baisé la main d'Ada.

CHAPITRE VII

VAN, qui tombait de sommeil, s'alla coucher peu après le « thé du soir », collation estivale qui se prenait environ deux heures après le dîner et dont le retour régulier semblait à Marina tout aussi naturel et indispensable que le retour du crépuscule avant la nuit. Le thé, au sens non figuré, n'y avait pour ainsi dire aucune part. Le plat principal de ce festin traditionnel et tout russe était la *prostokvacha* (les gouvernantes anglaises traduisaient *curds-and-whey* — et Mlle Larivière, lait caillé) dont Ada récoltait la couche superficielle, fine et crémeuse — délicatement, avidement (mon Ada, ces adverbes sont applicables à bien d'autres actions par toi commises...), sur la pointe d'une cuillère en argent marquée de son monogramme qu'elle léchait avec ravissement avant d'attaquer les profondeurs plus compactes de ce laitage; il était accompagné d'un pain de campagne noir, de *kloubnika* d'un rouge foncé (*Fragaria elatior*), et de grosses fraises de jardin, d'un rouge vermeil (issues du croisement de deux autres espèces de *Fragaria*).

Van avait à peine posé la joue sur son maigre et frais oreiller qu'il fut tiré sans ménagements de son sommeil par un carillon de clameurs diverses — babil sonore, sifflets doux, pépiements, trilles, gazouillis, croassements râpeux et tendres phrases sussurrées. Il se prit à penser (non sans une appréhension de profane) qu'Ada saurait fort bien dissocier les voix de ce concert et les attribuer chacune à leurs auteurs respectifs. Glissant les pieds dans ses flâneuses, il prit son savon, son peigne, sa serviette et, contenant sa nudité dans une robe de chambre en tissu éponge, sortit de sa chambre avec l'intention de se baigner dans certain ruisseau qu'il avait remarqué la veille. La pendule du corridor tictaquait dans le silence auroral; un seul bruit domestique altérait cette agréable paix, un ronflement magistral provenant de la chambre de l'institutrice. Après avoir hésité un instant, Van fit une visite au W.C. de la nursery. Par la lucarne ouverte l'assaillirent le vacarme fou des oiseaux et l'éclat d'un superbe soleil. Il constata qu'il allait bien, tout à fait bien. Dans le grand escalier, le père du général Dourmanov le salua d'un œil grave et le passa à son voisin, le vieux prince Zemski, qui le passa à son voisin... et tous observèrent Van avec la discrétion attentive de ces gardiens de musée qui surveillent le touriste étranger, unique visiteur d'un vieux palais ténébreux.

La grande porte était verrouillée et cadenassée. Van essaya d'une petite porte grillagée qui donnait dans une galerie latérale festonnée de guirlandes bleues. Vain effort. Ignorant encore qu'un réduit, dissimulé sous l'escalier, abritait un assortiment de clefs de secours (dont certaines fort anciennes et sans attribution connue, qui pendaient à des crochets de bronze) et communiquait avec une resserre à outils ouvrant de plain-pied sur un coin retiré du jardin, Van traversa plusieurs salons en quête d'une fenêtre obligeante. Chemin faisant, il découvrit dans une pièce d'angle, debout devant une haute croisée, une petite camériste qu'il avait aperçue la veille et qu'il avait mentalement promise à ses investigations futures. Elle portait ce que Démon appelait (avec une œillade plus ou moins parodique) « le noir soubrette et un frisson de blanc ». Dans ses cheveux châtains, un peigne d'écaille accrochait la lumière ambrée; la porte-fenêtre était ouverte sur le jardin et la fille, appuyant haut sur le chambranle une main qu'étoilait une minuscule aigue-marine, regardait un moineau qui s'approchait en sautillant d'un petit-beurre qu'elle avait jeté sur les dalles du chemin. Son profil de camée, ses gentilles narines roses, son long cou français, blanc comme les lis, les pleins et les déliés de ses contours (la concupiscence masculine ne va pas loin en fait de trouvailles descriptives), et surtout l'instinct féroce de l'occasion favorable, émurent Van de façon tellement vigoureuse qu'il ne put s'empêcher de saisir au poignet le joli bras levé, gaîné d'une manche étroite. La jeune fille se dégagea et, signalant à son poursuivant par le flegme de son attitude qu'elle l'avait vu venir, elle tourna vers lui un visage attrayant, quoique presque dépourvu de sourcils, et lui demanda s'il voulait prendre une tasse de thé avant le breakfast. Non merci. Mais pouvait-on savoir comment elle se nommait ? Blanche, monsieur, mais Mlle Larivière l'appelait Cendrillon parce que ses bas avaient une tendance marquée à faire des échelles (Monsieur voit ce que je veux dire ?) et parce qu'elle cassait tout, perdait tout et confondait les coquelicots avec les bleuets. Van s'approcha plus près encore. Son lâche vêtement trahissait son désir : ce point ne pouvait échapper à l'attention d'une gamine, fût-elle daltonienne, et tandis que le regard de Van, glissant un peu au-dessus du peigne d'écaille, parcourait l'horizon domestique attendant qu'une couche praticable apparût en quelque endroit de ce manoir enchanté (où tous les lieux, comme dans les *Mémoires* de Casanova, pouvaient devenir, par l'alchimie du rêve, les coins et les recoins d'un sérail claustral), elle s'éloigna à bonne distance et modula ce monologue dans le doux français de Ladore :

« Monsieur a quinze ans, je crois, et moi, je le sais, j'en ai dix-neuf. Monsieur est gentilhomme; je suis la fille d'un pauvre tourbier. Monsieur a tâté, sans doute, des filles de la ville; quant à moi, je suis vierge ou peu s'en faut. De plus, si je devais m'éprendre de monsieur — m'éprendre tout de bon — et cela pourrait bien arriver, hélas, si monsieur me possédait rien qu'une petite fois, je n'en récolterais que chagrin, flammes infernales, désespoir et même trépas. J'ajouterai, pour finir, que j'ai des pertes blanches et que je dois consulter le docteur Chronique, Crolique veux-je dire, mon prochain jour de sortie. A présent, il faut nous séparer; le moineau a disparu, voyez, et monsieur Bouteillan qui vient d'entrer dans la pièce voisine peut nous observer tout à loisir dans le miroir suspendu au-dessus du sofa que dissimule ce paravent de soie.

— Pardonnez-moi, petite », murmura Van, troublé plus que de raison par cette voix étrange et tragique, comme s'il avait un rôle à jouer dans une pièce dont il était le principal personnage mais dont il ne se rappelait que cette scène unique. Dans le miroir, une main de maître d'hôtel fit sortir une carafe des marges de l'inexistence et glissa hors du cadre. Van, renouant le cordon de sa robe de chambre, franchit la porte vitrée et plongea dans la verte réalité du jardin matinal.

CHAPITRE VIII

CE matin-là, ou deux jours plus tard, sur la terrasse, Mlle Larivière disait, poussant Ada (dont les hanches enfantines tressautèrent au risque de se désarticuler) : « Mais va donc jouer avec lui. Peux-tu bien laisser ton cousin se morfondre, par une aussi belle matinée ? Prends-le par la main, conduis-le dans ton allée favorite et montre-lui la dame blanche, et la montagne et le grand chêne. »

Ada haussa les épaules et s'approcha de Van. Le contact de sa paume moite et de ses doigts glacés et la façon un peu embarrassée dont elle rejetait sa chevelure en arrière pendant qu'ils descendaient ensemble la grande allée du parc firent que Van, non plus, ne se sentait pas trop à son aise; sous prétexte de ramasser une pomme de sapin il dégagea sa main captive puis, ne sachant que faire de l'objet, il le lança sur une nymphe de marbre penchée au-dessus d'un stamnos; il réussit seulement à effrayer un oiseau qui s'etait perché sur le col de l'urne brisée.

« Il n'y a rien au monde de plus ordinaire, dit Ada, que de jeter des pierres sur un gros-bec.

— Mille regrets. Je ne voulais pas lui faire peur. C'est que je ne suis pas un de ces gars de la campagne qui savent reconnaître une pigne d'une pierre. A quels jeux, au fond, s'attend-elle à nous voir jouer ?

— Je l'ignore. Il faut bien dire que je me soucie médiocrement des opérations de son faible esprit. A cache-cache, j'imagine, ou à grimper aux arbres.

— Quant à cela, c'est mon affaire; je suis même

brachipodiste. Tu veux voir comment je m'y prends ?

— Non, c'est à *mes* jeux que nous allons jouer. Des jeux auxquels (espérons-le) Lucette pourra jouer avec moi l'année prochaine, la pauvre chérie ! Tu viens ? On commence. La première série appartient au groupe « ombre et lumière ». Aujourd'hui je t'en apprendrai deux.

— Je vois », fit Van.

« Dans un instant, ce sera tout vu », répliqua la jolie poseuse. « Il faut avant tout trouver une bonne baguette.

— Regarde là, dit Van, toujours un peu vexé, encore un gros Bêbec. » Ils venaient d'atteindre le rond-point, modeste arène entourée de plates-bandes et de buissons de jasmins en fleurs. Dans les hauteurs, les bras d'un tilleul se tendaient vers les bras d'un chêne tels une jeune beauté pailletée de vert s'élançant dans l'espace à la rencontre de son robuste père, suspendu par les pieds au barreau d'un trapèze. Même alors nous comprenions tous deux ces choses divines, oui, déjà...

« Il y a je ne sais quoi d'assez acrobatique dans cet arbre », dit Van, le doigt levé.

« Oui, dit Ada. Il y a longtemps que j'en ai fait la découverte. Le tilia, c'est la sylphide italienne, et le vieux chêne est celui qui souffre... le vieil amant jaloux. Chaque fois, pourtant, il la rattrape... » Comment restituer à la fois l'intonation exacte et le sens complet de ses paroles... après quatre-vingts ans ! Mais en vérité, tandis que nos regards s'élevaient dans la ramure et redescendaient vers la terre, elle dit ces mots extravagants, tout à fait disproportionnés avec la simplicité de son âge.

Le regard incliné, et brandissant un tuteur de couleur verte à l'extrémité bien pointue qu'elle avait extrait d'un massif de pivoines, Ada expliqua à son compagnon la règle du premier jeu.

L'ombre du feuillage sur le sable était diversement tachetée de petits cercles de lumière vive. Chacun des joueurs devait choisir son circulet — le mieux fait, le plus brillant qu'il pût trouver — et d'un trait ferme en souligner le contour avec la pointe de sa baguette. A la suite de cette opération, la tache lumineuse acquérait un semblant de relief et paraissait bombée comme la surface d'une coupe d'huile dorée pleine jusqu'au bord. Alors, bien délicatement, le joueur creusait le sable à l'intérieur du cercle de lumière au moyen de sa baguette ou de ses doigts; en même temps, le niveau de la tache limpide, lumineuse infusion de tilleul, s'abaissait comme par magie dans son gobelet de sable, jusqu'à ce qu'il ne restât plus, dans le fond, qu'une seule goutte précieuse. Le gagnant était celui qui avait creusé le plus grand nombre de gobelets, disons en vingt minutes.

Van demanda avec quelque méfiance si « c'était tout ». Non. Ce n'était pas tout. Ada traçait un petit cercle bien net autour d'une tache d'or de la plus belle venue, et tandis qu'elle œuvrait et se déplaçait à croupetons, ses cheveux noirs balayaient ses genoux mobiles, polis comme l'ivoire, et ses mains et ses hanches diligemment s'activaient (d'une main elle tenait sa baguette, et de l'autre écartait de son visage de longues mèches importunes). Soudain, mal à propos, une brise légère éteignit la tache d'or. Cet accident faisait perdre un point au joueur, même si la feuille ou le nuage s'empressaient de rendre un passage au rayon intercepté.

On avait compris. Et l'autre jeu ?

L'autre jeu (cela débité d'une voix traînante) pouvait paraître un peu compliqué. Pour y jouer correctement, il fallait attendre que les heures de l'après-midi allongeassent les ombres. Le joueur...

« Arrête de dire : le joueur. C'est toi ou c'est moi.

— Disons, toi. Tu dessines le contour de mon ombre, derrière moi, sur le sable. J'avance. Tu dessines ma nouvelle ombre. Puis la suivante (lui tendant la baguette). Et maintenant, si je recule...

— Ah, ça, dit Van en jetant la baguette, si tu veux savoir mon avis, voilà bien les jeux les plus stupides et les plus assommants qu'on ait jamais inventés, n'importe où, n'importe quand, après ou avant midi. »

Ada ne répondit pas, mais ses narines se resserrèrent. Elle ramassa la baguette et la piqua férocement à sa première place dans le terreau profond d'une plate-bande, à côté d'une fleur reconnaissante, à la tige de laquelle elle la relia avec un petit signe de tête silencieux. Elle reprit le chemin de la maison et Van se demanda en la regardant si plus tard sa démarche aurait meilleure grâce.

« Je ne suis qu'une brute, un rustre. Veux-tu bien me pardonner ? »

Elle inclina la tête, mais sans se retourner, et lui montra, en gage de réconciliation partielle, deux robustes crochets suspendus à des cercles de fer enserrant les troncs de deux tulipiers : avant qu'elle ne vînt au monde, un autre adolescent, qui s'appelait Van, lui aussi, et qui était le frère de sa mère, avait l'habitude d'y suspendre un hamac au milieu de l'été et, quand la chaleur des nuits devenait insupportable, il dormait à la belle étoile (n'oublions pas que nous sommes à la même latitude que la Sicile).

« C'est une bonne idée, dit Van. A propos, quand on dort ainsi sous le ciel, les lucioles vous brûlent-elles avec leurs lumignons ? Tu sais, je te demande ça... Sotte question d'un habitant des villes. »

Ada lui montra le lieu où l'on rangeait le hamac (les hamacs, devrais-je dire, car il y en avait tout un jeu, un sac de grosse toile bourré de réseaux souples et résistants). C'était derrière les lilas, au fond d'une remise logée dans le soubassement de la maison; la clef était cachée là, dans ce trou. L'an passé un nid d'oiseau en avait obstrué l'entrée — il n'importe quel était le nom de cet oiseau. Un long doigt de lumière striait d'un vert plus vert une boîte de couleur verte et de forme oblongue, contenant un jeu de croquet, mais les boules étaient absentes : elles avaient, naguère, dévalé la colline, avec la complicité des petits Erminine, insupportables chahuteurs : les petits Erminine avaient aujourd'hui l'âge de Van, mais en grandissant ils étaient devenus très gentils et très sages.

« Comme nous le sommes tous à cet âge. » En disant ces mots, Van se penchait pour ramasser un peigne en écaille, tel qu'en portent les femmes pour tenir leurs cheveux relevés sur la nuque. Il se souvenait en avoir vu tout récemment l'exacte réplique. En quelle chevelure ? où ? quand ? sur qui ?

« Sur une de nos petites bonnes, dit Ada. Et ce bouquin dépenaillé doit aussi lui appartenir : *Les Amours du docteur Mertvago*, roman mystique, par un prélat.

— Jouer au croquet avec toi, dit Van, ce doit être un peu comme si on se servait de flamants roses et de hérissons.

Nous n'avons pas les mêmes lectures, répliqua la fillette. Ce *Palace in Wonderland*, c'est le style de livre dont tout le monde m'a si souvent et si unanimement parlé (en prophétisant que je ne pourrais pas ne pas l'adorer en temps voulu) qu'il m'est venu une prévention insurmontable à son endroit. As-tu déjà lu du Larivière ? Bon, cela viendra. Elle croit avoir été, en quelque forme d'existence antérieure et vaguement hindoue, boulevardier à Paris, sans rire; et elle écrit en conséquence. D'ici, nous pourrions en nous tortillant nous glisser dans le grand vestibule, en empruntant un passage secret, mais sans doute sommes-nous tenus d'aller voir le grand chêne, lequel d'ailleurs est un orme. » Aimait-il les ormes ? Connaissait-il le poème de Joyce sur les deux blanchisseuses ? Oui, certainement. Et l'aimait-il, ce poème ? Oui, il l'aimait. En vérité, ce que Van commençait à aimer beaucoup c'était les arbors, les ardors, les Adas. Tout cela rimait. Devait-il en faire la remarque ?

« Et maintenant », dit Ada. Elle se tut et regarda Van dans les yeux.

« Oui... et maintenant ?

— Peut-être au fond, ne devrais-je pas prendre la peine de te procurer des distractions, toi qui as piétiné mes cercles, comme un Romain; pourtant je me laisse fléchir pour te montrer la vraie merveille d'Ardis, mon larvarium; il occupe la pièce voisine de ma chambre » (cette chambre que jamais, jamais il ne vit. Fort étrange quand on y pense !).

Aussitôt qu'ils eurent pénétré dans le sanctuaire, Ada referma consciencieusement la porte de communication. Le larvarium ressemblait à une sorte de lapinière embellie, à laquelle on eût accédé par une antichambre dallée de marbre (mais ce n'était qu'une salle de bains reconvertie). Bien que la pièce fût largement aérée (les fenêtres aux vitraux héraldiques étaient grandes ouvertes et laissaient pénétrer du dehors les cris aigres et les insultes de tout un peuple d'oiseaux sous-alimentés et sur-frustrés), l'odeur des clapiers — humus humide, racines gorgées de sucs, relents de vieille serre, peut-être même une pointe de bouc — ne laissait pas d'être assez épouvantable. Avant de permettre à Van de s'approcher, Ada manipula toutes sortes de petits loquets, de trapuscules, de volets grillagés, et la petite flamme voluptueuse qui consumait Van depuis le début de leurs jeux innocents fit place à un sentiment de détresse et d'inanité navrante.

Ada : « Je raffole de tout ce qui rampe. »

Van : « Personnellement, je préfère celles qui se roulent en boule, ou en manchon, quand on les touche... celles qui font coucouche comme les vieux chiens, pour s'endormir.

— Pour s'endormir ? quelle idée ! Il s'agit bien de dormir. Elles s'évanouissent, c'est une petite syncope, expliqua-t-elle en fronçant le sourcil. Et j'imagine que cela doit causer aux plus jeunes un véritable choc.

— Je l'imagine sans peine, moi aussi. Pourtant il faut croire qu'on s'y habitue... à la longue, en tout cas. »

Mais ses hésitations de profane eurent bientôt cédé la place aux illuminations intuitives de l'esthète; Van ne devait jamais oublier ses émerveillements devant l'adorable chenille d'une Cucullie, nue, luisante, fastueusement bigarrée, aussi vénéneuse que les fleurs de molène dont la grappe l'abrite, où la larve aplatie d'une catocalide indigène dont les plaques couleur de lilas et les protubérances grises imitent les croûtes de lichen et les nœuds des brindilles auxquels elle s'accroche si adroitement qu'elle y est quasiment soudée, ou encore la petite Orgyie, avec sa robe noire, égayée tout le long du dos de touffettes colorées, rouges, bleues, jaunes, de longueur inégale, comme les soies d'une brosse à dents de fantaisie, couleurs garanties. Aujourd'hui ces sortes de comparaison me remettent en mémoire les annotations entomologiques du Journal d'Ada... Nous devons l'avoir ici quelque part, n'est-ce pas, mon amour ? Dans ce tiroir peut-être ? Non, tu ne crois pas ? Et pourtant si ! Victoire ! Glanons quelques exemples (ta gentille écriture joufflue était un peu plus grande, ma tendresse, mais à cela près, rien, rien, rien n'a changé).

« La tête rétractile et les diaboliques tentacules anales du monstre éblouissant qui produit l'humble Dicranure appartient à une chenille tout ce qu'il y a de moins chenilleuse; ses segments frontaux sont conformés comme des soufflets et sa physionomie ressemble à l'objectif d'un Kodakordéon. Quand on caresse délicatement son corps glabre et bouffi, on ressent tout d'abord le contact éminemment agréable d'un épiderme satiné, jusqu'au moment où l'irritable créature projette sur vous, dans un mouvement d'ingratitude, certaine liqueur à l'odeur âcre qui s'échappe d'une fente ouverte dans sa gorge. »

« Le docteur Krolik a reçu d'Andalousie et m'a très aimablement offert cinq jeunes larves d'une espèce toute locale et décrite depuis peu : la Tortue Carmen. Ce sont de délicieuses créatures, d'une belle couleur de jade avec des épines d'argent, qui ne se reproduisent que sur un saule de haute montagne dont la race est presque éteinte (ce bon Krokignol m'a aussi procuré cette plante). »

(A dix ans et peut-être avant, Ada avait lu — comme Van — *Les Malheurs de Swann*, ainsi qu'en témoigne l'exemple ci-après :)

« Je crois que Marina cesserait de maugréer contre mon « dada » (« Il y a quelque chose d'inconvenant dans l'obstination d'une fillette à s'entourer de petits favoris aussi révoltants... », « Les demoiselles normales ont horreur des serpents, des vers, et cætera ») si je pouvais lui persuader de surmonter ces répugnances d'un autre âge et de poser à la fois sur sa paume et sur son pouls (car la main seule ne serait pas assez grande) la noble larve du Sphinx du Catleya (ombres mauves de Monsieur Proust), une géante longue de sept pouces, couleur chair striée de turquoise, au chef d'Hyacinthe érigé dans l'attitude dite sphingienne. »

(Jolie description, dit Van. Mais je reconnais que je ne l'avais pas comprise à fond, au temps de ma jeunesse. même moi. Alors, ne rebutons pas le butor qui traverse mon livre et se répète, de page en page : « Quel farceur, ce vieux V.V. ! »)

Au terme de son été (1884) si lointain, si proche, Van, sur le point de quitter Ardis, voulut faire une visite d'adieu au larvarium d'Ada.

La larve ocellée de la Cucullie, gemme d'un grand prix, d'un blanc de porcelaine, avait mené à bonne fin sa récente métamorphose — mais l'exemplaire unique de *Catocala lorelei* était mort, hélas, paralysé par certain ichneumon que n'avaient point trompé ses astucieuses protubérances et ses macules fongoïdes. La brosse à dents versicolore était confortablement entrée en pupation dans l'hermitage d'un cocon velu : c'était promesse d'une Orgyie de Perse pour le déclin de l'automne. Quant aux deux larves de Queues Fourchues, elles étaient devenues plus vilaines encore, mais en même temps plus vermiennes, et, si l'on veut, plus vénérables : leurs fourches flasques traînaient lamentablement derrière elles, une suffusion violâtre ternissait la cubistique de leur extravagant dessin, elles ne cessaient de ramper de long en large avec vélocité sur le fond de leur cage dans un accès de locomotion préparatoire. Aqua, elle aussi, avait marché à travers un bois et dans un ravin pour accomplir la même chose. Suspendue au grillage dans une tache de soleil, une *Nymphalis carmen* qui venait d'éclore était en train d'abaisser et de relever ses ailes citron pâle et ambre foncé, lorsqu'Ada, heureuse et cruelle, l'étouffa d'une pinçade experte de ses doigts. Le Sphinx d'Odette s'était transformé bien gentiment en une momie éléphantine avec un fourreau de trompe comique du type guermantesque. Et dans un autre hémisphère, le docteur Krolik courait rapidement sur ses jambes courtes après une Aurore très spéciale de haute montagne, papillon connu sous le nom de *Antocharis ada* Krolik (1884) avant que l'inexorable loi de la priorité taxonomique ne l'eût changé en *Antocharis prittwitzi* Stümper (1883).

« Mais après l'apparition de toutes ces bestioles, qu'en fait-on ? demanda Van.

« Eh bien, dit-elle, je les porte chez le docteur Krolik : son assistant les étale, les munit d'étiquettes et les pique dans les tiroirs vitrés d'un cabinet en chêne bien propre qui sera à moi quand je me marierai. Je posséderai ainsi une grande collection et je continuerai l'élevage de toutes sortes de lépidos. Mon rêve serait d'avoir un Institut de Grands et Petits Nacrés avec leurs chenilles et les diverses violettes dont celles-ci se nourrissent. On m'expédierait d'urgence par avion œufs et larves de toute l'Amérique du Nord accompagnés de leurs plantes-hôtes : Violette des Séquoias de la côte ouest, Violette pâle du Montana, celle de la Savane, violette d'Egglestone qu'on trouve au Kentucky et cette violette blanche rarissime qui fleurit dans un marécage caché aux bords d'un lac innommé sur une montagne arctique où vole la Clossiane de Krolik. Naturellement, quand ces papillons paraissent, il est tout à fait facile de les accoupler à la main... On les tient... pour un bon moment quelquefois... comme ceci, de profil, les ailes pliées (Ada montre comment, tout en oubliant de dissimuler ses pauvres ongles), le mâle de la main gauche, la femelle de la droite, ou vice versa, faisant de sorte que les bouts des deux abdomens se touchent; mais pour le succès de l'affaire les individus doivent être d'une fraîcheur parfaite et tout imbibés des effluves de leur violette préférée. »

CHAPITRE IX

ETAIT-ELLE vraiment jolie, à douze ans ? Et lui, avait-il envie — aurait-il jamais envie — de la caresser, de la caresser vraiment ?

Ses cheveux bruns lui tombaient en cascade sur la clavicule gauche, et la façon dont elle secouait la tête pour les rejeter en arrière et certaine fossette sur sa joue pâle appartenaient à cet ordre de révélation qu'accompagne le sentiment immédiat d'une réalité qu'on reconnaît. Sa pâleur était lumière, son noir une nuit resplendissante. Les jupes plissées qu'elle aimait étaient courtes, ce qui lui allait à merveille. Ses membres découverts étaient eux-mêmes si blancs, si nets de tout hâle, que le regard effleurant le devant de ses jambes et ses avant-bras pouvait y suivre l'oblique régulière des petits poils noirs, duvet soyeux de jeune vierge. L'iris brun sombre de ses yeux graves avait l'opacité énigmatique d'un regard d'hypnotiste oriental (voir les annonces de dernière page d'un quelconque magazine) et paraissait plus haut placé qu'à l'ordinaire, de sorte qu'entre son bord inférieur et l'humide paupière qui le soulignait on voyait, quand elle vous regardait en face, un demi-cercle blanc. Ses longs cils semblaient fardés de noir (impression juste au demeurant). La ligne épaisse de ses lèvres enfiévrées épargnait à son visage la mignardise des elfes. Son nez franchement irlandais était, en plus petit, le nez de Van. Pour les dents, elle les avait assez blanches et point trop régulières.

...Mais ses pauvres petites mains ! On ne pouvait s'empêcher de s'apitoyer sur leur infortune avec des gémissements attendris. Comme elles étaient roses auprès de la pâleur diaphane des bras. Plus roses, même, que le coude qui semblait rougir de l'état lamentable des ongles — car Ada mangeait ses ongles, si impitoyablement que la marge en avait entièrement disparu; à sa place, un sillon creusé dans la chair comme avec un fil de métal ajoutait aux extrémités dénudées de ses doigts la longueur d'une spatule supplémentaire. Lorsque Van, quelques semaines plus tard, devait tant aimer à couvrir de baisers ses mains froides, elle lui offrait toujours son poing serré, mais lui, impitoyablement, la forçait à étendre les doigts pour baiser aussi ces coussinets aveugles. (Par contre, ah, qu'ils furent beaux les longs, les langoureux onyx de son adolescence, teintés de rose et d'argent, pointés en griffes délicates !)

Les impressions nouvelles que ressentit le jeune garçon pendant ces premières journées étranges où Ada lui fit découvrir la maison et les recoins et les cachettes où bientôt — si vite — ils allaient faire l'amour, offraient un amalgame de ravissement et d'exaspération. Ravissement... à cause de cette peau défendue si blanche, si voluptueuse, à cause de ses cheveux, de ses jambes, de ses mouvements saccadés, de son odeur d'herbe-aux-gazelles, du regard noir et brusque de ses yeux largement espacés, de son agreste nudité sous ses robes légères... Exaspération... parce qu'entre lui, Van, maladroit écolier de génie, et cette enfant précoce affectée, impénétrable, s'étendaient un vide de lumière et un voile d'ombre que nul effort ne pouvait abolir ni déchirer. Et la nuit, sur son lit de désespérance, il jurait lamentablement, et ses sens gonflés se braquaient sur une image d'elle qui s'était engloutie dans ses yeux avides : c'était pendant leur second voyage au haut de la maison. Elle était montée sur un coffre de marin pour soulever une sorte de hublot par où l'on accédait au toit (le chien lui-même y était grimpé une fois). Sa jupe se prit à un crochet et Van (tel un spectateur des métamorphoses révoltantes d'un phalène ou le témoin d'un miracle vaguement écœurant dans un épisode biblique) aperçut la mousse noire qui ombrait le pubis de l'enfant. Il remarqua qu'elle semblait avoir remarqué qu'il avait dû ou pu entrevoir ce que non seulement il entrevit mais ce qu'il allait longtemps retenir, avec tendresse, avec terreur — vision poignante dont il parvint à se libérer seulement bien plus tard, et d'assez singulière façon. Une expression bizarre, hautaine et morne passa sur le visage d'Ada : ses joues creuses, ses lèvres pâles et charnues bougèrent un peu, comme si elle mâchait on ne sait quoi et, quand le grand Van, qui venait de se faufiler à son tour par l'étroite lucarne, trébucha sur une tuile et glissa au risque de tomber, elle fit entendre un glapissement de rire sans joie. Et, plongé dans la lumière soudaine du soleil, il comprit, lui, que le petit Van n'avait été jusque-là qu'un puceau aveugle, vu que la hâte, la poussière et l'obscurité lui avaient toujours caché les charmes ternes de sa première souris, pourtant si souvent possédée.

Désormais, son éducation sentimentale allait se poursuivre bon train. Le lendemain matin, il surprit Ada à sa toilette. Elle se frottait le visage et les bras au-dessus d'une cuvette à l'ancienne mode encastrée dans une table rococo, les cheveux noués sur le dessus de sa tête, la chemise de nuit roulée autour de la taille comme une corolle disgracieuse d'où jaillissait un dos mince dont on voyait de profil le dessin estompé des côtes. Un serpent obèse de porcelaine se lovait autour de la cuvette. Or, comme Van et le reptile s'immobilisaient pour contempler Eve et le brimballement mollet de ses seins à peine formés, un gros savon couleur de mûre glissa des mains de la fillette, dont le pied chaussetté de noir accrocha lestement la porte et la fit claquer avec bruit... un bruit qui faisait bien davantage écho à la chute d'un savon sur un marbre sonore qu'aux véhémences de la pudeur courroucée.

CHAPITRE X

DÉJEUNER de semaine à Ardis Hall. Lucette entre Marina et l'institutrice; Van entre Marina et Ada; Dack, fouine fauve, sous la table, tantôt entre Ada et Mlle Larivière, tantôt entre Lucette et Marina. Van détestait secrètement les chiens — à table en particulier, et particulièrement cet avorton au corps allongé dont l'haleine sentait la faisandaille. Mièvre et doctorale, Ada racontait un rêve, décrivait une curiosité d'Histoire naturelle, commentait le procédé littéraire de tel ou tel auteur (par exemple, le « monologue intérieur » de Paul Bourget, emprunté à Tolstoï) ou dénonçait quelque bévue grotesque dans la dernière chronique d'Elsie de Nord, vulgaire plumiste du demi-monde qui croyait que Liovine se promenait dans Moscou en *nagol'nyï touloupe,* « manteau de moujik en peau de mouton, cuir au-dehors et poil au-dedans », selon la définition de certain dictionnaire qui apparut dans la main de notre commentatrice comme le lapin du prestidigitateur mais auquel les Elsie de ce monde n'auront jamais accès.

La maîtrise spectaculaire que déployait Ada dans l'agencement des subordonnées, ses digressions et parenthèses, la saveur sensuelle qu'elle savait communiquer à la scansion des monosyllabes contigus (« Cette sotte d'Elsie ne lit Pas ») tout cela finissait par agir sur Van comme les artifices de caresses-supplices exotiques, en lui ébranlant sinistrorsum la partie excitée — sensation dont il s'irritait et se délectait perversement.

Marina appelait « mon trésor » sa brillante fillette et ponctuait ses discours de brèves exclamations : « Follement drôle » ou « Ça, j'adore ! », mais elle ne s'interdisait pas de faire à l'occasion des remarques plus édifiantes comme : « Tiens-toi un tout petit peu plus droite ! » ou « *Mange,* mon trésor ! » (en appuyant sur le verbe avec un accent d'incitation maternelle bien différent des spondées sarcastiques de la méchante Ada).

Ada, tantôt assise bien droite sur sa chaise, son dos

souple épousant le galbe du dossier, tantôt (quand le rêve ou l'aventure qu'elle était en train de conter atteignait un degré d'intensité suprême) se penchant sur son assiette (non, son assiette était déjà desservie par le prévoyant Price) s'étalant brusquement sur la table, les coudes en avant, envahissant toute la place, puis reprenant sa position première en faisait des mines extravagantes... Elle venait de prononcer « long, long... » en faisant haut, haut les mains pour illustrer du geste la parole.

« Mais, mon trésor, tu n'as pas essayé la... Oh Price, voulez-vous apporter la... »

La quoi ? La corde qu'escalade, dans l'azur ardent, l'enfant aux fesses nues, le petit compère du fakir ?

« C'était une espèce de long, long... enfin je veux dire (demi-pause... une espèce de tentacule... non, laisse-moi trouver » (elle secoue la tête, ses traits se contractent comme si elle cherchait à débrouiller un écheveau en tirant bien sec et bien fort).

Non. Mais une coupe d'énormes prunes d'un rose pourpré; la plus mûre avait éclaté et s'ouvrait par une bouche jaune et juteuse...

« Et j'étais là, moi... » (les cheveux qui retombent sur le visage, les doigts qui volent vers la tempe, esquissant sans l'achever le geste qui écarte la tresse, et puis, sans crier gare, un éclat de rire avec des embruns rauques, vite noyé dans une toux humide).

« Non, mais sérieusement, mère, essaye d'imaginer ta pauvre fille, incapable de prononcer une parole mais *criant*, criant, parce qu'elle vient de comprendre... »

Au troisième ou quatrième repas Van aussi comprit une chose : loin de correspondre aux exhibitions d'une gamine de talent qui se donne des airs pour épater son hôte, le comportement de l'intarissable Ada devait s'interpréter comme une tentative éperdue, et plutôt habile, pour empêcher que Marina, s'emparant de la conversation, ne la transformât en une conférence sur le théâtre. Marina, de son côté, tout en épiant l'occasion d'enfourcher son dada, prenait un plaisir en quelque sorte professionnel à jouer le rôle bien connu de la tendre mère qui est non seulement fière du charme et de l'esprit de sa fille mais qui exprime aussi son charme à elle et son propre esprit par l'indulgence qu'elle montre à l'égard de l'abondance de détails dans les propos de l'impossible enfant. C'était Marina qui se faisait valoir — et non pas Ada. Une fois qu'il eut compris la situation véritable, Van apprit à profiter d'une pause (à l'instant où Marina s'apprêtait à la combler par quelques Stanislavskiana bien choisis) pour lancer Ada sur les eaux troubles de Botany Bay. En d'autres circonstances, il eût redouté ce voyage, mais à la table de famille c'était le moyen le plus sûr et le plus facile de prêter main-forte à son Ada. Cette tactique prenait toute son importance au repas du soir. Lucette et Mlle Larivière dînaient plus tôt dans leur chambre : il ne fallait donc pas compter sur la gouvernante pour relayer Ada au moment critique par de pittoresques révélations sur son métier d'auteur (elle mettait alors la dernière main à son fameux *Collier de diamants)* ou par des souvenirs de la prime enfance de Van, tels ceux, éminemment bienvenus, où figurait son bien-aimé précepteur russe, qui faisait à Mlle L. une cour aimable, écrivait en russe, des vers « décadents » aux rythmes « libres » et buvait, buvait à la russe tout seul dans sa chambre.

Van : « Ce machin jaune, là (montrant sur une assiette d'Eckercrown, une fleurette coloriée d'un pinceau délicat), c'est bien un bouton d'or ? »

Ada : « Non pas. Cette fleur jaune est le vulgaire souci d'eau, *Caltha palustris*. Dans nos campagnes les paysans l'appellent improprement *« cowslip »*, primevère, mais comme chacun sait, la véritable primevère,

Primula veris, est une plante en tout point différente.
— Ah », dit Van.

Marina (commençant) : « Mais oui, mais oui... et tenez, justement, quand je jouais Ophélie, le fait d'avoir naguère collectionné des fleurs... »

Ada : « ... t'aidait beaucoup, sans aucun doute. Les Russes, quant à eux, nomment le souci d'eau *Kouroslep* (c'est le nom que les moujiks de Tartarie, pauvres esclaves, donnent par ignorance au bouton d'or) ou encore *Kaloujnitsa* (synonyme tout à fait correct que lui appliquent les gens de Kalouga, U.S.A.).

— Ah », dit encore Van.

« Comme il arrive pour mainte fleur, reprit Ada avec le sourire tranquille d'un savant fou, le malheureux nom français de notre plante, souci d'eau, a été traduit, disons plutôt, transfiguré...

— Ou bien « défleuré »... » risqua rêveusement Van Veen.

« Je vous en prie, mes enfants... » La pauvre Marina, qui avait suivi la conversation avec difficulté, redoutait, à présent, que les métaphores ne deviennent trop lestes.

Ada, sans daigner apaiser les craintes de sa mère, continuait son discours : « Fort heureusement, ce matin même, notre érudite gouvernante qui fut aussi la tienne, Van, et qui... »

(C'était la première fois qu'elle prononçait son nom... dans une leçon de botanique !)

« ... et qui est passablement sévère pour les « traditeurs » anglo-saxons et pour leurs bourdes — bien que je la soupçonne de nourrir son zèle de considérations plus chauvinistes que morales — a bien voulu attirer mon attention, ma papillonnante attention, sur quelques superbes « défleuraisons » comme tu les appelles, Van, commises par un Mr. Fowlie dans la version soi-disant littérale (et qualifiée par Elsie de « sensible » — sensible ! — dans un récent article élogieux) du poème de Rimbaud, *Mémoire*, que par bonheur et comme avec prescience, elle m'a fait apprendre par cœur, quoique je la soupçonne de préférer Musset ou Coppée. »

Van cita triomphalement : « ... les robes vertes et déteintes des fillettes... »

« Egg-zactly (imitation de Dan). D'ailleurs Mlle Larivière ne me permet de lire Rimbaud que dans l'anthologie Feuilletin (c'est sans doute aussi celle que tu possèdes). Mais j'ai l'intention de me procurer au plus tôt les œuvres complètes. J'ai bien dit au plus tôt — beaucoup plus tôt qu'on ne le pense. Mademoiselle, soit dit en passant, ne va pas tarder à descendre. Il ne lui faut plus que le temps de border Lucette, notre roussette chérie, qui devrait à cette heure avoir revêtu pour la sieste sa chemise de nuit verte...

— *Angel moï*, objecta Marina, je suis sûre que Van ne s'intéresse pas aux chemises de nuit de Lucette...

— ... verte du vert des saules et compté les petits moutons de son ciel de lit (que Fowlie traduit par « *sky's bed* » au lieu de « bed ceiler »). Pour en revenir à notre fleur infortunée, le faux louis d'or de cette anthologie de français salopé, c'est, sans conteste, la métamorphose idiote de souci d'eau (notre *marsh marigold*) en « *care of the water* », « sollicitude de l'eau », alors que Fowlie avait à sa disposition une douzaine de synonymes comme *mollyblob*, *marybud*, *maybubble* et toutes sortes d'autres sobriquets associés à ce qu'on appelle « fêtes de la fécondité », quoi que puissent bien être ces fêtes.

— Réciproquement, dit Van, on imagine sans peine une Miss Rivers, pareillement bilingue, collationnant sur l'original une version française, disons du *garden* de Marvell...

— Oh..., s'écria Ada, je puis fort bien te réciter *Le Jardin* dans ma transversion personnelle... voyons un peu...

En vain on s'amuse à gagner
L'Oka, la Baie du Palmier...

— ... *to win the Palm, the Oke, or Bayes !* » hurla Van.

« Vous savez, mes enfants », dit Marina, qui, cette fois, les interrompit résolument et leva ses deux mains dans un geste pacificateur, « quand j'avais ton âge, Ada, et que mon frère avait ton âge, Van, nous parlions de croquet, de poneys, de chiots, de la dernière fête d'enfants, du prochain pique-nique, oh ! d'un million de choses, toutes gentilles et toutes normales, mais jamais, au grand jamais, de vieux botanistes français ou Dieu sait quoi encore...

— Mais tu viens de nous dire que tu herborisais », dit Ada.

« Oh, tu sais, ça n'a duré qu'une saison, quelque part en Suisse, je ne me souviens plus quand. D'ailleurs, ça n'a plus d'importance. »

Allusion au malheureux Ivan Dourmanov, mort d'un cancer du poumon, plusieurs années auparavant, dans un sanatorium (quelque part en Suisse, pas loin d'Ex, où Van était né huit ans plus tard). Marina parlait souvent de son frère, violoniste célèbre à l'âge de dix-huit ans, mais elle en parlait sans témoigner une émotion particulière. Aussi Ada remarqua-t-elle avec surprise que l'épaisse couche de fard qui recouvrait le visage de sa mère était en train de fondre, délayée par un flot de larmes (peut-être quelque allergie aux vieilles fleurs séchées et toutes plates, ou un accès de rhume des foins, ou encore une crise de gentianite comme permettrait de l'établir de façon rétrospective un diagnostic légèrement postérieur). Marina se moucha avec son habituel « bruit d'éléphant », comme elle disait elle-même, puis la porte s'ouvrit et l'on vit paraître Mlle Larivière, exacte au rite du café et impatiente d'évoquer l'enfance de Van, ce bambin angélique, qui adorait à neuf ans (cher trésor) Gilberte Swann et la Lesbie de Catulle et qui avait appris, tout seul, à donner libre essor à son adoration après que la lampe à pétrole eut quitté la chambre mouvante au poing de Ruby, sa nurse noire.

CHAPITRE XI

QUELQUES jours après que Van fut devenu l'hôte d'Ardis, l'Oncle Dan vint y passer, comme à l'accoutumée, la fin de la semaine en famille.

Il arriva par le train du matin. Van, qui ne l'attendait pas, se trouva nez à nez avec son oncle au moment où celui-ci traversait le hall. Le maître d'hôtel eut un geste charmant (appréciation de Van) pour faire entendre à son maître quel était ce grand garçon qu'il ne reconnaissait pas. Il plaça la main gauche horizontalement, à un mètre du sol, puis l'éleva par degrés successifs, mais ce code altitudinaire ne fut compris que de notre jeune six-pieds. Le petit gentleman aux cheveux roux jeta un regard perplexe au brave Bouteillan qui se hâta de murmurer le nom du méconnu.

M. Daniel Veen avait la bizarre habitude, quand il s'avançait pour accueillir un hôte, de plonger les cinq doigts de sa dextre roidie dans la poche de son veston et ne leur permettre de sortir de cette retraite purificatrice qu'à l'instant précis du shake-hand. Il informa son neveu qu'il allait pleuvoir dans quelques minutes « parce qu'il avait commencé de pleuvoir à Ladore » et que la pluie « mettait à peu près une demi-heure pour arriver à Ardis ». Van s'imagina que c'était un bon mot et roula un petit rire poli mais l'oncle Dan retrouva sa mine perplexe et, fixant sur Van ses pâles yeux de poisson, lui demanda s'il s'était déjà promené dans les environs, combien de langues il connaissait et s'il voulait acheter pour quelques kopecks un billet de loterie de la Croix-Rouge.

« Non merci, dit Van. Mes propres loteries me suffisent... » et l'oncle Dan écarquilla les yeux — mais, cette fois, son regard commençait à tourner à l'oblique.

La famille réunie prit le thé dans le salon. On était assez silencieux, l'entrain manquait. L'oncle Dan se retira bientôt dans son cabinet de travail, tirant d'une poche intérieure un journal soigneusement plié. A peine avait-il disparu qu'une fenêtre s'ouvrit d'elle-même violemment et qu'une forte averse se prit à tambouriner sur les feuilles du tulipier et de l'impeprialis. La conversation devint générale et bruyante.

La pluie ne dura pas très longtemps — ou plutôt ne s'attarda guère — et poursuivit sa course présumée vers Radouga, ou Ladoga, ou Kalouga, ou Louga en oubliant au-dessus du château d'Ardis un quartier d'arc-en-ciel.

Oncle Dan, assis dans un fauteuil rembourré, essayait de lire (à l'aide d'un des dictionnaires lilliputiens pour touristes peu exigeants qui lui servaient à déchiffrer les catalogues d'art étrangers) un article apparemment consacré à la culture des huîtres, qu'il venait de découvrir par hasard dans un illustré de langue néerlandaise abandonné sur la banquette par son vis-à-vis de wagon, quand un tumulte épouvantable se répandit de chambre en chambre à travers toute la maison.

Le folâtre dachshund, une oreille ballante, l'autre retournée, et montrant son dessous rose maculé de gris, déplaçant prestement ses pattes drolatiques et patinant sur le parquet en virevoletant, s'employait à transporter dans une cachette pour le déchiqueter à loisir un tampon d'ouate imbibé de sang qu'il avait découvert quelque part à un étage supérieur. Ada, Marina et deux servantes s'étaient lancées à la poursuite du joyeux animal, mais le moyen de le mettre à l'accul au milieu de tous ces meubles baroques ! Après avoir franchi en ouragan des portes innombrables, la chasse contourna le fauteuil d'oncle Dan et disparut dans la salle prochaine.

« Grand Dieu ! s'écria Dan en apercevant le sanglant trophée, quelqu'un se sera tranché le pouce ! » Puis, palpant ses cuisses et son siège, il chercha pendant une minute et retrouva — sous un tabouret — son indispensable lexique de poche, après quoi il reprit sa lecture; mais il dut aussitôt consulter l'opuscule pour trouver « *groote* », mot qu'il cherchait lorsqu'il avait été dérangé.

La simplicité de la traduction le contraria.

Dack, passant une porte vitrée, entraîna ses poursuivants dans le jardin. Là, sur la troisième pelouse, Ada le gagna de vitesse par l'exécution d'un « vol plongé » emprunté à la technique du « foot-ball américain », variété de rugby pratiquée jadis par les élèves de l'Ecole militaire sur les bords gazonneux et humides du Goodson. Au même instant, Mlle Larivière, qui coupait les ongles de Lucette assise sur un banc du jardin, se leva et, braquant ses ciseaux sur Blanche qui arrivait en courant munie d'un sac en papier, accusa la petite souillon d'un scandaleux précédent — à savoir de s'être oubliée, naguère, jusqu'à laisser tomber dans le petit lit de Lucette une épingle à cheveux, « un machin long comme ça qui faillit blesser l'enfant à la fesse ». Mais Marina, qui en vraie grande dame russe avait la crainte maladive « d'offenser un inférieur », déclara l'incident clos.

« *Nekhorochaïa, nekhorochaïa sobaka* », psalmodiait Ada, à grand renfort d'aspirées et de sifflantes, en étreignant son « vilain chien » — lequel, frustré de sa proie, n'en paraissait pas autrement décontenancé...

CHAPITRE XII

Parlons de hamacs et de miel... Quatre-vingts ans plus tard, il se rappelait encore avec la fraîcheur poignante de la première joie comment il était tombé amoureux d'Ada. La mémoire et l'imagination se rejoignaient sur leur ligne de partage dans le hamac de ses aubes d'adolescent. A quatre-vingt-quatorze ans, il aimait à se retracer son premier été d'amoureux non comme un rêve qu'il n'eût fait que rêver mais comme une récapitulation de la conscience qui l'aidait à vivre pendant les petites heures grises qui séparaient un sommeil fragile du premier comprimé de la journée. Prends la suite, ma chérie, rien qu'un moment. Comprimé, rimé, rimaillons, millions. Continue, Ada, tu veux bien ?

(Elle.) Des millions de Jeannots. Choisissons une décennie pas trop indécente. Un milliard de gaillards, de gentils, doués, tendres et passionnés Jeannots, bien intentionnés d'esprit et de corps, ont mis à nu leurs gentilles Jeannettes, tout aussi tendres et vivaces qu'eux, au cours de cette décennie, dans des lieux et des circonstances qui demandent à être vérifiés et spécifiés par l'enquêteur, faute de quoi son rapport risquerait fort d'être étouffé par la mauvaise herbe des statistiques et des généralisations où l'on se fourvoie jusqu'au ventre. Notre besogne serait vaine si, par exemple, nous négligions de traiter la petite question de ces singuliers prodiges de lucidité, de ces juvéniles génies qui font, dans certains cas, de tel ou tel râle particulier un événement unique, sans antécédent ni descendance dans le continuum de la vie ou, tout au moins, l'anthèse thématique de cette catégorie d'événements dans une œuvre d'art ou dans les chroniques d'un journaliste indigné. Le détail qui transparaît comme un nimbe ou comme une ombre, la feuillée du lieu à travers une peau diaphane, le soleil vert dans l'œil humide et noir, tout cela *vsyo eto, in tit* et *in toto* doit être retenu et consigné, prépare-toi à reprendre la suite (non, Ada, continue, *ya zaslouchalsya,* je ne me lasse pas d'écouter...), si l'on entend mettre en lumière le fait, le fait, le fait... que parmi les billions de couples brillants que l'on peut observer sur une section transversale de ce que tu me permettras d'appeler (pour les besoins de mon raisonnement) l'espace-temps, il se trouve un couple unique, couple surimpérial, destiné à devenir un objet de recherches, à être dépeint, mis en musique, aux fers, à la torture — ou même, mis à mort (pour peu que la décennie considérée traîne après soi une queue de scorpion) — en conséquence de quoi les particularités des amours dudit couple influencent d'une manière unique et toute spéciale deux longues existences et quelques-uns de mes lecteurs, roseaux pensants, et leurs pinceaux imaginaires, et leurs plumes aussi. Histoire naturelle, me direz-vous ? Au contraire. Histoire des moins naturelles puisque cette précision exigeante des sens et du sens ne peut que paraître bizarre et déplaisante au rustique et qu'ici le détail fait tout : le chant d'un roitelet triple-bandeau en Toscane ou celui d'un roitelet Sitka dans les cyprès d'un cimetière, les effluves menthés de la sarriette ou de l'Yerba Buena sur une colline littorale, la danse ailée d'un Argiolus d'Europe ou du lac Echo en Californie. C'est là ce qu'il faut voir, entendre et respirer sous la transparence de la mort et de la beauté ardente. Et, plus difficile encore : la Beauté elle-même, perçue dans l'espace et dans l'instant. Les mâles de notre mouche de feu... (A présent, Van, c'est vraiment ton tour.)

Les mâles de la mouche de feu, plus semblables à des étoiles filantes qu'à des insectes ailés, apparurent dans les premières nuits chaudes et noires, un par un, ici et là, puis en essaims de fantômes lumineux, et Van les regardait avec la même crainte mystérieuse, le même effroi solennel et ravi qu'il avait éprouvé un soir de son enfance, perdu dans le crépuscule, au fond d'une allée de cyprès, dans un jardin d'hôtel en Italie; il s'était imaginé voir des sylphes dorés ou les errantes chimères de l'âme du jardin... Ils volaient doucement dans la nuit silencieuse, se croisant et se recroisant dans l'ombre autour de lui et, toutes les quatre ou cinq secondes, chacun d'eux jetait un éclair d'un jaune pâle qui le signalait par son rythme spécifique (rythme tout différent de celui d'une espèce parente qui, selon Ada, volait de conserve avec *Photinus ladorensis* à Lougano et à Louga) à la femelle habitante des herbes; celle-ci, après s'être accordé un instant de réflexion pour vérifier le type du code lumineux employé par le mâle, lui répondait par une pulsation phosphorique. La présence de ces animalcules admirables, les illuminations délicates qu'ils faisaient jaillir sur leur passage au sein de la nuit embaumée, tout cela remplissait Van d'une sorte de jubilation subtile que la science entomologique de son Ada suscitait rarement en lui : (peut-être était-ce un effet de l'envie que le savoir immédiat du naturaliste provoque parfois chez l'étudiant de l'abstrait). Le hamac de Van, nid oblong et confortable imprimait un réseau sur son corps nu tantôt balancé sous un cèdre pleureur dont la ramure envahissait le coin d'une pelouse et fournissait par temps de pluie un abri approximatif, tantôt (quand la nuit était sans nuages) suspendu entre deux tulipiers (un premier hôte estival, le prédécesseur de Van, s'y était réveillé une fois, sa chemise de nuit humide et froide sous la cape qui la recouvrait, parce qu'une bombe asphyxiante venait d'exploser parmi les violon de rêve, n'épargnant ni fauteuils, ni torchères — anagramme d'orchestres. Et à la flamme d'une allumette, l'oncle Van avait vu son oreiller souillé de sang).

Les fenêtres du château, échiquier nocturne, s'éteignaient à la file ou en sautant une case d'un rang à l'autre. L'occupant le moins expéditif du W.C. d'en haut, c'était Mlle Larivière; elle s'y rendait portant un lampion à l'essence de roses et son buvard. Van, dans sa niche devenue infinie, écoutait la brise bruire dans les tentures du feuillage. Vénus brillait dans le ciel; Vénus s'estompait dans sa chair.

Tel était le tableau des nuits d'Ardis quelques jours avant l'invasion saisonnière de certain moustique, d'une intéressante primitivité, dont la fraction russe et médiocrement bienveillante de nos populations attribuait la virulence au régime des Français de Ladore, vignerons et mangeurs de brimbelles; pourtant, même alors, les ensorcelantes lucioles, les enchantements multipliés du cosmos aux pâleurs laiteuses filtrant sous le feuillage noir, compensaient par des tourments nouveaux le supplice des nuits, les harassements de la sueur et du sperme que la chaleur étouffante d'une chambre close engendrait. Sans doute, tout au long du siècle (ou peu s'en faut) de sa vie, la nuit a-t-elle toujours été pour Van une torture (et les somnifères et les somnolences, pauvre vieillard, n'ont rien changé). C'est que le génie n'est pas tout nanan, même pour le sublime William, barbiche en pointe et coupole glabre au galbe stylisé, même pour le morne Proust qui prenait plaisir à décapiter les rats quand il ne se sentait pas en humeur de dormir, même pour ce brillant et obscur V.V. (laissons en juger nos lecteurs, gens misérables, eux aussi, malgré nos finesses et malgré leurs finances); mais à Ardis, la vie intense du ciel hanté d'étoiles répandait un trouble si profond dans les nuits de l'adolescent qu'il finissait par accueillir avec un sentiment de gratitude le mauvais temps ou le cousin plus mauvais encore (le *Kamargsky Komar* de nos moujiks et le Moustique Moscovite de leurs non moins allitératifs rétorqueurs) qui l'obligeaient à regagner sa couche cahoteuse.

Nous n'encombrerons pas de digressions métaphysiques ce compte rendu aride des précoces, trop précoces amours de Van Veen pour Ada Veen; la place nous manquerait et les raisons. Pourtant, qu'il nous soit permis de faire une remarque (pendant que luisent et palpitent les lucifers volants, et que le hibou ulule, sur un rythme non moins régulier, dans un arbre du parc). Bien qu'à l'époque il n'eût pas encore pleinement ressenti la Terreur de Terra (l'analyse des supplices de la chère, de l'inoubliable Aqua lui faisait vaguement attribuer cette épouvante à de pernicieuses lubies, voire à la superstition populaire), à quatorze ans Van reconnaissait que les mythes anciens, en octroyant une existence secourable à des nuées de mondes (et peu importe ce qu'il pouvait y avoir en eux de mystique ou de saugrenu) et en leur attribuant pour demeure la substance grise du ciel tissu d'étoiles, contenaient, peut-être, une luciole d'étrange vérité. Ses nuits passées dans le hamac (où l'autre infortuné, l'adolescent d'autrefois, avait maudit sa toux sanglante et sombré dans des rêves obscurs où rôdaient de noirs spumas, où s'entrechoquaient les Symboles dans le déchaînement d'un orchestre orchal, selon les suggestions des médecins de carrière), ses nuits étaient désormais hantées moins par les délires de son désir pour Ada que par l'Espace sans signification qui l'enveloppait en haut, en bas, de toute part, contrepartie démoniaque du Temps Divin, vibrant autour de lui, à travers lui, comme il devait vibrer encore, avec un peu plus de sens heureusement, dans les dernières nuits d'une vie que je ne regrette pas, ô mon amour.

Il s'endormait à l'instant où il venait de se dire que jamais plus il ne trouverait le sommeil et ses rêves étaient les rêves de la jeunesse. Quand les premiers feux du matin atteignaient son hamac, il s'éveillait et se retrouvait un autre homme (très homme, il faut le dire). « *Ada, our ardors, and arbors* », ce trimètre dactylique qui devait rester la seule contribution de Van Veen à la poésie anglo-américaine, résonnait dans son âme aurorale. Maudites les Pléiades et bénies les aubades. Il avait quatorze ans et demi, que diable ! Il avait l'ardeur et l'audace; un jour, farouchement, il la posséderait.

Une de ces résurrections viriles s'était gravée dans sa mémoire avec une netteté particulière. Il venait d'enfiler son caleçon de bain. Après y avoir fourré et serré tout l'appareil complexe, multiple, récalcitrant de sa masculinité, il s'était laissé choir de son nid dans l'intention de reconnaître si les quartiers de son Ada offraient déjà des signes d'activité. Il ne fut pas déçu. Un éclair de cristal, un éclis de couleur. Ada prenait sa petite collation du matin seule sur son balcon particulier. Van retrouva ses sandales — un scarabée dans l'une et dans l'autre un pétale — et, par la remise pénétra dans le frais logis.

Les enfants comme Ada sont les inventeurs des plus pures philosophies. Van fut jugé digne d'être initié à un petit système de sagesse moins d'une semaine après son arrivée. La vie de l'être humain se décomposait en un certain nombre d'éléments ou « choses » classifiées et hiérarchisées : les « choses vraies » peu fréquentes et d'un prix inestimable, les simples « choses » qui formaient le tissu banal et quotidien de l'existence, et les « choses fantômes » ou « brouillards », comme la fièvre, les maux de dents, les atroces déceptions et la mort. Trois ou quatre « choses » formaient une « tour » lorsqu'elles survenaient simultanément, un « pont » lorsqu'elles se succédaient de façon immédiate. Les « vraies tours » et les « vrais ponts » étaient les joies de la vie; quand par surcroît les tours se présentaient en série, alors on accédait à la félicité suprême; mais cela n'arrivait presque jamais. Dans certaines circonstances et sous certains éclairages une « chose » neutre pouvait paraître ou même devenir en effet « chose vraie ». Inversement, elle pouvait se condenser en « brouillard » fétide. Quand la joie et le sans-joie formaient un mélange (mélange simultané et échelonné sur la pente de la durée), on avait affaire à des « tours ruinées » ou à des « ponts écroulés ».

Les détails picturaux et architecturaux de cette métaphysique garantissaient à la petite Ada des nuits moins pénibles que les nuits de Van et, ce matin-là (comme la plupart des matins), il eut l'impression de revenir d'une contrée infiniment plus lointaine et lugubre que celle d'où sortaient Ada et le soleil.

Elle souriait; ses lèvres charnues étaient poisseuses et luisantes.

(Quand je t'embrasse, *là*, lui disait-il quelques années plus tard, je me rappelle toujours ce matin bleu où tu mangeais « une tartine de miel » sur ton balcon. Cela sonne en français tellement mieux que « *bread and honey* ».

La beauté classique du miel de trèfle, lisse, pâle, translucide, s'écoulant de la cuiller en nappe uniforme, imprégnant de son cuivre jaune liquide le pain beurré de mon amour. La mie attendrie imbibée de nectar...

« Chose vraie ? » demanda-t-il.

« Tour... »

Et la guêpe.

La guêpe explorait l'assiette. Les anneaux de l'insecte palpitaient. « Nous essaierons d'en manger une, après, dit Ada, mais il faut qu'elle soit gavée pour avoir bon goût. Elle ne saurait évidemment nous piquer la langue. Il n'est bête au monde qui veuille toucher à la langue d'un homme. Quand le lion a fini son pèlerin — les os, et le reste — il laisse toujours la langue et l'abandonne, comme ça, dans le désert (petit geste désinvolte).

— J'ose en douter.

— Allons, c'est un mystère bien connu. »

Ses cheveux proprement brossés (ce qui n'arrivait pas tous les jours) brillaient d'un lustre noir qui contrastait avec la pâleur mate de son cou et de ses bras. Elle portait un *tee shirt* rayé (celle dont il aimait tout particulièrement, en rêve, à dépouiller son torse tortillant). La toile cirée était divisée en petits carrés bleus et blancs. Une couleur de miel s'étalait sur le peu de beurre qui restait au fond de la fraîche terrine.

« Admettons ! Et la troisième « chose vraie » ? »

Elle le regarda, longuement. Une goutte de feu le regarda, goutte dorée suspendue au coin de ses lèvres. Le petit masque de velours d'une violette tricolore qu'elle avait portraiturée la veille le regarda, dans sa coupe de cristal.

Elle ne dit rien. Elle passa la langue sur ses doigts écarquillés sans cesser de le regarder. N'obtenant pas de réponse, Van quitta le balcon. Ada vit sa tour s'écrouler doucement dans le silence du soleil.

CHAPITRE XIII

L'ANNIVERSAIRE d'Ada et la fête d'Ida (le douzième de l'une et la quarante-deuxième de l'autre) furent concélébrés par un grand pique-nique. Pour l'occasion la fillette fut autorisée à porter sa lolita (hommage à la petite gitane andalouse du roman d'Osberg) : jupe noire assez longue, mais fort ample et fort légère, ornée de pavots ou de pivoines rouges « dépourvus de toute réalité botanique » (dit-elle d'un ton doctoral, ne sachant point encore que réalité et science naturelles sont synonymes dans le cadre de ce rêve et de ce rêve seulement).

(Tu ne le savais pas, toi non plus, Van l'avisé. Note d'Ada.)

Elle était entrée dans sa jupe, nue, les jambes encore humides et fleurant la résine de pin (conséquence immédiate d'une friction pratiquée au moyen d'un gant de toilette — le bain matinal était chose inconnue sous le régime de Mlle Larivière), et la tirait vers le haut en secouant ses hanches, d'où le reproche rebattu de sa gouvernante : « Ne te trémousse donc pas comme ça quand tu mets ta jupe ! Une petite fille de bonne maison, etc. » Par contre, l'omission de la culotte était tacitement tolérée par Ida Larivière, dame à la gorge plantureuse, d'une remarquable et rebutante beauté (en corset et bas à jarretières à ce moment-là du matin) et qui n'était sans doute pas incapable de faire, elle aussi, de secrètes concessions à la chaleur caniculaire. Pour la fraîche et tendre Ada, cette pratique avait des conséquences déplorables. La pauvre mignonne s'efforçait de soulager les brûlures de sa délicate embrasure (avec leur accompagnement de sensations diverses, viscosités et démangeaisons, point tout à fait dépourvu d'agrément) en chevauchant à cuisses serrées le tronc rafraîchissant d'un pommier de Chattal — au grand dégoût de Van, comme nous aurons plus d'une fois l'occasion de le dire. Outre sa lolita, Ada portait un jersey à manches courtes blanc rayé de noir, une capeline informe qui pendait sur son dos au bout d'un élastique passé autour de son cou, un bandeau de velours et de vieilles sandales. Van continuait de se dire que l'hygiène et les goûts raffinés n'étaient décidément pas les attributs caractéristiques des habitants du château d'Ardis.

Quand chacun fût prêt à partir, Ada se laissa tomber de son arbre, mollement, comme une huppe. Dépêche-toi, dépêche-toi, mon oiseau, mon ange. Ben Wright, le cocher anglais, était loin d'être soûl (il n'avait pris pour son petit déjeuner qu'une seule pinte d'ale pâle). Blanche, qui avait assisté au moins une fois à un grand pique-nique (le fameux jour où on l'avait fait venir en toute hâte à Pineglen pour délacer Mademoiselle qui venait de s'évanouir), exécutait maintenant une opération moins prestigieuse : elle emportait à force de bras dans sa chambrette de la tourelle Dack furieux, qui montrait les dents et faisait mille contorsions.

Un char à banc avait déjà transporté dans le lieu choisi deux valets de pied, trois fauteuils, et un certain nombre de mannes d'osier remplies de provisions. La romancière, en robe de satin (une robe faite par Vass de Manhattan pour Marina, qui avait, depuis peu, perdu dix bonnes livres), fit le voyage en calèche. Ada était assise auprès d'elle. Lucette, très en beauté dans une marinière blanche, s'était perchée à côté du maussade Wright. Van venait derrière, monté sur une des bicyclettes de son oncle ou de son grand-oncle. La route forestière était passablement égale, à condition de ne point s'écarter de la piste médiane (encore bourbeuse et noircie par une averse matinale et bordée d'ornières bleu de ciel, où se miraient les mille images réfléchies des feuilles claires des bouleaux dont les mille petites ombres glissaient sur la moire tendue de l'ombrelle ouverte aux doigts de Mlle Larivière, et sur le large bord du chapeau blanc qu'Ada portait d'un air assez cavalier. De temps en temps, dans l'ombre de la casaque bleue de Ben, Lucette se retournait pour regarder Van et, du plat de la main, elle lui faisait de petits signaux de prudence comme elle avait vu sa mère le faire pour Ada, quand elle craignait que l'intrépide ne précipitât son poney ou sa bicyclette contre le fond de la calèche.

Marina fit le trajet dans une voiture automobile rouge, une petite torpédo d'un modèle primitif que le maître d'hôtel, aux manettes, faisait évoluer avec la même circonspection que s'il se fût agi de quelque tire-bouchon de fantaisie. Marina portait un costume d'homme en flanelle grise d'une élégance inhabituelle : la paume de sa main gantée s'appuyait sur le pommeau d'une canne de jonc jaspé. La machine, tanguant un tantinet, s'arrêta à l'orée d'une clairière pittoresque au milieu d'une antique pinière entrecoupée de ravins ravissants. Au fond de la clairière, un étrange papillon pâle sortit des halliers et s'engagea sur le chemin de Lougano. Il fut bientôt suivi par un landau d'où descendirent, lestement ou pesamment (selon l'âge et l'état) les jumeaux Erminine, leur jeune tante enceinte (un de ces personnages qui menacent d'encombrer le récit) et Mme Forestier, institutrice à cheveux blancs et condisciple autrefois de Mathilde (héroïne d'une nouvelle dont on parlera bientôt).

Trois gentlemen adultes qu'on attendait aussi n'arrivèrent jamais : l'oncle Dan avait manqué le train du matin; le colonel Erminine, veuf consolé, s'excusa par un mot (son foie se conduisait comme un vrai *petcheneg*); le troisième n'était autre que le médecin et partenaire attitré dudit colonel au jeu d'échecs, le fameux Dr Krolik. Il s'intitulait lui-même joaillier de la Cour d'Ada et ne manqua pas d'ailleurs de lui porter le lendemain à la première heure le cadeau d'anniversaire qu'il lui destinait : trois chrysalides exquisement ciselées (« joyaux inestimables », s'écria-t-elle d'une voix gutturale en fronçant les sourcils) qui allaient donner le jour, avant qu'il fût longtemps, à trois exemplaires d'un décevant ichneumon — au lieu du Nacré attendu, rareté récemment découverte sur le pic le plus haut du Kilimandjaro.

Piles de sandwiches sans croûte (parfaits rectangles de quinze centimètres sur six), dépouille dorée d'une dinde, pain noir russe, pots de caviar « Perles Grises », violettes de Toulouse, tartelettes aux framboises, demi-gallon de porto blanc Goodson, encore un de porto rouge, bordeaux bâtardé d'eau claire (pour les fillettes) dans des bouteilles thermifuges et le thé froid sucré des enfances heureuses — tout cela se laisse imaginer bien mieux que décrire. C'était une chose instructive [ainsi dans le manuscrit. Note de l'Editeur].

C'était une chose instructive que de placer côte à côte Ada Veen et Grace Erminine qui avait le même âge qu'elle : la pâle teinte du petit-lait et l'incarnat ardent de la bonne santé; crins noirs et longs de jeune sorcière et des cheveux châtains coupés à la Ninon; le regard grave et velouté de mon amour, et le pétillement bleu des yeux de Grace derrière ses lunettes à monture en corne; les cuisses nues de la première et les longs bas rouges de l'autre; la jupe gitane et le costume marin. Ce qui était encore plus instructif, c'était de constater à quel point la physionomie assez neutre de Greg se retrouvait, transposée trait pour trait dans l'*aura* géminale de sa sœur, où elle acquérait un semblant de beauté féminine (laquelle d'ailleurs n'altérait aucunement l'intime ressemblance entre le matelot et la matelote).

Les vestiges de la dinde, la bouteille de porto (qui n'avait intéressé que les institutrices) et les débris d'une assiette de Sèvres furent promptement débarrassés par les domestiques. Un chat sortit de la forêt, écarquilla les yeux sous le coup d'une extrême surprise (les pique-niqueurs en chœur : « Minet, minou, minou... ») et repartit comme il était venu.

Bientôt, Mlle Larivière exprima le désir qu'Ada l'accompagnât dans un lieu écarté. Là, toute bardée de ses atours, l'ample dame, dont la robe massive, sans se départir de ses plis sculpturaux, parut soudain s'être allongée d'un pouce en cachant ses souliers de prunelle, resta plantée un moment au-dessus d'une cataracte invisible, après quoi elle retrouva toute sa taille. Sur le chemin du retour, la pédagogue attentionnée pensa le moment venu d'expliquer à son élève que le douzième anniversaire d'une jeune personne était l'occasion opportune de débattre et prévoir une « chose qui d'un jour à l'autre allait faire d'Ada une *grande fille* ».

Ada, qui avait été suffisamment instruite, six mois plus tôt, par une maîtresse d'école (et qui d'ailleurs avait deux fois déjà fait l'expérience de ce petit mystère), abasourdit sa pauvre gouvernante, toujours prise de court par cette intelligence aiguë et bizarre, en lui déclarant que tout cela n'était que bluff et sornettes de nonnettes, que ces choses n'arrivaient quasiment plus aux filles normales et, en tout cas ne lui arriveraient certainement pas à elle. Mlle Larivière, qui était une personne remarquablement stupide (en dépit ou peut-être à cause de sa propension à faire du roman), jeta un regard rétrospectif sur sa propre expérience, et se demanda, pendant quelques minutes d'un véritable désarroi, si, tandis qu'elle se vouait au service de l'art, l'évolution des sciences n'avait pas bouleversé celle de la nature ?

En tournant dans le ciel, le soleil du premier après-midi se glissait dans des places fraîches, grillait celles qu'il occupait déjà. Mme Forestier tricotait un vêtement minuscule pour le futur frère consanguin de ses élèves et tante Ruth sommeillait, la tête posée sur un simple oreiller fourni par Mme Forestier. Marina se disait que Lady Erminine, dans le bleu profond de sa retraite bienheureuse, devait contempler avec son air songeur d'autrefois et une nouvelle curiosité puérile, à travers les brumes ennuyeuses de l'après-suicide, les pique-niqueurs sous les frondaisons splendides des pins. Les enfants firent montre de leurs talents. Ada et Grace dansèrent un passepied russe aux sons d'une vieille boîte à musique (qui s'arrêtait obstinément au milieu de la mesure, comme se rappelant d'autres rivages, d'autres ondes, radiophoniques peut-être). Lucette, le poing sur la hanche, chanta « Les pêcheurs de Saint-Malo ». Greg mit la jupe bleue, le béret et les lunettes de sa sœur, et se trouva métamorphosé en une Grace souffreteuse et gâteuse avant l'âge. Et Van marcha sur les mains.

Deux ans plus tôt, près de commencer sa première année de prison, dans le collège élégant et barbare où d'autres Veen l'avaient précédé (depuis les jours bien anciens « où les Washingtonias s'appelaient encore des Wellingtonias »), Van avait résolu d'acquérir la maîtrise de quelque exercice suffisamment acrobatique pour lui conférer un ascendant aussi brillant qu'immédiat sur son entourage. Démon en ayant délibéré avec son maître lutteur, King Wing, celui-ci instruisit notre jeune ami dans l'art de marcher sur les mains, au moyen d'un jeu tout spécial des muscles deltoïdes; l'acquisition et le perfectionnement de cette faculté n'exigeait rien de moins que la désarticulation des caryatiques. Mais ce plaisir [sic dans le M.S.]. Le plaisir de découvrir brusquement le petit secret de la locomotion antipodique, c'est un peu celui de l'enfant s'initiant après maintes chutes ignominieuses et meurtrissantes à l'usage de ces machines enchanteresses appelées Magicarpettes (ou encore « *jikkers* ») qu'on offrait aux petits garçons, pour leur douzième anniversaire, aux temps aventureux qui précédèrent la Grande Réaction. Oh, la longue, la bouleversante caresse nervale... Se sentir pour la première fois objet céleste, glisser au-dessus d'une meule, d'un arbre, d'un ruisseau, d'une grange, tandis que grand-père Dédalus Veen, la face tournée vers le ciel, court en brandissant un drapeau et tombe dans l'abreuvoir !

Van ôta son polo, ses espadrilles, ses chaussettes. La sveltesse de son torse hâlé dont le teint (sinon le tissu) rivalisait avec la toile kaki de son short étroit contrastait avec les épaules anormalement développées du beau garçonnet et la musculature puissante de ses avant-bras. Quatre ans plus tard, Van pouvait assommer un homme d'un seul coup de coude.

Le corps renversé dans une courbe gracieuse, les jambes brunes hissées comme une voile tarentine, les chevilles accolées changeant d'amures, les paumes agrippant le front même de la gravité, Van allait, venait, virait, faisait un pas de côté, la bouche ouverte à l'envers et les yeux clignant d'une drôle de façon dans cette position extraordinaire qui fait de la paupière supérieure une écuelle de bilboquet. Ce qui semblait plus prodigieux encore que la variété et la vélocité des mouvements par lesquels il reproduisait ceux des pattes postérieures de divers animaux, c'était l'absence d'effort, l'aisance de son maintien. King Wing l'avait averti que le grand Vektchelo, professionnel de Yukon, avait perdu le don à l'âge de vingt-deux ans ! Mais cet après-midi d'été, sur le sablon soyeux de la clairière au milieu des pins, dans l'arc magique de mon Ardis, sous l'œil bleu de Lady Erminine, Van (qui n'était alors que dans sa quatorzième année) nous régala de la plus admirable démonstration de brachiambulisme à laquelle nous ayons jamais assisté. Pas l'ombre de rougeur ne parut sur son visage ou sur son cou ! Par intervalles il détachait ses organes locomoteurs de la terre indulgente et semblait battre des mains dans l'espace — miraculeuse parodie d'un entrechat — et l'on se demandait alors si la nonchalance rêveuse de ce phénomène de lévitation n'était pas le résultat d'une bienveillante distraction de la Terre attendrie qui suspendait momentanément sa sollicitation tyrannique. Signalons en passant cette conséquence curieuse des diverses altérations musculaires et connexions périostéales que l'entraînement impitoyable imposé par Wing à Van produisit à la longue dans l'organisation de ce dernier : quelques années plus tard, il était incapable de hausser les épaules.

Questions à étudier et à débattre :

1) Quand Van, les pieds au ciel, avait l'air de « sauter » sur ses mains, les *deux* paumes quittaient-elles le sol ?

2) Cette infirmité particulière qui empêchera Van, adulte, de hausser les épaules pour « rejeter » un souci accablant est-elle un phénomène purement physique ou correspond-elle à un caractère archétypique de son moi subliminal ?

3) Pourquoi Ada fondit-elle en larmes au plus beau de la représentation ?

Pour finir, Mlle Larivière lut à la compagnie sa *Rivière de diamants*, une nouvelle qu'elle venait de « taper » et qu'elle destinait au *Quebec Quartely*. L'épouse exquise et raffinée d'un minable employé de bureau emprunte à son amie, la riche Mme F., un collier. Elle le perd en rentrant de la collègue-party où elle avait accompagné son mari. Pendant trente ou quarante années d'épreuves harassantes, le couple infortuné s'épuise à la tâche et met de côté sou après sou avant de se libérer de la dette qu'il a contractée pour l'achat d'un collier d'un demi-million, secrètement substitué au collier perdu dans la cassette qu'on rendit à Mme F. Oh ! comme le cœur de Mathilde palpitait ! Allait-elle l'ouvrir, cette cassette, la bonne Jeanne ? Non. Elle ne l'ouvre point. Et le temps passe. Le jour où le couple décrépit mais triomphant (lui, à moitié paralysé par un demi-siècle de travaux de plume dans la mansarde conjugale, elle épaissie, méconnaissable, à force de laver les parquets à grande eau) vient faire sa confession à Mme F. (qui n'a point perdu son air de jeunesse, elle, malgré ses cheveux blancs), c'est pour s'entendre répondre dans la dernière phrase du conte : « Mais, ma pauvre Mathilde, il était faux ce collier ! Il ne coûtait que cinq cents francs. »

La contribution de Marina aux plaisirs de la compagnie fut plus modeste, mais non dépourvue de charme. Elle montra à Van et à Lucette (les autres savaient déjà tout de l'affaire) le pin *exact* et la place exacte sur son tronc rouge et rugueux où jadis dans un lointain passé, un lointain très passé, nichait un téléphone magnétique en communication avec Ardis Hall. Après la proscription des « courants et circuits » (dit-elle en prononçant ces mots assez indécents très vite, mais sans aucune gêne, avec la désinvolture de la comédienne — cependant que Lucette un peu perdue, tirait par la manche son ami Van, son Vanitchka qui savait tout expliquer), la grand-mère de son époux, ingénieur d'un insigne génie, « entuba » le ruisseau de Redmont, qui, jailli d'une colline audessus d'Ardis, passait auprès de la clairière, et, l'ayant domestiqué, lui confia la transmission des V.I.B.V.J.O.R. vibratoires (ou pulsations prismatiques) à travers un réseau compliqué de segments en platine. Evidemment ce dispositif ne produisait que des messages à sens unique et, comme avec cela, pour l'installation et l'entretien des « tambours » (ou « cylindres »), on devait, dit Marina, être riche comme un Juif, l'idée fut abandonnée, quelque intéressante qu'eût dû paraître la possibilité de prévenir tel ou tel Veen pique-niquant dans la clairière que le château était en flammes.

Comme pour confirmer l'indignation que causaient, à maintes gens, les péripéties de la politique nationale et internationale (le vieux Gamaliel était déjà quasiment gaga), la voiturette rouge revint en pétaradant d'Ardis Hall : Bouteillan apportait un message. Monsieur venait d'arriver chargé d'un présent pour Mademoiselle Ada, mais personne, au logis, n'arrivait à comprendre le fonctionnement d'un object aussi compliqué. On avait besoin des lumières de Madame. Le maître d'hôtel posa sur un plateau de poche la lettre dont il était chargé et présenta le tout à sa maîtresse.

Nous ne sommes pas en mesure de reproduire textuellement cet écrit, mais nous pouvons en indiquer le sens : le cadeau considérable que Dan Veen avait eu la délicate attention d'apporter pour Ada, et qui lui avait coûté très cher, était une immense et splendide poupée; détail étrange et même regrettable, elle était plus ou moins nue. Ce qui était encore plus étrange, c'est qu'elle avait la jambe droite maintenue par un appareil orthopédique, le bras gauche serré dans un bandage, et qu'au lieu des falbaluches et fanfrelas d'usage, une boîte contenant un assortiment de gazes enduites de plâtre et des accessoires en caoutchouc composait toute sa garde-robe. La notice explicative — en russe ou en bulgare ? — n'avait rien éclairci, car elle n'était pas écrite en caractères latins, mais en vieux cyrillitza, alphabet de cauchemar que Dan n'avait jamais réussi à apprendre. Marina était priée de rentrer sans délai pour commander à ses femmes de tailler des robes de poupée convenable dans quelques chutes de belle soie que sa camériste collectionnait dans un tiroir récemment découvert par Dan Lui-même, et pour refaire le paquet d'une feuille de papier mousseline encore vierge. Ada, qui lisait le billet par-dessus l'épaule de sa mère, se détourna avec un frisson de dégoût : « Dis-lui de prendre une paire de pincettes et d'emporter tout ça aux poubelles de la clinique.

— *Bednyatchok* : Le pauvre, pauvre petit homme », s'écria Marina les yeux débordants de pitié. « Bien sûr que je vais le rejoindre ! Ta dureté, Ada, a quelquefois quelque chose... je ne sais pas, moi... quelque chose de satanique ! »

Le visage contracté par une détermination farouche, Marina se dirigea vers le véhicule, en faisant « marcher » sa longue canne à vive allure; la machine s'ébranla, vira pour éviter la calèche garée et, ce faisant, renversa une bouteille vide, tandis qu'une aile se frayait un chemin à travers le feuillage courroucé d'un sureau de Bengale à baies de feu.

La colère qui venait de vibrer dans l'air eut tôt fait de se dissiper. Ada pria sa gouvernante de lui donner des crayons et du papier. Van, couché sur le ventre et la joue appuyée sur son poing, regardait le col penché de l'adorable qui jouait aux anagrammes avec Grace. Grace, en toute innocence, avait proposé le mot « insecte ».

« Escient », dit Ada en écrivant sa trouvaille.

« Oh ! que non », s'écria Grace.

« Oh, que si ! Le mot existe et je le sais. A bon *escient* le professeur Einstec suivit l'insecte. »

Grace réfléchit en heurtant à petits coups son front studieux avec la gommette qui garnissait l'extrémité de son crayon. La trouvaille jaillit enfin :

« Ceintes ! »

La riposte fut immédiate : « Inceste.

— J'abandonne, dit Grace; il nous faudrait un dictionnaire pour contrôler tes petites inventions. »

Cependant l'embrasement de l'après-midi était rentré dans sa phase la plus oppressante. Le premier mauvais moustique de la saison fut abattu d'une claque par l'alerte Lucette, sur la jambe de sa sœur. Le char à bancs était reparti, emportant les fauteuils, les paniers et les trois laquais, Essex, Middlesex et Somerset qui mâchaient encore; et déjà Mlle Larivière et Mme Forestier échangeaient des adieux mélodieux. Des mains s'agitèrent et le landau s'éloigna avec les jumeaux, leur vieille institutrice et leur jeune tante ensommeillée. Un papillon les suivait, pâle, diaphane, avec le corps d'un noir intense. Ada s'écria : « Regardez » et apprit à ses compagnons que c'était là une espèce voisine d'un Parnassius du Japon. Mlle Larivière déclara soudain qu'elle prendrait un pseudonyme quand sa nouvelle connaîtrait les honneurs de l'imprimé. Ayant dit, elle se dirigea vers la calèche avec ses deux mignonnes et trouva Ben Wright scandaleusement endormi dans le fond de la voiture sous les lourds festons du feuillage. Mlle Larivière fourgonna sans façon de la pointe de son ombrelle le gros cou rougeaud du cocher. Ada jeta son chapeau dans le giron d'Ida et courut rejoindre Van. Le profane, ignorant encore l'itinéraire du soleil et de l'ombre dans la clairière aux pique-niques, avait laissé sa bicyclette exposée pendant trois heures, pour le moins, aux rayons incendiaires. Ada l'enfourcha, poussa un cri de douleur, pensa même tomber, chancela, se ressaisit, et le pneu arrière éclata avec un bruit comique. La machine décontenancée fut laissée sous un arbrisseau en attendant que Bouteillan fils, autre membre de la maisonnée, se chargeât de la rapporter au château. Lucette refusa d'abandonner son perchoir, acquiesçant avec un mouvement de tête grave au conseil de Ben Wright, qui avait bu, et qu'on vit même poser sur les genoux nus de la petite une bonne grosse patte amicale. Comme il n'y avait pas de strapontin, Ada dut se contenter des durs genoux de Van.

C'était la première fois que leurs corps se touchaient et l'un comme l'autre en éprouvaient quelque embarras. Elle s'assit le dos tourné à Van, se réinstalla après la secousse que lui donna la voiture en s'ébranlant, et se remua un peu encore pour éployer sa large jupe à l'odeur de pin, qui enveloppa Van d'un ballonnement ressemblant à s'y méprendre à celui d'un peignoir de maître-barbier. Lui la tenait aux hanches, plongé dans un état de béatitude inconfortable. Des gouttes de soleil brûlantes glissaient sur le jersey zébré de la fillette et sur le dos de ses bras nus et Van s'imaginait sentir qu'elles poursuivaient leur voyage dans les souterrains de son propre corps.

« Pourquoi as-tu pleuré ? » demanda-t-il en respirant ses cheveux et la tiédeur de son oreille rose. Elle se retourna et le regarda un moment de très près, dans un silence énigmatique.

(« J'avais pleuré ? Vraiment ? Je ne sais plus; j'étais bouleversée. Je ne saurais expliquer pourquoi, mais je sentais qu'il y avait dans tout cela quelque chose de terrible, de brutal, de ténébreux, enfin de terrible. » Note ajoutée à une époque postérieure.)

« Pardon, dit-il, pendant qu'elle détournait la tête. Je ne le referai jamais plus devant toi. »

(A propos : biffe « à s'y méprendre », je déteste cette expression. Autre note ajoutée plus tard par Ada.)

Par toutes les fibres de son être, bouillant d'une ardeur prête à déborder, Van éprouvait, avec délices, la pression de ce jeune corps qui répondait à chaque cahot du chemin en s'entrouvrant en deux tendres moitiés et en écrasant de son poids le gonflement d'une envie que Van croyait devoir contenir, de crainte que le suintement accidentel d'une sève assouvie n'alertât l'innocence perplexe. Pourtant, il se serait abandonné, dissous en licence bestiale, si la gouvernante n'eût sauvé la situation en s'adressant à lui. Le pauvre Van transborda sur son genou droit le postérieur de la fillette et, par cette manœuvre, émoussa tant soit peu ce que dans le jargon de la Chambre de Tortures on appelait « l'angle d'agonie ».

La calèche traversait Gamlet, un hameau. Dans la morne déroute du désir irréalisé, Van regardait défiler une rangée d'isbas.

« Non ! Je ne pourrai jamais m'y faire, disait Mlle Laparure. Jamais je ne m'habituerai au contraste entre l'opulence de la nature et l'indigence de l'existence humaine ! Regardez ce vieux moujik et cet accroc à sa chemise ! Voyez sa misérable cabane ! Et maintenant, contemplez cette hirondelle agile ! Qu'elle est heureuse la nature, et que l'homme est malheureux ! Aucun de vous ne m'a dit ce qu'il pensait de ma nouvelle. Van ?

— C'est un bon conte de fées.

— C'est un conte de fées », dit Ada, plus circonspecte.

« Allons donc ! s'écria Mlle Larivière. Pas du tout ! Le moindre détail est impitoyablement réaliste ! C'est tout le drame de la petite bourgeoisie avec ses problèmes de classe, ses rêves de classe, son orgueil de classe. »

(Telle avait peut-être été l'intention de la demoiselle — mise à part la pointe assassine; mais l'anecdote manquait de « réalisme » justement dans le sens qu'elle prêtait à ce terme, car un petit employé tatillon et regardant se serait arrangé, avant tout et par n'importe quel moyen (quitte à tout dire à la veuve), pour connaître exactement la valeur du collier perdu. Là résidait le vice rédhibitoire de ce morceau de pathos. Mais à l'époque le jeune Van et la très jeune Ada ne pouvaient mettre le doigt sur cette faute, quoique l'instinct les avertît que toute l'histoire était aussi fausse que la parure en question.

Une légère commotion se produisit sur le siège du cocher. Lucette se retourna et s'adressant à sa sœur :

« Je veux m'asseoir auprès de toi, dit-elle. *Mne tout neoudobno i ot nego nekhorocho pakhnet* (on n'est pas bien ici, et puis il ne sent pas bon).

— Nous sommes presque arrivés, dit Ada. *Poterpi* (un peu de patience).

— Qu'est-ce qui se passe ? » demanda Mlle Larivière.

« Rien de grave, répondit Ada. Il pue.

— Oh, mon Dieu ! Je me demande quelquefois s'il a jamais été au service de ce fameux rajah... »

CHAPITRE XIV

LE lendemain — ou le surlendemain. Toute la famille prenait le thé au jardin. Ada, assise dans l'herbe, essayait patiemment de composer un anadème de marguerites pour le chien. Lucette la regardait faire, en mâchant la pâte croustillante et chaude d'un *crumpet*. Marina tendait à son époux, par-dessus la table de jardin, un chapeau de paille d'Italie. Elle demeura près d'une minute dans cette position, ne disant mot : finalement Dan secoua la tête, jeta un regard incendiaire au soleil qui le lui rendit bien et se retira, emportant sa tasse et le numéro du jour de l'*Enquêteur de Toulouse* sur le siège rustique placé de l'autre côté de la pelouse, à l'ombre d'un orme immense.

« Je me demande qui cela peut bien être », murmura Mlle Larivière de derrière le samovar (dont les flancs polis transposaient en visions fantastiques et d'un style primitif les fragments de l'univers environnant), tandis qu'elle observait en plissant les paupières une partie de la grande allée qu'on apercevait entre les pilastres d'une galerie à claire-voie. Van qui lisait, étendu sur le ventre derrière Ada, leva les yeux de son livre : *Atala*, prêté par Ada.

Un grand gamin au teint de rose, équipé de culottes de cheval du dernier distingué, descendit d'un poney noir.

« C'est le joli poney neuf de Greg », dit Ada.

Après s'être excusé auprès de Marina avec une aisance de bon ton, Greg lui rendit le briquet en platine que tante Ruth avait trouvé dans son sac à main.

« Ma foi, je n'ai pas eu seulement le temps de remarquer son absence. Comment va Ruth ? »

Greg dit que tante Ruth et Grace étaient au lit avec une violente indigestion. « Mais vos merveilleux sandwiches n'y sont pour rien, se hâta-t-il d'ajouter. Je n'en dirai pas autant de toutes ces baies de Bengale qu'elles ont ramassées dans les buissons. »

Marina s'apprêtait à hocher une clochette de bronze pour prier son valet d'apporter un supplément de toast, mais Greg lui dit qu'il était attendu chez la comtesse de Prey.

« Elle s'est un peu vite (*skorovato*) consolée, n'est-ce pas ? » (Marina faisait allusion à la mort du comte, tué deux ans plus tôt dans un duel au pistolet sur le Common de Boston.)

« C'est une femme très amusante et belle », dit Greg.

« Quand on pense qu'elle a dix ans de plus que moi », dit Marina.

Mais Lucette revendiquait l'attention de sa mère.

« C'est quoi, les juifs ? » demanda-t-elle.

Marina : « Des chrétiens sécessionnistes.

— Pourquoi est-ce que Greg est juif ?

— Pourquoi, pourquoi ! Parce que ses parents sont juifs.

— Et ses grands-parents alors ? Et ses arrière-grands-parents ?

— Vraiment, je n'en sais rien, ma chérie ! Est-ce que vos ancêtres étaient juifs, Greg ?

— Mon Dieu, je n'en suis pas certain. Hébreux sans doute, mais non pas juifs entre guillemets. Je veux dire qu'ils n'étaient pas des personnages de comédie ou des businessmen chrétiens. Ils sont venus de Tartarie en Angleterre il y a cinq cents ans. Mais je dois dire que ma mère avait pour grand-père un marquis français, qui, je le sais, était de confession catholique et qui avait une passion pour la banque, la bourse et les bijoux; c'est pour cela, j'imagine, que les gens l'ont appelé « le juif ».

— De toute façon, ce n'est pas une religion très ancienne, dit Marina. Je veux dire pas très ancienne pour une religion. Est-ce que je me trompe, Van ? » (Elle s'était tournée vers lui, avec la vague intention de faire dériver ce bavardage du côté de l'Inde, où elle avait été bayadère bien avant que Moïse ou tout autre fût né sur les eaux lotophores.)

Van : « Qu'est-ce ça peut nous... »

Lucette : « Et Belle (c'est sa gouvernante que Lucette désignait sous le nom de Belle), c'est aussi une chrétienne saucissoniste ?

— Qu'est-ce que ça peut vous faire ? s'écria Van. Qui se soucie de tous ces vieux mythes, de Jovis ou de Jéhovah, de *Stabat* ou de mastaba, de flèche ou de coupole des mosquées de Moscou, des bronzes des bonzes, des clériquaires, et des reliquaires, et des côtes de dromadaire blanchissant dans le désert ? Ce ne sont que poussière et mirages de la mentalité collective.

— Je voudrais bien savoir qui a lancé cette conversation inepte », dit Ada tout en contemplant avec de petits mouvements de tête le dachshund à demi adorné.

« *Mea culpa*, confessa Mlle Larivière, sur le ton de la dignité offensée. Tout ce que j'ai dit, avant que nous ne pique-niquassions, c'est que Greg pourrait bien n'avoir pas trop envie de manger des sandwiches au jambon, puisque les Juifs et les Tartares ne consomment pas de porc.

— Les Romains, dit Greg, les colonisateurs romains qui crucifiaient les Juifs chrétiens et les Barabbites et autres malheureuses gens ne mangeaient pas de porc eux non plus. Quant à moi, j'en mange, à coup sûr, et mes grands-parents en mangeaient aussi. »

Un verbe que Greg venait d'employer laissait Lucette toute perplexe. Van se chargea de lui en fournir une définition illustrée : il joignit les chevilles, étendit horizontalement les deux bras et roula les yeux vers le ciel.

« Lorsque j'étais fillette, dit Marina, l'air mécontent, on nous enseignait l'histoire de la Mésopotamie, dès le berceau.

— Mais les fillettes n'arrivent pas toutes à apprendre ce qu'on leur enseigne », fit observer Ada.

« On est des Mésopotamiens, nous ? » demanda Lucette.

« On est des Hippopotamiens, dit Van. Allons, viens ici, tu n'as pas encore fait la charrue, aujourd'hui. »

Un ou deux jours plus tôt, Lucette avait exigé d'apprendre à marcher sur les mains. Van la prit aux chevilles, Lucette aplatit sur le gazon ses petites paumes rouges et commença d'avancer, lentement. De temps en temps, elle se laissait choir sur sa face avec un grognement ou bien elle s'arrêtait pour brouter une pâquerette. Dack protestait d'un gosier strident.

« Et pourtant », disait, en crispant le visage, l'institutrice, oreille hypersensible, « pourtant, je lui ai lu deux fois l'adaptation en forme de fable que Ségur a tirée de la pièce de Shakespeare à propos du vilain usurier.

— Elle connaît aussi, dit Ada, le monologue du roi fou, composé par le même, et révisé par mes soins :

Ce beau jardin fleurit en mai
Mais en hiver
Jamais, jamais, jamais, jamais, jamais
N'est vert, n'est vert, n'est vert, n'est vert,
n'est vert.

« Ça, c'est extra ! » s'exclama Greg avec un véritable sanglot d'admiration.

« Moins *energitchno*, les enfants », criait Marina dans la direction Van-Lucette.

« Elle devient pourpre, constata Larivière. Je maintiens que cette gymnastique inconvenante ne saurait lui faire aucun bien. »

Dans ses mains d'ange, douces et fortes, Van, les yeux rieurs, serrait les jambes de Lucette, couleur de soupe aux carottes froide, et « labourait son champ ». Lucette était le soc. Ses cheveux lumineux lui tombaient sur le visage, et sa petite culotte blanche se faisait voir sous l'ourlet de sa robe, mais elle exhortait le laboureur à poursuivre la besogne.

« *Boudet, boudet*, suffit pour aujourd'hui », dit Marina à l'équipage aratoire.

Van déposa doucement sur le sol les jambes de la petite fille et rajusta la robe retroussée. Elle demeura un instant étendue, haletante.

« C'est vrai, tu sais, je ne demande pas mieux que de te le prêter quand tu voudras. Aussi longtemps que tu voudras. Tu veux, Ada ? D'ailleurs, j'en ai un autre, un noir aussi. »

Mais Ada, le front penché, secouait obstinément la tête et continuait de tresser et d'entrelacer des marguerites.

« Eh bien, dit-il en se relevant, il faut que je m'en aille. Au revoir, tout le monde. Au revoir, Ada. Tiens, il me semble que c'est ton père que j'aperçois là-bas sous un chêne.

— Non, c'est un orme », dit Ada.

Le regard de Van traversa la pelouse et il dit, comme perdu dans une rêverie, avec (peut-être) une pointe de gloriole enfantine :

« J'aimerais bien jeter un coup d'œil dans le journal, quand mon oncle en aura fini. J'aurais dû jouer pour mon collège le match de cricket d'hier. Veen malade déclare forfait, Riverlane en déroute. »

CHAPITRE XV

UN autre après-midi, Ada et Van escaladaient les branches lisses du pommier de Chattal, dans le fond du jardin. Cachées derrière un rideau du bosquet, mais tout juste à portée de voix, Lucette et Mlle Larivière jouaient au jeu de grâces. On apercevait, de moment en moment, au-dessus des frondaisons ou dans les ajours de la verdure, le cercle oblique volant de baguette à baguette, invisible. La première cigale de la saison accordait sans fin son instrument. Un skybab, genre d'écureuil d'argent et de sable, goûtait un cône de pin assis sur le dossier d'un banc.

Van, en tenue bleue de gymnaste, avait réussi à se hisser jusqu'à une fourche au-dessous de son agile compagne (plus habituée, naturellement, à la topographie confuse des ramures), mais comme il ne pouvait voir son visage, il entretenait avec elle une conversation muette en pressant sa cheville entre l'index et le pouce, comme elle eût fait d'un papillon aux ailes repliées. Ada avait les pieds nus. Tout à coup, elle glissa. Nos deux jouvenceaux se retrouvèrent ignominieusement enchevêtrés parmi les branches, sous une pluie de drupes et de feuilles, haletants, cramponnés l'un à l'autre, il ne leur fallut qu'un instant pour rétablir tant bien que mal leur équilibre... mais la tête de Van aux cheveux coupés ras et son visage impassible étaient emprisonnés entre les jambes d'Ada. Un dernier fruit tomba avec un son mat — chute d'un point d'exclamation renversé. Ada portait la montre bracelet de Van et une robe de coton :

(« Tu te rappelles ?

— Si je me rappelle ! Tu m'as embrassée là, dans le creux...

— Et toi tu as voulu m'étrangler avec ces genoux de diablesse...

— Ma foi, je cherchais un appui. »)

Tout cela pourrait bien être vrai, quoique, selon une version plus récente (considérablement plus récente), ils fussent encore dans l'arbre, les joues brûlantes, quand Van détacha de ses lèvres le fil de soie d'un nid de chenilles et fit observer que la négligence vestimentaire poussée à ce point était une forme d'hystérie.

« En tout cas, dit Ada en chevauchant sa branche favorite, Mlle Larivière de Diamants (nous le savons tous, à présent) ne voit aucun inconvénient à ce qu'une fillette hystérique renonce aux pantalettes pendant l'ardeur de la canicule.

— Je refuse de partager avec un pommier l'ardeur de ta petite canicule !

— C'est pourtant l'Arbre de la Connaissance... Cet exemplaire d'importation nous a été envoyé il y a tout juste un an sous emballage de brocart du parc national d'Eden, où le fils du docteur Krolik est éleveur et directeur.

— Que ce jeune homme érige et dirige tout ce qui lui plaira (ce n'était pas d'hier que les histoires naturelles d'Ada avaient commencé à lui porter sur les nerfs), je te donne ma parole d'honneur qu'il ne pousse pas un pommier en Irak.

— Tu as raison, mais notre pommier n'est pas un pommier comme les autres. »

(« Tu as raison et tu as tort, nota Ada, cette fois encore bien plus tard. Sans doute nous avons débattu la question, mais il est bien certain que tu n'aurais pu te permettre alors d'aussi vulgaires réparties. A une époque où le plus chaste des hasards — une chance sur mille — t'autorisait tout au plus à me dérober, comme on dit, un premier baiser timide ! C'est une honte ! Et puis un parc national en Irak, il y a quatre-vingts ans, cela n'a jamais existé ! » « C'est vrai », dit Van. « Et je n'ai jamais trouvé un seul nid de chenilles sur cet arbre dans notre verger. » « C'est encore vrai, ma chérie, ma sans-chenille. » A cette époque, l'Histoire naturelle était devenue de l'Histoire ancienne.)

Ada et Van tenaient chacun *son* journal. Peu de temps après avoir goûté, comme nous venons de le voir, aux prémices de la connaissance, ils furent les dupes d'une amusante méprise. Ada se rendait un matin chez le Dr Krolik avec une boîte remplie de papillons frais éclos, dûment chloroformés, et venait de traverser le verger quand elle s'arrêta brusquement et jura (*tchort !*). Au même instant, Van, qui était parti dans la direction contraire pour se livrer à quelque exercice de tir dans un pavillon voisin (pourvu d'une allée de boules et autres commodités récréatives grandement prisées, jadis, par d'autres Veen), s'immobilisa avec la même soudaineté inquiète. Par une gracieuse coïncidence, chacun rentra en courant au logis pour cacher son journal qu'il craignait d'avoir laissé ouvert dans sa chambre ! Ada, qui redoutait la curiosité de Lucette et de Blanche (rien à craindre du côté de Larivière, cette personne était pathologiquement dénuée de l'esprit d'observation), découvrit avec soulagement qu'elle s'était inutilement inquiétée : l'album avec sa dernière notation était bien rangé dans sa cachette. Van savait qu'Ada était un peu fouine, mais c'est Blanche qu'il découvrit dans sa chambre. Blanche qui faisait semblant de faire son lit déjà fait. Le journal était grand ouvert sur un tabouret avoisinant. Van appliqua une claque bénigne sur le derrière de Blanche, referma la reliure en peau de chagrin et transporta l'objet dans un lieu plus sûr. Après quoi, Ada et Van se croisèrent dans le corridor : à un stade moins avancé de l'Evolution du Roman dans l'histoire de la littérature, c'est ici qu'ils auraient échangé leur premier vrai baiser. Elégant appendice à l'épisode du pommier de Chattal. Au lieu de quoi, ils s'éloignèrent chacun de son côté, et Blanche, je suppose, s'en alla pleurer dans sa tourelle.

CHAPITRE XVI

LEURS premières caresses franches, effrénées, furent précédées par une courte période d'étranges ruses, de dissimulations sournoises. Le malfaiteur au masque, c'était Van, mais en tolérant avec passivité ses approches Ada semblait en reconnaître tacitement le caractère scandaleux, monstrueux même. Quelques semaines plus tard, ils considéraient cette phase de stratégie amoureuse avec une indulgence amusée, mais sur le moment la couardise implicite qu'elle révélait intriguait Ada et désolait Van — avant tout parce qu'il sentait Ada désemparée.

Ada n'était pas une fillette qu'on effarouchait aisément et sa délicatesse n'avait rien d'excessif : « Je raffole de tout ce qui rampe. » Van n'avait jamais eu l'occasion de remarquer chez elle le plus petit sursaut de révolte virginale. Pourtant il lui suffisait de se remémorer deux ou trois rêves horribles pour imaginer l'offensée — dans la vie réelle, ou du moins dans la vie des comptes à rendre — reculant, l'œil hagard, reléguant l'agresseur dans le désert de son désir pour aller tout dire à son institutrice ou à sa mère — ou encore à un gigantesque laquais (introuvable dans le logis mais non pas increvable en rêve : bien au contraire, perforable à souhait, comme une outre de sang qu'on crève d'un coup de ceste clouté); l'incident était nécessairement suivi d'une mesure d'expulsion définitive...

(Commentaire d'Ada : Je m'élève avec indignation contre cette « délicatesse » qui n'aurait « rien d'excessif ». C'est flou dans la forme et faux dans le fond. A supprimer. Van, dans la marge : Désolé, poussin. *Es muss stehen bleiben.)*

... Pourtant même s'il cherchait à tourner cette image en dérision pour l'expulser de sa conscience, Van n'avait évidemment pas lieu d'être fier de sa conduite ambiguë. Les choses qu'il faisait, la façon dont il les faisait, les délectations secrètes qu'il en retirait, tout cela lui donnait le sentiment de tromper Ada, de prendre avantage de son innocence ou de l'engager à lui dissimuler, à lui le dissimulateur, qu'elle entendait fort bien ce qu'il lui cachait.

Après la première rencontre, muette et si légère, de ses lèvres tendres d'adolescent avec la peau plus tendre encore de la fillette — là-haut, dans le pommier, avec seulement ce voisin mignon, l'écureuil arizonien égaré, les épiant à travers le feuillage — rien ne parut changé en un sens et, par ailleurs, tout était perdu. Les contacts de cette sorte finissent par tisser un certain lien. Une sensation tactile est un *punctum caecum*. Ce ne sont que silhouettes qui se touchent. Ainsi, au milieu de l'indolence ordinaire des jours, dans certains accès récurrents de folie contenue, un signal secret était hissé, un rideau tombait entre elle et lui...

(Ada : Ils ont quasiment disparu, à Ardis. Van : Qui ? Oh ! je vois.)

... et ce rideau ne pouvait se rouvrir qu'après que Van s'était affranchi de ce que la nécessité de la dissimulation rabaissait au niveau d'une misérable démangeaison.

(Ce que tu peux dire, Van !)

Plus tard, il lui arrivait de s'entretenir avec elle de ces vilaines choses passablement pathétiques, mais il eût été bien en peine d'affirmer s'il avait craint tout de bon que son *avournine* (comme dira Blanche, un jour, dans son français jargonnant) ne réagît par une explosion de colère réelle ou ressemblante à l'exhibition sans vergogne de son désir, ou si ses approches mornes et sournoises lui avaient été dictées par des considérations de décence et de pitié à l'égard d'une chaste enfant dont le charme était trop irrésistible pour qu'on n'en jouît pas en secret, et trop sacré pour être profané au grand jour. L'affaire péchait par quelque point : cela, du moins, n'était pas douteux. Les vagues lieux communs d'une vague pudeur si tristement en vogue il y a quatre-vingts ans, les insupportables fadaises du soupirant timide emmitouflé dans de niaises romances archaïques, arcadiennes, tout cela se tenait tapi sous le double silence de vos embuscades, Van, de votre tolérance, Ada. Nous ne savons par aucun rapport écrit quel fut le jour précis de l'été où Van inaugura ses frôlements minutieux, ses câlineries précautionneuses. Mais dès qu'Ada se fut rendu compte qu'à certains moments il se tenait derrière elle, bien trop près pour que la décence fût sauve, l'haleine brûlante, les lèvres butineuses, elle sut que ces approches silencieuses, exotiques devaient avoir commencé longtemps en deçà, dans un passé indéfini, infini, et qu'elle ne pouvait plus les proscrire sans reconnaître qu'elle avait tacitement accepté, jusque-là, leur répétition devenue coutumière.

Dans la chaleur implacable des après-midi de juillet, Ada aimait à s'asseoir dans le salon de musique, sur un tabouret de piano incrusté d'ivoire et frais à souhait qu'elle poussait devant une table couverte d'une toile cirée blanche, et copier en couleurs, sur du papier velouté, telle ou telle fleur étrange dont son atlas favori, ouvert devant ses yeux, lui fournissait le modèle. Tantôt, elle choisissait une de ces orchidées à forme d'insecte qu'elle savait agrandir avec une habileté remarquable, tantôt elle combinait une espèce avec une autre (inconnue mais non pas impossible), apportant à l'hybride certaines petites transformations, certaines altérations insolites qui chez une enfant si jeune et vêtue de façon si nue pouvaient trahir une imagination morbide. Un rai de lumière oblique entrait par la porte-fenêtre et projetait ses feux sur le verre à facettes empli d'eau teintée et sur l'émail de la boîte de couleurs. Ada, cependant, traçait d'un pinceau délicat un ocelle ou le lobe d'un labelle et dans l'extase de la concentration la pointe de sa langue se retroussait sur la commissure de ses lèvres et, sous l'œil du soleil, la fantasque aux cheveux bleu-brun-noir semblait, à son tour, mimer l'ophrys miroir de Vénus. Or, sa robe légère et flottante était ouverte si bas sur le dos que chaque fois qu'elle cambrait la taille en remuant ses omoplates proéminentes (soit que, la tête inclinée de côté, le pinceau en équilibre, elle considérât son humide chef-d'œuvre, soit qu'elle écartât d'un revers de poignet une mèche glissée sur sa tempe) Van, qui s'était approché de son tabouret aussi près que le permettait la prudence, pouvait apercevoir jusqu'au coccyx son ivoirine ensellure et respirer la chaleur entière de son corps. Le cœur bondissant, la main lamentablement enfoncée dans la poche de son pantalon (toujours garnie par précaution dissimulatrice d'une bourse contenant une demi-douzaine de pièces de dix dollars en or, il se penchait sur elle qui se penchait sur son ouvrage; il permettait à ses lèvres altérées de glisser impondérablement de la tiède chevelure à la nuque brûlante. C'était la sensation la plus douce, la plus puissante, la plus mystérieuse qu'il eût jamais éprouvée. Rien dans les sordides véneries de l'hiver passé n'eût pu lui faire pressentir cette tendresse duveteuse, cette navrance du désir. Il aurait voulu s'attarder indéfiniment sur la rondeur exquise de la petite protubérance osseuse qui saillait au-dessous de la nuque, si elle eût gardé la tête penchée, indéfiniment, et si le pauvre garçon eût été capable d'endurer longtemps encore l'extase de ce contact sur sa bouche, devenue cire immobile, sans se frotter contre elle, dans un fol abandon. L'intense empourprement d'une oreille visible et la torpeur progressive qui s'emparait de l'agile pinceau indiquaient seuls — indicateurs redoutables — qu'Ada percevait l'insistance croissante de sa caresse. Alors, il se retirait à pas furtifs, montait s'enfermer dans sa chambre, prenait une serviette, se dénudait, évoquait l'image à peine disparue (image encore intacte et claire comme une flamme qu'on emporte dans la nuit abritée dans la conque des mains) pour s'en débarrasser, très vite, avec un zèle brutal. Après quoi, momentanément tari, les reins fourbus, les mollets chancelants, il retrouvait toute l'innocence d'une salle baignée de soleil où une fillette en nage continuait de peindre sa fleur : la fleur merveilleuse qui imite un phalène brillant, qui à son tour imite un scarabée.

Si Van n'avait eu d'autre souci que de soulager (n'importe la façon) ses ardeurs juvéniles, si, en d'autres termes, l'amour n'eût été pour rien dans l'affaire, Van se serait sans doute accommodé — pour un été qui passe — de l'ignominie et de l'ambiguïté de sa conduite. Mais Van aimait Ada. Cet assouvissement compliqué ne pouvait être une fin en soi, ou plutôt il était une fin comme l'est la fin d'une impasse, puisqu'il n'était point partagé, puisqu'il s'enveloppait dans un mystère sordide, puisqu'il ne saurait jamais se fondre par la suite dans toutes autres délices qui, telle une cime embrumée au-delà d'un col menaçant, promettaient d'être un jour le sommet réel de sa périlleuse aventure avec Ada. Pendant cette semaine, ou cette quinzaine, de la mi-été, et malgré ses baisers quotidiens éthérés, sur la chevelure, ou la nuque de la fillette, Van se sentit encore plus loin d'elle qu'avant le jour où sa bouche avait rencontré, bien par hasard, dans le dédale des branches du pommier, une parcelle de chair à peine perceptible à ses sens.

Mais la nature est mouvement et croissance. Un après-midi, dans le salon de musique, il s'approcha d'elle encore plus discrètement qu'à l'accoutumée, car il avait les pieds nus, et voici que la petite Ada, se retournant, ferma les yeux et pressa ses lèvres contre les lèvres de Van, que ce baiser de fraîche rose plongea dans un ébahissement extatique.

« Et maintenant file, dit-elle. Vite, vite, je suis occupée. » Puis, voyant qu'il restait planté là comme un sot, elle oignit son front enfiévré de deux coups de pinceau en traçant le signe de croix des anciens Estotiens. « Il faut que je finisse ça, ajouta-t-elle en pointant la fine brosse imbibée de violet pourpré sur un métis d'*Ophrys scolopax* et d'*Ophrys veenae*. Dans une minute il faudra nous habiller. Marina veut que Kim nous photographie. Main dans la main, un grand sourire » (un grand sourire, et retour à la fleur affreuse).

CHAPITRE XVII

LE plus volumineux dictionnaire de la bibliothèque indiquait à l'article Lèvre : « Chacun des deux plis charnus entourant un orifice. »

L'aimable Emile (c'est ainsi qu'Ada appelait M. Littré) s'exprimait en ces termes : « Partie extérieure et charnue qui forme le contour de la bouche... Les deux bords d'une plaie simple. » (C'est qu'avec nos plaies, nous parlons; c'est que nous enfantons avec nos plaies !) « ... C'est le membre qui lèche. » Ce cher Emile !

Une encyclopédie russe, petite mais épaisse, ne voulait voir dans le mot *gouba* (lèvre) qu'un tribunal administratif de l'ancienne Liaska ou un golfe des régions arctiques.

Leurs lèvres étaient absurdement identiques, par la teinte et le tissu. La lèvre supérieure de Van ressemblait, pour la forme, à un oiseau de mer aux longues ailes qu'on voit venir de face. L'inférieure, pleine et maussade, communiquait à son expression ordinaire un semblant de brutalité. Rien de tel, certes, chez Ada; à cela près, la ligne arquée de sa lèvre supérieure et l'épaisseur de la lèvre inférieure, avec sa moue dédaigneuse et son rose opaque, étaient une réplique, dans le mode féminin, de la bouche de Van. Pendant la « *kissing phase* » de leurs amourettes (quinze jours de longues embrassades humides et poisseuses point trop recommandables, au demeurant, pour leurs jeunes santés), un écran d'étrange pudibonderie parut s'interposer entre leurs corps altérés; il était inévitable, cependant, que certains contacts et contre-contacts le traversassent comme les vibrations lointaines des signaux de détresse. Consciencieusement, inlassablement, délicatement, Van passait et repassait ses lèvres sur les lèvres d'Ada, rebroussant, taquinant leur velours brûlant, de haut en bas, de droite à gauche, en dedans, en dehors, à la vie à la mort, trouvant une saveur délectable dans le contraste entre la caresse ailée de l'idylle visible et la congestion brutale de la chair celée.

On pouvait imaginer d'autres baisers : « Je voudrais, lui dit-il un jour, goûter le dedans de ta bouche. Dieux, que j'aimerais être un Gulliver minuscule pour pouvoir explorer cette caverne.

— Je peux te prêter ma langue », proposa la fillette. Aussitôt dit, aussitôt fait.

Une grosse fraise bouillie, encore toute chaude. Il la dégustait, il l'avalait aussi loin qu'elle se laissait avaler, puis, enlaçant étroitement Ada, il lui lappait le palais. Leurs mentons étaient tout trempés de salive. « Moumouche », prévint-elle — et sans plus de façons elle glissa la main dans la poche du pantalon de Van;

mais elle la retira aussitôt et pria son compagnon de lui passer lui-même son mouchoir. Sans commentaire.

(« J'appréciai ton tact », lui dit-il un jour qu'ils se rappelaient avec sourire et frisson rétrospectif ces délices et ces difficultés, « mais que de temps nous avons perdu — irréparables opales. »)

Il apprit son visage. Nez, joue, menton, tout cela d'une telle douceur de contours (correspondances rétrospectives avec les *keepsakes*, les capelines à fleurs et les petites courtisanes, follement chères, de Wicklow) qu'un admirateur pâmé eût imaginé sans peine le pâle plumet d'un roseau, homme non pensant — *pascaltrezza* — dessinant ce profil, tandis qu'un doigt plus enfantin et plus sensuel se serait plu, et se plaisait certes, à palper ce nez, cette joue, ce menton. Comme chez Rembrandt la remembrance est une fête au milieu des ténèbres. Les invités du souvenir s'habillent pour la circonstance et se tiennent assis bien droits. La mémoire est un photo-studio de luxe dans l'infini d'une Fifth Power Avenue. Le bandeau de velours noir qui retenait sa chevelure ce jour-là (le jour de l'image mentale) rehaussait le lustre de la tempe soyeuse et la blancheur crayeuse de la raie. Cette crinière longue et lisse retombait dans le cou et sa chute se divisait sur l'épaule de sorte qu'entre les ondes de bronze noir on entrevoyait, en forme de triangle élégant, la pâleur mate du cou.

En accentuant le léger retroussement de son nez, on avait le nez de Lucette; en l'atténuant, c'était le nez d'un samoyède. Les sœurs avaient les dents de devant un peu trop larges et la lèvre inférieure trop charnue pour répondre à la beauté idéale, marmoréenne de la mort. Comme elles avaient toujours le nez enchifrené, les deux fillettes, de profil, avaient l'air quelque peu rêveur ou ahuri (plus tard surtout, à quinze et douze ans). La blancheur mate de la grande (à douze ans, seize ans, vingt, trente-trois, etc.) était incomparablement plus rare que l'incarnat doré de la petite (à huit ans, douze ans, seize, vingt-cinq... vingt-cinq, fin). Chez l'une et l'autre, la longue ligne pure de la gorge, venue tout droit de Marina, attisait les sens par de mystérieuses, d'ineffables promesses (que la mère n'avait pas tenues).

Les yeux. Ada et ses yeux brun sombre. Mais qu'est-ce après tout que les yeux (demande Ada) ? Deux trous dans le masque de la vie. Que pourraient-ils signifier (demande-t-elle) pour un *homuncule* venu d'un autre globule, d'une autre bulle lactée, et dont l'organe de la vision serait (disons) un parasite interne conformé comme l'adverbe « *ovo* » ? Que représenteraient pour vous, dites-moi, deux yeux, deux beaux yeux (d'homme, de lémure, de chouette) trouvés abandonnés sur la banquette d'un taxi ? Pourtant, Ada, il faut que je décrive les tiens. L'iris brun sombre, presque noir avec des paillons ou des rayons d'ambre disposés autour de la pupille grave comme un cadran d'heures identiques. Les paupières : garnies de petits plis, *v skladotchkou* (le mot rime en russe avec le diminutif de son nom, à l'accusatif). Forme de l'œil : langoureuse. La maquerelle de Wicklow, cette nuit de neige noire et fangeuse, nuit satanique qui marque l'heure la plus tragique, l'heure presque fatale de mon existence (Van, grâce à Dieu, a quatre-vingt-dix ans à l'heure qu'il est. Signé Ada), insistait avec une force singulière sur les « longs yeux » de son adorable, de sa pitoyable petite-fille. Avec quelle ténacité douloureuse ai-je cherché dans tous les lupanars du monde le signe et la trace de mon inoubliable amour !

Il découvrit ses mains (oublions ces histoires d'ongles rongés). Le pathétique du carpe, la grâce des phalanges exigeant des redditions agenouillées, des regards embrumés de larmes débordantes, des supplices d'adoration irréductible. Il lui tâtait le poignet comme un médecin moribond. Il caressait, fou pacifique, les stries parallèles du duvet délicat qui ombrait l'avant-bras de sa brunette. Puis il s'en retournait aux régions métacarpiennes. Vos doigts, je vous prie.

Ada : « Je suis une sentimentale. Je pourrais disséquer un koala, mais pas son petit. J'aime les mots damoiseau, églantine, élégant. J'adore que tu baises ma longue et blanche main. »

Elle avait, sur le dos de la main gauche, la même petite tache brune qui marquait la dextre de Van. Soit qu'elle voulût en faire accroire, soit qu'elle parlât étourdiment, elle affirmait que cette tache était le vestige d'une envie que Marina avait fait extirper par le scalpel quelques années plus tôt parce qu'elle était amoureuse d'un coquin qui trouvait que « ça ressemblait à une punaise ».

Les après-midi de grand calme, on pouvait entendre le tut-tut du tortillard de Toulouse s'entonnant dans son tunnel, du haut de la colline où furent échangées ces répliques :

Van : « Un peu exagéré ce « coquin ».

— Terme d'amitié », dit-elle.

Lui : « Et pourtant, tu exagères. Je crois que je connais le personnage. Il a moins de cœur que d'esprit, ça, c'est sûr. »

... Tandis qu'il la regarde, la paume de la petite bohémienne implorant une aumône se change en celle de la donatrice désirant une longue vie. (Quand nous rattraperont-ils sur ce terrain, messieurs les cinéastes ?) Eblouie par le soleil vert qui traversait la ramure d'un bouleau, Ada expliquait en plissant les paupières à son ardent diseur de bonne aventure que les marbrures de forme circulaire qu'elle partageait avec la Katia de Tourgueniev (autre innocente fillette) portaient le nom de « valses » chez les peuples de la Californie (« car la señorita va danser toute la nuit »).

Le 21 juillet 1884, pour son douzième anniversaire, Ada avait cessé de se ronger les ongles (ceux des mains, veux-je dire; pour les autres, le temps viendra). C'était une prouesse (comme le sera, vingt ans plus tard, l'abandon de la cigarette). Pour être tout à fait honnête, reconnaissons qu'elle s'accorda quelques dérogations — telle une rechute dans le délectable péché à la Noël où le *Culex chateaubriandi* Brown ne vole pas. Elle renouvela son vœu, cette fois de façon probante, au réveillon du Nouvel An, après que Mlle Larivière l'eut menacée de lui enduire les doigts de moutarde et de les empoupiner dans de petits chaperons rose, rouge, orange, jaune et vert (l'index jaune était une trouvaille).

Peu de temps après le pique-nique anniversaire, quand le désir de baiser les mains de sa petite amoureuse fut devenu pour Van la plus tendre des obsessions, les ongles de ces mains, se dégageant peu à peu de la forme quadrangulaire, acquirent assez de résistance pour pouvoir s'attaquer aux démangeaisons suppliciantes qui tourmentaient la jeunesse de l'endroit au milieu de l'été.

Dans la première semaine de juillet on voyait apparaître avec une ponctualité diabolique la femelle du moustique de Chateaubriand. Ce Chateaubriand (Charles), qui fut le premier non pas à être piqué par l'insecte... mais à l'emprisonner dans son flacon de chasse et à le porter, avec des clameurs d'exultation vengeresse, au professeur Brown, qui en rédigea une Description Originale plutôt bâclée (« petites palpes noires... ailes transparentes... jaunâtres sous certains éclairages... que l'on fera bien d'éteindre si l'on tient les fenstres ouvertes [l'imprimeur est allemand !]... » *L'Entomologiste de Boston*, année 1840, numéro d'août : travail rapide en tout cas), Chateaubriand (Ch.) n'avait aucun lien de parenté avec le grand poète et mémorialiste né entre Paris et Tagne (ou bien Rimatagne, dit Ada qui aimait à croiser les orchidées).

Mon enfant, ma sœur,
Songe à l'épaisseur
Du grand chêne à Tagne :
Songe à la montagne,
Songe à la douceur...

... d'écorcher avec ses griffes ou ses ongles les endroits visités par l'insecte aux pattes pelucheuses, que caractérisait un insatiable et téméraire appétit pour le sang d'Ada et d'Ardélia, de Lucette, Lucinde et Lucile (multipliées par leurs démangeaisons)...

Le monstre apparaissait et disparaissait tout aussi brusquement. Il se posait sur un petit bras, sur une jambette nue, sans faire sst... ni bzzz..., dans un silence en quelque sorte recueilli. Par contre, la pénétration de sa trompe, engin véritablement infernal, faisait l'effet de l'explosion des cuivres dans un orchestre militaire.

Cinq minutes après l'attaque crépusculaire, entre les marches du perron et le gazon grésillant de grillons, commençait l'irritation cuisante qu'ignorait le fort et le flegmatique (sachant qu'elle ne durerait pas plus d'une petite heure) mais dont le faible, l'adorable, le voluptueux, prenait prétexte pour se déchirer, se dilacérer délicieusement. « *Sladko !* (Exquis !) », s'écriait jadis Pouchkine, assailli dans le Yukon par une espèce différente. Les ongles de la malheureuse Ada restaient teints de grenat pendant toute la semaine qui suivait son anniversaire. Elle s'écorchait avec des transports capables d'abolir dans son âme la conscience du monde : après une séance extatique à l'excès, le sang ruisselait littéralement sur ses mollets martyrs — si ce n'est pas malheureux, disait à part soi son admirateur navré; mais, aussi, quel spectacle scandaleusement fascinant (nous sommes les visiteurs et les explorateurs d'un univers bien, bien étrange, en vérité).

La peau laiteuse de la fillette, si excitante dans sa délicatesse aux yeux de Van, si vulnérable à l'aiguillon du monstre, était en même temps solide comme une pièce de satin de Samarcande et résistait en général aux tentatives d'autotomie dont elle faisait l'objet quand Ada, le regard voilé comme dans l'extase amoureuse (ce regard que Van commençait à rencontrer déjà quand ils s'embrassaient trop longtemps), les lèvres entrouvertes, les dents laquées de salive, griffait à cinq ongles les papules roses produites par la morsure du rare insecte, car c'est vraiment un rare et remarquable insecte que ce moustique, deux fois décrit point tout à fait en même temps, par deux aigres vieillards (le second était Braun, diptériste de Philadelphie, beaucoup plus estimable en sa sphère que le Brown de Boston), et quel rare objet de ravissement que l'image de l'aimée essayant d'assouvir les ardeurs de sa peau si précieuse, traçant férocement sur sa jambe ensorcelante des sillages d'abord couleur de perle puis couleur de rubis pour atteindre, en peu de temps, une sorte d'ivresse béate dans laquelle la fureur du prurit se précipitait comme dans un vide avec une énergie renouvelée.

« Ecoute-moi bien, dit Van, je vais compter jusqu'à trois. Si tu ne t'arrêtes pas immédiatement, j'ouvre mon couteau (il ouvre son couteau) et je m'entaille la jambe, pour faire la paire. Je t'en supplie, redévore tes ongles. Tout plutôt que ça. »

Parce que, peut-être, le fleuve de vie coulait déjà trop amer dans les veines de Van (même à cette époque bienheureuse), le moustique de Chateaubriand ne s'intéressa jamais beaucoup à lui. Aujourd'hui l'espèce paraît sur le point de s'éteindre. Sans doute faut-il en accuser le refroidissement du climat et l'assèchement imbécile des marais charmants et foisonnant de vie qui abondaient naguère dans la région de Ladore et dans les environs de Kalouga, Conn., et de Lougano, Pa. (On m'apprend qu'un petit nombre d'exemplaires — des femelles, exclusivement, gorgées du sang de leur chanceux chasseur — ont été récemment récoltés dans un site secret, fort éloigné des trois stations susdites. Note d'Ada.)

CHAPITRE XVIII

NON seulement à l'âge du cornet acoustique (l'âge qu'il appelait leur ga-gâtisme), mais encore plus dans leur adolescence (été 1888), Van et Ada trouvaient des plaisirs d'érudits dans l'étude du procès évolutif de leur amour (été 1884), des phases initiales de sa révélation et des divergences capricieuses de ses chronographies lacunaires. Ada avait relu son journal : le ton lui en avait paru mièvre et faux; c'est pourquoi elle n'en conserva que quelques pages, celles dont la botanique et l'entomologie formaient principalement la matière. Van avait entièrement détruit le sien tant pour la gaucherie de son style d'écolier que pour l'insincérité d'un cynisme désinvolte. Force leur était donc de se fonder sur la tradition orale et sur les rectifications mutuelles qu'ils apportaient à leurs souvenirs communs. La phrase intense « Et tu te rappelles, *a ty pomnich', and do you remember* » (avec toujours le chaînon thématique de cet « et » annonçant la perle retrouvée qu'on va renfiler au collier rompu) devint, dans leurs conversations, la formule consacrée par laquelle débutaient une bonne moitié de leurs répliques. On discutait les dates du calendrier, on révisait et renversait certaines successions d'événements, on comparait les notations sentimentales, on analysait avec passion hésitations et résolutions. Si, de temps en temps, les souvenirs de l'un et de l'autre ne concordaient pas très exactement, il fallait l'imputer à la différence des sexes plus qu'à celle des caractères. Tous deux s'amusaient des tâtonnements juvéniles de la destinée; tous deux étaient attristés par la sagesse du temps. Ada inclinait à considérer la phase initiale de leur amour comme une croissance insensible et diffuse, anormale peut-être, unique probablement, mais pourvoyeuse de purs enchantements grâce à ce déroulement uniforme qui rendait impossible toute impulsion bestiale, tout stigmate de honte. Van, au contraire, ne pouvait empêcher que sa mémoire amoureuse ne ressuscitât des épisodes précis, définitivement marqués par des séismes charnels subits, poignants, quelquefois regrettables. Ada s'imaginait que les jouissances inépuisables auxquelles elle avait accédé — par surprise et sans qu'elle les eût appelées — ne s'étaient révélées à Van qu'au moment où elle en faisait elle-même la découverte, après plusieurs semaines de caresses cumulatives. Quant à ses premières réactions physiologiques, elle estimait convenable de les écarter de ses pensées, les tenant pour apparentées aux manœuvres enfantines qu'elle avait naguère complaisamment pratiquées et qui n'avaient que peu de rapports avec la splendeur et la saveur du bonheur individuel. Van, au contraire, savait le répertoire de tous les spasmes marginaux qu'il lui avait dissimulés avant de devenir son amant et distinguait catégoriquement, d'un double point de vue philosophique et moral, entre la frénésie de l'onanisme et la douceur envoûtante d'un amour avoué et partagé.

Chaque fois que nous nous rappelons ce que nous fûmes, nous retrouvons ce petit personnage avec sa longue ombre, visiteur incertain et tardif, arrêté sur le seuil lumineux, tout au fond d'un couloir obscur qui va se rétrécissant dans une impeccable perspective. Ada se voyait comme une enfant perdue, aux regards émerveillés, portant à la main un bouquet défraîchi. Van, lui, se voyait sous les traits d'un vilain petit satyre, gauchement campé sur ses sabots fourchus et muni d'un flûtiau équivoque. « Voyons, je n'avais que douze ans », s'écriait Ada au rappel d'un détail un peu leste. « Et moi, j'en avais quatorze », répondait Van avec mélancolie.

Et la demoiselle se rappelait-elle, demanda-t-il, en tirant métaphoriquement des notes de sa poche, quand elle s'avisa pour la première fois que le timide « cousin » (parenté officielle) était physiquement excité par sa présence, bien que décemment isolé par plusieurs épaisseurs de coton et de laine et privé de tout contact immédiat avec elle ?

Non. Franchement, non. Elle ne se rappelait rien de tel. D'ailleurs, cela eût été impossible, car à onze ans, bien qu'elle eût essayé je ne sais combien de fois de trouver parmi toutes les clefs de la maison celle qui pourrait ouvrir certaine armoire dans laquelle Walter Daniel Veen enfermait ses « estampes erot. Jap. et Ind. » (l'étiquette était parfaitement visible à travers la porte vitrée), Ada avait encore des notions relativement nébuleuses sur la façon dont s'opéraient les pariades humaines (cette clef, Van la trouva pour elle en un tournemain, accrochée par une ficelle au revers du fronteau). Certes, l'esprit d'observation n'est pas ce qui manquait à Ada : elle avait examiné de près divers insectes *in copula*, mais, à l'époque dont nous parlons, les attributs clairs et distincts du mammifère mâle ne s'étaient que rarement offerts à ses regards, et la possibilité de leur fonction sexuelle n'effleurait pas seulement ses pensées (exemple, ce jour de 1883 où elle avait pu contempler le bec beige tendre d'un gamin — fils du portier nègre de sa première école — qui venait quelquefois pisser dans les cabinets des filles).

Deux autres phénomènes observés par elle à une date antérieure l'avaient induite en erreur d'une manière absurde. Elle avait environ neuf ans quand ce gentleman plus que mûr, ce peintre éminent dont elle ne pouvait ni ne voulait dire le nom, vint plusieurs fois dîner au château d'Ardis. Le professeur de dessin des enfants, Miss Wintergreen, avait pour lui la plus grande considération. Pourtant en 1888 (et en 1958 aussi) les natures mortes de celle-ci étaient estimées infiniment supérieures aux ouvrages de l'illustre polisson, qui représentait invariablement ses nus diminutifs vus de derrière (nymphettes aux fesses de pêche montant à l'assaut des figuiers pour une cueillette gourmande, éclaireuses alpestres aux shorts tendus à craquer escaladant les rochers).

Van, interrompant ce discours avec humeur : « Je sais très bien de qui tu veux parler et tiens à m'exprimer sur ce point : même si son délicieux talent n'est plus en faveur aujourd'hui, je reconnais rétrospectivement à Paul Gigment le droit absolu de représenter ses écolières et baigneuses solaires du côté qui lui semblait bon. Tu peux continuer. »

Ada reprit tranquillement et dit qu'à chaque visite de Pig Pigment elle tremblait lorsqu'elle l'entendait monter l'escalier d'un pas pesant, en soufflant et en reniflant. Il approchait inexorablement, comme l'Hôte de pierre, spectre immémorial, et c'était elle qu'il cherchait — et qu'il appelait d'une voix grêle et dolente qui convenait aussi mal que possible à un marbre.

« Pauvre bonhomme », soupira Van.

Sa méthode de contact, dit-elle, « puisqu'on aborde ce thème » (et qu'il soit bien entendu que je ne cherche pas à faire de comparaison blessante), consistait à proposer à la fillette avec une furieuse insistance de l'aider à atteindre un objet quelconque — tantôt ceci, tantôt cela, un petit cadeau qu'il avait apporté pour elle, un sac de bonbons, une vieille poupée qu'il avait ramassée sur le parquet de la nursery, et qu'il avait accrochée bien haut sur le mur, une bougie rose dans un arbre de Noël, dont il lui enjoignait de souffler la flammette bleue — et, malgré les protestations de la petite Ada, il la prenait par les coudes et la soulevait de terre, sans se presser, peinant, ahanant, disant oh, qu'elle est lourde, oh, qu'elle est jolie. Ce petit manège se poursuivait jusqu'à ce qu'eût résonné le timbre qui annonçait l'heure du dîner ou que la nurse apparût tenant un verre de jus de fruits. Quel soulagement pour chacun des intéressés quand, au retour de sa frauduleuse ascension, le pauvre petit derrière de l'enfant glissait enfin sur la neige grésillante du plastron empesé, et qu'il la lâchait et reboutonnait son smoking. Et elle se rappelait...

« Ridiculement exagéré et, j'ai lieu de le croire, recoloré à la lumière artificielle d'événements survenus plus tard et révélés plus tard encore » (commentaire de Van).

... Et elle se rappelait la rougeur cuisante qui lui était montée aux joues en entendant quelqu'un dire devant elle que le pauvre Pig avait l'esprit bien malade et souffrait d'un « durcissement de l'artère », ou de quelque chose de pareil, elle ne savait trop. Mais ce qu'elle savait, oui, déjà, c'est que l'artère pouvait devenir terriblement longue : elle avait surpris certain jour Drongo, le cheval noir, assistant avec une confusion infiniment pitoyable, il fallait bien le reconnaître, à la transformation qui s'opérait en lui au beau milieu d'un pré, sous les regards de toutes ces marguerites. Elle avait cru, disait-elle (mais allez savoir si la prude était digne de foi) que cet appendice de caoutchouc noir était la jambe d'un poulain qui sortait du ventre de Drongo, car elle n'avait pas encore compris que Drongo n'était pas une jument et n'était pas équipé d'une marsupoche comme le kangourou de certaine image qu'elle idolâtrait. Puis sa gouvernante anglaise lui expliqua que Drongo était « bien, bien malade » et tout rentra dans l'ordre.

« A la bonne heure, dit Van. Voilà qui est tout à fait passionnant. Pour ma part, j'étais en train de penser à la première fois où tu aurais pu soupçonner que j'étais moi aussi un porc ou un cheval « bien malade ». Je revois la table ronde dans le rond de lumière rose et toi, agenouillée sur un fauteuil à côté de moi. J'étais perché sur le bras gonflé du fauteuil; toi, tu faisais un château de cartes et le moindre de tes mouvements était sublimisé, comme ceux d'une somnambule — lenteur de rêve, mais aussi vigilance extrême — et je me grisais, tout de bon, de l'odeur de petite fille qu'exhalait ton bras nu et de l'odeur de tes cheveux, assassinée depuis par je ne sais quel parfum à la mode. J'assigne à cet épisode la date approximative du 10 juin. Une soirée pluvieuse, moins d'une semaine après mon arrivée — ma première arrivée — à Ardis.

— Je me rappelle, dit Ada, les cartes et la lumière rose et le bruit de la pluie et ton chandail en cachemire bleu... mais je ne me rappelle pas autre chose, rien d'étrange ni de scabreux : ça, c'était pour plus tard. D'ailleurs il n'y a que les romans français où l'on trouve des « messieurs qui hument » les jeunes filles.

— C'est pourtant ce que je faisais pendant que s'échafaudait ton œuvre aérienne. Magie tactile. Infinie patience. Pointe des doigts pipant la pesanteur. Ongles rongés affreusement. Sois indulgente à ces notes. Je n'arrive absolument pas à exprimer le malaise du désir massif, du désir engluant. Sais-tu ce que j'espérais ? Qu'au moment où s'écroulerait ton château, tu ferais un grand geste d'abandon, à la russe, et que tu t'assiérais sur ma main.

— Ce n'était pas un château. C'était une villa pompéienne ornée intérieurement de mosaïques et de fresques, car je n'employais que des figures tirées des vieux jeux de cartes de grand-père. Ainsi donc, je me suis assise sur cette main dure et brûlante ?

— Sur ma paume ouverte, ma chérie. Petit plissement de paradis. Tu es restée immobile un instant, moulée à ma coupe, puis tu t'es ressaisie et remise à genoux.

— Pour ramasser vite, vite, vite, les cartes plates et luisantes et recommencer à bâtir, encore une fois, avec la même lenteur. Nous étions abominablement dépravés, tu ne crois pas ?

— Tous les enfants doués sont abominablement dépravés. Je vois que tu te rappelles fort bien...

— Pas cette circonstance particulière. Mais le pommier, et le jour où tu m'as embrassée dans le cou. Et tout le reste. Et puis... *zdravstvouïté : apofeoz*, la Nuit de la Grange-en-Feu ! »

CHAPITRE XIX

UNE sorte d'énigme à l'ancienne. (*Les Sophismes de Sophie* par Mlle Stopchine, dans la Bibliothèque Vieux Rose) : de la Grange-en-Feu et du Grenier lequel a précédé l'autre, lequel a suivi le premier ? Le Grenier, d'abord ?... Mais oui, voyons : il y avait longtemps que nous nous embrassions en cousins quand la grange a pris feu ! Puisque, même, j'achetais à Ladore du baume de Château Baignet pour mettre sur mes pauvres lèvres gercées. Et nous avons été réveillés en sursaut, toi et moi — chacun dans sa chambre — quand nous l'avons entendue crier : Au feu ! 28 juillet ? 4 août ?

Quand nous avons entendu qui ? Stopchine ou Larivière ? Savoir ! Etait-ce Larivière qui criait, qui criait que la grange était en flammes ?

Non, non... Larivière flambait comme une souche — je veux dire dormait comme une souche. Je sais bien qui c'était, dit Van. C'était cette boniche bichonnée qui se servait de ta boîte d'aquarelle pour se faire des yeux de biche, s'il faut en croire Larivière, qui les accusait elle et Blanche des péchés les plus fantastiques.

Mais bien sûr ! Pourtant, ce n'était pas la pauvre French de Marina, c'était notre petite oie Blanche. Elle avait traversé le corridor en courant et perdu, dans le grand escalier, une minuscule pantoufle de vair, comme Ashette dans la version anglaise.

« Et tu te rappelles, Van, comme il faisait chaud cette nuit-là ?

— *Echtcho by !* (Pas de danger que j'oublie !) Cette nuit-là, gêné par le clignotement... »

Cette nuit-là, gêné par le clignotement lointain et cependant importun des éclairs de chaleur qui perçait les cœurs noirs de son dortoir feuillu, l'arboricole Van avait abandonné ses deux tulipiers et s'était couché dans sa chambre. Le tumulte à l'intérieur de la maison et les hurlements de la bonne interrompirent un songe rare, brillant, dramatique, dont il ne parvint pas à retrouver le sujet par la suite, malgré qu'il le gardât enfermé dans un coffret à bijoux qu'il venait de sauver. Comme à son ordinaire il avait dormi nu : il lui fallut décider s'il enfilerait une culotte ou se draperait dans son plaid de tartan. Ayant pris le second parti, il secoua une boîte d'allumettes pour s'assurer qu'elle n'était pas vide, alluma sa chandelle et sortit de sa chambre prestement, prêt à secourir Ada et toutes ses larves. Le corridor était sombre; quelque part, le dachshund aboyait extatiquement. Les exclamations, qui allaient décroissant, apprirent à Van que ce qu'on appelait la « grange baroniale », une vaste et chère construction, distante de plus d'une lieue de la maison, était en train de brûler. Si l'événement s'était produit plus tard dans la saison, cinquante vaches laitières auraient été privées de leur foin quotidien et Larivière de crème pour son café de midi. Van se sentit froissé. « Ils sont tous partis et m'ont laissé seul », comme dit en grommelant le vieux Firmus dans la dernière scène de *La Cerisaie* (Marina avait été passable en Mme Ranevski).

Ceint de sa toge de tartan, Van suivit son double noir dans le petit escalier en colimaçon qui conduisait à la bibliothèque. Là, posant son genou nu sur le divan de velours pelucheux qui était placé sous la fenêtre, il écarta les lourds rideaux rouges.

Oncle Dan, un cigare entre les dents, et Marina, portant un foulard et serrant entre ses bras son Dack, qui faisait la nique aux chiens de garde, démarraient, au milieu des bras tendus et des lanternes qui se balançaient, dans la torpédo rouge comme une pompe à incendie ! — pour se faire dépasser au tournant crissant de l'allée par trois valets de pied anglais à cheval qui portaient en croupe trois soubrettes françaises. La domesticité tout entière semblait prendre son essor pour aller admirer l'incendie (événement peu fréquent dans nos climats humides où le vent ne souffle pas), empruntant tous les moyens de locomotion disponibles ou imaginables : télégas, télésièges, canots à roulettes, tandems et jusqu'à ces chariots mécaniques, destinés au transport des bagages, que le chef de gare fournissait gracieusement à la famille en mémoire de leur inventeur, Erasmus Veen. Seule la gouvernante continuait à dormir (comme Ada, mais non Van, s'en était aperçu) envers et contre tout, ronflant et sifflant dans la chambre voisine de l'ancienne nursery où la petite Lucette s'éveilla une minute avant de courir après son rêve et de sauter dans la dernière tapissière.

Van, agenouillé à la fenêtre panoramique, regarda l'œil injecté du cigare s'éloigner et disparaître dans la nuit. Ce multiple départ... Prends la suite.

Ce multiple départ constituait véritablement un merveilleux spectacle se détachant sur le firmament pâle et poudré d'étoiles de la quasi subtropicale Ardis, avec ce lointain flamboiement, ce rose flamant entre les arbres noirs, à l'endroit où brûlait la grange. Pour l'atteindre il fallait contourner une vaste pièce d'eau sur laquelle je voyais briller, de loin, des écailles de lumières, toutes les fois qu'un garçon d'office ou un palefrenier aventureux la traversait monté sur quelque machine flottante, skis nautiques, Rob Roy ou radeau — typiques ondulations lumineuses que celles des radeaux : des dragons japonais. On pouvait maintenant suivre d'un œil artiste les lanternes des voitures automobiles — feu avant, feu arrière — progressant vers l'est suivant la longueur AB de ce lac rectangulaire, tournant brusquement à l'angle B pour décrire la largeur du quadrilatère, puis revenant doucement vers l'ouest, diminuées, atténuées, jusqu'à un point situé au milieu de la rive opposée où elles viraient vers le nord et disparaissaient.

Tandis que deux retardataires, le cuisinier et le veilleur de nuit, traversaient la pelouse au pas de course et se dirigeaient vers un break ou un cabriolet désattelé qui les saluait de ses brancards érigés (après tout, c'était peut-être un pousse-pousse ? Oncle Dan avait eu, autrefois, un valet japonais), Van aperçut avec ravissement et saisissement, là, tout près, parmi les buissons d'un noir d'encre, Ada qui passait dans sa longue chemise de nuit, tenant d'une main une chandelle allumée et de l'autre une chaussure. On aurait dit qu'elle suivait, en tapinois, les ignicoles retardataires. Mais ce n'était que son reflet sur la vitre. Elle jeta le soulier trouvé dans une corbeille à papiers et vint rejoindre Van sur le divan.

« Est-ce qu'on voit quelque chose, dis », ne cessait de répéter la brune enfant, « est-ce qu'on voit ? » Ses regards scrutateurs rayonnaient de curiosité extasiée et dans ses yeux d'ambre noir flambaient des centaines de granges. Van prit des mains d'Ada la chandelle qu'elle tenait et la posa à côté de la sienne, qui était bien plus longue, sur le rebord de la fenêtre. « Tu es nu, tu es terriblement inconvenant », dit-elle sans regarder et sans mettre dans sa réflexion ni insistance, ni reproche. Ramsès l'Ecossais rajusta son drapé et Ada s'agenouilla auprès de lui. Ils contemplèrent un moment le romantique « effet de nuit » qui s'encadrait dans la fenêtre. Frissonnant, les yeux fixés au loin, Van avait commencé à la caresser suivant d'une main d'aveugle, à travers la fine batiste, le creux de son dos.

« Oh ! regarde, des Bohémiens », murmura-t-elle en montrant du doigt trois silhouettes noires — deux hommes, dont l'un portait une échelle et un enfant ou un nain — qui traversaient précautionneusement la pelouse grise. Ils aperçurent la fenêtre éclairée par une double flamme et décampèrent, le petit personnage marchant à reculons, comme s'il prenait des photographies.

« J'étais restée à la maison exprès, dit-elle (ou prétendit-elle plus tard avoir dit), parce que j'espérais que tu resterais aussi. C'était une coïncidence organisée. » Tandis qu'elle parlait, Van continuait de caresser la cascade de ses cheveux, de pétrir, de chiffonner sa chemise de nuit n'osant encore plonger au-dessous, cajolant toutefois les petites fesses, jusqu'au moment où, avec un léger sifflement, elle s'accroupit sur les talons et se trouva assise dans la main de Van; au même instant, le château de cartes s'écroula dans les flammes. Elle se retourna alors vers lui qui déjà baisait son épaule nue et se pressait contre elle, comme le soldat de la queue.

« C'est bien la première fois que j'entends parler de celui-là. Je croyais que le vieux M. Nymphopopotus avait été mon seul prédécesseur. »

Quelque temps plus tôt, au printemps, à la ville. Matinée française au Théâtre municipal. Mademoiselle avait égaré les billets. Le pauvre garçon s'imaginait sans doute que Tartuffe était une tarte ou une stripteaseuse.

Ce qui n'est pas si bête, au fond. Mais passons. Dans la scène de la Grange-en-Feu...

Oui, Van ?

Non. Rien. Continue.

Oh Van, cette nuit-là, tandis que nous nous tenions agenouillés l'un près de l'autre à la chandelle, comme les Enfants en Prière d'un très mauvais tableau, montrant les plantes de nos quatre pieds (plantes naguère arboricoles et grimpantes) non pas à Bonne Maman recevant sa carte de Noël mais au Serpent surpris et charmé, si tu savais comme j'avais envie de te demander un renseignement purement scientifique, car mon regard, en obliquant un peu...

Pas tout de suite. Ce n'est pas un joli spectacle à l'heure qu'il est et ce sera pis dans un moment (réponse de Van ou quelque chose d'approchant). Il ne parvenait point à décider si Ada était vraiment tout à fait ignorante et pure comme le ciel étoilé (que ne colorait plus la lueur de l'incendie) ou si, au contraire, instruite de toute chose, elle se complaisait à jouer le jeu de l'innocence. D'ailleurs, cela n'importait guère.

« Pas tout de suite... Attends... » répondit-il dans un murmure à demi étouffé. Elle insista : « Veux savoir, moi, veux que tu me dises... »

Lui caressait et entrouvrait avec ses parties charnues (très charnues même, chez nos deux siblings passionnés) le rideau souple et soyeux de la noire chevelure (quand elle rejetait la tête en arrière, ses cheveux lui tombaient plus bas que les reins) et cherchait à se frayer un passage jusqu'au splenius tiède encore de la chaleur du lit. (Il n'est pas nécessaire ici non plus qu'ailleurs — j'ai déjà relevé un passage analogue — de souiller un style relativement pur par l'emploi de ces vagues termes anatomiques qu'un psychiatre retient de ses années estudiantines. Note écrite plus tard par Ada.)

« Voudrais demander... » répéta-t-elle, tandis qu'il atteignait, d'une bouche gourmande, son but de brûlante blancheur.

« Je voudrais te demander », dit-elle, très distinctement cette fois et pourtant déjà hors d'elle-même parce que la main voyageuse était remontée jusqu'au creux de son bras et que le pouce qui venait de se poser sur une mamelette lui donnait des picotements au palais : ce qui s'appelle « sonner la bonne » dans les romans georgiens — la chose est naturellement inconcevable sans la présence d'elettricità...

(Je proteste. Tu n'as pas le droit. C'est défendu même en lithuanien et en latin. Note d'Ada.)

« Te demander...

— Demande », s'écria Van, mais ne gâche pas tout (c'est-à-dire, ne m'empêche pas de me nourrir de toi, de me tordre contre toi).

« Alors, pourquoi, demanda-t-elle (exigea-t-elle, somma-t-elle cependant qu'une seule flamme crépita et qu'un coussin se retrouva sur le parquet), pourquoi est-ce que tu deviens si gros et si dur, là, quand tu...

— Où là ? Quand je quoi ? »

Afin de se mieux expliquer, avec un tact et un contact exquis, elle fit danser son ventre contre lui, toujours presque agenouillée, embarrassée dans sa longue chevelure et l'œil plongeant dans l'oreille de Van (leurs positions réciproques étaient devenues passablement embrouillées).

« Répète... » cria-t-il, comme si elle eût été très loin de lui — reflet sur une vitre noire.

« Tu vas me faire voir ça immédiatement », dit-elle avec autorité. Il se dépouilla de son kilt improvisé et Ada changea de ton aussitôt.

« Mon Dieu », murmura-t-elle comme un enfant qui parle à un enfant. « C'est écorché, complètement à vif ! Ça te fait mal, dis ? Horriblement mal ? »

Il supplia : « Touche, vite.

— Van, pauvre Van », reprit-elle avec la petite voix que se font les fillettes gentilles pour parler aux chats, aux chenilles, aux pupes, aux chiots... « Je suis sûre que ça te brûle. Si je touchais ça te soulagerait, tu crois ?

— Si je crois ! *You bet !* On n'est pas bête à ce point !

— Carte en relief », dit la mignonne poseuse. Les fleuves de l'Afrique. Son index remonta le Nil Bleu jusque dans ses jungles, puis redescendit vers l'aval. « Que vois-je ici ? Le chapeau du Bolet Rouge n'est pas moitié aussi velouté. En fait (sur un ton de babillage), cela me fait penser à une fleur de géranium ou plutôt de pélargonium.

— Grands dieux, comment n'y pas penser ?

— O Van, Van, j'aime ce grain. Sans façons, cela me plaît !

— Serre donc, petite sotte, tu ne vois pas que je me meurs ? »

Mais la naïve botaniste n'avait aucune idée de la bonne façon de manier l'objet. Van, à toute extrémité, poussa dans le volant de la chemise de nuit et gémit en fondant dans une mare de plaisir.

Elle regardait, consternée.

« Ce n'est pas ce que tu crois, dit Van tranquillement. Rien à voir avec le pipi. C'est propre comme la sève d'une herbe. Bon. Le Nil est déterminé — télégramme de Speke, l'explorateur. »

(Van, je me demande pourquoi tu te donnes tant de mal pour transformer un passé poétique et sans pareil en une farce malpropre. Honnêtement, Van. Oh ! mais je suis honnête ! On ne peut plus honnête ! C'est ainsi que les choses se sont passées. Je ne savais trop sur quel terrain je m'aventurais, d'où ces airs effrontés et ces afféteries. Ah ça. Parlez pour vous ! Quant à moi, très cher, j'affirme que ces fameuses excursions digitales depuis votre Haute-Afrique jusqu'au bout du monde n'ont commencé que beaucoup plus tard — alors que j'en connaissais par cœur l'itinéraire. Désolé, vous faites erreur, et puis, si les gens avaient les mêmes souvenirs comment diable seraient-ils des êtres différents ? C'est-ainsi-que-les-choses-se-sont-passées. Mais nous ne sommes pas « différents ». Penser et songer ne sont qu'un même mot — en bon français. Van, pense à la douceur... Oh ! j'y songe, bien sûr que j'y songe. Ce n'était que douceur, mon enfant, ma rime. Voilà qui est mieux, dit Ada.)

« Prends la suite, tu veux bien ? »

Van s'étendit nu à la lueur maintenant immobile de la chandelle.

« Dormons ici, dit-il, ils ne rentreront pas avant que l'aube ne rallume le cigare de mon oncle.

— Ma chemise est trempée », murmura-t-elle.

« Enlève-la. Il y a place pour deux dans cette couverture.

— Van, ne regarde pas !

— Ce n'est pas de jeu », dit-il en l'aidant à passer sa chemise par-dessus sa chevelure véhémente. A peine une touche de fusain ombrait le point de mystère de son corps blanc comme la craie. Un mauvais furoncle lui avait laissé une cicatrice rose entre deux côtes; il y posa un baiser et s'allongea les mains croisées sous la nuque. Ada, penchée sur le corps brun, contemplait la caravane de poils qui remontait de leur fourmilière vers l'oasis du nombril. Pour un garçon si jeune, il était remarquablement hirsute. Sa jeune gorge ronde était à l'aplomb du visage de Van. En tant que médecin et en tant qu'artiste je réprouve l'usage philistin de la cigarette après l'amour. Reconnaissons pourtant, par souci de vérité, que Van n'était pas indifférent à la présence d'un coffret de cristal garni de Traumatis turques, mais la console sur laquelle il se trouvait était trop éloignée pour qu'il pût l'atteindre d'un mouvement nonchalant du bras. La haute pendule sonna un quart anonyme : Ada, le poing contre la joue, contemplait à présent le remuement émouvant bien qu'étrangement morose, le déclenchement régulier, enfin l'essor massif, de la renaissance virile.

Mais la peluche de la couche était aussi chatouilleuse au toucher qu'était à la vue le ciel saupoudré d'étoiles. Avant qu'il se passât quoi que ce fût de neuf, Ada se mit à quatre pattes pour arranger les coussins et le plaid. Fillette indigène imitant un lapin. Van tendit une main chercheuse; sa paume s'arrondit par-derrière sous la petite fente chaude. Dans un bond frénétique, il prit la position du garçonnet qui construit un château de sable, mais Ada se retourna sur le dos, prête ingénument à l'étreindre ainsi qu'il est recommandé à Juliette de recevoir son Roméo. Elle fit bien. Pour la première fois dans leur aventure amoureuse la grâce, le génie et l'inspiration lyrique descendirent sur le jeune bourru. Murmurant, gémissant, il baisait le pâle visage avec une tendresse volubile, criait en trois langages — les trois grands de ce monde — des mots câlins qui devaient plus tard fournir la matière d'un *Dictionnaire des diminutifs secrets*, maintes fois revu et corrigé jusqu'à l'édition définitive de 1967. Quand il devenait trop bruyant elle essayait de le calmer comme on calme un enfant, elle faisait chut ! chut ! en lui soufflant dans la bouche — et ses quatre membres étaient noués sans vergogne autour de lui comme si elle avait fait l'amour depuis toujours, dans tous nos rêves — mais l'impatience de la passion juvénile (débordante comme la baignoire de Van, du vieux Van, couveur maniaque de mots occupé à repolir ces pages assis sur le bord de son lit dans une chambre d'hôtel) ne résista pas à quelques coups de pointe poussés à l'aventure : elle éclata sur le labelle de l'orchidée, un merle bleu émit son « tchoc-tchoc » d'alarme et les lanternes lointaines, reparurent au fond de l'aube rugueuse et refirent le tour de la pièce d'eau. Bientôt les points lumineux des voitures devinrent des étoiles, les roues des chariots crissèrent sur le gravier; les chiens de toute espèce rentrèrent fort satisfaits de leurs ébats nocturnes. Blanche, la nièce du cuisinier, descendit d'un car de police couleur de citrouille, chaussée seulement de ses bas (hélas, minuit avait sonné depuis longtemps) et les deux enfants nus, saisissant plaid et chemise, saluèrent le sofa complice d'une petite tape et remontèrent en tapinois dans leurs chambrettes d'innocence en emportant chacun sa chandelle.

« Et tu te rappelles... » dit Van moustache-grise en prenant une cigarette Cannabina sur sa table de nuit et en secouant une boîte d'allumettes jaune et bleue « ... tu te rappelles notre insouciance et comment Larivière s'arrêta de ronfler pour recommencer de plus belle un instant plus tard (la maison tremblait du haut en bas) et comme les marches de fer étaient froides, et comme j'étais déconfit par ta... comment dirai-je... par ton manque de retenue ?

— Idiot », dit Ada, qui s'était tournée vers le mur et ne remua pas seulement la tête.

Eté 1960 ? Un hôtel encombré de voyageurs, quelque part entre Ex et Ardez ?

Je ferais bien de commencer à dater les pages de ce manuscrit. Par égard pour mes rêveurs inconnus.

CHAPITRE XX

LE lendemain matin, le nez encore enfoui dans le sac aux songes d'un oreiller profond qui tempérait seul l'austérité de sa couche et qu'il devait à la faveur de la douce Blanche (dont il avait, dans un cauchemar navrant, tenu tendrement la main : car ainsi le voulait la règle des Petits-Jeux du Sommeil — ou seulement, peut-être, son mauvais parfum), Van sut que le bonheur frappait à sa porte. Il s'efforça de prolonger l'incognito ardent de ce visiteur en s'attardant sur les derniers vestiges — larmes et jasmin — d'un rêve niais, mais le tigre du bonheur força d'un bond les portes de la réalité.

Oh, l'allégresse d'une liberté fraîche conquise ! Il en avait emporté le reflet jusqu'au fond du sommeil : dans la dernière partie de son rêve il révélait à Blanche qu'il avait appris l'art de la lévitation; le pouvoir de parcourir les airs avec une aisance magique allait lui permettre de battre tous les records du saut en longueur, qui ne serait plus pour lui qu'une manière de flânerie à quelques pouces au-dessus du sol sur une distance de dix ou douze mètres (une longueur trop grande paraîtrait suspecte) devant les tribunes en délire, cependant que Zambovski de Zambie, les mains sur les hanches, le fixait d'un regard consterné et stupéfait.

La tendresse arrondit les contours du triomphe pur, la douceur lubrifie le strict affranchissement : ces émotions ne sont pas des symptômes de gloire ou de passion dans nos rêves. La joie fantastique que Van allait connaître désormais (pour toujours, il l'espérait bien) était due pour moitié à la certitude de pouvoir répandre sur Ada, ouvertement et tout à loisir, les trésors de tendresse câline et puérile que la gêne devant le monde, l'égoïsme masculin et le scrupule moral l'avaient empêché jusque-là de considérer comme un rêve possible.

Le samedi et le dimanche, les trois repas de la journée étaient solennellement annoncés par trois gongs — un petit, un moyen, un gros. Le premier venait justement d'annoncer que le petit déjeuner était servi dans la salle à manger. Ses vibrations éveillèrent dans l'esprit de Van la pensée qu'en vingt-six pas il aurait rejoint sa jeune complice (dont le musc délicat imprégnait encore le creux de sa main) et le frappèrent d'une sorte d'étonnement ébloui : Etait-ce vraiment arrivé ? Sommes-nous vraiment libres ? Tous les matins que Dieu fait, disent les amateurs chinois secoués par des rires d'obèse, certains oiseaux captifs se jettent, à peine éveillés, contre les barreaux de leurs cages (et demeurent plusieurs minutes inconscients) dans un élan automatique qui prolonge leur rêve, alors que, tout le reste du jour, ces chatoyants prisonniers sont fort guillerets, dociles et bavards.

Van poussa la pointe d'un orteil dans une espadrille solitaire et rapporta l'autre de dessous son lit. Il descendit l'escalier avec précipitation, saluant au passage un prince Zemski, apparemment satisfait, et un lugubre Vincent Veen, évêque de Balticomore et Como.

Mais elle n'était pas encore descendue... Dans la salle à manger inondée de lumière où de grandes gerbes de fleurs jaunes ressemblaient à des grappes de soleil, l'oncle Dan prenait nourriture. Sa mise convenait à un jour d'été normalement chaud à la campagne : costume à rayures berlingot sur une chemise de flanelle mauve, gilet de piqué blanc, cravate club rouge et bleu, col souple, très montant, serré par une épingle de sûreté en or (pourtant toutes ces raies et teintes si coquettes semblaient avoir subi un certain déplacement au cours de l'impression chromotypographique de la bande dessinée dominicale de ce jour-là). Il venait de finir son premier toast beurré, rehaussé d'une touche de confitures d'Oranges de Ma Mère-Grand, et faisait des glouglous de dindon en rinçant son dentier *in situ* dans une gorgée de café qu'il avala, ensuite, avec ses sapides épaves. Comme je n'étais pas un couard (du moins avais-je certaines raisons de le penser), je sus me contraindre à soutenir la vision directe du visage rose de mon oncle avec sa petite moustache rousse en rotation, mais (Van fit cette réflexion en 1922 en revoyant des baguenaudiers en fleurs) rien ne m'obligeait à supporter son profil sans menton ni les bouclettes rousses de ses pattes de lapin. Van considérait donc, non sans appétit, les pots de faïence bleue remplis de chocolat bouillant et les tronçons de pain préparés pour l'enfance vorace. Marina prenait son petit déjeuner au lit, le maître d'hôtel et Price dans un coin de l'office (pensée bien agréable, je ne sais pourquoi), et Mlle Larivière ne touchait à aucune nourriture avant midi : c'était une « midinette » de stricte observance (nous parlons de la secte, non de la couture); elle avait même persuadé à son confesseur d'adhérer à son groupe.

« Tout de même, vous auriez pu nous emmener voir l'incendie, mon bon Oncle », dit Van en se servant une tasse de chocolat.

« Ada te racontera toute notre équipée », répondit l'oncle Dan en enduisant avec amour un autre toast de beurre et de confiture. « Notre excursion lui a beaucoup plu.

— Oh... elle était avec vous ?

— Oui. Dans le char à banc noir, avec tous les maîtres d'hôtel. Une vraie partie de plaisir.

— Allons donc ! Ce devait être une des filles de cuisine, pas Ada. Je ne m'étais jamais rendu compte, ajouta-t-il, que nous en avions plusieurs ici. Je veux dire plusieurs maîtres d'hôtel.

— Mais si, je crois », répondit vaguement l'oncle Dan. Il renouvela les opérations de rinçage interne puis chaussa ses lunettes en toussotant, mais les journaux du matin n'étaient pas arrivés : il ôta ses lunettes.

Soudain Van entendit dans l'escalier la voix grave, charmante, disant vers le haut : « Je l'ai vu dans une des corbeilles de la bibliothèque. » Allusion probable à quelque géranium, violette ou orchidée du genre sabot ou pantoufle. Cette annonce fut suivie d'une « pause balustrade », pour parler comme les photographes. Puis le cri lointain et triomphant de la bonne jaillit de la bibliothèque et Ada ajouta : « Je me demande qui l'a mis là. » Aussitôt après, elle entra dans la salle à manger.

Elle portait — sans qu'ils fussent de connivence — des shorts noirs, un jersey blanc et des espadrilles. Ses cheveux tirés en arrière formaient une queue de cheval touffue et découvraient son front large et bombé. Sous sa lèvre inférieure une irritation rose luisait de glycérine à travers un peu de poudre. Ada était trop pâle pour être tout à fait jolie. Elle portait un recueil de poésie. L'aînée de mes filles est plutôt ordinaire, répétait souvent Marina, mais elle a de beaux cheveux. Et la cadette est jolie, mais rousse comme un renard. Age ingrat, lumière ingrate, artiste ingrat... mais amant ingrat, que non pas. Une vague d'adoration saisit Van au creux du ventre et le souleva jusqu'au paradis. L'idée de la revoir et de savoir qu'elle savait et de savoir que personne d'autre ne savait ce qu'ils avaient fait si franchement, si malproprement, si délectablement moins de six heures plus tôt, c'était plus que ne pouvait supporter notre amant novice — bien qu'il tentât de banaliser l'événement en recourant au correctif moralisateur d'un adverbe infâmant. Il hasarda et rata de façon piteuse un « hello » sans conviction, forme de salutation matinale dont il n'était pas coutumier (et que d'ailleurs elle parut ne pas entendre), et se pencha sur son petit déjeuner tout en épiant le moindre geste d'Ada au moyen d'un secret organe polyphémique. Elle se glissa derrière Mr. Veen dont elle tapota légèrement le crâne chauve avec son livre et tira bruyamment la chaise la plus proche, qui était à l'opposé de celle de Van. Elle se servit une grande tasse de chocolat, en battant des cils comme une poupée. Bien que le chocolat eût déjà été sucré autant que faire se peut, elle posa un morceau de sucre sur sa cuillère et l'immergea délicatement dans sa tasse en observant avec grand plaisir la façon dont le liquide brûlant brun dissolvait d'abord un angle du conglomérat cristalloïde, puis le morceau tout entier.

Pendant ce temps, l'oncle Dan chassait rétrospectivement de son chef lustré un insecte imaginaire, regardait en haut, en bas, autour de lui, finissait par apercevoir la nouvelle arrivée.

« A propos, Ada, Van voudrait bien savoir quelque chose. Que faisais-tu cette nuit, ma chérie, pendant que lui et moi nous occupions de l'incendie ? »

Le reflet du sinistre envahit les joues d'Ada. Van n'avait jamais vu de fille (aussi blanche et transparente de peau) ni personne au monde, à vrai dire, pêche ou porcelaine, rougir aussi souvent et substantiellement. Cette disposition l'affligeait comme une infirmité bien plus inconvenante qu'aucun des actes qui pouvaient la produire. Elle jeta un regard assez stupide au ténébreux adolescent et dit plus ou moins qu'elle flambait à poings fermés dans sa chambre à coucher.

Van l'interrompit avec rudesse. « Ce n'est pas vrai. Tu étais avec moi dans la bibliothèque et nous regardions ensemble la lueur de l'incendie. Oncle Dan est *all wet*.

— Ménagez vos américanismes », dit le susnommé en ouvrant ses bras paternels à l'innocente Lucette qui venait d'entrer, trotte-menu, en serrant dans son petit poing, comme une oriflamme, un filet à papillons pour enfants à sac rose empesé.

Van regarda Ada et hocha la tête en signe de désapprobation. Elle lui fit voir le pétale pointu de sa langue, et son amant, soudain, fut indigné de sentir qu'il rougissait à son tour. Voici donc la fameuse franchise. Il glissa sa serviette dans l'anneau et se retira dans le *mestetchko* (petit endroit) du grand vestibule.

Elle termina son breakfast et Van l'arrêta sur le palier, toute gorgée de beurre frais. Ils n'avaient qu'une minute pour arrêter leurs plans; historiquement parlant, on en était à l'aube du roman qui languissait encore entre les mains de demoiselles, filles de clergymans, et des membres de l'Académie : c'est dire que la minute était précieuse. Cependant Ada, debout sur un pied, se grattait le genou. Ils décidèrent de faire une promenade avant le lunch à la recherche d'un endroit écarté. Ada devait finir une traduction pour Mlle Larivière. Elle lui montra son brouillon. François Coppée ? Oui.

Their fall is gentle. The woodchopper
Can tell, before they reach the mud,
The oak tree by its leaf of copper,
The maple by its leaf of blood.

« Leur chute est lente, déclama Van, on peut les suivre du regard en reconnaissant... — la retouche paraphrastique de *chopper* et de *mud* est évidemment du pur Lowden (traducteur et poète mineur, 1815-1895). Quant à sacrifier la première moitié du quatrain pour sauver la seconde, c'est faire comme ce seigneur russe qui jeta son cocher aux loups, puis tomba de son traîneau.

— Je te trouve très méchant et très bête, dit Ada. Il ne s'agit ni d'une œuvre d'art ni d'une brillante parodie, mais de la rançon extorquée à une malheureuse écolière, fourbue de travail, par une institutrice démente... Attends-moi dans le Berceau des Baguenaudiers. Je t'y rejoindrai dans soixante-trois minutes exactement. »

Elle avait les mains glacées, le cou brûlant. Le garçon du facteur venait de sonner à la porte du logis. Un petit laquais, Bout, le bâtard du maître d'hôtel, traversa le vestibule aux dalles sonores.

Le dimanche matin le courrier arrivait tard, surchargé par les suppléments volumineux des journaux de Balticomore, de Kalouga et de Louga, que Robin Sherwood, le vieux facteur, distribuait à cheval, dans son uniforme vert pomme, à travers la campagne assoupie. Comme Van enjambait l'escalier de la terrasse en fredonnant l'hymne de son collège — le seul air de musique qu'il ait jamais retenu — il aperçut Robin sur son vieux cheval bai qui retenait par la bride l'étalon noir et nerveux de son assistant du dimanche, un Anglais, jeune et beau gaillard, que le bonhomme, à ce qu'on chuchotait derrière les haies de roses, chérissait plus énergiquement que ne l'exigeait son office.

Van gagna la troisième pelouse et le Berceau des Baguenaudiers, où il inspecta méticuleusement la scène préparée pour la représentation « comme un provincial arrivé une heure trop tôt à l'opéra, après avoir roulé toute la journée cahin-caha au milieu des moissons, dans son boghei aux roues duquel s'accrochaient en tournoyant les coquelicots et bleuets » *(Ursula,* de Floeberg).

Des papillons bleus d'une espèce presque aussi grande que la Piéride de la Rave, et comme celle-ci, d'origine européenne, voltigeaient rapidement autour des arbrisseaux, se posaient sur leurs grappes pendantes de fleurs jaunes. Quarante ans plus tard, dans des circonstances moins complexes, nos deux amants retrouveront avec un plaisir émerveillé le même insecte et le même baguenaudier le long d'une piste forestière, près de Susten-en-Valais. Pour l'heure, Van était tout au plaisir de meubler sa mémoire des images que, plus tard, il se remémorerait. Etalé sur le gazon, il contemplait les grands Bleus hardis, consumé par l'évocation des membres pâles d'Ada dans la lumière bigarrée du berceau de verdure, puis il se dit froidement que le réel serait toujours un peu en deçà de l'imaginé. L'envie le prit de se baigner dans un ruisseau large et profond qui coulait derrière le bosquet. Il en sortit, les cheveux mouillés et la peau vibrante, pour découvrir — faveur précieuse et rare — son rêve, présage d'ivoire vivant, reproduit avec exactitude. A cela près qu'elle avait dénoué ses cheveux et changé son costume : elle portait la petite robe de coton clair qu'il aimait tant et qu'il avait désiré si éperdument souiller, dans un passé si proche.

Il avait résolu de se consacrer avant tout à ses jambes, qu'il lui semblait n'avoir pas dignement célébrées la nuit précédente, de les envelopper de baisers depuis le A de l'arche jusqu'au V de velours. Ce qui fut accompli dès qu'Ada et lui eurent pénétré assez avant dans le bois de mélèzes qui clôturait le parc sur le versant escarpé de la crête rocheuse, entre Ardis et Ladore.

Ni l'un ni l'autre ne put rétrospectivement établir — ni d'ailleurs, ne tenta bien longtemps d'y parvenir — où, quand et comment il l'avait véritablement « déflorée » — expression triviale que notre Ada au Pays des Merveilles avait découverte par hasard dans l'Encyclopédie de Phrody avec cette définition : « Rompre la membrane vaginale d'une vierge par engin viril ou mécanique. Exemple : la fraîcheur de son âme avait été déflorée (Jeremy Taylor). » Etait-ce la veille, sur le plaid ? Ou ce jour-là, dans le bois de mélèzes ? Ou plus tard, dans la salle de tir, dans le grenier, sur le toit ? Sur un balcon isolé, dans la salle de bains,, ou encore (position médiocrement confortable) sur le Tapis volant ? Nous ne le savons point et ne nous en soucions pas davantage.

(Tu m'embrassais là, tu me mordillais, me fourgonnais, me fouillais si fort et si souvent que ma virginité a disparu dans la mêlée. Mais je me souviens parfaitement, mon chéri, que dès la mi-été, la petite machine que nos ancêtres appelaient « sexe » fonctionnait déjà aussi agréablement que plus tard en 1888, etc. Note marginale à l'encre rouge.)

CHAPITRE XXI

ADA n'avait point libre accès à la bibliothèque. Selon le dernier catalogue imprimé (1er mai 1884), elle abritait 14 841 volumes. Même cette énumération aride, Mlle Larivière préféra la soustraire aux mains de sa petite élève — « pour ne pas lui donner des idées ». Sans doute, sur les rayonnages qui lui appartenaient en propre, Ada avait-elle rangé à côté de ses livres de classe des ouvrages de taxologie entomologique et botanique et quelques romans populaires fort innocents, mais il était entendu qu'elle ne devait point bouquiner sans surveillance dans la bibliothèque. Pis encore, chaque ouvrage qu'elle empruntait pour lire au lit, ou dans la tonnelle, était obligatoirement contrôlé par son mentor et signalé avec le nom, la date (imprimée au timbre de caoutchouc) et la mention « en lecture », dans le fichier que tenait dans un scrupuleux désordre Mlle Larivière, et dans un ordre quasi monstrueux (avec insertions de notes interrogatives, de signaux de détresse, voire d'imprécations, le tout inscrit sur des morceaux de papier rose, rouge ou violet) un cousin de la demoiselle, Monsieur Philippe Verger, vieux garçon malingre, d'un mutisme et d'une timidité maladives, qui venait fouiner dans la bibliothèque d'Ardis une fois tous les quinze jours pour quelques heures d'un labeur obscur et silencieux — tellement silencieux, en vérité, que certain jour où la grande échelle de la bibliothèque se prit à décrire dans l'espace, avec une lenteur surnaturelle, un arc de trajectoire rétrograde, monsieur Verger, qui occupait le plus haut point du système et serrait dans ses bras un moulin de volumes, atterrit sur le dos avec son échelle et ses livres, en faisant si peu de bruit que la coupable Ada, qui se croyait seule (et feuilletait, l'un après l'autre, les tomes si décevants des *Mille et Une Nuits*), prit la chute de M. Verger pour l'ombre d'une porte ouverte en tapinois par quelque eunuque aux chairs molles.

L'intimité qui s'était établie entre Ada et son « cher, trop cher René » (c'est ainsi que parfois, pour plaisanter, elle aimait appeler Van) changea du tout au tout la question lecture — malgré les interdits qui demeuraient placardés dans l'air. Peu après son arrivée à Ardis, Van avait averti son ex-institutrice (elle avait de bonnes raisons de le croire) que, s'il n'obtenait pas l'autorisation de puiser dans la bibliothèque, à toute heure du jour, pour une durée indéterminée et sans avoir recours à la mention « en lecture », tous ouvrages, œuvres complètes, brochures, incunables, qu'il pourrait lui prendre envie de lire, la bibliothécaire de son père, Miss Vertograd, vieille demoiselle d'une complaisance inépuisable et dévouée jusqu'à la servilité, dont le format et très probablement la date de publication correspondaient à ceux de Verger, serait chargée par lui d'expédier par colis postal à l'adresse d'Ardis Hall de pleines malles d'ouvrages de libertins du XVIIIe siècle et de sexologues germaniques, encadrés par un assortiment complet de Shastras et de Nefsawis en traduction littérale et avec des suppléments apocryphes. Mlle Larivière, perplexe, eût souhaité débattre le dilemme avec le Maître d'Ardis, mais elle ne discutait jamais avec lui de quoi que ce fût de sérieux depuis le jour (janvier 1876) où il lui avait à l'improviste fait des avances — sans grande conviction, il faut bien le dire. Quant à la chère et frivole Marina, elle se contenta de déclarer qu'à l'âge de Van, elle aurait empoisonné son institutrice au borax cafardicide si on l'avait empêchée de lire, par exemple, *Fumée* de Tourgueniev. A la suite de quoi, tout ce qu'Ada voulait lire, ou aurait pu vouloir lire, était déposé à son intention par Van dans diverses cachettes sûres. La seule conséquence visible des angoisses et de la perplexité du pauvre M. Verger fut l'abondance accrue de certain dépôt poudreux, d'un blanc de neige, qu'il ne manquait jamais de semer, çà et là, sur le tapis foncé — vestiges topographiques d'un labeur assidu, mais infirmité bien cruelle pour un petit homme si propre.

Quelques années plus tôt, au cours d'une charmante Christmas party organisée pour les bibliothécaires du secteur privé sous les auspices du Braille Club de Radouga, l'empathique Miss Vertograd avait remarqué que le gloussant Verger, avec qui elle était en train de partager une inoffensive papillotte (écartelée sans résultat audible, sans même que les dentelures dorées dont s'ornaient ses deux extrémités livrassent passage au moindre bonbon, breloque ou autre faveur de la Fortune), partageait encore avec elle certaine maladie de peau spectaculaire décrite peu auparavant par un célèbre romancier américain (dans son *Chiron*) et analysée dans un style désopilant par un malade lui-même, qui écrivait des essais pour un hebdomadaire londonien. Avec un tact exemplaire, Miss Vertograd chargea Van de communiquer au Français (peu touché, semble-t-il, par tant de sollicitude) des fiches de bibliothèque portant quelque suggestion laconique : « Mercure ! » ou encore « *Höhensonne* opère des miracles ». Mademoiselle, qui était dans le secret, consulta l'article « Psoriasis » dans une encyclopédie médicale en un volume que sa feue mère lui avait laissée, et qui non seulement lui avait rendu service, ainsi qu'à ses élèves, à l'occasion de diverses petites indispositions, mais encore lui avait donné des idées de maladies pertinentes pour les personnages des contes et récits qu'elle publiait dans le *Québec Quartely*. Dans le cas présent, le traitement (optimiste) prescrit consistait à « prendre un bain chaud au moins deux fois par mois et s'abstenir de mets épicés ». Mlle Larivière dactylographia la recette et la communiqua à son cousin dans une enveloppe avec l'inscription *Get Well*. Pour en finir, Ada fit lire à Van une lettre du Dr Krolik traitant du même sujet en ces termes (traduction française) : « Marbrés d'écarlate, squamés d'argent, croûtés de jaune, les inoffensifs psoriatiques (qui ne peuvent contaminer personne et sont, à leur maladie près, les plus saines gens du monde — leurs bobos les préservant des bubes et des bubons, comme mon maître en faisait souvent la remarque) étaient confondus au Moyen Age avec les lépreux — oui-da, les lépreux ! En ce temps-là, des milliers sinon des millions de Verger et de Vertograd ont péri en craquetant et en hurlant, enchaînés par des bourreaux enthousiastes aux bûchers dressés sur les places publiques de l'Espagne et d'autres nations pyromanes. » Revenant sur leur première intention, Ada et Van convinrent de ne point insérer cet écrit sous PS dans le fichier de l'humble martyr. Les lépidoptéristes sont par trop éloquents sur le chapitre de la lépidosite.

Le malheureux bibliothécaire donna sa « démission éplorée » le 1er août 1884; dès lors, romans, poésies, ouvrages scientifiques et philosophiques vagabondèrent inaperçus. Ils traversaient les pelouses, glissaient le long des haies — un peu comme les objets que transporte l'Homme invisible dans le beau conte de

Wells et finissaient par se poser dans le giron d'Ada, en quelque lieu qu'elle et Van se fussent donné rendez-vous. L'un et l'autre cherchaient dans les livres quelque chose qui les passionnât, ce que font toujours les meilleurs lecteurs, mais dans plus d'un ouvrage réputé ils ne trouvèrent qu'ennui, prétention et fausses informations.

Certaine phrase d'un récit de Chateaubriand (l'histoire romanesque de deux rejetons d'une même souche) n'avait pas semblé très claire à la petite Ada quand elle l'avait lue pour la première fois à l'âge de neuf ou dix ans : « Les deux enfants pouvaient donc s'abandonner au plaisir sans aucune crainte. » Dans un recueil d'articles (*Les Muses s'amusent*) qu'Ada avait maintenant le moyen de consulter non sans malice, un critique à la plume grivoise expliquait que le « donc » se rapportait à la fois à l'infertilité de l'âge tendre et à la stérilité d'une consanguinité non moins tendre. Mais Van soutenait que l'écrivain et le critique étaient tous deux dans l'erreur et, pour soutenir son opinion, il fit lire à sa petite sœur un chapitre de l'opus *Sex et Lex* traitant des conséquences qu'entraîne, pour la communauté, un désastreux caprice de la Nature.

En ce temps-là et en ce pays-ci, le mot « incestueux » ne signifiait pas seulement « impudique » — ce point relève de la linguistique plus que de la légalistique — mais sous-entendait ingérence subversive dans le cours normal de l'évolution humaine (cf. l'expression « cohabitation incestueuse », etc.). L'histoire avait remplacé depuis longtemps l'évocation de la « loi divine » par le sens commun et la science populaire. De ce point de vue, l'inceste ne pouvait passer pour un crime que dans la mesure où l'endogamie était tenue pour criminelle. Pourtant, comme le juge Bald l'a fait remarquer dès 1835, au moment de l'Emeute des Albinos, quasiment tous les éleveurs et les agriculteurs de l'Amérique du Nord et de la Tartarie recouraient à l'endogamie comme à une méthode de multiplication propre à conserver, stimuler et stabiliser les caractères favorables, voire à provoquer l'apparition de caractères inédits au sein d'une race ou d'une souche, à condition d'être pratiquée avec suffisamment de souplesse; autrement, l'inceste systématique entraînait l'apparition de diverses formes de dégénérescence avec production d'infirmes, d'avortons, de mutants muets, pour aboutir à la stérilité définitive. C'est ici que le « crime » s'annonçait; or, personne ne pouvant être raisonnablement tenu pour responsable de la surveillance d'orgies endogames (dans une province reculée de la Tartarie, cinquante générations de moutons, chacune plus laineuse que la précédente, venaient de trouver leur achèvement et leur fin dans la personne unique d'un agneau à cinq pattes, sans poil ni virilité — et la décollation d'un certain nombre de fermiers n'avait point suffi à ressusciter l'opulente race), peut-être était-il plus sage de prohiber absolument la « cohabitation incestueuse ». Le juge Bald et ses partisans n'étaient pas de cet avis. Dans « la suppression délibérée d'un bien possible dans le but d'éviter un mal probable », ils voyaient une atteinte à l'un des droits fondamentaux de l'humanité, celui de goûter la liberté de son évolution — liberté insoupçonnée de toute autre créature vivante. Malheureusement, au plus fort de la controverse, après l'écho de la mésaventure des troupeaux et pâtres de la Volga, un fait divers étayé par des informations plus précises fut porté à la connaissance de l'opinion américaine. Un citoyen des U.S.A., un certain Ivan Ivanov, natif du Yukonsk, présenté au public comme un « travailleur en état d'ivresse permanente » (« bonne définition de l'artiste authentique », dit allégrement Ada) s'arrangea pour féconder pendant son sommeil — ce point fut bien spécifié par lui-même et par sa populeuse famille — son arrière-petite-fille, Maria Ivanov, âgée de cinq ans. Cinq ans plus tard, dans un nouvel accès de somnolence, il engrossait Daria, fille de Maria. Tous les journaux publièrent des photographies de Maria, grand-mère de dix ans, avec la petite Daria et le bébé Varia qui rampait à ses pieds. La farce généalogique jouée sous les regards du Yukonsk indigné par les nombreux membres vivants — et pas toujours vertueux — du clan Ivanov fournit matière à toutes sortes de devinettes amusantes. Le sexagénaire somnambule n'eut pas le temps de poursuivre plus avant son œuvre de procréation : on l'enferma pour quinze ans dans un monastère, ainsi que l'exigeait une antique loi russe. En retrouvant la liberté, résolu à faire amende honorable, il épousa Daria, devenue une fille plantureuse et qui avait ses problèmes comme tout le monde. Les journalistes firent grand bruit sur ce mariage et les cadeaux innombrables qu'adressèrent au couple Ivanov des amis inconnus (vieilles dames de la Nouvelle-Angleterre, poète progressiste en résidence au Collège de Tennesee Waltz, effectifs complets d'un lycée mexicain, *et cætera*). Le même jour, Gamaliel (à l'époque jeune sénateur robuste) donna du poing sur une table de conférence avec tant d'énergie qu'il se blessa et réclama une révision de jugement et une condamnation à la peine capitale. Simple accès de mauvaise humeur, bien sûr; il n'empêche que l'affaire Ivanov jeta une ombre durable sur le petit problème de « l'endogamie favorable ». Vers le milieu du siècle dernier, non seulement cousin et cousine mais oncle et petite nièce avaient perdu le droit de s'entre-épouser, et dans certaines régions fertiles de l'Estotie les fenêtres des isbas des grandes familles paysannes — où jusqu'à douze personnes de tailles et de sexes différents dormaient sur la même paillasse — devaient rester dégagées la nuit pour faciliter le travail des patrouilles munies de lampes à pétrole — « voyeurs d'Erin », comme les surnommait la presse à sensation, ennemie des policiers d'origine irlandaise.

On fit d'autres trouvailles réjouissantes. C'est ainsi que Van ne put s'empêcher de rire de bon cœur en exhumant à l'intention de l'entomomane Ada ce passage extrait d'une très sérieuse *Histoire des coutumes copulatives :* « Les dangers et les ridicules inhérents à la position dite missionnaire, adoptée aux fins copulatives par notre intelligentsia puritaine et si justement raillée par les indigènes des îles Begouri — peuple « primitif » mais nanti d'un solide bon sens —, ont été signalés par un éminent orientaliste français [ici, longue note en bas de page, que nous sautons] dans la description des mœurs amoureuses de la mouche *Serromyia amorata* Poupart. Pendant l'accouplement, les surfaces ventrales des deux partenaires s'appliquent l'une contre l'autre et les orifices buccaux sont en contact intime. Après le dernier frisson, la femelle pompe le corps du mâle par la bouche de cet amant passionné. On suppose (voir Pesson et autres) [nouvelle note, non moins généreuse] que les friandises présentées à la mouche femelle par certains mâles avant l'accouplement (les *femorata* et *amorata*, espèces inférieures, doivent, semble-t-il, être exclues de ce nombre), telles que pattes juteuses de moucheron enrobées d'une substance filamenteuse, voire les présents purement symboliques (épilogue frivole ou prélude subtil d'un processus évolutif — qui sait ?) : pétales soigneusement roulés et liés par une fronde de fougère rouge, représentent une prudente garantie contre la voracité intempestive de la jeune dame. »

Plus réjouissant encore était le « message » d'une assistante sociale canadienne, Mme de Réan-Fichini, qui écrivit et publia son traité *Des méthodes contraceptives* en patois kapoustan (pour épargner la pudeur rougissante des Estotiens et des Unistatiens, tout en instruisant dans sa spécialité ses collègues moins bégueules). « *Sole sura metoda* », écrivait-elle, « *por decevor natura, est por un strong guy de contino-contino-contino jusque le plesir brase; et lors, à l'ultima instanta devia à l'altro fenta; ma perquoi una femme ardor et ponderosa ne se retorna satis presto, la transita e facilitata per positio torovago.* » Un glossaire ajouté en appendice expliquait ce dernier terme comme « la posture généralement adoptée dans les communautés rurales par toutes les classes, depuis la noblesse campagnarde jusqu'au plus vil bétail, chez tous les peuples des Amériques Unies, de la Patagonie à la Gaspésie ». *Ergo*, conclut Van, voilà notre missionnaire flambé.

« Ta vulgarité ne connaît pas de bornes », dit Ada.

« Ma foi, je préfère encore être brûlé vif que dégluti par une Cheramie — ou Macherie, appelle-la comme tu voudras — qui, une fois veuve, pondra par-dessus le marché un tas de tout petits œufs verts... »

Paradoxalement, la « sciente » Ada trouvait fort ennuyeux les doctes et volumineux ouvrages enrichis de planches anatomiques, d'images représentant de sinistres bordels du Moyen Age, ou de photographies montrant tel ou tel petit César en train de se faire extraire de l'utérus maternel selon les diverses méthodes des bouchers et chirurgiens masqués des temps anciens et modernes; par contre, Van, qui détestait « l'histoire naturelle » et dénonçait avec une indignation fanatique l'existence de la douleur physique dans tous les règnes de l'Univers, était infiniment séduit par les descriptions et représentations de chairs humaines torturées. Dans un domaine plus fleuri, leurs goûts et leurs gaietés se ressemblaient. Ils aimaient Rabelais et Casanova. Ils détestaient le sieur de Sade, Herr Masoch et Heinrich Müller. La poésie pornographique des Anglais et des Français, quoique instructive et spirituelle par endroits, finit par leur inspirer du dégoût, et sa complaisance (surtout en France, avant l'invasion) à décrire les débordements sexuels des moines et des nonnes leur paraissait incompréhensible autant qu'elle était déprimante. La collection d'estampes érotiques d'Extrême-Orient de l'oncle Dan se révéla artistiquement médiocre et callisthéniquement inepte. La pièce la plus coûteuse et la plus hilarante représentait une Mongole — visage ovale et stupide surmonté d'une hideuse coiffure — en communion sexuelle avec six gymnastes grassouillets et des plus inexpressifs. Le lieu de la scène était une sorte de devanture encombrée de paravents, d'arbustes en pots, de pièces de soie, d'éventails en papier, de porcelaines. Trois des mâles, contordus dans des postures incommodes, utilisaient simultanément trois des principaux orifices de la fille, qui traitait à la main deux clients plus âgés. Le sixième, un nain, devait se contenter du pied déformé qu'elle mettait à sa disposition. Six autres voluptueux sodomisaient les partenaires immédiats et un septième s'était enferré dans son aisselle. Après avoir patiemment démêlé et identifié tous les membres et replis ventraux directement ou indirectement branchés sur la courtisane placide (laquelle, on ne sait comment, conservait encore sur sa personne quelques parties de son costume), l'oncle Dan avait tracé au crayon une note indiquant le prix de l'estampe et son titre : « Geisha aux treize amants ». Van découvrit encore un quinzième nombril échappé à la prodigalité de l'artiste mais il n'en put trouver aucune justification anatomique.

La bibliothèque avait fourni un théâtre aux héros de l'inoubliable scène de la Grange-en-Feu; elle avait ouvert toutes grandes ses armoires vitrées et permettait une longue idylle de bibliolâtrie; elle aurait pu devenir chapitre dans l'un des vieux romans qui garnissaient ses rayonnages; un soupçon de parodie communiquait à son thème austère le relief comique de la vie.

CHAPITRE XXII

My sister, do you still recall
The blue Ladore and Ardis Hall ?

Don't you remember any more
That castle bathed by the Ladore ?

Ma sœur, te souvient-il encore
Du château que baignait la Dore ?

My sister, do you still recall
The Ladore-washed old castle wall ?

Sestra moïa ty pomnich' gorou
I doub vysokiï, i Ladorou ?

My sister, you remember still
The spreading oak tree and my hill ?

Oh ! qui me rendra mon Aline
Et le grand chêne et ma colline ?

Oh, who will give me back my Jill
And the big oak tree and my hill ?

Oh ! qui me rendra, mon Adèle,
Et ma montagne et l'hirondelle ?

Oh ! qui me rendra ma Lucile
La Dore et l'hirondelle agile.

Oh, who will render in our tongue
The tender things he loved and sung ?

Ils allèrent à Ladore pour nager, se promener en barque; ils suivirent les méandres de la rivière adorée, ils lui cherchèrent d'autres rimes, ils gravirent la colline où s'élevaient les ruines noircies de Château-Bryant, et les martinets volaient toujours autour du vieux donjon. Ils poussèrent jusqu'à Kalouga, goûtèrent aux Eaux et allèrent voir le dentiste de la famille. Van, occupé à feuilleter un magazine, entendit Ada crier dans la pièce voisine et s'exclamer « *tchort* » (diable) — ce qu'il ne lui avait jamais entendu faire auparavant. Ils prirent le thé chez une amie, la comtesse de Prey — qui essaya, mais sans succès, de leur vendre un cheval boiteux. Ils allèrent à la foire d'Ardisville où ils admirèrent tout spécialement les jongleurs chinois, un clown allemand et une robuste princesse circassienne, avaleuse de sabres, qui commença par un couteau à dessert, continua par un poignard orné de pierreries et finit en engouffrant, avec la peau et la ficelle, un formidable salami.

Ils firent l'amour — de préférence dans les vaux et les vallons.

Aux yeux d'un physiologue ordinaire, l'énergie de ces deux jouvenceaux eût pu paraître anormale. Le désir effréné qu'ils ressentaient l'un pour l'autre devenait insupportable si, en l'espace de quelques heures, il n'était satisfait plusieurs fois, au soleil, ou à l'ombre, sur le toit, dans la cave — tout leur était bon. Malgré des ressources peu communes, c'est à peine si Van pouvait marcher de pair avec sa pâle petite « amorette » (jargon français de l'endroit). Ils exploitaient le plaisir avec une prodigalité qui confinait à la folie et qui eût certainement abrégé leurs jeunes existences si l'été, qui leur était d'abord apparu comme la promesse d'un fleuve sans limites, inépuisable de splendeur verte et de liberté, n'eût laissé transparaître quelques allusions voilées à de possibles défloraisons et défaillances, à la fatigue de sa fugue — ultime ressort de la nature, éloquentes trouvailles allitératives (quand la feuille et le phalène s'imitent), un premier point d'orgue à la fin du mois d'août, un premier silence au début de septembre. Cette année-là, vergers et vignes étaient particulièrement pittoresques et Ben Wright, le cocher, fut congédié pour avoir lâché des vents en ramenant Marina et Mlle Larivière de la Fête des Vendanges de Brantôme-lès-Ladore.

Ce qui nous rappelle autre chose.

Le catalogue de la bibliothèque d'Ardis notait sous la rubrique « Exot Lubr » un volume somptueux (connu de Van grâce aux bons offices de Miss Vertograd). L'ouvrage portait en titre : *Chefs-d'œuvre interdits : cent tableaux provenant des collections réservées de la Nat. Gal. (Sct. Sp.), édité pour S.M. le roi Victor*. Il s'agissait de splendides photographies en couleurs reproduisant de ces scènes tendres et voluptueuses que les maîtres italiens ne s'interdirent point de peindre entre de trop nombreuses Résurrections, au cours d'une trop longue et trop robuste Renaissance. L'exemplaire ardisien avait été perdu ou volé, ou se trouvait enseveli dans le grenier parmi les effets personnels de l'oncle Ivan dont certains étaient assez bizarres. Van ne parvenait plus à se rappeler de qui était le tableau auquel il pensait mais il lui semblait qu'il pouvait être raisonnablement attribué au jeune talent de Michelangelo da Caravaggio. C'était une toile non encadrée représentant deux figures nues — garçon et fille — surpris en flagrant délit d'inconduite dans une grotte tapissée de lierre ou de pampres, ou encore près d'une cascatelle que surmontait une arche de verdure au feuillage de bronze et d'émeraude sombre semé de lourdes grappes de raisins diaphanes — et les ombres et les reflets limpides des fruits et du feuillage se fondaient magiquement avec les chairs marbrées de veines délicates.

Quoi qu'il en fût (cette transition pourrait bien n'être qu'un artifice de style), Van se sentit bel et bien transporté dans le chef-d'œuvre interdit certain après-midi où, toute la maisonnée étant partie pour Brantôme, Ada et lui prenaient un bain de soleil auprès de la Cascade dans le petit bois de mélèzes d'Ardis Park. Ada était penchée sur lui et sur les détails circonstanciés de son désir. La longue chevelure lisse de la nymphette qui, dans l'ombre, paraissait d'un bleu noir uniforme, révélait aux feux de la gemme solaire des strates alternées d'acajou et d'ambre foncé arrangées en longues tresses qui couvraient le creux de ses joues ou se fendaient à la pointe ivoirine d'une épaule relevée gracieusement. Dans les premiers jours de cet été fatidique, la substance, le lustre, l'odeur de cette crinière brune avaient embrasé les sens de Van, et ils continuèrent à agir sur lui impérieusement longtemps après que son éréthisme juvénile eut découvert dans Ada d'autres sources d'inguérissable félicité. A quatre-vingt-dix ans, Van se ressouvenait avec à peine moins de trouble de sa première chute de cheval que de ce premier jour où Ada s'était penchée sur lui et où il avait possédé sa chevelure : elle lui chatouillait les cuisses, serpentait entre ses jambes, s'éployait sur son ventre palpitant. A travers elle, le jeune pinacologue entrevoyait le sommet de l'art du trompe-l'œil — monumental, multicolore, saillant d'un fond obscur, sculpté en haut relief par un flux latéral de lumière caravagesque. Ada le caressait, l'enlaçait, tel un sarment se nouant à la gorge d'une colonne qu'il enveloppe toujours plus fort, plus étroitement, et dont la morsure amoureuse se dissout enfin en suavité purpurine. Sur le bord d'une feuille de vigne, il y avait une échancrure en forme de croissant découpée par la chenille d'un sphingidé. Il y avait aussi un microlépidoptériste anglais renommé qui, ayant épuisé les appellations grecques et latines, forgeait des noms de genres nouveaux au moyen de calembours : *Marykisme, Adakisme, Adaembrassemoi.* Qui à présent tenait le pinceau ? Un Titien titillant ? Un Palma le Vieux éméché ? Non. Ada n'avait rien de la blonde vénitienne. Dosso Dossi, peut-être ? Faune épuisé par une nymphe ? Satyre qui se pâme ? Cette molaire fraîchement plombée ne te blesse pas la langue, Ada ? Moi, elle m'a écorché. Va, je plaisante, ma Circassienne de cirque.

Un moment plus tard, les Hollandais prenaient la relève : Jeune fille descendant sous la cascatelle pour baigner sa chevelure — le geste immémorial de la torsion des tresses étant accompagné de contorsions de la bouche, immémoriales également.

My sister do you recollect
That turret, « Of the Moor » yclept ?

Ma sœur, te souvient-il encore
Du château que baignait la Dore ?

CHAPITRE XXIII

TOUT se passait le mieux du monde quand Mlle Larivière décida de garder le lit pendant cinq jours : elle s'était tourné les reins sur un manège de chevaux de bois à la Fête des Vendanges, cadre choisi pour une nouvelle qu'elle venait de mettre en chantier (et dont le thème était la strangulation d'une petite fille appelée Roquette par le maire de son village) et elle savait par expérience que rien n'entretient mieux le prurit de l'inspiration que la chaleur du lit. Pendant cette période, French, la seconde soubrette de l'étage, dont le caractère et la mine étaient loin de valoir la grâce limpide et l'humeur aimable de Blanche, fut commise, en principe, à la garde de Lucette, et Lucette faisait de son mieux pour troquer la surveillance de l'indolente cameriste contre la compagnie de son cousin et de sa sœur.

Ces mots fatals « Ma foi, si le jeune monsieur veut bien de toi... » ou encore « Va. Je suis bien certaine que Mademoiselle Ada ne sera pas contrariée si tu l'accompagnes aux champignons » résonnèrent bientôt aux oreilles de nos héros comme le glas de la liberté amoureuse. Pendant que la gisante, agréablement installée, décrivait les rives d'un ruisseau où la petite Roquette aimait à folâtrer, Ada lisait, assise au bord d'un ruisseau tout pareil, et, de temps en temps, jetait un regard songeur sur un engageant bosquet de conifères (qui plus d'une fois avait abrité nos amants) et sur Van, qui, torse hâlé, pieds nus, blue-jean retroussé aux genoux, cherchait sa montre qu'il croyait avoir laissée tomber dans les myosotis (mais qu'Ada, il l'oubliait, portait au poignet). Lucette avait délaissé sa corde à sauter. Accroupie au bord du ruisseau, elle faisait flotter une poupée de caoutchouc de la taille d'un fœtus et, par intervalles, lui pressait le ventre pour faire jaillir d'un petit trou qu'Ada, sœur attentionnée, avait eu le mauvais goût de percer dans le jouet rouge-orange une giclée enthousiasmante. Avec la brusque impatience des objets inanimés, la poupée fit si bien que le flot l'emporta. Van tomba la culotte sous un saule et rattrapa la fugitive. Ada, ayant bien considéré la situation, ferma son livre et dit à Lucette (laquelle, d'ordinaire, se laissait aisément ensorceler) qu'elle se sentait devenir dragon avec une rapidité inquiétante, que déjà les écailles lui verdissaient, qu'elle était maintenant un dragon, et qu'il fallait que Lucette fût attachée à un arbre avec sa corde à sauter pour que Van vînt la délivrer juste à temps. Pour quelque raison inconnue, Lucette repoussa ce programme, mais la force brutale l'emporta. Ada et Van abandonnèrent la captive furibonde, solidement ligotée au tronc d'un saule, et partirent en « caracolant », feignant fuite et poursuite, pour disparaître pendant quelques précieux instants dans l'obscur fourré des conifères. Lucette se débattit. Elle avait réussi à faire sauter l'une des poignées rouges de la corde et s'était presque dégagée de ses liens quand dragon et chevalier revinrent en caracolant derechef.

Elle se plaignit à sa gouvernante, qui, interprétant toute l'affaire à contre-sens (ce que l'on eût pu dire aussi de sa nouvelle composition), fit appeler Van et de derrière les rideaux de son lit, dans des relents d'embrocation et de transpiration, le pria de ne plus tourner la tête à sa petite cousine en faisant d'elle la damoiselle en détresse d'un conte de fées.

Le lendemain, Ada dit à sa mère que Lucette avait grand besoin de prendre un bain et qu'elle-même la baignerait, que cela plût ou non à sa gouvernante. « *Horocho* », dit Marina (tout en se préparant pour recevoir la visite d'un voisin et d'un jeune acteur, son protégé, dans le meilleur style grande dame du théâtre), « mais n'oublie pas que la température doit être maintenue très exactement à vingt-huit degrés (comme il était de règle depuis le dix-huitième siècle), et ne la laisse pas dans l'eau plus de dix à douze minutes. »

« Idée géniale », dit Van en aidant Ada à chauffer la colonne d'eau pour remplir la vieille baignoire bossuée et à tiédir une paire de serviettes.

Bien qu'elle fût seulement dans sa neuvième année et relativement peu développée pour son âge, Lucette n'avait point échappé à la pubescence trompeuse des fillettes à cheveux roux. On voyait au creux de ses aisselles un léger pointillé de soies brillantes et son monticule pubien était saupoudré de cuivre.

La prison liquide était prête et l'on donna tout un quart d'heure de vie à un réveille-matin.

« Laisse-la d'abord se mouiller, tu la savonneras après », dit Van avec une impatience fiévreuse.

« Oui, oui, oui », s'écria Ada.

« Je suis Van », dit Lucette, debout dans la baignoire en serrant entre ses jambes le savon violacé et poussant en avant son petit ventre luisant.

« Si tu fais ça, tu vas devenir un garçon, dit Ada d'un ton sévère. Ce ne serait pas drôle du tout. »

Précautionneusement, la fillette commença à tremper ses fesses dans l'eau.

« C'est trop chaud, s'écria-t-elle, c'est beaucoup trop horriblement chaud.

— Ça refroidira, dit Ada. Fais plouf et laisse-toi aller. Tiens, attrape ta poupée.

— Dépêche-toi, Ada, pour l'amour du ciel. Laisse-la faire trempette », répétait le malheureux Van.

« Et rappelle-toi bien, dit Ada, si tu t'avises de sortir de ce bon bain bien chaud avant que le réveil ne sonne, tu es morte : c'est Krolik qui l'a dit. Je reviendrai pour te savonner mais ne m'appelle pas. Nous avons à trier le linge et à compter les mouchoirs de Van ! »

Ayant verrouillé de l'intérieur la porte de la salle de bains (une pièce en équerre), les deux aînés se retirèrent dans l'isoloir formé par sa partie latérale, entre une commode et une vieille calandre hors d'usage, retraite inaccessible à l'œil vert marin de la glace de la salle. Mais à peine avaient-ils fini leurs violents et peu confortables exercices au fond de ce réduit exigu (un flacon de médicament vide battait stupidement la mesure sur une étagère) que Lucette dans sa baignoire commençait à les appeler à grands cris et que la femme de chambre frappait à la porte : Mlle Larivière, elle aussi, avait besoin d'eau chaude...

Ils imaginèrent toutes sortes d'autres stratagèmes.

Lucette, un jour, s'était montrée particulièrement insupportable. Le nez morveux, la main inexorablement accrochée à la chemise de son cousin, elle ne cessait depuis le matin de harceler le malheureux avec une obstination geignarde qui tournait positivement à l'obsession. Van fit appel à toutes ses ressources de diplomatie, de charme, d'éloquence et dit à voix basse à Lucette avec des airs de conspirateur : « Regarde, ma chérie. Ce livre marron est un de mes plus précieux trésors. Ma veste d'écolier comporte une poche exclusivement destinée à le recevoir. Pour lui, je me suis colleté cent fois avec de méchants garçons qui cherchaient à me le dérober. Ce que nous avons ici (Van tourne les pages avec vénération) n'est rien de moins qu'un recueil des poésies les plus belles et les plus célèbres de la langue anglaise. Celle-ci, toute petite, par exemple, a été écrite en pleurant, il y a quarante ans, par le poète lauréat Robert Brown — ce vieux gentleman qu'un jour, près de Nice, mon père me montra, debout dans l'air sous un cyprès au sommet de la falaise, contemplant à ses pieds la houle écumant sur la mer turquoise... spectacle inoubliable pour tous les participants. Le morceau est intitulé *Peter et la Princesse*. Eh bien, je te donne... » (ici Van se tourna vers Ada et la consulta solennellement du regard) « quarante minutes... » (« Laisse-lui une heure entière, elle n'arrive seulement pas à apprendre *Mironton-mirontaine*. ») « Soit. Je te donne une heure entière pour apprendre par cœur ces huit vers. Toi et moi (chuchotement confidentiel), nous allons prouver à ta pimbêche de sœur que la sotte petite Lucette est capable de faire n'importe quoi. Si (frôlant du bout des lèvres ses cheveux court-taillés) tu arrives à réciter cette poésie et à confondre Ada en ne faisant pas une seule faute — prends bien garde aux ici, aux là, et autres menus détails — *si* tu réussis cette prouesse, le précieux volume est à toi. » (« Qu'elle essaie plutôt celle où il est question de trouver une plume de paon et de voir le poète Peacock en personne », dit Ada d'un ton sec. « Elle est un peu plus difficile. ») « Non, non. Lucette et moi avons déjà choisi cette petite ballade. C'est une affaire entendue. Et maintenant, entre ici (ouvrant une porte) et n'en ressors pas avant que je ne t'appelle : autrement tu perdras ta récompense et tu le regretteras toute ta vie.

— Oh ! Van, comme tu es gentil », dit Lucette en entrant tout doucement dans sa chambre, les yeux fixés sur les fascinantes merveilles de la page de garde : le nom de Van, son paraphe hardi, quelques dessins à l'encre noire, chefs-d'œuvre jaillis de sa plume : un aster noir (métamorphose d'un pâté), une colonne dorique (travestissant un modèle plus grivois), le filigrane délicat d'un arbre dépouillé de ses feuilles (vu par la fenêtre de la classe) et plusieurs profils de garçons (Cheshcat, Zogdog, Fancytart, et Van lui-même, réplique d'Ada).

Van courut rejoindre Ada sous les combles. Il ne se sentait pas peu fier de son stratagème, alors; il devait s'en ressouvenir avec un frisson fatidique, dix-sept ans plus tard, en lisant le dernier billet qu'il reçut de Lucette; elle le lui avait envoyé de Paris à son adresse de Kingston University, le 2 juin 1901 « pour le cas où... » :

« J'ai gardé pendant des années l'anthologie que tu m'as offerte un jour — elle doit se trouver à Ardis, dans ma chambre d'enfant. La poésie que tu as voulu me faire apprendre par cœur est parfaitement conservée, dans un coin sûr de ma mémoire chaotique, au milieu des porteurs qui piétinent mes valises, des caisses qui se renversent et des voix qui crient : « Il est temps de partir. C'est l'heure. » Retrouve le texte dans Brown et félicite-moi à nouveau pour la précocité de mon intelligence (je n'avais que huit ans), comme vous le fîtes, toi et l'heureuse

Ada, ce jour lointain, ce jour qui tinte quelque part sur son étagère comme un petit flacon vide. Et lis...

Le champ, dit le guide, était là.
Là-bas commençait la forêt.
Ici, Peter s'agenouilla.
Là, Marguerite se tenait.

Non, dit le visiteur, tu mens,
Vieux guide ! Le spectre c'est toi.
Tout est mort, chênes et froments,
Mais elle est toujours près de moi. »

CHAPITRE XXIV

Depuis que Lettrocalamitas (vieille plaisanterie de Vanvitelli !) avait été frappée d'anathème dans le monde entier (son nom même était devenu un « gros mot » dans les familles de la Très-Haute, catégorie sociale à laquelle les Veen et les Dourmanov avaient l'heur d'appartenir) et que les ingénieux dispositifs qui lui avaient été substitués étaient exclusivement réservés à ces appareils d'une utilité éminente qui ont nom téléphone, moteur (quoi d'autre encore ?), enfin toutes ces petites inventions devant lesquelles les gens du commun laissent pendre une langue assoiffée, plus haletante que chiens d'arrêt (car c'est une bien longue phrase), d'aimables fantaisies comme les enregistreurs sur bande, joujoux favoris des ancêtres de Van et d'Ada (le prince Zemski en avait un pour chaque lit de son harem d'écolières), ne se fabriquaient plus, sinon en Tartarie où ils avaient donné naissance aux « *miniretchi* » (ou « minarets parlants ») de confection secrète. Si le bon droit et la bienséance avaient autorisé nos amants érudits à mettre en marche le mystérieux appareil qu'ils avaient découvert un jour dans leur grenier magique, ne doutons pas qu'ils eussent enregistré (pour les réentendre huit décennies plus tard) les arias de Giorgio Vanvitelli ou les conversations de Van Veen avec son amoureuse. Voici, par exemple, ce qu'ils auraient pu entendre aujourd'hui — amusés, confus, tristes, émerveillés... (Le narrateur : en ce jour d'été, Ada et Van, qui n'étaient entrés que depuis peu dans la phase baisers d'une aventure infiniment prématurée et sous bien des rapports fatale, se dirigeaient vers le Pavillon d'Armes alias Galerie de Tir; ils y avaient découvert, à l'étage supérieur, une petite pièce de style oriental, garnie de vitrines ternies qui avaient contenu jadis des pistolets et des poignards, à en juger par les contours sombres qui s'imprimaient sur le velour fané — refuge mélancolique et charmant, à la fine odeur de moisi, avec une banquette garnie de coussins dans l'embrasure d'une fenêtre et une chouette de Tengmalm empaillée sur une étagère à côté d'une bouteille de bière vide, abandonnée par un vieux jardinier mort sans doute depuis longtemps; sur l'étiquette, d'une marque surannée, se lisait encore le millésime 1842.)

« Tâche de ne pas les faire cliqueter, ces clefs, dit-elle. Lucette, que j'étranglerai un jour, nous épie. »

Ils traversèrent un bosquet et dépassèrent une grotte.

« Officiellement, dit Ada, nous sommes cousins germains par nos mères et les cousins peuvent se marier avec une licence spéciale, *si*, toutefois, ils s'engagent à stériliser leurs cinq premiers enfants. Mais, en même temps, le beau-père de ma mère était le frère de ton grand-père. Je ne me trompe pas ?

— C'est du moins ce que l'on m'a dit », répliqua Van avec sérénité.

« Ce n'est pas suffisamment éloigné, fit Ada, d'un ton réfléchi. Ou bien si, peut-être ? Qu'en penses-tu ?

— Suffisamment pour être amants.

— C'est drôle... Je viens de voir cette phrase écrite en petites lettres violettes à l'instant où tu viens de l'exprimer en orange. Une demi-seconde avant que tu ne parles... Comme la petite bouffée de fumée qui précède le bruit d'un canon lointain.

« Physiquement, continua-t-elle, on nous prendrait plutôt pour des jumeaux que pour des cousins et les jumeaux, comme d'ailleurs les enfants des mêmes père et mère, n'ont pas le droit de se marier, évidemment. S'ils passent outre, on les met en prison et s'ils récidivent, on les châtre.

— A moins, dit Van, qu'ils n'aient été déclarés cousins par ordonnance spéciale. »

(Van était déjà occupé à déverrouiller la porte, la porte verte à laquelle ils devaient si souvent heurter avec des poings sans os, plus tard, dans leurs rêves séparés.)

Une autre fois, pendant une promenade à bicyclette (agrémentée de plusieurs haltes) sur des chemins forestiers et des routes agrestes, peu après la Nuit de la Grange-en-Feu, mais avant qu'ils eussent découvert l'herbarium dans les combles et trouvé la confirmation d'un quelque chose que l'un et l'autre avaient pressenti de façon obscure, amusante et corporelle plutôt que morale, Van mentionna qu'il était né en Suisse et qu'il était allé deux fois en Europe dans son enfance. Ada n'y était allée qu'une fois. Le plus souvent, elle passait l'été au château d'Ardis et l'hiver à Kalouga dans la demeure citadine de ses parents — deux étages supérieurs de l'ancien *tchertog* (palazzo) Zemski.

En 1880, Van, âgé de dix ans, avait voyagé dans des trains de métal argenté équipés de bains-douches en compagnie de son père, de la très belle secrétaire de son père, de la sœur de la secrétaire qui, à dix-huit ans, portait des gants blancs (et servait quelque peu d'institutrice anglaise et de trayeuse au garçonnet) et de son propre angélique et chaste précepteur russe, Andreï Andreïevitch Aksakov (« AAA »). On avait séjourné dans diverses stations fort gaies de la Louisiane et du Nevada. Van se souvenait qu'AAA avait expliqué à un petit nègre avec lequel il s'était colleté que Pouchkine et Dumas avaient eu du sang africain dans les veines, sur quoi le garnement lui avait fait voir sa langue, procédé nouveau et intéressant que Van expérimenta à la première occasion et qui lui valut un soufflet de la main de la cadette des Miss Fortune (« Rentrez ça dans votre figure »). Van se souvenait aussi d'un Allemand en ceinture giletière, dans le hall d'un grand hôtel, déclarant à un autre Allemand en ceinture giletière que le père de Van, qui venait de passer en sifflant un des trois airs de son répertoire, était un « fieffé fifeur » (fifeur... joueur de fifre ? Non, viveur, noceur).

Avant d'entrer au collège, le jeune Van passait l'hiver dans la maison paternelle, demeure charmante de style florentin qui s'élevait entre deux terrains inoccupés, 5 Park Lane à Manhattan (et qui devait se voir bientôt flanquée de deux gigantesques gardes du corps, tout disposés à lui faire vider les lieux), à moins que la famille ne voyageât à l'étranger. Radougalet, l'« autre Ardis », était combien plus froid et plus morne, l'été, que le « vrai Ardis », l'Ardis d'Ada. Une fois, une seule (ce devait être en 1878), Van y avait passé et l'hiver *et* l'été...

Et bien sûr, bien sûr, comme c'était la première fois, Ada se souvenait l'avoir regardé — avec son petit costume marin blanc et son béret bleu. (« Un régulier *angelotchek* », glosa Van dans le jargon de Radouga.) Il avait huit ans, elle six. L'oncle Dan avait inopinément exprimé le désir de revoir le vieux domaine. Au dernier moment, Marina avait annoncé qu'elle irait, elle aussi, malgré les protestations de Dan et elle avait hissé la petite Ada — hop là — dans la calèche, avec son cerceau. Selon toute apparence on avait pris le train de Ladoga à Radouga, car Ada se rappelait fort bien de quel pas le chef de gare avançait le long du quai, avec son sifflet pendu en sautoir, en claquant l'une après l'autre les six portières de chacun des wagons — lesquels consistaient en six carrosses à une seule fenêtre et d'origine potironne, soudés en un même corps. « Une tour dans la brume », proposa Van (Ada appelait ainsi tous ses bons souvenirs)... Un peu après, le chef de train, juché sur le marchepied du tortillard en marche, avançait de wagon en wagon et rouvrait toutes les portes, pour délivrer, poinçonner, contrôler les billets et se lécher le pouce et rendre la monnaie — un sale travail, oui, mais encore une « tour mauve ». Avait-on pris, pour se rendre à Radougalet, un landaulet automobile ? Dix lieues, pensait Ada. Dix verstes, affirmait Van. Elle reconnut son erreur. Il était sans doute en train de se promener (*na progoulke*) dans la ténébreuse forêt de sapins, en compagnie d'Aksakov, son précepteur, et du rejeton d'un voisin, le petit-fils de Bagrov, qu'il chinait, pinçait, faisait tourner en bourrique, gentil petit garçon bien tranquille qui massacrait benoîtement les taupes et tout ce qui portait fourrure — comportement vraisemblablement pathologique. Quoi qu'il en fût, nos voyageurs, en mettant pied à terre, découvrirent d'entrée que Démon ne s'attendait pas à recevoir des dames. Il était sur la terrasse, buvant du vin d'or (whisky sucré) en compagnie d'une orpheline qu'il prétendit avoir adoptée, charmante rose des bruyères irlandaises, en qui Marina reconnut au premier regard l'impudente souillon qui avait travaillé brièvement à Ardis Hall avant de se faire enlever par un gentleman inconnu — lequel, pour le coup, devenait tout à fait connu. A l'époque, pour singer son cousin, l'oncle Dan, portait un monocle, qu'il ajusta (*screwed in*) présentement afin de contempler Rose, qui, peut-être, lui avait été promise aussi (ici, Van interrompit son interlocutrice pour lui recommander de surveiller son vocabulaire)... La scène tournait en catastrophe. Avec des gestes languissants, l'orpheline détacha ses pendants d'oreilles pour les faire admirer à Marina. Grand-papa Bagrov, qui venait de faire un petit somme dans le boudoir, entra en clopinant et prit Marina pour une « grande cocotte » — ce fut du moins la conjecture qu'exprima la dame furibonde à la première occasion qu'elle trouva de s'en prendre au malheureux Dan. Renonçant à passer la nuit dans ce bouge, Marina sortit d'un pas majestueux et rappela Ada, laquelle ayant reçu la consigne de « jouer dans le jardin » était occupée à marmotter et numéroter en couleur de plaie vive les troncs blancs d'une rangée de jeunes bouleaux au moyen d'un bâton de rouge emprunté à Rosa (prologue d'un jeu dont elle avait perdu le souvenir... Comme c'est dommage, dit Van), quand sa mère, lui saisissant impétueusement la main, la ramena en trombe à Ardis dans le même taxi, abandonnant Dan à ses propres moyens (et à ses sales fins. Interpolation de Van). Elles arrivèrent au point du jour. Mais, ajouta Ada, juste avant d'être emmenée et privée de son petit crayon (jeté par Marina — *k tchertyam sobatch'im*, à tous les chiens de l'enfer — ce qui vous rappelait le terrier de Rose s'évertuant à étreindre le mollet de Dan), le hasard lui accorda la vision charmante du tout petit Van, rentrant à la maison en compagnie d'un autre garçonnet suave et d'Aksakov en blouse blanche et barbe blonde, et... oh oui, elle avait oublié son cerceau... non, il était resté dans le taxi. Van, pour sa part, n'avait pas gardé le moindre souvenir de cette visite, ni même de cet été en particulier, et, de toute façon, la vie de son père était une roseraie en toute saison et lui-même avait été maintes fois caressé par les jolies mains dégantées de la jeune Miss Fortune, ce qui n'intéressait point Ada.

Que dirons-nous de 1881 ? Les fillettes, âgées respectivement de huit-neuf et cinq ans avaient visité la Riviera, la Suisse, les lacs italiens, en compagnie d'un ami de Marina, l'as de la scène, Gran D. du Mont (le D. signifiait également Duc, nom de jeune fille de sa mère, « des hobereaux irlandais, quoi »). Gran D. voyageait, par discrétion, dans le train qui suivait celui de ces dames — Méditerranée Express, Simplon Express, Orient Express ou tout autre train de luxe qui emportait les trois Veen, une institutrice anglaise, une nurse russe et deux femmes de chambre, pendant qu'un Dan à demi divorcé se rendait en Afrique Equatoriale pour photographier des tigres (qu'il fut surpris de ne pas trouver) et autres fauves notoires à qui l'on avait appris à traverser à point nommé la piste de l'automobiliste, ainsi que quelques négresses rondelettes rencontrées dans le logis bénévole d'un agent de voyages au milieu des solitudes du Mozambique. Quand Ada et Lucette s'amusaient à confronter leurs « impressions de voyage », l'aînée, certes, se rappelait beaucoup mieux que la cadette tout ce qui était itinéraires, curiosités botaniques, modes, chiffons, galeries couvertes remplies de magasins de toutes sortes, et ce beau monsieur au teint hâlé, à la moustache noire, qui la fixait obstinément des yeux, assis seul à sa table, dans un coin du restaurant du Manhattan Palace à Genève. Mais Lucette, quoique beaucoup plus jeune, se remémorait une foule de bagatelles, « petites tourelles », « petites cascatelles », *birul'ki prochlago*. Elle était, cette Lucette, comme la jeune héroïne de *Ah! cette Line* (roman à la mode), « une macédoine d'intuition, de stupidité, de naïveté et d'astuce ». D'ailleurs elle avait avoué — ou plutôt Ada lui avait *fait* avouer (Van s'en était bien douté) — qu'au moment où chevalier et dragon reparaissaient devant la damoiselle en détresse, celle-ci, loin de chercher à se dégager de ses liens, s'évertuait à les reformer; dans l'intervalle elle s'était libérée pour épier, entre les mélèzes, le combat des deux fugitifs. « Seigneur », s'exclama Van, « voilà qui explique l'angle de la savonnette... » Et puis, qu'est-ce que cela pouvait bien faire, et qui s'en souciait ? Ada ne souhaitait qu'une chose : que la pauvre petite, à son âge, soit aussi heureuse qu'elle l'était en ce moment. Mon amour, mon amour, mon amour, mon amour. Van espérait que les deux bicyclettes cachées dans les buissons ne révéleraient pas, à travers le feuillage, leur métal étincelant à quelque habitué de la route forestière.

Poursuivant leur recherche, ils s'efforcèrent d'établir si les chemins qu'ils avaient suivis cette année-là en Europe s'étaient confondus quelque part ou du moins s'ils s'étaient momentanément côtoyés. Au printemps 1881, Van, âgé de onze ans, avait passé quelques mois avec son précepteur russe et son valet de chambre anglais dans la villa de sa grand-mère près de Nice, pendant que Démon, à Cuba, s'amusait beaucoup mieux que Dan à Mocuba. En juin on emmena Van à Florence, à Rome et à Capri, où son père fit une brève apparition. Puis, l'on se resépara. Démon rentra en Amérique. Van et son précepteur se rendirent d'abord à Gardone sur le lac de Garde, où Aksakov montra avec vénération à son jeune élève les empreintes des pas de Goethe et d'Annunzio perpétuées dans le marbre, puis, l'automne venu, ils passèrent quelques semaines dans un hôtel bâti sur une pente montagneuse au-dessus du Léman (qu'avaient sillonné jadis Karamzine et le comte Tolstoï). Marina soupçonna-t-elle que pendant toute l'année 1881 elle et Van avaient hanté les mêmes régions ? Probablement pas. A Cannes, Ada et Lucette avaient attrapé la scarlatine; dans le même temps, Marina visitait l'Espagne avec son Grand. Après avoir méthodiquement confronté leurs souvenirs Ada et Van aboutirent à cette conclusion qu'il n'était pas impossible qu'ils se fussent croisés sur une corniche de la Côte, dans deux victorias de louage, vertes, ils s'en souvenaient l'un et l'autre, avec des chevaux aux harnais verts, ou dans deux trains qui allaient peut-être dans la même direction — la petite fille, à la fenêtre d'un wagon-lit, regardant le sleeping brun d'un train parallèle qui peu à peu s'écartait pour s'approcher de la mer que le petit garçon voyait scintiller au soleil de l'autre côté de la voie. Eventualité trop douce pour être véritablement romanesque. De même, l'idée qu'ils avaient pu se croiser en courant sur les quais d'une ville de Suisse ne leur causait aucune émotion concrète. Mais, ayant fortuitement braqué le projecteur de la rétrospection sur le dédale du passé (dont les sentiers étroits bordés de miroirs non seulement s'engageaient dans des directions différentes mais encore se développaient à différents niveaux, comme on voit une charrette attelée à sa mule passer sous l'arche d'un viaduc le long duquel file plus haut une auto), Van se trouva, de façon encore vague et distraite, aux prises avec la science qui devait être plus tard le souci obsédant de son âge mûr : les problèmes du temps et de l'espace, l'espace contre le temps, l'espace distordu par le temps, le temps vu comme espace et l'espace comme le temps, l'espace, enfin, rompant avec le temps dans le triomphe ultime et tragique de la réflexion humaine : « Je meurs, donc je suis ».

« Mais ceci pourtant est certain, s'écria Ada ! C'est la réalité, le fait à l'état pur. Cette forêt, ces mousses, ta main, cette bête à bon Dieu, là sur ma jambe, cela ne peut nous être retiré, n'est-ce pas (ce le sera, ce le fut) ? Toutes ces choses se sont rencontrées ici malgré les sinuosités, les coudes, les traquenards des sentiers qu'elles ont empruntés : il ne pouvait en être autrement.

— Pour le quart d'heure, essayons de retrouver nos bicyclettes, dit Van. Nous sommes perdus « *in another part of the forest* ».

— Oh non, ne rentrons pas encore ! Attends !

— Mais je veux m'assurer de notre situation dans l'espace et dans le temps. C'est une exigence philosophique. »

Le jour s'assombrissait; un lumineux vestige de l'astre s'attardait, à l'occident, sur une plage du ciel obscurci. Nous avons tous eu l'occasion de voir cette petite scène : un homme qui vient de saluer cordialement un ami traverse la rue, le visage encore éclairé d'un sourire... et son sourire est éclipsé par le regard fixe d'un passant qui, n'étant point averti de la cause, croit reconnaître dans l'effet le rictus rayonnant de la démence. Ayant extrait le suc de cette métaphore Ada et Van jugèrent qu'il était vraiment temps de rentrer. Comme ils traversaient Gamlet, la vue d'un *traktir* russe émut si bien leur appétit qu'ils descendirent de bicyclette et poussèrent la porte de la taverne obscure. Un cocher qui buvait son thé à même la soucoupe qu'il levait dans sa large patte et vidait bruyamment sortait droit d'un vieux roman folkloriste. Il n'y avait personne dans la tanière embuée qu'une bonne femme coiffée d'un fichu, qui se donnait mille peines pour convaincre un garnement en chemise rouge, aux jambes brimballantes, de finir sa soupe de poisson. Elle se révéla être la patronne du *traktir* et se leva « en s'essuyant les mains à son tablier » pour servir à Ada (qu'elle reconnut aussitôt) et à Van (qu'elle prit non sans raison pour le « petit ami » de la jeune châtelaine) quelques-uns de ces petits « hamburgers » à la russe, appelés *bitotchki*. Chacun en dévora une demi-douzaine avant de reprendre sa bécane, sous les jasmins. Bientôt, il leur fallut allumer les lanternes à carbure. Ils firent une dernière halte avant de retrouver les ombres d'Ardis Park.

Par une sorte de coïncidence lyrique Marina et Mlle Larivière prenaient le thé dans la véranda vitrée de style russe, qui ne servait que fort rarement. La romancière, encore en déshabillé fleuri (bien qu'elle fût tout à fait remise), venait d'achever la lecture de sa nouvelle nouvelle, copiée au net pour la première fois (et qui devait être tapée le lendemain). Marina qui l'écoutait en sirotant du tokay et qui avait le vin triste semblait des plus affectées par le suicide du monsieur « au cou rouge et puissant de veuf encore plein de sève », lequel, effrayé pour ainsi dire par l'effroi de sa victime, avait comprimé avec trop de vigueur le cou de la petite fille qu'il venait de violer dans un instant de « gloutonnerie impardonnable ».

Van but un verre de lait et se sentit soudain envahi par une vague d'épuisement si délicieuse qu'il décida de se mettre au lit sans attendre.

« Tant pis », fit Ada en s'emparant avidement d'une épaisse tranche de *fruit-cake*.

« Hamac ? » s'enquit-elle encore. Mais Van, qui ne tenait plus sur ses jambes, secoua la tête et se retira après avoir baisé la mélancolique main de Marina.

« Tant pis », répéta Ada, et avec un invincible appétit elle entreprit aussitôt d'enduire largement de beurre la surface couleur jaune d'œuf du gâteau et ses riches incrustations de raisins, de cerises, d'angélique et de cédrat.

Mlle Larivière observait la manœuvre avec stupeur et dégoût.

« Je rêve, dit-elle. Il n'est pas possible qu'on mette du beurre par-dessus toute cette pâte britannique, masse indigeste et immonde ?

— Et ce n'est que la première tranche », dit Ada.

« Une pincée de cannelle dans ton lait caillé ? » demanda Marina.

« Imaginez, Belle (à l'adresse de Mlle Larivière), qu'elle appelait cela de la neige au sable quand elle n'était encore qu'un bébé.

— Elle n'a jamais été un bébé, dit Belle d'un ton péremptoire. Elle était de force à briser les reins de son poney avant même d'avoir appris à marcher.

— Je me demande combien de kilomètres vous avez pu faire aujourd'hui, dit Marina; notre athlète est complètement épuisé.

— Sept, seulement », répondit Ada avec un sourire tout en continuant de mâcher.

CHAPITRE XXV

Un matin ensoleillé de septembre, alors que les arbres étaient encore verts mais que déjà dans les fossés fleurissaient l'aster et la pulicaire, Van repartit pour Ladoga, N.A., où il devait passer deux semaines auprès de son père et de trois précepteurs avant de rentrer au collège dans la froide Louga, Mayne.

Van embrassa Lucette sur les deux fossettes et puis dans le cou et salua d'un clin d'œil la compassée Larivière, qui regarda Marina.

L'heure était venue de se séparer. Pratiquement toute la maisonnée assista au départ de Van : Marina drapée dans son *shlafrok,* Lucette serrant (substitutivement) Dack sur son cœur, Mlle Larivière, ignorant encore que son ancien élève n'avait pas emporté le livre dédicacé qu'elle lui avait offert la veille, et une vingtaine de domestiques à qui Van avait généreusement offert la pièce (dans le nombre nous remarquâmes Kim, le garçon de cuisine, muni de son appareil photographique). Seules manquaient Blanche, qui avait la migraine, et la consciencieuse Ada qui avait demandé qu'on voulût bien l'excuser : elle avait promis de rendre visite à un infirme du village (elle avait un cœur d'or, cette petite vraiment, ainsi que Marina le faisait si volontiers et si sagement remarquer).

La malle noire, la valise noire et les haltères noires (grand modèle) de Van furent chargées dans le compartiment arrière de l'automobile familiale. Bouteillan s'affubla d'un képi de capitaine trop grand pour lui et de grosses lunettes bleu raisin. « *Remouvez* votre postérieur », dit Van, « je vais conduire... » et ce fut la fin de l'été 1884.

« Elle roule tout uniment, monsieur », dit Bouteillan dans son plaisant parler d'un autre âge. « Tous les pneus sont neufs, mais, hélas, nous avons maintes pierres sur la route et la jeunesse conduit si vite. Monsieur fera bien d'être prudent. Les vents des solitudes sont indiscrets. Tel un lis sauvage confiant au désert...

— Vous avez tout du vieux serviteur de comédie », coupa sèchement Van.

« Non, monsieur », répondit Bouteillan en tenant sa casquette à deux mains. « Non. Tout simplement j'aime bien monsieur et sa demoiselle.

— Si vous parlez de la petite Blanche, que ne citez-vous Delille à votre fils plutôt qu'à moi : il va l'engrosser d'un jour à l'autre maintenant. »

Le vieux Français regarda Van du coin de l'œil, *pojeval goubami* (se mordit les lèvres), mais ne dit rien. Comme on arrivait à La Fourche-en-Forêt : « Nous nous arrêterons ici quelques instants », dit Van. (On venait seulement de se mettre en route.) Je me propose de cueillir des cèpes pour mon père à qui... (Bouteillan venait d'ébaucher un geste déférent) je ne manquerai pas de transmettre votre salut. Ce frein à main (le diable l'emporte) devait déjà servir du temps où Louis XVI émigra en Angleterre.

— Il y faut un peu de lubrification, dit Bouteillan

en consultant sa montre. Nous aurons tout le temps d'attraper le train de neuf heures quatre. »

Van disparut dans les profondeurs du sous-bois. Il portait une chemise de soie, une veste de velours, une culotte noire et des bottes de cheval armées d'éperons astériformes. L'accoutrement n'était guère commode pour passer à travers les broussailles et franchir un ruisseau avant de rejoindre Ada dans un berceau de trembles, œuvre de la nature. Ils s'étreignirent, après quoi Ada dit : « Oui... pour ne pas oublier, voici la clé que nous utiliserons pour correspondre. Quand tu l'auras apprise par cœur tu l'avaleras comme un brave petit espion.

— Poste restante, dans les deux sens. Et je veux pour le moins trois lettres par semaine, ma blanche aimée. »

Il la voyait pour la première fois dans cette jupe de lumière presque aussi vaporeuse qu'une chemise de nuit. Elle avait tressé sa chevelure et Van dit qu'elle ressemblait au jeune soprano Maria Kousnetsova dans la scène de la lettre d'*Onéguine et Olga*, l'opéra de Tchtchaïkov.

Ada qui faisait tout son féminin possible pour contenir et travestir ses sanglots, les transformant en autant d'exclamations émotives, désigna du doigt quelque maudit insecte qui s'était posé sur l'écorce d'un tremble.

(Maudit ? Maudit ? Il s'agissait de la vanesse rarissime et depuis peu décrite, *Nymphalis danaus* Nab., au dessus brun orangé avec la région apicale noire à points blancs — laquelle mime la Danaïde Monarque, mais indirectement pour ainsi dire (comme celui qui la découvrit, le professeur Nabodinus du collège de Babylone, Nebraska, s'en rendit compte), à travers une espèce d'un troisième genre, le Sylvain Vice-Roi, un des imitateurs les plus célèbres de la Danaïde. Ecrit par Ada d'une plume irritée.)

« Demain, tu reviendras ici avec ton filet vert, mon papillon », dit Van avec amertume.

Elle l'embrassa sur tout le visage, elle baisa ses mains et ses lèvres encore, et ses paupières et ses cheveux noirs et soyeux. Il baisa ses chevilles, ses genoux, sa toison noire et soyeuse.

« Quand, mon amour ? Quand la prochaine fois ? A Louga ? Kalouga ? Ladoga ? Où ? Quand ?

— Là n'est pas le problème, s'écria Van; le problème, le problème, c'est de savoir... si tu me seras fidèle ?

— Trêve de postillons, cher amour, dit Ada en essuyant les P et les F de la réplique précédente. Que puis-je te répondre ? Je t'adore. Jamais, jusqu'au jour de ma mort, je n'aimerai personne autant que je t'adore. En aucun temps, en aucun lieu. Ni dans l'éternité, ni dans la terrénité, ni à Ladore, ni sur Terra où l'on dit que nos âmes vont. Mais... mais, mon amour, mon Van, je suis charnelle, affreusement charnelle. Je ne puis te répondre. Je suis franche, tu vois. Qu'y puis-je ? Oh, ne me demande rien ! A l'école, il y a une fille qui est amoureuse de moi, je ne sais plus ce que je dis...

— Les filles ça n'a pas d'importance. C'est les garçons que je tuerai s'ils s'approchent de toi. La nuit dernière, j'ai essayé d'écrire un poème pour toi sur ce sujet. Mais les vers ne sont pas mon fort. « Ada, nos ardeurs et nos arbres... » Mais ce n'est qu'un commencement et le reste n'est que brume. A toi d'imaginer le reste. »

Ils s'étreignirent une dernière fois. Il s'échappa, sans se retourner. Trébuchant sur les melons, décapitant sans pitié les grands fenouils arrogants du manche de sa cravache, Van regagna Fourche-en-Forêt. Le jeune Moore l'attendait, tenant par la bride Morio, son cheval noir favori. Van remercia le palefrenier d'une poignée de ducats et repartit au grand galop, les gants baignés de larmes.

CHAPITRE XXVI

Pour correspondre dans le premier temps de leur séparation, Ada et Van avaient élaboré un code qu'ils ne cessèrent de perfectionner au cours des quinze mois qui suivirent leurs adieux. Ils devaient rester près de quatre ans éloignés l'un de l'autre, de septembre 1884 à juin 1888. Cette longue séparation (notre arc-en-ciel noir, disait Ada) fut interrompue par deux brefs intermèdes (en août 1885 et en juin 1886) d'une félicité presque insupportable et quelques rencontres fortuites (« à travers une grille de pluie... »). La description des systèmes cryptographiques est chose fort ennuyeuse; nous ne pouvons toutefois nous dispenser de fournir à ceux qui nous liront quelques indications fondamentales.

Les mots d'une seule lettre ne subissaient aucun changement. Dans tous les autres mots, chaque lettre était remplacée par une lettre subséquente de la série alphabétique telle que son numéro d'ordre, compté à partir de la lettre primitive, était déterminé par le nombre de lettres du mot. Ainsi, « *love* » mot de quatre lettres, s'écrivait « *pszi* » (le «p » étant la quatrième lettre après le « l », le « s » la quatrième après le « o », etc.). Un mot plus long, comme « *lovely* » (six lettres), dans lequel on est contraint par deux fois à reprendre la série alphabétique après l'avoir épuisée, devenait « *ruBkrE* », les lettres prises sur une nouvelle série s'écrivant en caractères majuscules. Dans l'exemple proposé, le « B » correspond au « v », dont le substitut doit être la sixième lettre après ledit « v », *wxyzAB*.

Oh, le pénible moment pour le lecteur d'un ouvrage populaire sur les grandes théories cosmogoniques que celui où l'auteur, après vous avoir plaisamment amorcé par quelques paragraphes bien causants, bien carrés, laisse échapper tout à trac une pétarade de formules mathématiques qui vous obnubilent aussitôt l'entendement. Nous ne pousserons pas les choses aussi loin. Sachant qu'il s'agit du code secret de nos amants (ce « nos » peut constituer indépendamment de son contexte un motif d'irritation mais il n'importe), nous ne doutons pas que le plus ingénu de nos lecteurs, pour peu qu'il veuille bien considérer nos digressions avec un peu plus d'attention et un peu moins d'antipathie, ne soit parfaitement capable de nous suivre.

Les choses, hélas, se compliquèrent. Ada proposa certaines améliorations, comme de commencer chaque missive en français chiffré pour passer à l'anglais chiffré après le premier mot de deux lettres, avec retour au français après le premier mot de trois lettres — le tout corsé de diverses variations. Grâce à ces améliorations, les messages devinrent plus difficiles encore à lire qu'à écrire, d'autant plus que les deux correspondants, affolés par l'excès de la passion, surchargeaient leur texte de correctifs, de récapitulatifs, d'addenda raturés, d'errata restaurés et de fautes orthographiques et cryptographiques imputables autant à l'inexprimable désarroi dans lequel ils se débattaient qu'à l'extrême complication de leur code.

Dans la seconde période de leur séparation (soit à partir de 1886) le code fut complètement transformé. Ada et Van savaient encore par cœur les soixante-douze vers du *Jardin* de Marvell et les quarante vers de *Mémoire* de Rimbaud. Ces deux textes leur fournirent la clef de leur alphabet. Ainsi : v 2. 11. v 1.2.20. v 2.8 signifiait « love », la lettre « v » et le nombre qui l'accompagnait désignant un vers du poème de Marvell tandis que le nombre suivant fixait la position dans ledit vers de la lettre cherchée (v 2.11 = onzième lettre du second vers). Suis-je assez clair ? Dernier détail : quand, pour mieux brouiller la piste, on utilisait le poème de Rimbaud, les lettres précédant le numéro des vers étaient écrites en capitales. Une fois encore ce genre d'explications est fastidieux et n'amuse que lorsqu'on se propose de chercher — bien en vain, certes — des erreurs dans les exemples donnés.

De toute façon, il s'avéra que le code n° 2 présentait des inconvénients plus graves encore que ceux du code n° 1. La prudence exigeait que les correspondants ne possédassent aucune copie, imprimée ou manuscrite, des deux poèmes, et quelque merveilleuse que fût leur mémoire il était fatal que la fréquence des erreurs commises allât croissant.

Pendant l'année 1886 ils s'écrivirent aussi souvent qu'ils l'avaient fait jusqu'alors — jamais moins d'une lettre par semaine. Par contre, chose étrange, dans la troisième période de leur séparation, de janvier 1887 à juin 1888 (après une conversation téléphonique à longue distance et de fort longue durée et une entrevue des plus brèves), leurs lettres se firent plus rares : Ada en écrivit à peine une vingtaine (deux ou trois seulement au printemps 1888) et Van environ le double. Nous ne pourrons citer aucun passage de cette correspondance puisque toutes les lettres furent détruites en 1889. (Je propose de supprimer purement et simplement ce petit chapitre. Note d'Ada.)

CHAPITRE XXVII

« MARINA me parle de toi dans les termes les plus chaleureux et dit aussi « *oujé tchouvstvouetsya osen,* », ce qui est tellement russe. Tous les ans à la même date ta grand-mère répétait très ponctuellement sa formule météorologique : « on sent déjà l'automne », même si c'était le jour le plus chaud de la saison à la Villa Armina : Marina n'a jamais compris que c'était la mer et non pas elle qui était l'âme de l'anagramme. Tu es superbe, mon fils, mais je gage que tu auras soupé de ses deux fillettes. Aussi, vais-je te faire une proposition...

— Tu sais, ronronna Van, je les ai trouvées très, très gentilles... surtout la chère petite Lucette.

— Je te propose de m'accompagner tantôt à un cocktail chez l'excellente veuve d'un obscur major de Prey obscurément apparenté à notre défunt voisin — bon pistolet, pourtant, mais il ne faisait pas bien clair sur le Pré et le camion des éboueurs s'est mis à corner si mal à propos. Bref, cette excellente et influente dame, qui désire aider une de mes amies (ici, Démon s'éclaircit la voix), a, m'a-t-on dit, une fille de quinze étés appelée Cordula qui te dédommagerait à coup sûr d'avoir joué à colin-maillard tout l'été avec les Poucettes du bois d'Ardis.

— Nous avons surtout joué au Scrabble et au Snap. Est-ce que l'amie à protéger est aussi de mon âge ?

— C'est la Duse en bouton, répliqua gravement Démon, et sache qu'il s'agit strictement d'une « piston-party ». Tu t'occuperas de Cordula de Prey, moi de Cordelia O'Leary.

— D'accord », dit Van.

La mère de Cordula, comédienne trop mûre, trop parée, trop vantée, présenta Van à un acrobate turc aux belles mains d'orang-outang couvertes de poils fauves et aux ardentes prunelles de charlatan — ce qu'il n'était point, car c'était un grand artiste dans son domaine circulaire. Van fut tellement séduit par ses discours, par les « trucs » de métier qu'il confia généreusement à son émule avide, tellement saisi de respect, d'ambition, d'envie et autres sentiments juvéniles, qu'il lui resta bien peu de temps à consacrer à Cordula, courte, boulotte, visage rond, chandail à col roulé en laine lie-de-vin, ou à l'étourdissante jeune personne dont la main paternelle de Démon pressait légèrement l'échine nue tandis qu'il la dirigeait vers telle ou telle relation utile. Mais le soir même Van rencontra Cordula dans une librairie. « Au fait, Van... je peux vous appeler Van, n'est-ce pas ? votre cousine Ada est mon amie de pension. Mais oui... Et maintenant, de grâce, dites-moi ce que vous avez bien pu faire à notre incontentable Ada. Dans sa première lettre d'Ardis elle me vantait, positivement pâmée — pâmée, notre Ada ! — le charme, l'intelligence, l'originalité, la séduction irrésistible...

— Qu'elle est bête ! Et de quand, cette lettre ?

— Du mois de juin, sans doute. Elle m'a encore écrit plus tard, mais sa réponse... il faut dire que j'étais très jalouse de vous, vraiment jalouse ! Et je lui avais posé des tas de questions... bref, sa réponse était évasive et quasiment vide de Van. »

Il l'examina plus attentivement qu'il n'avait fait encore; il se souvenait d'avoir lu quelque part (avec un peu de peine nous pourrions retrouver le titre exact. Tiltil ? Non. Tiltil, c'est dans Barbe-Bleue...) qu'un homme peut reconnaître une lesbienne jeune et seule (le vieux tandem en tailleur tweed ne pouvant plus tromper personne) à la conjonction de trois signes caractéristiques : des mains légèrement tremblantes, une voix de rhume de cerveau et la fuite panique du regard pour peu qu'on ait l'heur de surprendre et de visiblement approuver tels charmes que le hasard peut l'obliger à montrer (de jolies épaules par exemple). Rien de tout cela (oui... *Mytilène, petite isle*, de Louis Pierre) ne semblait s'appliquer à Cordula, qui portait un « *garbotosh* » (mackintosh à ceinture) sur son col roulé terriblement godiche et soutenait crânement son regard, les mains enfoncées dans ses poches. Ses cheveux courts offraient une nuance indécise entre paille sèche et blé rouillé. Ses yeux bleu clair comptaient des millions de pareils dans les familles sous-pigmentées de l'Estotie française. Sa bouche avait la mignardise d'une bouche de poupée quand, fermée soigneusement sur une moue précieuse, elle obtenait l'effet connu des portraitistes sous le nom de « plis en faucille », lesquels sont au mieux des fossettes de forme oblongue et au pire ces sillons qu'on voit creusant les joues transies des petites marchandes de pommes en bottes de feutre. Quand ses lèvres s'entrouvraient, et c'était justement le cas, on découvrait des dents emprisonnées dans un appareil. Elle se ressaisit aussitôt et mit les volets.

« Ma cousine Ada est une enfant de onze ou douze ans, beaucoup trop jeune pour tomber amoureuse de qui que ce soit sinon d'un héros de roman. Moi aussi je la trouve gentille. Un tantinet bas bleu peut-être, et en même temps effrontée et capricieuse. Mais tout de même... gentille.

— Je me demande », murmura Cordula toute pensive, avec une nuance de voix tellement subtile que Van n'eût pas su dire si elle entendait clore le chapitre, le laisser en attente ou passer au chapitre suivant.

« Comment pourrais-je vous joindre ? Viendriez-vous à Riverlane ? Etes-vous vierge ?

— Je ne donne pas de rendez-vous aux goujats, dit Cordula sans se départir de son calme, mais vous pouvez toujours m'atteindre par l'intermédiaire de votre cousine. Nous ne sommes pas dans la même classe et la chose peut s'entendre de plus d'une façon (riant) : Ada est un petit génie, moi une quelconque Américaine ambivertie, mais nous appartenons toutes deux à la section supérieure de français, et la section supérieure de français dort dans un même dortoir, si bien qu'une douzaine de blondes, trois brunettes et une rousse, *la* Rousse, peuvent soupirer en français dans leurs rêves (riant toute seule).

— Voyez-vous ça ! Merci quand même. Le nombre pair veut dire, je suppose, que chaque alcôve a deux couchettes. Alors, à la prochaine, comme disent les goujats. »

Dans la première lettre chiffrée qu'il écrivit après cet épisode à Ada, Van lui demandait si Cordula de Prey n'était pas par hasard la *lezbianotchka* dont elle lui avait naguère parlé avec un sentiment de culpabilité si peu nécessaire. Je serais plutôt jaloux de ta petite main. Ada répondit : « Quelle sottise. Ne mêle pas cette fillette falote à nos affaires. » Mais Van ne fut pas pour autant convaincu bien qu'il ignorât encore avec quel acharnement Ada pouvait cultiver le mensonge quand il s'agissait de couvrir un complice.

Le règlement de l'école d'Ada était d'un strict et d'un vieux jeu qui confinait à la démence mais qui rappelait à la nostalgique Marina l'Institut des Filles Nobles, établissement russe du Yukonsk où elle avait été autrefois pensionnaire et dont elle n'avait cessé d'enfreindre les lois avec infiniment plus d'aisance et de succès qu'Ada, Cordula ou Grace à Brownhill. Trois ou quatre fois par trimestre se donnaient dans le parloir de la directrice des thés hideux où les filles pouvaient voir des garçons en grignotant des petits fours roses. Toutes les trois semaines, le dimanche, les filles de douze et treize ans étaient autorisées à donner rendez-vous aux fils de bonne famille dans un milk-bar assermenté voisin du pensionnat, pourvu qu'elles fussent accompagnées d'une grande, irréprochable sous le rapport de la moralité.

Van s'arma de courage et résolut de voir Ada de cette façon : il comptait sur sa baguette magique pour transformer en cuillère ou en navet toute duègne précoce qui se présenterait conjointement à sa vue. Selon le règlement de Brownhill, les mères des jeunes victimes devaient autoriser le rendez-vous quinze jours au moins à l'avance. La directrice de Brownhill, la mielleuse Miss Cleft, appela Marina au téléphone et s'entendit répondre qu'Ada n'avait nul besoin d'un chaperon pour sortir avec son cousin alors qu'elle avait passé la saison à se promener seule à seul avec lui du matin au soir.

« Tout justement, répartit Cleft, deux jeunes promeneurs sont comme les rosiers grimpants exceptionnellement enclins à s'enlacer, et l'épine est toujours près du bourgeon.

— Mais ils sont pratiquement frère et sœur », s'exclama Marina qui pensait comme plus d'un imbécile que « pratiquement » opère dans les deux sens, qu'il atténue la véracité d'une affirmation et confère au truisme le prestige de la vérité. « Le péril n'en est que plus grave », dit la douce Cleft, « mais transigeons. Je demanderai à la chère Cordula de Prey de jouer les confidentes. Elle admire Ivan et adore Ada. Sa présence ne peut que relever le ragoût » (plaisanterie de carême déjà bien usée à l'époque).

« Seigneur, quel *figli-migli* ! », dit Marina, après avoir raccroché.

Van, l'humeur maussade et ne sachant trop quelle tournure allaient prendre les événements (un peu de prescience stratégique l'aurait aidé à soutenir l'épreuve), attendait Ada dans l'allée de l'école — ruelle triste avec des flaques où se reflétaient un ciel morne et la clôture monotone d'un terrain de hockey. Un peu plus loin, un lycéen de l'endroit — compagnon d'attente — mis sur son trente-et-un était debout devant la porte.

Van allait reprendre le chemin de la gare quand il vit paraître Ada... et Cordula. *La bonne surprise !* Il les accabla par une démonstration de cordialité écœurante. « Alors, comment ça va-t-il donc, petite cousine. Hé, Cordula, qui chaperonne ici ? Vous ou Miss

Veen ? » La petite cousine portait un imperméable noir et luisant et un bonnet de toile cirée à bords tombants, comme si l'on dût se préparer à sauver quelqu'un des périls de la mer, des périls de la vie. Une minuscule rondelle de taffetas noir n'arrivait pas à cacher entièrement un bouton au coin de sa bouche. Son haleine sentait l'éther. Elle était d'encore plus méchante humeur que Van. Il annonça gaiement qu'il allait pleuvoir. Il plut. Des cordes. Cordula trouva que le trench-coat de Van était chic et qu'on pouvait se passer de rentrer pour chercher des parapluies : le but délicieux de la promenade se trouvait juste au « coin du rond-point ». Van dit que ni rond ni point ne pouvaient avoir de coin. Plaisanterie passable. Cordula rit. Ada ne rit pas. Selon toute apparence personne n'avait échappé au naufrage.

Le milk-bar était comble. On décida d'aller au café de la gare en passant par les arcades. Van savait (mais n'y pouvait rien) qu'il passerait la nuit dans les affres du regret pour avoir délibérément négligé le fait — fait navrant, fait essentiel — qu'il n'avait pas vu son Ada depuis près de trois mois et que la dernière lettre qu'elle lui avait écrite brûlait de tant de passion que la bulle cryptographique avait éclaté au sein de l'humble message de promesse et d'espérance, mettant à nu une ligne hautaine, divine, d'amour non chiffré.

Maintenant, à les voir, on eût dit qu'ils se rencontraient pour la première fois — rencontre d'occasion, rencontre sans suite organisée par leur chaperon. D'étranges, de malveillantes pensées tournaient dans son esprit. Qu'avaient-elles fait exactement (non que cela eût quelque importance, mais tout de même, on a sa fierté, et sa curiosité), ces deux gamines peu soignées, avant les vacances, après les vacances, la nuit dernière, toutes les nuits, dans leurs hauts de pyjamas pour tout vêtement, au milieu des murmures et des râles de leur dortoir dénaturé ? Pouvait-il le leur demander ? Saurait-il trouver les mots adéquats pour ne point froisser Ada tout en faisant comprendre à sa compagne de lit qu'il la méprisait d'allumer une enfant si brune et si pâle, corail et corbeau, toute en jambes et toute molle, et qui poussait des petites plaintes au plus fort de la jouissance. Un moment plus tôt en les voyant marcher côte à côte — la disgracieuse Ada, luttant contre la nausée comme un zélé matelot, et Cordula, pomme véreuse mais fille vaillante, pareilles à deux prisonnières enchaînées qu'on traîne aux pieds d'un conquérant — Van s'était promis, à titre de revanche, de leur décrire en termes polis mais circonstanciés les dernières orgies homosexuelles ou pseudo-homosexuelles dont son collège avait été le théâtre (un « grand », qui n'était autre que le cousin de Cordula, s'était fait prendre avec une fille déguisée en garçon dans la chambre d'un préfet éclectique). Il aurait vu tiquer les filles, il leur aurait réclamé une historiette digne de rivaliser avec la sienne. Mais l'envie lui en avait passé. Il espérait encore pouvoir se débarrasser un moment de la terne Cordula et trouver à dire à la terne Ada quelque chose de bien cruel qui la fît se dissoudre en brillantes larmes. Mais, ce qui l'inspirait, c'était son « amour-propre » et non leur « sale amour » (il mourrait donc, un vieux calembour aux lèvres !). Et pourquoi « sale » ? Etait-il travaillé par les affres proustiennes ? Aucunement. Bien au contraire, le tableau très privé de leurs caresses aiguillonnait exquisement sa perversité. Son œil intérieur, injecté par la concupiscence, lui présentait Ada redoublée, enrichie, énigmatiquement géminée, donnant ce qu'il lui avait donné, prenant ce qu'il lui avait pris, Corada, Adula. Il se dit que la courtaude petite comtesse ressemblait assez à sa première putelette, ce qui ne fit qu'aiguiser l'aiguillon.

Ils parlèrent de leurs études, de leurs maîtres, et Van dit : « J'aimerais avoir ton opinion, Ada, et la vôtre, Cordula, sur le problème littéraire que voici : notre professeur de littérature française soutient que l'exposé de l'affaire Marcel-Albertine est compromis, de bout en bout, par un vice philosophique (et, partant, artistique) rédhibitoire; le roman n'a de sens que pour le lecteur qui *sait* que le narrateur est une folle et que les bonnes grosses joues d'Albertine ne sont autres que les bonnes grosses fesses d'Albert. Si l'on ne suppose pas ou si l'on n'exige pas que le lecteur a ou ait tout appris des particularités sexuelles de l'auteur à seule fin de savourer son œuvre jusqu'à la dernière goutte, le livre entier perd toute signification. Selon mon professeur, si le lecteur ignore tout de la perversion proustienne, la description détaillée des tourments d'un hétérosexuel jaloux d'une homosexuelle est une absurdité manifeste, pour la raison qu'un homme normal ne peut être qu'amusé et même réjoui par les ébats de sa petite amie avec une partenaire du même sexe. Conclusion de mon professeur : un roman qui ne peut être apprécié que par quelque petite blanchisseuse qui se serait penchée sur le linge sale de l'auteur est, du point de vue artistique, un fiasco.

— Ada, de quoi donc est-ce qu'il parle ? D'un film italien qu'il a vu ?

— Van, dit Ada d'une voix lasse, je crois que tu ne te rends pas très bien compte que notre groupe de français avancé ne s'est pas encore avancé plus loin que Racan et Racine.

— N'en parlons plus », dit Van.

« Mais, toi, tu as trop lu de Marcel », murmura Ada.

Le bâtiment de la gare abritait un salon de thé semi-privé placé sous la surveillance de la femme du chef de gare et sous les ineptes auspices de l'école. Il n'y avait personne dans la petite salle, qu'une dame longue et mince vêtue de velours noir et coiffée d'un superbe Gainsborough de velours noir également. Elle était assise le dos tourné devant le « tonic bar » et pas une fois ne laissa voir son visage, mais la pensée effleura Van Veen que ce devait être une cocotte de Toulouse. Notre humide trio se choisit une bonne table d'angle et chacun déboutonna son imperméable avec des soupirs de soulagement peu originaux. Van espérait qu'Ada ôterait son suroît mais elle déçut son attente : elle s'était fait couper les cheveux (après de terribles migraines) et ne voulait pas qu'il la vît jouant les Roméos moribonds.

(On fait son « grand Joyce » après son « petit Proust » ! De la charmante main d'Ada.)

(Attends la suite. C'est du pur V.V. Remarque la dame ! Griffonnage à l'aide d'un sous-main de Van au lit.)

Comme Ada tendait le bras pour prendre le pot de crème, Van saisit sa main — qui fit aussitôt la morte — et l'examina. Nous n'avons pas oublié le Morio qui pendant un instant était demeuré gisant sur notre paume ouverte, les ailes bien fermées, et puis tout à coup avait disparu. Van s'aperçut avec satisfaction qu'elle ne se rongeait plus les ongles qui étaient maintenant pointus.

« Pas trop pointus, ma chère », dit-il à l'intention de *doura* Cordula qui aurait dû aller se « repoudrer » — mince rayon d'espoir.

« Ma foi non », dit Ada.

« Tu n'écorches pas les pouponnes quand tu les caresses, continua Van, incapable de s'arrêter. Regarde la main de ta petite amie (prenant la main de Cordula). Regarde ses ongles tout mignons, tout courts (docile, innocente, froide petite patte !). Elle n'arriverait pas à se prendre dans le satin le plus fin. Oh ! que non ! Pas vrai, Ardula... Cordula, je veux dire ? »

Les deux fillettes gloussèrent et Cordula embrassa Ada sur la joue. Van ne savait trop à quelle réaction il s'était attendu, mais ce simple baiser le désarma et le déçut. Le bruit de la pluie fut couvert par un grondement de roues sur les rails. Van regarda sa montre, regarda l'horloge pendue à la muraille et dit qu'il était désolé, que c'était son train.

« N'en parlons plus, écrivit Ada (paraphrasée dans ce passage) en réponse à ses misérables excuses. Nous nous sommes dit que tu avais bu. Mais je ne t'inviterai jamais plus à Brownhill, mon amour. »

CHAPITRE XXVIII

L'ANNÉE 1880 (Aqua vivait encore — Dieu sait comment, Dieu sait où ?) devait être pour Van la plus talentueuse, la plus fertile en souvenirs de sa longue, trop longue, jamais trop longue existence. Son père s'était attardé dans les régions de l'Ouest, où le spectacle des montagnes multicolores produisit sur Van — dix ans — l'effet qu'il a de tout temps produit sur les jeunes Russes de génie. Il était de force à résoudre un problème sur les intégrantes d'Euler ou à apprendre par cœur le *Cavalier sans tête* de Pouchkine en moins de vingt minutes. Mollement étendu dans l'ombre violette des falaises roses, en compagnie d'un Andreï Andreïevitch suant d'enthousiasme dans sa blouse blanche, il passait des heures à étudier les poètes russes, grands et petits, et à déchiffrer à travers les facettes diamantines des tétramètres de Lermontov des allusions outrées mais en somme flatteuses aux amours et aux voyages aériens de son père dans une vie antérieure. Il dut se faire violence pour retenir ses larmes (AAA mouchait bruyamment son gros nez rouge...) quand son précepteur lui montra l'empreinte rustique du pied nu de Tolstoï, conservée dans la glaise d'un autodrome de l'Utah où notre auteur avait écrit l'histoire de Murat, le chef Navajo, bâtard d'un général français, abattu dans sa piscine par Cora Day. Quel soprano, cette Cora, dans ses beaux jours ! Démon emmena Van à l'opéra de Telluride, dans l'Ouest du Colorado, où il put admirer (et quelquefois détester) les plus grands spectacles internationaux : pièces anglaises en vers blanc, tragédies françaises en distiques rimés, drames musicaux germaniques tonitruants, avec géants, sorciers et un cheval blanc qui défèque. Il éprouva diverses passions mineures — magie de salon, jeu d'échecs, matchs de boxe poids-poussin dans les foires villageoises, acrobatie équestre, etc., sans oublier, bien sûr, les passes initiatiques inoubliables et trop précoces que lui prodiguait sa jeune et charmante institutrice anglaise aux seins menus, quand elle le câlinait expertement entre le lait de poule et le lit, tout en s'habillant pour passer la soirée en compagnie de sa sœur, de Démon et d'un personnage qui accompagnait toujours Démon dans ses tournées de casinos, garde du corps et ange gardien, moniteur et conseiller, Mr. Plunkett, pipeur repenti.

A la belle saison de sa carrière aventureuse Mr. Plunkett avait été l'un des plus grands fileurs de cartes — poliment appelés illusionnistes du jeu — tant d'Angleterre que d'Amérique. A quarante ans, au milieu d'une séance de poker, il avait été trahi par une défaillance d'origine cardiaque (laquelle, hélas, permit aux viles mains d'un mauvais perdant de le fouiller). Il avait passé plusieurs années en prison, s'était reconverti au catholicisme romain de ses ancêtres et, son temps fini, avait tâté de l'apostolat, écrit un opuscule sur la prestidigitation, rédigé la rubrique bridge dans différents journaux, et fait un peu le mouchard pour la police (il avait deux fils dans le métier, deux costauds). Les outrages du temps joints à certaines retouches chirurgicales pratiquées sur ses rudes traits avaient rendu son visage grisâtre sinon plus attrayant du moins méconnaissable à tous sauf à quelques vieux compères, qui de toute façon prenaient soin (désormais) d'éviter sa réfrigérante compagnie. Van le trouva plus fascinant encore que King Wing. Bourru mais amical, Mr. Plunkett ne put s'empêcher d'exploiter cette fascination (nous aimons tous que l'on nous aime) en initiant son jeune admirateur aux tours de main d'un art devenu pur et abstrait, donc authentique. Mr. Plunkett considérait l'usage de tous moyens mécaniques (miroirs ou le vulgaire « râteau dans la manche ») comme le moyen assuré de se faire prendre, pour la même raison que gélatines, mousselines et mains supplémentaires de caoutchouc souillent et abrègent la carrière de plus d'un médium professionnel. Il apprit à Van comment démasquer le tricheur qui s'entoure d'objets étincelants ou « clignotants » (les professionnels appellent « arbres de Noël » ces amateurs — dont certains sont de respectables clubmen). Mr. Plunkett ne croyait qu'aux manipulations. Les poches secrètes étaient souvent utiles mais, hélas, elles pouvaient se retourner... et se retourner contre vous. Ce qui comptait plus que toute chose, c'était le « contact » de la carte, la délicatesse de l'empalmage, la maîtrise du faux mélange, le faux éventail, la transformation de la première carte du paquet, la préparation de la donne et, par-dessus tout, une agilité digitale qui pouvait aboutir, à force de pratique, tantôt à des disparitions à vue de nature quasi miraculeuse, tantôt à la matérialisation d'un joker ou à la métamorphose de deux paires en quatre rois. Une règle absolue, dans l'emploi discret d'un paquet additionnel, concernait la mémorisation des écarts, si les donnes n'étaient pas préparées d'avance. Après s'être consacré aux tours de cartes pendant quelques mois, Van se tourna vers d'autres récréations. C'était un apprenti qui apprenait vite et tenait au frais ses flacons étiquetés.

En 1885, ayant achevé ses études préparatoires, Van partit pour l'Angleterre et entra, comme l'avaient fait ses ancêtres, à l'université de Chose. De temps en temps il faisait une virée à Londres ou bien à Lute (c'est le nom que les coloniaux britanniques prospères mais point trop raffinés donnaient à la charmante et mélancolique cité gris perle située de l'autre côté de la Manche). Un jour de l'hiver 1886-1887, dans la lugubre et froide Chose, au cours d'une partie de poker avec deux étudiants français et certain condisciple de Van que nous appellerons Dick C., dans l'appartement élégant que celui-ci habitait à Serenity Court, Van s'aperçut que les jumeaux français ne perdaient pas seulement parce qu'ils étaient radieusement et radicalement ivres mais encore parce que Milord était un de ces « crétins de cristal » du vocabulaire de Plunkett, homme de maints miroirs — menues surfaces réfléchissantes de forme et d'orientation diverses luisant avec discrétion sur montré ou chevalière, dissimulées comme les lucioles femelles au fond des sous-bois dans des pieds de table, à l'intérieur d'une manchette ou d'un revers et sur les bords de cendriers placés sur des supports dont Dick ne cessait de varier les positions d'un air négligent — tout cela, comme pourrait vous le dire n'importe quel tricheur, était aussi sot que superflu. Ayant perdu plusieurs milliers de livres, Van, qui n'attendait que son heure, jugea opportun de mettre en pratique quelques anciennes leçons. On avait momentanément interrompu le jeu. Dick se leva et se dirigea vers le tuyau acoustique installé dans un coin de la pièce pour faire monter d'autre vin. Les malheureux jumeaux se passaient et se repassaient un stylographe dont ils pressaient et repressaient du pouce le réservoir au cours de ce désastreux va-et-vient tout en procédant à l'estimation de leurs pertes, qui excédaient celles de Van. Van glissa un jeu de cartes dans sa poche et se leva en roulant les épaules, histoire de se dérouiller.

« A propos, Dick, tu n'aurais pas, par hasard, rencontré aux U.S. un joueur du nom de Plunkett ? Quand je l'ai connu, c'était un bonhomme tout gris et chauve.

— Plunkett ? Plunkett ? Ça doit être d'avant mon temps. Est-ce que c'est celui qui est devenu vicaire ou quelque chose comme ça ? Pourquoi ?

— C'est un copain de mon père. Un grand artiste.

— Un artiste ?

— Ouais, un artiste. Je suis bien un artiste, moi. Et je suppose que toi aussi tu te considères comme un artiste. Bien des gens sont ainsi faits.

— Qu'est-ce que c'est au juste qu'un artiste ?

— Un observatoire souterrain », répliqua Van du tac au tac.

« Tu as trouvé ça dans un roman moderne », dit Dick en écrasant sa cigarette après avoir tiré avidement quelques bouffées.

« J'ai trouvé ça dans Van Veen », dit Van Veen.

D'un pas nonchalant Dick se rapprocha de la table pendant que son domestique entrait, portant une bouteille. Van se retira dans les cabinets et entreprit de « soigner les cartes » comme disait le bon Plunkett. La dernière fois qu'il s'était fait la main, il avait exécuté quelques tours de passe-passe devant Démon, qui n'avait point apprécié leur côté « pokerisant ». Ah oui, il y avait eu aussi l'illusionniste fou de l'hôpital, qu'il avait tranquillisé au moyen de tours et dont l'idée fixe était que la pesanteur est liée à la circulation sanguine de l'Etre Suprême. Van ne doutait guère de sa dextérité — ni de la stupidité de *Milord* — mais il n'était pas certain de pouvoir tenir bien longtemps. Au reste, il était désolé pour Dick qui, hormis le fait qu'il était un amateur de l'escroquerie, était un type aussi gentil qu'indolent, au visage terreux, au corps mou, qu'on aurait fait tomber d'une chiquenaude, et qui avouait sans détour que si sa famille s'obstinait à refuser de payer ses dettes énormes et complètement banales il ne lui resterait plus qu'à partir pour l'Australie où il pourrait s'endetter derechef après avoir semé en chemin quelques chèques frauduleux. Pour l'heure, il constatait avec plaisir, comme il le dit à ses victimes, que quelques centaines de livres seulement le séparaient encore de la somme liminaire qui lui permettrait d'apaiser momentanément son plus impitoyable créancier. Sur quoi il continua de plumer Jean et Jacques avec une hâte éhontée — pour se trouver bientôt avec trois honnêtes as (que lui avait affectueusement distribués Van) face aux quatre neufs (dextrement réunis dans la main du même Van). Cette opération fut suivie d'un joli bluff contré par un plus bel encore et, pendant que le généreux Van glissait des cartes, bonnes mais pas assez bonnes, au jeune lord qui étincelait et miroitait éperdument, le martyre de ce dernier arriva brusquement à son terme (tailleurs londoniens se tordant les mains dans le brouillard et le célèbre usurier St-Priest de Chose demandant un rendez-vous au père de Dick). Sur la plus grosse mise que Van eût encore vue, Jacques montra une couleur sans espoir (comme il le dit dans un soupir moribond), et Dick, avec une quinte-flush, dut baisser pavillon devant la séquence royale de son bourreau. Comme il ramassait et serrait sur son sein « l'arc-en-ciel d'ivoire » (ce Plunkett était plein de poésie), Van, qui jusque-là n'avait eu aucune peine à dissimuler ses manœuvres hasardeuses aux prismes stupides de Dick, eut le plaisir de le voir lorgner le deuxième joker que lui, Van, empaumait encore. Les jumeaux remirent cravates et vestons et dirent qu'ils étaient obligés de partir.

« Moi de même Dick, dit Van. Dommage que tu aies dû te fier à tes boules de cristal. Je me suis souvent demandé pourquoi le mot russe approprié au cas présent — nous avons, il me semble, un ancêtre russe en commun — est pareil à celui qui veut dire « écolier » en allemand, moins l'Umlaut. » Tout en babillant, Van renflouait d'un chèque rédigé à la hâte les deux Français extasiés et abasourdis, puis, ramassant une poignée de cartes et de jetons, il se tourna vers Dick et les lui jeta au visage. Les projectiles n'avaient pas encore achevé leur trajectoire qu'il regrettait déjà ce geste cruel et vulgaire, car l'infortuné, qui ne pouvait répondre d'aucune manière, restait assis là, protégeant son œil droit et de l'autre, qui saignait aussi un peu, contemplant ses lunettes brisées, pendant que les jumeaux français lui offraient leurs deux mouchoirs — qu'il repoussait amicalement.

L'aurore rose grelottait dans la verte Serenity Court. Laborieuse vieille Chose.

(Il devrait y avoir un signe pour traduire les applaudissements. Note d'Ada.)

Van se tourna les sangs tout le reste de la matinée. Puis, après s'être longuement plongé dans un bain chaud (le meilleur conseiller, le meilleur instigateur et le meilleur inspirateur au monde après, bien sûr, le siège des cabinets), il prit enfin le parti d'écrire une lettre d'excuses au pipeur pipé. Il était en train de s'habiller quand il vit paraître un messager portant un billet de Lord C. (cousin, soit dit en passant, d'un de ses camarades de Riverlane), dans lequel le magnanime Dick proposait d'acquitter sa dette par une introduction au Club de la Villa Vénus : toute sa tribu en était. Quel garçon de dix-huit ans eût pu prétendre à si haute faveur ? C'était un billet pour le paradis. Van eut bien quelques empoignades avec sa conscience légèrement surchargée (tous deux grimaçant comme deux vieux copains dans leur bon vieux collège) mais il accepta la proposition de Dick. (Van, il me semble que tu devrais expliquer de façon plus nette comment toi, le plus fier, le plus propre des hommes — je ne parle pas des abjectes servitudes corporelles, nous sommes tous faits de la même façon — tu as pu, toi le pur, accepter l'offre d'un escroc qui sans doute a continué de « miroiter » de plus belle après son fiasco. Je crois que tu devrais préciser, *primo*, que tu étais terriblement surmené, *secundo*, que tu ne pouvais supporter l'idée que le coquin savait que le duel était exclu (on ne provoque pas un escroc) et que tu ne risquais rien, pour ainsi dire, en l'insultant. Ai-je raison ? Van, tu m'écoutes ? Il me semble...)

Il ne « miroita » plus bien longtemps. Cinq ou six ans plus tard, à Monte-Carlo, Van passait devant la terrasse d'un café quand il se sentit saisi par le coude. Un Dick C. rayonnant de belle humeur et de santé, et comparativement convenable, se penchait vers lui par-dessus les pétunias de la balustrade treillissée.

« Van, s'écria-t-il, j'ai laissé tomber toute cette foutaise de miroiterie. Crois-moi, il n'y a qu'une méthode sûre : les marquer ! Attends, ce n'est pas tout. Imagine-toi qu'on vient d'inventer une pointe microscopique — et je dis bien microscopique — en euphorion, un métal précieux, qui se glisse sous l'ongle du pouce. Tu ne la vois pas à l'œil nu, mais un minuscule secteur de mon monocle à moi montre, agrandie, la marque que je fais (comme on décapite une puce) sur toutes les cartes, l'une après l'autre, à mesure qu'elles se présentent dans le jeu. Voilà le beau de l'affaire. Plus de préparations, plus d'accessoires. Plus rien ! Marquons, marquons-les », clamait toujours le brave Dick alors que Van avait déjà tourné les talons.

CHAPITRE XXIX

VERS la mi-juillet 1886, pendant que Van gagnait un tournoi de ping-pong à bord d'un paquebot de luxe (qui mettait maintenant une grande semaine pour aller dans sa majestueuse blancheur de Douvres à Manhattan), Marina, ses deux filles, leur institutrice et deux soubrettes, qui revenaient en train de Los Angeles à Ladore, frissonnaient de conserve, d'étape en étape, aux phases plus ou moins synchronisées d'une commune *influentsa* russe. Un hydrogramme de Chicago, daté du 21 juillet (anniversaire de l'aimée), attendait Van au logis de son père : DADAIST IMPATIENT PATIENT ARRIVE ENTRE VINGT-QUATRE ET SEPT APPELE DORIS RENCONTRE SALUTS PROXIMITY.

« Voilà qui me remémore cruellement les *goloubyanki* (petits bleus) que m'envoyait Aqua, soupira Démon qui avait machinalement ouvert le pli. La tendre Proximity est-elle une fille que je connaisse ? Car tu auras beau prendre un air furieux, il est clair que ceci n'est pas une communication de médecin à médecin. »

Van leva les yeux au plafond (peint par Boucher) du breakfast-room, hocha la tête avec une grimace d'admiration burlesque et félicita Démon pour sa perspicacité. Oui, il n'en disconvenait pas : il lui fallait partir incontinent pour un endroit à proximité de St-Saül (anagramme de « Saluts ») pour y voir une dessinatrice folle, Doris ou Odris, qui ne dessinait que des dadas.

Van loua une chambre sous un nom d'emprunt (Boucher) à l'unique auberge de Malahar-sur-Ladore, triste village sis à quelque vingt miles d'Ardis Hall. Il passa la nuit à combattre l'illustre moustique (ou son cousin) qui parut l'aimer davantage que jadis la bête d'Ardis. Les cabinets, sur le palier, consistaient en un trou noir qui portait les traces d'une explosion fécale entre deux semelles géantes d'accroupiste. A sept heures du matin, le 25 juillet, Van appela le manoir du bureau de poste de Malahar et se trouva branché sur Bout qui était branché sur Blanche et qui prit la voix de Van pour celle du maître d'hôtel.

« Bon sang, p'pa, dit-il dans son dorophone de chevet, tu vois bien que je suis occupé.

— C'est Blanche que je demande, espèce d'idiot », gronda Van.

« Oh, pardon, s'écria Bout. Un moment, monsieur. »

Van entendit un son comme celui d'un bouchon sautant d'une bouteille (boire du blanc à sept heures du matin !) et Blanche s'empara du récepteur, mais il avait à peine commencé à lui dicter le message précautionneusement formulé qu'elle devait transmettre à Ada qu'Ada elle-même, qui était restée toute la nuit sur le qui-vive, répondit de la nursery, où l'instrument de la maison le plus limpide vibrait et glougloutait sous un baromètre défunt.

« Fourche-en-Forêt dans septante-sept minutes. Et pardonne les postillons.

— Tour », répondit la douce et harmonieuse voix, comme un aviateur dans le bleu du ciel aurait pu dire « Roger ».

Van loua une motocyclette, vénérable machine à la selle garnie de feutre de billard avec de prétentieuses poignées de guidon en fausse nacre, et s'élança sur une piste forestière étroite et coupée de racines d'arbre sur lesquelles il rebondissait. La première chose qu'il vit fut le rayon stellaire de sa bicyclette délaissée. Elle se tenait auprès, debout, les poings sur les hanches, regardant ailleurs dans l'hébétude de la timidité, ange blanc aux cheveux noirs, vêtue seulement d'un peignoir en tissu éponge et chaussée de mules.

Tandis qu'il la portait dans ses bras jusqu'au fourré le plus proche, il sentait son corps brûlant de fièvre, mais il comprit seulement à quel point elle était malade quand, après deux spasmes passionnés, elle se releva en chancelant, toute couverte de petites fourmis rousses et, à moitié évanouie, murmura quelque chose au sujet de Gitans qui volaient leurs jeeps.

Ce rendez-vous... Quelle poisse, mais quelle poésie ! Van n'arrivait pas à se rappeler...

(ni moi non plus, c'est vrai. Ada)... une seule des paroles qu'ils prononcèrent, une seule question, une seule réponse. Il la ramena en grande hâte, aussi près du logis que le lui permit la prudence (après avoir poussé la bicyclette dans les fougères), et dans la soirée, lorsqu'il appela Blanche au téléphone, elle lui apprit dans un chuchotement dramatique que « mademoiselle avait une pneumonie, mon pauvre Monsieur ».

Trois jours plus tard Ada se portait beaucoup mieux, mais Van devait s'en retourner à Man pour reprendre le même bateau qui appareillait pour l'Angleterre. Il avait promis de se joindre à une tournée de cirque à laquelle participaient des gens qu'il ne pouvait laisser choir.

Son père vint lui souhaiter bon voyage. Il s'était fait teindre les cheveux en un noir plus noir encore. Il portait au doigt un diamant qui flamboyait comme une crête du Caucase. Ses longues ailes noires ocellées de bleu traînaient après lui et frémissaient à la brise atlantique. *Ludi oglyadyvalis'* (on se retournait pour le voir). Une temporaire Tamara — kohl, *lipstick Kazbek* et boa flamant rose — essayait vainement de deviner ce qui plairait le plus à son Démon d'amant : qu'elle se contentât de gémir et d'ignorer son superbe fils ou qu'elle rendît hommage à la virilité de Barbe-Bleue telle qu'elle se reflétait dans le maussade Van qui ne pouvait supporter, lui, son parfum caucasien, Glacier Bek, sept dollars le flacon.

(Tu sais, Van, c'est ce chapitre que je préfère jusqu'à présent. Je ne sais pourquoi, mais je l'adore... Et tu peux bien laisser ta Blanche dans les bras de son petit ami, ça n'a pas la moindre importance. Ada, de sa plus câline écriture.)

CHAPITRE XXX

Le 5 février 1887, un éditorial non signé dans le *Ranter* (cet hebdomadaire de Chose habituellement si sarcastique et si chicaneur) vantait le numéro de Mascodagama comme « l'attraction la plus originale et la plus inventive qui ait jamais été présentée au public blasé d'un music-hall ». Masco donna plusieurs représentations au Rantariver Club mais ni dans les programmes ni sur les affiches aucune définition plus précise que celle d'« Excentrique Etranger » ne daignait éclairer le public sur l'identité de l'artiste ou sur la nature exacte de son exhibition. Des rumeurs soigneusement et adroitement entretenues par les amis de Mascodagama donnaient à entendre qu'il pouvait être un mystérieux visiteur venu de derrière le Rideau d'Or. La chose semblait d'autant plus digne de créance qu'une bonne demi-douzaine d'artistes appartenant à la troupe du Cirque Dobrososedski (« Bon Voisin ») qui arrivait de Tartarie à ce moment précis (c'est-à-dire à la veille de la Guerre de Crimée) — un vieux clown malade et sa vieille bique parlante, trois danseuses et l'époux de l'une d'elles, maquilleur de la troupe et agent multiple à coup sûr — avaient déjà déserté entre la France et l'Angleterre, dans le « Chunnel » nouvellement construit. Le succès extraordinaire remporté par Mascodagama dans ce cercle dramatique universitaire dont le répertoire se limitait ordinairement au théâtre élizabéthain, avec reines et fées jouées par de jolis garçons, fut aussitôt exploité par les caricaturistes de la presse. Les doyens de Chose, les politiciens du canton, les hommes d'Etat, et, bien sûr, le chef en exercice de la Horde d'Or étaient représentés par les humoristes de l'actualité comme autant de Mascodagamas. Un imitateur grotesque (qui n'était autre que Mascodagama lui-même dans une parodie suprêmement raffinée de son propre spectacle) fut hué à Oxford (collège féminin des environs) par des chahuteurs. Un journaliste astucieux qui l'avait entendu fulminer contre un faux pli du tapis de scène commenta dans la presse son « accent yankee ». Le cher « Vascodagama » fut même invité à Windsor par le propriétaire du château, un descendant bilatéral des ancêtres de Van, mais il déclina l'invitation, s'imaginant (à tort, ainsi qu'il transpira plus tard) que la coquille n'en était pas une et que son incognito avait été percé par un des agents secrets qui opéraient à Chose — le même, peut-être, qui avait sauvé peu de temps auparavant le psychiatre P.O. Tiomkine du poignard d'un certain prince Potiomkine, un jeune homme toqué venant de Sébastopol, Idaho.

Van passa ses premières vacances d'été à préparer sous l'égide de Tiomkine, à la célèbre clinique de Chose, un mémoire ambitieux qu'il n'acheva jamais : *Terra : Réalité érémitique ou Rêve collectif ?* Il interrogea toutes sortes de névropathes, dont plusieurs artistes de variétés, plusieurs hommes de lettres et au moins trois cosmologues intellectuellement lucides mais spirituellement « perdus », qui avaient découvert, et nul ne sait où ni comment (peut-être se trouvaient-ils en communication télépathique, car ils ne s'étaient jamais rencontrés et aucun d'eux ne connaissait l'existence des autres; peut-être, au moyen de quelque espèce d'« ondulas » interdites), un monde vert pivotant dans l'espace et spiralant dans le temps qui, sous le rapport esprit-matière, était semblable au nôtre et qu'ils décrivaient avec les mêmes particularités de détail que trois personnes observant de trois fenêtres différentes le même cortège de carnaval.

Il passait ses heures de loisir dans une dissipation grossière.

Vers la mi-été, on proposa à Mascodagama un engagement pour une série de représentations — matinées et soirées — dans un grand théâtre de Londres. Il devait débuter aux vacances de Noël et poursuivre, le week-end, pendant toute la saison d'hiver. Il accepta de grand cœur, ayant le plus grand besoin de trouver un dérivatif à ses périlleuses études. Le genre d'obsession dont souffraient les malades de Tiomkine était de nature à contaminer leurs jeunes analystes.

La réputation de Mascodagama ne pouvait manquer de s'étendre jusqu'au fin fond de l'Amérique. Une photographie de lui, masqué sans doute mais non au point de tromper un parent affectionné ou un fidèle serviteur, fut reproduite par les journaux de Ladore, de Ladoga, de Lagouna, de Lougano et de Louga dans la première semaine du mois de janvier 1888. Le texte qui aurait dû l'accompagner était absent : seul un poète (particulièrement du groupe « Beffroi Ténébreux », comme le fit remarquer quelque bel esprit) eût pu dépeindre de façon adéquate ce frisson macabre et bien particulier qui accompagnait l'extraordinaire démonstration de Van.

Le rideau se levait sur une scène vide. Après cinq coups de battements de cœur, quelque chose d'énorme et de noir jaillissait des coulisses sur un accompagnement de tambours-derviches. Le saisissement causé par son entrée puissante et précipitée affectait si profondément les enfants spectateurs que longtemps après, dans les limbes et les larmes des insomnies, dans l'éclat insoutenable des cauchemars, des fillettes et des garçonnets sensibles revivaient avec les interpolations de leur cru ce quelque chose qui ressemblait à l'« angoisse originelle », une malignité informe, le sifflement d'une aile inconnue, l'insupportable dilatation de la fièvre qui sortait comme un vent de caverne de la scène ensorcelée. Dans la lumière crue qu'éclairait le tapis aux couleurs criardes jaillissait et se mettait à courir à grandes enjambées un géant de huit pieds au moins, masqué et chaussé de ces bottes souples que portent les danseurs cosaques. Un immense manteau noir à long poil, du genre *bourka*, enveloppait sa « silhouette inquiétante » (le mot est d'une correspondante de la Sorbonne; nous avons conservé toutes les coupures) et la dissimulait du menton aux genoux, ou à ce qui semblait correspondre à cette partie du corps. Un bonnet d'astrakan lui surmontait le chef. Un masque noir couvrait la partie supérieure de son visage abondamment barbu. Le disgracieux colosse se pavanait sur la scène, puis sa pavane devenait la ronde sans répit du fou enfermé, puis il pirouettait et sur un coup de cymbales à l'orchestre accompagné d'un cri de terreur peut-être feinte au paradis se retournait dans l'air et se plantait la tête en bas.

Dans cette étrange position, s'aidant de son bonnet comme d'un piston pseudopodal, il sautillait dans un style « *pogo-stick* »... et, brusquement, se disloquait. Le visage de Van, fendu par un large sourire, apparaissait luisant de sueur entre les jambes des deux bottes qui chaussaient encore ses deux bras raides levés dans l'air; en même temps ses vrais pieds envoyaient rouler au loin fausse tête, bonnet froissé et masque barbu. Ce retournement magique « coupait le souffle à l'assistance ». Celle-ci ayant bientôt retrouvé celui-là éclatait alors en applaudissements frénétiques (« assourdissants », « délirants », « véritable tempête »...). Van sortait de scène en trois bonds pour reparaître presque aussitôt, gainé d'un maillot noir et dansant la gigue à mains plates.

Si nous consacrons tant de lignes à la description de cette pantomime, ce n'est pas seulement parce que les artistes du genre « excentrique » sont les plus tôt oubliés du public mais parce qu'il nous paraît souhaitable d'analyser les émotions que Van trouvait dans cet exercice. Aucune de ses miraculeuses « prises au vol » sur les terrains de cricket, aucun de ses buts mirobolants au cours d'un match de football (il était champion de son collège à ces deux jeux splendides), aucun de ses succès plus anciens — comme le knock-out qu'il administra, le jour même de son entrée à Riverlane, à la plus épaisse brute de l'établissement — ne lui avaient jamais donné la satisfaction que lui procurait Mascodagama. Cette satisfaction n'était pas en rapport direct avec les chaleureux effluves de l'ambition exaucée, encore que dans son extrême vieillesse, jetant un regard rétrospectif sur une vie d'efforts méconnus, Van saluât avec un plaisir amusé, et plus vif sans doute que le plaisir qu'il avait éprouvé à l'époque, les louanges banales et les jalousies très ordinaires qui lui avaient fait escorte pendant un court moment de sa jeunesse. Cette singulière jouissance était plus justement comparable à celle qu'il trouva plus tard dans certains exercices en apparence absurdes et d'une difficulté extravagante que V.V. s'imposait à lui-même et dont l'objet était d'exprimer quelque chose qui, avant d'être exprimé, ne possédait qu'une existence crépusculaire (ou pas d'existence du tout, que l'illusion de l'ombre rétrospective de son expression imminente). C'était le château de cartes d'Ada. C'était la prouesse d'une métaphore placée en équilibre sur sa tête, non pas pour le plaisir de la difficulté vaincue mais afin de percevoir la chute ascendante d'une cascade ou un lever de soleil à rebours, ce qui est en un sens une victoire sur l'ardis du temps. Ainsi, l'ivresse qu'éprouvait le jeune Mascodagama à vaincre la pesanteur s'apparentait à celle de la révélation artistique considérée dans un sens totalement insoupçonné des innocents de la critique, des commentateurs de la scène sociale, des moralistes, des fabricants d'idées, etc. Van sur les planches exécutait organiquement ce que ses figures de rhétorique devaient exécuter plus tard dans sa vie : des miracles d'acrobatie qu'on n'eût jamais attendu d'elles et qui faisaient peur aux enfants.

Au reste, le plaisir purement physique de la déambulation manuelle ne jouait pas un rôle négligeable et les taches irisées que le tapis de scène imprimait sur les paumes dégantées du danseur dans la gigue finale semblaient les reflets d'un monde d'en bas aux brillantes couleurs qu'il aurait été le premier à découvrir. Pour le tango qui achevait son numéro lors de sa dernière tournée, on lui avait donné comme partenaire une danseuse de cabaret criméenne qui portait une petite robe pailletée, très courte et très décolletée dans le dos. Elle chantait en russe le refrain du tango :

Pod znóïnym nébom Argentíny
Pod strástnyï góvor mandolíny

Sous le ciel lourd de l'Argentine
Au rythme ardent des mandolines.

La frêle et rousse Rita (Van ne sut jamais son vrai nom), jolie Caraïte originaire de Choufout Kalé, où, disait-elle avec des accents nostalgiques, le cornouiller de Crimée (*kizil*) fleurissait jaune au milieu des rochers arides, offrait une ressemblance étrange avec ce que Lucette allait devenir dix ans plus tard. Pendant qu'ils dansaient ensemble Van ne voyait d'elle que le mouvement alerte de ses petits souliers d'argent tournant et marchant au même pas que ses paumes à lui. Il se dédommageait pendant les répétitions. Un soir, il lui demanda rendez-vous; elle refusa avec indignation, disant qu'elle adorait son mari (le maquilleur) et détestait l'Angleterre.

Chose avait été longtemps réputée pour la rigueur de son règlement et pour le lustre de ses frasques. L'identité de Mascodagama ne pouvait échapper aux investigations fructueuses de ses autorités. Le maître d'étude de Van, un homosexuel austère et décrépit, dénué du plus petit grain d'humour et congénitalement respectueux de toutes les conventions de la vie académique, fit observer à un Van fortement irrité et à peine poli qu'il n'était pas censé, pour sa seconde année à Chose, combiner la science avec le cirque et que s'il s'obstinait à jouer les « excentriques » on n'hésiterait pas à le renvoyer du collège. L'ennuyeux personnage écrivit aussi une lettre à Démon, le priant de faire en sorte que son fils abandonnât les prouesses physiques à l'avantage de la philosophie et de la psychiatrie, d'autant plus que Van était le premier Américain qui eût remporté (à dix-sept ans !) le prix Dudley (pour un essai sur la Folie et la Vie éternelle). Van hésitait encore à trouver quelque compromis entre la fierté et la prudence, quand il partit pour l'Amérique au début de juin 1888.

CHAPITRE XXXI

VAN revint au manoir d'Ardis en 1888. Il arriva par un nuageux après-midi de juin, sans être attendu, incité ou requis, avec un collier de diamants roulé dans sa poche. En approchant, il découvrit d'une pelouse latérale une scène extraite de quelque vie nouvelle qu'on répétait là pour un film inconnu, sans lui ni pour lui. Il y avait eu apparemment nombreuse compagnie et l'on commençait de se séparer. Trois jeunes dames en robes bleu-jaune de Vass, portant d'élégantes écharpes en arc-en-ciel, entouraient un jeune homme un peu gras, un peu bellâtre, et un peu chauve, qui tenait une flûte de champagne et, de la terrasse du salon, regardait en contrebas une fille aux bras nus habillée de noir. Devant le perron, une vieille torpédo qui sursautait à chaque tour de manivelle se faisait remonter par un chauffeur chenu. Les bras nus, larges ouverts, tenaient déployée la blanche cape de la baronne von Skull, grand'tante de la jeune fille. Sur le blanc de la cape, la longue et haute silhouette d'Ada se profilait en noir — le noir de son élégante robe de soie sans manches, sans ornements, sans souvenirs. La vieille baronne aux gestes lents cherchait en tâtonnant quelque chose sous son bras droit puis sous le gauche — on ne sait quoi, une béquille, le bout pendant d'une bandoulière à breloques — et, comme elle se retournait à demi pour recevoir sa cape (prise des mains de sa petite nièce par un laquais tardif engagé depuis peu), Ada aussi se tourna à demi et sa gorge, encore sans parure, exposa sa blancheur, tandis qu'elle montait en courant les marches du perron.

Van la suivit à l'intérieur, entre les colonnes du vestibule, à travers un groupe d'invités et jusqu'à une table lointaine où se trouvaient disposés des carafons de cristal à demi remplis d'*ambrozia* de cerises. Elle ne portait pas de bas, ce qui n'était guère à la mode. Ses mollets étaient nerveux et pâles et (j'insère ici une note pour un roman fantôme) « le décolleté profond de sa robe noire ménageait un contraste saisissant entre la blancheur mate et familière de sa peau et la queue de cheval noire et brutale de sa nouvelle coiffure ».

Van se sentit partagé entre deux émotions qui s'excluaient l'une l'autre : d'un côté la certitude affolante qu'à peine il aurait atteint, dans le labyrinthe du cauchemar, certaine chambrette de lumineuse mémoire pourvue d'un lit et d'un lavabo d'enfants, elle le rejoindrait, longue, lisse, dans sa beauté nouvelle; et de l'autre — côté ombreux — la peur panique de la trouver changée, détestant ce qu'il désirait comme une œuvre mauvaise et condamnable et lui révélant l'horreur de la nouvelle situation : ils étaient morts, l'un et l'autre, ou n'existaient qu'à titre de figurants dans une maison louée pour le tournage d'un film.

Mais des mains qui lui offraient du vin ou des amandes ou qui s'offraient elles-mêmes entravèrent sa quête somnambulesque. Il pressa le pas sans égards aux exclamations de reconnaissance : l'oncle Dan, poussant un cri, le désignait à un inconnu qui feignait de s'émerveiller devant la singularité de ce truquage optique, et, presque en même temps, une Marina repeinte, en perruque rousse, très éméchée, toute en larmes, collait des lèvres poisseuses de vodka aux cerises sur ses mâchoires et ses autres parties non protégées, avec des démonstrations sonores en émettant des bruits maternels, gémissements étouffés, mugissements de tendresse russe.

Il se désenchevêtra et reprit sa quête. Elle était maintenant passée dans le salon mais à l'expression de son dos, à la roideur de ses omoplates, Van sut qu'elle l'avait remarqué. Il essuya son oreille humide et bourdonnante et salua d'un signe de tête le verre levé d'un solide gaillard aux cheveux blonds (Percy de Prey ? à moins que Percy n'eût un frère aîné). Une jeune fille, la quatrième à porter la « création » d'été, blés et bleuets, du couturier canadien, arrêta Van pour l'informer avec une moue gentille qu'il ne la reconnaissait pas, ce qui était vrai. « Je suis fourbu, dit-il, mon cheval s'est pris le sabot dans une planche vermoulue du pont de Ladore. Il a fallu l'abattre. J'ai marché plus de trois lieues. Il me semble que je rêve. Il me semble que vous êtes mademoiselle Durêvaussi.

— Non, je suis Cordula », cria-t-elle. Mais il était déjà parti.

Ada avait disparu. Après s'être débarrassé du sandwich au caviar qu'il découvrit, serré comme un ticket entre ses doigts, il prit le chemin de l'office et demanda au nouveau valet, le frère de Bout, de le conduire à son ancienne chambre et de lui apporter un de ces tubs de caoutchouc dont il se servait quatre ans plus tôt, dans son enfance. Plus un pyjama quelconque d'ami. Son train avait déraillé en pleine campagne, entre Ladoga et Ladore, il avait fait plus de trente kilomètres à pied et Dieu savait quand on lui porterait ses bagages.

« Ils viennent d'arriver », dit le vrai Bout avec un sourire tout à la fois confidentiel et funèbre (Blanche lui avait signifié son congé).

Avant de prendre son bain, Van se haussa à demi hors de l'étroite fenêtre pour voir les lauriers et les lilas du perron d'où montait le joyeux brouhaha des départs. Il aperçut Ada : elle courait derrière Percy de Prey qui avait mis son haut-de-forme gris perle et s'éloignait en traversant une pelouse. Cette image ranima dans l'esprit de Van le souvenir fugitif de certain paddock où Percy et lui-même s'étaient un jour entretenus d'un cheval boiteux et de Riverlane. Ada rejoignit le jeune homme dans une tache de soleil subite; il s'arrêta net et elle lui dit quelques mots en secouant brusquement la tête comme elle faisait quand elle était inquiète ou mécontente. De Prey lui baisa la main. C'était français, mais correct. Or, il retint la main qu'il avait baisée quand elle lui parlait et la baisa encore, ce qui ne se faisait pas, ce qui était épouvantable, ce qui ne pouvait être toléré.

Sortant de son affût, Van nu retourna les vêtements dont il s'était dépouillé et trouva le collier. Dans une colère glacée, il le brisa en trente, quarante grêlons scintillants, dont quelques-uns roulèrent à ses pieds tandis qu'elle faisait irruption dans la pièce.

Son regard embrassa le plancher.

« Quel dommage... » commença-t-elle.

Van, flegmatique, cita la réplique cruciale du célèbre conte de Mlle Larivière : « Mais, ma pauvre amie, elle était fausse... » ce qui, en l'occurrence, était un fieffé mensonge, mais avant de ramasser les diamants égrenés Ada ferma la porte à double tour et serra Van dans ses bras, en pleurant. Le contact de sa peau et de la soie résumait toute la magie de l'existence. Mais pourquoi faut-il que chacun m'accueille avec des larmes ? Il désirait aussi savoir si c'était bien Percy de Prey qu'il avait aperçu ? Nul autre. Le même Percy qui s'était fait chasser de Riverlane ? Elle avait toutes raisons de le croire. Il avait bien changé, il était devenu aussi gras qu'un porc. On ne pouvait mieux dire. Et c'était lui son nouveau bel-ami ?

« Et maintenant, dit Ada, Van va mettre un terme à ses vulgarités; j'entends un terme définitif ! Car, sache-le, je n'ai eu, je n'ai, je n'aurai jamais qu'un bel et qu'une bête, qu'un chagrin, qu'une joie.

— Nous ramasserons tes larmes tout à l'heure, dit-il. Elles peuvent attendre. Moi pas. »

Les lèvres ouvertes d'Ada étaient brûlantes, frémissantes, mais quand il voulut la dévêtir elle se déroba en murmurant à contrecœur un refus, car la porte s'animait. On entendait deux petits poings tambouriner au-dehors sur un rythme qu'Ada et Van reconnaissaient bien.

« Salut Lucette ! cria Van, je me change, va-t'en.

— Salut, Van. Ce n'est pas toi qu'on demande, c'est Ada. On te demande de descendre, Ada ! »

Un des gestes familiers d'Ada, dont elle usait pour résumer en une formule muette les multiples aspects d'une triste situation (« Tu vois bien que j'avais raison. C'est comme ça. Rien à faire »), consistait à dessiner de ses deux mains les contours ronds d'une coupe depuis le bord jusqu'à la base, en s'inclinant avec mélancolie. C'est ce qu'elle fit avant de sortir de la chambre.

Quelques heures plus tard, la situation se renouvela sur un mode infiniment plus agréable. Pour dîner, Ada avait mis une autre robe — de coton cramoisi — que Van dégrafa avec tant d'impétuosité, quand ils se retrouvèrent au milieu de la nuit (dans la vieille remise, à la lueur d'une lanterne à carbure), qu'il faillit la déchirer du haut en bas et dévoiler d'un coup l'entière beauté d'Ada. Ils étaient au plus vif de la mêlée (sur le même banc, recouvert de la même couverture écossaise intentionnellement apportée) quand la porte du jardin s'ouvrit sans bruit laissant passer Blanche, fantôme imprudent, qui se glissa dans leur réduit. elle avait sa propre clef, et revenait d'un rendez-vous avec Sore, le vieux gardien de nuit bourguignon. L'idiote s'arrêta bouche bée devant le jeune couple. « La prochaine fois vous frapperez », dit Van avec un grand sourire et sans prendre la peine de s'arrêter — en fait, savourant plutôt la féerique apparition : elle portait une cape de menu-vair qu'Ada avait égarée dans les bois. Comme elle était devenue mignonne, et comme elle le mangeait des yeux ! Mais Ada fit claquer le volet de la lanterne et la souillon, marmonnant quelques excuses, gagna tant bien que mal l'intérieur du logis. Ada ne put s'empêcher de glousser et Van reprit sa passionnante tâche.

Ils restèrent longtemps ensemble, n'arrivant pas à se séparer, sachant que toute explication serait bonne si quelqu'un venait à se demander pourquoi leurs chambres étaient restées vides jusqu'au point du jour. Le premier rayon matinal barbouillait d'une touche fraîche de peinture verte une boîte à outils quand ils se levèrent, mus par la faim, et gagnèrent l'office à pas de loup.

« *Tchto, vyspalsya, Vahn* (Alors, Van, tu as dormi tout ton soûl ?) », dit Ada en imitant à la perfection les intonations de sa mère; et elle poursuivit dans l'anglais maternel : « J'en juge à ton appétit. Et j'imagine que tu n'en es encore qu'à ton premier *brekfest*.

— Ochh, grogna Van, mes rotules. Ce banc n'était pas tendre. Et je suis *hongry*. »

Ils étaient assis l'un en face de l'autre à la table des petits déjeuners et se restauraient de pain noir et de beurre frais, de jambon de Virginie, de généreuses tranches d'emmenthal authentique (et, tiens, goûte ce miel limpide), joyeux cousins occupés à « piller le frigo », comme les petits enfants des vieux contes de fées, et les merles sifflaient mélodieusement dans l'éclat vert du jardin où les ombres vertes rétractaient leurs griffes.

« Mon professeur de théâtre, dit Ada, me trouve meilleure dans la farce que dans la tragédie. Mon Dieu, si l'on savait.

— Il n'y a rien à savoir, répliqua Van. Rien, absolument rien n'a changé. Telle est du moins mon impression d'ensemble, mais il faisait trop noir dans cette caverne pour que j'aie pu juger du détail. Nous nous livrerons à un examen plus approfondi demain sur notre petite île ! Ma sœur, te souvient-il encore...

— Oh, tais-toi, dit Ada, j'ai dit adieu à tout cela... petits vers, vers de soie...

— Allons, allons, protesta Van, certaines rimes représentaient d'admirables acrobaties de la part d'un enfant : « Oh, qui me rendra ma Lucile, et le grand chêne and dze big hill. » La petite Lucile, ajouta-t-il, essayant de dérider par une boutade son visage soudain rembruni, la petite Lucile est devenue quelque chose de si velouté, que j'envisage de passer à son service si tu dois continuer à te mettre en colère comme ça. La première fois que tu t'es fâchée contre moi, c'était, je m'en souviens, parce que j'avais fait peur à un pinson en lapidant une statue. Ce que c'est que la mémoire ! »

Ada dit que, pour l'heure, elle entretenait de mauvais rapports avec la mémoire. Elle ajouta que les domestiques seraient bientôt levés et qu'on pourrait avoir enfin quelque chose de chaud. Ce frigo ne contenait que des friandises.

« Ada, te voilà tout d'un coup toute triste ? »

Elle dit oui, qu'elle était triste, qu'elle avait de terribles soucis et que la situation sans issue dans laquelle elle se trouvait l'aurait rendue folle si elle n'eût été certaine que son cœur était pur. Elle se ferait mieux comprendre par l'allégorie. Elle se sentait un peu comme l'héroïne d'un film que Van pourrait bientôt applaudir, qui est en butte aux triples affres d'une tragédie qu'elle est obligée de celer, sous peine de perdre son unique et véritable amour, le fer de la flèche, la pointe poignante. Elle endure secrètement trois supplices simultanés. Elle cherche à rompre une aventure tenace et terne avec un homme marié qu'elle prend en pitié; à supprimer à temps le bourgeon rouge et poisseux d'une folle aventure avec un jeune et séduisant imbécile qui lui inspire encore plus de pitié; et à préserver intact l'amour de celui qui est toute sa vie et qui plane au-dessus de la pitié, au-dessus de l'indigence de sa pitié de femme parce que son « ego » (comme il est écrit dans le scénario) est plus riche et plus fier que tout ce que pourraient imaginer ces deux misérables vermiceaux.

Qu'avait-elle fait, en réalité, de ces misérables vermiceaux après la fin prématurée de Krolik ?

« Ma foi... je leur ai rendu la liberté (grand geste vague), je les ai mis dehors sur leurs plantes nourricières ou ensevelis à l'état de chrysalide, et je leur ai dit de partir bien vite pendant que les oiseaux ne regardaient pas ou, hélas, faisaient semblant de ne pas regarder. Ainsi donc, pour en finir avec ma parabole (car tu as le chic pour interrompre et détourner le cours de mes pensées), je me sens tenaillée de plus par les tortures intimes de l'ambition. Je sais que je ne serai jamais biologiste. Ma passion pour les créatures rampantes est grande, mais non pas exclusive. Je sais que j'aimerai toujours à l'adoration orchidées, champignons et violettes, et que tu me verras encore sortir seule, pour vagabonder seule au milieu des bois et rentrer seule avec un petit lis solitaire. Pourtant, dès que j'en aurai la force il me faudra renoncer pareillement aux fleurs, quelque irrésistibles qu'elles soient. Restent la grande ambition et la grandissime terreur : le rêve des plus périlleuses, des plus inaccessibles ascensions dans l'azur théâtral... pour finir, sans doute, comme l'une de ces vieilles filles, pauvres aragnes fileuses qui enseignent dans les écoles théâtrales, avertie — puisque tu insistes, sinistre insisteur — que nous ne pourrons jamais nous marier et me représentant sans cesse le déplorable exemple de la touchante, de la brave, de la médiocre Marina.

— Allons donc, dit Van, ce petit morceau sur les vieilles filles n'a pas le sens commun. Nous trouverons le moyen de tourner l'obstacle. Grâce à des documents contrefaits avec art nous deviendrons parents de plus en plus éloignés jusqu'à n'être plus que de simples homonymes. En mettant les choses au pire, nous nous contenterons de vivre sans tapage (toi comme ma gouvernante, moi comme ton épileptique) et puis, comme dans ton Tchekhov, « nous verrons le ciel entier constellé de diamants ».

— Les avez-vous tous retrouvés, oncle Van », demanda-t-elle en soupirant et en posant sa tête dolente sur son épaule. Elle lui avait tout dit.

« Plus ou moins », répondit-il, sans comprendre qu'elle avait tout avoué. Je me suis livré à l'étude la plus poussée du plus poussiéreux parquet jamais pratiquée par un héros romantique. Un brillant petit brigand s'est arrangé pour rouler sous le lit où pousse une forêt vierge de mousserons et de poussière. Je les ferai remonter à Ladore, la prochaine fois que j'irai. J'ai toutes sortes d'achats à faire : un somptueux peignoir pour faire honneur à votre nouvelle piscine, une crème appelée Théodore, une paire de pistolets de duel, un matelas de plage pliable et noir de préférence pour faire valoir ta blancheur non à la plage, mais sur cette planche, et sur notre *isle de Ladore.*

« A cela près, dit-elle, qu'il ne me plaît pas que tu te rendes ridicule en cherchant des pistolets dans les magasins de souvenirs alors qu'Ardis Hall est tout rempli de vieux fusils, de carabines, de revolvers, d'arcs et de flèches. Tu te souviens, nous savions fort bien nous en servir, quand nous étions petits. »

S'il s'en souvenait ? Oh ! que oui, il s'en souvenait. Quand nous étions petits. Oui... En fait, comme il était déconcertant de considérer ce passé récent en terme de nursery. Car rien n'avait changé (tu es là auprès de moi, n'est-ce pas ?), non, rien, à part de petites améliorations en ce qui concerne le parc et l'institutrice.

Oui ! N'était-ce pas du dernier bouffon ? Mlle Larivière prospérant, poitrinant dans le rôle d'une grande romancière ! Best-seller parmi les best-sellers canadiens ! Sa nouvelle *La Rivière de diamants* était devenue un classique dans les écoles de filles et son mirifique pseudonyme Guillaume de Monparnasse (l'omission du « t » faisait plus intime) était connu de Québec à Kalouga. Comme elle le disait dans son anglais exotique : « *Fame struck and the roubles rolled and the dollars poured* » (la gloire a frappé, les roubles ont roulé, les dollars ont plu).

L'une et l'autre monnaie avaient cours, à cette époque-là, en Estotilande orientale. Mais l'excellente

Ida, bien loin d'abandonner Marina, dont elle était platoniquement et irrévocablement amoureuse depuis qu'elle l'avait vue dans *Bilitis*, se reprochait de négliger Lucette par un excès d'abandon à l'inspiration romanesque. Conséquemment, elle consacrait maintenant à la fillette, dans les sursauts de son zèle estival, infiniment plus d'attention que la pauvre petite Ada (Ada *dixit*) n'en avait jamais obtenu à douze ans, après son premier trimestre (déplorable) à l'école. Que Van avait été sot : soupçonner Cordula ! La chaste, la douce, l'obtuse petite Cordula de Prey, alors qu'Ada lui avait expliqué et réexpliqué deux fois, trois fois, en divers codes, qu'elle avait inventé cette mauvaise et tendre camarade dans un temps où on l'avait littéralement arrachée à lui, et n'avait fait que supposer — par anticipation, pour ainsi dire — l'existence d'un tel personnage. C'était une manière de chèque en blanc qu'elle cherchait à obtenir de Van. « Mais, tu l'as eu, dit Van, seulement maintenant il est détruit et ne sera pas renouvelé; mais pourquoi courais-tu derrière le gros Percy ? Etait-ce si important que cela ?

— Oh, très important, dit Ada en léchant une goutte de miel tombée sur sa lèvre inférieure, sa mère était au dorophone et il m'avait priée de lui dire qu'il était sur le chemin du retour, et j'ai tout oublié et je suis montée en courant pour t'embrasser.

— A Riverlane, dit Van, c'est ce que nous appelions une vérité type « kouglof » : rien que la vérité, toute la vérité, et un trou dans la vérité.

— Je te déteste », cria Ada, qui fit aussitôt ce qu'elle appelait sa « tête de grenouille avertisseuse », parce que Bouteillan venait d'apparaître sur le seuil de la porte, la moustache rasée, ventru, sans veste, sans cravate, attelé de bretelles pourpres qui soutenaient à hauteur de poitrine son pantalon noir. Il disparut en annonçant qu'il allait apporter le café.

« Mais permets-moi, cher Van, de te demander une chose. Combien de fois Van m'a-t-il été infidèle depuis le mois de septembre 1884 ?

— Six cent treize fois, dit Van. Avec au moins deux cents catins qui se contentaient de me caresser. Je te suis resté absolument fidèle parce qu'il ne s'agissait là que d'« obmanipulations » (caresses factices, et sans importance, prodiguées par des mains froides qu'on a oubliées). »

Le maître d'hôtel, maintenant tout à fait habillé, arriva avec le café et les toasts, et la *Gazette de Ladore*. On y voyait une photographie de Marina recevant les hommages idolâtres d'un jeune acteur de sang latin.

« Pah ! s'écria Ada. J'avais complètement oublié. Il doit venir aujourd'hui, avec un cinéaste. Voilà notre après-midi gâché. Mais je me sens ravigotée et en forme, ajouta-t-elle (après une troisième tasse de café). Il n'est que sept heures moins dix. Nous irons faire une bonne promenade dans le parc; il y a deux ou trois endroits que tu pourrais bien reconnaître.

— Mon amour, dit Van, mon orchidée fantôme, mon gentil baguenaudier. Je n'ai pas dormi depuis deux nuits ! J'ai passé la première à imaginer la seconde, et la seconde me réservait plus encore que je n'avais imaginé. Pour le moment, je suis rassasié de toi.

— Le compliment n'est pas des mieux tournés », dit Ada en sonnant énergiquement pour réclamer un supplément de toasts.

« Huit fois je t'ai présenté mes hommages, comme certain Vénitien...

— Je ne m'intéresse pas à tes Vénitiens vulgaires. Tu es devenu si grossier, cher Van, si bizarre...

— Pardon, dit-il en se levant. Je ne sais plus ce que je dis. Je suis mort de fatigue. Nous nous retrouverons au déjeuner.

— Il n'y aura pas de déjeuner aujourd'hui, dit Ada,

il y aura un méchant casse-croûte au bord de la piscine, et toute la journée des breuvages poisseux. » Il se pencha vers elle et voulut embrasser sa tête soyeuse, mais Bouteillan entra à ce moment-là, et tandis qu'Ada lui reprochait sévèrement d'être chiche de ses toasts, Van s'échappa.

CHAPITRE XXXII

Le script était prêt. Marina lisait, étendue sur une chaise longue au milieu du patio en tunique doréenne et chapeau de coolie. Chauve et vieillissant, le sein gras matelassé d'un poil grison, son metteur en scène, G.A. Vronski, tour à tour buvait une gorgée de vodka-tonic et tirait d'une chemise de carton des pages dactylographiées qu'il passait à Marina. De l'autre côté de Marina, un jeune acteur d'une beauté repoussante et pratiquement nu était assis en tailleur sur une natte. Pedro (nom de famille inconnu, nom de théâtre oublié) avait l'œil oblique, l'oreille du satyre, la narine du lynx; Marina l'avait rapporté du Mexique et le tenait en hôtel à Ladore.

Ada, étendue sur le bord de la piscine, se donnait mille peines pour convaincre le timide dachshund de se tourner vers l'objectif dans une position raisonnablement verticale et décente, cependant que Philip Rack, jeune musicien assez insignifiant mais à tout prendre sympathique et qui, dans son caleçon de bain flottant, semblait encore plus gauche et pitoyable que dans le costume de velours vert dont il croyait bon de s'accoutrer pour donner ses leçons de piano à Lucette, essayait de réunir sur une même photographie les babines que le petit animal récalcitrant se pourléchait et l'entre-seins d'Ada, que sa position — elle était plus ou moins couchée sur le ventre — contribuait à révéler dans l'ouverture de son costume de bain.

Si nous tournons maintenant notre appareil vers un autre groupe debout un peu à l'écart sous les festons violets de l'arcade du patio, nous pourrons prendre un plan américain de l'épouse enceinte du jeune maestro, qui porte une robe à pois et verse des amandes salées dans de petites coupes, et de notre distinguée romancière, resplendissante dans ses volants mauves, son chapeau mauve et ses souliers mauves, tentant d'emprisonner dans un tricot zébré le torse de Lucette — laquelle se rebiffe et réplique par des grossièretés apprises d'une bonne mais énoncées d'un ton de voix juste en deçà du seuil auditif de la quelque peu dure d'oreille Mlle Larivière...

Lucette resta sans tricot. Sa peau fraîche et tendue avait la couleur d'un épais sirop de pêches, sa petite croupe dodelinait drôlement, moulée dans une culotte vert saule, le soleil lissait son casque roux et son torse potelé, qui ne révélait encore qu'une imperceptible circonlocution de féminité; Van, d'humeur maussade, se rappelait avec des sentiments mêlés combien, sous ce rapport, l'aînée avait eu l'avantage, alors qu'elle n'avait pas tout à fait douze ans.

Il avait passé la plus grande partie de la journée à dormir dans sa chambre et un long rêve lugubre et chaotique lui avait fait revivre dans une sorte de parodie insipide son épuisante nuit « casanovienne » avec Ada et la conversation matinale quelque peu inquiétante qu'il avait eue avec elle. En écrivant ces lignes, après tant de hauts et de bas sur la route du temps, j'éprouve quelque difficulté à ne point confondre notre conversation, transcrite sous une forme inévitablement stylisée, et la litanie de doléances à propos de trahisons sordides qui obséda le jeune Van dans son morne cauchemar. Ou bien ne rêvait-il pas maintenant qu'il avait rêvé ? Une institutrice grotesque était-elle vraiment l'auteur d'un roman intitulé *Les Enfants maudits ?* Un roman qui devait être porté à l'écran par des pantins frivoles, occupés présentement à discuter de son adaptation, et devenir par leurs soins quelque chose de plus banal encore que le *Livre de la Quinzaine* et ses doucereux rabats ? Est-ce qu'il détestait Ada comme il l'avait détestée dans son rêve ? Oui-da.

A quinze ans, Ada était devenue une énervante et désespérante beauté. Et non des mieux soignées. Douze heures plus tôt, dans l'obscurité de la remise, Van lui avait chuchoté à l'oreille une charade à résoudre : « Mon premier est la mère de Proserpine et mon deuxième veut dire : qui recouvre d'une couche d'or. » Elle était excentrique dans ses manières et dans sa mise. Elle faisait fi des bains de soleil et l'on aurait vainement cherché trace du hâle (qui avait californisé Lucette) sur la blancheur éhontée de ses membres et de ses omoplates décharnés.

Cousine éloignée et non plus sœur de René (pas même sa demi-sœur si lyriquement anthématisée par Monparnasse), elle enjamba Van comme elle l'eût fait d'une souche et remit entre les mains de sa mère l'animal confus. L'acteur, qui très probablement allait rencontrer le poing d'un quidam dans une scène prochaine, fit une réflexion obscène en mauvais français.

« *Du sollst nicht zuhören* », murmura Ada à l'oreille de Dack le Teuton, avant de le poser dans le giron de Marina, sous les « enfants maudits ». « On ne parle pas comme ça devant un chien », ajouta Ada sans daigner regarder Pedro, qui, néanmoins, se leva, rajusta son entrejambe et la précéda dans la piscine après un bond à la Nurjinski.

Etait-elle vraiment jolie ? Etait-elle au moins ce qu'on appelle séduisante ? Elle était exaspération, elle était torture. La sotte fille avait ramassé ses cheveux sous un bonnet de caoutchouc, ce qui donnait à sa nuque un air insolite et vaguement médical avec tout ce rebroussis de petites mèches noires écrasées comme si elle avait obtenu un poste d'infirmière et ne danserait plus jamais. Son costume de bain en une seule pièce d'un gris-bleu passé semblait trop court pour être décent et commode. Il y avait une tache de graisse et un petit trou au-dessus de la hanche, œuvre possible d'une larve affamée de suif. Elle sentait le coton humide, l'aisselle moussue et les nénuphars comme la folle Ophélie. Aucun de ces menus détails n'eût offusqué Van s'il s'était trouvé seul avec elle, mais la présence de Pedro le surmâle rendait toutes choses obscènes, malpropres, intolérables. Nous retournons sur les bords de la piscine.

Notre jeune ami qui, de nature, était exceptionnellement *brezgliv* (délicat, promptement dégoûté) n'avait aucune envie de partager quelques mètres cubes de célestino javellisé (« l'azur dans votre bain ») avec deux étrangers. Il était tout ce qu'il y a de moins japonais et ne se rappelait jamais sans un frémissement de dégoût la piscine fermée de l'école préparatoire, les nez morveux, les poitrines boutonneuses, les contacts accidentels avec l'odieuse chair masculine, la bulle suspecte, éclatant comme une petite bombe puante et surtout, surtout, l'infâme scélérat, calme triomphateur, qui, plongé dans l'eau jusqu'aux épaules, urinait secrètement (et Dieu sait si Van l'avait rossé de belle manière ce Vere de Vere, qui avait pourtant trois ans de plus que lui). Il prenait maintenant grand soin de se tenir hors de portée des éclaboussures possibles de Pedro et de Phil, qui s'ébrouaient dans leur lavasse. Bientôt, le pianiste, flottant plus près et découvrant ses gencives hideuses en une grimace servile, tenta d'entraîner Ada, qui était étendue sur les dalles de la margelle, mais elle sut échapper à l'empoigne du désespoir en saisissant à deux mains le gros ballon orange qu'elle venait de retirer de l'eau; elle s'en fit un bouclier, repoussa l'assaillant et pour finir lança l'objet dans la direction de Van qui l'écarta d'un revers de main, refusant le gambit, ignorant le gammiste, dédaignant la gamine.

A son tour, l'hirsute Pedro se hissa sur le bord et entreprit un flirt avec la pauvre enfant (en réalité, les fadaises de Pedro étaient le cadet des soucis d'Ada).

« Votre petite ouverture aurait besoin d'être raccommodée », dit-il.

« Que voulez-vous dire, pour l'amour du ciel ? » demanda-t-elle au lieu de lui allonger un soufflet.

L'imbécile insistait. « Permettez-moi de toucher votre charmant pénétralium », insista-t-il en posant un doigt mouillé sur le petit trou de son costume de bain.

« Oh ça ! (elle haussa les épaules et remonta la bretelle que ce mouvement avait déplacée). Ne vous occupez pas de cela. La prochaine fois, je mettrai peut-être mon fabuleux bikini.

— La prochaine fois, peut-être, pas de Pedro ?

— Le grand malheur, dit Ada. Et maintenant allez donc me chercher un coca, comme un brave chien.

— *E tu.* ? demanda Pedro en passant à côté de Marina. Une autre vodka ?

— Oui, cher, mais au pamplemousse, pas à l'orange, et avec un peu de *zucchero*. (Se tournant vers Vronski.) Je n'arrive pas à comprendre pourquoi je parle comme si j'avais cent ans sur cette page et quinze sur la suivante. Parce que, si c'est un flashback — et je suppose que c'est un flashback (elle prononçait *fleshbeck*) Renny, ou comment donc, René, ne devrait pas savoir ce qu'il a l'air de savoir.

— Mais il ne le sait pas, s'écria G.A., ce n'est qu'un semi-flashback. De toute façon ce Renny, l'amant numéro un, ignore, bien sûr, qu'elle essaie de se débarrasser du numéro deux; elle, pendant ce temps, ne cesse de se demander si elle peut continuer de donner des rendez-vous au numéro trois, c'est-à-dire au gentleman farmer.

— *Nou eto tchto-to slojnovato* (un peu compliqué), Grigorii Akimovitch », dit Marina en se grattant la joue. Elle oubliait volontiers, par pur instinct de conservation, les vicissitudes considérablement plus compliquées de son propre passé.

« Lisez, lisez, tout cela devient clair », dit G.A. en feuilletant vigoureusement l'exemplaire qu'il tenait.

« Espérons, dit Marina, que la chère Ida ne trouvera pas mauvais que nous ayons fait de Renny non seulement un poète, mais un danseur de ballet. Pedro s'en tirera à merveille, mais on ne peut lui demander de réciter de la poésie française.

— Qu'elle proteste, dit Vronski, et elle ira se faire planter un poteau télégraphique où il faut. »

Marina avait une tendresse cachée pour les plaisanteries grivoises. L'indécent « télégraphique » la fit se pâmer de rire — des ricochets de rire houleux à la manière d'Ada. « Mais soyons sérieux, je ne vois toujours pas comment et pourquoi sa femme — j'entends celle du numéro deux — peut accepter une situation pareille (*polojenie*).

Vronski écarquilla ses vingt doigts.

« *Pritchyom tout polojenie* (situation-chituation) ? Elle ignore tout de leur idylle, la bienheureuse, et puis, elle se voit godiche, courtaude et bien incapable de rivaliser avec la fringante Hélène.

— Je comprends, mais ce ne sera pas le cas de tout le monde », dit Marina.

Pendant ce temps, Herr Rack s'approcha de nouveau à la nage et rejoignit Ada sur le bord de la piscine — il faillit perdre son informe caleçon au cours de ce soulèvement amphibie.

« Ivan, permettez-moi de vous servir aussi un *kok* russe bien frais », dit Pedro — vraiment un très gentil, très serviable, très généreux garçon.

« Allez plutôt vous décrocher une noix de coco », répliqua l'odieux Van pour éprouver le faune infortuné. Lequel n'y entendit pas malice et retourna s'asseoir sur sa natte en riant. Claudius, au moins, ne faisait pas la cour à Ophélie.

Le mélancolique jeune Allemand était dans une humeur philosophique quasi suicidaire. Il lui fallait retourner à Kalougano avec son Elsie, qui, selon le pronostic de Doc Ecksreher, « le rendrait papa de « drois » chumeaux tans « drois » semaines ». Il détestait Kalougano, sa ville natale et celle de sa femme, où, dans un moment d'aberration réciproque, la sotte Elsie lui avait donné sa fleur sur un banc public au sortir d'une joyeuse bureau party concélébrée aux Muzakovski's Organs — où l'imbécile sursexué avait une bonne place.

« Quand partez-vous ? » demanda Ada.

« Cheudi — après-demain.

— Parfait. C'est parfait. Adieu donc, M. Rack. »

Le pauvre Philip courba l'échine, secoua sa lourde tête, et, traçant de la pointe du doigt des riens désespérés sur la pierre mouillée, dit avec des contractions visibles de la gorge :

« C'est comme si... c'est comme si l'on jouait un rôle et l'on s'apercevait tout à coup qu'on a oublié la tirade suivante.

— Bien des gens éprouvent cela, dit Ada. Ce doit être un sentiment *furchtbar*.

— Alors... on ne peut rien pour moi ? Plus d'espoir, n'est-ce pas ?

— Vous êtes déjà mort, M. Rack », dit Ada.

Pendant cet affreux colloque, Ada n'avait cessé de jeter des regards en coulisse. Elle vit le pur, le farouche Van, debout à bonne distance sous le tulipier, une main sur la hanche et la tête rejetée en arrière, qui buvait de la bière à même la bouteille. Elle quitta le bord de la piscine et son cadavre et se dirigea vers l'arbre en évitant par un détour stratégique d'abord la romancière, qui, ne sachant encore quel traitement l'on faisait subir à son œuvre, sommeillait sur une chaise longue (hors des bras de laquelle ses doigts grassouillets poussaient comme deux grappes de champignons roses), puis la vedette, qui pour lors s'interrogeait avec perplexité sur les nuances d'une scène d'amour dans laquelle il était fait mention de la « radieuse beauté » de la jeune châtelaine.

« Mais enfin, dit Marina, comment peut-on jouer « radieux » et qu'est-ce que « beauté radieuse » peut bien signifier ?

— Pâle beauté, suggéra Pedro en levant les yeux vers Ada qui passait, la beauté pour qui bien des hommes seraient tout prêts à trancher leurs membres.

— Okay, dit Vronski. Finissons-en avec ce fichu scénario. Il quitte le patio qui borde la piscine et, puisque nous avons l'intention de faire de la couleur... »

Van quitta le patio qui bordait la piscine et s'éloigna d'un pas rapide. Il tourna dans une galerie latérale qui conduisait dans une partie du jardin plantée d'arbustes et formant une transition insensible avec le parc. Il ne tarda pas à s'apercevoir qu'Ada avait pressé le pas pour le suivre. Elle leva le bras, découvrant l'étoile noire de son aisselle, arracha son bonnet de bain, et, d'un brusque mouvement de tête, libéra le torrent de sa chevelure. Lucette, en couleurs, trottait derrière elle. Pris de pitié pour les pieds nus des deux sœurs, Van quitta le sentier de gravillons pour la pelouse de velours (renouvelant en sens inverse la manœuvre du Dr Ero poursuivi par l'Albino Invisible de Wells dans un des plus beaux romans de la littérature anglaise). Elles le rattrapèrent dans le Second Bosquet. En passant, Lucette ramassa le bonnet de bain et les lunettes de soleil de sa sœur. Lunettes de starlet. Les jeter ainsi, quelle honte ! Ma soigneuse petite Lucette (jamais je ne t'oublierai...) plaça les deux objets sur une souche d'arbre à côté d'une cannette de bière vide, repartit en trottant puis revint pour examiner une poignée de champignons roses qui s'accrochaient à la souche ronflante. Double prise, double impression.

« Est-ce que tu es en colère parce que... » commença Ada en le rejoignant (elle avait préparé une phrase pour lui expliquer qu'elle était bien obligée tout de même d'observer la politesse avec un accordeur de pianos — autant dire un domestique — affligé de vagues troubles cardiaques et d'une épouse vulgaire et pitoyable), mais Van l'interrompit :

« Je m'élève (cela sortit comme une fusée) contre deux choses. Une brunette, même la plus débraillée des brunettes, doit se raser l'aine avant de s'exposer et une jeune fille bien élevée ne permet pas à un paillard de lui fourgonner dans les côtes, même si elle ne peut faire autrement que de porter une guenille mitée, malodorante et bien trop courte pour ses avantages. *Ach*, ajouta-t-il, pourquoi, grands dieux, suis-je revenu à Ardis !

— Je te promets... Je te promets d'être moins négligente à l'avenir et de ne plus permettre à ce pouilleux de Pedro de s'approcher de moi », dit-elle, en accompagnant sa promesse de hochements de tête péremptoires et d'un glorieux soupir de soulagement (dont la cause ne devait torturer Van que beaucoup plus tard).

« Attendez-moi ! » cria Lucette.

(Torturer, mon pauvre amour ! Torturer ! Oui ! Mais tout cela est fini, englouti. Note tardive d'Ada.)

Ils formaient à eux trois une jolie composition arcadienne, lorsqu'ils se laissèrent choir sur l'herbe au pied du grand cèdre pleureur, dont les membres aberrants étendaient un baldaquin oriental (étayé de place en place par des béquilles faites de sa propre chair — comme ce livre) au-dessus de deux têtes noires et d'une troisième d'un roux doré, comme ils l'avaient fait naguère au-dessus de toi et moi dans les chaudes et sombres nuits du temps où nous étions des enfants heureux et insouciants.

Van, allongé sur le dos, soûlé de souvenirs, croisa les mains derrière la nuque et contempla, en plissant les yeux, le bleu libanais du ciel serti dans le réseau de feuillage. Lucette regardait ces longs cils avec une tendresse admirative et prenait en pitié la douce peau marquée de taches rouges entre la mâchoire et le cou, là où le rasage posait le plus de problèmes. Ada, inclinant son profil de *keepsake*, et laissant couler sur son bras pâle sa mélancolique chevelure de pénitente (en correspondance sympathique avec les ombres pleureuses), examinait d'un air songeur la gorge jaune d'une helléborine d'un blanc de cire qu'elle venait de cueillir. Elle le détestait, elle l'adorait. Il était brutal, elle était sans défense.

Lucette, qui jouait toujours son rôle de petit crampon démonstratif, posa les paumes de ses mains sur la poitrine velue de Van et s'enquit de ce qui le mettait en colère.

« Ce n'est pas contre *toi* que je suis en colère », finit par répondre Van.

Lucette lui embrassa la main et commença de le harceler.

« Suffit ! dit-il, comme elle se tortillait contre son torse dénudé. Tu es toute froide et c'est désagréable.

— Menteur. J'ai chaud, je brûle », répliqua-t-elle.

« ... froide comme deux moitiés de pêches au sirop. Maintenant, ôte-toi de là, sois gentille.

— Deux ? Pourquoi deux ?

— Oui, pourquoi », gronda Ada avec un frisson de plaisir. Et se penchant, elle l'embrassa sur la bouche. Il essaya de se lever mais les deux filles l'embrassaient chacune à son tour puis s'embrassaient l'une l'autre, puis s'en prenaient à lui derechef, Ada dangereusement silencieuse, Lucette avec de menus miaulements de joie. Je ne sais plus ce que disaient ou faisaient les « enfants maudits » dans le petit roman de Monparnasse — ils habitaient, je crois, au château Bryant et cela commençait par un vol de chauves-souris qui sortaient l'une après l'autre par l'œil-de-bœuf d'une tourelle et s'allaient perdre dans le soleil couchant — mais ces enfants-*ci* (que la romancière ne connaissait pas véritablement — délectable détail) auraient fort bien pu être filmés (et le résultat eût été assez intéressant) si Kim le fouinard, l'enragé photographe de la cuisine, avait possédé le matériel nécessaire. On a horreur de parler de ces choses, les descriptions écrites en paraissent toujours tellement inconvenantes, esthétiquement parlant, mais comment ne pas rappeler, dans l'ultime crépuscule (où les fautes artistiques mineures sont plus légères que les très fugitives chauves-souris dans le désert d'un ciel orangé infertile en insectes), que les modestes contributions de Lucette n'atténuaient pas, bien au contraire, l'invariable réaction de Van au plus léger contact, réel ou imaginaire, de la préférée. Ada, dont la crinière soyeuse balayait les tétons et le nombril de Van, semblait prendre plaisir à faire tout ce qu'il fallait pour qu'aujourd'hui encore mon crayon en tressaute et pour que, dans ce passé ridiculement lointain, sa petite sœur remarquât et notât ce qui échappait à la volonté de Van. Vingt doigts chatouilleurs pressaient joyeusement la fleur écrasée sous la ceinture de caoutchouc de son caleçon de bain noir. L'ornement était de peu de valeur, le jeu inepte et dangereux. Il s'arracha à ses jolies tourmenteuses et s'éloigna sur les mains, un masque noir posé sur son nez de carnaval. Au même moment, l'institutrice entra en scène, haletant et vociférant. « Mais qu'est-ce qu'il t'a fait, ton cousin ? » demanda-t-elle plusieurs fois d'une voix inquiète, car Lucette, versant les mêmes larmes inexplicables qu'Ada avait un jour versées, s'était réfugiée en courant dans les bras aux ailes mauves.

CHAPITRE XXXIII

La journée du lendemain commença dans la grisaille, mais s'éclaircit après le déjeuner. Lucette prit sa dernière leçon de piano avec le funèbre Herr Rack. Le martèlement monotone du la-do-ré parvint aux oreilles de Van et de son amoureuse lors d'une excursion dans un couloir du second étage. Mlle Larivière était au jardin, la volage Marina s'amusait à Ladore, et Van voulut profiter de ce que Lucette était « audiblement » absente pour se réfugier avec Ada dans un cabinet de toilette d'en haut.

Ils y trouvèrent dans un coin le premier tricycle de Lucette. Une étagère au-dessus d'un divan tendu de cretonne supportait quelques-uns des trésors intouchables de la petite fille, parmi lesquels l'anthologie fourbue que Van lui avait donnée quatre ans plus tôt. La porte ne fermait pas à clef mais Van ne se contenait plus et le concert allait certainement se prolonger, ferme comme un rempart, pendant vingt minutes au moins. A peine venait-il d'enfouir sa bouche dans la nuque d'Ada que celle-ci se raidit et leva un index avertisseur. Un pas lourd et traînant montait le grand escalier. Elle murmura : « Mets-le dehors. » *Tchort* (diantre), jura Van. Il rajusta ses vêtements et sortit sur le palier. Philip Rack montait en ahanant, la pomme d'Adam animée d'un mouvement de va-et-vient vertical, mal rasé, livide, les gencives à l'air, une main sur la poitrine et l'autre serrant un rouleau de papier rose — tandis que la musique continuait de se faire entendre, comme si elle eût été produite par quelque dispositif mécanique.

« Il y en a un, en bas, dans le vestibule », dit Van, s'imaginant ou feignant de s'imaginer que le malheureux avait des crampes d'estomac ou la nausée. Mais Herr Rack ne voulait que faire ses adieux à Ivan Démonovitch (déplorablement accentué sur le second « o »), à Fräulein Ada, à Mademoiselle Ida et, naturellement, à Madame. Hélas, la cousine et la tante de Van étaient en ville, mais Phil pourrait sûrement trouver dans la roseraie sa chère Ida, la plume à la main. Van en était-il certain ? Van en était foutument certain ! Rack serra la main de Van avec un soupir de détresse, leva les yeux, baissa les yeux, tapota la rampe avec son mystérieux mirliton de papier rose et redescendit au salon de musique où Mozart commençait à montrer des signes de lassitude. Van attendit un instant, l'oreille tendue, la lèvre grimaçante, puis rejoignit Ada qu'il trouva assise, un livre ouvert sur les genoux.

« Il faut, dit-il, que je me lave la main droite avant de toucher quoi que ce soit... avant de te toucher. »

Elle ne lisait pas vraiment. Elle feuilletait nerveusement, rageusement, distraitement, les pages d'un petit volume (le hasard voulut que ce fût cette vieille anthologie), elle qui d'ordinaire, chaque fois qu'elle ouvrait le premier livre rencontré, s'y plongeait aussitôt tout entière avec le mouvement instinctif d'une créature aquatique rentrant en contact avec son élément naturel.

« De ma vie je n'ai serré membre antérieur plus moite, plus flasque, plus écœurant », dit Van, et, tout en jurant, il se dirigea vers les cabinets de la nursery qui possédaient un robinet. Par la fenêtre de cet observatoire, il vit Rack poser sa serviette noire et bosselée dans le panier de sa bicyclette et s'éloigner en zigzaguant non sans tirer son chapeau à l'adresse d'un jardinier indifférent. L'équilibre du maladroit cycliste ne résista pas à ce geste inutile. Il prit de fouet la haie qui bordait l'autre côté du chemin et s'écrasa dans la verdure. Pendant un instant, ou deux, M. Rack demeura dans une communion indissociable avec les troènes et Van se demanda s'il ne devait pas descendre pour lui porter secours. Le jardinier avait tourné le dos au musicien ivre ou malade, qui, Dieu soit loué, sortait maintenant des buissons et replaçait sa serviette dans son panier. Il repartit lentement et une remontée d'obscur dégoût obligea Van à cracher dans la cuvette.

Quand il revint, Ada n'était plus dans le cabinet de toilette. Il la retrouva sur un balcon; elle pelait une pomme pour Lucette. Le bon pianiste lui apportait toujours une pomme, quelquefois, une poire immangeable ou encore deux petites prunes. De toute façon, cette pomme était son dernier cadeau.

« Mademoiselle te réclame », dit Van à l'adresse de Lucette.

« Hé bien, qu'elle attende », dit Ada en poursuivant tout à loisir la confection de la « pelure idéale », spirale rouge et jaune que Lucette contemplait, fascinée, selon le rite.

« J'ai du travail à faire, annonça brusquement Van... et cela m'assomme, si vous saviez combien. Vous me trouverez dans la bibliothèque.

— Okay », répondit d'une voix limpide Lucette, qui ne se retourna point et poussa un cri de plaisir en prenant possession de la guirlande achevée.

Van passa une demi-heure à chercher un livre qu'il n'avait pas rangé à sa place. Quand il l'eut découvert, il s'aperçut qu'il avait achevé ses annotations et qu'il n'en avait plus besoin. Il resta un moment étendu sur le divan, ce qui ne fit que rendre plus pressante l'obsession amoureuse. Il décida donc de retourner à l'étage supérieur, en empruntant l'escalier en limaçon. Là, il revit en souvenir — avec quel déchirement et comme une image enchanteresse et fantastique évanouie à tout jamais — Ada montant d'un pas rapide, son bougeoir à la main, la nuit de la Grange-en-Feu — nuit inscrite dans sa mémoire en ineffaçables majuscules —, lui derrière elle, avec sa flamme qui dansait sur ses fesses et ses mollets, ses épaules mobiles et sa chevelure flottante, et leurs ombres, qui les rattrapaient en énormes vagues noires et géométriques, sur le mur jaune, dans leur ascension en spirale. Il trouva la porte du deuxième étage fermée de l'extérieur et dut redescendre dans la bibliothèque (ses souvenirs bloqués déjà par la simple exaspération) pour prendre le grand escalier.

Comme il se dirigeait vers le brillant soleil de la porte du balcon, il entendit Ada qui expliquait quelque chose à Lucette. C'était quelque chose d'amusant, qui avait un rapport avec... je ne sais plus et je ne puis inventer. Ada avait une façon de finir très vite une phrase avant d'être saisie par l'hilarité mais parfois, comme cette fois, un éclat bref et trop tôt venu faisait exploser ses paroles; alors, elle s'arrangeait pour les rattraper et pour achever sa réplique avec une hâte plus grande encore en mettant sous le boisseau sa gaîté, et son dernier mot était suivi par le triple ricochet d'un rire de gorge sonore, érotique et plutôt douillet.

« Et maintenant, mon cœur, ajouta-t-elle en posant deux baisers sur les fossettes de Lucette, rends-moi un petit service. Descends dire à cette mauvaise Belle qu'il est grand temps pour toi de prendre ton lait et ton petit-beurre. *Jivo* (vite) ! Pendant ce temps Van et moi nous allons nous retirer dans la salle de bains, où là où nous trouverons un bon miroir, et je lui couperai les cheveux. Il en a le plus grand besoin. N'est-ce pas, Van ? Ah, je sais où nous irons. File, file, Lucette. »

CHAPITRE XXXIV

LES ébats sous le cèdre pleureur avaient été une bévue. Dès lors qu'elle échappait à la surveillance de sa schizophrénique institutrice, qu'on ne lui faisait pas la lecture, qu'on ne la promenait pas, qu'on ne la mettait pas au lit, Lucette devenait une peste. A la nuit tombante et pourvu que Marina ne se trouvât pas dans les parages, occupée — que sais-je ? — à boire avec ses invités sous les globes dorés des nouvelles lanternes du jardin qui luisaient de place en place dans la verdure soudain révélée et mêlaient des relents de pétrole aux effluves de l'héliotrope et du jasmin, les deux amants pouvaient se glisser dans les ténèbres plus profondes et demeurer seul à seule jusqu'à l'heure où la *nocturna*, aigre brise de minuit, venait ébouriffer le feuillage, « troussant la raimée », comme disait Sore, le gardien de nuit culbuteur; armé de sa lanterne émeraude, Sore était un soir tombé sur eux, et plusieurs fois une Blanche fantomatique avait glissé devant eux avec un rire léger pour s'aller apparier dans une retraite plus modeste au vieil et robuste ver luisant opportunément suborné. Cependant, attendre tout le jour une nuit favorable était plus que ne pouvaient supporter nos amants impatients. Le plus souvent, ils s'étaient épuisés bien avant l'heure du dîner, tout comme ils l'avaient fait dans le passé. Mais on eût dit que chaque paravent, chaque miroir cachait une Lucette aux aguets.

Ils voulurent essayer le grenier mais remarquèrent

juste à temps une fente dans le plancher par laquelle on apercevait un coin de la lingerie et French, la seconde soubrette, marchant çà et là en corset et cotillon. Ils regardèrent autour d'eux et n'arrivèrent pas à comprendre comment ils avaient jamais pu faire si tendrement l'amour, au milieu des caisses hérissées de clous et d'éclis, ou se glisser par la lucarne sur le toit, que n'importe quel petit diable vert à la peau cuivrée pouvait observer à loisir d'une fourche de l'orme géant.

Il y avait encore le pavillon d'armes et sa logette mansardée tendue de draperies orientales, mais pour lors elle grouillait de punaises, empestait la bière éventée, était si crasseuse et si graisseuse qu'il ne pouvait être question de s'y dévêtir ni d'utiliser le petit divan. Van n'y put rien contempler de sa nouvelle Ada que ses cuisses et ses hanches ivoirines, et, la toute première fois qu'il les étreignit, elle lui manda au moment qu'il jouissait puissamment de jeter un regard, de derrière son épaule à elle, par-dessus l'appui de la fenêtre auquel les mains d'Ada s'accrochaient encore dans les pulsations décroissantes de son propre orgasme : sur un sentier du bosquet Lucette s'approchait en sautant à la corde.

Ces intrusions se répétèrent deux ou trois fois et chaque fois Lucette s'approchait davantage, tantôt cueillant une chanterelle qu'elle faisait semblant de manger crue, tantôt s'accroupissant pour attraper une sauterelle, ou du moins mimant les gestes ordinaires d'une poursuite indifférente et désœuvrée. Elle s'avançait jusqu'au centre du terrain de jeux herbeux qui s'étendait devant le pavillon interdit puis, avec un air d'innocence rêveuse, mettait en branle le siège d'une antique escarpolette suspendue au membre haut et long de Baldy, vieux chêne privé d'une partie de son feuillage mais toujours vigoureux (et qui figurait, oh Van je m'en souviens ! sur une lithographie séculaire d'Ardis par Peter de Rast, tel un jeune colosse, protégeant quatre vaches et un petit vacher dont les haillons laissaient voir l'épaule nue). Quand nos amants (tu aimes le possessif d'auteur, n'est-ce pas, Van ?) jetaient un nouveau coup d'œil par la fenêtre, Lucette berçait le triste dachshund, ou levait les yeux vers un pivert imaginaire, ou s'installait sans hâte avec diverses plaisantes contorsions sur la planchette de l'escarpolette et commençait à se balancer, doucement, précautionneusement, comme si elle ne l'avait jamais fait auparavant, tandis que cet idiot de Dack aboyait devant la porte verrouillée du pavillon. Elle augmentait son élan avec tant de circonspection qu'Ada et son chevaucheur, dans la pardonnable cécité du plaisir montant, ne surprirent jamais l'instant où le visage rond et rose, flambant de toutes ses taches de rousseur, apparaissait derrière la fenêtre, où deux yeux verts se braquaient sur le stupéfiant tandem.

L'ombre Lucette les suivait donc des gazons aux greniers, du pavillon d'entrée aux écuries, d'une cabine de douches construite depuis peu auprès de la piscine à l'antique salle de bains du premier étage. Lucette, Lucifer-à-ressorts, sortait d'une malle à malice, Lucette voulait qu'on l'emmenât en promenade, Lucette exigeait qu'on jouât avec elle à « sautebique » — et Van et Ada échangeaient des regards sombres.

Ada élabora un plan qui n'était ni simple, ni judicieux et qui, de surcroît, joua à contresens. Peut-être le voulut-elle ainsi. (Supprime, Van, supprime, je t'en prie.) Pour berner Lucette, Van devait la cajoler en présence de sa sœur en même temps qu'il embrassait Ada, et l'embrasser et la caresser quand Ada était dans les bois (« en train d'herboriser »). Cette stratégie, affirmait Ada, présentait un double avantage. Elle apaisait la jalousie de l'enfant et pouvait servir d'alibi au cas où Lucette serait le témoin d'ébats plus équivoques.

Tous trois se firent tant de papouilles et se pelotèrent si fréquemment et avec tant de conviction que pour finir, un après-midi où l'on jouait sur le divan noir qui en avait déjà tant supporté, Ada et Van ne purent réfréner plus longtemps leur ardeur amoureuse; sous le prétexte absurde d'une partie de cache-cache, ils enfermèrent Lucette dans un placard où l'on rangeait les volumes reliés des *Eaux de Kalouga* et du *Soleil de Lougano* et firent l'amour avec frénésie tandis que Lucette criait, tambourinait et donnait du pied dans la porte — tant qu'à la fin la clef tomba et que le trou de la serrure s'illumina d'un vert courroucé.

Pourtant, ce qu'Ada supportait avec le plus d'impatience, ce n'était pas tant les accès de mauvaise humeur de Lucette que ces airs de langueur et d'extase qui se peignaient sur son visage quand elle se cramponnait étroitement à Van en s'aidant de ses bras, de ses genoux, de sa queue prenante comme si lui était devenu un tronc d'arbre, même ambulant — et que sa grande sœur ne parvenait à lui faire lâcher prise qu'à coups de claques retentissantes.

« Je dois reconnaître, disait Ada, assise auprès de Van dans une barque rouge qui les emportait au fil de l'eau vers un îlot de Ladore masqué par un rideau de saules, je dois reconnaître avec honte et regret que mon merveilleux plan a fait fiasco. Je crois que la loupiotte est une petite dépravée. Je crois qu'elle est criminellement amoureuse de toi. Je crois que je vais lui dire que tu es son frère utérin et qu'il est illégal et tout à fait abominable de flirter avec son frère utérin. Les vilains mots, les mots ténébreux lui font peur, je le sais. Ils me faisaient peur lorsque j'avais quatre ans. Mais c'est avant tout une enfant bouchée qu'il faut protéger contre les chimères du cauchemar. Si elle ne veut pas se rendre à la raison j'aurai toujours la ressource de dire à Marina qu'elle nous dérange dans nos études et nos méditations. Mais peut-être qu'elle ne te dérange pas ? Peut-être même qu'elle t'excite ? Avoue-le, elle t'excite ?

— Cet été est tellement plus triste que l'autre », dit doucement Van.

CHAPITRE XXXV

NOUS voici sur un îlot planté de saules qu'enlace le bras le plus tranquille de la bleue Ladore. D'un côté s'étendent des prairies inondées, de l'autre on aperçoit au loin le donjon de Castel-Bryant, romantiquement sombre, sur sa colline plantée de chênes.

C'est dans cette ovale retraite que Van soumit la nouvelle Ada à une étude comparative. Les juxtapositions étaient faciles, puisque l'enfant qu'il avait connue quatre ans plus tôt dans le menu restait lumineusement présente sur la scène de sa mémoire devant la même toile de fond de bleu moiré.

Son front semblait avoir diminué en étendue; la cause n'en était pas seulement qu'elle avait grandi mais aussi qu'elle se coiffait différemment, avec, sur le devant, un tourbillon d'un effet théâtral. La blancheur de la peau, nette désormais de toute imperfection, avait acquis une matité singulière. Quelques molles rides semblaient dire qu'elle avait trop froncé les sourcils ces dernières années, pauvre Ada.

Les sourcils étaient royaux, plus épais que jamais.

Les yeux... Van retrouvait les plissures voluptueuses des paupières, les cils pareils à des incrustations de jais, la position hindo-hypnotique de l'iris haut placé. Les paupières n'étaient pas plus capables que naguère de rester grandes ouvertes pendant le temps de l'étreinte la plus brève. Mais l'expression de ces yeux —

quand elle croquait une pomme, qu'elle observait une trouvaille ou simplement qu'elle écoutait un animal, un homme — s'était transformée; on eût dit que des couches successives de tristesse et de taciturnité s'étaient accumulées, voilant à demi la pupille, tandis que dans leurs orbites adorablement allongées les globes d'émail se déplaçaient avec une mobilité plus inquiète : Mlle Hypno-Kuch « dont les regards ne se posent jamais sur vous et cependant vous transpercent ».

Le nez n'avait point acquis l'épaisseur de ligne hibernienne que possédait maintenant celui de Van, mais l'arête s'en était singulièrement accusée et l'extrémité, retroussée plus hardiment, présentait un léger sillon vertical que Van ne se souvenait pas d'avoir vu naguère sur la fillette de douze ans.

Sous une lumière intense, on découvrait entre le nez et la bouche l'ombre discrète d'un duvet noir et soyeux (allié à celui qui striait l'avant-bras) mais elle annonça qu'il était condamné à disparaître à la première « séance esthétique » de la saison d'automne. Un soupçon de rouge donnait à ses lèvres l'air maussade d'une poupée de théâtre; par contraste on n'en ressentait qu'avec plus de force le choc de la beauté vivante quand, gaieté ou gourmandise, elle révélait l'éclat mouillé de ses larges dents et les rouges trésors de sa langue et de son palais.

Son cou avait été et était resté le morceau le plus délicat de sa personne, surtout quand elle permettait à sa chevelure de se répandre librement sur ses épaules et que dans les intervalles de ses ondes noires et lustrées apparaissait la blanche, la tiède, l'adorable peau. Furoncles et moustiques avaient cessé de la persécuter mais Van lui découvrit, juste au-dessous de la taille, la cicatrice pâle d'une égratignure longue de trois centimètres qui courait parallèlement à l'épine dorsale, vestige d'une entaille profonde causée au mois d'août précédent par une épingle à chapeau vagabonde... ou plutôt par une branchette épineuse cachée dans le foin hospitalier.

(Van, tu es sans pitié.)

Sur l'îlot secret (interdit aux couples du dimanche : il appartenait aux Veen et un écriteau annonçait placidement que « les intrus s'exposaient à être abattus par les chasseurs d'Ardis Hall », texte de l'oncle Dan), la végétation consistait en trois saules pleureurs, une rangée d'aulnes, des herbes de toutes sortes, des quenouilles, des joncs odorants, et quelques listères aux labelles violets sur lesquelles Ada répandit des gémissements attendris comme elle faisait sur les chiots ou les chatons.

Sous le couvert des aulnes neurasthéniques, Van poursuivait son examen...

Ses épaules étaient d'une grâce intolérable : je ne permettrais jamais à ma femme de paraître en grand décolleté avec des épaules pareilles... Mais comment pourrait-elle être ma femme ? Dans la version anglaise du conte plutôt comique de Monparnasse, Rennie dit à Nellie : « *The infamous shadow of our unnatural affair will follow us into the low depths of the Inferno which our Father who is in the sky shows to us with his superb digit.* » Pour quelque raison mystérieuse, les plus méchantes traductions ne sont pas les traductions du chinois mais tout simplement du français.

La pointe du sein, maintenant vermeille et provocante, était ceinte de fins poils noirs — lesquels, dit-elle, disparaîtraient également bientôt, étant devenus *unschicklich*. Van se demanda où elle avait bien pu ramasser ce mot hideux. La gorge était bien faite, ronde et pâle, mais Van regrettait presque les tendres turgescences de naguère aux boutons ternes et informes.

Il reconnut le rétrécissement élégant, familier et caractéristique du ventre plat, son « jeu » merveilleux, l'expression franche et ardente des muscles obliques et le « sourire » du nombril (pour emprunter au vocabulaire technique de la danse du ventre).

Un jour, Van prit avec lui son nécessaire à raser et il l'aida à se débarrasser des trois bouquets de poils noirs de son corps.

« Je suis Schéher, dit-il, et toi, son Ada. Et ça, c'est ton tapis vert de prière. »

Leurs visites dans l'îlot demeurèrent gravées dans le souvenir de cet été, au milieu d'enchevêtrements désormais inextricables. Ils se voyaient là, debout, enlacés, habillés seulement par les ombres mobiles du feuillage et regardant la barque rouge avec sa marqueterie mouvante de vaguelettes reflétées — et, sur la barque, eux encore, qui agitaient leurs mouchoirs, interminablement; et le mystère de ces séquences composites était encore relevé par des images telles que la barque revenant vers eux tout en continuant de s'éloigner, les avirons cassés par la réfraction, les paillettes de lumière vibrant à contresens par le même effet stroboscopique qui nous fait voir, au passage du défilé, les roues des carrosses tournant à rebours. Le temps les mystifiait, faisait poser à l'un une question mémorable à laquelle l'autre apportait une réponse oubliée. Un jour, au fond de la petite aulnaie qui se répétait, noire, dans la rivière bleue, ils découvrirent une jarretière; l'objet appartenait à Ada, elle ne put le contester, et pourtant Van était absolument certain qu'elle ne l'avait jamais portée dans ses excursions estivales sur l'îlot magique où elle était toujours venue sans bas.

Ses jolies jambes vigoureuses s'étaient peut-être encore allongées mais elles gardaient la blancheur lisse et la souplesse de ses années de nymphette. Elle pouvait toujours, s'il lui plaisait, sucer le pouce de son pied. Le dos de la main gauche et le cou de pied droit portaient la même petite tache de naissance, suffisamment discrète sans doute mais ineffaçable et sacrée, dont la nature avait signé la main droite et le pied gauche de Van. Elle s'efforçait de recouvrir ses ongles de laque Schéhérazade (mode fort ridicule des années quatre-vingts) mais elle était peu soigneuse de sa personne : le vernis tombait en écailles en laissant des taches malséantes et Van lui demanda d'en revenir à l'état « non lustré ». En compensation, il acheta pour elle à Ladore, où l'on se piquait d'élégance, une chaînette de cheville en or; hélas, elle la perdit dans un de leurs rendez-vous fougueux et fondit inopinément en larmes quand il lui dit que c'était sans importance, qu'un autre amant la lui retrouverait un jour.

Son brillant, son génie. En quatre ans, certes, elle avait changé, mais il avait changé lui aussi et leurs changements parallèles s'étaient faits par degrés correspondants de sorte que leurs esprits et leurs sens restaient à l'unisson comme ils devaient le rester toujours, au-delà de toutes les séparations. Ni l'un ni l'autre n'était resté le désinvolte *Wunderkind* de 1884, mais tous les deux surpassaient les jeunes gens de leur âge en savoir livresque à un degré plus stupéfiant encore qu'ils n'avaient fait dans leur enfance. En termes officiels, Ada (née le 21 juillet 1872) avait déjà achevé ses études scolaires tandis que Van, son aîné de deux ans et demi, espérait obtenir sa licence à la fin de l'année 1889. La conversation d'Ada était peut-être moins enjouée, moins étincelante et laissait déjà pressentir (rétrospectivement tout du moins) les premières ombres fugitives de ce qu'elle devait appeler plus tard sa « destinée acarpe » (*poustotsvetnost'*), mais la vivacité innée de son esprit s'était approfondie, des courants de fond étrangement « métempiriques » (selon le mot de Van) semblaient doubler intérieurement et par conséquent enrichir la plus simple expression de ses pensées les plus simples. Elle lisait avec autant de voracité que lui et aussi peu d'exigence dans le choix de ses lectures mais chacun avait plus ou moins sa toquade particulière — lui, le domaine terrologique de la psychiatrie, elle, le théâtre (russe, en particulier) que, dans le cas d'Ada, Van tenait pour une toquade trop facile, en souhaitant que ce ne soit qu'un caprice passager. De sa florimanie, hélas, Ada n'était point guérie, mais après la mort du Dr Krolik, terrassé dans son jardin par une crise cardiaque (1886), elle avait déposé toutes ses chrysalides vivantes dans le cercueil ouvert où gisait son ami, aussi rosé et rondelet, disait-elle, qu'*in vivo*.

Dans son adolescence à tous égards irrésolue et endolorie, Ada amoureuse était encore plus agressive et accorte que dans son enfance passionnée déjà jusqu'à l'anomalie. Compulsateur assidu des cas célèbres, le Dr Van Veen ne parvint jamais à ranger Ada, ardente fillette de douze ans, sous la même rubrique qu'aucune des petites Anglaises spirituellement heureuses, non délinquantes, non nymphomanes et d'un niveau mental excellent, qui figuraient sur ses fiches (quoiqu'un grand nombre de petites filles de la même veine eussent fleuri — et monté en graine — dans les vieux châteaux de France et d'Estotilande, comme nous l'enseignent tant d'écrits romanesques extravagants et de mémoires séniles). Il faut dire que Van éprouvait encore plus de difficulté à décrire et analyser sa propre passion pour Ada. Quand il se remémorait, caresse par caresse, les séances à la Villa Vénus ou ses visites plus anciennes dans les bordels flottants des rivières Ranta ou Livida, force lui était de reconnaître que les réactions engendrées par Ada étaient sans commune mesure, puisqu'elle pouvait, par le plus léger contact de son doigt ou de ses lèvres le long d'une veine gonflée, lui prodiguer une *delicia* non seulement plus intense mais encore essentiellement autre que le plus lent massage genre « Winslow » de la jeune garce la plus raffinée. Qu'était-ce donc, alors, qui haussait l'acte bestial à un niveau plus élevé que celui où planent les arts les plus exacts, les envols les plus impétueux de la science pure ? Il serait insuffisant de dire qu'en faisant l'amour avec Ada Van découvrait l'angoisse, l'*ogon*, l'agonie de la « réalité » suprême. Disons plutôt que la réalité se dépouillait alors des guillemets qu'elle portait comme des griffes dans un monde où les esprits singuliers et indépendants sont tenus de s'accrocher aux choses ou de les déchiqueter s'ils veulent échapper à la folie ou à la mort (qui est la maîtresse folie). Le temps d'un spasme ou deux, il était hors de danger. La neuve et nue réalité n'avait besoin ni d'ancre ni de tentacule. Elle ne durait qu'un instant mais elle pouvait se renouveler aussi longtemps qu'elle et lui étaient capables de faire l'amour. La couleur, la flamme de cette réalité instantanée ne dépendaient que de l'identité d'Ada telle qu'elle était perçue par lui. Elle n'avait rien à faire avec la vertu ni avec la vanité de la vertu au sens le plus large; à dire vrai, Van songera plus tard que pas un jour, au cours de cet ardent été, il ne s'était fait illusion, et qu'il savait instinctivement qu'Ada lui avait été et lui était encore atrocement infidèle — de même qu'elle savait, longtemps avant qu'il le lui eût avoué, que pendant le temps de leur séparation il avait usé à maintes reprises de ces machines vivantes que les mâles surtendus peuvent louer pour quelques minutes, et que décrivait, à grand renfort de gravures sur bois et de photographies, une *Histoire de la prostitution* en trois volumes qu'Ada avait lue à l'âge de dix ou onze ans, entre *Hamlet* et les *Microgalaxies* du capitaine Grant.

Par égard pour les érudits qui liront ce mémoire prohibé avec de secrets frissons sensuels (car ils sont humains) dans les abîmes secrets des bibliothèques (où les bavardages, les copulations et les fessades des pornographes en décomposition sont conservés pieusement), l'auteur se doit d'ajouter dans la marge des épreuves qu'un vieillard grabataire corrige héroïquement (car ces longues couleuvres glissantes ajoutent un dernier supplice aux tourments de l'écrivain) encore quelques... [La fin de la phrase est illisible; mais fort heureusement le paragraphe qui suit est griffonné à part, sur une feuille de bloc. Note de l'éditeur.]

... au sujet de l'extase de son identité. Les ânes bâtés qui croiraient tout de bon qu'à la lumière sidérale de l'éternité la conjonction de moi, Van Veen, et d'elle, Ada Veen, quelque part en Amérique du Nord et au dix-neuvième siècle, ne représente que le milliardième de la milliardième partie de la signification générale d'une planète punctiforme peuvent aller braire « ailleurs, ailleurs, ailleurs » (le mot anglais ne rendrait pas l'élément onomatopéique; le vieux Veen est plein de prévenances), parce que l'extase de son identité, placée sous le microscope de la réalité (qui est la seule réalité), révèle un système complexe de ces passerelles subtiles que traversent les sens, riants, enlacés, jetant des fleurs en l'air, entre l'âme et la chair lamellée, et qui a toujours été une forme du souvenir même à l'instant de sa perception. Je suis sans force. J'écris mal. Peut-être mourrai-je cette nuit. Mon tapis volant ne glisse plus au-dessus du dais formé par les cimes des forêts tropicales, au-dessus des oisillons béant du bec, au-dessus de tes orchidées les plus rares. Insertion.

CHAPITRE XXXVI

LA pédante Ada disait un jour que la recherche des mots dans un dictionnaire, dès lors qu'elle n'avait pas pour objet la volonté de s'instruire ou les exigences de l'art, avait sa place entre la confection d'un bouquet décoratif (elle ne disconvenait point que la chose pouvait avoir un attrait légèrement romantique pour quelque petite minaudière) et les collages « artistiques » d'ailes de papillons disparates (qui sont toujours vulgaires et souvent criminels). *Per contra,* elle suggéra à Van que les clowneries verbales, « *poodle-doodles* » et d'autres badinages pouvaient trouver une justification par la qualité du travail cérébral qu'exige l'élaboration d'un beau logogriphe ou la trouvaille d'un calembour inspiré, et ne devaient pas éliminer le recours au dictionnaire, revêche ou complaisant.

C'est pourquoi elle admettait le « Flavita ». Le nom était dérivé d'*Alfavit,* ancien jeu de hasard et d'adresse russe basé sur le brouillage et débrouillage des lettres de l'alphabet. L'*Alfavit* avait été fort à la mode en Estotie et en Canadie vers 1790. Repris au début du dix-neuvième siècle par les « *Madhatters* » (comme on appelait jadis les habitants de la Nouvelle Amsterdam), il fit, après avoir sombré dans un court marasme, une rentrée remarquée vers 1860, et aujourd'hui, un siècle plus tard, on me dit qu'il revient à la mode, sous le nom nouveau de Scrabble; un homme de génie l'aurait réinventé, sans avoir eu connaissance de sa forme ou de ses formes originales.

La version russe de notre jeu, fort répandue dans les riches demeures campagnardes au temps qu'Ada était petite fille, se jouait avec 125 jetons en forme de petits blocs lettrés. Il s'agissait pour le joueur de composer des mots, en lignes horizontales ou verticales, sur un échiquier de 225 cases, desquelles 24 étaient de couleur marron, 12 noires, 16 orange, 8 rouges et le reste jaune d'or (autrement dit flavides, pour justifier le nom original du jeu). A chaque lettre de l'alphabet cyrillique correspondait un certain nombre de points (le F, exceptionnel en russe, ne valait pas moins de 10 points; le A, des plus banals, n'en valait pas plus d'un). Sur une case marron, la valeur numérique d'une lettre était doublée; elle était triplée sur une case noire. L'orange doublait la somme des points correspondant au mot entier. Le rouge la triplait. Lucette devait se souvenir plus tard des formes monstrueuses qu'avaient revêtu dans son délire, au cours d'une fièvre aiguë d'origine strepto-coquine qu'elle avait contractée en Californie en septembre 1888, les triomphes insolents de sa sœur, doublant, triplant et même noniplant (pour peu qu'elle passât sur deux cases rouges) le bénéfice de ses trouvailles verbales.

A chaque tour de jeu, chacun des joueurs puisait à l'aveuglette sept jetons retournés dans leur boîte, et disposait son mot sur l'échiquier. Celui qui ouvrait le jeu et travaillait par conséquent sur un champ vierge, se contentait de placer deux lettres (davantage, s'il le pouvait) de façon à utiliser la case centrale marquée d'un heptagone flamboyant. Aux coups suivants chacun plaçait son mot (de gauche à droite ou de haut en bas) autour du point catalytique formé par une des lettres déjà présentes sur l'échiquier. Celui qui récoltait le plus grand nombre de points par lettres et par mots avait gagné la partie.

Le jeu qu'avait offert en 1884 à nos petits amis le baron Klim Avidov, « un vieil ami de la famille » (c'est le titre que portaient par tradition les anciens amants de Marina), comprenait un grand échiquier pliable recouvert de maroquin, assorti d'un coffret chargé de pesants carrés d'ébène incrustés de lettres de platine, dont une seule, à savoir le J, appartenait à l'alphabet latin; c'était la marque d'un des deux jokers, aussi bouleversants à découvrir dans sa main qu'un chèque en blanc signé Jupiter ou Jurojine). Le personnage que nous avons nommé était, soit dit en passant, ce même Avidov aimable mais susceptible, dont le nom se rencontre à maintes reprises dans les croustillantes chroniques du temps et qui, certain jour à Venise la Rouge, catapulta d'un uppercut, dans la loge du concierge du Gritz, un malheureux touriste britannique qui avait fait remarquer en manière de plaisanterie combien il était astucieux de faire sauter la première lettre de son nom pour s'en servir comme d'une particule.

Quand arriva le mois de juillet, les dix A n'étaient plus que neuf et les quatre D plus que trois. On finit par retrouver l'A manquant sous une Armoire Alsacienne, mais le D avait bel et bien disparu, à l'instar de son apostrophable double tel qu'il s'était présenté dans l'imagination d'un certain Walter C. Keyway, esq. un instant avant que celui-ci n'atterrît, en même temps que deux cartes postales non timbrées, dans les bras d'un polyglotte muet de surprise en redingote et boutons dorés. La verve des Veen est intarissable (Ada, dans une note marginale).

Van, joueur d'échecs émérite (il devait gagner un tournoi en 1887 à Chose, en battant le Minskois Pat Richine, champion d'Underhill et Wilson, N.C.), s'était toujours étonné que la brillante Ada fût incapable d'élever la qualité de son jeu de damoisonne au-dessus d'un niveau qui pourrait satisfaire une jeune personne sortie d'un roman de la Bibliothèque Bleue ou de ces réclames pour lotion antipelliculaire qui nous montrent, photographiée en Archicolor, un joli mannequin (fille faite pour d'autres jeux que le jeu d'échecs) fixant des yeux l'épaule d'un adversaire dont la mise (à ce détail près) n'est pas moins impeccable que la sienne, au-dessus d'un embouteillage absurde de pièces rouges et blanches sculptées et tarabiscotées au point d'en être méconnaissables — les échecs de Lalla Rookh — dont même un crétin refuserait de faire usage, quand bien même on l'aurait royalement rétribué pour l'avilissement de l'idée la plus simple sous le scalp le plus galeux.

Ada parvenait cependant à imaginer à l'occasion un sacrifice tactique, abandonnant par exemple sa Reine, et remportait une spécieuse victoire après deux ou trois coups, à condition que la pièce eût été prise, mais elle ne voyait qu'un aspect de la question et préférait se dissimuler, par un bizarre engourdissement de la pensée, la contre-combination, pourtant évidente, qui aurait inévitablement amené sa défaite si l'héroïque sacrifice eût été refusé. A la table de Scrabble, en revanche, la même faible et folle Ada se transformait en une sorte d'ordinateur élégant, doué, par surcroît, d'une chance phénoménale, et vous préparait les mots les plus longs et les plus alléchants avec les miettes et les rogatons les moins prometteurs. Dans cet exercice, elle dominait Van de beaucoup, tant par sa perspicacité et sa prescience que par son art de tirer parti de l'occasion. Van trouvait ce jeu plutôt lassant : vers la fin d'une séance il jouait avec une précipitation négligente et dédaignait de vérifier les possibilités des termes « rares » ou « désuets » mais parfaitement recevables que lui fournissait un loyal dictionnaire.

Quant à l'ambitieuse, à l'incompétente, à l'impétueuse Lucette, à douze ans, elle ne pouvait encore se passer des conseils discrets de Van, qui lui rendait volontiers ce service pour gagner du temps et rapprocher, tant soit peu, l'instant béni où la chère petite, expédiée enfin à la nursery, rendait Ada disponible pour la troisième ou la quatrième roulade de la journée, de la chaude journée d'été. Van trouvait particulièrement agaçantes les chicaneries des fillettes contestant la légitimité de tel ou tel terme : les noms de personnes et les noms de lieux étaient tabous, mais il se présentait parfois des cas douteux, sources de scrupules déchirants, et c'était pitié que de voir Lucette s'obstinant sur ses cinq dernières lettres (alors qu'il n'en restait plus d'autre dans la boîte) pour composer le superbe ARDIS; sa gouvernante lui avait bien dit que le mot signifiait « point de flèche » ... mais hélas, en grec seulement.

Et quoi de plus exaspérant que de voir les deux sœurs, irritées ou méprisantes, se mettre en quête d'un mot douteux dans les multiples dictionnaires qui s'éparpillaient autour d'elles — debout, couchés, assis, jetés sur le parquet, sous la chaise où Lucette était agenouillée, sur le divan, sur la grande table ronde déjà chargée du tableau et des jetons et sur une commode voisine. La rivalité de l'inepte Ojegov (un gros volume bleu, méchamment relié et contenant 52 872 mots) et d'un petit Edmundsen bien sec dans la version respectueuse du docteur Gerchijevski, la taciturnité de brutes abrégées et l'audacieuse magnanimité d'un Dahl en quatre volumes (« Mon dahlia chéri », roucoulait Ada reconnaissante, lorsqu'elle arrachait à l'aimable ethnographe barbu un mot d'argot passé de mode), tout cela aurait été pour Van insupportable et fastidieux si sa curiosité de savant n'avait été piquée par la constatation de singulières affinités entre le Scrabble et la planchette. Il en fit pour la première fois la remarque un soir d'août 1884, au balcon de la chambre d'enfants, sous un ciel crépusculaire dont les ultimes lueurs ondulaient sur la pièce d'eau comme un serpent de feu, excitaient les dernières hirondelles, faisaient flamber le roux des boucles de Lucette. Le tableau de maroquin était ouvert sur une table en bois de pin constellée de taches d'encre, d'entailles, de monogrammes. La jolie Blanche, elle aussi touchée par les roses du soir sur le lobe d'une oreille et sur l'ongle d'un pouce et tout imprégnée d'un parfum que les petites bonnes appelaient Musc de Menu-vair, venait d'apporter la lampe qu'on allumerait plus tard. On avait tiré les sorts : Ada, qui devait commencer la partie, se servait, sept fois, d'un geste automatique et distrait, dans la boîte ouverte où les petits blocs lettrés, rangés chacun dans leur alvéole de velours flavescent, ne montraient qu'un verso anonymement noir. Et tout en se servant, Ada parlait : « Je préférerais beaucoup la lampe Benten, disait-elle, mais il n'y a plus de *kerosin* dans le réservoir. Sois bonne fille, mon cœur (s'adressant à Lucette), appelle la... Juste ciel ! »

Les sept lettres qu'elle avait levées S, R, E, N, O, K, I, et qu'elle disposait à présent dans son *spektrik*, le chevalet de bois laqué placé devant chaque joueur, étaient en train de former, dans un mouvement rapide et comme spontané, le mot clef de la phrase fortuite prononcée par elle pendant qu'elle les puisait au hasard.

Une autre fois, dans la baie de la bibliothèque, un soir tonnant, quelques heures avant l'incendie de la grange, Lucette tira dans l'ordre indiqué les sept lettres d'un amusant VANIADA pour en extraire aussitôt le meuble auquel elle venait de faire allusion de sa petite voix pleurnicheuse : « Et moi, je n'ai pas le droit de m'asseoir sur le divan, peut-être ! »

Peu de temps après, comme il en est souvent des jeux, des jouets, des amis de vacances qui semblaient nous promettre un avenir constellé de plaisirs sans fin, le Flavita suivit la feuille de cuivre et la feuille de sang dans les brouillards de l'automne. La boîte noire fut égarée, oubliée, puis retrouvée par accident quatre ans plus tard (parmi des coffrets d'argenterie) peu avant que Lucette n'allât passer quelques jours en ville avec son père, à la mi-juillet 1888. La partie de Flavita que jouèrent alors les trois jeunes Veen fut la dernière qu'ils devaient jamais jouer ensemble. Le coup final de celle-ci resta définitivement gravé dans la mémoire de Van — fut-ce à cause du triomphe mémorable d'Ada, ou des quelques notes qu'à cette occasion Van jeta sur le papier, dans l'espoir (point tout à fait déçu) « d'entrevoir la doublure du temps » (laquelle, devait-il écrire plus tard, « constitue la meilleure définition officieuse des présages et des prophéties »)?

« Je ne peux rien faire, gémissait Lucette, mais rien avec mes *Buchstaben* imbéciles, REMNILK, LINKREM...

— Voyons, lui chuchota Van, c'est tout simple. Intervertis ces deux syllabes et tu obtiens une forteresse de l'ancienne Moscovie...

— Ah mais non, dit Ada, remuant l'index à hauteur de la tempe (geste qui lui était familier). Ah mais non ! Ce joli mot n'existe pas en russe. C'est une invention française ! il n'y a pas de seconde syllabe.

— Pitié pour une petite fille », plaida Van.

« Pas de pitié !

— En ce cas, Lucette, tu peux toujours nous faire une petite crème KREM, KREME, ou mieux encore KREMLI — ce sont les prisons yukoniennes. Traverse son ORHIDEYA.

— Son orchidée stupide », dit Lucette.

« Et maintenant, dit Ada, Adotchka va faire quelque chose de plus stupide encore. » Elle poussa un grand soupir de satisfaction et profitant d'une petite lettre très ordinaire insoucieusement placée un moment plus tôt dans la septième case de la rangée supérieure composa l'adjectif TORFYaNUYu. Outre que le F tombait sur une case marron, le mot traversait deux cases rouges (37 x 9 = 333 points) et les 50 points supplémentaires qu'elle gagnait pour avoir placé d'un seul coup ses sept lettres portait sa marque à 383 points, sommet encore jamais atteint, pour un seul mot, par un joueur de Scrabble russe.

« Ouf ! dit-elle. Pas facile ! » Et, tout en écartant du revers de sa main blanche aux jointures rosées la mèche de bronze noir qui avait glissé sur sa tempe, elle refit (à voix haute) le compte de son gain scandaleux avec les accents mélodieux et satisfaits d'une princesse narrant comment elle a fait périr un amant superflu par l'administration d'un breuvage empoisonné. Les regards furibonds de Lucette en appelaient à Van de l'injustice du sort; soudain un hurlement d'espoir s'échappa de sa gorge :

« Mais c'est un nom de lieu ! Elle n'a pas le droit... C'est le nom de la première petite gare après Pont-sur-Ladore !

— Tu dis vrai, mon trésor, entonna Ada. Oh ! mon trésor, si tu savais comme tu dis vrai. Oui, Torfyanaya, ou, comme dit Blanche, la Tourbière, est bien le village charmant quoique légèrement humide où demeure la famille de notre Cendrillon. Hélas, mon petit, dans la langue de notre mère, que dis-je, dans la langue d'une grand-mère maternelle qui nous est commune, à tous trois, langue riche et toute belle que mon trésor ne devrait pas négliger pour je ne sais quelle mouture canadienne du vieux français, cet adjectif russe des plus courants signifie « tourbeux » à l'accusatif féminin. Oui, ce coup unique me rapporte presque 400 points. Dommage... *ne dotyanoula* (que ce « presque » ne soit pas un « tout à fait »).

— *Ne dotyanoula !* » gémit Lucette en se tournant vers Van, les narines se dilatant, les épaules secouées par l'indignation.

Van inclina la chaise de la fillette pour l'engager à déguerpir. En quinze tours, la pauvre enfant n'avait pas gagné la moitié de ce qu'Ada retirait de son maître coup. Et Van n'était guère plus heureux... mais la belle affaire ! Le velouté d'un bras, le bleu pâle des veines au creux du coude, l'odeur de bois brûlé d'une chevelure éclairée d'or bruni sous l'abat-jour de parchemin diaphane (un paysage lacustre hanté de dragons japonais), tout cela valait infiniment plus de points que le faisceau des doigts raidis sur un bout de crayon n'en pourrait jamais faire le compte dans le passé, le présent, l'avenir...

« Le perdant est expédié au lit séance tenante, dit

Van avec jovialité, et n'en sortira sous aucun prétexte. Dans dix minutes exactement, nous lui porterons une grande tasse (la tasse bleu foncé !) de chocolat (du Cadbury noir, bien sucré, sans peau !).

— Le perdant refuse, dit Lucette en croisant les bras. D'abord parce qu'il n'est encore que huit heures et demie, ensuite parce que je sais parfaitement pourquoi vous voulez vous débarrasser de moi.

— Van, dit Ada, après un silence, aie la gentillesse de faire appeler Mademoiselle; elle travaille avec maman sur un scénario qui ne saurait être plus stupide que cette odieuse enfant.

— J'aimerais assez connaître la signification de son intéressante remarque, dit Van. Veux-tu la lui demander, Ada dear.

— Elle s'imagine, dit Ada, que nous allons jouer au Scrabble sans elle, ou répéter quelques mouvements de cette gymnastique orientale, tu te rappelles, Van, que tu as commencé de m'apprendre. N'est-ce pas que tu te rappelles ?

— Je me rappelle. Et toi tu ne te rappelles pas moins que je n'ai fait que t'apprendre ce que m'avait appris mon professeur de gymnastique, King Wing, tu te rappelles son nom ?

— On se rappelle beaucoup de choses chez vous, ah, ah ! » dit Lucette qui leur faisait face, debout dans son pyjama vert, exposant sa poitrine bronzée, les jambes écartées, les poings sur les hanches.

« La réponse la plus simple, interrompit Lucette, c'est que ni l'un ni l'autre vous ne pouvez me dire exactement pourquoi vous tenez tant à vous débarrasser de moi.

— La réponse la plus simple, reprit Ada, c'est, Van, de lui donner une fessée, énergique et sonore.

— Qu'il ose ! » cria Lucette en se mettant en position.

Très doucement Van caressa la cime soyeuse de la petite tête rebelle et posa un baiser derrière son oreille. Défigurée par les sanglots, Lucette sortit en courant de la pièce. Ada tira le verrou derrière elle.

« Elle n'est qu'une nymphette sauvage, incurablement folle et tout à fait dépravée, dit Ada; il n'empêche que nous devons faire plus attention que jamais... oh ! terriblement, terriblement, terriblement... oh !, attention, mon amour ! »

CHAPITRE XXXVII

Il pleuvait. Dans la morne perspective qu'encadrait la fenêtre en baie de la bibliothèque, les pelouses semblaient plus vertes, la pièce d'eau plus grise. Vêtu d'une combinaison de gymnaste noire et la tête posée sur deux coussins jaunes, Van, allongé sur le dos, lisait Rattner sur Terra, livre abstrus et décourageant. De temps en temps il levait les yeux vers la haute pendule au tic-tac automnal, au-dessus du crâne chauve d'une Tartarie tannée représentée sur un globe terrestre antique et monumental, dans la lumière languissante d'un après-midi qu'on eût cru d'octobre plutôt que de juillet. Ada, sanglée dans un mackintosh démodé à ceinture que Van détestait, et portant son sac en bandoulière, s'était rendue à Kalouga où elle devait passer la journée, en principe pour essayer des robes, en réalité pour consulter un cousin du Dr Krolik, le gynécologue Seitz (ou « Zayats » dans la transcription mentale opérée par Ada car, à l'instar de Krolik (lapin), il appartenait lui aussi, selon la phonétique russe, à la famille des léporidés). Van se portait garant que pas une fois pendant un mois de pratique amoureuse il n'avait négligé de prendre toutes les précautions requises, assez bizarres, quelquefois, mais incontestablement efficaces;

tout récemment, même, il s'était procuré l'engin contraceptif en forme de fourreau que, pour on ne sait quel motif étrange mais consacré par un long usage, seuls dans le comté de Ladore les coiffeurs avaient permission de vendre. Pourtant il était inquiet, et s'en voulait de son inquiétude, et Rattner, qui dans son ouvrage déniait sans conviction toute existence objective à la planète jumelle pour la lui concéder de mauvaise grâce dans les notes obscures qu'il avait incommodément placées entre les chapitres, lui semblait aussi ennuyeux que la pluie — la pluie qui traçait au crayon gris des parallèles obliques sur le fond plus foncé d'un rideau de mélèzes, emprunté, soutenait Ada, à Mansfield Park.

A cinq heures moins dix Bout entra sans bruit dans la bibliothèque portant une lampe à pétrole allumée et une invitation à bavarder dans la chambre de Marina. En passant à côté du globe, il y posa l'index et regarda avec désapprobation la tache qui s'était imprimée sur son doigt : « Le monde est poussiéreux, dit-il, Blanche mériterait qu'on la renvoie dans son village natal. Elle est folle et mauvaise, cette fille.

— D'accord, d'accord », marmonna Van en se replongeant dans sa lecture. Bout sortit, hochant obstinément sa sotte tête tondue; Van bâilla et laissa glisser Rattner du divan noir sur la noire carpette.

Quand il releva les yeux sur la pendule, elle bandait ses forces, prête à sonner. Il s'arracha prestement à sa couche, se rappelant soudain que Blanche était venue le trouver une minute auparavant pour le charger de se plaindre auprès de Marina que mademoiselle Ada avait refusé une fois de plus de la déposer à la « Tour de Bière » (c'est ainsi que les plaisants de l'endroit appelaient son pauvre village). Pendant quelques instants, son rêve bref et vague resta si étroitement confondu avec la réalité que même lorsqu'il se fut ressouvenu de

Bout posant le doigt sur la presqu'île rhomboïde où les Alliés venaient tout justement de débarquer (ainsi que l'annonçait le journal de Ladore éployé sur la table de la bibliothèque), il continuait de voir clairement Blanche époussetant la Crimée avec un des mouchoirs égarés par Ada. Il escalada le colimaçon pour gagner les cabinets de la nursery, entendit de loin l'institutrice et sa malheureuse élève déclamant une scène de l'horrible *Bérénice* (croassement de contralto alternant avec une petite voix dépourvue de toute expression) et se persuada que Blanche ou plutôt Marina cherchait à savoir s'il avait parlé sérieusement, l'avant-veille, en révélant son intention de s'engager à dix-neuf ans — l'âge minimum pour se porter volontaire. Il accorda aussi une minute de réflexion à la pensée affligeante (et sur ce point, ses études l'avaient suffisamment renseigné) que la confusion de deux ordres de réalité, l'une entre guillemets simples, l'autre entre doubles guillemets, était un symptôme de folie imminente.

Sans fard, le cheveu terne, serrée dans son plus vieux kimono (son Pedro était inopinément parti pour Rio), Marina reposait sur son lit d'acajou, sous un édredon jaune d'or, buvant une tasse de thé au lait de jument, une de ses marottes.

« Assieds-toi, dit-elle, et prends un peu de *tchaïkou*. Le lait de vache est dans le petit pot, il me semble. Oui, c'est bien cela. »

Et quand Van, ayant baisé sa main tachetée de rousseurs, se laissa choir sur le cuir d'un *ivanilitch* qui poussa son soupir de vieux pouf : « Van chéri, j'ai quelque chose à te dire et je sais, Dieu merci, que je n'aurai pas à te le répéter. Belle, avec son sens habituel du mot approprié m'a tantôt cité l'adage « cousinage, dangereux voisinage » et s'est plainte qu'on s'embrassait dans tous les coins. Est-ce vrai ? »

L'imagination de Van anticipa sur sa réplique. On ne pouvait rien imaginer de plus exagéré, chère Marina. Cette folle de Mlle Larivière l'avait aperçu un jour, portant Ada, pour lui faire traverser le ruisseau ... s'il l'avait embrassée, c'est parce qu'elle s'était blessé le pied. Je suis le mendiant bien connu de l'histoire la plus triste du monde.

« *Erounda* (c'est absurde), dit Van. Elle m'a vu un jour porter Ada pour lui faire traverser le ruisseau et a interprété en mauvaise part notre titubante embrassade.

— Ada ? Il s'agit bien d'elle, nigaud ! » dit Marina avec un petit reniflement de mépris, tout en s'occupant de la théière. « Azov, l'humoriste russe, fait dériver *erounda* de l'allemand *hier und da, which is neither here nor there* (qui n'a ni rime ni raison). Ada est une grande fille et les grandes filles, hélas, ont leurs soucis à elles. Mlle Larivière pensait évidemment à Lucette. Van, ces tendres jeux doivent cesser. Lucette a douze ans, c'est une enfant naïve. Je sais que tout cela est très innocent, pourtant, quand il s'agit d'une petite femme en herbe on ne saurait se comporter trop *delikatno*. A propos de coins, dans la pièce de Griboïedov, *Gore ot ouma*, « Comme c'est bête d'avoir tant d'esprit », une comédie en vers écrite si je ne m'abuse du temps de Pouchkine, le héros rappelant à Sophie les jeux de leur enfance dit, entre autres choses :

Que de fois dans un coin on s'asseyait ensemble,
Et quel mal pouvait-il y avoir dans cela ?

mais en russe le second vers est légèrement équivoque... encore un peu de thé, Van ? » (il secoua discrètement la tête et en même temps leva la main — un geste de son père) « Parce que vois-tu... non ? de toute façon il n'en reste plus... le second vers « *i kajetsya tchto v etom* » peut aussi signifier : Et je crois que le coin c'était bien celui-là. » Et Marina, ce disant, désignait du doigt un coin de la chambre.

« D'ailleurs, quand nous répétions cette scène au Théâtre de la Mouette à Yukonsk, Constantin Sergueïevitch Stanislavski obligeait Katchalov à faire ce petit geste intime (*ouyutnen'kïi jest*).

— Comme c'est amusant », dit Van.

Le chien entra, leva sur Van un œil brun au regard noyé, trotta en vacillant jusqu'à la fenêtre, regarda la pluie comme un petit homme et s'en retourna dans la pièce voisine à son coussin crasseux.

« Décidément, je ne supporterai jamais cette race, dit Van. Dackelophobie.

— Mais les filles, Van, tu les aimes, les filles ? Tu as beaucoup de petites amies ? Tu n'es pas pédéraste comme ton pauvre oncle, au moins ? C'est que nous avons eu quelques pervertis invétérés dans la famille, mais... pourquoi ris-tu ?

— Oh, pour rien... mais je tiens à ce que nous prenions acte que j'*adore* les filles. J'avais quatorze ans, le soir de la première. Mais qui me rendra mon Hélène ? Ses cheveux étaient noirs comme l'aile du corbeau, sa peau blanche comme le lait écrémé. Plus tard, j'en ai eu de beaucoup plus crémeuses. *I kajetsya tchto v etom ?*

— Comme c'est drôle ! Comme c'est triste ! Triste, parce que je ne sais à peu près rien de ta vie, mon chéri (*moï douchka*). Les Zemski étaient d'abominables débauchés (*razvratniki*). Il y en avait un qui aimait les petites filles, un autre qui raffolait d'une de ses juments et la faisait attacher d'une façon spéciale... ne me demande pas comment (geste des deux mains d'ignorance horrifiée)... quand il lui rendait visite aux écuries. *Kstati* (à propos), il y a une chose que je ne suis jamais arrivée à comprendre, c'est comment l'hérédité pouvait être transmise par les célibataires — à moins de supposer que les gènes puissent sauter comme les cavaliers d'échecs. La dernière fois que nous avons joué ensemble, je t'ai presque battu. Il faudra que nous jouions encore... Oh pas aujourd'hui, je suis trop triste. J'aurais tant aimé savoir tout, *tout* de toi, mais il est déjà trop tard. Nos souvenirs sont toujours plus ou moins stylisés (*stilizovany*) comme disait ton père (cet homme irrésistible et détestable), et maintenant, même si tu me montrais tes vieux journaux intimes je ne pourrais plus m'arracher un sursaut d'émotion vraie bien qu'une actrice soit toujours capable de verser des larmes... comme je le fais maintenant. Tu comprends (fouillant sous son oreiller à la recherche d'un mouchoir), quand les enfants sont tout petits (*takié malutki*), on n'arrive pas à s'imaginer qu'on pourrait vivre loin d'eux, fût-ce pendant deux jours, et le temps passe et voilà qu'on le peut... deux jours, deux semaines... et plus tard viennent les mois, les années grises, les lustres noirs, et, pour finir, l'opéra bouffe de l'éternité chrétienne ! Il me semble que la séparation, même la plus brève, est une manière d'entraînement aux Jeux Elyséens. Qui donc a dit cela?... Ah, c'est moi ! Même ton costume, quoiqu'il t'aille très bien, a quelque chose de funèbre. Qu'est-ce que je peux dire comme bêtises ! Pardonne ces larmes idiotes. Dis-moi, y-a-t-il quelque chose que je puisse faire pour toi ? Pense à quelque chose. Qu'est-ce que tu dirais d'une belle écharpe péruvienne autant dire neuve, qu'il a oubliée, ce jeune fou ? Non ? Ce n'est pas ton style ? Bon. Maintenant laisse-moi. Et surtout pas un mot à cette pauvre Mlle Larivière qui n'a que de bonnes intentions. »

Ada rentra juste avant le dîner. Des soucis ? Van la croisa dans le grand escalier. Elle paraissait lasse et montait en traînant sur les marches sa pochette à longue anse. Des soucis ? Elle sentait le tabac — peut-être (dit-elle) parce qu'elle avait passé une heure dans un compartiment pour fumeurs, ou bien (ajouta-t-elle) parce qu'elle avait grillé une ou deux cigarettes dans le salon du docteur, ou bien encore (et ceci elle ne le dit point) parce que son amant anonyme était un grand fumeur de qui la bouche qui s'ouvrait était remplie de brouillard bleu onduleux.

« Alors ? demanda Van après l'ébauche d'un baiser. Tout est bien ? Pas d'ennuis ? »

Elle le foudroya du regard, ou fit semblant.

« Van, comment as-tu pu appeler Seitz au téléphone. Il ne sait même pas mon nom. Tu m'avais promis ! »

Un silence.

« Je ne l'ai pas appelé », dit posément Van.

« Tant mieux, dit Ada, de la même voix insincère, tandis qu'il l'aidait à se défaire de son imperméable. Oui, tout est bien. Tu veux bien cesser de me renifler, Van très cher. Il se trouve que la sacrée chose a commencé sur le chemin du retour. Laisse-moi passer, s'il te plaît. »

Des soucis, elle ? Automatiquement confectionnés par sa mère ? Rien que de très banal et de très ordinaire ? « Nous avons tous nos petits ennuis ?

— Ada ! » cria-t-il.

Elle se retourna avant d'ouvrir la porte de sa chambre, qui restait toujours fermée à clef. « Plaît-il ?

— Tusenbach ne sachant que dire : Je n'ai pas encore pris de café aujourd'hui. Demande, Irène, qu'on m'en prépare une tasse ! Il sort précipitamment.

— Très drôle ! » dit Ada en s'enfermant dans sa chambre.

CHAPITRE XXXVIII

VERS le milieu du mois de juillet, l'oncle Dan emmena Lucette à Kalouga où elle devait passer cinq jours, avec Belle et French. Un cirque allemand et le Ballet de Liaska se produisaient dans la ville, et pas un enfant de l'endroit n'eût voulu manquer les tournois de hockey et de natation des écolières kalouganes auxquels le vieux Dan, qui n'était au fond qu'un grand enfant, assistait religieusement tous les ans à la même époque. En outre, Lucette devait subir une série de « tests » à l'hôpital Tarus afin de déterminer la cause des variations très anormales de son poids et de sa température (elle mangeait de si bon appétit, pourtant, et se sentait si bien).

On devait rentrer le vendredi après-midi. Dan pensait se faire accompagner d'un notaire de Kalouga et trouver, en arrivant, Démon, dont les visites étaient exceptionnelles. L'affaire dont ils devaient discuter était la vente d'une terre « bleue » — une tourbière — qui appartenait aux deux cousins et dont chacun, pour des raisons différentes, avait hâte de se débarrasser. Destin habituel des projets les mieux combinés du pauvre Dan, rien ne se passa comme on l'avait prévu : le notaire ne put promettre d'arriver avant une heure tardive, et, quelques minutes avant que Démon ne franchît le seuil du manoir, Marina reçu un aérogramme de son mari lui demandant de « faire dîner Démon » sans attendre Dan et Miller.

Ce *kontretan* (terme plaisant, par lequel Marina désignait toute espèce de surprise et pas seulement les mauvaises) fit grand plaisir à Van. Il avait, cette année-là, peu vu son père. Il l'aimait avec une sorte de dévotion enjouée, l'avait idolâtré enfant et le respectait fermement dans son adolescence tolérante, mais aussi mieux renseignée. Plus tard, une nuance de dégoût (le même dégoût qu'il éprouvait devant sa propre immoralité) vint se mêler à l'amour, à l'estime; et cependant, plus il avançait en âge, plus il avait le sentiment net qu'à tout moment et en toute circonstance il eût été prêt à donner sa vie pour son père, avec joie, avec fierté. Vers la fin des années quatre-vingt-dix, quand Marina, pauvre radoteuse, récapitulait les « crimes » de feu Démon, avec d'inutiles détails qui vous causaient autant de gêne que de répulsion, Van éprouvait la même pitié pour elle et pour lui, mais son indifférence à l'égard de Marina, et son adoration pour son père restaient semblables à ce qu'ils avaient toujours été, à ce qu'ils sont encore aujourd'hui dans les années (chronologiquement à peine concevables) soixante (du XXe siècle). Quel maudit faiseur de généralisation avec ses deux sous d'esprit et sa figure sèche de cœur serait en mesure d'expliquer (et telle est ma plus suave revanche, détracteurs obstinés de l'œuvre de ma vie !) les singularités individuelles qui apparaissent dans ces cas et dans d'autres du même genre. Sans elles, le génie, l'art n'existeraient point, et cette déclaration définitive suffit pour condamner nos bouffons et nos rustres.

Quand Démon était-il venu à Ardis au cours des précédentes années ? Le 23 avril 1884 (c'est ce jour-là qu'avait été proposé, approuvé, organisé, le premier séjour estival du jeune Van). Deux fois pendant l'été 1885 (pendant que Van escaladait les monts des Etats de l'Ouest, et que les petites Veen voyageaient en Europe). Un dîner en juin ou juillet 1886 (où était Van ?). Quelques jours au mois de mai 1887 (Ada herborisait avec une Allemande en Estotie ou en Californie. Van putassait à Chose).

Mettant à profit l'absence de Mlle Larivière et de Lucette, Van s'était longtemps ébattu avec Ada dans la confortable nursery; il se penchait à la fenêtre (d'où l'on ne voyait qu'imparfaitement l'allée principale) quand il entendit le riche ronronnement de l'automobile paternelle. Il descendit l'escalier avec une telle célérité que la rampe lui brûla la paume (et cette cuisson lui rappela joyeusement des occasions semblables de son enfance). Il n'y avait personne dans le hall. Démon était entré par une galerie latérale. Installé dans le salon de musique poudré de soleil, il essuyait son monocle au moyen d'une *zamchinka* (peau de chamois) spéciale en attendant son brandy « prébrandial » (vieille plaisanterie). Ses cheveux teints étaient noirs comme le corbeau, ses dents blanches comme les dents d'un fox-hound. Son visage basané, lisse et luisant, à la moustache impeccablement taillée, aux yeux noirs et humides, s'illumina à la vue de son fils et révéla ce rayonnant amour auquel Van répondait si bien et que l'un et l'autre s'efforçaient vainement de masquer sous le ton habituel de la plaisanterie.

« Hello, Dad.

— Oh, hello, Van. »

Très américain. On est à Riverlane School. Il claque la portière de sa voiture, traverse la cour enneigée. Toujours des gants, jamais de pardessus. Père, *you want to go the bathroom ?* Mon pays, mon doux pays.

« Tu veux monter au « bathroom » ? » demanda Van l'œil pétillant.

« Non. Merci. J'ai pris mon bain ce matin. » (Soupir bref pour constater la fuite du temps. Démon, lui aussi, se rappelle tous les détails de ces dîners père-et-fils à Riverlane : l'invitation, immédiate et respectueuse, à passer au W.C., la cordialité des maîtres, le repas infâme, le hâchis à la crème, Dieu garde l'Amérique, l'embarras des fils, la vulgarité des pères, Anglais titrés et gentilshommes grecs discutant yachts, cadyacs, et yoickfests aux Bahamudas. « Me permets-tu, cher fils, de transporter très discrètement de mon assiette dans la tienne cette exquise synthèse glacée de rose ? » Van (feignant d'être profondément blessé) : « Comment, papa, tu n'aimes pas ça ? » Dieu garde leurs pauvres petites papilles américaines.

« Ta nouvelle voiture a des sonorités splendides », dit Van.

« N'est-ce pas ? » (Questionner Van sur cette *gorni-*

chon — terme argotique franco-russe et du plus bas étage pour désigner une accorte *kameristotchka*.) « Quelles nouvelles, cher enfant ? La dernière fois que nous nous sommes vus, tu revenais de Chose. Nous gâchons notre vie en séparations. Nous sommes les fantoches de la fatalité. Oh ! tiens, allons passer un mois ensemble à Paris ou à Londres, avant la rentrée. »

Démon laissa tomber son monocle et se tamponna les yeux avec le mouchoir fashionable ourlé de dentelle qui habitait la poche de poitrine de son smoking. Ses glandes lacrymales entraient facilement en action, quand une peine réelle ne l'obligeait pas à se dominer.

« Tu m'as l'air très sataniquement « en forme », Dad, surtout avec cet œillet frais à la boutonnière. Tu n'as pas dû, ces dernières semaines, être souvent à Manhattan; où as-tu pris la couleur de sa dernière syllabe ? »

Amusette maison, dans la veine Veen.

« Je me suis offert, en effet, un petit voyage à Akapulkovo », répondit Démon, se remémorant à contrecœur et sans nécessité (avec ce choc particulier du détail fugitif qui persécutait également sa progéniture), un poisson rayé noir-et-violet dans une vasque, un canapé rayé pareillement, le soleil subtropical révélant les veinures d'un cendrier d'onyx sur le pavage de pierre, une pile de vieux numéros de *Povesa* (playboy) tachés de jus d'orange, les bijoux qu'il avait apportés, le gramophone chantant d'une voix de jouvencelle rêveuse « Petit nègre, au champ qui fleuronne », et l'abdomen admirable d'une jeune Créole, très chère, très infidèle et parfaitement adorable.

« Et mademoiselle comment-donc, tu l'avais emmenée avec toi ?

— Il faut bien dire, mon garçon, que la nomenclature devient chaque année plus confuse. Mais parlons de choses plus simples. Où sont les rafraîchissements ? Un ange qui passait me les avait promis. »

(Un ange qui passait ?)

Van tira un cordon de sonnette vert : un mélodieux message partit vers les cuisines, cependant que de l'antique aquarium encadré de bronze et habité par un poisson-convict solitaire s'élevait en contre-chant dans un coin du salon de musique un mystérieux babil de bulles (phénomènes peut-être d'aération spontanée, que Kim Beauharnais, le garçon de cuisine, était seul à comprendre).

« Conviendrait-il de l'appeler, après le dessert, se demandait Démon. Quelle heure serait-il, là-bas ? Peu utile et mauvais pour le cœur !

— Je ne sais pas si tu sais, dit Van, quand il se fut reperché sur le bras rond du fauteuil de son père. Oncle Dan, Lucette et le notaire n'arriveront qu'après le dîner.

— A merveille », dit Démon.

« Marina et Ada descendront dans une minute; ce sera un dîner à quatre.

— A merveille, répéta-t-il. Tu es magnifique, mon cher, très cher garçon, et je n'ai pas besoin de forcer mon compliment comme le font certains pour flatter un homme vieillissant dont le cheveu a reçu sa brossée de « Lion Noir ». Ton smoking est ravissant... disons plutôt qu'on est ravi de reconnaître son vieux tailleur dans les vêtements de son fils, comme lorsqu'on se surprend à perpétuer je ne sais quel tic ancestral... celui-ci par exemple (il hoche trois fois l'index gauche à la hauteur de sa tempe), qui, chez ma mère, était un geste fortuit de dénégation pacifique; le gène t'a échappé, mais je le retrouve dans le miroir de mon coiffeur quand je refuse de lui laisser oindre ma plaque chauve de Crêmlin. Et sais-tu qui le possédait encore ? Ma tante Kitty, qui épousa le banquier Bolenski après avoir divorcé de cet épouvantable vieux coureur de filles, Liovka Tolstoï, l'écrivain. »

Démon préférait Walter Scott à Dickens et tenait les romanciers russes en médiocre estime. Comme à l'accoutumée, Van jugea opportun de formuler un commentaire rectificatif.

« C'était un écrivain extraordinairement artiste, papa.

— Et toi, tu es un garçon extraordinairement exquis », dit Démon en répandant une seconde larme d'eau douce. Il pressa contre sa joue la main belle et forte de Van, et Van posa les lèvres sur le poignet velu de son père qui déjà tenait un verre d'alcool encore invisible. Malgré l'empreinte virile de leur ascendance irlandaise, tous les Veen qu'abreuvait la veine russe montraient dans leurs effusions rituelles une tendresse surabondante, alors qu'ils étaient quelque peu ineptes dans l'expression verbale de leurs sentiments.

« Holà, s'écria Démon, qu'est-il bien arrivé ? Ton pouce et ta paume sont ceux d'un charpentier. Fais-moi voir l'autre main. Juste ciel ! (Marmonnant à mi-voix :) La bosse de Vénus méconnaissable, la ligne de vie balafrée, mais monstrueusement longue... (imitant la monodie de la bohémienne :) Vous vivrez tant que vous arriverez sur Terra et que vous en reviendrez plus sage et plus content. (Reprenant sa voix ordinaire) Ce qui rend votre chiromancien perplexe, c'est la condition surprenante de la ligne dite Sœur de la Vie et cette rugosité.

— Mascodagama », murmure Van en levant les sourcils.

« Mon Dieu que je suis obtus. Et maintenant dis-moi, tu aimes bien Ardis ?

— Je l'adore. Ardis, c'est pour moi le « château que baignait la Dore ». J'y passerais de grand cœur tous les jours de ma vie baroque et balafrée. Hélas ! c'est un rêve sans espoir.

— Sans espoir ? C'est ce que je me demande. Je sais que Dan pense laisser Ardis à Lucile. Mais Dan aime l'argent et mes affaires vont assez bien pour que je puisse satisfaire de grands appétits. A ton âge, je me disais que le mot le plus doux de notre langue rimait avec « billard » et je sais maintenant que j'avais raison. Si tu désires à ce point posséder ce domaine, je puis essayer de l'acheter. Marina ne serait pas insensible à certaines pressions : elle soupire comme un pouf quand on s'assied sur elle un peu. Ma parole, vos gens ne sont pas des Mercures. Tire encore sur ce cordon. Oui, on pourrait peut-être amener Dan à vendre.

— C'est bien « *black* » de ta part, Dad », dit Van, charmé de ce discours et se servant d'une expression d'argot que lui avait apprise au berceau sa tendre et jeune nourrice Ruby, qui était née dans la région du Mississippi où la plupart des magistrats, des bienfaiteurs publics, des grands prêtres appartenant à toutes sortes de « confessions » et bien d'autres personnages honorables et généreux ont la peau noire ou noirâtre de leurs ancêtres d'Afrique occidentale, qui furent les premiers navigateurs à débarquer dans le golfe du Mexique.

« Qui sait, murmura Démon, l'air songeur. Cela ne monterait guère au-dessus de deux millions, moins ce que me doit le cousin Dan, moins les herbages de Ladore qui sont complètement gâtés, et dont il faudra se débarrasser progressivement si les hobereaux du coin ne font pas sauter cette nouvelle raffinerie de pétrole, la honte (*styd i sram*) de notre comté. Je ne suis pas particulièrement épris d'Ardis mais je n'ai rien contre quoique je déteste les environs. La ville de Ladore est devenue d'une vulgarité atroce et le jeu n'y est plus ce qu'il y était. Vous y avez toutes sortes de voisins plutôt bizarres. Le pauvre Lord Erminine est à peu près fou. L'autre jour, aux courses, je parlais avec une dame qui fut ma proie autrefois, oh ! longtemps avant que Moïse de Vere ne cocufiât son mari en mon absence, et ne le tuât dans un duel en ma présence — une épigramme que tu as dû déjà entendre tomber de cette même bouche... »

(Le couplet suivant sera celui du « radotage paternel »).

« ... Mais un bon fils doit savoir s'accommoder d'un peu de radotage paternel. Bref, elle prétend qu'Ada et son fils se voient beaucoup, etc., etc. Dit-elle vrai ?

— Pas exactement, dit Van. Ils se rencontrent, de temps en temps, chez les uns ou les autres. Ils ont le même goût pour les chevaux, les courses. Il n'y a pas d'*et caetera*. Cela est hors de doute.

— Tant mieux ! Mais j'entends approcher le pas solennel. Prascovie de Prey a le plus grand défaut pour une snob : elle exagère. Bonsoir Bouteillan. Je vous retrouve vermeil comme vos vignes natales... mais on ne rajeunit pas, comme disent les Amerloques, et ma gentille messagère se sera fait détourner par un poursuivant plus jeune et plus heureux...

— *Prochou, papotchka* (voyons, papa) », murmura Van, qui craignait toujours que les domestiques ne s'offensent des plaisanteries abstruses de son père, alors que lui-même péchait parfois par excès de sécheresse.

Mais — pour employer une vénérable formule narrative — le bonhomme connaissait trop son ancien maître pour se formaliser d'une saillie de bon aloi. La main lui piquait encore agréablement d'avoir fessé le jeune et dru derrière de Blanche pour la punir d'avoir dénaturé la requête, simple pourtant, de Mr. Veen et laissé choir un vase à fleur. Après avoir posé son plateau sur une table basse, il recula de quelques pas, les doigts toujours repliés dans la position platophore et c'est seulement alors qu'il répondit par une inclination affectueuse aux paroles accueillantes de Démon. Monsieur était-il toujours en bonne santé ? Plus que jamais.

« J'aimerais pour dîner une bouteille de votre château latour d'estoc, dit Démon; et quand le maître d'hôtel, après avoir escamoté en passant un petit mouchoir chiffonné oublié sur le couvercle du piano, fut sorti du salon, en saluant encore : t'entends-tu avec Ada ? Elle doit avoir quoi... presque seize ans maintenant ? et romantique ?

— Nous sommes les meilleurs amis du monde, dit Van (qui avait dûment préparé sa réponse à une question qu'il attendait sous une forme ou sous une autre). Il est certain que nous avons plus de points communs que, par exemple, des amants ordinaires, ou des cousins, ou des jumeaux. J'entends que nous sommes positivement inséparables. Nous lisons beaucoup, Ada s'est instruite de façon spectaculaire grâce à la bibliothèque de son grand-père. Elle connaît les noms de toutes les fleurs et de tous les pinsons du voisinage. Et puis, c'est une fille tellement amusante...

— Van », commença Démon, qui n'alla pas plus loin — que de fois, au cours des années précédentes, il avait commencé, n'était pas allé plus loin. Il fallait pourtant que cela fût dit un jour, mais le moment était mal choisi. Il ajusta son monocle et regarda les bouteilles.

« A propos, fiston, as-tu envie d'un seul de ces apéritifs ? Mon père m'accordait un doigt de Lilletovka, effroyable bibine, *antranou svadi* comme dirait Marina. Je soupçonne ton oncle d'avoir une cachette derrière les bouquins postiches de son bureau et d'y loger un whisky meilleur que cet *usque ad Russkum*. Hé bien, goûtons au cognac comme prévu, à moins que tu ne sois un *filius aquae ?* »

(Le jeu de mots n'était pas voulu mais on se laisse emporter et l'on gaffe.)

« Oh, je préfère le bordeaux. Je me concentrerai (*nalyagou*) sur le château latour plus tard. Rassure-toi, je ne suis pas abstinent, et puis, l'eau d'Ardis n'est pas recommandée !

— Je dois avertir Marina, dit Démon, après un premier rinçage de gencives et une première lente rasade, que son époux devrait mettre un terme à ses ribotées de gin et s'en tenir aux vins français et califrançais... après cette petite attaque ! Je l'ai rencontré en ville, il y a peu de temps, près de Mad Avenue. Il marchait dans ma direction le plus normalement du monde, et puis, quand il m'a vu, à la distance d'un pâté de maisons, la mécanique s'est mise à ralentir et il a fini par s'arrêter — oh ! lamentablement — avant d'arriver jusqu'à moi. Ce n'est guère normal. D'accord, n'abouchons jamais nos amoureuses, comme nous disions, là-bas, à Chose; mais enfin... il n'y a que les Yukoniens pour croire que le cognac est mauvais pour le foie, parce qu'ils ne connaissent que la vodka. Eh bien, je suis ravi d'apprendre que tu t'entends si bien avec Ada. C'est parfait. J'ai rencontré tantôt dans cette galerie une soubrette remarquablement jolie. Pas une fois elle n'a levé ses longs cils et c'est en français qu'elle m'a répondu, quand je... de grâce, mon garçon, tire un peu de côté le store... oui c'est bien ainsi. L'estocade d'un soleil couchant, surtout décochée de dessous une nuée noire d'orage, n'est pas ce qu'il faut à mes pauvres yeux. Ni à mes pauvres ventricules. Van, tu es sensible à ce genre de beauté ? La petite tête inclinée, la nuque nue, les talons hauts, le trot-menu, le tortillement... Cela te plaît, n'est-ce pas ?

— Eh bien... (faut-il lui révéler que je suis le plus jeune des Vénusiens ? Lui, en est-il ? Montrerai-je le signe ? Mieux vaut ne point. Inventons). Eh bien, pour le moment, je me repose après mon aventure torride à Londres avec ma partenaire de tango que tu as applaudie le soir où tu as traversé les airs pour assister à notre dernière représentation, tu te rappelles ?

— Bien sûr, bien sûr. Comme c'est curieux, l'épithète que tu viens d'employer.

— Je crois, père, que tu as bu assez de cognac.

— C'est bien, c'est bien », dit Démon, qui tournait et retournait dans son esprit certaine question subtile que seule l'ineptitude d'une conjecture apparentée avait refoulée hors du cerveau de Marina (étant admis qu'elle eût pu y entrer par une porte dérobée), car « ineptitude » et « multitude » ont toujours été synonymes, et rien n'est plus rempli qu'une tête creuse.

« Naturellement, continua Démon, il y a beaucoup à dire en faveur d'un été de repos à la campagne.

— La vie au grand air, et tout le reste », dit Van.

« C'est incroyable tout de même qu'un gamin se mêle de surveiller la consommation d'alcool de son père, constata Démon en se servant un quatrième brin de brandy dans sa coupe à pied mince. Par contre, poursuivit-il en choyant le calice bordé d'un filet d'or, la vie au grand air pourrait bien être un peu lugubre sans une amourette estivale, et, je le reconnais, peu de filles convenables hantent le voisinage. Il y avait bien la délicieuse Grace Erminine, une petite juive très aristocratique, mais il paraît qu'elle est fiancée. A propos, la De Prey me dit que son fils est engagé et qu'il va bientôt prendre une part active à cette déplorable histoire étrangère, dont notre pays n'aurait jamais dû se mêler. Je me demande s'il laisse des rivaux dans la place ?

— Mon Dieu, non, répondit l'honnête Van. Ada est une jeune demoiselle tout à fait sérieuse. Elle n'a pas de cavalier... sauf moi, « ça va seins durs ». Oh ! rappelle-moi qui, qui, qui disait « seins durs » pour « sans dire » ?

— King Wing, un jour où je cherchais à savoir s'il

était content de son épouse française. Ma foi, ce sont de bonnes nouvelles que tu m'as données d'Ada. Tu dis qu'elle aime les chevaux ?

— Elle aime, dit Van, tout ce qu'aiment nos belles... les orchidées, les bals et *La Cerisaie*. »

Et voici qu'Ada entre en courant dans le salon de musique. Oui-oui-oui ! C'est moi. J'arrive. Resplendissante.

Le vieux Démon, arquant ses ailes irisées, se leva à demi mais retomba dans son fauteuil, un bras passé autour d'Ada, tenant son verre de l'autre main, embrassant Ada dans le cou, dans les cheveux, s'enfouissant dans sa fraîcheur avec une ferveur plus qu'avunculaire.

« *Gosh !* » s'écria-t-elle (et cette explosion ingénue d'argot de nourrice fit fondre le cœur de Van. Son père lui-même ne parut pas en éprouver autant d'*oumilenié* (attendrissement)). « Comme c'est bon de te revoir ! Griffant, poussant à travers les nuages pour foncer sur le château de Tamara ! »

(Lermontov paraphrasé par Lowden.)

« La dernière fois que j'ai joui de toi, dit Démon, c'était au mois d'avril; tu portais un imperméable avec un cache-nez noir et blanc et tu empestais je ne sais quelle drogue à l'arsenic parce que tu revenais de chez ton dentiste. Le Dr Pearlman a épousé sa secrétaire, tu seras bien aise de l'apprendre. Et maintenant, ma chérie, aux choses sérieuses. J'accepte ta robe (le fourreau noir sans manches), je tolère ta coiffure romantique, je n'aime guère ces escarpins chaussés *na bosou nogou* (à même le pied nu), ton parfum Beau Masque, passe encore, mais, mon trésor, j'abhorre, je repousse ton *lipstick* livide. C'est peut-être la mode dans ce bon vieux Ladore, mais ça ne se fait plus à Man ni à Londres.

— *Ladno* (okay) », dit Ada, et, découvrant ses grandes dents, elle frotta sans pitié ses lèvres avec un minuscule mouchoir qu'elle avait tiré de son sein.

« Voilà qui ne sent pas moins sa province. Tu devrais porter avec toi un réticule de soie noire. Et maintenant je vais vous montrer quel devin je puis être : ton rêve est de devenir pianiste de concert.

— Ah ça non, s'écria Van avec indignation. Quelle parfaite absurdité ! Elle ne joue pas une seule note.

— Ma foi, n'en parlons plus, reprit Démon. Observation et Déduction ne sont pas toujours mère et fille. Mais il n'y a rien de honteux que je sache à laisser choir un mamouche sur le couvercle d'un Bechstein. Pourquoi rougir si fort, mon amour ? Je te réciterai, par diversion comique :

« *Lorsque son fi-ancé fut parti pour la guerre*
Irène de Grandfief, la pauvre et noble enfant
Ferma son pi-ano... vendit son éléphant. »

L'enfant est à l'auteur mais l'éléphant est à moi.

— Allons donc », dit Ada en riant.

« Notre grand Coppée, dit Van, est horrible, bien sûr, mais mais il a fait certain petit poème très séduisant qu'Ada de Grandfief ici présente a contourné plusieurs fois en langue anglaise avec plus ou moins de succès.

— Oh, Van ! » s'exclama Ada sur un ton mièvre inhabituel en ramassant une pleine poignée d'amandes salées.

« Ecoutons, écoutons ça », exigea Démon, qui chipa une noisette de la paume ouverte.

Tout cela — le contrepoint précis de gestes entrecroisés, la candide gaieté d'une réunion de famille, les fils des marionnettes qui jamais ne s'embrouillent — « est plus facile à décrire qu'à imaginer ».

« Seuls les très grands artistes, maîtres inhumains, dit Van, peuvent parodier les procédés des vieux faiseurs de contes; mais ce ne sont que nos proches parents à qui on peut pardonner la paraphrase de vers célèbres. Avant de citer une tentative de ce genre faite par un cousin ou une cousine, peu importe, permettez-moi de préfacer mon exemple par deux ou trois lignes de Pouchkine, rien que pour le plaisir d'une rime.

— Le poison d'une rime ! s'écria Ada. Une paraphrase, même la mienne, est pareille à un terme qui se corrompt au cours des années. Le mot « poison » n'a signifié d'abord que « potion », simple breuvage. D'autre part les fermiers d'aujourd'hui disent en parlant d'un pré qu'il est « empoisonné » par une plante, la gentille petite aristoloche, par exemple...

— Qui suffit amplement à mes petits besoins et à ceux de mes petites amies », interrompit Démon.

« Eh bien, reprit Van (en ne relevant pas ce qui lui sembla être une allusion peu décente puisque la pauvre petite plante avait été considérée par les anciens habitants de Ladore non comme un remède contre la morsure d'un reptile mais comme gage d'un accouchement tranquille chez une très jeune personne... Passons), voici la préface dont je parlais :

« *Cette élégie si dolente,*
Je l'ai gardée par hasard.
Donc la voici : Leur chute est lente... »

« Ah, mais je connais ça, interrompit Démon :

« *Leur chute est lente. On peut les suivre*
Du regard en reconnaissant
Le chêne à sa feuille de cuivre,
L'érable à sa feuille de sang. »

« Rudement bien tourné !

— Oui, c'est du Coppée. Et maintenant écoutons la cousine, dit Van, et il déclama :

« Their fall is gentle. The leavesdropper
Can follow each of them and know
The oaktree by its leaf of copper,
The maple by its blood-red glow. »

« Pah ! » fit la paraphraseuse.

« Mais pas du tout ! s'écria Démon. Ce « leavesdropper » est une trouvaille splendide, mon amour. »

Il attira Ada, elle se laissa choir sur le bras rembourré du fauteuil, et Démon, à travers les belles mèches noires, appliqua goulûment ses épaisses lèvres humides sur l'oreille brûlante et rouge de la fille. Van eut un frisson de plaisir.

C'était au tour de Marina de faire son entrée. Elle s'en acquitta dans d'excellentes conditions de clair-obscur. Vêtue d'une robe pailletée, le visage plongé dans un « flou » poétique (halo cher aux vieilles étoiles), elle s'avança vers son hôte, les deux bras tendus en avant, suivie de Jones qui portait deux flambeaux et s'efforçait en même temps de contenir dans les bornes de l'étiquette les coups de talon expulsifs qu'il adressait à un petit tourbillon brun émané de l'ombre.

« Marina », s'écria Démon, avec une exaltation de commande. Il tapota la main qu'elle lui tendait et s'assit à côté d'elle sur une causeuse.

Tout en haletant de façon rythmique, Jones posa l'un de ses beaux flambeaux enlacés de dragons sur la table basse aux verres miroitants, et se préparait à porter l'autre dans le coin de la pièce où Démon et Marina préludaient avec mille grâces à la conversation quand, d'un signe bref, Marina le détourna vers une console proche du poisson zébré. Toujours haletant, il tira les rideaux, car il ne restait plus du jour que des ruines pittoresques. Serviteur efficace, très lent, très solennel, Jones était entré depuis peu au service d'Ardis; il fallut bien s'habituer, patiemment, à son rythme et à son asthme. Quelques années plus tard, il devait me rendre un service que je n'oublierai jamais.

« C'est une jeune fille fatale, une pâle beauté, une briseuse de cœurs », confia Démon à son ancienne maîtresse sans chercher à savoir si l'objet de ses louanges pouvait ou non l'entendre (elle l'entendait) de l'autre extrémité de la salle où elle aidait Van à cerner le chien... et montrait, dans cette opération, beaucoup trop de sa jambe. Notre vieil ami, qui n'était pas moins surexcité que le reste de la compagnie, était entré en galopant derrière Marina, portant dans sa gueule folâtre une vieille pantoufle de menu-vair. Cette pantoufle appartenait à Blanche, que l'on avait priée d'enfermer Dack dans sa chambre et qui, comme d'habitude, ne l'avait qu'imparfaitement incarcéré. Les deux enfants ressentirent un petit froid de déjà-vu (un double déjà-vu, en fait, observé dans le miroir de la rétrospection artistique).

« *Pojalsta bez gloupostеï* (allons, pas de bêtises), surtout devant les gens », disait Marina, infiniment flattée, en prononçant l'« s » final, comme l'avaient fait ses aïeules, et quand le laquais à la bouche de carpe fut ressorti, emportant comme un poupard le petit Dack au poitrail élevé et son pauvre joujou, elle reprit : « Sans mentir, comparée aux filles du pays, à Grace Erminine par exemple, ou encore à Cordula de Prey, Ada est une jouvencelle de Tourgueniev ou même une miss de Jane Austen.

— En vérité, je suis Fanny Price, rectifia l'intéressée.

— Dans la scène de l'escalier », ajouta Van.

« Ne prêtons pas attention à ces plaisanteries hermétiques, dit Marina à Démon. Je n'arrive jamais à comprendre leurs jeux, leurs petits secrets. Larivière a pourtant écrit un excellent scénario sur de mystérieux adolescents qui font on ne sait quelles étrangetés dans de vieux parcs... mais pour l'amour du ciel, ne lui permets pas ce soir d'entamer le chapitre de ses succès littéraires, ce serait une erreur fatale.

— J'espère que ton mari ne sera pas trop en retard, dit Démon. Nous savons qu'il ne donne pas le meilleur de lui-même après huit heures du soir, heure d'été. A propos, comment va Lucette ? »

A ce moment la porte s'ouvrit à deux battants (Bouteillan connaissait le grand style) et Démon offrit à Marina son bras arqué *kalatchikom* (en forme de croissant russe). Van, que la présence de son père inclinait volontiers à une sorte de badinage assez déplaisant, proposa d'escorter Ada, mais le bras qu'il lui tendait fut repoussé avec un sans-gêne de sœur que Fanny Price n'eût peut-être pas apprécié.

Un autre Price — vieux serviteur typique, et même trop typique, que Marina (et G.A. Vronski, durant leur brève idylle) avait pour une raison inconnue surnommé bizarrement « Grib », posa un cendrier d'onyx au haut bout de la table, à l'intention de Démon, qui aimait à fumer entre les plats — bouffée d'ancestralité russe. Une seconde table portait, encore à la mode russe, tout un assortiment de hors-d'œuvre rouges, noirs, beiges et gris; le caviar pressé (*salfetotchnaïa ikra*) était séparé du pot de Perles-Grises (*ikra svejaïa*) par le faste succulent des bolets fauves et bruns en conserves, alors que le rose du saumon fumé rivalisait avec l'incarnat du jambon de Westphalie. Sur un plateau séparé, brillaient les *vodotchki* aux arômes divers. Chauds-froids et foie gras représentaient la contribution de la cuisine française. Par une fenêtre ouverte, on entendait les grillons striduler à une allure menaçante dans les ténèbres des frondaisons immobiles.

Ce fut — pour rester fidèles aux poncifs du genre — un dîner exquis, plein de gaieté, et qui se prolongea fort tard; et, bien que la conversation eût dans l'ensemble consisté en pointes d'esprit de famille et en brillantes banalités, le souvenir de cette soirée devait rester gravé dans la mémoire de chacun des convives comme une expérience chargée de signification et point tout à fait agréable. On en cultiva précieusement l'image de même que, s'éprenant d'un tableau dans une galerie de peinture ou se ressouvenant du style d'un rêve, on s'attache au détail de ce rêve, ou à la richesse de la couleur et des contours dans une vision dépourvue de toute autre signification. On notera qu'aucune des personnes présentes, pas même notre lecteur, pas même Bouteillan qui mit en miettes un bouchon vénérable, n'était dans ses grands jours. Un je-ne-sais-quoi qui tenait de la farce et de la fausseté eût empêché un ange — si les anges avaient pu visiter Ardis — de s'y trouver tout à fait à son aise; et pourtant ce fut un spectacle éblouissant, qu'aucun artiste n'eût voulu manquer.

La blancheur de la nappe et l'éclat des bougies attiraient de timides ou d'impétueux phalènes, parmi lesquels Ada, guidée par un doigt fantôme, ne put que reconnaître d'anciens amis ailés. De pâles intrus qui ne demandaient qu'à étaler leurs ailes fragiles sur quelque surface luisante, des cogne-plafonds en fourrures d'échevins, des roués trapus aux antennes bipectinées, et des sphinx forceurs de consigne, aux ventres rouges ceinturés de noir, arrivaient dans la salle, en trombe ou en vol plané, en silence ou en vrombissant, du fond noir de la nuit chaude et moite.

C'était une nuit noire, chaude et moite de la mi-juillet 1888, au manoir d'Ardis, dans le comté de Ladore, ne l'oublions pas, ne l'oublions jamais. Quatre membres d'une même famille étaient assis autour d'une table de salle à manger ovale étincelante de fleurs et de cristaux. Ce n'est pas une scène de comédie comme aurait pu le croire — ou plutôt aura dû le croire — un spectateur (muni d'un appareil photographique ou d'un programme) placé dans le jardin comme au parterre d'un théâtre de velours. Marina avait été pendant trois ans la maîtresse de Démon et seize ans s'étaient écoulés depuis la fin de leur aventure. Des intermittences de longueurs diverses — une lacune de deux mois au printemps 1870, une autre de quatre mois ou presque au milieu de l'année 1871 — n'avaient fait alors qu'accroître leur tendresse et leur supplice. Le visage de Marina avait singulièrement perdu de sa finesse. Ni ses traits alourdis, ni sa toilette (cette robe constellée de sequins), ni la résille scintillante qui enveloppait sa chevelure teinte en blond fraise, ni sa gorge rougie par la brûlure du soleil, ni son maquillage mélodramatique où s'étalaient à l'excès l'ocre et le bistre ne rappelaient, même de loin, à celui qui l'avait aimée plus intensément qu'aucune autre femme au cours de sa vie galante, le chic, le charme, la beauté lyrique, de Marina Dourmanov. Et cela lui faisait de la peine, cet effondrement total du passé, la dispersion de sa cour itinérante et de ses ménétriers, l'impossibilité logique de rattacher la douteuse réalité du présent à la réalité incontestable du souvenir. Même ces hors-d'œuvre sur le *zakousotchnyï stol* et la salle à manger aux plafonds peints du manoir d'Ardis étaient sans lien avec leurs petits soupers d'autrefois. Dieu sait pourtant que le triple préambule par quoi s'ouvrait le rite demeurait semblable à lui-même : jeunes cèpes au vinaigre étroitement casqués de fauve luisant, perles grises du caviar frais, foie gras as-de-piqué de truffes périgourdines.

Démon engouffra un dernier morceau de pain noir garni d'une tranche élastique de saumonneau, lampa d'un trait un dernier pony de vodka et prit place au haut bout de la longue table. Marina lui faisait vis-à-vis, au-delà d'une large coupe de bronze remplie de pommes calville pareilles à des fruits sculptés et de raisins persty au grain ovale. L'alcool dont son vigoureux organisme était déjà passablement imprégné contribuait comme à l'ordinaire à rouvrir ce qu'il appelait, par gallicisme, des portes condamnées et, tout en dépliant sa serviette avec le léger bâillement qui, chez le mâle accompagne cet acte, il se prit à considérer la prétentieuse coiffure ciel étoilé qu'arborait Marina et s'efforça de *réaliser* (dans le sens fort et rare de ce terme, à savoir : *posséder* la réalité d'un fait en le forçant à pénétrer dans le centre de la sensation) qu'il avait devant lui une femme qu'il avait aimée au-delà du supportable, que cette femme l'avait aimé comme une hystérique, comme une fantasque, s'entêtant à faire l'amour sur des tapis et des coussins jetés sur les parquets (« comme font les gens du meilleur monde dans la vallée du Tigre et de l'Euphrate »); dévalant en bobsleigh deux semaines après ses couches le duvet des pentes neigeuses; débarquant inopinément de l'Orient Express avec cinq malles, le grand-père de Dack et une soubrette devant l'*ospedale* du Dr Stella Ospenko, où il se remettait d'une égratignure reçue dans un duel à l'épée (encore visible après dix-sept ans, ou presque, sous la forme d'une marque blanche, un peu au-dessous de la huitième côte). N'est-ce pas une chose étrange que, lorsqu'on retrouve après une longue séparation un camarade de collège ou une grosse tante pour qui l'on a eu beaucoup d'affection dans son enfance, on redécouvre aussitôt, intacte, la chaleur humaine de l'amitié, tandis qu'avec une ancienne maîtresse, jamais cela n'arrive. On dirait que la part humaine de notre affection a été balayée en même temps que les cendres de la passion inhumaine dans une opération de démolition générale. Il la regarda et rendit hommage à la perfection du potage, mais elle, cette femme assez épaisse, bonne, à n'en pas douter, mais quinteuse et de visage morose, toute vernie — le nez, le front, et le reste — d'une sorte d'huile brunâtre qu'elle estimait plus « juvénifiante » que la poudre, lui était davantage une étrangère que Bouteillan — qui, un jour, l'avait emportée, feignant la pâmoison, dans ses bras, loin d'une villa de Ladore, et l'avait installée dans un fiacre, après une dernière, toute dernière scène, la veille même de son mariage. Marina, qui était, par essence, une poupée de cire déguisée en créature humaine, n'éprouvait aucun malaise de cette nature, dépourvue qu'elle était du don de troisième vue (l'imagination, singularisée et miraculeusement détaillée) que nombre de gens fort ordinaires à tous autres égards, et des plus conformistes, peuvent également posséder, mais sans lequel la mémoire (même celle d'un profond « penseur » ou d'un technicien de génie) n'est, disons-le bien, qu'un cliché ou une feuille volante. Nous ne voudrions pas accabler Marina; après tout, le sang qui coule dans ses veines est le même qui bat dans nos poignets et dans nos tempes, et beaucoup de nos bizarreries nous viennent d'elle et non de lui. Pourtant, nous ne pouvons excuser la grossièreté de son âme. L'homme qui était assis au bout de la table et à qui la reliait un couple d'allègres jouvenceaux — à sa droite le jeune premier, à sa gauche l'ingénue — ne différait en rien du Démon, vêtu d'un smoking tout pareil (sauf peut-être l'œillet, évidemment, soustrait d'un vase qu'on avait dit à Blanche d'apporter de la galerie), qui, six mois plus tôt, le jour de Noël, était assis à côté d'elle chez les Praslin. L'abîme vertigineux qui s'ouvrait devant lui chaque fois qu'il la rencontrait, cette terrible « merveille de la vie », avec son « brouillage » extravagant de dislocations géologiques, ne pouvait être franchi par un pont qui n'était pour elle qu'une ligne pointillée de rencontres banales : le « pauvre vieux Démon » (tous ses compagnons d'oreiller passaient à la retraite avec ce titre) apparaissait devant elle comme un fantôme inoffensif, tantôt au foyer d'un théâtre « entre le miroir et l'éventail », tantôt dans le salon d'amis communs, une fois à Lincoln Park où elle l'avait aperçu montrant avec sa canne un singe au derrière indigo; il ne l'avait pas saluée, suivant l'usage du beau monde parce qu'il était au bras d'une cocotte. Quelque part, plus loin, beaucoup plus loin dans le passé, désamorcées et transformées par une mémoire que l'écran avait tristement corrompue en un mélodrame défraîchi, se trouvaient les trois années de ses rendez-vous d'amour (fiévreux et espacés) avec Démon, *Une Aventure torride* (c'était le titre de son unique film à succès), la passion dans les palaces, les palmiers et les mélèzes, Démon et sa Dévotion suprême, Démon et son caractère impossible, les séparations, les réconciliations, les Trains bleus, les pleurs, les trahisons, les terreurs, les menaces d'une sœur folle, impuissantes, certes, mais qui laissaient leurs marques, comme des griffures de tigre, sur les draperies du rêve, surtout quand la nuit et l'humidité vous donnent la fièvre. Et derrière, sur la muraille, l'ombre du châtiment (avec des allusions ridicules à la « légalité »). Tout cela, emballé, étiqueté, expédié en un tournemain à destination « Enfer », était pure mise en scène; en de très rares occasions seulement, un rappel la surprenait... par exemple, un truquage, gros plan représentant deux mains gauches appartenant à des sexes différents... mais occupées à quelle besogne, Marina ne se souvenait plus (bien que, depuis, *quatre* ans seulement se fussent écoulés)... A jouer à quatre mains ?... Non, ni Van ni Ada ne prenaient de leçons de piano... A faire des ombres chinoises sur un mur ?... plus près, plus chaud, mais faux encore. A mesurer quelque chose ? Mais quoi ? A grimper à un arbre ? Au tronc poli d'un arbre ? Mais où, et quand ? Un jour, se disait-elle, il faut mettre de l'ordre dans son passé. Le reprendre, le retoucher... Introduire dans la bande certains « fondus », certains « raccords », corriger l'usure révélatrice que l'émulsion présente en de certains endroits, rattraper par de judicieux effets de montage la suppression de telles longueurs superflues ou embarrassantes, se donner des garanties précises; un jour, oui... avant que la mort avec son claquoir ne vienne couper la scène.

Ce soir, elle se contentait de célébrer automatiquement le rite qui consistait à servir à Démon les mets que sa mémoire lui avait désignés avec plus ou moins d'exactitude, au moment où elle composait son menu, comme étant ceux qu'il préférait : le *Zelyonyïa chtchi*, une soupe à l'oseille et aux épinards, verte, veloutée, où roulent des œufs durs glissants, servie avec des *pirojki* chauds à se brûler les doigts, tendres irrésistiblement et fourrés de viande, de carotte, ou de chou (des PIRACHKI, c'est ainsi qu'à Ardis on prononce, on célèbre ce nom, depuis toujours et à tout jamais). Marina avait choisi de faire servir, ensuite, de la sandre (*soudak*) panée accompagnée de pommes de terre bouillies, des gelinottes rôties (*ryabtchiki*) et cette variété particulière d'asperge (*bezoukhanka*) qui ne produit point après coup ce que les livres de cuisine appellent « effet Proust ».

« Marina, murmura Démon, après le premier plat. Marina, répéta-t-il à voix plus haute. Loin de moi la pensée (il chérissait cette tournure), de critiquer les goûts de votre mari en matière de vins blancs, moins encore les manières de vos domestiques. Vous me connaissez, je ne me formalise pas de ces vétilles, je suis... (geste explicatif), mais, ma chère, continua-t-il, en russe, le *tchelovek* qui m'a servi les *pirojki*... le nouveau, ce rondouillard avec les yeux (*sglazami*).

— Tout le monde a des yeux », dit sèchement Marina.

« Peut-être, mais les siens sont comme ceux d'une pieuvre et semblent convoiter tout ce qu'il met dans votre assiette. Là n'est pas la question. Il halète, Marina ! Il doit souffrir de je ne sais quelle variété d'*odychka* (essoufflement). Vous feriez bien de l'envoyer au Dr Krolik. C'est démoralisant. Il ahane en cadence, comme une pompe. Mon potage en frémissait...

— Ecoute, papa, dit Van, le Dr Krolik ne peut pas grand-chose pour lui, puisqu'il est mort (ce que tu sais fort bien), et Marina ne peut davantage demander à ses domestiques de ne pas respirer, puisqu'ils vivent encore (ce que tu sais aussi).

— La verve des Veen, la verve des Veen », murmura Démon.

« Il a tout à fait raison, dit Marina, et je refuse absolument de me mêler de cela. D'ailleurs le pauvre Jones n'est pas le moins du monde asthmatique, il n'est qu'empressé de nous complaire. Il est sain comme un taureau et m'a conduite je ne sais combien de fois cet été d'Ardisville à Ladore (aller et retour) en bateau à rames, et cela a paru lui faire le plus grand plaisir. Tu es cruel, Démon. Je ne puis tout de même pas lui dire « *ne pykhtite* », non plus que je ne puis dire à Kim le marmiton de ne pas prendre des photographies en cachette... un vrai petit satan de l'instantané, ce Kim ! au demeurant le garçon le plus adorable, le plus doux et le plus honnête du monde; pas plus que je ne puis dire à Blanche, ma petite camériste française, de ne plus se faire inviter (je ne sais trop comment elle s'y prend) aux bals masqués les plus fermés de Ladore.

— Voilà qui est intéressant », constata Démon.

« Oyez le vieux paillard », s'écria joyeusement Van.

« Van ! » dit Ada.

« Je suis un jeune paillard », soupira Démon.

« Dites-moi, Bouteillan, demanda Marina, quel autre bon vin blanc avons-nous ? Que pouvez-vous nous recommander ? » Le maître d'hôtel s'épanouit et murmura un nom fabuleux.

« Très bien, très bien ! acquiesça Démon. Ah, chère amie, vous ne devriez pas combiner vos dîners sans aide. A propos d'avirons, vous avez dit avirons...

Savez-vous que moi qui vous parle, j'étais un *Rowing Blue* à l'université de Chose, en 1858 ? Van préfère le football, mais il n'est que *College Blue*, n'est-ce pas, Van ? Au tennis aussi, je suis plus fort que lui. Pas au tennis sur gazon, certes (ça c'est pour les *clergymen* campagnards), mais à la Courte Paume ou « tennis de court » comme on dit à Manhattan. Van, qu'ajouterons-nous ?

— Que tu me bats encore au fleuret mais que je suis meilleur pistolet que toi. C'est délicieux, ce poisson, papa, mais ce n'est pas du vrai soudak. J'en jurerais. »

(Marina, n'ayant pu se procurer à temps ce produit de l'Europe, l'avait remplacé par ce qu'elle avait trouvé de plus ressemblant, le *walleyed pike*, sandre américaine, servie avec une sauce tartare et des pommes de terre nouvelles à l'anglaise.)

« Ah ! soupira Démon après avoir goûté le Hock de Lord Byron, voilà qui nous console des Larmes de la Vierge; puis élevant la voix (car il s'imaginait, à tort, que Marina était devenue dure d'oreille) : Je parlais tout à l'heure à Van de votre mari. Il force un peu sur la vodka au genièvre. Pour tout dire, il devient assez drôle... toujours un peu pompette. L'autre jour je passais à pied dans Pat Lane, du côté de la quatrième Avenue, quand je l'ai vu arriver assez rapidement dans cette affreuse voiturette biplace qu'il s'est offerte, cette horrible et primitive machine à essence et à barre franche. Il m'a vu de loin, il m'a fait signe et la guimbarde a commencé de regimber. Elle a fini par s'arrêter à moins d'un demi-pâté de maisons. Il restait là, assis, à se trémousser des hanches pour faire repartir sa machine, comme un gosse qui n'arrive pas à décoincer son tricycle. En m'approchant, j'ai eu l'impression très nette que c'était sa mécanique à lui, plus que celle de sa Hardpan, qui était tombée en panne. » Ce que Démon, dans la bonté (native) de son cœur retors s'abstint de dire à Marina, c'est que l'imbécile, à l'insu de son conseiller artistique, M. Aix, avait acheté pour quelques dollars à un compagnon de jeu de Démon — et avec la bénédiction du même — deux faux Corrège qu'il avait aussitôt revendus un demi-million de dollars, coup de veine impardonnable, à un collectionneur aussi jobard que lui. En conséquence, Démon regardait ce demi-million comme un prêt que son cousin ne manquerait pas de lui rembourser (si le bon sens avait quelque empire sur cette planète jumelle). Discrétion pour discrétion, Marina omit de parler à Démon de cette jeune infirmière de l'hôpital sur qui Dan avait constamment mis la patte depuis sa dernière maladie (il s'agissait, soit dit en passant, de l'officieuse Bess à qui Dan avait demandé dans une circonstance mémorable de l'aider à trouver « quelque chose de gentil pour une fillette demi-russe qui s'intéressait à la biologie »).

« Vous me comblez, dit Démon qui venait de goûter le bourgogne. Quoique, *pravda*, mon grand-père maternel aurait plutôt quitté la table que de me voir accompagner une gelinotte de vin rouge au lieu de champagne. Magnifique, ma chère » (soufflant un baiser à travers une perspective de flammes et d'argenterie).

La gelinotte rôtie (ou plutôt son représentant néartique appelé par les habitants de Wyoming « tétras des montagnes ») était accompagnée d'airelles rouges (ou « canneberges des montagnes » — même source) en conserve. Certain morceau particulièrement friand d'un de ces volatiles brunâtres déposa entre la langue rouge et la canine vigoureuse de Démon un petit bout de plomb. « La fève de Diane, dit-il en plaçant délicatement l'objet sur le bord de son assiette. Van, quelle est ta situation en fait de voitures ?

— Vague. J'ai commandé une Roseley comme la

tienne, mais on ne me la livrera pas avant Noël. J'ai cherché vaguement une Silentium avec side-car. Introuvable, à cause de la guerre — encore que je ne voie pas quel rapport il peut y avoir entre les guerres et les motocyclettes. Mais nous nous arrangeons, Ada et moi, nous nous promenons à cheval, en bicyclette et même au moyen d'un tapis volant.

— Je me demande, dit le perfide Démon, pourquoi viennent de me revenir en tête quelques vers charmants de notre grand Canadien dédiés au front rougissant d'Irène :

Le feu si délicat de la virginité
Qui... je ne sais quoi... *sur son front*...

Soit. Tu peux emporter la mienne en Angleterre, à condition que...

— A propos, Démon, interrompit Marina, pouvez-vous me dire où et comment l'on peut se procurer le genre de vieille limousine spacieuse (avec vieux chauffeur de carrière) que Prascovie promène depuis je ne sais combien d'années ?

— Impossible, très chère, elles sont toutes au ciel, ou sur Terra. Mais que voudrait Ada, que voudrait mon silencieux amour pour son anniversaire ? C'est samedi prochain, *po raztchyotou po moémou* (d'après mes calculs), n'est-ce pas ? Une rivière de diamants ?

— *Protestouyu !* s'écria Marina, je parle *seriozno*. Il n'est pas question que tu lui donnes *kvaka sesva* (quoi que ce soit). C'est à Dan et à moi de nous en occuper.

— D'ailleurs tu auras oublié », dit Ada en riant (et prestement elle montra le bout de sa langue à Van qui avait observé avec intérêt sa réaction au mot de « diamant »).

« A condition que quoi ? », demanda Van.

« A condition qu'il n'y en ait pas une qui t'attende

déjà au Garage de George, Ranta Road. Ada, poursuivit-il, tu « jikkeras » bientôt toute seule. Mascodagama va aller passer ses vacances à Paris !... Ah, ça me revient : *Sur son front, en accuse la beauté !* »

L'on continua de bavarder sur le même ton frivole. Qui n'abrite dans les retraites les plus obscures de son esprit d'aussi éblouissants souvenirs ? Qui, aveuglé par le regard narquois du passé, n'a caché dans ses mains son visage crispé ? Qui, dans la solitude et dans la terreur d'une longue nuit...

« Qu'est-ce que c'est que ça ? » s'écria Marina qui avait encore plus peur de l'orage que les Antiambriens du comté de Ladore.

« Un éclair de chaleur », suggéra Van.

« Si vous voulez mon avis, rectifia Démon en se retournant sur sa chaise pour regarder les rideaux gonflés par le vent, si vous voulez mon avis, ce serait plutôt le flash d'un photographe. Après tout, nous avons ici une actrice célèbre et un sensationnel acrobate. »

Ada courut à la fenêtre. Dans l'ombre inquiétante des magnolias, un blême adolescent, flanqué de deux soubrettes bouche bée, braquait un appareil photographique sur le groupe familial à l'innocente gaieté. Et pourtant... non, ce n'était qu'un de ces mirages nocturnes comme il s'en produit parfois en juillet. Il n'y avait point là de photographe, sinon Perun, le dieu du tonnerre qu'il était interdit de mentionner. Marina se mit à compter à voix basse, en attendant le grondement qui devait suivre, comme si elle récitait une prière ou prenait le pouls d'un grand malade. Il était admis qu'un battement correspondait à une lieue de nuit noire entre notre cœur vivant et quelque pauvre berger, foudroyé là-bas... oh, très loin... sur le faîte d'une montagne. Le grondement vint — mais passablement assourdi. Un second éclair fit apparaître le châssis de la porte-fenêtre.

Ada revint s'asseoir à table. Van ramassa la serviette qu'elle avait laissé tomber sous sa chaise, et dans le cours de cette brève plongée, effleura de la tempe le bord de son genou.

« Pourrais-je avoir un autre morceau de la gelinotte décrite par Peterson, *Tetrastes bonasia windriverensis* », demanda Ada avec hauteur.

Marina agita une minuscule cloche de vache en bronze. Démon posa la main sur la main de sa jeune voisine et la pria de lui passer l'objet si étrangement évocateur. Elle s'exécuta; l'arc de son geste produisit un *staccato*. Démon ajusta son monocle et, tout en assourdissant la langue du souvenir, examina la clochette; mais ce n'était pas celle qu'il avait vue, jadis, posée sur un plateau de malade dans une chambre obscure du chalet du Dr Lapiner; elle n'était pas même de fabrication suisse, appartenant à la même race que ces traductions suaves qui trahissent la contrefaçon grossière d'un paraphraseur aussitôt qu'on les compare à l'original.

L'oiseau, hélas, n'avait pas survécu à l'« honneur qui lui avait été fait » : après une brève consultation avec Bouteillan, un morceau de saucisson d'Arles quelque peu incongru mais de haute saveur vint s'ajouter au bouquet d'asperges en branches qui garnissait l'assiette de la jeune demoiselle, et que tout le monde savourait pour l'instant. Que c'était impressionnant de voir avec quel plaisir elle et Démon contordaient de façon toute semblable leurs bouches aux lèvres luisantes pour y introduire d'une altitude en quelque sorte paradisiaque le voluptueux allié du frigide muguet, l'un et l'autre tenant la hampe en formant de leurs doigts le même faisceau conique, position qui n'était pas sans rapport avec le « signe de croix » réformé contre lequel s'étaient insurgés deux siècles plus tôt tant de Russes protestataires (schisme ridicule, écart du pouce et de l'index), lesquels s'étaient fait brûler vifs par d'autres Russes sur les bords du Grand Lac des Esclaves. Van se souvenait qu'un des meilleurs amis de son précepteur Aksakov, le docte et prude Semion Afanasievitch Vengerov, jeune professeur adjoint et déjà pouchkiniste célèbre (1855-1954), répétait souvent que le seul passage vulgaire qu'il eût relevé dans l'œuvre de son auteur favori était une description du plaisir cannibalesque éprouvé par une compagnie de jeunes gourmets arrachant à l'huis de leurs cloîtres des huîtres « vivantes et dodues » dans un chant inachevé d'*Eugène Onéguine*. Mais enfin « *everyone has his own taste* », comme écrit l'auteur anglais Richard Leonard Churchill, lequel, à deux reprises, dans son roman intitulé *A Great Good Man* et consacré à un certain khan de Crimée jadis bien connu des journalistes et des politiciens, donne cette traduction vicieuse de l'expression française très banale : chacun à son goût — faute relevée par Guillaume de Monparnasse, toujours mauvaise langue, d'ailleurs, et qui détestait les Anglais. Ada, tout en baignant dans une coupe la corolle renversée de sa main droite, entretenait justement Démon de la gloire nouvelle de Mlle Larivière, et Démon, l'écoutant, accomplissait le même rite avec le même geste élégant.

Marina prit une Albany dans une boîte de cristal garnie de cigarettes turques à bout « pétale-de-roses-rouge ». Ada l'imita, pour la galerie.

« Tu sais très bien, dit Marina, que ton père n'aime pas te voir fumer à table.

— Oh, ça ne fait rien », murmura Démon.

« C'est à Dan que je pensais, insista très lourdement Marina. Il est fort pointilleux sur ce chapitre.

— Et moi je ne le suis pas », dit Démon.

Ada et Van ne purent s'empêcher de rire. Tout cela n'était que badinage. Badinage peu raffiné, mais, tout de même, badinage.

Pourtant, un peu plus tard, Van annonça : « Moi aussi, après tout, je crois que je vais prendre une Alibi... je veux dire une Albany.

— Vous avez bien entendu, dit Ada; que chacun, je vous prie, veuille bien constater combien ce lapsus était voulu ! J'aime fumer une cigarette quand je vais aux champignons. Mais à mon retour, cet insupportable taquin me reproche l'odeur du Turc romantique ou de l'Albanais que j'ai rencontré dans les bois.

— Ma foi, dit Démon, Van a tout à fait raison de se préoccuper de ta bonne conduite. »

Les authentiques *profitrol'* russes (l' « l » prononcé très doux), telles que les cuisiniers russes les préparaient à Gavana avant l'an 1700, consistent en bouffettes de pâte plus grosses et nappées d'une sauce au chocolat plus crémeuse que les profiterolles noiraudes et chétives qui sont servies dans les restaurants de l'Europe. Nos amis venaient de finir ce succulent entremets, noyé de sauce au chocolat au lait, et se préparaient à passer au fruit, quand Bout, suivi de son père et du pataud Jones, fit une entrée sensationnelle.

Toute la tuyauterie et tous les water-closets de la maison avaient été brusquement saisis de convulsions borborygmiques. Ce phénomène traduisait et précédait toujours un appel téléphonique à longue distance. Marina, qui depuis plusieurs jours attendait un message de Californie (en réponse à certaine lettre torride), arrivait à peine à contenir son impatience passionnée, et au premier spasme bouillonnant, elle fut sur le point de se précipiter dans le hall où siégeait le dorophone, lorsque le jeune Bout entra en grande hâte, traînant après lui le long cordon vert (dont les palpitements rappelaient la série alternée de contractions et de dilatations d'un serpent ingérant un mulot) du récepteur aux incrustations de cuivre et de nacre que Marina pressa contre son oreille en proférant un « A l'eau ! » éperdu. Mais ce n'était que le vieux Dan — ce faiseur d'embarras — qui l'appelait pour dire que Miller s'était finalement trouvé dans l'impossibilité de disposer de la soirée mais qu'ils arriveraient ensemble le lendemain matin au point du jour.

« Au point, au point, je me demande s'ils seront très « au point » ! » glosa Démon qui commençait à se sentir rassasié des joies de la famille et regrettait un peu d'avoir manqué la première moitié d'une nuit de jeu à Ladore, pour un dîner des mieux intentionnés mais dont la qualité n'avait pas été de tout premier ordre.

« Nous prendrons le café dans le salon jaune, dit Marina, d'une voix désolée comme si le salon jaune eût été un lieu d'exil inconsolable. De grâce Jones, ne marchez pas sur ce cordon de téléphone. Mon pauvre Démon, tu ne peux t'imaginer combien j'appréhende de revoir après tant d'années le détestable Norbert von Miller qui est probablement devenu plus arrogant encore et plus obséquieux que jamais, et qui, j'en suis certaine, ne sait pas encore que la femme de Dan, c'est moi. » (Se tournant vers Van). « Ce Miller est un Russe balte, mais en réalité *echt deutsch*, bien que sa mère fût une Ivanov ou une Romanov ou quelque chose comme cela, qui possédait une fabrique de calicot en Finlande ou au Danemark. Je me demande bien où il a pu décrocher sa baronnie. Quand je l'ai connu, il y a une vingtaine d'années, il n'était que Miller, sans particule.

— Il l'est toujours, répliqua Démon d'un ton pédantesque; c'est toi qui confonds deux Miller. L'avocat qui travaille pour Dan est mon vieil ami Norman Miller du cabinet Fainley, Fehler et Miller, qui ressemble comme un frère jumeau à Wilfrid Laurier. L'autre, Norbert, a, si j'ai bonne mémoire, une tête de *Kegelkugel*, vit en Suisse, n'ignore aucunement qui tu as épousé et est une innommable fripouille. »

Après avoir bu d'un trait une tasse de café et un doigt de liqueur de cerises, Démon se leva.

« Partir c'est mourir un peu, et mourir c'est partir un peu trop. Tu diras à Dan et à Norman qu'ils peuvent venir prendre le thé au Bryant, demain à n'importe quelle heure. A propos, comment va Lucette ? »

Marina fronça les sourcils, hocha la tête, fit les gestes d'une mère aimante et soucieuse, bien qu'à la vérité elle éprouvât encore moins d'affection pour ses filles que pour l'amusant Dack ou le pitoyable Dan.

« Oh ! elle nous a fait très peur, finit-elle par répondre, vraiment très peur. Mais à présent, il semble bien...

— Van, dit Démon, sois gentil. Je suis venu sans chapeau, mais j'avais des gants. Demande à Bouteillan de regarder dans la galerie, peut-être les y ai-je laissés. Non. J'y pense. Ne bouge pas. Je les ai certainement oubliés dans ma voiture, puisque mes doigts se souviennent de la fraîcheur de cette fleur que j'ai prise en passant, dans un vase... »

Il la jeta maintenant, et avec elle se débarrassa de l'ombre d'une impulsion récente et fugitive qui l'eût fait plonger à deux mains sur une gorge tendre.

« J'espérais que tu passerais la nuit au château, dit Marina (à qui en vérité la chose n'importait guère). Quel est le numéro de ta chambre, à l'hôtel ? Pas le 222, par hasard ? »

Elle aimait les coïncidences romanesques. Démon consulta la fiche de cuivre suspendue à sa clef : « Le 221. » Du point de vue fatidique autant qu'anecdotique, l'approximation était très satisfaisante. La vilaine Ada jeta un regard à Van, dont le nez se pinça : cette grimace prétendait imiter l'oblique des jolies narines étroites de Pedro.

« Ils se moquent d'une pauvre vieille », dit Marina non sans coquetterie. Comme Démon lui prenait la main pour la porter à ses lèvres, elle posa un baiser (à la mode russe) sur le front incliné de son hôte; après quoi : « Tu me pardonneras, dit-elle, de ne pas t'accompagner sur la terrasse. Je suis devenue allergique à l'humidité, à l'obscurité. Je suis sûre d'avoir déjà de la fièvre. Trente-sept sept, au moins. »

Démon heurta de l'ongle le baromètre suspendu à côté de la porte, mais le sensible instrument avait été trop souvent frappé dans le cours de sa longue existence pour pouvoir réagir encore de façon intelligible et resta obstinément fixé sur ses trois heures et quart.

Ada et Van reconduisirent Démon jusqu'à sa voiture. La chaude nuit d'été baignait dans la « pluie verte » des fermiers de Ladore. Au milieu des lauriers au feuillage verni l'élégante voiture noire scintillait sous un fanal autour duquel des noctuelles tournaient comme des flocons de neige. Démon embrassa tendrement les deux petits, la fille sur une joue, le garçon sur l'autre, puis Ada encore, au creux du bras blanc qu'elle avait enlacé à son cou. On avait presque oublié Marina : dans la lumière ambrée d'une fenêtre en encorbellement, elle agitait de bonne grâce un châle pailleté — quoiqu'elle ne pût voir rien d'autre que le reflet du capot de la voiture et l'oblique réseau de la pluie dans les rayons jumeaux des phares.

Démon mit ses gants et démarra dans un fort grésillement de gravier humide.

Van dit en riant : « Ce dernier baiser est allé un peu trop loin.

— Bah ! Ses lèvres auront glissé », riposta Ada, qui riait aussi. Riant tous deux, ils contournèrent l'aile du logis et s'embrassèrent dans l'ombre.

Ils s'arrêtèrent un moment à l'abri d'un arbre indulgent comme s'était arrêté plus d'un convive, le cigare aux dents, au sortir d'un dîner au château. Tranquillement, innocemment, côte à côte, chacun dans la position prescrite par son sexe, Van ajouta son ruisselet, Ada sa brève cascade, au bruissement plus professionnel de la pluie dans la nuit. Après quoi ils s'en furent, la main dans la main, vers la galerie treillissée, pour y attendre dans un coin que les lampes s'éteignissent dans la maison.

« Il y avait quelque chose qui détonnait légèrement dans toute cette soirée, tu as remarqué ? » demanda Van à voix basse.

« Bien sûr. Et malgré tout, je l'adore. Je sais qu'il est complètement fou, qu'il n'a sa place nulle part, qu'il ne fait rien de sa vie. Je sais qu'il est loin d'être heureux et que philosophiquement c'est une créature irresponsable... et qu'il n'y a personne qui lui ressemble, absolument personne.

— Mais, qu'est-ce qui est allé de travers, ce soir ? C'est à peine si tu as ouvert la bouche, et tout ce que nous disions sonnait tellement faux. Je me demande si grâce à quelque narine intérieure, il ne te sentait pas en moi, et moi en toi. Il a essayé de me demander... Oh ! non, ce n'était pas ce qu'on appelle une bonne soirée en famille. Quant à savoir exactement pourquoi...

— Mon amour, mon amour, comme si tu ne le savais pas ! Peut-être arriverons-nous à garder perpétuellement notre masque, jusqu'au jour où la mort viendra nous séparer. Mais nous ne serons jamais mari et femme tant qu'ils vivront l'un et l'autre. Tout simplement, nous ne sommes pas à la hauteur de la situation, car il est à sa façon plus respectueux des convenances que la Loi ou la Lie de son monde. On ne peut suborner ses parents; quant à attendre quarante ou cinquante ans qu'ils veuillent bien mourir, c'est trop horrible à imaginer. Je veux dire que la seule pensée qu'il puisse y avoir des gens capables de vivre dans cette attente est contraire à notre nature; c'est une pensée méprisable et monstrueuse ! »

Il embrassa ses lèvres demi-closes avec douceur et

« moralité », selon le terme qu'ils employaient pour distinguer les minutes de recueillement profond des fureurs de la passion.

« De toute façon, c'est amusant d'être comme deux agents secrets en pays étranger ! Marina est montée chez elle. Tes cheveux sont mouillés.

— Des espions de Terra ? Oh, Van, tu crois, tu crois à l'existence de Terra ? Oh oui, tu y crois ! Tu l'admets. Je te connais, va !

— Je l'admets comme un état d'esprit. Ce n'est pas tout à fait la même chose.

— Non, mais tu veux prouver que c'est la même chose. »

Il effleura ses lèvres d'un autre chaste baiser, dont le bout, pourtant, commençait à prendre feu.

« Un de ces jours, dit-il, je te demanderai de bisser la représentation. Tu t'assiéras, comme tu étais assise, il y a quatre ans, devant la même table, dans le même éclairage, dessinant la même fleur, et moi, je rejouerai la même scène avec une telle joie, une telle fierté, une telle... je ne sais pas... reconnaissance ! Regarde, toutes les fenêtres sont éteintes. Moi aussi je sais traduire quand il le faut absolument. Ecoute un peu :

Les lampes s'éteignaient déjà dans la maison.
Ah, le souffle embaumé des « rozy » !
Nous restâmes assis sous l'ample frondaison
D'un grand bouleau, « beryozy. »

« Rose et bouleau », dit Ada, riment en russe aussi fatalement que rose et neige en anglais. « Ce terrible petit poème est de Konstantin Romanov si je ne m'abuse. Lequel vient d'être élu président de l'Académie de Littérature de Liaska. Misérable poète, heureux mari. Heureux mari !

— Tu sais, dit Van. Je crois vraiment que tu ferais

mieux de porter quelque chose sous ta robe dans les grandes occasions.

— Tes mains sont toutes froides. Les grandes occasions ? Tu as dit toi-même qu'il s'agissait d'une soirée en famille.

— Et quand bien même... tu te trouves en situation périlleuse chaque fois que tu te penches ou que tu t'étales.

— Je ne m' « étale » jamais !

— Je suis tout à fait certain que ce n'est pas hygiénique. A moins qu'il ne s'agisse, de ma part, que d'une forme de jalousie. Mémoires d'une Chaise Heureuse. Oh, ma chérie.

— Du moins, murmura Ada, ça simplifie les choses quelquefois. On va à la Vieille Remise ? Ou comme ça ?

— Comme ça, pour une fois », dit Van.

CHAPITRE XXXIX

La mode à Ladore en 1888, bien que passablement éclectique, n'était pas aussi relâchée que les châtelains d'Ardis ne semblaient le croire.

Pour le grand pique-nique de son seizième anniversaire, Ada portait une simple blouse de toile, un pantalon jaune maïs et des mocassins éculés. Van lui avait demandé de laisser ses cheveux flotter à leur guise. Elle s'y était d'abord refusée, disant qu'ils étaient trop longs, que ce n'était pas pratique à la campagne, mais elle finit par accepter une solution de compromis : la noire crinière fut étranglée à mi-longueur par un ruban fripé de satin noir. Un polo de jersey bleu, une culotte de flanelle grise « aux genoux » et des chaussures de sport à semelle de crêpe : telle fut la seule contribution de Van aux élégances estivales.

Pendant que d'autres vaquaient aux préparatifs de la fête champêtre parmi les rehauts de soleil de la traditionnelle clairière au milieu des pins, la folle enfant et son amant s'échappèrent discrètement et s'abandonnèrent pendant quelques instants à leurs ardeurs dévorantes dans un ravin envahi de fougères. Un ruisseau cascadait de rocher en rocher au milieu des buissons de bengaliers. C'était un jour torride et sans air. Il n'était pin si petit qui n'eût sa cigale.

« Il me semble si loin, si loin, *davnym davno*, dit-elle (je te parle comme l'héroïne d'un vieux roman), le temps où je venais ici jouer aux jeux de mots avec Grace et deux autres jolies petites filles. Insecte, inceste.

« Parlant à titre de botaniste et de folle, je te dirai maintenant qu'il n'existe pas de mot plus extraordinaire dans le répertoire de la langue anglaise que l'adjectif « *husked* », car il a des significations contraires : recouvert et épluché, étroitement *husked* ou *husked* en un tournemain, comme ce qui se laisse aisément dépouiller... tu n'as pas besoin d'arracher la ceinture, espèce de brute ! » « Une brute soigneusement « *husked* » », dit Van tendrement. Car la fuite du temps ne faisait qu'accroître sa tendresse pour celle qu'il étreignait, celle dont les mouvements avaient acquis une nouvelle souplesse, celle dont les hanches étaient devenues plus lyriformes, celle dont il venait de dénouer le ruban de satin.

Ils se tenaient à genoux, lui derrière elle, sur le bord d'une corniche cristalline où le ruisseau, avant sa chute, s'arrêtait pour se faire photographier et prendre lui-même des photographies. A l'instant du dernier frémissement, Van, penché sur le miroir liquide, lut dans le reflet du regard d'Ada le signal d'un danger imminent. Une situation analogue s'était déjà présentée (mais où ? mais quand ?). Si Van n'eut pas le temps de préciser son souvenir, du moins s'expliqua-t-il aussitôt le bruit d'un trébuchement qui se fit entendre derrière lui.

Au milieu d'un fourré encombré de rochers chaotiques, ils découvrirent et consolèrent la pauvre Lucette dont le pied avait glissé sur une plaque de granit. Rouge et rageuse, l'enfant se frottait la cuisse, en feignant des souffrances très exagérées. Gaiement, Van et Ada lui prirent chacun une menotte et la ramenèrent en courant à la clairière où elle éclata de rire, s'effondra, puis se dirigea vers ses tartelettes favorites, qui l'attendaient disposées sur une table pliante. Là, s'étant dépouillée de son sweat-shirt, elle remonta hardiment sa culotte verte et entama à croupetons sur le sol roux les victuailles dont elle venait de faire provision.

Ada n'avait voulu inviter personne à son piquenique, sauf les jumeaux Erminine. Loin d'elle l'intention de prier le frère sans la sœur; il se trouva que Grace ne put venir; elle était allée à New Cranton pour voir un jeune tambour, son premier amoureux, appareiller dans l'aube naissante avec son régiment. L'on ne pouvait faire autrement que de demander à Greg de venir seul : il s'était présenté la veille au manoir avec un « talisman » que son père, fort malade, l'avait chargé d'offrir à Ada en lui recommandant d'en prendre autant de soin que jadis grand-mère Erminine; c'était un petit chameau d'ivoire jaune sculpté à Kiev, cinq siècles plus tôt, à l'époque de Nabok et de Tamerlan.

Van ne se trompait pas en pensant qu'Ada était peu sensible aux soins dévotieux de Greg. Aussi le retrouva-t-il avec plaisir — ce plaisir, immoral dans sa pureté même, qui ajoute une saveur glacée à la sympathie qu'un rival heureux peut éprouver pour le plus brave garçon du monde.

Greg, qui avait laissé dans l'allée cavalière sa nouvelle motocyclette (une splendide Silentium noire), constata :

« Nous avons de la compagnie.

— En effet, répondit Van. *Kto sii* (qui sont ces gens) ? Tu as une idée ? »

Chacun était aussi perplexe. Point fardée, la lèvre morose, vêtue d'un imperméable, Marina s'approcha et regarda à travers la futaie dans la direction que Van lui indiquait.

Après avoir examiné la Silentium fort respectueusement, une douzaine de citadins vêtus de couleurs sombres s'enfoncèrent dans la forêt de l'autre côté du chemin et s'y installèrent pour faire honneur à une modeste *collazione* composée de fromage, de petits pains, de salami, de sardines et de Chianti. La distance qui les séparait de nos pique-niqueurs était telle qu'ils ne pouvaient les déranger en aucune façon. Ils n'avaient pas apporté de boîtes à musique du type « transistor » désuet. Ils parlaient à mi-voix, leurs gestes n'auraient pu être plus discrets. De ces gestes, le plus fréquent, celui dont la répétition comportait, eût-on dit, une signification rituelle, était celui d'un poing se refermant sur un morceau de papier qu'il froissait — papier d'emballage, ou gros papier de journal, ou papier boulanger de l'espèce la plus légère et la plus inefficace — et le jetant de façon placide et distraite, cependant que d'autres mains apostoliques et graves extrayaient les victuailles de leur empaquetage, ou, pour telle ou telle raison, les y replaçaient dans l'ombre noble des pins, ou dans celle plus modeste des faux acacias.

« Que c'est bizarre », dit Marina en grattant sa petite plaque chauve qui luisait au soleil.

Elle envoya un laquais pour enquêter sur place et prévenir ces politiciens gitans ou ces manœuvres calabrais que Milord Veen serait furieux s'il découvrait des intrus bivouaquant sur ses terres.

Le laquais revint en secouant la tête. Ces messieurs n'entendaient point l'anglais. Van partit à son tour en reconnaissance.

« Allez-vous-en, je vous prie : ces bois sont propriété privée », dit-il tour à tour en latin vulgaire, en français, en franco-canadien, en russe, en russo-yukonien, puis derechef en très bas latin : *proprieta privata*.

Il les regardait, mais eux ne lui prêtaient guère attention, quoique la ramée ne l'ombrageât guère. C'étaient des gens mal rasés, aux mâchoires bleuissantes, portant leurs vieux complets du dimanche; deux ou trois étaient sans faux cols mais avaient gardé, néanmoins, le bouton tyhroïdien. L'un se remarquait à sa barbe, à son œil louche et humide. Bottines vernies aux craquelures poussiéreuses, chaussures orange aux bouts très carrés ou très pointus avaient été retirées et poussées sous les bardanes ou posées sur les vieux chicots de la triste clairière. Vrai, que c'était bizarre ! Van ayant renouvelé son injonction, les inconnus commencèrent de marmonner entre eux dans un jargon totalement incompréhensible en faisant de petits gestes de la main dans sa direction comme des gens qui cherchent sans grande conviction à écarter un moucheron.

Van demanda à Marina s'il fallait qu'il employât la manière forte, mais la chère, la douce Marina, le poing sur la hanche et la main au chignon dit que non, qu'il suffisait de n'y point prêter attention et que d'ailleurs ils étaient en train de se retirer plus loin sous la futaie... regarde, regarde... Quelques-uns traînaient à reculons les reliques de leur repas sur quelque chose qui ressemblait à une vieille couverture et qu'on voyait s'éloigner comme une barque de pêche halée sur les galets d'une grève, pendant que d'autres emportaient fort civilement papiers gras et sacs froissés vers des cachettes plus lointaines, adaptées au repli général : tableau infiniment mélancolique et chargé de significations secrètes, mais lesquelles, lesquelles ?

Van finit par oublier leur présence. Tout le monde était d'humeur joyeuse. Marina se débarrassa du pâle imperméable (ou plutôt pare-poussière) qu'elle avait porté pendant le pique-nique (après tout, sa robe grise d'intérieur et son fichu rose étaient bien assez gais pour une vieille dame, déclara-t-elle) et, levant son verre vide, elle entonna avec brio et d'une voix parfaitement musicale, l'aria de Vert-Vert. « Remplissons, remplissons les verres de vin. Un toast à l'amour ! Aux délices de l'amour ! » Avec effroi, avec pitié, mais sans amour, Van revenait en esprit à cette pauvre petite plaque chauve, sur le pauvre crâne vieillissant de Traverdiata, dont la peau colorée par la teinture en un « rouille pin » atroce brillait bien davantage que ses pauvres cheveux morts. Il s'efforça, comme il l'avait fait tant de fois, d'arracher de son cœur quelque tendresse, mais comme toujours n'y put parvenir, et comme toujours se dit qu'Ada non plus n'aimait pas sa mère — bien vague et bien lâche consolation.

Greg, se persuadant avec une touchante simplicité qu'Ada remarquerait et approuverait son attitude, était aux petits soins pour Mlle Larivière : il l'aidait à se défaire de sa jaquette mauve, il versait pour elle dans le bol de Lucette le lait contenu dans une bouteille Thermos, il passait les sandwiches, il remplissait de vin le verre de Mlle Larivière tout en l'écoutant, avec une grimace courtoise, se répandre en invectives contre les Anglais qu'elle détestait, disait-elle, encore plus que les Tartares ou les... euh... Assyriens.

« L'Angleterre, s'écriait-elle, l'Angleterre ! Ce pays où pour un poète on compte quatre-vingt-dix-neuf sales petits bourgeois, dont certains d'extraction suspecte ! L'Angleterre ose singer la France ! J'ai là, dans ce panier, un roman anglais de grande réputation où l'on offre à une dame un parfum... un parfum très cher ! — qui porte le nom d'Ombre Chevalier ! Savez-vous ce que c'est qu'un ombre chevalier ? Rien d'autre qu'un poisson — un poisson exquis, j'en conviens, mais pas au point d'en parfumer son mouchoir ! A la page suivante un soi-disant philosophe nous vient parler d'« une acte gratuite » comme si tous les actes étaient féminins, et un soi-disant hôtelier parisien s'excuse en disant « je me regrette », au lieu de « je regrette » !

— D'accord, protesta Van, mais que dire de ces boulettes atroces qui se rencontrent dans les traductions françaises de l'anglais. Voulez-vous un exemple... »

Malheureusement — heureusement peut-être — à cet instant précis, Ada laissa échapper certaine interjection russe qui exprime la plus vive contrariété : une décapotable gris d'acier venait d'entrer dans la clairière. A peine arrêtée, la machine fut entourée par les mystérieux voisins qui, pour avoir tombé la veste et le gilet, semblaient étrangement s'être multipliés. Rompant le cercle qui l'entourait, avec tous les signes de la colère et du mépris, le jeune Percy de Prey — pantalon blanc et chemise à jabot — s'avança d'un pas dégagé vers la chaise longue de Marina. Malgré le regard insistant et le petit signe de tête dénégateur qu'Ada adressa à sa sotte mère pour prévenir une invitation intempestive, Marina le pria de se joindre à la compagnie.

« Je n'osais espérer... J'accepte de grand cœur », répondit Percy, après — mais seulement après — quoi, le cauteleux coquin jouant l'étourdi pour mieux dissimuler ses calculs retourna jusqu'à sa voiture (devant laquelle s'attardait encore un admirateur fasciné) et en retira un bouquet de roses aux longues tiges qu'il avait mis en réserve dans le coffre.

« Quel dommage que je déteste les roses ! » dit Ada en prenant son bouquet du bout des doigts.

On déboucha le muscat de Lunel et l'on but aux santés d'Ida et d'Ada. « La conversation devint générale », comme aimait à l'écrire Monparnasse.

Le comte Percy de Prey se tourna vers Ivan Demianovitch Veen :

« On raconte que vous aimez les positions anormales ? »

Cette demi-question était posée sur un ton à demi railleur. Van regarda à travers son verre de muscat le soleil couleur de miel.

« Que voulez-vous dire ? » demanda-t-il.

« Ma foi... cette façon de marcher sur les mains... Une des domestiques de votre tante est la sœur d'une de nos domestiques et deux jolies cancanières forment une équipe redoutable. (Il rit.) La légende prétend que vous faites ça toute la journée, dans tous les coins, félicitations ! (Révérence admirative.)

— La légende, répliqua Van, fait trop d'honneur à ma spécialité. Pour vous dire les choses comme elles sont, je m'exerce pendant quelques minutes une nuit sur deux seulement. N'est-ce pas, Ada ? (Il regarda à l'entour, pensant l'apercevoir.) Comte, mon premier est la souris des Romains, mon second est le chat des Anglais et mon tout est ce vin. En voulez-vous encore ? La charade ne vaut rien, mais elle est de moi ! »

Marina écoutait avec ravissement ces deux beaux garçons joutant de verve et de désinvolture : « Parle-lui donc de ton succès à Londres, Van chéri.

— Ma foi, dit Van, tout a commencé par une plaisanterie, là-bas à Chose et puis...

— Viens ici, Van, appela Ada d'une voix aiguë, j'ai quelque chose à te dire. »

Dorn (feuilletant les pages d'une revue littéraire), à Trigorine : « Il y a deux mois environ, certain article a paru dans ces colonnes... une Lettre d'Amérique. Je voulais vous demander à tout hasard (il prend Trigorine par le bras et le conduit sur le devant de la scène)... car voyez-vous, cette question m'intéresse énormément... »

Ada l'attendait debout adossée à un tronc d'arbre comme une belle espionne qui vient de refuser qu'on lui bande les yeux.

« Van, je voulais te demander, à tout hasard... (la suite à voix très basse avec un geste rageur du poignet), vas-tu cesser de jouer le bon hôte parfaitement imbécile ? Il est arrivé ivre comme une soupe, tu ne vois rien, ou tu le fais exprès ? »

L'exécution fut interrompue par l'arrivée de l'oncle Dan. Il conduisait avec une étonnante témérité, comme, Dieu sait pourquoi, c'est souvent le cas chez les gens chagrins et taciturnes. Après s'être faufilée à vive allure entre les pins, la petite torpédo rouge s'arrêta abruptement devant Ada, à qui Dan offrit le parfait cadeau d'anniversaire : une grosse boîte de bonbons à la menthe, blancs, roses et même, *oh boy !* verts ! Avec un clin d'œil, il ajouta qu'il avait un aérogramme pour elle.

Ada déchira nerveusement le pli et découvrit qu'il n'était pas pour elle, mais pour sa mère, et ne venait pas du sinistre Kalougano (comme elle l'avait un instant redouté) mais de Los Angeles, ville beaucoup plus amusante. Marina lut le message et, mot après mot, son visage s'illumina d'une expression de béatitude juvénile et suprêmement indécente. D'un geste triomphant, elle tendit le précieux écrit à Mlle Larivière-Monparnasse qui le lut deux fois en hochant la tête avec un sourire de désapprobation indulgente.

« Pedro revient », s'écria (roucoula, gazouilla) en piétinant de joie Marina à l'adresse de son imperturbable fille.

« Pour rester ici jusqu'à la fin de l'été, je suppose », dit Ada, et, ce disant, elle étendit une couverture sur les petites fourmis et les aiguilles de pin desséchées et s'y assit à côté de Greg et de Lucette pour jouer une partie de Snap.

« Oh non, une quinzaine seulement (petit gloussotement de fillette). Ensuite, nous partirons pour Houssaie, alias Gollivoud-toj. (Décidément Marina était en grande forme.) Oui, mes amis, nous irons tous, l'auteur, les petites, Van, s'il le désire.

— Je le désire, dit Percy, mais je ne puis (échantillon de son genre d'humour). »

Pendant ce temps, l'oncle Dan, que la présence des pique-niqueurs contigus intriguait au plus haut point, s'approchait du groupe mystérieux, tout pimpant avec son panama de caf'conc' et son blazer aux rayures rouge cerise, tenant d'une main son verre de Héro et de l'autre un canapé de caviar.

« *Les Enfants maudits* », annonça Marina, répondant à une question que lui avait posée Percy.

Percy, vous ne deviez pas tarder à mourir... non pas de ce grain de plomb fiché dans votre jambe grasse, sur le gazon d'un ravin de Crimée, mais deux minutes plus tard, lorsqu'ayant rouvert les yeux vous vous sentîtes soulagé et vous crûtes en sûreté sous le couvert du maquis; vous n'alliez pas tarder à mourir, Percy, mais par ce beau jour de juillet, nonchalamment étendu sous les pins du comté de Ladore, ivre royalement à la suite de quelque réjouissance antérieure, un verre poisseux serré dans votre main au duvet blond, le désir au cœur, écoutant une assommante lettreuse, jasant avec une comédienne vieillissante et guignant à la fois sa maussade fille, comme vous vous délectiez du piquant de la situation — salut, vieux pote — et que c'était donc naturel ! Bien baraqué, beau, nonchalant et féroce, champion de rugby, tombeur de petites paysannes, vous combiniez le charme de l'athlète en vacances avec le ton de voix affecté de l'âne snob. Je crois que ce que je détestais le plus dans votre belle face ronde, c'était cette peau de bébé, ces joues nettes et lisses de l'homme au rasage facile. Moi, je saignais déjà chaque fois que je me rasais, et cela devait durer soixante-dix ans.

« Dans un nichoir fixé au tronc de ce pin, disait Marina à son jeune admirateur, il y avait jadis un « téléphone ». Qu'il eût été le bienvenu aujourd'hui. Ah, le voilà, *enfin !* »

Son mari, moins le verre et le canapé, revenait à pas tranquilles, porteur d'excellentes nouvelles : ces messieurs formaient un « groupe d'une politesse exquise ». Il avait reconnu dans leur langage une bonne douzaine de mots italiens. C'était, à ce qu'il avait compris, une *collazione* de bergers. Dan pensait qu'ils pensaient qu'il était berger lui-même. Une toile, d'un peintre inconnu, collection du cardinal Carlo de Medicis, avait pu servir de modèle à cette copie. Excité, et même surexcité, le petit homme exigea que les domestiques portassent de la nourriture et du vin à ses nouveaux, à ses excellents amis; lui-même s'empara d'une bouteille vide, d'un panier contenant des pelotes et des aiguilles à tricoter, d'un roman anglais de Quigley et d'un rouleau de papier de toilette. Mais Marina expliqua que ses obligations professionnelles exigeaient qu'elle dorophonât sans retard en Californie et, oubliant son projet, il accepta aussitôt de la reconduire au château.

Il y a beau temps que des brumes ont estompé l'enchaînement et les méandres des faits, toutefois nous pouvons indiquer que ce double départ marque ou précède de peu le moment où Van se retrouva debout sur le bord du ruisseau (où, plus tôt dans l'après-midi, s'étaient mirées deux paires d'yeux superposées) lançant des pierres, en compagnie de Percy et de Greg, sur les vestiges d'un vieil écriteau, rouilleux, indéchiffrable, qui se dressait sur la rive opposée.

« *Okh, nado* (je dois) *passati !* » s'écria Percy dans

le slang slave qu'il affectait, en gonflant les joues et en tripotant frénétiquement sa braguette. De sa vie, dit à Van le flegmatique Greg, il n'avait vu engin chirurgicalement circoncis aussi laid, aussi terrifiant par sa démesure, tellement haut en couleur et muni d'un cœur de bœuf si phénoménal, et jamais le spectacle d'un jet aussi soutenu, aussi hardiment arqué, et pratiquement infini, ne s'était encore offert aux regards fascinés et dégoûtés des deux adolescents. « Ouf », soupira le jeune homme, soulagé, en refermant boutique.

Qui donna le premier coup ? Traversèrent-ils tous trois le ruisseau en posant le pied sur les pierres limoneuses ? Fut-ce Percy qui poussa Greg. Ou Van qui bouscula Percy ? Y avait-il là quelque objet ? Un bâton qu'on arrache à la main qui le tient ? Un poignet agrippé qui se dégage ?

« Ho, ho, s'écria Percy, tu es folâtre, mon gars ! »

Le pauvre Greg, dont le pantalon de golf était à moitié trempé, les regardait, impuissant — il les aimait bien tous les deux —, s'empoigner sur la rive du ruisseau.

Percy avait trois ans et quelque vingt kilos de plus que Van, mais celui-ci s'était déjà mesuré avec des brutes plus costauds. Presque aussitôt le visage du jeune comte se trouva coincé, prêt à éclater, sous le bras replié de Van. Les épaules rentrées, le comte garrotté fit le grand tour du gazon en titubant. Il parvint à dégager une oreille — elle était écarlate — mais Van le ressaisit, le renversa d'un croc-en-jambe et s'étant abattu sur lui le mit aussitôt « sur les omoplates », *na lopatki*, comme disait King Wing dans son jargon de gymnase. Percy gisait, pantelant, comme un gladiateur moribond, plaqué au sol par le poids de son jeune bourreau, dont les pouces commençaient de lui manipuler atrocement le thorax convulsé. Percy poussa tout à coup un hurlement de douleur, pour faire entendre qu'il en avait assez. Van exigea — et obtint — que la reddition fût plus explicitement formulée. Greg, craignant que Van n'eût pas clairement entendu ce balbutiant appel à la clémence, le répéta, interprétativement, à la troisième personne. Van lâcha prise; le malheureux comte s'assit sur son séant, cracha, se palpa la gorge, rajusta sa chemise froissée autour de son torse robuste, et demanda d'une voix raboteuse à Greg de retrouver un bouton de manchette qui lui manquait.

Van s'approcha du ruisseau et se lava les mains, un peu en aval, dans un trou d'eau dormante, où il reconnut avec une gêne amusée l'objet tubulaire et transparent, assez semblable à une ascidie, qu'une touffe de « ne m'oubliez pas », fleurettes bien nommées, avait retenu dans sa course.

Il avait déjà repris le chemin de la clairière quand une montagne s'abattit sur son dos. D'une furieuse épaulée, il bascula l'assaillant par-dessus sa tête. Percy tomba lourdement sur le sol et resta étendu de tout son long pendant une minute. Van le dévisageait, les pinces grandes ouvertes, tel un crabe en arrêt, n'attendant qu'un prétexte pour lui infliger certain supplice exotique dont il n'avait jamais eu l'occasion d'éprouver l'efficacité dans un véritable combat. Percy essaya de se redresser : « Vous m'avez brisé l'épaule », grommela-t-il en frottant son gros bras. « Maîtrisez-vous un peu, jeune démon !

— Relevez-vous, dit Van, allons, relevez-vous ! Faut-il qu'on vous en serve encore, ou pouvons-nous rejoindre ces dames ? Vous préférez ces dames ? A la bonne heure. Mais cette fois, mon cher, vous marcherez devant. »

Van, précédé de son prisonnier, se dirigea vers la clairière. Ce maudit round supplémentaire non prévu l'avait ébranlé; il était secrètement hors d'haleine, tous les nerfs de son corps frémissaient, il se surprit boitant et corrigea son pas... tandis que Percy de Prey avec son pantalon blanc diaboliquement immaculé et sa chemise chiffonnée avec grâce marchait avec aisance, ballant les bras et roulant des épaules; il semblait parfaitement calme, et même d'excellente humeur.

Greg les rejoignit bientôt. Il rapportait le bouton de manchette — petit miracle de détection méticuleuse. Sur un « Bravo, mon gars » fort banal, Percy ferma sa manchette de soie, mettant le point final à son insolente restauration.

Leur officieux compagnon reprit sa course et arriva le premier sur les lieux de la fête achevée. Il vit Ada, en face de lui, qui portait dans une main deux bolets rouges au pied blanc pointillé de noir, et dans l'autre trois de la même variété. Son air de surprise, qui n'avait nulle cause plus subtile que cette galopade retentissante, fut interprété par le bon Sir Greg comme une marque d'inquiétude. Aussi lui cria-t-il de loin : « Rien de grave, Miss Veen. Il est sauf. » Aveuglé par la compassion, le jeune chevalier oubliait qu'Ada ne pouvait avoir encore appris quel affrontement venait d'opposer le Bel et la Beste. « Certes, je suis sauf », dit le premier prenant des mains d'Ada (dont c'était les délices préférés) deux de ses champignons et caressant leurs chapeaux satinés. « Et pourquoi ne le serais-je pas ? Votre cousin vient de nous régaler, Greg et votre humble serviteur, d'une tonifiante exhibition de Skrotomoff oriental (si c'est bien là le nom de la chose). »

Il réclama du vin, mais les dernières bouteilles avaient été offertes aux mystérieux pasteurs qui déjà n'honoraient plus de leur présence la clairière voisine. Peut-être avaient-ils suriné et mis en terre un de leurs camarades, celui dont le col empesé et la cravate reptilienne pendaient à la branche d'un robinier ? Comme eux avait disparu le bouquet de roses; Ada avait chargé un valet de le remettre dans le coffre de la décapotable, disant qu'elle n'en avait que faire et que monsieur le comte pourrait les roffrir à la ravissante sœur de Blanche.

Mlle Larivière frappa dans ses mains pour tirer de leur somme Kim, qui conduisait le cabriolet et Trofim le cocher à la barbe blonde commis au service des fillettes. Ada resserra les doigts sur les bolets et Percy ne trouva plus pour son *Handkuss* qu'un poing glacé.

« Ça m'a fait joliment plaisir de vous voir, mon vieux », dit-il en donnant une petite tape sur l'épaule de Van, geste interdit dans leur milieu. « J'espère que nous aurons bientôt l'occasion de jouer encore ensemble. Je me demande... (ajouta-t-il à mi-voix) si vous êtes aussi fin tireur que lutteur émérite. »

Van le suivit jusqu'à sa voiture.

« Van, Van, viens ici, criait Ada. Greg voudrait te dire au revoir. » Mais Van ne se retourna pas.

« Est-ce un défi ? demanda-t-il. Me faites-vous un duel ? »

La main sur le volant, Percy sourit, plissa les yeux, se pencha sur le tablier, sourit encore, et ne dit rien. Clic-clic fit le moteur avant d'émettre un bruit de tonnerre. Percy enfila ses gants.

Van donna une claque au pare-chocs : « Quand tu voudras, mon gars », dit-il, en recourant à la seconde personne du singulier, le redoutable tu des duellistes de la vieille France.

La voiture bondit et disparut.

Van rentra dans la clairière; son cœur battait, stupidement. En passant, il salua Greg, qui parlait avec Ada sur le bord de la route.

« Je vous assure, lui disait-il, que votre cousin ne mérite aucun reproche. Percy a commencé, et s'est fait battre à la loyale dans un match de lutte Korotom, tel qu'on la pratiquait en Teristan et en Sorokat. Mon père vous expliquerait cela mieux que moi.

— Vous êtes un trésor, dit Ada, mais je ne suis pas sûre que votre cerveau fonctionne très, très bien.

— Jamais, hélas, en votre présence », reconnut Greg en enfourchant sa motocyclette insonore et en la haïssant, et en se haïssant lui-même et les deux brutes de tantôt.

Il mit ses grosses lunettes et s'éloigna sans bruit. Mlle Larivière, à son tour, monta dans son cabriolet et se laissa emporter sous les ombrages tachetés de lumière du paysage forestier.

Lucette courut jusqu'à Van; s'agenouillant presque devant lui, elle lui enlaça étroitement les hanches et resta un moment dans cette position.

« Allons, viens, dit Van, en l'obligeant à se relever. Et n'oublie pas d'emporter ton chandail; tu ne voudrais tout de même pas rentrer toute nue. »

Ada s'approcha d'un pas tranquille. « Mon héros », dit-elle, en le regardant à peine, avec cet air indéchiffrable qui vous laisse le soin de deviner s'il exprime l'extase ou le sarcasme, ou s'il parodie l'un ou l'autre.

Lucette, balançant son panier de champignons, chantonnait :

Il lui dévissa un téton,
Il estropia le garçon.

« Lucy Veen, veux-tu bien te taire », s'écria Ada; Van, d'un air profondément indigné, secoua le poignet de l'espiègle, en adressant à Ada un clin d'œil amusé.

Comme un trio de jeunes insouciants, ils s'approchèrent de la victoria qui les attendait. Trofim se frappait les cuisses en signe de consternation et fulminait contre un petit page ébouriffé qui venait d'apparaître de dessous un buisson. Le drôle, qui s'était mis à l'ombre pour regarder tranquillement les gravures d'un numéro déguenillé de *Tattersalia,* représentant de fabuleux chevaux de course aux flancs démesurément allongés, avait laissé partir le char à banc qui emportait la vaisselle sale et la valetaille somnolente.

Il grimpa sur le siège et s'assit à côté de Trofim. Le cocher semonça d'un « tpprr » vibrant les chevaux alezans qui reculaient; les yeux de Lucette tournèrent au vert sombre; l'occupation de son perchoir ordinaire la contrariait.

« Il va falloir que tu la prennes sur tes genoux mi-fraternels », dit Ada en un aparté neutre.

« Qu'en dira « La Maudite Rivière » ? » demanda distraitement Van, qui essayait d'attraper par la queue la sensation d'un vieux film que le destin redonnait.

« Larivière peut aller se faire... » (les lèvres douces et pâles d'Ada réitérèrent la grivoiserie de Gravronski). « Et j'en dis autant pour Lucette », ajouta-t-elle.

« Vos « *vyragences* » sont assez lestes, fit observer Van. Tu es très fâchée contre moi ?

— Fâchée, Van ? Oh, non. Pas du tout. Je suis même ravie que tu aies gagné. Mais j'ai seize ans aujourd'hui. Seize ans ! Déjà plus que grand-mère au temps de son premier divorce. C'est mon dernier pique-nique, j'imagine. Adieu, l'enfance ! Je t'aime. Tu m'aimes. Greg m'aime. Tout le monde m'aime. Je suis gavée d'amour. Dépêche-toi, ou elle va tirer ce petit coq de son perchoir. Lucette, laisse-le tranquille. Immédiatement. »

La voiture finit par s'ébranler — ainsi commença l'agréable voyage du retour.

« Ouille », gémit Van en recevant le fardeau arrondi; il expliqua avec une moue qu'il s'était cogné la rotule droite contre un rocher.

« Jeux de main, jeux de vilain, on sait où cela mène... » murmura Ada, et elle ouvrit sur un ruban émeraude le petit livre brun à tranche dorée (d'un grand effet sous les paillettes mouvantes du soleil) qu'elle avait déjà lu pendant le voyage de l'aller.

« Je ne déteste pas entièrement ces jeux, dit Van. Il m'en reste certaine démangeaison dont la cause n'est pas unique.

— Je vous ai vus... jouer au jeu vilain », dit Lucette en se retournant.

« Chut ! chut ! » intima Van.

« Je voulais dire toi et lui.

— Tes impressions ne nous intéressent pas, fillette. Et ne tourne pas la tête tout le temps pour regarder derrière toi. Tu sais bien que tu as mal au cœur quand la route... »

Ada (faisant brièvement surface) : « Coïncidence. « Jean qui tâchait de lui tourner la tête... »

— ...quand la route semble « sortir de toi », comme nous dit un jour ta sœur lorsqu'elle avait à peu près ton âge.

— C'est vrai », acquiesça Lucette d'une voix rêveuse et musicale.

On avait obtenu qu'elle couvrît son corps couleur de miel sombre. Son tricot blanc s'était passablement enrichi aux dépens de son dernier décor : des aiguilles de pin, un brin de mousse, une miette de gâteau, un bébé chenille. Les baies des bengaliers avaient tacheté de violet son short fort bien rempli. Ses cheveux à l'éclat de braise voletaient contre le visage de Van et répandaient l'odeur d'un autre été. Une odeur de famille. Coïncidence — oui... tout un jeu de coïncidences imperceptiblement déplacées. Le goût artiste de l'asymétrie. Elle était assise sur ses genoux, toute lourde, toute rêveuse, pleine de foie gras et de jus de pêche, et le dos de ses bras nus, d'un brun iridescent, touchait presque son visage — et le toucha même quand il inclina le front et regarda à droite, à gauche, pour s'assurer qu'on avait bien emporté les champignons. Ils étaient là, Dieu merci. Le petit groom lisait en se curant le nez à en juger au mouvement de son coude. Le derrière compact de Lucette et ses cuisses fraîches semblaient s'enfoncer de plus en plus profondément dans les sables mouvants d'un passé semblable au rêve, recomposé en rêve, altéré par la légende. Ada, assise à côté de lui, et qui tournait ses pages plus petites plus vite que le laquais, était, bien sûr, ensorcelante, obsédante, éternelle, plus adorable encore et plus ténébreusement ardente qu'il ne l'avait découverte, quatre étés auparavant, mais c'était l'autre pique-nique que Van était en train de revivre, et c'étaient les hanches douces d'Ada qu'il tenait entre ses mains comme si elle eût été deux fois présente en deux exemplaires différemment colorés.

Entre les mèches de soie cuivrée, Van regardait du coin de l'œil Ada dont les lèvres froncées lui envoyèrent la semblance d'un baiser (lui pardonnant enfin de s'être colleté avec un rustre !), et qui se replongea dans son petit livre à la reliure de velin, *Ombres et Couleurs*, nouvelles de Chateaubriand, édition de 1820, enrichie de vignettes enluminées à la main et d'une momie toute plate d'anémone. Les ombres et les lumières du sous-bois glissaient sur les feuillets, sur le visage de la liseuse et sur le bras droit de Lucette, où Van, apercevant la trace d'une piqûre de moustique, ne put se retenir de poser un baiser, tribut pur versé à la duplication de l'image. La pauvre Lucette lui jeta un regard langoureux et détourna aussitôt le visage pour se concentrer sur le cou rouge du cocher — de son prédécesseur, plutôt, qui au temps de l'autre pique-nique lui avait donné des cauchemars.

Nous ne nous mêlerons pas de suivre les pensées qui troublaient Ada (l'attention qu'elle prêtait à son livre était beaucoup plus superficielle qu'on eût pu le croire). Dans cette poursuite, toute chance de succès nous serait interdite, car le souvenir d'une pensée est plus fugitif que le souvenir des ombres, des couleurs, des aiguillons du désir juvénile, d'un serpent vert dans un ténébreux paradis. Aussi nous trouvons-nous plus confortablement assis en Van, tandis qu'Ada est installée en Lucette et toutes deux en Van (et tous les trois en moi, ajoute Ada).

Il se ressouvint avec un tressaillement de délices de la jupe complaisante qu'Ada portait alors, si « swoony-baloony », comme disaient les tendrons de Chose, et il regretta (sourire amusé) que Lucette eût mis ce jour-là un aussi chaste short, et Ada ce pantalon couleur de blé « huské » (rire discret). Dans le déroulement fatal des maux les plus douloureux, parfois (hochement de tête solennel), parfois se lève un matin de bien-être parfait qui n'est point dû à quelque potion ou pilule (montrant la table de nuit encombrée de médicaments) ou qui, du moins, nous permet d'ignorer que c'est la main aimante du désespoir qui nous a glissé la drogue.

Van ferma les yeux pour s'absorber plus intensément dans le flot doré de sa joie montante. Des années, bien des années plus tard, il se rappelait avec émerveillement (comment pouvait-on supporter pareille extase ?) cet instant de bonheur absolu, cette éclipse totale de la souffrance lancinante et destructrice, cette logique de l'ivresse, l'argument circulaire démontrant que la fille la plus excentrique ne peut s'empêcher d'être fidèle quand elle aime autant qu'elle est aimée. Il regardait le bracelet jeter des éclairs au rythme du balancement de la victoria; le profil de ses lèvres pleines, légèrement entrouvertes, montrait au soleil le pollen rouge d'un reste de baume finissant de s'écailler dans les minuscules plissures transversales qui striaient leur surface. Il rouvrit les yeux : le bracelet brillait en cadence mais ses lèvres ne montraient plus trace de rouge. Van eut l'imprudence de songer qu'il allait retrouver dans quelques instants le contact de leur pulpe pâle et brûlante et cette certitude faillit bien déchaîner une crise secrète sous le fardeau sacré de l'autre enfant. Mais le cou de l'innocent substitut, tout luisant de sueur, et son immobilité confiante inspirèrent à Van une tendresse apitoyée et désamorcèrent ses ardeurs. Et puis, quelle friction fugitive pouvait rivaliser avec les promesses prochaines du boudoir d'Ada ? Un élancement dans la rotule acheva de le calmer et l'honnête Van se reprocha aussitôt d'avoir tenté de substituer une petite pauvresse à la princesse de contes de fées, « dont la chair précieuse n'est point faite pour rougir sous l'impression d'une main castigatrice », comme dit Pierrot dans la version de Peterson.

L'extinction de cette flamme fugitive transforma l'humeur de Van. Il fallait dire quelque chose, il fallait exprimer une exigence; la situation était grave ou risquait de le devenir. L'équipage allait faire son entrée dans Gamlet, ce hameau russe d'où l'on gagnait Ardis en peu d'instants par une route bordée de bouleaux. Une petite procession de nymphes paysannes en fichus de coton, point lavées certes, mais adorablement jolies avec leurs épaules nues et luisantes et leurs seins rondelets, haut fendus et dressés par le corset roidi comme des tulipes jumelles, traversait un taillis en chantant un vieux refrain dans leur français touchant.

La ronce et l'ortie
Pour les folles fillettes :
Oh, corolle meurtrie,
Oh, maudites perlettes !

« Tu as un petit crayon dans ta poche de derrière, dit Van à Lucette. Puis-je l'emprunter ? Je voudrais noter les paroles de cette chanson.

— Si tu ne me chatouilles pas là », dit l'enfant.

Van s'empara du livre d'Ada, et sous son regard étrangement méfiant, il écrivit ces mots sur la page de garde :

Je ne veux plus le revoir.
C'est sérieux.
Dis à Marina de ne pas le recevoir ou je m'en
[vais.
Inutile de répondre.

Elle lut, et lentement, sans commentaire, effaça les quatre lignes avec le gros bout du crayon, puis elle rendit l'objet à Van qui le remit à sa première place.

« Tu es bien remuant, dit Lucette, sans se retourner. La prochaine fois, je ne me laisserai pas déloger de ma place. »

La voiture s'arrêta devant le perron. Trofim dut allonger une taloche au petit lecteur en casaque bleue pour l'obliger à laisser là son livre et à sauter à terre pour aider Ada à descendre de voiture.

CHAPITRE XL

Suspendu dans le réseau de son reposoir à l'ombre des liriodendrons, Van lisait un écrit d'Antiterrenus sur Rattner. Son genou l'avait fait souffrir toute la nuit; depuis le déjeuner, la douleur s'était légèrement atténuée. Ada était allée à cheval à Ladore et Van espérait qu'elle oublierait d'acheter l'huile de térébenthine si salissante que Marina l'avait chargée de rapporter.

Son valet de chambre s'avançait à travers la pelouse dans sa direction, suivi d'un messager jeune et gracile, habillé de cuir noir depuis le cou jusqu'aux chevilles et dont la casquette à visière laissait échapper des boucles brun doré. Ayant préalablement scruté les environs avec la pose outrée d'un émule amateur de Thespis, le singulier jouvenceau tendit à Van un pli marqué « confidentiel ».

Mon cher Veen,

Mes engagements militaires à l'étranger m'obligent à partir dans deux jours. Si vous désirez me revoir auparavant, je serai ravi de vous accueillir (vous et tout autre gentilhomme de qui vous souhaiteriez vous faire accompagner) demain matin à l'aube, au croisement de la route de Maidenhair et du chemin de Tourbière. Sinon, je vous prie de confirmer par un billet de votre main que vous ne me tenez pas plus rancune que ne vous en tient, Monsieur, votre humble serviteur.

Percy de Prey.

Non, Van ne désirait pas rencontrer le comte. C'est ce qu'il dit au joli messager, qui attendait, le poing sur la hanche et le genou légèrement en dehors, tel un figurant de théâtre, prêt à rejoindre, au signal donné, les gambadeurs dont la danse rustique suit le grand air de Calabro.

« Un moment, ajouta Van. Il m'intéresserait de savoir... et cela peut se faire en moins de rien derrière cet arbre... ce que vous êtes exactement, valet d'écurie ou fille de ferme ? »

Le messager ne répondit pas et Bout le reconduisit, en riant sous cape. Un petit glapissement, révélateur d'une pinçade déshonnête, s'éleva de derrière les lauriers qui masquaient leur sortie.

Il était difficile de deviner si cette lettre prétentieuse et maladroite avait été inspirée par la crainte que ce départ pour l'étranger, où Percy allait se battre pour son pays, pût être interprété comme un moyen de se soustraire à un combat singulier, ou si les termes conciliants dans lesquels elle était conçue avaient été exigés de lui par une autre personne — peut-être une femme (sa mère, par exemple, née Prascovia Lanskoï); de toute façon l'honneur de Van n'était pas en jeu. Il claudiqua jusqu'à la poubelle la plus proche, brûla la lettre au papier bleu et son enveloppe armoriée, et chassa l'incident de son esprit en se disant qu'à l'avenir Ada du moins ne serait plus importunée par les assiduités du personnage.

Elle revint tard dans l'après-midi — sans l'embrocation, grâce à Dieu. Van paressait toujours dans son hamac court pendu; il avait l'air maussade et désemparé, mais, ayant regardé autour d'elle (avec beaucoup plus de naturel et de grâce que le messager aux boucles brunes), Ada leva son voile, s'agenouilla auprès de lui et le soulagea en bonne fille.

Quand la foudre éclata, deux jours plus tard (vieille métaphore qui suggère un *flash-back* sur une vieille grange), Van eut le sentiment que sa lueur réunissait dans une confrontation blafarde deux témoins — deux témoins secrets qui rôdaient dans les souterrains de son âme depuis le jour de son retour fatal au manoir. L'un chuchotait, en détournant les yeux, que Percy de Prey n'était et ne serait jamais pour Ada qu'un gentil cavalier, un frivole soupirant. L'autre cherchait à insinuer dans son âme avec une insistance spectrale qu'un mal sans nom menaçait la raison même de sa pâle et déloyale maîtresse.

La veille du jour le plus malheureux de sa vie, Van découvrit en se réveillant qu'il pouvait plier la jambe sans faire la grimace, mais il commit l'imprudence de suivre Ada et Lucette pour un déjeuner impromptu sur un terrain de croquet depuis longtemps à l'abandon, et rentra avec peine au logis. Un plongeon dans la piscine, un bain de soleil, et le mal avait presque disparu quand, dans la molle chaleur de la longue après-midi, Ada rentra de l'une de ses longues « brandonnées » (c'est le nom succinct et quelque peu mélancolique qu'elle donnait à ses randonnées botaniques, car la florula de Ladore ne produisait plus grand-chose hormis quelques favorites familières). Marina, drapée dans un somptueux peignoir, était assise à sa coiffeuse devant un grand miroir ovale dressé sur la pelouse. Elle avait fait transporter ces accessoires dans le jardin pour s'y faire coiffer par le sénile Monsieur Violette de Lyon et Ladore, dont les doigts, malgré les ans, continuaient d'opérer des miracles. Marina expliquait et excusait cette activité, qui d'ordinaire ne se pratique pas à l'extérieur, par l'exemple de sa grand-mère, qui avait aimé elle aussi qu'on la coiffe au grand air pour n'être pas prise au dépourvu par les zéphyrs (de même un duelliste se fait la main en déambulant armé d'un tisonnier).

« Et voilà notre meilleur exécutant », dit Marina en montrant Van à Violette... qui le prit pour Pedro et s'inclina d'un air entendu.

Van comptait faire une petite promenade de convalescence avec Ada avant de s'habiller pour le dîner, mais à peine rentrée, elle se laissa tomber sur une chaise de jardin, disant qu'elle était épuisée et toute sale et qu'il lui fallait se laver les mains et les pieds et se préparer pour le supplice du jour, à savoir seconder sa mère qui devait recevoir dans la soirée, ses gens de cinéma.

« Je l'ai vu dans *Sexico*, disait tout bas Monsieur Violette à Marina, en même temps qu'il obstruait ses deux oreilles en imprimant à son chef, reflété dans le miroir ovale, un mouvement semi-circulaire.

« Non, il est déjà tard, murmura Ada, d'ailleurs, j'ai promis à Lucette... »

Il insista dans un soupir farouche, quoiqu'il sût

qu'il était vain de prétendre lui faire changer d'avis, surtout en matière amoureuse, mais inexplicablement, miraculeusement, l'égarement qui se lisait sur le visage d'Ada se fondit en une joie paisible comme sous l'impression d'une soudaine délivrance. C'est ainsi qu'un enfant plonge son regard dans l'espace avec un commencement de sourire quand il comprend que le mauvais rêve est achevé, ou qu'une porte est restée entrouverte et qu'il est enfin permis de patauger à loisir dans un bout de ciel dégelé. Ada fit glisser de son épaule la bride de son herbier et sous les regards bienveillants de Violette, qui les suivait dans l'auréole de la chevelure mirée de Marina, ils s'éloignèrent sans hâte et cherchèrent la solitude relative de cette allée où Ada avait un jour appris à Van des jeux d'ombre et de lumière. Il la prit dans ses bras, il l'embrassa, il l'embrassa encore comme si elle revenait d'un long, d'un périlleux voyage. La douceur de son sourire était chose inattendue et tout à fait spéciale. Ce n'était pas le sourire fourbe du démon, le sourire des ardeurs promises et remémorées, mais le reflet humain, exquis, du bonheur et de l'abandon. Toutes leurs prouesses pompe-la-joie de la Grange-en-Feu, du Ruisseau des Bengaliers, n'étaient rien comparées à ce reflet prismatique de l'âme souriante. Son jumper noir et sa jupe noire aux poches tablier avaient perdu la signification « deuil d'une fleur disparue » que l'imaginative Marina attachait à ce costume (« *nemedlenno pereodet' sya* », va te changer tout de suite, avait-elle crié dans le miroir aux chatoiements verts); en revanche ils avaient acquis le charme désuet de l'uniforme des écolières liaskanes. Ils se tenaient front contre front, brun contre blanc, noir contre noir, Van soutenant les coudes d'Ada, elle laissant glisser ses doigts légers sur les clavicules de Van. Il lui dit combien il « adorait » l'arôme ténébreux de sa chevelure mêlé à l'odeur des tiges écrasées des lis, des cigarettes turques, de cette lassitude qui vient de « *lass* ». « Non, non, laisse... dit-elle, il faut que je me lave vite-vite, il faut qu'Ada soit toute propre. » Mais pour une dernière minute éternelle, ils demeurèrent enlacés dans l'allée muette, se délectant comme jamais encore de la petite formule « heureux pour toujours » par quoi finissent les contes de fées qui n'ont jamais de fin.

Van, c'est un très beau passage. Je vais pleurer toute la nuit (interpolation tardive).

Comme un dernier rayon de soleil se posait sur Ada, sa bouche et son menton brillèrent, humides de pauvres baisers futiles. Elle secoua la tête disant qu'il était temps, vraiment, de se séparer, elle baisa les mains de Van, ce qu'elle ne faisait que dans les moments de tendresse suprême, elle s'enfuit rapidement, et ils se séparèrent — vraiment.

Une banale orchidée — un sabot de Vénus — se fanait solitaire dans la musette qu'elle avait laissée sur une table de jardin, et qu'elle traînait maintenant en montant l'escalier. Marina et le miroir avaient disparu. Van se dépouilla de son maillot de gymnaste et fit un dernier plongeon dans la piscine sous le regard de Bouteillan, qui, debout sur la margelle et les mains croisées dans le dos, observait d'un œil méditatif les profondeurs faussement bleues de l'onde.

« Je me demande, dit-il, si je ne viens pas de surprendre un têtard. »

Le thème romanesque de la communication écrite va prendre maintenant son plein essor. En entrant dans sa chambre, Van, frappé d'un sinistre pressentiment, aperçut un morceau de papier qui sortait de la petite poche de son smoking. Le message, tracé au crayon, en grandes lettres laborieusement ampoulées et ondulées, portait cet impératif anonyme : «*One must not berne you.* » L'emploi de ce verbe au lieu de « *deceive* » suffisait à trahir un familier de la langue française. Parmi les domestiques, quinze au moins pouvaient être suspectés : ils descendaient de ces émigrants qui s'établirent en Amérique après que l'Angleterre, en 1815, eut annexé leur beau, leur malheureux pays. Les interroger tous — supplicier les mâles, violer les femelles — eût, bien sûr, été stupide et dégradant. D'un geste de rage enfantine, Van démembra son plus beau papillon noir sur la roue de l'exaspération. Le venin de la vipère commençait de lui monter au cœur. Il prit une autre cravate, finit de s'habiller et se mit en quête d'Ada.

Il trouva les deux sœurs et leurs institutrices dans un des « salons de la nursery ». Sur le balcon de cette pièce ravissante, Mlle Larivière était assise devant une table Pembroke ornée avec un goût exquis. Elle lisait le troisième scénario des *Enfants maudits* avec des sentiments mêlés, assortis d'annotations furieuses. Sur une grande table ronde au centre de la pièce, Lucette, conseillée par Ada, essayait d'apprendre à dessiner des fleurs. Plusieurs atlas botaniques, grands et petits, étaient ouverts devant elles. Les choses avaient gardé leur apparence coutumière, la lumière blonde du jour mûrissant, les petites nymphes chevrières peintes sur le plafond, la voix rêveuse et lointaine de Blanche dans le rôle de la plieuse de linge, chantonnant des couplets de Malbrouck (... ne sait quand reviendra, ne sait quand reviendra), et les deux têtes charmantes, bronze noir et cuivre rouge, inclinées sur la table polie. Van comprit qu'avant de s'expliquer avec Ada, avant même de lui dire qu'il désirait s'expliquer avec elle, il fallait d'abord qu'il eût retrouvé son sang-froid. Elle paraissait gaie; elle s'était faite belle; elle étrennait une nouvelle robe de soirée, miroitante de jais; pour la première fois, elle portait les diamants que Van lui avait donnés, et, pour la première fois aussi, des bas de soie transparents.

Van s'assit sur un petit canapé, prit au hasard un

des livres ouverts sur la table et contempla avec dégoût une belle planche coloriée qui montrait un groupe de grosses orchidées dont la popularité auprès des abeilles dépendait, disait le texte, « de diverses exhalaisons alléchantes, allant de l'odeur d'ouvriers morts à celles d'un matou ». Des soldats morts pourraient sentir encore meilleur.

Pendant ce temps, Lucette l'entêtée continuait de soutenir que la façon la plus simple de dessiner une fleur était de poser une feuille de papier calque sur l'image (dans le cas présent, il s'agissait d'un pogonia à barbe rousse, plante particulière aux tourbières de Ladore, et dont l'anatomie offre certaines particularités scabreuses), puis d'en retracer les contours avec des encres de couleur. La patiente Ada voulait que la copie fût faite, non par un procédé mécanique, mais « de l'œil à la main et de la main à l'œil », et que Lucette prît pour modèle un exemplaire vivant d'une autre espèce d'orchidée, aux sépales violets, au sac brun et ridé. Mais elle finit par se rendre, et, sans perdre sa bonne humeur, écarta le petit vase de cristal où trempait le sabot de Vénus qu'elle avait ramassé tantôt. Distraitement, discrètement, elle entreprit alors d'expliquer à Lucette le fonctionnement des organes reproducteurs de la gent orchidée, mais tout ce que la bizarre enfant demandait à savoir se bornait à ceci : un garçon-abeille pouvait-il féconder une fille-fleur à travers quelque chose, ses guêtres, ou son tricot de laine, ou toute autre pièce de vêtement ?

« Tu sais, dit Ada, d'une voix nasillante et comique en se tournant vers Van, tu sais que cette gamine a l'esprit le plus mal tourné du monde, et qu'elle va m'en vouloir à mort de t'avoir fait cette révélation, et qu'elle ira tantôt se jeter dans le giron de Larivière, en sanglotant et en se plaignant d'avoir été fécondée par son passage sur tes genoux.

— Mais je ne peux pas parler à Belle de choses

malpropres », dit Lucette, très gentiment, très raisonnablement.

« Van, qu'est-ce qui ne va pas ? » demanda la perspicace Ada.

« Pourquoi cette question ? » demanda à son tour Van.

« Tes oreilles bougent, tu te râcles la gorge.

— En auras-tu bientôt fini avec ces fleurs horribles ?

— Oui. Maintenant je vais me laver les mains. Nous nous retrouverons en bas. Ta cravate est toute de travers.

— C'est bon, c'est bon », dit Van.

Mon page, mon beau page
— Mironton, mironton, mirontaine —
Mon page, mon beau page...

En bas, dans le grand vestibule, Jones décrochait déjà le gong du dîner.

« Alors qu'est-ce qui se passe ? » demanda-t-elle, lorsqu'ils se retrouvèrent sur la terrasse du salon, une minute plus tard.

« Voilà ce que j'ai trouvé dans la poche de mon veston », dit Van.

Ada lut et relut le message en frottant d'un index nerveux ses larges incisives.

« Comment peux-tu savoir que cela t'est destiné », demanda-t-elle en rendant à Van la petite feuille de papier écolier.

« Parce que je te le dis », hurla-t-il.

« *Tiché* (du calme !) », dit Ada.

« Je te dis que je l'ai trouvé là » (montrant son cœur).

« Déchire et oublie », dit Ada.

« Votre très obéissant serviteur », répliqua Van.

CHAPITRE XLI

Pedro n'était pas encore revenu de Californie. Un rhume des foins et des lunettes noires n'amélioraient pas les dehors de G.A. Vronski. Adorno, le héros de *Haine*, s'était fait accompagner de sa nouvelle moitié : il se trouva qu'elle avait été l'une des anciennes (et très chères) épouses d'un autre invité de Marina, acteur infiniment plus méritoire et qui, le souper fini, chargea Bouteillan, moyennant monnaie, de lui remettre un faux message exigeant son départ immédiat. Grigoriï Akimovitch (qui était arrivé avec lui dans la même limousine de louage) l'accompagna. Ils laissaient autour d'une table de jeu Marina, Ada, Adorno et sa Marianne, qui reniflait d'un petit air narquois. On joua au *birutch*, un genre de whist, jusqu'à ce qu'il fût possible de faire venir un taxi de Ladore. Il était plus d'une heure du matin quand la compagnie se sépara.

Dans l'intervalle, Van changea une nouvelle fois de costume : il enfila son short, s'enveloppa dans sa couverture écossaise et se retira dans son bosquet, où les lanternes bergamasques n'avaient pas été allumées de toute la soirée — qui n'avait pas été aussi faste que Marina l'avait espéré. Il grimpa dans son hamac et, dans la torpeur de l'avant-sommeil, passa mentalement en revue les domestiques de langue française qui auraient pu glisser dans sa pochette le sinistre message (« il ne faut pas qu'on vous *berne* »), dépourvu selon Ada de toute signification. Bien entendu, le premier suspect aurait été Blanche, l'hystérique, l'extravagante Blanche, sans sa timidité, sa peur d'être congédiée (Van se ressouvint d'une scène atroce où Blanche, criant merci, s'était traînée aux pieds de Mlle Larivière qui l'accusait d'avoir « volé » un de ses innombrables colifichets; on avait fini par retrouver l'objet dans le propre soulier de l'accusatrice). Au centre focal de son imagination, Van vit ensuite apparaître la face rubiconde de Bouteillan et le rictus de son fils, après quoi il s'endormit et se vit lui-même, en rêve, sur le flanc d'une montagne couverte de neige où gens et arbres — et une vache aussi — se faisaient emporter par une avalanche...

Qu'est-ce donc qui venait de l'arracher à sa torpeur inquiète; il crut d'abord que c'était la fraîcheur de la nuit expirante, puis il reconnut le craquement léger que dans son cauchemar il venait de prendre pour un cri; levant la tête, il aperçut une faible lueur au milieu des arbustes : on entrouvrait de l'intérieur la porte de la remise. Ada n'était jamais venue retrouver son amant sans qu'ils n'eussent préalablement concerté chaque étape de leurs rendez-vous nocturnes, d'ailleurs exceptionnels. Van sauta à bas de son hamac et se dirigea à pas feutrés vers le seuil éclairé. Devant lui parut la forme hésitante et pâle de Blanche. Elle offrait un spectacle singulier : en jupon, bras nus, un bas tendu par la jarretière, l'autre roulé sur la cheville, point de pantoufle, les aisselles luisantes de sueur... Elle dénouait sa chevelure dans un pitoyable simulacre de séduction.

« C'est ma dernière nuit au château », chuchota-t-elle; puis elle répéta sa phrase en anglais, dans cet anglais baroque, élégiaque et cérémonieux, qui ne se rencontre plus que dans les romans d'un autre âge. « *T'is my last night with thee.*

— Votre dernière nuit ? Avec moi ? Que voulez-vous dire ? »

Il la dévisageait avec ce malaise de l'Etrange que les élucubrations du délire ou de l'ébriété inspirent à qui les écoute.

Mais, malgré son air de démence, Blanche était parfaitement lucide. Elle avait résolu deux jours auparavant de quitter le château. Elle venait de glisser sa lettre de démission (avec un post-scriptum relatif à l'inconduite de la jeune demoiselle) sous la porte de la chambre de madame. Elle allait partir dans quelques heures. Elle aimait Van, il était « sa fièvre et sa folie », elle voulait passer auprès de lui quelques minutes secrètes.

Il entra dans la remise et ferma lentement la porte. Cette lenteur avait pour cause l'embarras. Blanche avait posé sa lanterne sur le barreau d'une échelle et commencé sans plus attendre à relever son cotillon de coton. La compassion, la courtoisie assorties d'une aide compréhensive auraient pu réussir peut-être à susciter le désir qu'elle considérait comme chose acquise et dont il dissimulait soigneusement l'absence radicale sous le drapé de son plaid. Mais, outre la crainte de la contagion (Bout avait fait quelques allusions à certains désagréments dont la pauvre fille était affligée), un sujet tout autre, et bien plus grave encore le tourmentait. Il détourna sa main hardie et s'assit sur un banc à côté de Blanche.

Etait-ce elle qui avait glissé ce billet dans la poche de son veston ?

Oui, c'était elle. Elle n'avait pu se résigner à quitter le château en le laissant ignorer qu'on se moquait de lui, qu'on le trompait, qu'on le trahissait. Elle dit encore, entre naïves parenthèses, qu'elle savait qu'il l'avait toujours désirée, et qu'on aurait bien le temps de causer, après. Je suis à toi, c'est bientôt l'aube, ton rêve enfin se réalise.

« Parlez pour vous, répondit Van. Je ne me sens pas d'humeur à faire l'amour. Et je vous étranglerai, parole d'honneur, si vous ne m'apprenez sur-le-champ tous les détails de cette affaire. »

Elle fit oui de la tête. La crainte et l'adoration se confondaient dans ses yeux voilés. Quand et comment cela avait-il commencé ? En août dernier, affirmait-elle. Votre demoiselle était à ramasser des fleurs, et lui l'accompagnait, sa flûte à la main, parmi l'herbe haute. Qui, lui ? Et quelle flûte ? Mais le musicien allemand, monsieur Rack. La zélée moucharde assistait à la scène couchée sous son galant à elle, de l'autre côté de la haie. Comment on pouvait avoir le cœur de faire ça avec l'« immonde monsieur Rack » (lequel avait même oublié un jour son gilet dans une meule de foin), voilà ce qui dépassait l'entendement de notre informatrice. C'est peut-être qu'il composait des chansons pour mademoiselle Ada... il y en avait une, bien jolie ma foi, qui avait été jouée un soir de bal au casino de Ladore... attendez un peu que je retrouve les paroles... La peste de vos paroles. Poursuivez votre récit. Par une belle nuit étoilée, Blanche et deux galants cachés dans la saulaie avaient entendu monsieur Rack et mademoiselle dans une barque amarrée; il lui racontait la mélancolique histoire de son enfance, de ses années de misère, de musique, de solitude, et sa douce amie pleurait en l'écoutant, et renversait la tête en arrière et il se repaissait de sa gorge nue, « il la mangeait de baisers dégoûtants ». Pourtant, il ne devait pas l'avoir possédée plus d'une douzaine de fois, il n'était pas aussi fort qu'un certain autre monsieur. Baste, baste, interrompit Van... Et en hiver la jeune demoiselle apprit qu'il s'était marié et elle se prit à détester sa cruelle rivale, mais en avril, quand il commença de donner des leçons de piano à Lucette, l'aventure reprit de plus belle et...

« C'est assez », cria Van, et, se frappant le front de son poing, il sortit en titubant dans le soleil matinal.

Il était six heures moins le quart à la montre-bracelet suspendue au filet du hamac. Ses pieds étaient froids comme le marbre. Il trouva ses pantoufles et pendant un moment erra sans but au milieu des halliers; le chant des merles était si riche, si sonore, avec des roulades si exquisement flûtées que leur voix rendait intolérable le supplice de la conscience, la malpropreté de l'existence, la perte, la perte, la perte. Graduellement, cependant, Van réussit, par une opération proprement magique, à retrouver une apparence de sang-froid; il ne devait pas permettre à l'image d'Ada de s'approcher, par quelque détour que ce fût, de la conscience qu'il avait de lui-même. Dans le vide ainsi mélangé se précipitèrent une foule de réflexions prosaïques — pantomimes de la pensée rationnelle.

Il prit une douche tiède dans la cabine de la piscine, exécutant chaque geste avec une application saugrenue, très lentement, très précautionneusement, de peur de briser le nouveau, l'inconnu, le fragile Van qui venait de naître un moment plus tôt. Il regardait ses pensées tourner, danser, parader, faire quelques grimaces bouffonnes. C'est ainsi qu'il trouva le plus grand plaisir à s'imaginer qu'un savon pouvait être un bloc d'ambroisie pour les fourmis qui s'y pressaient en foule — et quel coup que de périr noyé au milieu de pareille bacchanale ! Il songea que les règles de l'honneur interdisaient de provoquer un rival qui ne fût pas né gentilhomme, mais que l'on pouvait faire exception en faveur des artistes, des pianistes, des flûtistes, et, si le couard se dérobait, quoi de plus simple que de lui faire saigner les gencives par l'application de quelques soufflets retentissants, ou (mieux encore) de lui rompre l'échine avec une canne bien solide — ne pas oublier d'en choisir une dans le placard du vestibule avant de partir pour toujours. Pour toujours... La bonne blague ! Il se divertit comme d'un spectacle rare et singulier de la gigue unijambiste qu'exécute un compère nu qui se concentre sur la culotte dans laquelle il tâche d'entrer. Il traversa sans se hâter une galerie latérale et monta le grand escalier. La maison était vide et fraîche, et sentait l'œillet. Bonjour, et adieu, petite chambre. Van se rasa, Van se tailla les ongles des pieds, Van se vêtit avec une recherche exquise : chaussettes grises, cravate grise et chemise de soie, costume gris, frais repassé, souliers... ah ! oui, les souliers... ne les oublions pas, les souliers; sans prendre la peine de mettre de l'ordre dans ses effets, il serra une vingtaine de pièces de vingt dollars en or dans une bourse de chamois, répartit en sa roide personne mouchoir, carnet de chèques, passeport — et quoi d'autre ? non, rien —, et pour finir épingla sur son oreiller un billet demandant qu'on voulût bien faire un paquet de ses affaires et l'expédier à l'adresse de son père. Fils emporté par une avalanche. Chapeau non retrouvé. Contraceptifs légués au Foyer des Anciens Guides. Après quelque huit décennies, tout cela paraît très sot et très comique, mais ce matin-là Van Veen était un homme mort, exécutant les gestes d'un rêveur imaginaire. Il se courba en rechignant, maudissant son genou, pour attacher ses skis; la neige tombait dru sur le bord de la pente mais ses skis avaient disparu, les courroies étaient des lacets, la pente un escalier.

Il descendit aux écuries et dit à un jeune valet qui n'était guère mieux réveillé que lui qu'il lui fallait être dans quelques minutes à la gare. Le valet parut surpris, et Van l'injuria.

Sa montre ! Il retourna jusqu'au hamac; le bracelet était toujours suspendu au filet. Comme il faisait le tour de la maison pour regagner les écuries et levait les yeux par hasard, il vit sur un balcon du second étage une jeune fille aux cheveux noirs, âgée d'environ seize ans et portant un pantalon jaune et un boléro noir, qui faisait de grands signes à son adresse — des signes télégraphiques, avec d'amples gestes rectilignes qui désignaient tour à tour le ciel sans nuages (quel ciel !), le sommet du jacaranda en fleurs (en fleurs ! bleues !) et son propre pied, nu et posé haut sur l'appui de la balustrade (je n'ai plus qu'à mettre mes sandales !). Saisi d'horreur et de honte, Van vit Van s'arrêter et attendre.

Elle traversa d'un pas rapide la pelouse irisée de rosée et s'approcha de lui.

« Van, dit-elle, il faut que je te raconte mon rêve avant que je ne l'oublie. Nous étions, toi et moi, sur un sommet des Alpes... Pourquoi diable as-tu mis ce costume ?

— Eh bien, je vais te le dire. » (Van parlait d'une voix traînante et comme du fond d'un rêve.) « Je vais te le dire, pourquoi. Je viens d'apprendre, d'une sauce modeste... je veux dire « source », excusez mon accent, d'une source modeste mais digne de foi, « qu'on vous culbute » derrière toutes les haies. Où trouverai-je le culbuteur ?

— Nulle part », dit Ada le plus calmement du monde et sans tenir compte ou même sans s'apercevoir de la grossièreté de ce propos, tant elle avait toujours su que le désastre était inévitable et surviendrait un jour ou l'autre — affaire de temps ou plutôt de programme de la part du destin.

« Mais il existe, il existe », balbutia Van, en regardant sur l'herbe un débris d'arc-en-ciel, reste d'une toile d'araignée.

« Sans doute, dit la hautaine enfant, mais il s'est embarqué hier pour un port de la Grèce ou bien de la Turquie. Et il fera ce qu'il faut pour se faire tuer, si cette précision peut te rassurer. Mais maintenant écoute, écoute-moi ! Ces promenades dans les bois, cela ne veut rien dire. Attends ! Je ne lui avais cédé que deux fois quand tu l'as si cruellement contusionné, trois fois en tout peut-être. Je t'en supplie ! Je ne puis m'expliquer en un seul jet, mais tu finiras par comprendre. Tout le monde n'est pas aussi heureux que nous. C'est un pauvre garçon gauche, désemparé. Nous sommes tous des âmes perdues, mais certains le sont plus que d'autres. Il n'est rien pour moi. Je ne le reverrai jamais. Il n'est rien, je te le jure. Mais il m'adore au point d'en perdre la raison.

— Il me semble, dit Van, que nous nous sommes trompés d'amant. Je te parlais, moi, de ce Herr Rack qui a de si savoureuses gencives et qui t'adore lui aussi au point d'en perdre la raison. »

Sur ces mots, il tourna (comme on dit) les talons, et se dirigea vers la maison.

Il aurait pu jurer qu'il ne s'était pas retourné une fois et que dans aucun prisme ni aucune coïncidence optique il ne lui aurait été possible, tandis qu'il s'éloignait, de la voir dans sa forme corporelle; pourtant il devait conserver à jamais l'image composite et atrocement nette d'elle, restée debout, à la place où il l'avait quittée. Cette image, qui avait pénétré en lui par un œil occipital, par le canal hyalin de l'axe vertébral, et qu'il ne pourrait jamais, jamais oublier, consistait en un choix et un mélange d'images disparates et d'expressions d'elle qui avaient fait sentir à Van la douleur intolérable du remords dans différentes circonstances du passé. Leurs querelles d'amants avaient été très rares, très brèves, mais suffisamment nombreuses pour former l'indestructible mosaïque. Il y avait le jour de la Belle Espionne, où il l'avait trouvée adossée à un tronc d'arbre, prête à subir le sort des traîtres; puis le jour où il avait refusé de lui montrer certains instantanés stupides pris à Chose et représentant des filles avec qui on se promenait en bateau plat; dans un mouvement de colère, il avait déchiré ces images interdites; elle s'était détournée, le sourcil froncé, les paupières contractées, pour regarder par la fenêtre ouverte un invisible paysage. Et le jour où, croyant déceler chez Van un mouvement de révolte contre sa singulière pruderie de langage (il venait de la défier avec rudesse de trouver une rime à « patio »), ses lèvres avaient timidement formé un vocable muet — elle n'était pas tout à fait sûre qu'il pensât à ce mot latin obscène et s'il y pensait, elle ne savait trop quelle en était la prononciation exacte. Et le jour (le pire de tous peut-être) où elle taquinait un bouquet de fleurs sauvages, les yeux plissés par un demi-sourire, bien doux, bien indifférent, la lèvre boudeuse, le chef animé de petits mouvements imprécis et comme ponctuant de saccades spontanées les décisions secrètes et les clauses inexprimées d'on ne sait quel contrat qu'elle eût conclu avec elle-même, avec lui, avec des tiers inconnus de tous et ci-après dénommés l'Inutile, l'Inconsolable, l'Injuste, tandis que Van lâchait la bride à sa colère parce qu'elle venait de lui proposer, très gentiment et sans insister le moins du monde (comme elle aurait pu lui demander de faire quelques pas sur le bord d'un marais pour voir si certaine orchidée s'était épanouie), d'entrer dans un cimetière voisin pour y honorer la tombe de feu Krolik. Van avait éclaté en vociférations indignées. (« Tu sais bien que je hais les cimetières, que je méprise, que je renie la mort, et ses cadavres burlesques. Je refuse de contempler une pierre sous laquelle se putréfie un vieux polaque potelé. Qu'il repaisse en paix sa vermine, l'entomologie de la mort me laisse froid. Je déteste, je méprise... ») Ayant poursuivi sa déclamation pendant deux ou trois minutes, il s'était laissé littéralement tomber aux pieds d'Ada et les avait couverts de baisers, et l'avait suppliée de lui pardonner, et elle avait continué de le regarder un moment encore, toute pensive.

Tels étaient les principaux fragments de la mosaïque; les autres étaient encore moins remarquables et pourtant la juxtaposition de ces éléments inoffensifs créait une sorte d'entité mortelle, et la jeune fille au pantalon jaune, au boléro noir, qui balançait légèrement les épaules, appuyée tantôt plus et tantôt moins au tronc de l'arbre, les mains croisées derrière le dos et secouant ses longs cheveux, composition précise qu'il savait n'avoir jamais vue en réalité —, était en lui plus réelle qu'aucun souvenir « vrai ».

Marina, en kimono et bigoudis, se tenait au pied du perron au milieu d'un groupe de domestiques et posait des questions auxquelles personne n'avait l'air de répondre. Van s'approcha d'elle.

« Je ne m'enfuis pas avec ta soubrette, Marina. C'est une illusion d'optique. Les raisons de son départ ne me concernent pas. Il me reste à faire un petit travail que j'ai eu la sottise de négliger jusqu'à présent, mais dont il faut que je m'occupe avant de partir pour Paris.

— Ada me donne bien du souci, dit Marina avec un froncement des sourcils et un tremblement de joues très russe. Reviens dès que tu le pourras, je te le demande. Tu as une si bonne influence sur elle ! Au revoir. Je suis très fâchée contre tout le monde. »

Elle monta les marches du perron en soulevant sa robe. Le dragon apprivoisé dont les écailles d'argent ondulaient sur son dos avait la langue d'un tamanoir au dire de sa fille aînée, la savante. Pauvre mère, que savait-elle des sieurs R et P. de P ? Quasiment rien.

Van serra la main du vieux maître d'hôtel, remercia Bout qui lui avait trouvé une canne à pommeau d'argent et une paire de gants, salua d'un signe de tête les autres domestiques et s'approcha de la voiture à deux chevaux. Blanche était debout, devant la portière. Avec sa longue jupe grise, son chapeau de paille et sa valise bon marché peinte en rouge acajou et serrée par une corde vingt fois recroisée, elle avait tout à fait l'air d'une jeune demoiselle qui s'apprêtait à devenir maîtresse d'école dans un film du « Wild West ». Elle voulut s'asseoir sur le siège à côté du cocher russe mais Van la fit entrer dans la calèche.

Ils passèrent au milieu des blés ondoyants que mouchetaient les confetti des bleuets et des coquelicots. Elle parla pendant tout le trajet, d'une voix sourde et mélodieuse, de la jeune châtelaine et de ses deux derniers amants; on aurait cru qu'elle était plongée dans un sommeil magnétique et communiquait avec l'âme errante d'un défunt ménestrel. L'autre jour encore, de derrière cette rangée de sapins, voyez ici à votre droite (mais Van ne regardait pas, il se tenait assis en silence, les deux mains appuyées sur le pommeau de sa canne), Blanche et sa sœur Madelon, encadrant une bouteille de vin, avaient vu monsieur le comte faire sa cour à la jeune demoiselle sur la mousse, il l'écrasait comme un ours grogneur, tout comme il avait écrasé (combien de fois !) Madelon, laquelle avait dit à Blanche qu'il faudrait l'avertir, lui, Van (parce qu'elle était un petit peu jalouse), mais elle avait dit aussi (parce qu'elle avait bon cœur) qu'il vaudrait mieux attendre le moment où « Malbrough s'en va-t-en guerre », faute de quoi ces messieurs se battraient à coup sûr; il avait passé la matinée à décharger son pistolet sur un épouvantail, c'est pourquoi elle avait attendu si longtemps, et le billet était de la main de Madelon et non de la sienne. Blanche continua de déraisonner jusqu'à ce qu'on fût arrivé à Tourbière : deux rangées de chaumières et une petite église noire aux fenêtres garnies de vitraux. Van ouvrit la portière et Blanche descendit. La plus jeune des trois sœurs, une jolie petite pucelle aux boucles châtain, aux yeux polissons, aux seins carillonnants (où Van l'avait-il déjà rencontrée ?), porta la valise de Blanche et sa cage dans une misérable cabane enfouie sous des rosiers grimpants mais, à ce détail près, triste au-delà de toute expression. Van baisa la timide main de Cendrillon, puis, s'étant rassis dans la voiture, s'éclaircit le gosier et croisa les jambes non sans avoir auparavant rajusté d'un petit coup sec le pli de son pantalon. Oh, vain Van Veen !

« L'express ne s'arrête pas à Torfianka, n'est-ce pas Trofim ?

— Nous allons faire cinq verstes à travers les marais, dit Trofim. La station la plus proche est Volosyanka. »

C'est ainsi qu'en russe vulgaire il traduisait Maidenhair. Arrêt facultatif; train probablement bondé.

Maidenhair. Imbécile ! Si la rencontre avait eu lieu, il était fort possible que le beau Percy fût déjà mort et enterré ! Maidenhair. Ce nom tirait son origine du grand arbre chinois qui éployait sa ramure au bout du quai. Jadis on avait plus ou moins confondu cette espèce avec l'adiante ou « cheveux de Vénus ». Elle marcha jusqu'au bout du quai dans le roman de Tolstoï. Protagoniste du monologue intérieur, exploité plus tard par les Français et les Irlandais. « N'est vert, n'est vert, n'est vert, l'arbre aux quarante écus d'or », en automne tout au moins. *Never, never,* je n'entendrai à nouveau sa voix « botanisante », baisser sur *bibola.* « Désolée, j'affiche mon latin. » *Ginkgo,* gingko, ink, inkog. Connu encore sous le nom d'*adiantofolia* de Salisbury, *Ada's infolio,* pauvre *Salisburia :* nom supprimé; et pauvre courant de conscience, marée noire, à l'heure qu'il est. Qui veut d'Ardis Hall !

« *Barine, a barine* », dit Trofim, tournant sa barbe blonde vers son passager.

« *Da ?*

— *Dóje skvoz' kójanyï fártouk ne stal-by ya trógat' etou frantsoúziskouyu dévkou* ».

Bárine : maître. *Dáje skvoz' kójanyï fártouk* : même à travers un tablier de cuir. *Ne stal-by ya trógat' :* je ne voudrais pas toucher. *Etou,* cette. *Frantsoúzskouyu :* française (adj. accus.). *Dévkou :* garce. *Oújas, otchâïanie :* horreur, désespoir. *Jálost' :* pitié. *Kóntcheno, zagájeno, rastérzano :* fini, souillé, déchiqueté.

CHAPITRE XLII

ADA disait souvent qu'à moins d'être très cruel ou très bête, ou de téter encore sa mère, on ne pouvait être heureux sur Démonia, notre magnifique planète. Van avait maintenant le sentiment que pour survivre sur cette terrible Antiterra, dans le monde multicolore et mauvais au sein duquel il était né, il lui fallait préalablement détruire, ou tout au moins mutiler pour la vie, deux de ses habitants. Il était essentiel qu'il les retrouvât immédiatement; un simple retard pouvait compromettre son pouvoir de survie. La volupté que lui causerait leur destruction ne guérirait point son cœur, mais elle lui rincerait certainement la cervelle. Les deux hommes se trouvaient en deux lieux différents dont aucun n'évoquait une topographie précise, un numéro de rue bien défini, un cantonnement identifiable. Van espérait, si le sort consentait à l'aider, les châtier de manière honorable. Il n'avait pas prévu que le sort déploierait en sa faveur un zèle poussé jusqu'à la farce, d'abord en dirigeant ses pas, puis en s'immisçant dans son entreprise pour devenir bientôt un auxiliaire sur-coopératif.

Il résolut de se rendre d'abord à Kalougano pour régler son compte à Herr Rack. Calé dans le coin d'un compartiment rempli de jambes et de voix, Van s'endormit, de souffrance et de désarroi, tandis que le super-express filait, vers le nord, à cent cinquante kilomètres à l'heure. Il sommeilla jusqu'à midi et descendit à Ladoga, où, après une attente interminable, il prit un autre train, encore plus cahotant, encore plus bondé. Alors que, de couloir en couloir, il se frayait un chemin zigzaguant en maudissant tout bas les amateurs de paysage qui ne remuaient seulement pas les fesses pour le laisser passer, et en cherchant désespérément un refuge confortable dans un des compartiments à quatre places qui composaient les voitures de « première », il aperçut Cordula et sa mère assises l'une en face de l'autre auprès de la fenêtre; les deux autres places étaient occupées par un gros monsieur d'un âge respectable qui portait une perruque brune à l'ancienne (avec la raie au milieu), et par un petit garçon à lunettes, habillé d'un costume marin; le petit garçon était assis à côté de Cordula qui lui proposait justement la moitié de sa barre de chocolat. Une idée véritablement lumineuse traversa l'esprit de Van; il entra dans le compartiment, mais la mère de Cordula ne le reconnut pas aussitôt et l'émoi des re-présentations joint à une embardée de la voiture fut cause que Van posa le pied sur le soulier de prunelle du voyageur âgé, lequel poussa un cri aigu et dit, d'une voix indistincte mais non pas impolie : « Pitié pour ma goutte (ou, « faites donc attention », ou encore « ouvrez l'œil »), jeune homme !

— Il ne me plaît pas qu'on m'appelle jeune homme ! » dit Van à l'infirme avec une violence de ton tout à fait injustifiée.

« Il t'a fait mal, grand-père ? » demanda le petit garçon.

« Et comment, dit le grand-père, mais mon cri de douleur était dénué de toute intention blessante.

— La douleur ne nous dispense pas de la civilité », continua Van (tandis que le bon Van qu'il abritait encore en lui le tirait par la manche, honteux et consterné).

« Cordula, dit la vieille actrice (avec le même à-propos dont elle avait fait preuve un jour, en prenant dans ses bras et en caressant le chat du pompier de service qui s'était fourvoyé dans le décor de *Fast Colors*, au milieu de sa plus belle tirade), pourquoi n'emmènerais-tu pas ce jeune démon irascible faire un tour au salon de thé ? Je me sens des envies de piquer un sommeillon.

— Qu'est-ce qui ne va pas ? » demanda Cordula en s'asseyant à côté de Van dans le très spacieux et très rococo « tarteloir », comme disaient les élèves du collège de Kalougano dans les années quatre-vingts et quatre-vingt-dix.

« Rien ne va, répondit Van, mais pourquoi me le demandez-vous ?

— Mon Dieu, c'est que nous connaissons un peu le docteur Platonov... vous n'aviez pas la moindre raison de traiter cet excellent vieillard d'une manière aussi grossière.

— Acceptez mes excuses, dit Van, et commandons le thé traditionnel.

— Ce n'est pas tout ce qui me semble bizarre, poursuivit Cordula. Aujourd'hui vous m'avez remarquée. Il y a deux mois, vous faisiez semblant de ne pas me connaître.

— Vous aviez changé, Cordula. Vous étiez devenue jolie et langoureuse. Aujourd'hui, vous l'êtes encore davantage. Cordula n'est plus vierge ! Dites-moi... auriez-vous par hasard l'adresse de Percy de Prey ? Nous savons tous qu'il est occupé à envahir la Tartarie, mais comment le joindre par lettre ? Je n'aurais garde de demander à votre fouineuse de tante de me servird'intermédiaire.

— Je crois bien que les Fraser ont l'adresse. Je puis m'en assurer. Mais, où Van se rend-il ? Où le trouverai-je ?

— Chez moi, 5 Park Lane, dans un jour ou deux. Pour le moment, je monte à Kalougano.

— C'est une ville atroce. Une fille ?

— Un homme. Vous connaissez Kalougano ? Un bon dentiste ? Un bon hôtel ? Les salles de concert ? Le professeur de musique de ma cousine ? »

Elle secoua ses petites boucles. Non... elle n'était allée que très rarement à Kalougano. Deux fois pour assister à un concert dans une forêt de pins. Elle ignorait qu'Ada prît des leçons de musique. Comment allait-elle, Ada ?

« Lucette, dit Van. C'est Lucette qui prend ou prenait des leçons de musique. Okay, ne pensons plus à Kalougano. Ces *crumpets* sont les parents pauvres, fort pauvres, de ce qu'on trouve à Chose. Vous avez raison, j'ai des ennuis. Mais vous pouvez m'aider à les oublier. Parlez-moi, faites-moi penser à autre chose (d'ailleurs vous me faites déjà penser à autre chose)... Un petit topinambour ! comme dit le Teuton de l'histoire. Parlez-moi de vos affaires de cœur. »

Cordula n'était pas une petite fille très brillante, mais c'était une petite fille loquace et vraiment tout à fait excitante. Van essaya de la caresser sous la table, mais elle repoussa doucement sa main en murmurant « menstruettes », avec ni plus ni moins de fantaisie qu'une autre enfant, dans un autre rêve. Il s'éclaircit bruyamment le gosier et commanda une demibouteille de cognac; comme Démon le lui avait enseigné, il la fit déboucher devant lui par le garçon. Cordula ne cessait de parler et Van perdit le fil de son discours — ou plutôt ce fil s'embrouilla dans le dévidoir du paysage que Van suivait par-dessus l'épaule de sa voisine : un ravin soudain entrouvert lui relatait ce qu'avait dit Jack en recevant le coup de téléphone de sa femme, un arbre solitaire au milieu d'un champ de trèfle personnifiait John abandonné, un ruisseau romantique cascadant sur une pente escarpée reflétait la brève et brillante idylle de Cordula avec le marquis Quizz Quisana.

Une forêt de pins brusquement interrompue céda la place à des cheminées d'usine. Dans un bruit de ferraille, le train passa devant une rotonde et ralentit en gémissant. Une gare hideuse obscurcit la lumière du jour.

« Grands Dieux, s'écria Van, c'est ici que je descends. »

Il laissa quelques pièces sur la table, baisa les lèvres consentantes de Cordula et se dirigea vers la sortie. Comme il allait traverser le soufflet, il se retourna, jeta un dernier regard à Cordula, lui fit signe avec le gant qu'il tenait à la main... et heurta violemment un quidam qui s'était baissé pour ramasser un sac de voyage : « On n'est pas goujat à ce point », déclara la victime, un militaire corpulent qui portait une moustache roussâtre et des galons de capitaine.

Van le dépassa avec brusquerie et, l'ayant rejoint sur le quai, le frappa de son gant au travers du visage.

Le capitaine ramassa son képi et se précipita sur le jeune fat au blanc visage et aux cheveux noirs. En même temps, Van se sentit ceinturé par-derrière, manœuvre irrégulière quoique effectuée dans une louable intention. Sans prendre la peine de se retourner, Van abolit l'officieux invisible d'un léger « coup de piston » du coude gauche, en même temps que d'un horion de la dextre il envoyait le capitaine chanceler parmi ses bagages; déjà plusieurs amateurs de *free-show* se rassemblaient autour d'eux; brisant le cercle, Van prit son homme par le bras et l'entraîna dans la salle d'attente. Un porteur à la mine comiquement lugubre et dont le nez saignait abondamment entra derrière eux, portant les trois valises du capitaine (deux à la main, une sous le bras). La plus neuve était bariolée d'étiquettes cubistes illustrant des séjours lointains et fabuleux. On fit échange de cartes de visite. « Le fils de Démon ? » grommela le capitaine Tapper, Villa des Violettes, Kalougano. « Exact, dit Van. Je pense descendre au Majestic. Sinon, j'y laisserai un mot pour votre ou vos témoins. Vous aurez la bonté de m'en procurer un. Je ne me vois pas très bien demander au concierge de me rendre ce service. »

Tout en parlant, Van tira de sa poche une poignée d'or, choisit une pièce de vingt dollars, et l'offrit avec un grand sourire au vieux porteur malmené. « Du coton jaune dans les trous de nez ! et mille regrets, camarade ! »

Les mains dans les poches de son pantalon, Van traversa la place de la gare dont le Majestic occupait l'autre extrémité; une automobile qui se trouvait sur son passage vira sur l'asphalte humide avec un bruit strident. Van laissa la machine dans une position perpendiculaire à sa route tracée et d'une poussée rude fit tourner le tambour du Majestic, sinon plus heureux, du moins plus en train qu'il ne l'avait été depuis douze heures.

Le Majestic, vieil et gigantesque édifice, toute crasse au-dehors et tout cuir au-dedans, l'engloutit. Il demanda une chambre avec salle de bain, s'entendit répondre que toutes étaient retenues pour un Congrès de Pourvoyeurs, soudoya le réceptionniste de l'irrésistible manière Veen et obtint un appartement de trois pièces acceptable avec une baignoire à panneaux d'acajou, un antique fauteuil à bascule, un piano mécanique et un baldaquin pourpre surmontant un lit à deux places. Il se lava les mains et descendit aussitôt pour s'enquérir de la résidence de Rack. Les Rack n'avaient pas le téléphone; sans doute habitaient-ils une chambre louée, dans les faubourgs de la ville. Le concierge regarda la pendule, et appela je ne sais quel bureau d'adresse ou service de recherches des personnes disparues, lequel était malheureusement fermé jusqu'au lendemain matin. Il conseilla finalement à Van de s'adresser au marchand de musique de la Grand-Rue.

Chemin faisant, Van fit l'acquisition d'une seconde canne : il avait oublié au Café de la Gare de Maidenhair celle (à pommeau d'argent) que lui avait donnée Bout. La remplaçante était un article grossier, robuste, muni d'une poignée commode et d'une pointe d'alpenstock bien capable de désorbiter des yeux limpides et globuleux. Dans une boutique voisine Van acheta une valise et dans celle qui suivait des chemises, des slips, des *slacks*, des chaussettes, des pyjamas, des mouchoirs, une robe de chambre, un chandail et une paire de pantoufles en maroquin fœtalement repliées dans une gaine de cuir. Le tout fut placé dans la valise et envoyé directement au Majestic. Au moment d'entrer chez le marchand de musique, Van se souvint avec un sursaut qu'il n'avait pas laissé le message promis aux témoins de Tapper et revint aussitôt sur ses pas.

Il trouva les deux hommes installés dans le hall et les pria d'être expéditifs : il avait à régler des affaires autrement importantes. « *Ne groubit' sekoundantam* » (sois toujours poli avec un témoin), lui soufflait la voix de son père. Arwin Birdfoot, lieutenant de la Garde, était blond et flasque; ses lèvres humides et roses suçaient un fume-cigarette long d'un pied pour le moins. Johnny Raffin, Esq. était petit, brun et pomponné, et portait des chaussures de daim bleues et un atroce complet beige, Birdfoot ne tarda pas à se retirer, laissant Van régler les détails de la rencontre avec Johnny, qui, bien que tout disposé à seconder loyalement Van, n'arrivait pas à lui dissimuler que son cœur appartenait au capitaine.

Le capitaine, dit Johnny, était un tireur de premier ordre, membre du Do-Ré-La Country Club. Nulle brutalité sanguinaire ne ternissait sa britannicité mais sa position académique et militaire exigeait qu'il défendît son honneur. Il était connaisseur en mappemondes, en chevaux, en horticulture. Il avait de la terre, et du bien. Une excuse à peine esquissée venant du baron Veen suffirait à clore l'affaire. Il ne s'agissait là que d'une gracieuse banalité.

« Si c'est là ce qu'attend de moi le brave capitaine, dit Van, il peut toujours fourrer son pistolet dans sa gracieuse analité.

— Cette façon de parler n'est guère honnête, dit

Johnny en faisant la grimace. Mon ami ne l'apprécierait point. Souvenons-nous qu'il a le goût fort délicat. »

Etait-ce à Van ou au capitaine que Johnny devait servir de témoin ?

« A vous », dit Johnny, le regard langoureux.

Johnny ou le délicat capitaine connaissaient-ils un pianiste d'origine allemande, marié et père (sans doute) de trois enfants en bas âge, qui répondait au nom de Philip Rack.

« Je crains, dit Johnny avec une nuance de dédain, de ne pas connaître grand monde à Kalougano qui détienne des enfants en bas âge. »

Y avait-il un bon bordel dans le quartier ?

Avec un dédain grandissant, Johnny déclara qu'il était un célibataire endurci.

« C'est bon, n'en parlons plus, dit Van. Il faut que je ressorte avant que les boutiques ne ferment. Achèterai-je une paire de pistolets ou le capitaine me prêtera-t-il son Browning d'ordonnance ?

— Nous pouvons fournir les armes », dit Johnny.

Van courut chez le marchand de musique et trouva boutique fermée. Il regarda pendant une minute les harpes, les guitares et les fleurs disposées dans des vases d'argent sur des consoles qui se perdaient dans la pénombre des miroirs et il se ressouvint de la petite fille qu'il avait tant aimée, six ans plus tôt... Rose ? Roza ? Etait-ce vraiment son nom ? Aurait-il été plus heureux avec elle qu'avec sa pâle, sa fatale sœur ?

Il marcha un moment dans la Grand-Rue — une parmi des millions de Grands-Rues — puis, tiraillé soudain par un sain appétit, entra dans un restaurant point trop rébarbatif. Il commanda un bifteck avec des pommes de terre rôties, une tarte aux pommes et une bouteille de bordeaux. A l'autre extrémité de la salle, sur l'un des tabourets rouges du bar embrasé, une élégante lorette toute de noir vêtue — corsage étroit et large jupe, chapeau Rubens de velours noir et passe-coudes noirs — aspirait au moyen d'une paille un breuvage doré. Le miroir qui était derrière le comptoir lui renvoya, au milieu d'un scintillement multicolore, l'image floue de sa beauté de blonde rousse. Il se dit qu'il pourrait l'essayer, plus tard, mais quand il releva les yeux, elle avait disparu.

Il mangea, but, délibéra.

Il envisageait sa rencontre avec une franche gaieté de cœur. Pouvait-il exister médecine plus revigorante ? L'idée d'en découdre avec ce comparse clownesque lui procurait un soulagement inespéré, d'autant plus que Rack accepterait sans nul doute une bonne raclée en guise de combat singulier. Les supputations et contre-supputations de Van concernant les détails de ce petit duel pouvaient se comparer à ces passe-temps éducatifs qu'élaborent à l'intention des « polios », des fous ou des forçats, tant d'administrateurs éclairés, de psychiatres ingénieux, de charitables institutions — telles la reliure artisanale ou l'insertion de perles bleues dans les orbites de poupées confectionnées par d'autres criminels, d'autres infirmes, d'autres fous.

Van caressa d'abord l'idée de tuer son adversaire : quantitativement ce résultat lui aurait procuré la plus forte impression de soulagement; qualitativement, il annonçait toutes sortes de complications tant morales que légales. Blesser seulement le capitaine, c'était tomber dans l'ineptie des demi-mesures. Il décida de faire quelque chose d'artistique, d'original, comme de faire tomber d'une balle habile le pistolet tenu par son adversaire ou de partager par une raie médiane la brosse épaisse de sa chevelure.

En route pour le lugubre Majestic, il acheta diverses bagatelles : trois savons ronds logés dans une boîte oblongue, de la crème à raser dans son tube élastique et froid, dix lames, une grosse éponge et une plus petite en caoutchouc, une lotion capillaire, un peigne, du Baume de l'Ecorcheur, une brosse à dents dans un étui de plastique, de la pâte dentifrice, des ciseaux, un stylographe, un agenda de poche... quoi d'autre encore ? ah, oui, un petit réveille-matin... dont la présence réconfortante ne l'empêcha pas de demander au concierge de l'appeler à cinq heures précises.

Il n'était que neuf heures, un soir de fin d'été. Si on lui avait dit qu'il était minuit en octobre, Van n'en aurait pas été surpris. Il venait de vivre une journée prodigieusement longue; il arrivait à peine à concevoir que le matin même, à l'aube, un personnage fantomatique sorti de quelque roman de Dormilona à l'usage des petites bonnes lui avait parlé dans la remise d'Ardis Hall, apparition tremblante et presque nue. Il se demanda si l'autre était toujours debout, droite comme une flèche, abhorrée, adorée, sans cœur, au cœur brisé, adossée au tronc d'un arbre murmurant. Il se demanda s'il ne devait pas, compte tenu de la partie de plaisir du lendemain, lui écrire une note du style « quand-tu-recevras-ceci », impertinente, cruelle, tranchante comme un glaçon. Non. Plutôt écrire à Démon.

Mon cher papa,

A la suite d'une altercation insignifiante avec un certain capitaine Tapper, de la Villa des Violettes, sur qui j'avais par accident posé le pied dans le couloir d'un train, je viens de me battre au pistolet, ce matin, dans les bois de Kalougano. A l'heure qu'il est, j'ai cessé d'être. Bien que le style de cette fin puisse la faire considérer comme une manière de facile suicide, j'affirme que ni mon duel ni l'inénarrable capitaine n'ont le moindre rapport avec les Souffrances du jeune Veen. En 1884, au cours de mon premier été à

Ardis, j'ai séduit votre fille, qui avait alors douze ans. Notre torride aventure s'est poursuivie jusqu'à ce que je reparte pour Riverlane. Elle a repris quatre ans plus tard, en juin dernier. Ce bonheur représente le principal événement de ma vie et je suis sans regrets. Hier, cependant, j'ai découvert qu'elle m'avait été infidèle et nous nous sommes séparés. Savez-vous que ce Tapper pourrait bien être le type qui s'est fait exclure d'un de vos cercles de jeu pour tentative de viol oral sur la personne du garçon des toilettes, un vieil invalide édenté, vétéran de la première guerre de Crimée. Beaucoup de fleurs, de grâce !

Votre fils qui vous aime,

Van.

Il relut posément sa lettre, et non moins posément la déchira. Le billet qu'il glissa finalement dans la poche de son veston était beaucoup plus bref :

Papa,

J'ai eu une petite prise de bec avec un inconnu que j'ai giflé et qui m'a tué, en duel, près de Kalougano. Désolé !

Van.

Van fut tiré de son sommeil par le portier de nuit, qui déposa sur la table de chevet une tasse de café noir et un petit pain aux œufs (à la mode kalouganaise) et empalma dextrement le *tchervonetz* escompté. Il ressemblait quelque peu à Bouteillan — un Bouteillan dix ans plus jeune et tel qu'il venait justement d'apparaître dans un rêve que Van s'efforçait de reconstituer jusqu'où la vue atteignait : dans ce rêve, l'ancien valet de chambre de Démon expliquait à Van que le « dor » qui figurait dans le nom d'une rivière adorée équivalait à la forme corrompue de « hydro » dans « dorophone ». Van rêvait souvent de mots.

Il se rasa, mit au rebut deux lames souillées de sang dans un lourd cendrier de bronze, produisit des selles parfaitement structurées, prit un bain à la hâte, s'habilla prestement, confia sa valise au concierge, paya sa note, et, comme six heures sonnaient, s'insinua à côté du malodorant Johnny dont le menton bleuissait, dans la Paradox de celui-ci, une demi-course à bon marché. Ils filèrent une petite lieue sur la rive morne du lac — des monceaux de charbon, des cabanes en planches, des hangars à bateaux, une longue bande de vase noire et caillouteuse et, dans l'éloignement, au-dessus du long croissant d'eau grise où flottaient des brumes automnales, les fumées roussâtres de formidables usines.

« Où sommes-nous, cher Johnny ? » demanda Van, tandis que la voiture, sortant de l'orbite du lac, s'engageait sur une route de banlieue bordée de cottages de bois et de pins liés entre eux par des festons de linge à sécher.

« Sur la route de Dorofey, cria Johnny, dans le vacarme de la mécanique. Elle aboutit à la forêt. »

Elle y aboutit en effet. Van ressentit un petit élancement dans le genou à l'endroit où, huit jours plus tôt et dans un autre bois, il avait heurté une roche, alors qu'on l'attaquait par-derrière. Au moment où son pied se posait sur les aiguilles de pin qui jonchaient la route forestière, un papillon d'un blanc diaphane glissa devant ses yeux, les ailes immobiles, et il sut avec une absolue certitude qu'il ne lui restait plus que quelques minutes à vivre.

Il se tourna vers son témoin et dit :

« Cette lettre timbrée contenue dans une belle enveloppe du Majestic est adressée, comme vous pouvez le voir, à mon père. Je la transporte sous vos yeux dans la poche arrière de mon pantalon. Vous aurez la bonté de la mettre immédiatement à la poste, si le capitaine, qui, comme je le vois, vient d'arriver dans une limousine passablement funèbre, me tuait par mégarde. »

On trouva une clairière commode et les adversaires armés de leur pistolet s'affrontèrent à la distance d'environ trente pas, en un combat singulier qu'ont décrit la plupart des romanciers russes, et pratiquement tous les romanciers russes de naissance noble.

Comme Arwin frappait dans ses mains pour annoncer un peu cavalièrement à ces messieurs qu'ils pouvaient tirer à volonté, Van perçut à sa droite un remuement de couleurs : deux jeunes spectateurs assistaient à la rencontre, une petite fille grasse et un petit garçon en costume marin; ils portaient tous deux des lunettes; entre eux était posé un panier de champignons. Ce n'était pas le croqueur de chocolat de Cordula, mais il lui ressemblait fort. Au moment où cette pensée traversait son esprit, Van sentit le choc d'une balle qui venait de lui emporter tout le côté gauche de la poitrine (ce fut du moins son impression). Il vacilla mais retrouva son équilibre et, avec une belle dignité, déchargea son pistolet dans la brume dorée du matin. Son cœur battait régulièrement, il crachait clair, ses poumons paraissaient intacts, mais une douleur cuisante lui transperçait l'aisselle gauche. Le sang filtrait à travers ses vêtements et dégouttait sur la jambe de son pantalon. Il s'assit sur le sol, lentement, avec précaution, et s'appuya sur son bras droit. Il redoutait de perdre connaissance mais s'évanouit peut-être un court instant, car il s'aperçut tout à coup que Johnny l'avait soulagé de la lettre et qu'il était en train de la glisser dans sa poche.

« Déchirez ça, imbécile », dit Van, avec un gémissement involontaire.

Le capitaine s'approcha et murmura d'un ton peu réjoui : « Je crains bien que vous ne soyez pas en état de poursuivre.

— Et moi, dit Van, je crains bien que vous ne puissiez attendre... » Il voulait dire : « que vous ne puissiez attendre plus longtemps la seconde claque que je vous destine », mais il éclata de rire sur le mot « attendre » et les muscles de l'hilarité se contractèrent si douloureusement dans sa poitrine qu'il s'interrompit au milieu de sa phrase et inclina son front humide de sueur.

Pendant ce temps, Arwin s'employait à transformer la limousine en ambulance. On dépeça des journaux pour protéger la garniture des sièges et le méticuleux capitaine y ajouta ce qu'on eût pris volontiers pour un vieux sac de pommes de terre ou je ne sais quel lambeau pourri dans l'ombre d'un placard. Sans doute n'était-ce pas encore assez, car après avoir replongé le bras dans le coffre de sa voiture en grommelant « Quel bon sang de bordel... » (ce qui était bien la chose à dire), il se résigna à sacrifier l'antique et répugnant mackintosh sur lequel était mort, un jour, pendant qu'on le transportait chez le vétérinaire, un vieux chien chéri.

Pendant trente secondes, Van crut être encore étendu sur la banquette de la limousine, alors qu'il se trouvait déjà dans la salle commune de l'hôpital de Vue-du-Lac (Vue-du-Lac !), entre deux rangées de malades mâles aux bandages divers, qui ronflaient, déliraient et geignaient à qui mieux mieux. A cette vue, son premier mouvement fut de s'indigner et d'exiger qu'on le transportât immédiatement dans la meilleure *palata* privée de l'endroit et que l'on fît chercher sa valise et son alpenstock au Majestic. Puis il s'enquit de la gravité de sa blessure et de la durée probable de son invalidité. En troisième lieu, il récapitula les circonstances coercitives qui l'avaient amené à visiter Kalougano (visiter Kalougano !). Sa nouvelle résidence (où des monarques malheureux avaient en vain cherché le sommeil pendant une halte sur le chemin de l'exil) était une réplique en blanc de son appartement du Majestic — meubles blancs, tapis blanc, blancs rideaux de lit. Gravée, comme qui dirait en médaillon dans cet appartement, Tatiana, jeune infirmière remarquablement jolie et hautaine, offrait à l'admiration de Van sa noire chevelure et sa peau transparente (certaines de ses attitudes, certains de ses gestes, et cette harmonie entre le cou et les yeux qui pour être le vrai secret de la grâce féminine n'a guère fait jusqu'à ce jour l'objet d'une étude approfondie, lui rappelaient Ada, étrangement, atrocement, et il cherchait à fuir cette image en réagissant puissamment aux charmes de Tatiana, qui était en son genre un autre ange de supplices). L'obligation de l'immobilité interdisait à Van les poursuites faunesques des caricatures de mauvais goût. Il supplia Tatiana de lui masser les jambes, mais l'ayant jaugé d'un œil noir et sourcilleux elle délégua la besogne à Dorofey, un infirmier à la poigne de fer pour qui c'était un jeu d'enfant que de soulever de son lit notre jeune blessé dont le bras s'accrochait à sa nuque puissante. Van réussit une fois à tâter le sein de Tatiana, mais elle l'avertit qu'elle se plaindrait à qui de droit s'il s'avisait encore une fois de lui faire des avances polissonnes. Une exhibition directe de son cas assortie de l'humble requête d'une caresse curative ne réussit pas davantage auprès de Tatiana, qui se contenta d'observer sèchement que des messieurs du meilleur monde avaient purgé des peines de prison fort longues pour s'être livrés à de semblables démonstrations dans les jardins publics. Pourtant, longtemps après, elle écrivit à Van une lettre mélancolique et charmante (encre rouge sur papier rose), mais dans l'intervalle Van avait connu d'autres émois et vécu d'autres aventures et jamais il ne revit Tatiana.

Sa valise lui fut apportée sans retard, mais de sa canne on ne retrouva pas la trace (sans doute, à l'instant où j'écris, est-elle en train de gravir les pentes du mont Wellington, ou de servir d'appui à une promeneuse en « brandonnée » dans l'Oregon). Aussi sa Troisième Canne lui fut-elle fournie par l'hôpital de Vue-du-Lac. C'était un assez bel outil, noueux, couleur « cerise », avec une crosse et un embout de caoutchouc noir. Le docteur Fitzbishop fit compliment à son malade de s'en être tiré à si bon compte. Sa blessure n'intéressait qu'un muscle superficiel. La balle lui avait seulement frisé le « grand dentelé ». Doc Fitz s'étendit sur les étonnantes facultés de rétablissement de Van (lesquelles se manifestaient déjà) et lui promit de le dispenser d'antiseptiques et de pansements dans un peu plus d'une semaine si dans les trois jours qui venaient il ne bougeait pas plus qu'une souche. Van aimait-il la musique ? Les sportifs aiment presque toujours la musique, n'est-ce pas ? Lui plairait-il d'avoir un Sonorola à côté de son lit ? Il n'aimait pas la musique. Mais, en habitué des concerts, le docteur savait peut-être où l'on pouvait trouver un certain M. Rack, habitant de Kalougano, musicien de son état ? « Numéro cinq », répondit sur-le-champ le docteur. Van prit cette réponse pour le titre maniéré d'un morceau de musique, et réitéra sa demande. Pouvait-on se procurer l'adresse de Rack, chez Harper, le marchand de musique ? Ma foi... les Rack avaient longtemps loué une villa en bas de Dorofey Road, tout près de la forêt, mais d'autres locataires s'y étaient récemment installés. La salle numéro cinq était le dernier asile des cas désespérés. Le pauvre garçon avait toujours eu un foie déplorable et le cœur n'était guère brillant; pour couronner le tout, un poison mystérieux s'était insinué depuis peu dans son anatomie et le « labo » de l'endroit n'avait pas réussi à l'identifier; on attendait de Louga une analyse détaillée de ces déjections d'un vert grenouille assez bizarre. Si Rack s'était administré lui-même le poison, il n'en pipait mot. Il était plus vraisemblable que l'auteur du forfait fût sa femme, qui pratiquait plus ou moins le vaudou hindo-andéen et venait de faire une fausse-couche laborieuse à la maternité de l'hôpital. Des triplés, oui. Comment avait-il pu deviner ? Quoi qu'il en fût, si le baron était tellement impatient de rendre visite à son vieux camarade, il devrait s'exécuter dès qu'il pourrait, se faire transporter par Dorofey en chaise roulante jusqu'à la salle cinq. Aussi ferait-il bien de pratiquer quelque peu le vaudou (ha ! ha !) sur sa propre chair et son propre sang.

Le jour attendu arriva bientôt. Après un long voyage à travers des couloirs où l'on croisait, trottant en sens inverse, de gentilles créatures secouant des thermomètres, après une montée et puis une descente dans deux ascenseurs différents — le second très spacieux contenait un funèbre couvercle noir à poignées de métal appuyé contre la paroi; sur le sol à l'odeur savonneuse s'éparpillaient des branchettes de houx, de laurier —, Dorofey, à l'instar du cocher d'Onéguine, dit *priehali* (« nous sommes arrivés ») et poussa doucement Van, au-delà de deux lits que dissimulaient des paravents, vers un troisième, placé près de la fenêtre. Ayant abandonné Van, il s'assit devant une petite table dans l'encoignure de la porte et déplia très posément un numéro du *Golos* (*Logos*), journal en langue russe.

« Je suis Van Veen... ceci pour le cas où vous ne seriez plus assez lucide pour reconnaître quelqu'un que vous n'avez vu que deux fois. Les registres de l'hôpital vous donnent trente ans; je vous croyais plus jeune, il n'importe, c'est un âge bien tendre pour mourir quoi que vous puissiez être, génie embryonnaire ou canaille chevronnée... ou les deux à la fois. Comme vous pouvez le voir au simple mais prévenant appareil de cette salle silencieuse, vous êtes, suivant l'idiome adopté, un incurable ou un rat qui pourrit. Aucun gadget à oxygène n'a le pouvoir de vous épargner « l'agonie des agonies » — selon l'heureux pléonasme du professeur Lamort. Les souffrances physiques que vous allez subir, ou que vous subissez déjà, sont certainement prodigieuses, mais elles ne sont rien encore comparées à celles d'un probable au-delà. La pensée de l'homme, moniste par nature, ne peut accepter l'idée de *deux* néants. Elle reconnaît *un* néant, celui de son inexistence biologique dans l'infini du passé que le vide absolu de sa mémoire lui démontre. Ce néant étant comme qui dirait révolu se supporte sans trop de peine. Mais l'idée d'un second néant — qui pourrait n'être pas plus intolérable que l'autre — est logiquement inacceptable. Quand nous parlons en termes d'espace, il nous est possible de concevoir la réalité d'un point vivant perdu dans l'unité sans bornes de l'espace; mais une telle conception n'offre point d'analogie avec notre brève existence dans le temps, car, aussi éphémère qu'elle soit (trente ans sont scandaleusement brefs !), notre conscience d'exister n'est pas un point dans l'éternité mais une fissure, une faille, une lézarde, qui s'étend sur toute la largeur du temps métaphysique et le partage en deux moitiés, et se dessine, lumineuse (aussi fine soit-elle), entre les deux panneaux de l'avant et de l'après. Ainsi donc, M. Rack, nous pouvons parler de temps passé et, d'une manière plus vague mais qui nous est familière, de temps futur, mais il nous est tout bonnement impossible d'envisager un second néant, un second vide, un second blanc. L'oubli est comme un spectacle qui ne se joue qu'un soir — nous avons assisté à sa représentation unique : il n'y aura pas de seconde fois. Par conséquent nous devons admettre la possibilité d'une forme de conscience prolongée et désorganisée, et cela m'amène au point où je voulais en venir, M. Rack. Le Rack éternel, la Rackéité infinie pourrait bien n'être pas grand-chose, mais nous avons au moins une certitude : la seule conscience qui persiste dans l'au-delà est la conscience de la douleur. Le petit « Rack », le petit chevalet de torture d'aujourd'hui est le Rack infini de demain... *ich bin ein unverbesserlicher Witzbold.* Nous pouvons, j'ose même dire que nous devrions nous figurer de très petits amas de particules auxquelles reste attachée la personnalité de Rack et qui se rencontrent, deçà, delà, dans l'au-delà, et qui s'accrochent les unes aux autres, qui sait comment, qui sait où — ici la trame de tous les maux de dents de Rack, là un paquet de cauchemars de Rack —, tels des groupuscules obscurs de réfugiés, épaves de quelque nation abolie, qui se recherchent et s'agglutinent pour un peu de tiédeur fétide, pour quelques aumônes crasseuses, pour le souvenir partagé de tortures sans nom qu'ils ont endurées dans les camps de Tartarie. Ce doit être un petit supplice de choix pour un vieillard que de se morfondre au bout d'une longue, longue queue devant une lointaine vespasienne. Eh bien, Herr Rack, j'avance ici l'opinion probable que les cellules survivantes de votre Rackéité sénile formeront le même cortège de supplices et n'atteindront jamais, jamais, dans la terreur et les tourments de la nuit infinie, la fosse immonde atrocement désirée. Certes, vous pourriez me répondre (si vous avez pratiqué le roman contemporain et si vous avez du goût pour le jargon des auteurs britanniques) qu'un accordeur de pianos issu de la *lower middle class*, « petite bourgeoisie », qui s'amourache d'une fille dévergondée de l'*upper class*, « haute société », et, du même coup, détruit sa propre famille, ne mérite pas pour ce crime le châtiment d'un visiteur de passage... »

Avec un geste qui ne nous est pas inconnu, Van déchira le brouillon de son discours et dit :

« Ouvrez les yeux, M. Rack. C'est moi, Van Veen. Un visiteur. »

Pendant quelques instants, le long visage d'une pâleur de cire, aux joues creusées, au nez plutôt gros, au menton plutôt rondelet, demeura vide de toute expression; mais les beaux yeux s'étaient ouverts, les yeux éloquents, ambrés, limpides, aux longs cils émouvants. Puis un faible sourire voltigea sur ses parties buccales, et il tendit la main sans lever la tête de son oreiller, que protégeait un rectangle de toile cirée (pourquoi de toile cirée ?).

Van, assis sur sa chaise roulante, braqua sur Rack la pointe de sa canne et la faible main s'en saisit, la palpa poliment, pensant qu'on lui proposait une forme de soutien.

« Non, je ne peux pas encore faire trois pas », dit Rack fort distinctement, avec l'accent allemand qui constituerait sans doute le groupe le plus durable de ses cellules fantômes.

Van rentra son arme inutile et, cherchant à se maîtriser, en assena un coup sourd sur le marchepied de sa voiturette. Dorofey leva les yeux de son journal... et se replongea dans la lecture d'un article qui l'intéressait fort : « Un petit cochon intelligent (extrait des mémoires d'un dresseur d'animaux) », ou encore « La Guerre de Crimée : les guérilleros tartares au secours des troupes chinoises ». Au même instant une minuscule infirmière sortit de derrière le paravent le plus éloigné pour redisparaître aussitôt.

Va-t-il me demander de lui transmettre un message ? Dois-je refuser ? Accepter... et ne pas transmettre le message ?

« Est-ce qu'ils sont déjà tous partis pour Hollywood ? Dites-le-moi, je vous en prie, baron von Wien.

— Je n'en sais rien, répondit Van. Je suppose qu'ils sont partis. Vraiment, je...

— Parce que j'ai envoyé mon dernier morceau de

flûte et une lettre à toute la famille, et je n'ai reçu aucune réponse. Maintenant, je dois vomir. Je sonne moi-même. »

La microscopique infirmière perchée sur des talons blancs d'une hauteur prodigieuse déroula un paravent devant le lit de Rack, le séparant du mélancolique dandy rasé de frais, à la blessure légère et recousue, que l'efficace Dorofey véhicula hors de la pièce.

En rentrant dans sa chambre claire et fraîche où le soleil et la pluie jouaient de lumière sur les vitres de la fenêtre entrouverte, Van, d'un pied encore irréel, s'approcha de son miroir, se sourit à lui-même en signe de bienvenue et se remit au lit sans l'aide de Dorofey. La charmante Tatiana entra dans la pièce et lui demanda s'il voulait prendre une tasse de thé.

« Mon aimée, dit-il, c'est vous que je veux. Regardez cette « solide tour ».

— Si vous saviez, dit Tatiana, par-dessus son épaule, combien de malades lubriques m'insultent de cette façon-là ! »

Il écrivit un billet à Cordula, disant qu'il avait eu un petit accident, qu'il occupait l'appartement des princes déchus à l'hôpital de Vue-du-Lac à Kalougano, et serait à ses pieds le mardi suivant. Il écrivit à Marina une note encore plus courte, en français, pour la remercier du délicieux été qu'il avait passé au château — note qu'il décida, réflexion faite, d'envoyer de Manhattan à l'adresse du Pisang Palace Hôtel à Los Angeles. Il rédigea enfin une troisième lettre à l'intention de Bernard Rattner, le meilleur ami qu'il se fût fait à Chose — et le neveu du grand Rattner. « Ton oncle a des vues honnêtes, écrivait-il entre autres. Il n'empêche que je me prépare à le démolir bientôt. »

Le lundi vers midi, Van fut autorisé à s'étendre sur une chaise longue au milieu de la pelouse qu'il avait, des jours durant, contemplée de sa fenêtre avec envie. Le docteur Fitzbishop lui avait dit en se frottant les mains que le laboratoire de Louga pensait avoir affaire au dangereux (mais pas nécessairement mortel) « arethusoides », mais que cela n'avait plus aucune importance pratique, car on avait toutes raisons de croire que l'infortuné maître de musique et compositeur non seulement ne passerait pas la nuit sur Démonia mais encore arriverait sur Terra (ha ! ha !) bien à temps pour les vêpres. Doc Fitz était ce qu'on appelle en russe un *pochliak* (« esprit vulgaire et prétentieux »), et par quelque mystérieuse action contraire Van fut bien aise de ne pouvoir se repaître du martyre du misérable Rack.

Un grand pin projetait son ombre sur Van et sur le livre qu'il était en train de lire. Il avait découvert celui-ci sur une étagère au milieu d'ouvrages de médecine, de contes policiers en lambeaux et d'un recueil des nouvelles de Monparnasse intitulé *La Rivière de diamants*. Le volume dépareillé des *Annales de la science moderne* qu'il avait choisi contenait un essai très ardu de Ripley sur « La structure de l'espace ». Van se battait depuis plusieurs jours avec ses formules et ses figures suspectes et il lui fallait maintenant se rendre à l'évidence qu'il n'en aurait point éclairci toutes les difficultés avant son départ de l'hôpital, prévu pour le lendemain. Touché par un rayon de soleil brûlant, Van laissa tomber le volume rouge et se leva de sa chaise. En même temps qu'il recouvrait la santé, l'image d'Ada reprenait force en lui, comme une vague amère et brillante et prête à l'engloutir. On lui avait retiré ses pansements; son torse n'était plus enveloppé que par une sorte de brassière de flanelle, bien ajustée, bien épaisse et qui pourtant ne parvenait plus à le protéger contre la pointe empoisonnée d'Ardis. Arrowhead Manor. Le château de la Flèche. Flesh Hall.

Il fit quelques pas sur la pelouse striée d'ombres; son pyjama noir et sa robe de chambre grenat lui tenaient bien trop chaud. Un mur de briques séparait cette partie du jardin de la rue; un portail ouvert à deux battants faisait communiquer celle-ci avec une allée bitumée qui s'incurvait jusque vers la grande entrée du long bâtiment de l'hôpital. Van allait retourner à sa chaise longue quand une élégante voiture à quatre portes, à la carrosserie gris perle, apparut sur l'allée et s'arrêta devant lui. La porte s'ouvrit avant que le chauffeur, homme d'âge en tunique et *breeches*, n'ait eu le temps de donner la main à Cordula, qui sauta sur le gazon et s'élança vers Van telle une ballerine. Il l'accueillit avec transport, la serra dans ses bras, baisa ses joues rouges et brûlantes, et pétrit son corps souple et félin que protégeait une robe de soie noire. La délicieuse surprise !

Elle venait de Manhattan, avait couvert toute la distance à cent kilomètres à l'heure, craignant que Van n'eût déjà quitté l'hôpital, quoiqu'il lui eût écrit que son départ était fixé au lendemain.

« Une idée ! s'écria Van. Vous m'emmenez avec vous, tout de suite. Mais oui... comme je suis !

— Okay, dit Cordula. Vous habiterez chez moi. J'ai une belle chambre d'amis. »

Elle était belle joueuse, la petite Cordula de Prey. Un instant plus tard, Van était assis auprès d'elle, dans la voiture qui reculait vers le portail. Deux infirmières les poursuivaient au pas de course en faisant de grands gestes et le chauffeur demanda en français si la comtesse désirait qu'il s'arrêtât.

« Non, non, non », s'écria Van dans une explosion d'allégresse, et l'équipage disparut à vive allure.

« Ma mère, dit Cordula qui n'arrivait pas à reprendre haleine, ma mère m'a appelée de Maloroukino (c'était la maison de campagne que possédaient les de Prey, à Malbrook, dans le Mayne); les journaux du pays disaient que vous vous étiez battu en duel. Mais vous avez l'air solide comme une tour ! Cela me fait bien plaisir ! Je me doutais qu'il vous était arrivé quelque désagrément : le petit Russel, vous vous rappelez ? le petit-fils du docteur Platonov, vous avait aperçu par la fenêtre de son compartiment rossant un officier sur le quai de la gare. Mais d'abord, Van, *niet, pojalsta, on nas vidit* (non, de grâce, il nous voit), j'ai une très triste nouvelle à vous annoncer. Le jeune Fraser qu'on vient de rapatrier de Yalta a vu Percy se faire tuer le second jour de l'invasion, moins d'une semaine après avoir quitté l'aérodrome de Goodson. Fraser vous racontera toute l'histoire (il ajoute chaque fois à son récit de nouveaux détails, toujours plus atroces). Je ne crois pas qu'il se soit couvert de gloire dans la mêlée; c'est sans doute pourquoi il essaye d'embellir les choses. »

(Bill Fraser, fils du juge Fraser de Wellington, avait assisté à la mort de Percy de Prey, tapi dans un fossé providentiel que dissimulait un taillis de cornouilliers et de néfliers. Naturellement il n'avait rien pu faire pour tenter de sauver le chef de son peloton et ceci pour un certain nombre de raisons dont il dressa consciencieusement la liste dans son rapport mais qu'il serait très fastidieux et très embarrassant d'énumérer ici. Percy avait été blessé à la cuisse pendant une escarmouche avec des guérilleros Khazars dans une gorge voisine de Chew-Foot-Calais — prononciation américaine de Chufutkale, nom d'un éperon de rocher fortifié. Il s'était aussitôt persuadé, avec l'étrange sérénité de ceux que la mort a déjà choisis, qu'il s'en tirait avec une blessure superficielle. Il perdait tant de sang qu'il s'évanouit (comme Fraser le fit lui aussi) dès qu'il tenta de se diriger en rampant — disons plutôt en se tortillant — vers une garrigue de chêneaux et de roncières sous le couvert de laquelle un autre blessé s'était confortablement installé. Quand il reprit connaissance, deux minutes plus tard, Percy — encore comte Percy de Prey — s'aperçut qu'il n'était plus seul sur sa rude couche d'herbes et de cailloux. Un vieux Tartare à la mine souriante, qui portait avec son *bechmet* des jeans américains (assemblage hétéroclite mais à tout prendre rassurant), le regardait avec mansuétude, accroupi à ses côtés. « *Bednyï, bednyï* (mon pauvre ami), murmura cette bonne âme en secouant son crâne rasé. *Bol'no* (ça fait mal) ? » Percy lui répondit, dans un russe non moins primitif, que sa blessure ne lui paraissait pas trop grave. « *Karacho, karacho, ne bol'no* (c'est bien, c'est bien) », dit l'aimable vieillard; et ce disant il ramassa le pistolet que Percy avait laissé tomber, l'examina avec un plaisir naïf et lui tira une balle dans la tempe. On se demande, on se demandera toujours quelle série d'impressions, brève et rapide, a pu éprouver la victime (série d'impressions qui doit être conservée en quelque lieu, sous quelque forme inconnue, dans une vaste bibliothèque des ultimes pensées enregistrées sur microfilm), entre deux moments essentiels — dans le cas qui nous occupe, celui où notre ami aperçoit ces petites rides amicales et presque algonquines qui rayonnent pour lui sur un fond de ciel bleu (presque le ciel de Ladore) et celui où la gueule d'acier pénètre brutalement la peau tendre et l'os qui éclate. On peut imaginer une manière de suite pour flûte solo dont les différents « mouvements » auraient pour titre : Je suis vivant — Qui est-ce ? — Un civil — Sympathie — A boire — Sa fille avec une cruche — C'est à moi, le pistolet ! — Laisse ! — *Et cætera*. Ou plutôt, pas de *cætera*... Pendant ce temps Bill au Bras Fracassé, crevant de peur, supplie sa divinité romaine de permettre que le Tartare achève promptement sa besogne et déguerpisse. Naturellement, la découverte sur la même bande de pensées (peut-être après la péri à la cruche) d'un reflet, d'une ombre, d'un aiguillon d'Ardis, eût constitué un détail inestimable.)

« Comme c'est étrange, comme c'est étrange », murmura Van, quand Cordula lui eut conté l'aventure, dans une version bien moins élaborée que celle dont Bill Fraser devait le régaler plus tard.

L'étrange coïncidence ! Ou bien les flèches fatales d'Ada étaient à l'œuvre, ou bien, d'une façon ou d'une autre, Van avait réussi à éliminer ses rivaux malheureux, dans un duel avec un pantin.

Ce qui était étrange, aussi, c'est qu'en écoutant parler la petite Cordula Van n'éprouvait aucune émotion particulière, sauf peut-être une sorte d'étonnement neutre. Homme d'une seule voie dans les affaires de la volupté, l'étrange Van, le fils de l'étrange Démon, s'intéressait bien davantage pour l'instant à la perspective de posséder Cordula dès qu'il lui serait humainement et humanitairement possible, sataniquement et itinéramment exécutable, que de porter le deuil d'un garçon qu'il avait à peine connu; et bien qu'il vît une ou deux fois briller une larme dans les yeux bleus de Cordula, il savait fort bien qu'elle n'avait guère fréquenté — et, en fait, pas du tout aimé — son petit-cousin.

« Arrêtez à Louga près de... comment ça s'appelle, oui, Albion, la boutique pour messieurs », dit Cordula à Edmond. Et, comme Van, contrarié, déplorait qu'on ne pût réintégrer la civilisation en pyjama, elle lui répondit d'un ton qui n'admettait pas de réplique : « Je vais vous acheter de quoi vous vêtir... en attendant Edmond ira prendre un café. »

Elle fit l'acquisition d'un pantalon et d'un imperméable pendant que Van, cloîtré dans sa voiture, l'attendait avec impatience. Prétextant que maintenant il lui fallait changer de vêtements, il demanda à Cordula de le conduire dans un lieu écarté, pendant qu'Edmond, où qu'il pût être, prendrait encore quelque chose.

Dès qu'ils furent arrivés dans un lieu propice, Van

prit Cordula sur ses genoux et la posséda fort commodément, avec de tels hurlements qu'elle en fut touchée et flattée.

« Insouciante Cordula ! s'écria joyeusement l'insouciante Cordula. Voilà qui va sans doute me coûter un autre avortement... encore un petit enfantôme, comme disait la femme de chambre de ma pauvre tante chaque fois que ça lui arrivait. Est-ce que j'ai dit quelque chose de mal ?

— Non, non ! rien de mal », dit Van en l'embrassant avec tendresse. Et ils retournèrent au café.

CHAPITRE XLIII

VAN fit une cure d'un mois dans l'appartement de Cordula à Manhattan, avenue Alexis. Fort civilement, Cordula rendait visite à sa mère au château de Malbrook deux ou trois fois par semaine. Van ne l'accompagnait pas davantage là qu'aux multiples réunions mondaines auxquelles elle se rendait, étant un petit être frivole avide de divertissements. Elle renonça pourtant à quelques soirées et tint résolument à l'écart son dernier amant, le Dr F.S. Fraser, psychotechnicien à la mode et cousin de l'heureux compagnon d'armes de feu P. de P. Van s'entretint plusieurs fois au dorophone avec son père (qui se consacrait à une étude approfondie des casinos mexicains) et fit pour lui plusieurs courses en ville. Il invitait souvent Cordula dans les restaurants français de la place, il l'emmenait voir des films anglais et des tragédies varangiennes. Tout cela se passait le mieux du monde : Cordula savourait chaque bouchée, chaque gorgée, chaque mot drôle, chaque sanglot, et Van s'émerveillait de l'incarnat velouté de ses joues et de l'azur limpide de ses yeux fardés comme pour une fête, auxquels un diadème de cils épais d'un noir bleuté dont la courbe s'allongeait sur la commissure des paupières ajoutait ce qu'on appelait alors l'« oblique arlequine ».

Un dimanche, pendant que Cordula paressait dans son bain de senteur (spectacle charmant, singulièrement nouveau pour son hôte et dont il faisait ses délices deux fois par jour), Van « en académie » (sa nouvelle amoureuse croyait de bon ton de substituer au mot « nu » cette locution amusante) essaya, pour la première fois après un mois d'abstinence forcée, de marcher sur les mains. Il pensait avoir recouvré ses forces et son adresse et se mit allégrement en « première position » au milieu de la terrasse inondée de soleil. Une seconde plus tard il gisait sur le dos; il fit un nouvel essai et perdit aussitôt l'équilibre. Son bras gauche était devenu plus court que son bras droit (impression erronée, mais terrifiante); il se demanda s'il serait jamais capable de danser sur les mains comme naguère. King Wing l'avait averti que s'il restait deux ou trois mois sans s'exercer, il risquait de perdre définitivement le secret d'un art aussi exceptionnel. Le même jour (ces deux épisodes déplaisants devaient rester à jamais liés dans sa mémoire), Van, entendant sonner, répondit au dorophone : une voix caverneuse, qu'il prit pour la voix d'un homme, demandait à parler à Cordula. Erreur, c'était une vieille amie de pension. Cordula feignit d'être toute ravie de l'entendre, mais en même temps elle faisait la grimace à Van par-dessus l'écouteur et s'excusait par un nombre de rendez-vous des plus invraisemblables.

« C'est une fille épouvantable, s'écria-t-elle, après des adieux mélodieux. Elle s'appelle Vanda Broom, et j'ai appris tout récemment ce que je n'avais jamais soupçonné au pensionnat : qu'elle était une vraie *tribadka*. La pauvre Grace Erminine m'a révélé qu'à Brownhill Vanda lui faisait passe sur passe à elle et à... une autre fille. Tiens voilà sa photo. » La voix de Cordula s'était subitement transformée; elle mit sous les yeux de Van un album d'école coquettement relié, daté du printemps 1887, et qu'il avait vu naguère à Ardis, mais sans remarquer le visage accablé et les gros sourcils de la pauvre Vanda. De toute façon, cela n'avait plus aucune importance. Cordula fit promptement disparaître l'album dans un tiroir; mais Van se rappelait fort bien qu'entre autres contributions plus ou moins mièvres il contenait un astucieux pastiche de la distribution des paragraphes et des fins de chapitres de Tolstoï, composé par Ada Veen — et sous sa photo, très posée, elle avait ajouté ce quatrain caractéristique de sa manière à elle.

D'un vieux manoir voici la parodie,
Voici ses chambres et ses vérandas
Et la floraison cent fois agrandie,
Oh, mon Ardis, de tes jacarandas.

Aucune importance, aucune importance ! Déchire et oublie ! Mais un papillon dans le Parc, une orchidée derrière la vitre d'un magasin ressuscitait toutes choses, dans un éblouissement intérieur de désespoir violent.

Van passait la plupart de ses heures d'activité à la Bibliothèque publique, cet admirable et formidable palais aux colonnes de granite dont le doux nid de Cordula n'était éloigné que de quelques rues. Comment n'être pas tenté de comparer les nausées, les étranges envies, les extases compliquées qui accompagnent l'élaboration du premier livre d'un jeune auteur, avec tout ce qu'éprouve une femme enceinte ? Van en était encore au stade nuptial; il lui restait à connaître (développons la métaphore) le wagon-lit de l'ord dépucelage, le premier balcon des petits-déjeuners de la lune de miel, avec la première guêpe. Cordula ne pouvait être en rien comparée à la muse de nos poètes, mais le retour à son appartement, le soir, au pas de promenade, combinait de fort agréable façon l'écho du travail accompli et la promesse des étreintes prochaines. Van voyait venir avec un plaisir particulier ces soirs où Cordula faisait monter un dîner choisi du « Monaco », restaurant réputé situé à l'entresol du haut édifice que couronnait le penthouse de Cordula et sa terrasse spacieuse. La gentille banalité de leur petit ménage était pour Van un réconfort beaucoup plus efficace que la compagnie de Démon dont l'agitation et la fougue ne connaissaient point de répit (à Manhattan père et fils ne se rencontrèrent que peu de fois, mais ils allaient bientôt passer deux semaines ensemble, à Paris, avant que Van ne retournât à Chose).

Hors le papotage — le papillonnant papotage — Cordula n'avait aucune conversation et cela aussi facilitait la vie. D'instinct, elle avait très vite compris qu'Ada ou Ardis étaient des mots qu'elle ne devrait jamais prononcer. Van, de son côté, ne se faisait aucune illusion sur les sentiments qu'elle nourrissait à son égard. Cordula ne l'aimait pas vraiment. Son petit corps rose et tendre, bien lissé, bien coussiné, était délicieux à caresser, et l'étonnement non dissimulé que lui causaient la variété et la vigueur des prouesses amoureuses de son amant mettait un peu de baume sur ce que Van conservait encore de vanité virile. Cordula somnolait entre deux baisers. Quand il ne parvenait pas à s'endormir (ce qui lui arrivait désormais souvent), Van se retirait dans le salon pour annoter ses auteurs ou parcourait de long en large la terrasse ouverte, sous une brume d'étoiles, jusqu'à ce que le premier tram tinte et grince dans l'abîme renaissant de la grande cité.

Lorsqu'aux premiers jours de septembre il quitta Manhattan pour Lute, Van Veen était en état de grossesse.

DEUXIÈME PARTIE

CHAPITRE PREMIER

A L'AÉROPORT de Goodson, Van aperçut, dans un des grands miroirs de la salle d'attente rococo, le huit-reflets de son père; Démon l'attendait, assis dans un fauteuil en simili bois-marbre, derrière le rempart d'un journal ouvert sur lequel on lisait en lettres renversées « Crimée... capitulation... ». Au même instant, un homme vêtu d'un imperméable et dont le visage rose et même porcin n'était pas dépourvu d'agrément aborda Van. Il était le représentant d'une agence de renommée internationale, la L.T.C., qui se chargeait de remettre en mains propres les Lettres Très Confidentielles. Après un premier mouvement de surprise, Van réfléchit qu'Ada Veen, une de ses dernières maîtresses, n'eût pu choisir un moyen plus *smart* (dans tous les sens du mot) de lui faire tenir un message; ce système de transmission, follement coûteux et follement estimé, était le garant du secret absolu : ni la torture ni l'hypnotisme n'avaient réussi à en entamer la rigueur aux heures sombres de 1859, et l'on disait que le président Gamaliel, quand il se rendait à Paris (ce qu'hélas il ne faisait plus aussi souvent qu'autrefois), et le roi Victor d'Angleterre lors de ses visites (encore assez fréquentes) à Cuba ou à Hécuba, et, bien sûr, le vigoureux Lord Goal, vice-roi de France, dans ses joyeuses randonnées à travers la Canadie, préféraient s'en remettre à l'infaillibilité prodigieusement discrète et, disons-le, presque surnaturelle de la L.T.C. qu'à ces commodités officielles qui s'offrent à la sexualité famélique des potentats désireux de tromper leurs épouses. Le messager d'aujourd'hui se faisait appeler James Jones : une formule dont le manque absolu de connotation constituait un pseudonyme idéal — encore que ce fût son véritable nom. Dans le miroir, l'impatience commençait à battre des ailes, mais Van s'interdit toute réaction hâtive et, pour gagner du temps (car les armoiries d'Ada lui ayant été présentées sur une carte séparée il fallait qu'il décidât s'il acceptait ou non sa lettre), il commença par examiner attentivement l'insigne en forme d'as de cœur que J.J. arborait avec une fierté pardonnable. Le jeune détective pria Van d'ouvrir la lettre, de s'assurer de son authenticité et de signer une carte qui disparut aussitôt dans quelque poche ou marsupium occulte de son vêtement ou de son anatomie. Les exclamations de bienvenue impatientes de son père (drapé, pour son envol vers la France, dans une cape noire doublée de satin écarlate) décidèrent finalement Van à interrompre son dialogue avec James et à prendre la lettre qu'il glissa dans sa poche (et lut quelques minutes plus tard, dans les toilettes, avant de prendre place dans l'avion transatlantique).

« Les actions montent en flèche, dit Démon. Nos triomphes territoriaux, etc. Un gouverneur américain, mon ami Bessborodko, est nommé en Bessarabie; et un gouverneur anglais, Armborough, va régenter l'Arménie. Je vous ai vus, toi et ta petite comtesse, tendrement enlacés près du parc de stationnement. Si tu l'épouses, je te déshérite. Il s'en faut d'une bonne encoche que sa famille n'atteigne notre niveau.

— Dans deux ans d'ici, dit Van, je toucherai mes propres petits millions » (il faisait allusion à la fortune qu'Aqua lui avait léguée). « Mais inutile de vous tourmenter, père, nous avons d'un commun accord mis un terme provisoire à notre liaison... en attendant que je retourne vivre dans sa « girlinière » (argot de Canadie). »

Démon, pas peu fier de son flair, voulut savoir si Van, ou bien sa « poule », avait des démêlés avec la police, et en même temps il désignait d'un signe de tête Jim ou John qui, chargé de quelque autre message, attendait assis sur une banquette, en jetant un coup d'œil rapide sur le journal (Crime... Copulation... Bessarménie).

« Poule », répondit Van avec la taciturnité évasive du rabbi romain protégeant Barabbas.

« Pourquoi ce gris, demanda Démon, en faisant allusion au pardessus de Van ? Et cette coupe militaire ? Il est trop tard pour t'engager.

— Je ne le pourrais pas... le conseil de réforme me renverrait à mes pénates.

— Comment va ta blessure ?

— *Komsi-komsa*. On se rend compte aujourd'hui que le chirurgien de Kalougano a saboté la besogne. La cicatrice est sans raison devenue rouge et sanguinolente, et j'ai comme une boule sous le bras. Il va falloir retâter du bistouri — mais à Londres cette fois; les charcutiers s'y entendent bien mieux au découpage... Mais où donc est le petit endroit ? Ah, je l'aperçois... Oh ! charmant (une gentiane sur la porte gentlemen, une fougère femelle sur l'autre) ! Courons à l'herbarium ! »

Van ne répondit pas à la lettre et quinze jours plus tard John James, déguisé cette fois en touriste allemand (pseudo-tweed à carreaux de la tête aux pieds), remettait à Van un second message en plein Louvre, devant le *Bateau ivre* de Bosch — celui où l'on voit un bouffon vidant sa coupe dans les haubans (Dan, le pauvre vieux, le croyait plus ou moins inspiré du poème satirique de Brant !). Van ne désirait pas répondre, bien que l'honnête messager lui eût fait remarquer que le coût de la réponse avec le coupon de retour était inclus dans le prix du tout.

Il neigeait. Mais, dans un accès d'abstraite crânerie, James, debout devant la porte du « cottage orné » de Van, sur la Ranta, près de Chose, s'éventait avec une troisième lettre. Van le pria de ne plus lui porter de messages.

Au cours des deux années qui suivirent, deux autres missives lui furent présentées, toutes deux à Londres et dans le hall de l'Albania Palace, par un autre émissaire de la L.T.C., un monsieur d'un certain âge, portant chapeau melon, dont l'aspect prosaïque et proche de celui d'un entrepreneur de pompes funèbres devait, selon le modeste et sensible Jim, irriter Mr. Van Veen bien moins que la mise d'un détective de roman. Une sixième lettre aboutit à Park Lane par la voie naturelle. L'ensemble de ces écrits (moins le dernier, exclusivement consacré aux entreprises scéniques et cinématographiques d'Ada) est reproduit dans les pages qui suivent. Ada dédaignait les dates : nous avons pu les reconstituer approximativement.

[Los Angeles, premiers jours de septembre 1888]

Il faut que tu me pardonnes d'avoir eu recours à un expédient aussi snob et aussi plat pour te faire parvenir une lettre, mais je n'ai pu trouver moyen plus sûr.

En te disant qu'il m'était impossible de te parler et que je t'écrirais, je voulais dire que je n'arriverais pas à trouver sur-le-champ les mots qu'il fallait. Je t'implore. Je me rendais compte que je ne pourrais pas les sortir de moi, ces mots, ni les disposer oralement dans l'ordre requis. Je t'implore. Je me rendais compte qu'un mot maladroit ou mal placé me serait fatal, que tu te détournerais de moi, comme tu l'as fait, et que tu t'en irais encore, et encore, et encore. Je t'implore, tâche de comprendre tout ce que je souffle [sic, au lieu de « souffre ». Ed.]. *Maintenant, je crois que j'aurais dû prendre le risque de te parler, de bafouiller, car je découvre qu'il m'est tout aussi affreusement difficile de justifier par écrit mon cœur et mon honneur, plus difficile même, car en parlant un balbutiement peut nous servir de balustrade; on peut invoquer quelque vice de prononciation accidentel, comme un lièvre ensanglanté qui s'est fait emporter la moitié de la mâchoire, ou bien on peut zigzaguer, se reprendre, tandis que sur un fond de neige (même la neige bleue de ce papier à lettres) les mots fautifs sont rouges, et sont définitifs. Je t'implore.*

Une chose doit être établie, une fois pour toutes, irréversiblement. Je n'ai aimé, je n'aime, je n'aimerai que toi. Je t'implore, mon amour, et je t'aime, et ma souffrance et ma passion sont éternelles. Ty tout stoyal (*tu as séjourné ici*), *dans ce* karavansaraï, *Van, toujours présent au cœur de toutes choses, quand je devais n'avoir pas plus de sept ou huit ans. Non ?*

[Los Angeles, mi-septembre 1888]

C'est mon second cri iz ada *(de l'Hadès). J'ai, chose étrange, appris le même jour et de trois sources différentes, ton duel à K., la mort de P., et ta convalescence chez sa cousine* (« congrats », *comme nous disions, elle et moi). Je l'ai appelée : elle m'a répondu que tu étais parti pour Paris et que R. était mort lui aussi, non de ta main, comme je l'ai cru très momentanément, mais de celle de sa femme. Ni lui ni P. n'était techniquement mon amant, mais cela n'a plus d'importance maintenant qu'ils sont tous deux sur Terra.*

[Los Angeles, 1889]

*Nous sommes toujours à l'*albergo *rose bonbon et vert pisang où tu as séjourné, jadis, avec ton père. Sais-tu qu'il est extraordinairement gentil avec moi. J'aime voyager avec lui. Nous sommes allés jouer à Nevada, ma ville-rime, mais tu y es, toi aussi, comme le fleuve légendaire de la Vieille Rus.* Da ! *Oh, Van, écris-moi une toute petite lettre, je me donne tant de mal pour essayer de te faire plaisir. Veux-tu d'autres petites nouvelles (désespérées) ? Le nouveau directeur de conscience artistique de Marina définit l'Infini comme le point le plus éloigné de la caméra dont l'image soit encore nette. Elle doit jouer le rôle de Varvara, la religieuse sourde (qui est, d'une certaine manière, la plus intéressante des Quatre Sœurs de Tchékov). Suivant le précepte de Stan selon lequel l'acteur doit se laisser envahir par son personnage jusque dans le détail de la vie quotidienne, au restaurant de l'hôtel, elle veut être encore Varvara, elle boit son thé* v prikouskou *(en « grignotant » son sucre entre chaque gorgée) et fait semblant de comprendre de travers les questions qu'on lui pose de la même manière bizarre qu'a Varvara de feindre la stupidité — double imbroglio qui importune tout le monde, mais qui fait, je ne sais pourquoi, que je me sens sa fille bien plus qu'au temps d'Ardis. Bref, elle fait sensation. On lui a donné (pas tout à fait gratis, j'en ai bien peur) un bungalow spécial à Universal City, étiqueté Marina Dourmanova. Pour moi, je ne suis qu'une servante épisodique entr'aperçue dans un western de quatrième ordre et qui joue des hanches au milieu d'hommes soûls qui frappent sur les tables, mais je ne déteste pas l'atmosphère de Houssaie, son art consciencieux, ses routes sinueuses à flanc de collines, et une petite ville reconstituée avec sa place pu-*

blique obligatoire, et une enseigne mauve sur une maison de bois surchargée d'ornements et, vers midi, les figurants en costume d'époque, faisant la queue devant une cabine de verre. Mais moi, qui appellerais-je ?

A propos d'appels, j'ai vu l'autre soir avec Démon un merveilleux film ornithologique. Je n'avais pas encore saisi que le souimanga paléotropical (cherche-le dans Austin) était le « mimotype » des colibris du Nouveau Monde et que toutes mes pensées, oh mon amour, étaient les mimotypes des tiennes. Je sais, je sais ! Je sais même que tu t'es arrêté de lire à « ornithologique », comme autrefois...

[Californie ? 1890]

Je n'aime que toi, je ne suis heureuse qu'en rêvant de toi, cela est aussi certain, aussi réel que ma conscience d'exister, pourtant... oh! je ne t'accuse pas !... pourtant Van tu es responsable (ou, ce qui revient au même, le Destin à travers toi est responsable) d'avoir ouvert en moi, lorsque j'étais encore enfant, une source de frénésie, une fureur de la chair, une irritation insatiable... Le feu que tu as allumé à laissé son empreinte sur le point le plus vulnérable, le plus pervers, le plus sensible de mon corps. Aujourd'hui il faut que j'expie l'excès de vigueur prématuré avec lequel tu as raclé la rouge écorchure, comme le bois calciné doit expier d'être passé par sa flamme. Privée de tes caresses, je perds tout empire sur mes nerfs, plus rien n'existe que l'extase du frottement, l'effet persistant de ton dard, de ton poison délicieux. Je ne t'accuse pas, je te dis la raison qui fait que le désir me consume et que je ne puis résister à l'impact d'une autre chair — et que notre passé commun engendre des ondes de trahisons illimitées. Libre à toi de découvrir en tout ceci les symptômes spécifiques d'une érotomanie avancée, mais tu n'auras pas tout expliqué, car il existe un remède bien simple à mes maux, à mes throes : *un extrait d'arille écarlate,* the flesh of yew, just only you. *Je « réalise », comme disait ta chère Cendrille de Tourbe* (aujourd'hui Mme Trofim Fartoukov, que je suis *à la fois timide et obscène... Tout ceci pour servir de préambule à une très importante communication : Van, je suis « sur la verge » (encore Blanche) d'une révoltante aventure amoureuse. Tu pourrais me sauver, instantanément. Prends la machine volante la plus rapide que tu trouveras à louer et file droit sur El Paso. Ton Ada t'attendra, avec de grands gestes de folle, et nous continuerons ensemble le voyage par le New World Express — dans un « appartement » que j'aurai su obtenir — jusqu'au fin bout brûlant de la Patagonie, Captain Grant's Horn, une villa à Verna, mon joyau, mon agonie... Envoie-moi un aérogramme avec un seul mot. Un mot russe. La fin de mon nom, oui-da.*

[Arizona, été 1890]

C'est la pitié, la simple pitié, jalost', *d'une jeune fille russe, qui m'a poussée vers R. (que la critique musicale s'avise maintenant de découvrir). Il savait qu'il mourrait jeune. A dire vrai, je ne l'ai jamais connu qu'à l'état de cadavre; pas une fois, je le jure, il n'a su s'élever à la hauteur des circonstances, même quand je lui fournissais les preuves évidentes de ma non-résistance émue; car, hélas, privée de toi, je débordais d'une vitalité inassouvie; j'avais même envisagé de payer les services de quelque jeune moujik bien brutal, le plus brutal possible. Quant à P., je pourrais justifier ma soumission à ses baisers (d'abord banalement affectueux, puis de plus en plus experts et plus sauvages, et pour finir, encore impré-*

gnés de mon odeur quand il revenait à ma bouche — cercle vicieux dont la giration commença dans les premiers jours de Thargêliôn 1888) en te disant que si j'avais cessé de le voir il n'eût pas hésité à révéler à ma mère mon aventure avec mon cousin. Il me disait qu'il avait des témoins qu'il pourrait produire... la sœur de ton amie Blanche et un garçon d'écurie qui, je le soupçonne, n'était que l'incarnation de la plus jeune des trois demoiselles de Tourbe, sorcières toutes les trois... mais baste ! Oh Van, il me serait aisé de gonfler ces menaces pour justifier ma conduite à ton égard. Naturellement, je ne te dirais pas qu'elles étaient proférées sur un ton de badinage qui n'était guère celui d'un maître chanteur authentique. Je ne te dirais pas davantage que, même si P. s'était assuré la complicité de messagers ou d'informateurs anonymes, l'affaire eût néanmoins tourné à son désavantage et à la ruine de sa propre réputation, sitôt révélés ses agissements et ses motifs — ce qui ne pouvait manquer de se produire, en fin de compte [sic, encore une maille partie dans son bas bleu. Ed.] *Je te cacherais, en un mot, que ces menaces de comédie n'avaient d'autre but que d'ébranler les nerfs fragiles de ta pauvre Ada, car, en dépit de sa grossièreté, P. était homme d'honneur, aussi étrange que la chose puisse nous paraître à tous les deux. Non. Je te dépeindrais seulement l'effet que peuvent causer des semblables menaces sur une malheureuse prête à céder à toutes les turpitudes plutôt que de s'exposer à une révélation fatale, car (et ceci, ni P. ni ses informateurs ne pouvaient évidemment le savoir), considérant combien déjà une amourette entre cousins germains peut paraître choquante à une famille respectueuse des conventions, je me refusais à imaginer (comme nous l'avons toujours fait, toi et moi) quelle eût été dans « notre » cas la réaction de Marina et de Démon. Les soubresauts et les embardées de ma syntaxe te montrent assez que je suis incapable de t'expliquer logiquement ma conduite. Je ne te cacherai pas que j'ai parfois ressenti d'étranges faiblesses pendant les tête-à-tête hasardeux que j'accordais à P., comme si son désir brutal exerçait la même fascination sur la curiosité de mes sens et sur ma raison révoltée. Pourtant, je puis te jurer, l'honnête Ada peut te jurer, que dans nos rendez-vous sylvestres j'ai toujours réussi à éviter sinon la pollution du moins la possession, tant avant qu'après ton retour à Ardis, sauf une fois — dégoûtante mêlée — où il me prit à moitié, de vive force, le trop passionné trépassé !*

Je t'écris de Marina Ranch, non loin de l'étroite ravine où mourut Aqua et où j'ai l'impression qu'un jour, à mon tour, je me faufilerai. En attendant, je retourne pour quelque temps encore à l'Hôtel Pisang.

Je salue le bon auditeur.

En 1940, Van exhuma le mince paquet des cinq missives, glissées chacune dans une enveloppe de papier suisse, où elles étaient conservées depuis exactement un demi-siècle. Leur petit nombre le confondit. La dilatation du passé, la végétation exubérante de la mémoire avaient multiplié ce nombre par dix, ou davantage. Van se ressouvint qu'il avait d'abord caché son dépôt dans le bureau de son cabinet de travail à Manhattan, mais il n'y avait finalement conservé que l'innocente sixième lettre (Rêves de théâtre) datée de 1891, qui devait disparaître avec les messages chiffrés d'Ada (de 1884 à 1888) dans l'incendie de l'irremplaçable petit palazzo, en 1919. La rumeur publique avait attribué ce brillant exploit aux édiles de la cité (deux vieillards à longue barbe et un jeune maire aux yeux bleus équipé d'une prodigieuse quantité d'incisives). L'impudent trio n'avait pu, disait-on, priver plus longtemps sa convoitise du lopin qu'entre deux colosses d'albâtre occupait le robuste pygmée; mais Van trompa leurs espérances et, loin de leur vendre le terrain calciné, il y fit allégrement bâtir sa célèbre Villa Lucinda, musée en miniature haut de deux étages seulement et qui abrite au rez-de-chaussée une collection chaque jour plus riche de microphotographies des tableaux conservés dans toutes les galeries publiques et privées du monde (y compris la Tartarie) et à l'étage une véritable ruche de cabines de projection. Ce très petit et très alléchant « mémorial » en marbre de Paros, administré par un personnel fort nombreux et gardé par trois costauds bien armés, n'est ouvert au public que le lundi. Prix d'entrée : un dollar-or, sans considération d'âge ni de rang.

L'on pourrait certainement expliquer l'étrange multiplication de ces lettres dans la vision rétrospective de Van, en considérant que chacune d'elles projetait une ombre déchirante, pareille à l'ombre d'un volcan lunaire, sur plusieurs mois consécutifs de son existence, ombre qui ne décroissait un peu qu'au moment où le pressentiment non moins douloureux d'un prochain message commençait à poindre. Toutefois, après bien des années, alors qu'il travaillait à sa *Texture du Temps*, Van découvrit dans ce phénomène une preuve supplémentaire que le temps réel est en rapport avec l'intervalle qui sépare les événements et non avec leur déroulement, leur combinaison ou l'ombre qu'ils projettent sur la fissure où transpire la pure, l'impénétrable texture du temps.

Van se promit d'être fort et de souffrir en silence. Son amour-propre était satisfait : le duelliste mourant meurt plus heureux que ne le sera jamais l'adversaire qu'il abandonne à la vie. Pourtant, abstenons-nous de blâmer notre ami, s'il ne sut pas persévérer dans sa résolution; il n'est que trop aisé de comprendre pourquoi la septième lettre qu'Ada lui fit remettre par leur commune demi-sœur, à Kingston, en 1892, triompha de son obstination. C'est qu'il savait que la série était close. C'est qu'elle avait été écrite à l'ombre des érables rouge sang d'Ardis. C'est qu'elle marquait la fin d'une période sacramentelle de quatre ans, égale à celle de leur première séparation. C'est que Lucette, contre toute raison, contre tout vouloir, se trouva être la paranymphe impeccable.

CHAPITRE II

LES lettres qu'écrivait Ada respiraient, se tordaient, vivaient; les *Lettres de Terra,* « roman philosophique » dû à la plume de Van, ne trahissaient pas le moindre signe de vie.

(Je proteste. C'est un très, très joli petit livre. Note d'Ada.)

Ce petit livre, Van l'avait écrit pour ainsi dire involontairement, se souciant comme d'une guigne de célébrité littéraire. Le mystère pseudonymique ne l'amusait pas davantage, contrairement à ce qui s'était produit du temps qu'il dansait sur les mains. Bien que la « vanité de Van Veen » fût un sujet qui revînt souvent dans les bavardages de salon entre vanneuses d'éventail, cette fois-ci les longues plumes bleues de son orgueil ne se déployèrent pas. Qu'est-ce donc alors qui le poussa à échafauder une intrigue sur un sujet que toutes les « Stars des Astres » et autres « As de l'Espace » avaient depuis longtemps usé jusqu'à la corde ? Nous, qui que nous soyons, pourrions définir cette impulsion comme le besoin agréable d'exprimer et de décrire par le truchement du langage, certaines lubies inexplicablement associées qu'il avait observées à différentes reprises chez les malades mentaux, depuis sa première année à Chose. Van avait pour les fous la même passion que d'aucuns pour les arachnidées ou les orchidées.

Il trouva de bonnes raisons de négliger les détails soulevés par le problème des communications entre Terra-la-Belle et notre terrible Antiterra. Ses connaissances en physique, en mécanique, etc., n'avaient pas dépassé le stade préuniversitaire des crissements de craie au tableau noir. Il se consolait en se disant qu'aucun censeur en Amérique ou en Grande-Bretagne ne tolérerait la moindre référence aux gadgets « magnétiques ». Sans se troubler, il puisa dans ses plus grands prédécesseurs (Counterstone par exemple) tous les éléments relatifs à la propulsion d'une capsule habitée par l'homme, y compris l'idée ingénieuse d'une vitesse initiale de quelques milliers de kilomètres à l'heure s'accroissant sous l'influence d'un milieu intermédiaire de type counterstonien entre deux galaxies jumelles, jusqu'à atteindre plusieurs trillions d'années-lumière par seconde avant d'être ramenée à la descente inoffensive et indolente d'un parachute. Renchérir sur toutes ces fabrications irrationnelles, ces « Cyraniana », ces « *physics fictions* », eût été non seulement fastidieux mais absurde, car personne ne savait à quelle distance Terra ou toute autre des innombrables planètes pourvues de chaumières et de vaches était située dans l'espace extérieur ou intérieur : « intérieur », parce qu'il n'existe aucune raison de ne pas supposer leur présence microcosmique dans les bulles dorées qui s'élèvent vite-vite dans cette flûte de Moët, ou dans les globules que charrie le sang de votre serviteur Van Veen (ou de votre servante, Ada Veen) — ou dans le pus du furoncle mûr d'un certain Mr. Nekto, nouvellement incisé à Nektor ou Neckton. Outre cela, bien qu'un nombre surabondant d'ouvrages de référence se trouvassent accessibles au chercheur sur les rayons des bibliothèques, il était impossible à quiconque de consulter directement les livres condamnés, ou brûlés, des trois cosmologues Xertigny, Yates et Zotov (noms de plume), qui avaient inconsidérément commencé toute l'affaire cinquante ans plus tôt sans prévoir de quels effrois, de quelles démences, de quels exécrables romans ils allaient être les instigateurs. Tous trois avaient disparu : X s'était donné la mort, Y, kidnappé par un blanchisseur, avait été transporté en Tartarie, et Z, joyeux compère à la mine vermeille, aux moustaches blanches, affolait ses geôliers de Yakima par la production de crépitements inexplicables, l'invention continuelle d'encres sympathiques, par tout un jeu de caméléonisations et de signaux nerveux, par l'émission de spirales lumineuses et par des prouesses de ventriloquie imitant la décharge d'un pistolet ou le mugissement d'une sirène.

Pauvre Van ! Dans son effort pour éviter toute immixtion de l'image d'Ada dans l'inspiration de l'auteur des *Lettres de Terra* il farda si bien d'or et de rose la figure de sa Theresa, qu'il en fit le parangon de la banalité. Ladite Theresa, par ses messages, faisait perdre la raison à un habitant de notre planète (où rien ne se perd plus aisément) — un savant, dont le nom aux airs d'anagramme, Sig Leymanski, dérivait en partie de celui du dernier médecin d'Aqua. Quand l'obsession de Leymanski se fut transformée en amour, la sympathie du lecteur fixée sur la figure ravissante et mélancolique de son épouse trahie (née Antilia Glems), l'auteur se trouva dans l'obligation désespérante d'effacer dans la brune Antilia toutes traces d'Ada, réduisant ainsi un second personnage à l'état de mannequin oxygéné.

Après avoir transmis à Sig, de sa planète, une douzaine de messages, Theresa s'envole vers lui, et Sig, dans son laboratoire, doit déposer la bien-aimée sur une lamelle qu'il glisse sous la lentille d'un puissant microscope pour découvrir la forme infime — quoique parfaite à tous autres égards — de l'*homoncula* bien-aimée, du gracieux microorganisme qui tend vers le gros œil humide qui l'observe des appendices transparents. Hélas, le *testibulus* (éprouvette; ne jamais confondre avec *testiculus*, orchis) dans lequel Theresa nage telle une microsirène est «accidentellement » jeté à la poubelle par Flora, l'assistante du professeur Leyman (il a, entre-temps, émondé son patronyme), à l'origine une beauté funeste aux cheveux noirs, à la peau ivoirine, que l'auteur a métamorphosée juste à temps en une troisième poupée insipide au chignon incolore.

(Par la suite, Antilia retrouvera son mari et Flora sera étiolée. Addendum d'Ada.)

Sur Terra, Theresa avait été reporter ambulant pour un magazine américain : c'était l'occasion pour Van de décrire la physionomie politique de la planète jumelle. De toutes les parties de son œuvre ce fut celle qui lui causa le moins de soucis : en effet, elle consistait en une mosaïque de notes laborieusement colligées dans ses propres comptes rendus sur le « délire transcendental » de ses malades. L'acoustique en était médiocre, les noms propres étaient fréquemment estropiés, un calendrier chaotique bouleversait l'ordre des événements, mais dans l'ensemble ces points de couleur parvenaient à former une manière de figure géomantique. Comme l'avaient conjecturé les expérimentateurs des âges précédents, nos annales suivaient les annales de Terra clopin-clopant sur les viaducs du Temps avec un demi-siècle de retard, mais anticipaient sur certains de ses courants sous-marins. A l'époque où se joue notre morne mélo, le roi d'Angleterre sur Terra, un autre Georges (une demi-douzaine au moins de monarques du même nom l'avaient vraisemblablement précédé sur le trône) régnait ou venait de régner sur un empire plus décousu (avec quelques enclaves ou taches étrangères entre les Iles britanniques et l'Afrique du Sud) que son double solide et compact sur Antiterra. L'Europe occidentale présentait une brèche particulièrement voyante : depuis qu'à la fin du dix-huitième siècle une révolution quasiment non sanglante avait détrôné la dynastie capétienne et repoussé tous les envahisseurs, la France de Terra n'avait cessé de prospérer — sous deux empereurs et une série de présidents bourgeois, dont le dernier en date, Doumercy, semblait infiniment plus sympathique que Milord Goal, gouverneur de Lute ! A l'Est, en lieu et place de Khan Sosso et de son féroce Khanat Sovietnamur, une Union de républiques souveraines et secourables (U.R.S.S.) qui avait supplanté les tsars conquérants de la Tartarie et de Trst gouvernait une super Russie maîtresse des bassins de la Volga et cours d'eau similaires. Brochant sur le tout, Athaulf le Fütur, géant très blond au coquet uniforme, flamme secrète de plus d'un noble britannique, capitaine honoraire de la police française et bienveillant allié de Rus et de Rome, s'employait, disait-on, à transformer une Allemagne de pain d'épices en un grand pays d'autostrades, de soldats immaculés, de fanfares et de casernes modernisées destinées à l'hébergement des inadaptés et de leur progéniture.

Sans doute une grande partie des renseignements recueillis par nos terrapistes (c'est le surnom que l'on donnait aux confrères de Van) arrivaient-ils sous une forme défectueuse, mais le même parfum de bonheur tranquille y demeurait constamment perceptible. Or le livre de Van avait pour dessein de suggérer que Terra trichait, que tout n'y était point paradisiaque, et que peut-être l'esprit et la chair de l'homme enduraient sur la planète jumelle des supplices plus cruels que sur notre Démonia dont on dit tant de mal. Dans ses premières lettres, Theresa, séjournant encore à Terra, n'avait que louanges pour les maîtres de la planète — particulièrement pour ses maîtres russes et allemands. Plus tard, dans les messages qu'elle envoyait du sein de l'espace, après son envol, elle reconnaissait avoir chargé ses descriptions élyséennes; elle avait servi d'instrument à la « propagande cosmique » — aveu dont il faut saluer le courage, car les agents de Terra auraient fort bien pu la ramener de force dans leur domaine ou la détruire en plein vol s'ils avaient pu intercepter ses ondules trop sincères, dont la plupart se dirigeaient pour lors dans une direction unique, la nôtre... mais n'allez pas demander à Van suivant quelle méthode ou selon quel principe. Le moralisme hélas, non plus que le mécanisme, ne pouvait guère passer pour son point fort, et ce que nous venons d'exprimer en quelques phrases coulantes, il ne lui fallut pas moins de deux cents pages pour le développer et le parer des ornements de l'Art. N'oublions pas qu'il n'avait que vingt ans, que sa jeune âme orgueilleuse était plongée dans la détresse, qu'il avait trop lu et trop peu inventé, et que les mirages brillants qui s'étaient levés devant ses yeux quand il avait ressenti les premières douleurs de l'enfantement littéraire, sur la terrasse de Cordula, étaient en train de s'évanouir sous l'effet de la prudence comme ces merveilles que les voyageurs du Moyen Age, à leur retour de Cathay, craignaient de révéler au prêtre vénitien, ou au bourgeois flamand.

Ayant passé deux mois, à Chose, à transcrire au propre ses gribouillages d'épouvantail, Van reprit sa copie et la rechargea de corrections innombrables, si bien que le manuscrit définitif qu'il confia à une obscure agence de Bedford pour le faire secrètement dactylographier en triple exemplaire avait l'air d'un premier brouillon. Le texte dactylographié fut défiguré à son tour au cours du voyage qui le ramena en Amérique à bord de la *Queen Guinevere*. A Manhattan, il fallut recomposer deux fois les épreuves à cause non seulement du grand nombre de corrections additionnelles que Van y apporta mais encore de l'excentricité de sa notation marginale.

Les *Lettres de Terra*, signées Voltemand, parurent en 1891, le jour du vingt et unième anniversaire de Van, sous la rubrique de deux maisons d'édition fantômes, « Abencerage » de Manhattan et « Zegris » de Londres. (S'il m'était arrivé d'en voir un exemplaire j'aurais *immédiatement* reconnu la patte de Chateaubriand et donc la tienne.)

M. Gremil (ou Gromwell), le nouvel homme de loi de Van, dont le patronyme floral, d'une beauté certaine, s'assortissait à ses yeux innocents et à sa barbe blonde, était le neveu du grand Grombtchevski qui, depuis trente ans ou presque, gérait les affaires de Démon avec zèle et perspicacité. M. Gremil ne choyait pas moins tendrement la fortune personnelle de Van, mais il n'avait guère l'expérience des problèmes subtils et compliqués de l'édition, et Van était absolument ignare en la matière, au point de ne pas savoir que les « exemplaires de service de presse » s'adressaient en principe aux critiques littéraires de divers périodiques ou que les annonces publicitaires devaient se payer et qu'il ne fallait pas s'attendre à les voir apparaître par un phénomène de génération spontanée sur toute une hauteur de page entre réclames similaires vantant *Les Possédés* de Miss Love et *Le Pousseur* de M. Dukes.

Moyennant une somme rondelette, Gwen, une des employées de maître Gromwell, fut chargée non seulement de divertir Van, mais encore de fournir aux libraires de Manhattan une moitié des exemplaires imprimés, cependant qu'un de ses anciens amants d'Angleterre devait placer l'autre moitié chez les libraires de Londres. Van trouvait illogique et injuste que des personnes assez aimables pour s'occuper de vendre son livre ne retinssent pas dans leur totalité les dix dollars qu'avait coûté la confection de chaque exemplaire. Aussi, lorsqu'il apprit par l'analyse minutieuse d'un état des ventes fait en février 1892 qu'en douze mois six exemplaires seulement avaient été vendus (deux en Angleterre et quatre en Amérique), éprouva-t-il un véritable sentiment de compassion en songeant à la peine inutile que s'étaient sans aucun doute donnée tant de petites vendeuses — brunettes pâlottes aux bras nus, surmenées, sous-payées — dans leurs tentatives pour séduire d'irréductibles homosexuels (« ... un roman plutôt fantastique sur les aventures d'une fille qui s'appelle Terra »). Statistiquement parlant et compte tenu des conditions peu orthodoxes dans lesquelles avait été manipulée la correspondance de la pauvre Terra, on ne pouvait espérer aucun article critique. Or, il en parut deux. Le premier dans *Elsinore*, distingué hebdomadaire londonien, était dû à la plume du Premier Clown et s'insérait dans un « panorama » des « Romans de l'Espace » de l'année (les productions de ce genre désuet commençaient à se faire rares) intitulé : *Terre à Terre, 1891* (on sait le goût des journalistes britanniques pour ces faux jeux de mots soi-disant français). L'auteur de la critique estimait l'ouvrage de Voltemand le moins mauvais du lot et le qualifiait (avec un flair hélas trop perspicace) « de fable obscure, somptueusement parée, banale et ennuyeuse, mais émaillée de quelques métaphores admirables qui font tache sur la parfaite ineptie du reste ».

Le seul autre éloge dont put se targuer l'infortuné Voltemand lui fut décerné dans un petit magazine de Manhattan (*Le Sourcil du village*) par le poète Max Mispel (autre nom botanique : le mot signifie « nèfle » en anglais), membre de la Section allemande de l'université de Golouba. Herr Mispel, qui aimait afficher ses auteurs, avait discerné dans les *Lettres de Terra* l'influence d'Osberg (écrivain espagnol, auteur de contes de fées prétentieux et d'anecdotes mystico-allégoriques, hautement prisé des thésialistes travaillant à la hâte) et celle d'un Arabe des temps anciens, obscène interprète de rêves anagrammatiques, Ben Sirine, dont le nom a été transcrit sous cette forme par le capitaine de Roux, comme nous l'apprend Burton dans son adaptation du traité de Nefzawi sur la meilleure méthode de baiser les obèses et les boscottes (*The Perfumed Garden*, p. 187 de l'édition Panther — dont un exemplaire fut offert au baron Van Veen, âgé de quatre-vingt-treize ans, par son médecin, le professeur Lagosse, grand paillard). L'article de Mispel finissait par ces mots : « Si M. Voltemand (ou Voltimand ou Mandalatov) est psychiatre, ce que j'incline à penser, alors je plains ses malades autant que j'admire son talent. »

Acculée, Gwen, grasse petite fille de joie (par goût sinon de profession), n'hésita pas à trahir un de ses récents admirateurs et révéla qu'elle lui avait demandé d'écrire cet article parce qu'elle n'avait pu supporter le petit sourire tordu de Van quand il avait découvert qu'un livre aussi joliment relié et sous un emboîtage si coquet était à ce point dédaigné du public. Elle jura également que Max non seulement ignorait l'identité véritable de Voltemand mais encore qu'il n'avait pas même lu son livre. Van caressa le projet d'appeler en duel M. Nèfle, qui, espérait-il, choisirait l'épée — un duel qui aurait lieu à l'aube dans un coin retiré du Parc dont il apercevait la pelouse centrale de la terrasse où, deux fois par semaine, il se mesurait avec un maître d'armes français (c'était le seul exercice, avec l'équitation, auquel il se livrât encore). A son grand étonnement... et soulagement (car il avait un peu honte de se faire le champion de sa « novelette » et ne demandait qu'à l'oublier, de même qu'un autre Veen, sans lien de parenté avec lui, aurait vraisemblablement renié son rêve pubescent de bordels idéaux s'il lui eût été donné de vivre plus longtemps), Mouchmoula (« nèfle », en russe) répondit à ce vague défi par la promesse chaleureuse de lui envoyer son prochain article *L'Ivraie bannit la fleur* (Melville et Marvell).

Un sentiment de vide et d'inutilité fut tout ce que Van retira de ces contacts avec la littérature. Alors même qu'il écrivait son livre il s'était reproché de chercher à reconstituer l'image d'une planète étrangère au moyen de fragments déchiquetés empruntés à des cerveaux malades, quand il connaissait si mal sa propre planète. En conséquence de quoi il décida qu'une fois achevées ses études médicales à Kingston (dont l'atmosphère lui parut plus conforme à son tempérament que celle du bon vieux Chose) il ferait de grands voyages en Amérique du Sud, en Afrique, aux Indes. A quinze ans (l'âge de floraison d'Éric Veen) il avait étudié avec la passion d'un poète les indicateurs de trois grands chemins de fer transaméricains qu'il emprunterait un jour, voyageur non solitaire (désormais solitaire). Parti de Manhattan, via Mephisto, El Paso, Meksikansk et le chunnel de Panama, le New World Express aux wagons grenats gagnait Brazilia et Witch (ou Viedma, ville fondée par un amiral russe). A ce point du parcours la ligne bifurquait : la section orientale continuait jusqu'à Grant's Horn, l'occidentale remontait vers le nord par Valparaiso et Bogota. Un jour sur deux, le fabuleux voyage commençait à Yukonsk, une ligne à deux voies se dirigeant vers la côte atlantique, tandis qu'une autre, par la Californie et l'Amérique centrale, descendait vers l'Uruguay. L'African Express bleu sombre partait de Londres et gagnait Le Cap par trois routes différentes, celles du Nigero, de la Rodosie, de l'Ephiopie. Enfin l'Orient Express marron reliait Londres à Ceylan et à Sydney, par la Turquie et divers chunnels. On ne comprend plus très bien, quand on s'endort, pourquoi tous les continents, sauf Euphorie, commencent par un A.

Ces trois trains admirables comportaient au moins deux voitures dans lesquelles le voyageur exigeant pouvait louer une chambre avec baignoire et W.C., et un salon pourvu d'un piano et d'une harpe. La durée du voyage variait selon l'humeur présomniaque de Van lorsqu'à l'âge d'Eric il imaginait des paysages se déployant à droite et à gauche de son confortable — trop confortable — fauteuil.

Au milieu des forêts de pluies, des canyons de montagne et autres sites fascinants (oh! dis-moi leurs noms! — Peux pas... sommeil), la vitesse de la pièce ne dépassait pas quinze miles à l'heure; en revanche, lorsqu'elle traversait le desertorum ou les marasmes agricoles, elle atteignait soixante-dix, nonante, *ninety, night-nine, hundred, red hund...*

CHAPITRE III

AU printemps de 1869, David Van Veen, riche architecte d'origine flamande (sans parenté aucune avec les Veen de notre romanesque divagation), voyageait en automobile de Cannes à Calais sur une route verglacée quand son pneu avant droit éclata; la machine alla s'écraser sur une déménageuse arrêtée au bord de la route. Notre homme s'en tira sans grand mal mais sa fille, assise à côté de lui, fut tuée sur-le-champ par la volée d'une valise qui vint par-derrière et lui cassa le cou. Dans son atelier londonien, le mari de la victime, un peintre raté et désaxé (de dix ans plus âgé que son beau-père qu'il jalousait autant qu'il le méprisait), se tira une balle dans la tête en apprenant la nouvelle par un câblogramme expédié d'un village de Normandie au nom macabre de Deuil.

Le malheur n'avait pas épuisé sa force d'impulsion.

Malgré les soins et l'adoration dont son grand-père l'entoura, Eric, orphelin de quinze ans, fut à son tour frappé par le caprice du sort : sort étrangement semblable à celui de sa mère.

Après qu'on l'eut retiré de Note pour l'envoyer dans un collège privé du canton de Vaud et qu'il eut passé un été phtisique dans les Alpes-Maritimes, Eric fut conduit à Ex-en-Valais dont l'atmosphère cristalline devait, selon les préjugés du temps, fortifier ses jeunes poumons, au lieu de quoi elle déchaîna sur lui la plus furieuse des tempêtes : une tuile en tombant d'un toit lui fractura le crâne et le tua. Dans les reliques de son petit-fils, David Van Veen découvrit un certain nombre de poésies et le brouillon d'un essai intitulé *Villa Vénus : un rêve organisé.*

Expliquons-nous sans détour : dans l'espoir de tromper les premiers tourments du sexe, le jeune Eric avait imaginé et élaboré, de la façon la plus minutieuse, certain projet (consécutif à la lecture d'un trop grand nombre de livres érotiques découverts dans une maison meublée des environs de Vence que son grand-père avait achetée au comte Tolstoï — un Russe ou un Polonais) relatif à la fondation d'un réseau de bordels palatiaux que la fortune dont Eric avait hérité lui permettrait d'établir « sur les deux hémisphères de notre globe callipyge ». Le petit gars voyait la chose comme une sorte de club élégant dont les succursales, ou, pour employer son vocabulaire poétique, les « floramors », seraient établies dans le voisinage des grandes cités et des villes d'eau. La qualité de membre du club était exclusivement réservée aux gentilshommes « riches et bien faits » âgés au plus de cinquante ans (ce qu'il nous faut saluer comme la preuve d'une remarquable largeur d'esprit de la part du pauvre gosse).

La cotisation annuelle se montait à 3 650 guinées, non compté le coût des bouquets, des bijoux et autres gages de galanterie. Des femmes-médecins travaillant à demeure, jeunes et bien de leur personne (« du type secrétaire américaine ou assistante de dentiste ») seraient chargées de contrôler la condition physique intime « des caresseuses et des caressées » (autre formule heureuse) aussi bien que la leur « si le besoin s'en faisait sentir ». Un des articles du Règlement du Club semblait indiquer que le jeune Eric, aussi fanatiquement hétérosexuel qu'il pût être, avait pratiqué quelques tendres tripotages en guise d'ersatz avec ses camarades de Note (collège notoirement préparatoire, dans cette discipline) » deux au moins des cinquante pensionnaires que pouvaient abriter les plus grands floramors seraient de jolis garçonnets court vêtus, le front ceint d'une bandelette, âgés au plus de quatorze ans s'ils étaient blonds, de douze s'ils étaient bruns. Toutefois, pour éviter un afflux régulier de « pédérastes invétérés », il était prévu que l'amateur blasé ne pourrait goûter du bardache qu'entre deux séries de trois filles, toutes possédées au cours d'une même semaine. La stipulation prête à sourire, mais elle ne manque point de sagacité.

Dans chaque floramor, les candidates étaient choisies par un Comité des membres du club dont les critères s'inspiraient de la somme annuelle d'impressions et de desiderata que les habitués du lieu inscrivaient dans un Livre Rose prévu à cet effet. « La beauté et la tendresse, la grâce et la docilité » étaient les principales vertus qu'on demandait aux demoiselles, âgées de quinze à vingt-cinq ans pour les « sveltes mignonnes nordiques » et de dix à vingt pour les « opulentes charmeuses méridionales ». Elles avaient liberté de s'ébattre ou se prélasser dans des boudoirs et des orangeries, invariablement nues et prêtes à l'amour. Par contre, leurs suivantes, toutes d'origine plus ou moins exotique, étaient vêtues avec recherche et, « sauf autorisation spéciale du Comité, interdites au caprice des visiteurs ». La disposition de ce Règlement que je préfère (je détiens une photocopie du calligramme original) stipule que toute pensionnaire du floramor pourra être élue par acclamation Patronne pendant le temps de ses règles. (La clause était évidemment inapplicable; le Comité choisit une solution de compromis et confia le commandement du bord à une belle lesbienne, secondée par un « videur » qu'Eric n'avait pas prévu.)

L'excentricité est le grand remède des grands désespoirs. Sans perdre un jour, le malheureux grand-père entreprit de réaliser en brique et en pierre, en béton et en marbre, en chair et en joie la chimère du petit Eric. Il fit vœu d'être le premier dégustateur de la première houri qu'il louerait pour l'inauguration du dernier floramor et de vivre jusque-là dans une laborieuse abstinence.

Ce dut être un bien beau et bien émouvant spectacle que celui de ce Hollandais, vieux mais encore vigoureux, avec ses cheveux blancs et son rude visage de reptile, dessinant au milieu de ses décorateurs gauchistes les mille et un floramors commémoratifs qu'il avait résolu d'ériger sur toute la surface de la terre, peut-être jusque dans la grossière Tartarie, qu'il croyait gouvernée par des « Juifs américanisés », mais « l'art ne rachète-t-il pas la politique » — notions profondément originales que nous devons pardonner à un vieil et sympathique extravagant. Il commença par l'Angleterre rurale et l'Amérique côtière, et avait entrepris une construction à la manière de Robert Adam (qui reçut des plaisants le cruel sobriquet de « Madam I'm-Adam House ») dans les environs de Newport, à Rodos Island, construction d'un style un peu sénile avec des colonnes de marbre draguées dans le sein des mers classiques et tout incrustées de valves d'huîtres étrusques, lorsqu'il mourut d'un coup de sang en aidant ses ouvriers à hisser un propylée. Il n'en était qu'à sa centième maison !

Son neveu et héritier, un homme probe mais excessivement prude qui exerçait le métier de drapier à Ruinen (près de Zwolle à ce que l'on m'a dit), doté d'une grande famille et d'une petite affaire, ne fut point frustré des millions de gulden dont l'apparente dilapidation l'avait conduit depuis dix ans à consulter maints spécialistes des maladies mentales. Les cent floramors ouvrirent en même temps leurs portes le 20 septembre 1875 (par une délicieuse coïncidence, le vieux mot russe « *riuen* » qui signifie septembre, et non pas « ruine », évoque la ville natale de l'extatique Neverlandais). Au début de notre siècle, les revenus de Vénus affluaient de toutes parts (ce fut leur dernier jaillissement, il faut bien le dire). Vers 1890, un canard à cancans racontait que Veen « de Velours », mû par la gratitude et la curiosité, s'était spécialement déplacé pour visiter une fois — et rien qu'une fois — avec toute sa famille le floramor le plus proche de sa résidence; et l'on disait aussi que Guillaume de Monparnasse avait repoussé avec indignation une offre de Hollywood qui lui demandait un scénario inspiré de cette respectable et cocasse excursion. Simples rumeurs, sans doute.

Large était l'éventail du grand-père d'Eric, du dodo au dada, du Bas Gothique au Hoch Modern. Dans ses paradis de parodie il s'était même permis, deux ou trois fois sans plus, d'évoquer le chaos rectiligne du cubisme (« l'abstrait » fondu dans la matière « concrète ») en imitant — dans le sens si bien défini par Vulner dans l'édition de poche de son *Histoire de l'Architecture anglaise* que m'a offerte le bon docteur Lagosse — telles boîtes de brique ultra-utilitaires, comme les maisons closes de El Freud à Lubetkin (Autriche), ou des chalets d'extrême nécessité construits par Dudok en Frise.

Mais, dans l'ensemble, l'idyllique et le romantique furent les genres qu'il pratiqua le plus volontiers. Des gentlemen anglais très estimables trouvèrent toutes sortes d'agréments dans Letchworth Lodge, une brave maison de campagne crépie jusqu'au dernier œil-de-bœuf, ou dans l'archaïque Itchenor-Chat, remarquable par ses cheminées ventrues et la croupe de ses combles. On ne pouvait s'empêcher d'admirer avec quelle habileté David Van Veen avait su donner à son manoir Regency flambant neuf l'aspect d'une ferme rénovée ou encore installer tel couvent reconverti édifié sur un îlot perdu avec un sens du merveilleux tellement achevé qu'on ne parvenait plus à distinguer l'arabesque de l'arbutus, l'ardeur de l'art, la ronce de la rose. Nous n'oublierons jamais, quant à nous, la Petite Lamanterie proche de Rantchester, ni les Pseudothermes nichés au fond du ravissant cul-de-sac qui s'ouvre au sud du viaduc de la fabuleuse Palermontovie. Nous appréciâmes au plus haut point cette façon subtile de combiner la banalité d'un site (un château entouré de châtaigniers, un castello gardé par des cyprès) avec une richesse d'ornementation intérieure complice de toutes les orgies que reflétaient les miroirs zénithaux de l'érogénie du jeune Eric. Et quoi de plus efficace que les dispositifs protecteurs discrètement « distillés » par l'architecte dès l'enceinte du floramor. Que celui-ci se dissimulât dans un vallon au milieu des bois, qu'il fût environné par un parc immense, qu'il dominât une succession descendante de bosquets et de jardins étagés, l'accès à Vénus commençait invariablement par une voie privée qui s'enfonçait bientôt dans un labyrinthe de haies et de murs où s'ouvraient des portes inapparentes dont les gardiens et les membres du club étaient seuls à détenir les clefs. Dissimulés sous la cape et le masque, les hôtes insignes du floramor étaient guidés par des lanternes distribuées avec art à travers le dédale des taillis obscurs, car un des articles du règlement d'Eric stipulait que « chaque floramor devait n'ouvrir ses portes qu'à nuit close et fermer au lever du soleil ». Un système de sonnettes qu'Eric peut avoir entièrement inventé (mais qui est, de fait, aussi vieux que le domino et le « videur ») évitait que les visiteurs ne se trouvent inopinément face à face : ainsi quel que fût le nombre des messieurs qui attendaient ou faisaient l'amour ici ou là dans le floramor, chacun pouvait s'imaginer être seul coq au poulailler, car le « videur », personnage courtois et silencieux qui ressemblait assez à un chef de rayon manhattanais, n'entrait pas en ligne de compte : on l'apercevait quelquefois quand survenait une contestation à propos de lettres de créance ou de crédit, mais il était rare qu'il fût contraint d'employer la force brutale ou d'appeler un renfort.

Selon la volonté d'Eric, le recrutement des pensionnaires incombait à un Conseil des Anciens de la Noblesse. Des phalanges d'une configuration délicate, des dents saines, un épiderme sans défaut, une chevelure non teinte, une gorge et une croupe impeccables, et l'ardeur non simulée de l'avide vénerie, étaient des conditions « préalables » sur lesquelles les Anciens n'étaient pas moins intransigeants que le petit Eric. On ne tolérait les « intactes » qu'à la condition qu'elles fussent très jeunes; en revanche on n'acceptait aucune femme qui eût déjà tant soit peu enfanté (même dans son enfance) quelque exempte qu'elle fût de flétrissures mammaires.

Les Conseils furent initialement et théoriquement enclins à choisir des filles de plus ou moins bonne extraction, bien qu'Eric n'eût rien spécifié quant au rang et à la naissance de ses nymphes. On préférait en général les filles d'artistes aux filles d'artisans. A la surprise générale, il apparut qu'un nombre important de jeunes pensionnaires étaient les enfants de pairs aigris retirés dans de froids manoirs ou de baronnes ruinées cloîtrées dans des hôtels miteux. Sur un total de quelque deux mille beautés employées dans tous les floramors du monde à la date du 1er janvier 1890 (l'année glorieuse dans les annales de la Villa Vénus), je n'en comptai pas moins de vingt-deux qui étaient directement alliées aux familles royales d'Europe. En revanche un bon quart du tout appartenait incontestablement au Tiers. Par l'effet de quelque bouleversement favorable du kaléidoscope génétique ou d'une pure affaire de chance, ou même sans raison aucune, les filles de paysans, de portefaix et de plombiers avaient souvent plus de cachet que leurs compagnes de la petite moyenne bourgeoisie ou même de la très haute société. Cette singulière constatation ne fera pas moins de plaisir à ceux de mes lecteurs qui n'appartiendraient pas à l'aristocratie que d'apprendre que les petites servantes des charmeuses orientales (leurs « esclaves », qui participaient à diverses apparitions rituelles de bassins d'argent, de serviettes brodées, de sourires sans suite pour le client et sa Cléopâtre) descendaient fréquemment des altitudes princières.

Le père de Démon (et bientôt Démon lui-même), et Lord Erminine, et M. Ritcov, et le comte Peter de Prey, et Mire de Mire Esq. et le baron Azzuroscudo étaient tous membres du premier Conseil du Vénus Club; mais c'étaient les visites de M. Ritcov, homme obèse et timide à gros nez, qui excitaient le plus les filles et remplissaient les environs d'une foule de policiers consciencieusement travestis en tailleurs de haies, valets d'écurie, chevaux, athlétiques crémières, statues neuves, vieux pochards, etc., pendant que Sa Majesté, calé dans un fauteuil spécialement conçu pour supporter ses fesses et ses fantaisies, s'amusait avec telle ou telle aimable sujette du royaume — blanche, noire, ou chocolat.

Le premier floramor où j'aie pénétré en devenant

membre du « Club » (soit peu de temps avant le second été que je passai auprès de mon Ada sous les arbres d'Ardis) étant devenu, après maintes vicissitudes, la charmante maison de campagne d'un professeur de Chose que je respecte et de sa charmante famille (épouse charmante et charmant trio de fillettes de douze ans : Ada, Lolá et Lalage... surtout Lalage), je ne puis me permettre d'en révéler le nom, bien que ma plus chère lectrice soutienne que c'est chose déjà faite à quelque chapitre précédent.

Je fréquentais les lupanars depuis l'âge de seize ans; pourtant, bien que certains parmi les meilleurs, surtout en France et en Irlande, méritassent les trois étoiles rouges du guide Nugg, aucun ne pouvait me laisser présager le luxe et la mollesse de ma première Villa Vénus. Trois squaws égyptiennes, scrupuleuses observatrices de la règle du profil (longs yeux d'ébène, nez retroussé, crinière noire aux mèches tressées, fourreau-pharaon couleur de miel, sveltes bras d'ambre, bracelet-esclave, pendants d'oreilles en forme de grand anneau bisséqué par une des nattes de la coiffure, bandeau à l'Iroquoise et bavette décorative), amoureusement empruntées par Eric Veen à la reproduction d'une fresque thébaine *printed in Germany* (*Künstlerpostkarte* n° 6034, précise le cynique docteur Lagosse), se chargèrent de me préparer — au moyen de ce qu'un Eric assoiffé appelle d'« exquises manipulations de certains nerfs dont la position et les propriétés ne sont connues que de quelques sexologues antiques », assorties d'applications non moins exquises de certains onguents dont la dénomination est assez vague dans le pornolore des Orientalia d'Eric — à recevoir une jeune vierge effarouchée, descendante d'un roi d'Irlande (comme Eric, dans son dernier songe à Ex, en Suisse, l'apprit de la bouche d'un maître des cérémonies funèbres plus que fornicatoires).

Les préparatifs se poursuivaient sur un rythme si

soutenu, si insupportablement délicieux qu'Eric mourant pendant son sommeil et Van expirant, palpitant de mauvaise vie, dans le stupre sur un lit rococo (à trois lieues au sud de Bedford), n'arrivaient pas à comprendre comment ces trois beautés, qui soudain se trouvèrent dépouillées de leurs atours, processus onirique bien connu, parvenaient à prolonger un prélude qui vous tenait si périlleusement et si longtemps suspendu à la limite extrême de son dénouement. J'étais couché sur le dos et je me sentais devenu deux fois plus volumineux que je ne l'avais jamais été (non-sens sénile selon la science), quand six douces mains entreprirent par degrés d'empaler la gosse, la tremblante Adada, sur le redoutable instrument. Une sotte pitié — sentiment que j'éprouve rarement — affaiblit l'élan de mon désir et je fis emporter l'enfant vers un festin de tarte aux pêches agrémentée de crème. Les Egyptiennes parurent déconcertées mais retrouvèrent bien vite leur entrain. Je mandai alors les vingt muses de la maison (y compris la mignonne aux lèvres sucrées et au menton luisant) et les priai de comparaître en ma présence ressuscitée. Après de minutieux examens, après avoir flatté maints cols, maintes hanches, je finis par choisir une Gretchen dorée, une pâle Andalouse, et une beauté noire de La Nouvelle-Orléans. Les servantes fondirent sur elles comme des léopards, les parfumèrent avec un entrain non dénué de lesbinage et remirent les trois grâces entre mes mains. Elles semblèrent un peu mélancoliques. La serviette qu'on me donna pour étancher la sueur qui ruisselait sur mon visage et me brûlait les yeux aurait pu être plus propre. J'élevai la voix, je fis ouvrir toute grande la maudite fenêtre qui prétendait résister à mon souhait. Un camion s'était embourbé dans la fange d'une route inachevée interdite au trafic : ses râles, ses efforts dissipèrent la morosité bizarre qui s'était emparée de nous. Une seule des filles m'alla droit au cœur mais je les possédai toutes trois, sans pitié et sans hâte, « changeant de monture à mi-course » (selon le conseil d'Eric) avant de finir chaque fois dans l'étau de l'ardente Ardillusienne, qui me dit, quand nous nous séparâmes après un dernier spasme (bien que les causeries non érotiques fussent proscrites par le règlement) que son père était entrepreneur et qu'il avait construit la piscine de la propriété du cousin de Démon Veen.

Tout était fini maintenant. Le camion était loin ou englouti. Eric n'était qu'un squelette dans le coin le plus cher du cimetière d'Ex (« Mais quoi, tous les cimetières sont ex », avait dit un jovial pasteur protestant), entre un alpiniste anonyme et mon double mort-né.

Cherry, l'unique garçonnet d'un autre floramor (américain), était un petit Salopien de onze ou douze ans, si plaisant à voir avec ses boucles cuivrées, ses yeux rêveurs, ses pommettes de farfadet, que deux courtisanes exceptionnellement libertines pressèrent Van un soir de l'essayer. Hélas, leurs efforts conjugués ne réussirent pas à échauffer le gentil giton que des assauts trop récents avaient épuisé. Ses fesses de fillette étaient lamentablement défigurées par les stigmates versicolores de griffes bestiales et de violentes pinçades; mais ce qui était bien pire encore, c'était les symptômes dysentériques peu appétissants que le petit n'arrivait pas à dissimuler et qui enduisaient d'une couche de sang et de moutarde l'épieu de son amant (sans doute avait-il mangé trop de pommes vertes !). Dans la suite, on fut obligé de l'abattre — ou de le donner.

D'une façon générale, on finit par renoncer à l'appoint des petits garçons. Un célèbre floramor français ne retrouva jamais son premier lustre après que le comte de Langburn y eut découvert son fils kidnappé (un frêle faunelet aux yeux verts) en train de se faire examiner par un vétérinaire que le vieux comte tua par erreur d'une balle de pistolet.

En 1905 un autre coup bas fut porté au prestige de la Villa Vénus. Le personnage que nous avons appelé Ritcov ou Vrotic avait été contraint par les indispositions de l'âge à relâcher son mécénat. Un soir pourtant, il reparut à l'improviste, aussi gaillard que notre proverbial Pont-Neuf. Toute la nuit, la troupe entière de son floramor favori (près de Bath) s'acharna vainement sur lui. Un ironique Hespérus parut enfin dans un ciel bousculé de laitiers : alors l'infortuné souverain d'une moitié du monde se fit apporter le Livre Rose tendre, y inscrivit ce vers composé jadis par Sénèque : « *Subsidunt montes et juga celsa ruunt* », et rentra chez lui en pleurant. A peu près à la même époque, une respectable Lesbienne qui dirigeait une Villa Vénus à Souvenir, la belle ville d'eau du Missouri, étrangla de ses mains d'ex-haltérophile russe deux de ses plus belles et plus fructueuses pensionnaires. Ce fut assez triste.

Une fois commencée, la décadence du Club s'étendit avec une rapidité prodigieuse et selon les voies les plus diverses. Tantôt des filles d'une naissance irréprochable étaient recherchées par la police parce qu'elles avaient pour amants de cœur des bandits aux mâchoires grotesques ou parce qu'elles avaient commis elles-mêmes des actes criminels. Tantôt des médecins corrompus accordaient un brevet d'aptitude à des blondes défraîchies, mères d'une demi-douzaine d'enfants (dont certains se préparaient déjà à entrer dans quelque floramor éloigné). Tantôt des cosméticiens de génie rendaient à des matrones quadragénaires l'apparence et l'odeur de collégiennes à leur premier bal. Des gentlemen des mieux titrés, des magistrats nimbés de probité, des érudits aux manières exquises se révélèrent des copulateurs si brutaux que certaines de leurs plus jeunes victimes durent être hospitalisées et reléguées subséquemment dans des bordels ordinaires. Des « protecteurs » anonymes soudoyaient les inspecteurs sanitaires; et le Rajah de Cachou (qui était lui-même un imposteur) contracta une maladie vénérienne avec une arrière-petite-nièce (authentique) de l'impératrice Joséphine. Dans le même temps, des désastres financiers (qui n'entamèrent jamais l'invulnérabilité pécuniaire et philosophique de Van et de Démon mais touchèrent bien des personnes de leur monde) commencèrent d'altérer le patrimoine esthétique de la Villa Vénus. D'écœurants marlous dont la grimace obséquieuse découvrait les lacunes d'une denture jaunâtre jaillissaient de derrière les rosiers et vous tendaient des prospectus illustrés; il y eut des incendies, des tremblements de terre, et puis un jour, brusquement, des cent palazzi il n'en resta plus qu'une douzaine (qui déchurent bientôt au rang de lupanars croupissants) et quand arriva l'année 1910 tous les morts du cimetière anglais d'Ex furent jetés à la fosse commune.

Van ne regretta jamais sa dernière visite à la dernière Villa Vénus. Une chandelle à tête de chou-fleur brûlait malproprement dans un gobelet d'étain sur le rebord de la fenêtre à côté d'un bouquet en forme de guitare — un bouquet de roses — encore enveloppé de papier transparent; personne ne s'était donné la peine de chercher un vase... un vase peut-être introuvable. Un peu plus loin, couchée sur son lit, une femme enceinte fumait. Un genou relevé, grattant d'un doigt distrait son aine brune, elle regardait monter la fumée dont les volutes se mêlaient aux ombres du plafond. Tout au fond, derrière elle, une porte entrouverte laissait apercevoir ce qui aurait pu être une galerie au clair de lune mais était en réalité une vaste salle abandonnée, à moitié démolie, et dont un mur écroulé béait sur les ténèbres; des fissures en zigzag traversaient le sol. Le spectre noir d'un piano à queue grand ouvert répandait dans la nuit des glissandos fantomatiques. Par une large déchirure ouverte dans la brique et le plâtre des lambris marbrés, la mer nue que l'on ne voyait pas mais que l'on entendait comme une étendue haletante isolée du Temps sourdement grondait, sourdement se retirait, en emportant sa sébille de galets; et ces bruits croulants s'accompagnaient de molles bouffées d'air tiède qui entraient dans la salle sans murs, déplaçaient les volutes d'ombre suspendues au-dessus de la femme couchée, et le flocon de poussière qui descendait en flottant sur son gros ventre pâle, et le reflet de la chandelle sur un carreau fêlé de la croisée bleuâtre. A demi étendu sur un canapé rude et cruel aux reins, à l'aplomb de la fenêtre, Van, la lèvre maussade et méditative, caressait méditativement la tête charmante qui reposait sur sa poitrine, noyée dans la noire chevelure d'une cousine ou d'une sœur très cadette de la pitoyable florinde à la couche saccagée. L'enfant fermait les yeux, et chaque fois que Van posait les lèvres sur ses paupières humides et bombées, le soulèvement rythmique de ses seins à peine éclos se transformait et s'interrompait tout à fait pour reprendre après un silence.

Il avait soif mais la bouteille de champagne qu'il avait apportée avec la gerbe bruissante était restée intacte et il ne se sentait pas le courage d'écarter de sa poitrine la très chère tête soyeuse pour entreprendre un bruyant travail d'artificier. Elle s'appelait... comment s'appelait-elle ? Bien qu'il l'eût maintes fois bercée et profanée depuis dix jours, il n'était pas encore certain que son nom fût vraiment Adora (comme toutes le lui affirmaient... toutes, c'est-à-dire elle, l'autre et une troisième, une petite servante, la princesse Katchourine, qui devait être venue au monde dans le maillot de bain passé qu'elle ne quittait jamais et dans lequel elle était sans doute destinée à mourir avant d'avoir atteint sa majorité — ou le premier hiver rigoureux — sur le matelas de plage où elle gisait, gémissait maintenant, dans une hébétude narcotique. Et si la pâle enfant s'appelait vraiment Adora, qu'était-elle ? Ni roumaine, ni dalmatienne, ni sicilienne. Irlandaise non plus bien que son anglais malhabile mais exempt de barbarismes étrangers fût teinté d'un léger accent de terroir. Avait-elle onze ans ou quatorze ? Presque quinze peut-être ? Etait-ce vraiment son anniversaire, ce vingt et un juillet dix-neuf cent quatre ou huit — ou même des années plus tard, cette nuit de juillet sur une presqu'île rocheuse de la Méditerranée ?

La cloche d'une très lointaine église, qu'on ne pouvait entendre que la nuit, sonna deux fois, puis une pour le quart.

« *Smorchiama la secandela* », marmonna la femme couchée dans le dialecte local que Van comprenait mieux que l'italien. L'enfant qu'il étreignait frissonna et il la recouvrit de sa cape de soirée. Dans les ténèbres alourdies par l'odeur du suif, un losange de lune pâle se posa sur les dalles du sol à côté du loup noir que jamais plus Van ne remettrait et de son pied chaussé d'un escarpin verni. Ce n'était pas Ardis, ce n'était pas la bibliothèque, ce n'était pas même une pièce humaine, mais l'antre sordide où le « videur » avait couché avant d'aller reprendre son travail d'entraîneur de rugby dans je ne sais quelle école publique d'Angleterre. Dans la grande salle, vide par ailleurs, le piano semblait jouer de lui-même mais était en réalité titillé par les rats en quête des restes succulents qu'avait déposés la servante : elle aimait à entendre un peu de musique quand le cancer qui lui mangeait la matrice la réveillait avant l'aube d'une première morsure familière. La villa en ruine n'offrait plus la moindre ressemblance avec le « rêve organisé » d'Eric. Mais le petit être souple et lisse que Van serrait désespérément dans ses bras, c'était Ada.

CHAPITRE IV

QU'EST-CE qu'un rêve ? Une suite composée par le hasard, une succession de scènes triviales ou tragiques, statiques ou viatiques, fantastiques ou familières, qui nous montrent des événements plus ou moins vraisemblables rapiécés de détails grotesques et font rejouer les morts dans des mises en scène nouvelles.

Quand je considère les rêves plus ou moins mémorables qui ont peuplé mes nuits au cours des neuf dernières décennies, je peux les classifier selon leur thème en plusieurs catégories, desquelles deux tranchent nettement sur les autres par leur distinction générique. Je veux parler des rêves professionnels et des rêves érotiques. Lorsque j'avais vingt ans les premiers étaient aussi fréquents que les seconds et les uns comme les autres avaient leurs propres introductions, les insomnies, provoquées soit par le débordement de dix heures de travail professionnel soit par le souvenir d'Ardis, qu'une épine dans la journée avait follement ravivé. Après le travail, il me fallait lutter contre la puissance de mes dispositions d'esprit, car le courant de la créativité, les injonctions de la phrase exigeant d'être formée, ne me laissaient aucun répit pendant des heures de ténèbres et de malaise et, après que j'avais obtenu quelque résultat, le flot continuait de murmurer derrière le mur, même si j'emprisonnais ma pensée par un acte d'autohypnotisme (ni bon vouloir ni valériane ne m'étaient plus d'aucun secours) à l'intérieur d'une autre image ou d'un autre sujet de méditation — mais pas Ardis, pas Ada, car c'eût été me plonger dans une cataracte d'insomnie pire encore — jusqu'à ce que la rage et le regret, le désir et le désespoir m'eussent précipité dans un abîme où, terrassé par un épuisement purement physique, je finissais par m'endormir.

Dans les rêves professionnels qui me hantèrent surtout à l'époque où je travaillais à mon premier roman et suppliais honteusement une muse légère (« à genoux et me tordant les mains », comme le Marmlad de Dickens, suppliant au pantalon poussiéreux, devant sa Marmlady), je me voyais, par exemple, corrigeant des épreuves, mais en même temps, Dieu sait comment (le grand « Dieu sait comment » des rêves), le livre était déjà sorti — littéralement sorti — d'une corbeille à papier d'où une main humaine s'élevait pour me l'offrir, dans son stade parfait et terriblement imparfait, avec une coquille à chaque page comme le traître « pavillon » au lieu de « papillon », ou parfois même un mot qui ne signifie rien, tel « protons » au lieu de « portons ». Ou bien, me dirigeant en grande hâte vers le lieu où je devais donner une conférence, je trouvais ma route encombrée par une foule de gens et de voitures; d'abord exaspéré, je me rappelais avec un soudain soulagement que tout ce que j'avais à faire c'était biffer les mots « rue encombrée » dans mon manuscrit. Ceux que j'appellerai mes rêves type *skyscape* (« paysage céleste », et non pas *skyscrape*, « gratte-ciel », comme les deux tiers de la classe l'auront sans doute écrit) appartiennent à une subdivision de mes visions professionnelles, à moins qu'ils n'en tiennent lieu de préface, car c'est au temps de ma puberté commençante qu'il ne se passait pour ainsi dire pas de nuit sans que quelque impression ancienne ou récente de l'état de veille ne tissât un lien souple et profond avec mon génie encore muet (car nous sommes « van », ce qui rime avec « *one* », ce qui signifie même « *one* » dans la bouche de Marina qui prononce « *one* » à la russe : « Vann »). Dans cette sorte de rêves la présence ou la promesse de l'art était révélée par l'image d'un ciel couvert par plusieurs couches de nuages, l'une blanche, immobile mais chargée d'espérance, l'autre grise, mouvante mais désespérée; on découvrait dans ce panorama les signes artistiques d'une éclaircie prochaine : bientôt sous la couche la plus ténue transparaissait la lueur d'un soleil pâle, mais la dérive des nuées grises ne tardait pas à la recapuchonner, car je n'étais pas encore prêt.

A la catégorie des rêves professionnels on peut rattacher les « rêves Erèbe », cauchemars hantés de signes fatidiques, calamités thalamiques, menaçantes énigmes. La menace est souvent cachée, inapparente, et tel incident innocent que par habitude on a consigné par écrit ne trouvera que plus tard, à l'occasion d'une relecture, ce parfum de prescience que Dunne explique par le phénomène de la « mémoire inverse ». Mais je n'ai pas l'intention de m'étendre ici sur le caractère mystérieux des rêves. Je me contenterai d'indiquer que dans chaque domaine quelque règle logique devrait permettre de fixer le nombre des coïncidences admissibles, nombre au-dessus duquel ces coïncidences cessent d'être des coïncidences et forment au contraire l'organisme vivant d'une vérité nouvelle. (« Enseignez-moi, demande la petite gitane d'Osberg aux Mores El Motela et Ramera, le nombre minimum de poils qui doivent pousser sur un corps pour qu'on puisse dire que ce corps est poilu. »)

Entre le rêve Erèbe et les visions d'une sensualité exacerbée je placerai les suavités de la tendresse érotique et des délices bouleversantes, les frôlements fugitifs de filles inconnues dans des soirées nébuleuses, les demi-sourires qui invitent ou s'abandonnent — échos ou précurseurs des rêves torturants où des séries d'Ada décroissantes s'évanouissaient au loin, chargées d'un reproche silencieux : et des larmes plus brûlantes encore que celles que je répandais éveillé secouaient et consumaient le pauvre Van, et leur souvenir le poursuivait pendant des jours, des semaines, aux moments les plus imprévus.

Ce n'est pas sans quelque embarras que l'on aborde la description des rêves sexuels de Van dans une chronique familiale que de très jeunes personnes liront peut-être après la mort d'un chroniqueur très vieux. Deux exemples, exprimés en termes plus ou moins euphémiques, suffiront à notre propos. Dans un arrangement compliqué de souvenirs thématiques et de « phantasmata » automatiques, Aqua, dans le rôle de Marina, ou Marina, grimée à la ressemblance d'Aqua, survient et toute joyeuse apprend à Van qu'Ada vient d'accoucher d'une petite fille qu'il va « connaître » charnellement sur un dur banc de jardin, tandis que tout près de là, sous un pin, le père de Van ou sa mère en habit à queue essaie d'obtenir une communication transatlantique pour réclamer d'urgence une ambulance de Vence. Un autre rêve, qui revint dans sa forme fondamentale depuis 1888 et jusqu'à une date avancée du siècle présent, comportait une idée essentiellement triple et au fond tribadique. La mauvaise Ada et la lubrique Lucette avaient découvert un épi de maïs mûr, très mûr. Ada le tenait par les deux bouts comme on tient un harmonica, *organum buccale*, et voici que l'épi devenait pour de bon *organum*, et de ses lèvres entrouvertes elle en parcourait toute la longueur, en faisait luire le fût, et tandis qu'il brillait et gémissait la bouche de Lucette engloutissait son extrémité. Les jeunes visages des deux sœurs avides, adorables, étaient maintenant tout près l'un de l'autre, mélancoliques et rêveurs dans la lenteur presque mourante de leur jeu, leurs langues se rencontrant comme deux dards de feu et se retroussant à peine jointes, leurs chevelures en désordre, bronze rouge et bronze noir, se confondant exquisement; et tandis qu'elles se penchaient pour étancher leur soif dans la flaque de mon sang, leurs croupes lisses se haussaient vers l'azur.

J'ai ici quelques notes sur le caractère général des rêves. Certaines particularités m'intriguent comme cette multitude de gens aux traits précis que je n'ai jamais vus et que je ne reverrai jamais, qui me croisent, m'accompagnent, me saluent, m'assomment de leur bavardage interminable et fastidieux à propos d'autres gens que je ne connais pas davantage (et tout cela dans des lieux qui me sont familiers, en présence d'êtres vivants ou morts que je connais fort bien), ou comme ces tours bizarres que me joue un agent de Chronos — cette conscience très exacte de l'heure qu'il est, assortie de toutes les angoisses de celui qui a peur de ne pas arriver à temps quelque part (et qui pourraient n'être que les angoisses travesties d'une vessie trop pleine) et cette aiguille d'horloge devant mes yeux, numériquement éloquente, mécaniquement plausible et pourtant compatible (et c'est là l'étrange de l'affaire) avec un sentiment extrêmement estompé et presque inexistant du passage du temps (je réserve ce thème pour un chapitre à venir). Tous les rêves sont affectés par les expériences et les impressions du présent aussi bien que par les souvenirs d'enfance; tous reflètent, sous forme d'images ou de sensations, une lumière, un courant d'air, un repas plantureux, un trouble interne grave. Sans doute (et j'insiste sur ce point auprès de mes élèves) faut-il considérer comme le trait le plus caractéristique de presque tous les rêves, les plus futiles comme les plus fatals — et ceci malgré la présence sous forme de traînées ou de taches d'une réflexion logique (à l'intérieur de certaines limites) et de la conscience (souvent absurde) d'événements appartenant au passé du rêve —, ce pitoyable affaiblissement des facultés intellectuelles du rêveur, qui n'est pas réellement choqué de se trouver en présence d'un ami mort depuis longtemps. Dans le meilleur cas, le rêveur porte des œillères semi-opaques; dans le pire, il est un imbécile. La classe

(1891, 1892, 1893, 1894, etc.) ne manquera pas de noter (bruissement de cahiers) qu'en raison de leur nature même, de cette médiocrité et de cette incompétence hébétée, les rêves ne peuvent nous livrer aucun semblant de moralité, symbole, allégorie, ou mythe grec à moins, bien entendu, que le rêveur ne soit grec ou mythologue. Les métamorphoses, dans le rêve, sont aussi ordinaires que les métaphores dans la poésie. Un auteur qui, par exemple, compare le fait que l'imagination s'affaiblit moins rapidement que la mémoire avec le fait que la mine d'un crayon s'use moins vite que la petite gomme fixée à l'autre bout compare deux réalités concrètes, également existantes. Faut-il que je répète ce que je viens de dire ? (Cris affirmatifs.) Eh bien, le crayon que je tiens est encore suffisamment long pour remplir son office, quoique je m'en sois beaucoup servi, mais la gommette dont il est équipé a pratiquement disparu à l'usage. Mon imagination est encore vigoureuse et serviable, mais ma mémoire s'amenuise de jour en jour. Je compare donc une expérience réelle à la condition d'un banal objet également réel. De ces deux réalités, aucune n'est le symbole de l'autre. De même, lorsqu'un humoriste de salon de thé nous dit qu'un petit four conique piqué d'une cerise comique ressemble à ceci ou à cela (petits rires dans l'auditoire), il transforme un gâteau rose en téton rose (tempête de rires) muni d'une fraise Henri IV ou enveloppé dans la collerette d'une phrase (silence). Il s'agit là d'objets réels, non interchangeables et qui ne sont pas l'effigie d'autre chose — comme, par exemple, le tronc décapité d'un courtisan du XVIe siècle encore surmonté de l'image de sa nourrice (un petit rire solitaire). L'erreur, l'erreur grotesque, crapuleuse et vulgaire des analystes à la Signy-Mondieu, c'est de considérer tel objet réel que le sujet voit en rêve — un pompon, un melon — comme la représentation abstraite de l'objet réel... le bonbon d'un bambin ou la moitié d'un buste, si vous voyez ce que je veux dire (quelques rires, ici et là).

Dans les hallucinations de l'idiot du village comme dans le dernier rêve que nous avons fait vous et moi la nuit passée, il n'y a de place pour aucune allégorie, aucune parabole. Rien dans ces visions désordonnées — soulignez « rien » (concert grinçant de traits de plume horizontaux) — rien ne peut être déchiffré par un chaman comme quelque chose qui lui permettrait de guérir un fou ou bien de réconforter un assassin en rejetant le blâme sur un parent trop tendre, trop diabolique ou trop indifférent — ulcères secrets que le charlatan tutélaire feint de soigner par de coûteux divertissements confessionnels (rires et applaudissements).

CHAPITRE V

VAN passa le trimestre d'automne 1892 à l'université de Kingston, dans le Mayne, qui comportait une maison de fous de première catégorie et un service de terrapie justement célèbre. Van y reprit un de ses anciens projets, une étude sur l'Idée de Dimension et de Démence (« Van, vous « sturberez », l'allitération à la bouche », lui avait dit en plaisantant le vieux professeur Rattner, pessimiste de génie attaché à Kingston, pour qui la vie n'était qu'une « disturbation » dans l'ordre « rattnerterologique » des choses — dérivé de « *nertoros* », non de « *terra* »).

Van Veen (comme, dans son humble sphère, le rédacteur d'*Ada*) aimait changer de domicile à la fin d'un tome, d'un chapitre ou même d'un paragraphe : il avait presque achevé certain passage ardu sur le divorce du temps et de son contenu (l'action sur la matière, l'action dans l'espace, et la nature même de l'espace) et se préparait à rentrer à Manhattan (cette sorte de mue était la transposition biographique du « passage à la ligne » bien plus qu'une concession faite à quelque burlesque « influence du milieu » accréditée par Marx père, auteur à succès de comédies « historiques »), quand il reçut un coup de dorophone tellement inattendu que ses fonctions respiratoires et circulatoires en furent momentanément révolutionnées.

Personne, pas même son père, ne savait que Van avait acheté depuis peu le perchoir de Cordula (entre le Parc et la Bibliothèque de Manhattan). Outre les avantages qu'il offrait au labeur érudit, avec sa terrasse de studieux isolement suspendue dans le vide aérien, et la ville bruyante mais commode qui venait éclabousser la base du roc invulnérable de son esprit, l'appartement de Cordula était ce qu'on appelle dans le monde une « folie de garçon », où il pouvait régaler secrètement toute amie (ou amies) qu'il lui plaisait de recevoir (l'une d'elle avait surnommé l'endroit « ton aile-à-terre »). Mais Van n'avait pas encore quitté le meublé sans fraîcheur, genre Chose, qu'il habitait à Kingston, ce bel après-midi de novembre où il consentit que Lucette vînt lui rendre visite.

Il ne l'avait pas vue depuis 1888. A l'automne 1891, elle lui avait envoyé de Californie une déclaration d'amour en dix pages, incohérente, indécente, insensée, presque féroce, que nous n'examinerons pas dans ces pages [voir, pourtant, ci-après. Ed.]. Elle étudiait maintenant l'Histoire de l'Art (« ce dernier refuge des médiocres », disait-elle) au collège voisin de Queenston pour Girls Glamoureuses et *Gloupovatykh* (autrement dit « charmeuses bornées »). Quand elle l'appela et le supplia de ne pas lui refuser un entretien (d'une voix nouvelle, au timbre plus sombre, qui ressemblait impitoyablement à la voix d'Ada), elle spécifia qu'elle était chargée d'un important message. Van soupçonna qu'il s'agissait de la suite dans la série d'Amour-sans-réponse, mais il pressentit en même temps que la visite de Lucette allait ranimer certains feux infernaux.

Pendant qu'il l'attendait, en arpentant dans toute sa longueur la moquette marron qui couvrait le sol de son appartement, tantôt contemplant d'une fenêtre ouverte au nord-est, à l'extrémité du couloir, les arbres flamboyants qui défiaient la saison, tantôt retournant au salon qui donnait sur Greencloth Court encore liseré de soleil, il pourfendait en esprit Ardis, ses vergers et ses orchidées, s'apprêtant à subir l'ordalie, se demandant s'il ne valait pas mieux décommander le rendez-vous, ou charger son valet de l'excuser auprès de Lucette d'une absence causée par quelque obligation impérieuse autant qu'imprévue... tout cela sachant fort bien qu'il n'était plus question de se dérober. Lucette n'avait qu'un rapport indirect avec les tribulations de Van : elle habitait telle ou telle paillette errante de soleil, mais on ne pouvait la proscrire en même temps que les mille rayons d'Ardis. Il se rappela en passant cette douceur sur ses genoux, le petit derrière rond, les yeux de prase qui se tournaient vers lui, et la route fuyant à reculons. Il se demanda aussi si Lucette avait engraissé, si sa peau s'était couverte de taches de rousseur ou si elle s'était jointe au groupe exquis des nymphes Zemski. Il avait laissé la porte du palier entrouverte et pourtant il n'entendit pas le bruit des hauts talons qui montaient les marches de l'escalier (peut-être les confondit-il avec les battements de son propre cœur), absorbé qu'il était par un vingtième retour laborieux :

Reviens aux ardeurs sous les arbres !
C'est Eros qui prend son essor !
C'est l'Art où s'abritent nos marbres,
C'est Eros, la rose et le sort.

I am ill at these numbers — je sais que mes vers sont mauvais — et pourtant la rimaillerie m'est plus facile que

« *Confuter le passé*
En prose muette... »

Qui a écrit cela ? Voltimand ou Voltemand ou encore Burning Swine ? La peste de son anapeste ! « *All our old loves are corpses or wives.* » Tous nos maux sont vierges ou catins.

Un ours noir aux boucles d'un roux éclatant (le soleil avait atteint la première fenêtre du salon) l'attendait. Ainsi le gène Z avait gagné ! Elle était mince et mystérieuse. Ses yeux verts s'étaient agrandis. A seize ans elle avait l'air infiniment plus libertine que sa sœur au même âge fatal. Elle portait une fourrure noire, mais point de chapeau.

« Ma joie (*moïa radost'*) », dit Lucette tout simplement. Van s'attendait à plus de cérémonie. A bien considérer les choses, il ne l'avait guère connue autrefois, sinon comme embryon de braise.

Gonflant ses narines corallines, les yeux noyés, la bouche rouge vif, dangereusement entrouverte dans une oblique préparatoire sur la langue et les dents (petit fauve apprivoisé qui imite en biais une molle morsure), elle s'approcha enveloppée dans le vertige d'une extase naissante, le dévoilement d'une caresse — l'aurore, qui sait (elle savait), d'une existence nouvelle pour elle et pour lui...

« La pommette ! » intima Van Veen à la jeune fille.

« Tu aimes mieux les *skeletiki* » (petits squelettes), murmura Lucette pendant que Van posait des lèvres légères (et devenues soudain encore plus sèches qu'à l'ordinaire) sur la pommette dure et brûlante de sa demi-sœur. Il ne put faire autrement que de respirer au passage son parfum de Degrasse, élégant quoique résolument « hétaïre » — et, à travers son parfum, la flamme de son Petit Larousse, comme ils disaient, lui et l'autre, quand ils décidaient d'emprisonner Lucette dans l'eau d'une baignoire. Oui, très nerveuse et très parfumée. L'été indien... trop chaud pour porter fourrure. La croix (*krest*) de la rousse la mieux soignée, la croix aux quatre extrémités brûlantes. Car on ne peut caresser (comme il était en train de le faire) la blondeur cuivrée d'en haut sans imaginer en même temps le petit renard d'en bas et les deux braises symétriques.

« C'est donc ici qu'il vit », dit Lucette en regardant autour d'elle pendant que Van l'aidait, admiratif et triste, à se défaire de son manteau souple, sombre et profond, en se demandant à part soi (car il aimait les fourrures) : ours marin (*kotik*) ? Non, desman (*vykhoukhol'*). Et tout en aidant Lucette, Van admirait sa minceur élégante, son tailleur gris, son fichu cendré et, lorsque celui-ci s'envola, son cou long et blanc. « Enlève ta jaquette », dit-il ou crut-il dire (debout, les mains tendues, en complet couleur anthracite, combustion spontanée, au milieu du morne salon d'une morne maison anglomaniaquement appelée Voltemand Hall, à l'université de Kingston, trimestre d'automne 1892, vers 4 heures du soir).

« Je pense que je vais retirer ma jaquette », dit Lucette avec le froncement de sourcils fugitif et fémininement façonnier qui est l'accompagnement de cette « pensée ». « Je vois que tu as le chauffage central; nous, les filles, nous n'avons que de minuscules cheminées. » Elle jeta sa jaquette et parut dans un chemisier blanc sans manches, au plastron ruché. Elle leva les bras pour lisser ses boucles ardentes, et il aperçut les deux niches ardentes qu'il prévoyait.

« Les trois fenêtres, dit Van, sont pourtant ouvertes, et peuvent s'ouvrir encore davantage, mais à l'ouest uniquement, et cette cour de gazon vert que tu vois en bas est le tapis de prières du soleil vespéral qui rend cette pièce plus chaude encore. Quelle misère pour une fenêtre de ne pouvoir retourner son embrasure paralytique pour regarder ce qui se passe de l'autre côté de la maison ! »

Veen d'un jour, Veen de toujours.

Lucette ouvrit le fermoir de son sac à main de soie noire, en fit sortir un petit mouchoir blanc, posa le sac entrouvert sur le bord du buffet, et se dirigea vers la fenêtre la plus éloignée; ses frêles épaules tremblaient de façon intolérable.

Van aperçut une longue enveloppe bleue, cachetée de cire violette, qui dépassait le bord du sac.

« Ne pleure pas, Lucette. C'est trop facile. »

Elle revint vers Van en se tamponnant les narines et en essayant de refréner ses humides reniflements de fillette. Elle espérait encore l'étreinte décisive.

« Prends un peu de cognac. Ne reste pas debout. Où est la famille ? »

Lucette remit le mouchoir-en-boule de maint roman suranné dans son sac, qu'elle ne referma point. Les chow-chows aussi ont la langue bleue.

« Maman habite son Samsara particulier. Papa a eu une nouvelle attaque. Sis est retournée à Ardis.

— Sis ! Cesse, Lucette. Nous n'avons que faire de petits serpents autour de nous !

— Ce petit serpent-là ne sait pas très bien quel ton prendre avec le docteur Vivy Secteur. Sais-tu que tu n'as pas du tout changé, mon pâle amour... si ce n'est que tu ressembles à un fantôme en peine de barbier, privé de ton *Glanz* estival. »

Et de notre Mädel estivale. Van remarqua que la longue enveloppe bleue était posée maintenant sur la tablette d'acajou. Il restait debout au milieu de la pièce et se frottait le front sans oser, sans oser, parce que c'était le papier à lettre d'Ada.

« Veux-tu prendre une tasse de thé ? »

Lucette secoua la tête. « Je ne peux pas rester longtemps. D'ailleurs tu m'as plus ou moins dit au téléphone que tu étais très occupé aujourd'hui. Comment ne pas être terriblement occupé après quatre années absolument vides ! » (Il se mettrait à sangloter, lui aussi, si elle continuait sur ce ton.)

« Oui... Je ne sais plus. J'ai un rendez-vous vers six heures. »

Deux réflexions contraires, enchaînées, dansaient ensemble une danse grave, un menuet mécanique avec saluts et révérences. L'une s'appelait « Nous avons tant de choses à nous dire » et l'autre « Nous n'avons absolument rien à nous dire ». Mais ce genre de situation peut se changer en un instant.

« Oui... Je dois retrouver Rattner à six heures et demie », dit Van en consultant un calendrier que ses yeux ne voyaient pas.

« Rattner sur Terra, s'écria Lucette. Van lit Rattner sur Terra ! Poucette ne doit jamais, jamais nous déranger, lui et moi, quand nous lisons Rattner ensemble.

— Je t'en supplie, chère, pas d'imitations. Ne transformons pas une agréable rencontre en un supplice réciproque. »

Que faisait-elle à Queenston ? Quelle question ! Il le savait déjà. C'est vrai... où ai-je la tête ! Difficile ? Non. Ah... De temps en temps ils regardaient du coin de l'œil la lettre bleue, pour voir si elle se tenait bien sage, si elle ne balançait pas ses petites jambes, si elle ne se mettait pas le doigt dans le nez.

La renvoyer non ouverte ?

« Tu diras à Rattner, dit-elle en avalant son troisième cognac comme s'il n'était que de l'eau en technicolor, tu lui diras (l'alcool déliait sa jolie langue de vipère)... »

(De vipère ? Ma Lucette, ma chère chérie morte ?)

« ... Dis-lui qu'autrefois, quand toi et Ada... »

Le nom s'entrouvrit comme une porte dans sa noire encoignure, avant de claquer sec.

« ... vous me quittiez pour le rejoindre, et que vous reveniez, je savais très bien, chaque fois que vous *vsyo sdelali* (veniez de contenter vos appétits, d'assouvir votre flamme).

— On se rappelle bien trop clairement ces petites choses, Lucette. Tais-toi, je t'en prie.

— On se rappelle ces petites choses beaucoup plus clairement que les grandes, les graves, les fatales. Exemple, les vêtements que tu portais à un moment donné, généreusement donné, et le soleil sur les chaises et sur le parquet. Petit être neutre et pur, j'étais, bien sûr, quasiment nue. Mais elle portait une chemise de garçon et une jupe courte et tout ce que tu portais toi, c'était ce short sale et chiffonné, très court parce que très chiffonné... et il sentait ce qu'elle sentait toujours, quand tu étais allé faire un tour sur Terra avec Ada, avec Rattner sur Ada, avec Ada sur Antiterra dans la forêt d'Ardis — oh, il puait littéralement, ton petit short, il puait Ada et sa lavande et son anchois et ta caroube encroûtée ! »

La lettre, proche maintenant du cognac, devait-elle entendre ce discours ? Et venait-elle d'Ada en fin de compte (elle ne portait pas d'adresse) ? N'était-ce pas plutôt la lettre d'amour de Lucette folle et scandaleuse qui débitait ce monologue :

« Van, cela va te faire sourire. » [sic ds. le MS. Ed.].

« Van, dit Lucette, cela va te faire sourire (prédiction rarement réalisée : Van ne sourit pas) mais si tu me posais la fameuse Question Van, je te répondrais par l'affirmative. »

La question qu'il avait posée à la petite Cordula dans une librairie derrière le tourniquet des livres de poche, *La Gitanilla, Nos Gars, Clichés de Clichy, les*

Vaincus, La Bible intégrale, Bonjour Mertvago, La Gitanilla... Il était connu dans le beau monde pour poser cette question à toute jeune personne qu'il voyait pour la première fois.

« Oh, bien sûr, ce n'a pas été facile ! Que d'obstacles à esquiver, que d'avances à repousser dans combien de voitures garées, à combien de cocktails canailles ! C'est seulement l'hiver dernier, sur la Riviera italienne... il y avait là un petit violoniste de quatorze ou quinze ans, précoce en diable mais horriblement névrosé. Marina disait qu'il lui rappelait son frère... Bref, pendant près de trois mois, tous les après-midi que Dieu fait je me suis fait attoucher par lui, et réciproquement; après ce temps, j'arrivais enfin à m'endormir sans prendre de pilules. Mais, à cela près, pas une fois de m'amour... je veux dire de ma vie il ne m'est arrivé de baiser épithélium de mâle. Et je peux le jurer par... par Shakespeare » (d'un geste théâtral elle tend la main vers une étagère garnie de gros livres rouges).

« Gare ! s'écria Van, ce sont les *œuvres complètes de Falknermann*, déversées ici par mon prédécesseur.

— Pah ! », fit Lucette.

« Et je t'en prie, épargne-moi cet explétif.

— Pardon. Oh ! je sais... je ne le ferai plus.

— Bien sûr que tu sais. Il n'empêche que tu es une très gentille petite fille et que je suis content de te voir.

— Moi aussi, Van, je suis contente. Mais surtout ne va pas t'imaginer que je suis venue te relancer pour te redire que je t'aime comme une folle, comme une malheureuse, et que tu peux faire de moi tout ce que tu voudras. J'aurais pu appuyer sur le bouton de la sonnette, glisser cette enveloppe dans la fente brûlante et redescendre en cataracte. Si je ne l'ai pas fait, c'est parce qu'il fallait que je te voie, parce qu'il y a quelque chose d'autre qu'il faut que tu saches, même si tu dois nous mépriser, nous détester Ada et moi. *Otvratitel'no troudno* (c'est horriblement difficile) à expliquer, surtout pour une vierge... techniquement vierge, entendons-nous, une vierge *kokotische*, mi-poule, mi-puella. Je ne me cache pas la délicatesse du sujet, ce sont choses mystérieuses dont il est malséant de parler, même à un frère vaginal — mystérieuses, non seulement dans leur aspect moral et mystique... »

Utérin... mais encore assez proche. Le mot venait, à coup sûr, de la sœur de Lucette. Van connaissait ce ton, ce tour. « Ce ton de bleu, ce tour à deux... » (sérénade au Sonorola). Bleue de colère à force de crier R.S.V.P. !

« ... mais d'un point de vue purement physique. Parce que, Van chéri, de ce point de vue purement physique, j'en sais autant que toi sur notre Ada.

— Dis toujours », soupira Van.

« Elle ne t'a jamais rien dit dans ses lettres ? »

Bruit de Gorge Négatif.

« Elle ne t'a jamais parlé de ce que nous appelions « pousser le ressort » ?

— Nous ?

— Elle et moi ? »

B. d. G. N.

« Tu te rappelles le scrutoir de grand-mère entre le globe et le guéridon ? Dans la bibliothèque.

— Je ne sais seulement pas ce que c'est qu'un scrutoir. Et je ne vois plus le guéridon.

— Mais le globe, tu t'en souviens ? »

La Tartarie poussiéreuse et le doigt de Cendrillon posé à la place où devait tomber l'envahisseur.

« Oui, je m'en souviens et d'une sorte de console toute peinte de dragons dorés.

— C'est ce que j'entendais par « guéridon ». Il s'agissait en fait d'une console chinoise japonée en laque rouge, et le scrutoir était à côté.

— Chine ou Japon ? Décidons-nous. Mais je ne sais

toujours pas à quoi ressemble ton inscrutable... à quoi il ressemblait, veux-je dire, en 1884 ou 1888. »

Scrutoir ! Presque aussi folle que l'autre avec ses Blémolopies et ses Molospermes.

« Van, Vanitchka, nous nous écartons du sujet. Ce que je veux te dire, c'est que le secrétaire ou si tu préfères le bureau...

— Je déteste les deux, mais le meuble en question était à l'autre bout du divan noir. »

Première fois qu'on en reparle. Bien qu'elle et lui l'eussent tacitement utilisé comme orientateur ou comme une main droite indicatrice peinte sur une enseigne transparente que l'œil d'un philosophe — œuf dur pelé voyageant sans corps et sans entrave (tout en sachant de façon intuitive laquelle de ses deux extrémités jouxte un nez imaginaire) — voit suspendue dans l'espace infini. Après quoi, avec une grâce toute germanique, cet œil contourne l'enseigne de verre pour découvrir en transparence une main gauche : la solution du problème ! (Bernard m'a dit six heures et demie, mais je serai peut-être un peu en retard.) Le mental chez Van enveloppait toujours le sensuel : inoubliable, rêche, villeux velours de Villaviciosa.

« Van, tu fais exprès de dévoyer la question...

— On ne peut dévoyer une question.

— ... parce qu'à l'autre bout, extrémité *talon* du divan Vaniada (tu te souviens ?), il n'y avait que le placard où vous m'avez enfermée dix fois au moins.

— *Nou ouj i desyat'* (exagéré). Une seule fois — et *jamais* plus. Son trou de serrure (sans clef) était aussi gros que l'œil de Kant. Kant était bien connu pour son iris cucumicolore.

— Bref », continua Lucette en croisant ses jolies jambes et en considérant son soulier gauche, soulier de chez Verrier, très élégant, en cuir verni, « ce secrétaire contenait une table de jeu pliante et un tiroir ultra-secret. Et tu pensais, je crois, qu'il était bourré de lettres d'amour écrites par notre grand-mère à l'âge de douze ou treize ans. Et notre Ada savait — oh oui, elle savait — l'existence de ce tiroir, mais elle avait oublié comment faire jouer l'orgasme, ou tout autre nom de la chose en langage de bureau ou de tables de jeu. »

Tout autre nom de la chose !

« Nous te défiâmes elle et moi de découvrir le *tchouvstvilichtché*, le sensorium secret, et de le faire fonctionner. C'était l'été où Belle s'était foulé le postérieur; on nous avait abandonnés à nos propres moyens — il est vrai que les tiens et ceux de ma sœur n'étaient guère propres; les miens en revanche restaient d'une touchante pureté. Et tu cherchas longtemps, palpant, tâtant, tâtonnant, jusqu'au moment où tu découvris enfin le petit organe qui était en fait une rondelle dépressible découpée dans la tablette de palissandre sous le feutre taupé que tu tripotais, un ressort à poucier, enfin, et Ada éclata de rire en voyant le tiroir jaillir.

— Et il était vide », dit Van.

« Pas tout à fait. Il contenait un minuscule pion rouge, pas plus haut que cela (elle indiqua la taille d'un grain d'orge en plaçant son index un peu au-dessus... au-dessus de quoi ? Du poignet de Van). Je l'ai gardé comme porte-bonheur. Il doit se trouver encore quelque part dans mes affaires. N'importe, tous les détails de cet épisode pré-emblématisaient, pour parler comme mon professeur d'Art ornemental, la dépravation à laquelle devait s'abandonner votre pauvre Lucette à quatorze ans, dans l'Arizona. Belle était retournée en Canadie parce que Vronski avait défiguré ses *Enfants maudits*; celle qui lui avait succédé s'était fait enlever par Démon; papa était dans l'Est, maman ne rentrait autant dire jamais avant l'aube, nos servantes sortaient au clair d'étoiles pour rejoindre leurs amoureux, et moi j'avais horreur de dormir seule dans la petite chambre où l'on m'avait reléguée dans un coin de la maison, bien que je n'éteignisse jamais la veilleuse d'opaline où se voyait en transparence l'image d'un agneau perdu, parce que j'avais peur des couguars et des serpents [il se pourrait que ce passage ne fût pas la transcription du langage parlé, mais une citation empruntée à la lettre ou aux lettres de Lucette. Ed.] dont Ada s'entendit à merveille, et non sans intention, je le suppose, à imiter les cris et les cliquetis, dans l'ombre du désert, sous ma fenêtre du rez-de-chaussée. Donc [ici il semble bien que l'on revienne à l'allocution enregistrée], pour rendre mon histoire un peu moins brève... »

La phrase enjouée prononcée en 1884 par la vieille comtesse de Prey à la louange d'une jument boiteuse de ses écuries avait été reprise par son fils, qui l'avait passée à sa petite amie, qui l'avait passée à sa demi-sœur. Phrase donc reconstituée instantanément par Van (lequel était assis, les mains en pavillon, sur une chaise tendue de peluche rouge).

« Je transportais mon oreiller dans la chambre de notre Ada où une autre veilleuse agrémentée d'un transparent similaire montrait un hippie à barbe blonde drapé dans une serviette de bain et serrant sur son cœur l'agnelet retrouvé. La nuit était chaude comme un four et nous étions l'une et l'autre complètement nues, si l'on excepte un morceau d'emplâtre collé sur mon bras à l'endroit où le médecin du pays m'avait caressée et piquée. Ada était un rêve de beauté blanc et noir avec une touche de fraise à quatre endroits, une reine de cœur symétrique... »

Quelques instants plus tard, les deux fillettes en étaient au corps à corps et le jeu leur parut à ce point délicieux qu'elles se promirent d'y recourir systématiquement, pour l'hygiène, chaque fois qu'elles seraient aux abois faute d'un boy.

« Elle m'a appris des choses, avoua Lucette, feignant d'être encore émerveillée de ses découvertes, des choses que je n'aurais jamais imaginées. Nous nous entrelacions comme des serpents, nous hoquetions comme des pumas. Nous étions acrobates mongols, monogrammes, anagrammes, adalucindes. Elle baisait mon *krestik* pendant que je baisais le sien, et nos têtes s'empiégeaient dans des postures tellement étranges que Brigitte, une de nos petites caméristes, entrant par mégarde avec sa chandelle, crut un instant, bien qu'elle fût elle-même assez vicieuse, que nous étions en train d'accoucher simultanément de deux filles : ton Ada d'une petite rousse, et Lucette qui n'est à personne d'une brune. Tu peux t'imaginer cela !

— C'est à se tordre », dit Van.

« Oh, nous recommençâmes à peu près toutes les nuits au Ranch Marina et souvent même à l'heure de la sieste; à cela près, dans l'intervalle de ces « vanouissements » (le mot est d'elle) ou quand nous avions nos mois l'une et l'autre — ce qui, crois-moi ou ne me crois pas...

— Je crois n'importe quoi », dit Van.

« ... ce qui se produisait chez nous de façon simultanée —, nous étions des sœurs comme toutes les sœurs, échangeant des platitudes quotidiennes, n'ayant que peu de chose en commun; elle collectionnait des cactus ou répétait hâtivement un rôle pour une prochaine audition à Sterva; moi je lisais beaucoup ou je copiais de belles images érotiques dans un album de Chefs-d'Œuvre interdits — que nous trouvâmes, à propos, au fond d'un coffret de *korsetov i khrestomatiï* (corsets et chrestomaties) oublié par cette chère Belle — et je peux t'assurer qu'elles étaient infiniment plus réalistes que le rouleau de Mong Mong, dont le pinceau était infatigable en l'an 888, mille ans avant qu'Ada ne m'apprît que la trouvaille que je venais de faire bien par hasard dans un de mes affûts illustrait la callisthénie orientale. Ainsi donc la journée passait et l'étoile se levait et des phalènes immenses se promenaient à six pattes sur les vitres des fenêtres, et nous nous enlacions jusqu'à ce que le sommeil vînt nous surprendre. Et voilà comment j'ai découvert... » Lucette ferma les yeux et lui crispa les nerfs en reproduisant avec une exactitude diabolique la petite plainte qui accompagnait chez Ada l'ultime félicité.

A cet instant, comme dans une pièce de théâtre habilement construite dont la progression est entrecoupée de diversions comiques, le campophone de cuivre se mit à bourdonner et son intervention fut suivie non seulement par les glouglous des radiateurs, mais encore par le pétillement sympathique de la bouteille décapsulée de soda.

Van (avec mauvaise humeur) : « Je n'ai pas compris le premier mot... Comment dites-vous ? *L'adorée ?* Un instant, je vous prie. » (A Lucette :) « Reste tranquille, Lucette. » (Lucette chuchote un mot d'enfant très bref, avec deux « p ».) « C'est bon. » (Il montre la porte du couloir.) « Désolée, Polly. Alors, c'est bien l'adorée ? Non ? Donnez-moi le contexte. Ah... la durée. La durée n'est pas... sinon quoi ? Synonyme de « duration » en anglais ? C'est ça. Excusez-moi encore, il faut absolument que je rebouche ce flacon orgiaque. Ne quittez pas. » (Il hurle dans la direction du « *double-you-see* », comme on appelait l'endroit à Ardis.) « Laisse déborder, Lucette, qu'est-ce que ça peut bien faire ? »

Van se servit un second verre de cognac et pendant un intervalle absurde se demanda ce qu'il pouvait bien être en train de... ah ! oui, le polliphone !

Le polliphone ne donnait plus signe de vie; mais son bourdonnement reprit aussitôt que Van eut placé le récepteur dans son berceau. En même temps, Lucette frappa discrètement à la porte.

« La durée... Pour l'amour du ciel, entre sans frapper... Non, Polly, frapper ne vous concerne pas... c'est ma petite cousine. Allons-y. La durée n'est pas synonyme de *duration*, saturée qu'elle est... oui comme dans Saturne... de la pensée de ce philosophe. Qu'est-ce qui ne va pas maintenant ? Vous ne savez pas si c'est dorée ou durée ? D.U.R. Je croyais que vous saviez le français... Oh, je comprends. Au revoir. Ma dactylo, une blonde insignifiante mais toujours disponible, n'arrive pas à lire le mot durée écrit de ma plus belle écriture, parce qu'elle sait le français, dit-elle, mais pas le français scientifique.

— A dire vrai, remarqua Lucette en essuyant la longue enveloppe qu'une goutte de soda venait de tacher, Bergson n'est bon que pour de très jeunes écoliers ou pour des gens très malheureux, comme cette rousse disponible.

— Reconnaître Bergson, dit le libertin auxiliaire, cela mérite tout au plus, dans ton petit cas, un tout petit B. Ou dois-je te récompenser en posant un baiser sur ton *krestik*, quel qu'il puisse être ? C'est drôle que « croix » en russe se prononce comme « crête » en anglais. »

Notre jeune Vandémonien recroisa les jambes en faisant une grimace et maudit tout bas la condition dans laquelle l'avait solidement placé l'image des quatre braises d'une croix renarde : *The Manly State*... comme le malheureux Lowden a traduit le titre de ce mauvais roman du malheureux Pompier, *La Condition humaine*, où l'auteur, soit dit en passant, donne du terme « Vandémonien » cette définition hilarante : « Koulak tasmanien d'origine hollandaise ». « La flanquer dehors avant qu'il ne soit trop tard. »

« Si tu parles sérieusement, dit Lucette en passant la langue sur ses lèvres et en plissant ses yeux assombris, alors, mon amour, tu peux... et tout de suite. Mais si tu es en train de te moquer de moi, tu n'es qu'un Vandémonien abominablement cruel.

— Allons, allons, Lucette; ce mot mystérieux signifie « petite croix » en russe, et rien d'autre que je sache. S'agirait-il d'une amulette ? Tu viens de mentionner un bouton de col ou un petit pion rouge. Est-ce un objet que tu portes, ou que tu portais suspendu à ton cou par une chaînette ? Un petit gland de corail, la *glandulella* des vestales romaines ? Qu'est-ce, ma Lucette ? »

Lucette observait Van avec circonspection. « Risquons toujours, dit-elle. Je vais tout t'expliquer bien qu'il ne s'agisse en réalité que d'un mot forgé par notre sœur, un de ses mots de « tendre tourelle ». Je supposais que tu étais familiarisé avec son vocabulaire.

— Oh, je devine ! » s'écria Van frémissant de malignité sarcastique, bouillant de rage mystérieuse (se vengeant iniquement de ses déboires sur la chevrette-émissaire, la naïve Lucette, nimbée de l'aura des lèvres innombrables de l'Autre — c'était là son crime !). « Bien sûr ! Je me rappelle maintenant ! Ce qui est une souillure au singulier peut être au pluriel une marque sacrée. Tu veux parler évidemment de ces stigmates saillant entre les sourcils des jeunes religieuses pures et souffreteuses que des prêtres zélés ont sur-ointes, là et ailleurs, cruciformément.

— Non. C'est beaucoup plus simple, dit la patiente Lucette. Revenons-en à la bibliothèque où tu trouvas cette petite chose encore érigée dans son tiroir...

— Les Zemski gagnent ! Comme je l'avais espéré, tu ressembles bien à Dolly, telle qu'on la voit représentée dans ce portrait suspendu au mur, au-dessus de son inscrutable, encore vêtue de ses jolies pantalettes, un œillet flamand entre deux doigts.

— Non, non, dit Lucette. C'est à l'autre extrémité de la salle, près du placard, que cette toile assez moche veillait sur vos études et sur vos ébats. »

Quand finira ce supplice ? Je ne peux tout de même

pas ouvrir cette lettre devant elle et la lire à haute voix pour l'édification de mon public. Je n'ai point l'art de scander mes gémissements.

« Un jour, dans la bibliothèque, agenouillée sur une chaise de Chippendale recouverte d'un coussin jaune, devant une table ovale portée par des pattes de lion... »

[Le style épithétique de cette phrase nous porte à croire qu'elle s'inspire d'une source épistolaire. Ed.]

« ... je me retrouvai, à la fin d'une partie de Flavita, devant six *Buchstaben* dont je ne savais que faire. Note bien ceci : j'avais huit ans et n'avais jamais étudié l'anatomie mais je faisais de mon mieux, de mon pauvre petit mieux, pour me montrer à la hauteur de mes deux *Wunderkinder*. De l'œil et du doigt tu inspectas mon chevalet et presque aussitôt redistribuas dans un ordre différent la séquence fortuite de mes six lettres (qui donnaient quelque chose comme LIKROT ou ROTIKL ou...) et Ada, penché au-dessus de nos têtes nous inondait de ses soies de corbeau. A peine avais-tu achevé ta petite métamorphose qu'elle et toi chutèrent sur le tapis noir dans un accès d'hilarité aussi violent qu'incompréhensible; pour finir, je formai bien sagement le mot ROTIK (« petite bouche ») et ma misérable initiale me resta dans la main. J'espère, Van, avoir embrouillé les choses autant que faire se pouvait, tant il est vrai que « la plus laide fille du monde peut donner beaucoup plus qu'elle n'a »... et maintenant disons-nous adieu. Tienne à jamais.

— ... pendant que cette machine est à lui », murmura Van.

« Hamlet », annonça la plus brillante élève du conférencier.

« D'accord, d'accord, acquiesça leur commun persécuteur, mais note bien qu'un joueur de Scrabble anglais dont l'esprit serait porté sur les choses de la médecine et qui aurait deux lettres de plus à sa disposition aurait pu trouver, par exemple, STIRCOIL (stimulant bien connu des glandes sudoripares), ou CITROILS, ce produit dont se servent les garçons d'écurie pour frotter leurs pouliches.

— Tais-toi, Vandémonien, gémit-elle, lis la lettre et passe-moi mon manteau. »

Mais il continua, les traits convulsés.

« Tu me vois abasourdi ! Je n'aurais jamais imaginé qu'une fille de bonne maison qui descend de rois scandinaves, de grands princes russes et de barons irlandais pût employer le langage du pavé proverbial. Oui, c'est bien vrai, tu te conduis comme une cocotte, Lucette. »

Méditative et mélancolique, Lucette précisa : « Comme une cocotte éconduite, Van.

— *O moïa douchen'ka* (ma tendre chérie), s'écria Van, indigné de sa vulgarité et de sa cruauté. Pardonne-moi, je t'en prie. Je suis un grand malade. Je souffre depuis quatre ans de consanguinéocancéroformie — ce mal mystérieux qu'a décrit Coniglietto. Ne pose pas ta petite main froide sur ma vilaine patte, ce geste ne pourrait que hâter ta fin, et la mienne. Continue ton histoire.

— Donc, après m'avoir appris des exercices faciles, à une main, que je pouvais pratiquer seule, Ada la cruelle m'abandonna. Sans doute ne cessâmes-nous jamais tout à fait de jouer ensemble, de temps en temps, après une sauterie, dans certain ranchito où de vagues amis nous avaient invitées, dans une conduite intérieure toute blanche qu'elle m'apprenait à conduire, dans un sleeping-car lancé à travers la Prairie, et là-bas, dans le triste, triste Ardis où je passai une nuit avec elle avant de partir pour Queenston. Oh, Van, j'aime ses mains parce qu'elles ont la même *rodinka* (petite tache de naissance), parce que ses doigts sont si longs, parce qu'en fait ce sont les mains de Van vues dans un miroir amenuisant, leurs tendres diminutifs *v laskatel' noï formé* » (le discours de Lucette, comme il arrivait si souvent, dans les moments d'émotion intense chez les représentants de la branche Veen-Zemski de cette étrange famille, la plus noble d'Estotilande, la plus illustre d'Antiterra, s'émaillait de termes russes. Cet effet n'est qu'imparfaitement rendu dans le présent chapitre — ce soir nos lecteurs sont à la veille d'une émeute).

« Elle m'abandonna », poursuivit Lucette en produisant un « clic » d'un côté de la bouche et en lissant d'une paume pensive son bas chair pâle. « Oui, elle se lança dans une petite aventure assez triste avec Johnny, un jeune acteur de Fuertaventura (c'est dans la famille), son *odnoletok* (contemporain) absolu, né la même année, le même jour, à la même seconde... on le prendrait pour son frère jumeau... »

La sotte Lucette venait de commettre une faute.

« C'est impossible, interposa Van, morose en se balançant à droite, à gauche, les mains crispées, les sourcils froncés (oh, qu'on aimerait appliquer un *Wattebausch* — c'est ainsi que le pauvre Rack avait coutume d'appeler les flasques arpèges de Lucette — imbibé d'eau bouillante sur ce petit furoncle mûr qui pointe sur la tempe droite de Van). C'est rigoureusement impossible. Il n'y a pas de jumeaux qui puissent faire cela. Pas même ceux qu'entrevit Brigitte, un drôle de petit numéro, je gage, avec la flamme de sa chandelle aguichant ses tétons débraillés. La différence d'âge habituelle entre deux jumeaux (sa voix était la voix d'un fou mais si bien contenue qu'elle en prenait des airs de pédantisme outré) est rarement de moins d'un quart d'heure : c'est le temps qu'il faut à la matrice en travail pour se reposer et se détendre, en compagnie d'un magazine féminin, avant de reprendre ses contractions médiocrement appétissantes. Dans certains cas très rares où le piston continue de besogner automatiquement, l'accoucheur, tirant parti de cette assiduité, parvient d'aventure à extraire le deuxième marmot, lequel peut alors être considéré comme plus jeune de trois minutes que son prédécesseur, et quand des considérations dynastiques accompagnent l'heureux événement — deux fois heureux en l'occurrence (toute l'Egypte est en émoi) — cet écart peut être et a été plus lourd encore de conséquences que sur la ligne d'arrivée d'une course de marathon. Mais les créatures, quel que soit leur nombre, ne sortent jamais à la queue leu leu : l'expression « jumeaux simultanés » présente donc une contradiction dans les termes.

— *Nou ouj né znaïu* (ma foi, je n'en sais rien) », murmura Lucette (reproduisant à s'y méprendre l'intonation accablée que sa mère mettait dans cette petite phrase — apparente expression d'un aveu d'ignorance et d'erreur, mais qui tendait, par un accent à peine perceptible de condescendance plutôt que de consentement, à atténuer et diluer la véracité de la réplique rectificative de l'interlocuteur). « La seule chose que je voulais dire, continua-t-elle, c'est que c'était un bel Hispano-Irlandais sombre et pâle, et que les gens les prenaient pour des jumeaux. Je n'ai pas dit qu'ils étaient de vrais jumeaux. Ou « drois chumeaux ». »

Drois chumeaux ? *Driplets ?* Qui donc le prononçait ainsi ? Qui ? Qui ? Une pauvre créature toute trempée, dans un rêve ? Les orphelins étaient-ils encore de ce monde ? Mais écoutons plutôt Lucette.

« Au bout d'un an, ou presque, elle découvrit qu'il se faisait entretenir par un vieux pédéraste et le congédia. Le malheureux se tira une balle dans la tête, sur une plage à la mode, à marée haute, mais les touristes et les bistouristes le tirèrent de ce mauvais pas et maintenant son cerveau est définitivement endommagé ! Il ne parlera jamais plus.

— On peut toujours avoir besoin d'un muet, dit Van d'un air funèbre. On pourrait lui faire jouer l'eunuque sans langue d'*Istamboul mon bulbul* ou le garçon d'écurie déguisé en fille de ferme qui porte un message de son maître.

— Van, je t'ennuie ?

— Bien au contraire ! C'est un petit cas agrippant et palpitant. »

Car, vraiment, elle ne s'en tirait pas mal du tout... en abattre trois en trois années... sans compter le plomb dans l'aile du quatrième ! Joli carton... Adiana ! Je me demande à qui le tour.

« Ne m'oblige pas à te décrire plus en détail les chères nuits torrides et terribles que nous passâmes encore entre ce pauvre gosse et l'intrus qui lui succéda. Si ma peau était toile et ses lèvres pinceau, il n'est pas un pouce de mon corps qui n'aurait reçu sa touche de couleur et vice versa. Tout cela t'horrifie, Van ? Tu nous exècres ?

— Au contraire, protesta Van, dans un accès assez bien imité d'allégresse paillarde. Si je n'étais né mâle et hétérosexuel, je serais à coup sûr lesbienne ! »

Anéantie par une réaction aussi banale à son chef-d'œuvre d'astuce désespérée, à cette ruse de la dernière chance, Lucette abandonna, Lucette tomba en panne devant un grand trou noir — et des gens toussotent lugubrement ici et là dans l'invisible auditoire éternel. Pour la centième fois Van lorgna l'enveloppe bleue : le bord longitudinal n'était pas exactement parallèle à celui de la tablette d'acajou verni, l'angle supérieur gauche disparaissait presque sous le plateau portant les bouteilles de cognac et de soda, l'angle inférieur droit pointait dans la direction du roman préféré de Van, *The Slat Sign*, traduction de *L'enseigne changeante*, posé sur le dessus du buffet.

« Il faut nous revoir bientôt, dit Van qui se mordait le pouce, maudissait le silence et mourait de ne pouvoir lire le contenu de l'enveloppe bleue. Tu descendras chez moi, dans un appartement que j'ai acquis sur Alex Avenue. J'ai meublé la chambre d'amis de bergères, de torchères, de *rocking chairs*, on dirait le boudoir de ta mère. »

Les deux coins de la triste bouche de Lucette firent une révérence plongeante, « à l'américaine ».

« Tu pourras rester quelques jours ? Je te promets de me conduire comme il faut. Marché conclu ?

— Ton sens du comme il faut n'est pas nécessairement le mien. Mais Cordula de Prey, tu l'oublies ? Elle ne sera peut-être pas très contente.

— L'appartement m'appartient. Au reste, Cordula s'appelle aujourd'hui Mrs. Ivan G. Tobak. Pour l'heure, ils font des folies à Florence. Tiens sa dernière carte. Portrait de Vladimir Christian de Danemark Galleria Pitti — qui, prétend-elle est le portrait craché de son Ivan Giovanovitch. Tu peux regarder.

— Qui se soucie de Sustermans ? » déclara Lucette un peu à la manière des réponses obliques « en marche de cavalier » de sa sœur ou de la *rovesciata* d'un footballeur de race latine.

Non. C'est un orme. Il y a cinq cents ans.

« L'époux a pour ancêtre, continua Van, le fameux amiral russe qui se battit en duel à l'épée avec Jean Nicot et qui a donné son nom aux îles Tobago et aux îles Tobakoff, je ne sais plus lesquelles, il y a si longtemps... cinq cents ans.

— Je ne t'ai parlé d'elle que parce qu'une vieille maitresse prend aisément ombrage des conclusions erronées sur lesquelles elle se jette — tel un chat qui n'arrive pas tout à fait à sauter une barrière et s'enfuit en courant sans une seconde tentative, puis s'arrête un peu plus loin pour regarder en arrière.

— Qui t'a parlé de ce dissolu cordelud — interlude, je veux dire ?

— Votre père, mon cher. Nous l'avons beaucoup vu

dans l'Ouest. Ada s'était d'abord imaginé que Tapper était un faux nom et que tu avais eu ton duel avec quelqu'un d'autre, mais personne alors n'avait encore appris la mort de ce quelqu'un d'autre à Kalougano. Démon trouve qu'il aurait suffit de le bâtonner.

— Impossible. Ce rat pourrissait sur un lit d'hôpital.

— C'est du vrai Tapper que je parle, s'écria Lucette (qui était en train de faire un beau gâchis de sa visite), et non de mon pauvre professeur de musique, trahi, empoisonné, innocent, qu'Ada elle-même, à moins qu'elle ne nous en conte, ne parvint pas à guérir de son impuissance.

— Drois chumeaux ! » dit Van.

« Qui te prouve qu'ils sont à lui ? L'amant de sa femme jouait de la viole à trois manches. Allons... je vais te prendre un livre (balayant du regard sur l'étagère la plus proche *La Gitanilla, Clichés de Clichy, Bonjour Mertvago, Le Bruyant Bostonien*) et me recroqueviller, *komondi*, dans la pièce voisine, le temps que tu... Oh, j'adore *The Slat Sign !*

— Rien ne presse », dit Van.

Silence (encore un petit quart d'heure avant la fin de l'acte).

« A l'âge de dix ans, reprit Lucette pour dire quelque chose, j'en étais encore au Vieux-Rose Stoptchine, mais notre sœur (cette année-là, ce jour-là, Lucette se permettait d'employer l'inattendu, l'interdit, le techniquement imprécis possessif pluriel des auteurs, du trône, de la plaisanterie, pour parler d'Ada à Van), notre sœur avait lu, en trois langues, bien plus de livres encore que moi à douze ans. Et pourtant ! Après une maladie effroyable que je contractai en Californie, je me repris : les Pionniers vainquirent les Pyogènes. Je ne cherche pas à faire du genre, mais connaîtrais-tu par hasard mon grand favori Hêrôdas ?

— Mais oui, répondit Van négligemment. Contemporain licencieux de Justin, l'érudit romain. Bel ouvrage ! Mélange éblouissant de subtilité et de grossièreté brillante. Tu l'as lu, n'est-ce pas, dans la traduction française littérale avec le grec en regard ? Mais un ami de Kingston m'a montré un fragment de texte récemment découvert et que tu ne saurais connaître, l'histoire de deux enfants — le frère et la sœur — qui le firent si souvent, si souvent qu'ils finirent par en mourir, enlacés, et ne purent être séparés... Cela s'étirait et s'allongeait et se remettait en place avec un claquement élastique aussitôt que les parents perplexes relâchaient leur effort. C'est à la fois très obscène, très tragique et terriblement drôle.

— Non, je ne connais pas ce passage, dit Lucette. Mais Van, qu'est-ce qui t'arrive ? Pourquoi est-ce que tu...

— Le rhume des foins, le rhume des foins ! » cria Van en fouillant simultanément cinq poches à la recherche d'un mouchoir. L'échec de cette quête joint au regard compatissant de Lucette lui causèrent un chagrin si houleux qu'il préféra se retirer à grands pas; il saisit la lettre au passage, la laissa tomber, la ramassa et s'enferma dans la pièce la plus reculée de l'appartement (qui fleurait encore le Degrasse de Lucette) pour la lire d'un trait.

O dear Van, cette lettre est ma dernière tentative. Considère-la comme un document sur la folie ou comme l'herbe du repentir, il n'importe : ce que je veux c'est te rejoindre et vivre avec toi, où que tu sois, pour toujours, toujours. Si tu dédaignes « the maid at your window », *j'envoie immédiatement un aérogramme annonçant que j'accepte la demande en mariage que l'on a faite à ta pauvre Ada le mois dernier dans l'Etat du Valentin. C'est un Russe arizonais, correct et doux, pas très brillant et pas fashionable. Notre seul point commun est le vif intérêt que nous portons l'un et l'autre à maintes plantes désertiques d'aspect militaire et particulièrement à diverses espèces d'agaves, hôtes des chenilles endophytes du plus noble animal de l'Amérique, l'Hespérie géante (tu vois, Krolik recommence à creuser). Il a des chevaux, des tableaux cubistes et des puits de pétrole (quant à cela je ne sais trop ce que c'est; notre père qui est en Enfer et qui en a aussi n'a pas voulu me renseigner : il s'en est tiré par quelques allusions risquées, selon son habitude). J'ai dit à mon patient Valentinois que je lui donnerais une réponse définitive après avoir consulté le seul homme que j'aie jamais aimé et que j'aimerai jamais. Essaie de me téléphoner ce soir. Rien ne va plus sur la ligne de Ladore, mais on m'assure que le mal sera détecté et vaincu avant l'heure de la marée.* Tvoïa, tvoïa, tvoïa (*à toi*). A.

Van ouvrit un tiroir et prit un mouchoir propre sur une pile impeccable, geste auquel il fournit aussitôt une réplique en détachant d'un bloc une feuille de papier. C'est extraordinaire ce que de telles réitérations rythmiques associant des objets unis par quelque analogie (ici la blancheur, la rectangularité) peuvent rendre service dans des circonstances chaotiques. Van écrivit un bref aérogramme et revint au salon. Il y trouva Lucette qui se renveloppait dans ses fourrures et cinq savants aux allures gauches introduits par un valet de chambre imbécile; ils faisaient cercle en silence autour de l'aimable et gracieux mannequin qui leur présentait un modèle de sa prochaine collection d'hiver. Bernard Rattner, jeune homme trapu et rougeaud aux cheveux noirs, aux lunettes épaisses, accueillit Van avec un air de soulagement empressé.

« Bon Dieu ! s'écria Van. J'avais compris que nous devions nous retrouver chez votre oncle ! »

D'un geste rapide, il centrifugea les intrus sur des chaises de salle d'attente et malgré les protestations de sa jolie cousine (« Je n'en ai que pour vingt minutes à pied. Ne m'accompagne pas je t'en prie. »), camppophona que l'on fît avancer sa voiture. Puis, d'une semelle sonore, il descendit dans le sillage de Lucette la cataracte de l'escalier étroit *katrakatra* (quatre à quatre). De grâce, les enfants, pas *katrakatra* (Marina).

« Je sais aussi, dit Lucette comme reprenant l'examen de tantôt, je sais aussi qui il est. » Elle montrait du doigt les mots « Voltemand Hall » gravés sur le front de l'immeuble dont il venaient de sortir.

Van lui jeta un coup d'œil rapide — mais elle ne voulait parler que du courtisan d'*Hamlet*.

Ils passèrent sous une voûte obscure et lorsqu'ils émergèrent dans la fraîcheur colorée d'un crépuscule délicat Van arrêta Lucette et lui remit l'aérogramme qu'il venait d'écrire. Il demandait à Ada de louer un aéroplane et de venir le rejoindre dans son appartement de Manhattan le lendemain matin à n'importe quelle heure. Il allait quitter Kingston en voiture vers minuit. Il espérait encore que le dorophone de Ladore serait réparé avant son départ. « Le château que baignait le Dorophone ». De toute façon son aérogramme ne mettrait sans doute pas plus de deux heures pour parvenir à destination. Lucette dit « hm-hm », qu'il allait d'abord voler jusqu'à Mont-Dore... Ladore, excuse-moi... et que s'il portait la mention « urgent » il arriverait sans doute au point du jour, porté par un messager ébloui par l'aurore, galopant vers l'est sur le canasson étourneau du maître de poste, parce qu'il était interdit de « rouler » le dimanche en motocyclette, vieille ordonnance du canton, « l'ivresse de la vitesse, conceptions dominicales »; de toute façon Ada aurait amplement le temps de préparer ses bagages, de trouver la boîte de crayons de pastel hollandais que Lucette lui avait demandé d'apporter, *si* elle venait, et d'arriver à l'heure du petit déjeuner dans la chambre à coucher qui avait été jusqu'à une date récente celle de Cordula. Aucun des demi-frères et sœurs n'était particulièrement en forme ce jour-là.

« A propos, dit Van. Fixons la date de ta prochaine visite. Cette lettre change mes projets. Dînons ensemble à l'Ursus le week-end prochain. Je te ferai signe.

— Je savais que c'était perdu d'avance, dit Lucette en détournant les yeux. J'ai fait de mon mieux pourtant. J'ai imité tous ses *chtoutchki* (petits effets). Je suis meilleure comédienne qu'elle, mais ça ne suffit pas, je le sais. Et maintenant remonte vite, ils sont en train de se soûler abominablement avec ton cognac. »

Il enfonça les mains dans les vulves tièdes de ses manches soyeuses et serra pendant quelques instants ses coudes maigres et nus, les yeux fixés dans un désir méditatif sur ses lèvres fardées.

« Un baiser, un seul », implora-t-elle.

« Tu promets de ne pas ouvrir la bouche, de ne pas fondre, de ne pas faire danser et vibrer ta langue ?

— Promis, juré. »

Il hésita. « Non. C'est une tentation déchirante, mais il ne faut à aucun prix que je succombe. Je ne survivrais pas à un autre désastre, à une autre sœur, fût-elle une moitié de sœur.

— *Takoé otchaïanié* (un tel désespoir !) » gémit Lucette en refermant étroitement sur elle le manteau qu'elle venait instinctivement d'entrouvrir pour le recevoir.

« Te consolerait-il d'apprendre que je n'attends que torture de son retour ? Que je te considère comme un oiseau de Paradis. »

Elle secoua la tête.

« Et que mon admiration pour toi est douloureusement intense.

— C'est Van que je veux, s'écria Lucette, et non une admiration intangible...

— Intangible ? Voyez la sotte. Jauge toi-même. Je te permets de l'effleurer, une fois, du revers de tes doigts gantés. J'ai dit le revers... et une fois. Voilà, c'est tout. Mais t'embrasser, je ne le puis. Pas même ton visage brûlant. Au revoir, mon petit. Tu diras à Edmond de faire un petit somme après son retour. J'aurai besoin de lui à deux heures du matin. »

CHAPITRE VI

L'OBJET de cet important débat était la discussion comparative de notes touchant un problème que Van devait essayer de résoudre bien des années plus tard par des voies différentes.

Les chercheurs de la clinique de Kingston avaient soigneusement examiné plusieurs cas d'acrophobie afin de déterminer s'il s'y mêlait quelque trace ou forme particulière de « terreur du temps ». Les tests avaient fourni des résultats entièrement négatifs, mais ce qui semblait particulièrement curieux, c'est que le seul cas disponible de chronophobie aiguë différait par sa nature même — odeur métaphysique, tonalité psychologique, etc. — des cas mieux connus d'angoisse de l'espace. Sans doute l'observation d'un seul malade rendu fou par le contact de la trame du temps constituait-elle un exemple trop restreint pour qu'on pût le mettre en parallèle avec celui d'un groupe nombreux d'acrophobes bavards, et ceux de nos lecteurs qui ont pu taxer Van de témérité et de déraison (selon la terminologie polie du jeune Rattner) auront sans doute meilleure opinion de lui quand ils sauront qu'il avait fait tout son possible pour empêcher que Monsieur T.T. (le précieux chronophobe) ne fût guéri trop hâtivement d'un mal aussi rare et aussi remarquable. Van s'était convaincu que ledit mal n'avait rien à voir avec les pendules et les almanachs ni avec aucune mesure ou contenu du temps; par contre, il soupçonnait et espérait (comme seul peut espérer un chercheur passionné, pur et profondément inhumain) que ses confrères finiraient par s'apercevoir que la peur des sommets dépendait essentiellement d'une mauvaise estimation des distances et que M. Arshin, leur meilleur acrophobe, qui ne pouvait seulement pas sauter d'un tabouret, se jetterait volontiers du haut d'une tour si on arrivait à lui persuader par quelque subterfuge optique que le filet de pompiers tendu cinquante mètres plus bas était un paillasson placé à quelques centimètres de la plante de ses pieds.

Van fit monter des viandes froides et un gallon de bière de Gallows, mais il avait l'esprit ailleurs et ne brilla guère dans une conversation qui devait s'imprimer dans sa mémoire comme une grisaille inconcluante et fastidieuse.

Ils se quittèrent vers minuit; leurs pas et leurs palabres résonnaient encore dans l'escalier quand Van décrocha le téléphone et appela pour la première fois Ardis Hall — sans résultat. Il s'obstina, à intervalles réguliers, jusqu'au lever du jour, finit par renoncer, produisit deux étrons d'une moulure idéale (dont la symétrie cruciforme lui rappela l'aube d'avant son duel), et sans même prendre la peine de mettre une cravate (toutes celles qu'il préférait l'attendaient dans son nouvel appartement) se rendit à Manhattan; il prit lui-même le volant dès qu'il s'aperçut qu'Edmond avait mis trois quarts d'heure pour parcourir le premier quart du trajet, au lieu de la demi-heure réglementaire.

Ce qu'il avait voulu dire à Ada, obstinément penché

sur le dorophone toujours muet, se résumait en trois mots en anglais, deux en russe et un et demi en italien; mais, selon Ada, les tentatives frénétiques auxquelles il s'était livré pour la joindre à Ardis avaient eu pour résultat de déchaîner la rhapsodie d'un mascaret si violent que la chaudière du sous-sol était tombée en panne et qu'il n'y avait plus d'eau chaude — et même plus d'eau du tout — quand elle s'était levée du lit : elle n'avait pu qu'enfiler son manteau le plus épais et demander à Bouteillan (le bon vieux Bouteillan qui se réjouissait discrètement) de descendre ses valises et de la conduire à l'aéroport.

Dans l'intervalle Van était arrivé avenue Alexis. Il se mit au lit, se releva au bout d'une heure, se rasa, prit une douche et dans son élan faillit arracher la poignée de la porte de la terrasse en entendant le bruit d'un moteur céleste.

Malgré une force de volonté proprement athlétique, l'ironie que lui inspiraient les débordements d'émotion excessifs et son mépris pour les chiffes pleurnichantes, Van se savait exposé à d'irrépressibles accès lacrimatoires (lesquels atteignaient parfois un degré quasi épileptique, avec de brusques mugissements qui lui secouaient le corps et d'intarissables ondes qui empêchaient l'air de pénétrer dans ses narines), et cela depuis que sa rupture avec Ada lui avait révélé des supplices que son amour-propre et son égocentrisme ne lui avaient jamais laissé prévoir dans son passé d'hédoniste. Un petit monoplan (loué, à en juger par ses ailes nacrées et par les tentatives illégales mais avortées qu'il exécuta pour atterrir au centre du Parc sur un ovale de gazon avant de s'évanouir dans la brume matinale à la recherche d'un autre perchoir) arracha un premier sanglot à Van, posté en peignoir court sur sa terrasse (agrémentée à cette époque de l'année par l'invincible floraison de spirées bleues). Il resta dans le soleil glacé du petit matin jusqu'au moment où il sentit sous le « *terry* » sa peau prendre la consistance de plaques pelviennes d'un tatou. Jurant, secouant ses poings à hauteur de poitrine, il se retira dans la tiédeur de son appartement. Là il but une bouteille de champagne et sonna Rose, l'allègre négresse qu'il partageait de plus d'une façon avec le célèbre cryptographe Mr. Dean, parfait gentleman, décoré depuis peu, qui habitait l'étage au-dessous. Agité de sentiments désordonnés et d'une concupiscence coupable, Van regardait le gentil derrière de Rose rouler et se tendre sous un gros nœud de dentelle, tandis qu'elle faisait le lit, cependant que par le canal des radiateurs on entendait son amant de l'étage inférieur fredonner joyeusement (il venait de décoder un nouveau dorogramme tartare révélant aux Chinois en quel lieu nous nous proposions de débarquer la fois suivante). Rose eut bientôt fini de mettre la chambre en ordre et sortit en se trémoussant. A peine le fredon pandéen avait-il eu le temps de se transformer (transformation peu habile pour un homme qui exerçait le métier de Dean) en un crescendo de craquements cosmopolites qu'un enfant n'aurait eu aucune peine à déchiffrer, que la sonnette retentit. L'instant d'après une Ada au visage plus blanc, à la bouche plus rouge, une Ada de quatre ans moins jeune et dont la chevelure flottante se confondait avec la toison d'une sombre pelisse plus riche encore que celle de sa sœur, se tenait devant un Van éternellement adolescent et déjà convulsé de sanglots.

Il avait préparé une de ces phrases qui sonnent si juste dans les rêves et si faux dans la vie éveillée : « Je t'ai vu tourner au-dessus de ma tête sur des ailes de libellule », mais sa voix se brisa sur... « lulle » et il tomba à ses pieds, ses pieds nus, chaussés seulement de petites pantoufles noires et vernies de chez Verrier, exactement dans la même posture — le même tas de tendresse désespérée, d'immolation de soi-même, d'abjuration de la vie démoniaque — à laquelle il s'abandonnait, rétrospectivement, dans la demeure la plus secrète de son cerveau, chaque fois qu'il se rappelait son impossible demi-sourire tandis qu'elle ajustait ses omoplates au tronc de l'arbre de la fin. Un machiniste invisible glissa un siège sous Ada. Elle pleura et caressa les boucles noires de Van qui n'arrivait pas à surmonter cet accès de chagrin, de gratitude et de regret. Cette situation aurait pu se prolonger bien plus longtemps si des transports d'une autre nature et qui depuis la veille faisaient bouillir le sang de Van n'avaient offert une miséricordieuse diversion. Comme si elle venait d'échapper à un palais en feu, à un royaume en perdition, elle portait sur sa chemise de nuit chiffonnée un manteau d'un brun sombre et comme glacé de givre, en loutre de mer, l'illustre *kamtchatskiï bobr* des vieux trappeurs estotiens, encore appelé « loutro-marina » sur la côte liaskane : « ma fourrure naturelle », disait spirituellement Marina parlant de sa fabuleuse cape, héritage d'une aïeule Zemski, quand au sortir d'un bal d'hiver une dame portant vison, coypou ou très humble manteau de castor (*beaver, nemetskiï bobr)* vantait avec un râle d'extase la *bobrovaïa chouba.* « *Staren'kaïa* (une petite vieillerie) », expliquait Marina avec une sorte de dépréciation attendrie (contrepartie habituelle du mièvre « *thank you* » de la dame de Boston qui faisait ventriloquer son vison banal pour répondre à un compliment poli — ce qui ne l'empêchait pas de critiquer ensuite le « chiqué » de cette « cabotine », laquelle était en vérité la moins poseuse des créatures). Les *bobry* (pluriel princier de *bobr*) que portait Ada lui avaient été offerts par Démon, qui, comme nous le savons, avait récemment dans l'Ouest vu Ada bien plus souvent qu'en Estotie orientale au temps où elle était petite fille. Le bizarre enthousiaste s'était découvert pour elle la même tendresse qu'il avait toujours portée à Van. L'expression de ce sentiment pouvait paraître assez fervente pour que de vigilants imbéciles soupçonnassent le vieux Démon de « coucher avec sa nièce » (en réalité il s'adonnait de plus en plus aux petites Espagnoles, qu'il choisit de plus en plus jeunes au fil des ans tant qu'à la fin du siècle Démon sexagénaire et qui s'était fait teindre les cheveux en bleu nuit avait pour partenaire une insupportable nymphette de dix ans). Le monde comprenait si peu la situation exacte des affaires qu'il n'était jusqu'à Cordula Tobak, née de Prey, et Grace Wellington, née Erminine, qui ne parlassent de Démon Veen, l'homme à la barbiche distinguée et au plastron ruché, comme du « successeur de Van ».

Ni Ada ni Van ne parvinrent jamais à se rappeler (et tout cela, loutre de mer comprise, ne doit pas être considéré comme une échappatoire du narrateur — nous avons fait, dans le temps, des choses beaucoup plus difficiles) ce qu'ils se dirent, comment ils s'embrassèrent, comment ils domptèrent leurs larmes, comment Van entraîna Ada vers un divan, fier de pouvoir lui prouver de quelle façon valeureuse il avait instantanément réagi en la retrouvant aussi légèrement vêtue (sous sa chaude pelisse) que le soir où il l'avait vue traverser la fenêtre magique de la bibliothèque, sa chandelle à la main.

Ayant fait fête impétueusement à la gorge, aux seins retrouvés, il allait passer au stade suivant de cette reconnaissance éperdue quand Ada l'arrêta et lui dit qu'avant toute autre chose il fallait qu'elle prît son bain du matin (voilà qui était d'une nouvelle Ada !), et qu'en outre ses bagages allaient arriver d'un instant à l'autre, portés par les faquins du hall du Monaco (elle était entrée par la mauvaise porte — et pourtant Van avait donné la pièce au dévoué concierge de Cordula pour qu'il « porte » pratiquement Ada jusqu'à l'appartement). « Vite, vite, dit Ada, *da*, *da*. Dans quelques secondes Ada sortira de la mousse... » Mais Van, obstiné, enragé, laissa tomber son peignoir et suivit Ada dans la salle de bain. Penchée sur la baignoire basse elle ouvrit les robinets jumeaux, puis se pencha un peu plus encore pour loger dans son embouchure le bouchon à chaîne de bronze — qui s'enfonça de lui-même tandis que Van immobilisait l'adorable lyre d'Ada et un instant plus tard touchait à la racine de la douceur chamoisée, était happé, englouti entre les lèvres à la doublure cramoisie, familières, incomparables. Ada saisit à deux mains les robinets secourables, augmentant sans le vouloir le volume sympathique du bruit de la cataracte et Van laissa échapper une longue plainte de délivrance... Leurs quatre prunelles étaient de nouveau penchées sur l'azur transparent du ru de Pinedale quand Lucette entra, en frappant pour la forme, un petit coup à la porte entrouverte, et s'arrêta tout net, mesmérisée par le spectacle des arrières velus de Van et de la cicatrice navrante qui lui marquait le flanc gauche.

Les deux mains d'Ada fermèrent les robinets. On entendait rouler des valises dans tout l'appartement.

« Je n'ai rien vu, dit stupidement Lucette. Je ne faisais que passer pour prendre ma boîte.

— Donne-leur quelque chose, tu seras gentille, poussin », dit Van distributeur de pourboires maniaque.

« Et passe-moi la serviette », ajouta Ada, mais l'ancilla était occupée à ramasser les pièces de monnaie que dans sa hâte elle avait semées sur les dalles, et Ada aperçut à son tour l'échelle écarlate qui striait le flanc de Van. « Oh, mon pauvre chéri », s'écria-t-elle, et de compassion elle lui permit de bisser la scène que l'irruption de Lucette avait failli interrompre.

« Je ne suis pas très sûre d'avoir apporté ses maudits crayons Cranach », dit Ada une minute plus tard en faisant une tête de grenouille hagarde. Van la considérait avec un sentiment de félicité parfaite et fleurant la pinède tandis qu'elle pressait un tube de lotion Pennsylvestris dans l'eau du bain.

Lucette était partie (laissant un billet sur lequel elle avait inscrit le numéro de sa chambre à l'hôtel Winster pour Demoiselles Seules), quand nos deux amants, enfin revêtus de robes de chambre décentes et les jambes pénétrées d'une molle faiblesse, prirent place devant un petit déjeuner splendide (le bacon croustillant d'Ardis ! le miel transparent d'Ardis !) qui leur avait été monté en ascenseur par Valerio, vieux Romain à la tignasse rousse, toujours mal rasé et sombre mais bon garçon quand même (c'est lui qui, ayant procuré l'accorte Rose au moins de juin précédent, était payé pour la réserver exclusivement à Veen et Dean).

Que de rires, de larmes, de baisers poisseux, quel tumulte de projets innombrables ! Et quelle sécurité, quelle liberté dans l'amour ! Deux courtisanes, bohémiennes toutes les deux mais point parentes, une fantasque en lolita criarde, bouche coquelicot et duvet noir, ramassée à la terrasse d'un café entre Nice et Grasse, et une autre, modèle à mi-temps — vous l'avez vue caressant un viril bâton de rouge sur les réclames de Fellata — surnommée très à propos Swallowtail (mot à deux sens dont l'un se rapporte au beau papillon « Queue d'hirondelle ») par les habitués d'un floramor des Norfolk Broads, avaient déclaré toutes deux à notre héros, en invoquant des arguments identiques impossibles à reproduire dans une chronique familiale, qu'elles le considéraient malgré sa vaillance amoureuse comme radicalement stérile. Amusé par ce diagnostic hécatéen, Van se soumit à des examens divers et tous les médecins, quoique cherchant à dénigrer la valeur d'un symptôme dans lequel ils ne voulaient voir qu'une coïncidence, tombèrent d'accord que Van Veen pourrait bien avoir une longue et solide carrière d'amant mais qu'il ne devait point espérer de progéniture. Avec quelle gaieté la petite Ada battit des mains !

Lui plairait-il de rester dans cet appartement jusqu'au trimestre de printemps (il mesurait le temps en trimestres depuis peu) avant d'accompagner Van à Kingston, ou préférait-elle partir pour l'étranger pendant deux mois n'importe où, en Patagonie, en Angola, à Gouloulou dans les montagnes de la Nouvelle-Zélande ? Rester dans l'appartement ? Ainsi donc la maison lui plaisait ? Hormis quelques restes de Cordula dont il faudrait se débarrasser, comme ce trop visible Alma Mater des Almées de Brown Hill resté ouvert sur un portrait de Vanda — pauvre Vanda tuée à coups de revolver par la petite amie d'une petite amie, et qui plus est sous le ciel étoilé de Ragusa. Van dit que cela était triste.

La petite Lucette lui avait sans aucun doute parlé d'une escapade ultérieure ? En calembourdant, avec des envolées de folie ophélienne, sur le gland féminin ? En délirant sur les délices du clitorisme ? « N'exagérons pas, tu sais », dit Ada en aplatissant des deux paumes un invisible coussin d'air. « Lucette affirmait, dit-il, qu'elle (Ada) imitait à ravir le lion des montagnes. »

Il était omniscient. Mieux encore : omni-inceste.

« C'est vrai », dit l'autre à la mémoire infaillible.

A propos, c'était Grace — oui Grace — qui était la vraie favorite de Vanda, et non « petite moi » avec ma petite crête. Elle (Ada) savait, n'est-ce pas, comme pas une l'art d'effacer les faux plis du passé — elle faisait de son flûtiste un quasi-impuissant (sauf avec sa femme) et ne concédait au gentleman-farmer qu'une seule et unique étreinte avec précoce *eyakoulyatsiya*, un de ces mots d'emprunt hideux de la langue russe. Oui, hideux, mais elle adorerait jouer encore au Scrabble quand ils seraient installés pour de bon.

Mais où, et comment ? M. et Mme Ivan Veen ne seraient-ils pas reçus en tout lieu ? Et le « célibataire » de leurs deux passeports ? Ils iraient au consulat le plus proche et avec des hurlements indignés et/ou un pot de vin fabuleux le feraient transformer en « marié » pour la vie.

« Je suis bonne fille tout de même. Les voilà, ses crayons de pastel spéciaux. C'est de ta part une attention fort aimable et tout à fait charmante que de l'avoir invitée pour samedi prochain. J'ai bien peur qu'elle ne soit encore plus folle de toi que de moi, la pauvre mignonne. Démon les a achetés à Strasbourg. Après tout, c'est une demi-vierge à présent (« j'ai appris que toi et papa... » — l'introduction d'un nouveau sujet tentée par Van fut instantanément balayée)... et nous n'avons plus à trembler qu'elle ne surprenne nos ébats » (la voyelle initiale du dernier mot ignoblement prononcée à la russe — avec cette voyouterie triomphante qui au dire de la critique fait aussi le prix de ma prose).

« Tu sais contrefaire le puma, continua Van, mais elle imite, elle, à la perfection ma *viola sordina* favorite. C'est d'ailleurs une imitatrice hors pair, et si tu es meilleure encore...

— Nous parlerons une autre fois de mes talents et de mes tours, dit Ada. C'est un sujet pénible. En attendant, regardons plutôt ces photographies. »

CHAPITRE VII

Pendant le lugubre séjour qu'elle avait fait récemment à Ardis, Ada avait vu se présenter devant elle un Kim Beauharnais considérablement transformé et amplifié. Il portait sous le bras un album de toile marron-orangé, teinte sale qu'Ada avait toujours détestée. Elle ne l'avait pas vu depuis trois ans. Au lieu du leste et grêle gâte-sauce à la mine blafarde, elle vit paraître un colosse basané qui lui rappela vaguement le janissaire d'un opéra exotique entrant en scène d'un pas de pachyderme pour annoncer une invasion ou une exécution. L'oncle Dan, qui passait en chaise roulante, véhiculé par son altière et splendide infirmière vers le jardin où tombaient une à une feuilles de cuivre et feuilles de sang, réclama bruyamment qu'on lui donnât à voir le gros volume. « Peut-être plus tard », dit Kim, et il rejoignit Ada dans un coin du hall.

Il lui apportait un présent, la collection des photographies qu'il avait prises chez ses maîtres aux heureux jours d'antan. Il avait longtemps espéré que « les heureux jours d'antan » reprendraient leur cours interrompu, mais comprenant que « mossio votre cossin » (il parlait un créole empâté qui lui semblait mieux convenir à la solennité des circonstances que l'anglais habituel de Ladore) ne devait pas revenir prochainement au château et permettre par sa présence la mise à jour de l'album, il avait pensé que la solution la plus avantageuse « pour tous les cernés » (les « encerclés », les « ombrés » plutôt que les « concernés ») était qu'elle conservât (ou détruisît et oubliât, afin de ne causer de tort à personne) le document illustré entre ses jolies mains. Tiquant sur le « jolies » Ada ouvrit l'album à la page marquée par un des signets marron intentionnellement glissés çà et là, jeta un seul regard, recliqueta le fermail, tendit au maître chanteur ricanant un billet de mille dollars qu'elle avait par hasard dans son sac, appela Bouteillan et lui commanda de mettre Kim à la porte. L'album bourbicolore resta sur une chaise sous son châle espagnol. D'une semelle traînante le vieux serviteur expulsa une feuille de tulipe des marais que le courant d'air avait apportée, referma la grande porte et repartit vers les cuisines en grommelant :

« Mademoiselle n'aurait jamais dû recevoir ce gredin.

— C'est exactement ce que j'étais en train de me dire, s'écria Van quand Ada eut achevé sa petite histoire. Les photos étaient vraiment sales ?

— *Ach!* » exhala Ada.

« Cet argent aurait pu servir une plus noble cause, un Foyer pour Pouliches Aveugles ou pour Cendrillons Centenaires.

— C'est drôle que tu dises ça !

— Pourquoi drôle ?

— Peu importe. En tout cas la chose infâme est aujourd'hui en lieu sûr. Il fallait bien que je paie pour éviter que le coquin ne fît voir à la pauvre Marina les photos de Van occupé à séduire sa « cousine » Ada; l'effet n'eût pas été des plus heureux. Qui sait si, tel un épervier de génie, il n'a pas pressenti toute la vérité ?

— Et parce que tu as acheté son album pour un misérable billet de mille dollars tu t'imagines que toute preuve est supprimée et que tout est réglé ?

— Bien sûr. Tu crois que je n'ai pas payé assez cher ? Je pourrais lui envoyer davantage. Je sais où le toucher. Il donne des conférences, s'il vous plaît, sur l'Art de photographier la vie *(shooting life)* à l'Ecole de photographie de Kalougano.

— Bon endroit *for shooting*, dit Van ! Ainsi tu es tout à fait certaine de posséder l'infâme chose ?

— Bien sûr. Elle se trouve ici même au fond de cette malle. Je te la montrerai tout à l'heure.

— Dis-moi, mon amour, quel était ton Q.I. à l'époque où nous nous sommes rencontrés ?

— Deux cents et quelques. Un chiffre astronomique.

— Eh bien, il m'a l'air d'avoir piteusement rétréci à l'heure qu'il est. Ce coquin de voyeur a gardé tous les négatifs plus une quantité d'épreuves qu'il nous enverra ou qu'on verra plus tard.

— Tu veux dire que je serais tombée au niveau de Cordula ?

— Plus bas encore. Et maintenant regardons ces instantanés... avant de fixer le salaire que nous devrons lui verser tous les mois. »

Sur le premier numéro de la série scélérate Van reconnut, présentée sous un angle différent de celui du souvenir, une des premières images qu'il eût retenues du château d'Ardis; elle s'encadrait entre l'ombre d'une calèche noire sur le gravier et la marche blanche d'un porche à colonnes inondé de soleil. Marina, un bras encore plongé dans la manche du cache-poussière dont un valet de pied (Price) l'aidait à se dépouiller, agitait l'autre bras dans un geste de bienvenue théâtral (en complet désaccord avec la grimace de béatitude impuissante qui crispait les traits de son visage), cependant qu'à demi accroupie et vêtue d'un blazer de hockey noir qui appartenait en réalité à Vanda, Ada répandait le flot noir de sa chevelure sur ses genoux pliés et nus et souffletait Dack légèrement avec un petit bouquet de fleurs pour faire cesser ses jappements nerveux.

Suivaient quelques tableaux préparatoires des lieux environnants : le bosquet de baguenaudiers, une allée, l'O noir de la grotte, et la colline, et la grande chaîne tendue autour du tronc d'un *Quercus ruslan* Chat. (chêne d'une espèce rare), et plusieurs autres sites que le compilateur de la brochure illustrée tenait pour pittoresques mais qui présentaient assez piètre apparence en raison de l'inexpérience du photographe.

Par la suite les choses allaient s'améliorant.

Une autre fille (Blanche !), penchée et accroupie

exactement comme Ada (à laquelle d'ailleurs elle ressemblait un peu) au-dessus de la valise de Van ouverte sur le parquet, et dévorant des yeux la silhouette d'Ivory Revery reproduite sur la réclame d'un parfum. Puis la croix et l'ombrage des branches sur la tombe de la fidèle intendante de Marina, Anna Pimenovna Nepraslinov (1797-1883).

Sautons quelques portraits zoologiques : écureuils sconsiformes, poisson rayé dans un aquarium à bulles, cage coquette emprisonnant un canari.

La photographie miniaturisée d'une peinture ovale montrait la princesse Sophia Zemski à l'âge de vingt ans (1775) entourée de ses deux enfants (le grand-père de Marina, né en 1772, et la grand-mère de Démon, née en 1773).

« Je ne crois pas me souvenir de ce portrait, dit Van, où donc était-il accroché ?

— Dans le boudoir de Marina. Et cette gouape en redingote, me diras-tu son nom ?

— On dirait une mauvaise photo découpée dans un magazine. Qui est-ce ?

— C'est Soumeretchnikov. Il a pris plusieurs soumérographies d'oncle Vania il y a je ne sais combien d'années.

— Le Crépuscule avant les Lumières... Et voici Alonso, notre spécialiste en piscines. J'ai rencontré sa tendre et triste fille dans une soirée de débauche. Elle te ressemblait au toucher. Elle avait ton odeur. Elle fondait comme toi. Charme souverain des coïncidences !

— Ça ne m'intéresse pas. Mais voici un petit garçon.

— *Zdrasté !* Ivan Dementievitch ! » dit Van, saluant l'image de ses quatorze ans. Sans chemise, vêtu seulement d'une culotte de gymnastique, il vise au moyen d'un projectile conique la « préfiguration » sculptée d'une jeune Criméenne condamnée à offrir une perpétuelle gorgée d'eau marmoréenne à un *marine* américain mourant dont les lèvres se tendent vers sa cruche ébréchée d'une balle.

Sautons encore Lucette et sa corde à sauter.

Ah ! le fameux premier pinson !

« Non, c'est un *kitaïskaïa pounotchka* (bruant des murailles chinois). Il s'est posé sur le seuil d'une porte du sous-sol. La porte est entrouverte. On voit à l'intérieur des outils de jardinage, des maillets de croquet. Tu n'as pas oublié combien de représentants de la faune exotique, alpine et polaire, se mêlaient à nos espèces indigènes. »

L'heure du déjeuner. Ada s'incline très bas sur une pêche ruisselante et mal pelée qu'elle est en train de dévorer (vue prise du jardin, par la porte-fenêtre ouverte).

Drame et comédie. Blanche aux prises avec deux tziganes fougueux dans le Berceau des Baguenaudiers. L'oncle Dan lisant tranquillement son journal assis au volant d'une petite auto rouge embourbée sans recours dans une boue noirâtre sur la route de Ladore.

Deux immenses Paons de nuit encore accouplés. Tous les ans garçons d'écurie et jardiniers apportaient à Ada des exemplaires de cette commune espèce. Et cela me fait ressouvenir de vous, gentil Mario d'Andrea, ou de vous Domenico Benci à la chevelure rutilante, ou de vous, Giovanni del Brina, adolescent brun et rêveur (qui les preniez pour des chauves-souris), ou de celui que je n'ose nommer (parce que c'est une trouvaille savante de Lucette — sorte de chose si facilement bousillée après la mort du savant), qui de même, un matin de mai 1542 près de Florence, aurait pu ramasser au pied du mur d'un verger point encore masqué sous l'avalanche des glycines point encore importées (ajout de sa demi-sœur) un couple de Paons du Poirier aux antennes bipectinées, plumeuses chez le mâle, plus fines chez la femelle, pour les reproduire d'un pinceau fidèle (parmi de pitoyables insectes de fantaisie) dans la niche d'une fenêtre de la « Salle des Eléments » du Palazzo Vecchio.

Lever du jour à Ardis. *Congrats :* Van nu, encore encoconné dans son hamac sous les deux grands « lidderons », comme on appelait à Ladore les liriodencrons — pas précisément un lit d'édredon, mais il vaut bien un calembour auroral et favorise certainement l'expression physique de l'imagination d'un jeune rêveur non déguisée par le filet.

« Congratulations », reprit Van en donnant à l'abréviation enfantine sa forme complète. « Première carte postale grivoise. Bewhorny en détient certainement une épreuve dans son stock privé. »

Ada examina la réticulation du hamac au moyen d'une loupe (que Van utilisait pour étudier certains détails des dessins de ses fous).

« J'ai bien peur, dit-elle d'une voix qui se troublait, qu'il n'y ait pis encore », et profitant de ce qu'ils regardaient l'album au lit (ce qu'aujourd'hui nous estimons de mauvais goût) l'extravagante Ada tourna sa loupe sur le vrai Van comme elle l'avait fait maintes fois en l'an de grâce que ressuscitaient ces images, sous l'empire de la curiosité scientifique et de la dépravation artistique.

« Je trouverai bien *a patch* (une mouche) pour cacher ça », dit-elle en revenant à la caroncule gaillarde qu'on distinguait à travers le réseau indiscret. « A propos, j'ai vu que tu avais une vraie collection de loups dans ta commode...

— Pour les bals masqués (*masked balls*) », murmura Van.

Une pièce à verser au dossier des comparaisons : Ada exposant très généreusement ses cuisses blanches à califourchon sur une branche noire de l'arbre de l'Eden (sa jupe d'anniversaire s'était prise dans les rameaux et les feuilles). Puis : plusieurs photos du pique-nique de 1884, comme, par exemple, Ada et Grace dansant ensemble une gigue liaskane et Van, les pieds au ciel, broutant une touffe de stellaires des pins (identification conjecturale).

« Voilà ce qu'on ne reverra plus, dit Van; un précieux tendon senestre a cessé de fonctionner. Je puis encore faire des armes ou asséner au besoin un coup de poing magistral, mais il n'est plus question pour moi de marcher sur les mains. Tu ne renifleras plus ta petite larme, mon Ada. Nous n'entendrons plus mon Ada renifler ni gémir. King Wing raconte que le grand Vektchélo s'est retrouvé simple *tchelovek* à l'âge qui est aujourd'hui le mien; tout est donc parfaitement normal. Ah, voici Ben Wright, ivre, essayant de violer Blanche derrière les écuries — Blanche qui n'a pas une petite part dans ce farrago.

— Où as-tu vu cela ? Il est clair qu'ils sont en train de danser. On dirait la Bête et la Belle au bal où Cendrillon perd sa jarretière et le Prince sa belle brayette de verre bombée. Tiens, voici encore Mr. Ward et Mrs. French exécutant un *kimbo* paysan (branle brueghelien) au fond de la salle. Toutes ces histoires de viols chez nous ont été grossièrement exagérées. D'ailleurs ç'a été le dernier pétard de Ben Wright à Ardis. »

Ada au balcon (photographiée depuis le bord du toit par notre voyeur acrobate). Elle dessine une de ses fleurs préférées, un satyrion de Ladore, charnu, érigé, soyeusement velu.

Van eut l'impression de se ressouvenir de cette soirée ensoleillée chargée de trouble et de douceur et de quelques paroles qu'elle avait murmurées au hasard (en réponse à son commentaire botanique inepte) : « Ma fleur ne s'ouvre qu'au crépuscule. » La fleur qu'elle était occupée à farder d'un mauve humide.

Une photographie d'apparat sur une page séparée. Adotchka jolie et libertine dans sa robe légère et

Vanitchka — costume de flanelle grise et cravate de Riverlane à rayures obliques — côte à côte, au garde-à-vous devant la *kiméra* (*chimera,* caméra), lui esquissant un rictus sot et contraint, elle totalement inexpressive. Ils se rappelaient fort bien l'un et l'autre le moment où cette photo avait été prise (entre la première croix minuscule d'un billet doux et tout un cimetière de baisers) et pourquoi elle avait été prise : c'était une commande de Marina, qui l'avait fait encadrer et l'avait accrochée dans sa chambre à côté d'un portrait représentant son frère de douze ou quatorze ans, en chemise ouverte à la Byron, tenant dans le creux de ses mains un cobaye. On les aurait pris tous trois pour frères et sœur, le jeune défunt fournissant un alibi vivisectionnel.

Dans la même circonstance une autre photographie avait été prise et avait été rebutée pour une raison inconnue par la capricieuse Marina : Ada lisait assise devant un guéridon à trois pieds, son poing serré cachant le bas de la page. Un sourire éclatant qui lui était tout à fait inhabituel et que rien ne semblait justifier rayonnait sur ses lèvres quasiment moresques. Ses longs cheveux tombaient partie sur sa clavicule et partie sur son dos. Debout à côté d'elle et la tête inclinée, Van regardait sans le voir le livre qu'elle lisait. Au bruit du déclic sous le capuchon noir, délibérément, en pleine conscience, il avait rassemblé en un même faisceau le passé immédiat et le futur imminent pensant que cet instant s'inscrirait dans sa mémoire comme celui de la perception objective du présent réel et qu'il fallait qu'il se souvînt de la saveur, de l'éclair, de la chair du présent (et certes il s'en souvenait après six ans passés — et il s'en souvient aujourd'hui encore, dans la seconde moitié de cet autre siècle).

Mais que dire de ce sourire radieux qui jouait sur les lèvres adorées ? La dérision pétillante peut aisément se transformer (par un degré de plus dans l'allégresse) en un semblant d'extase.

« Sais-tu, Van, quel était ce livre, posé là sur la table à côté du miroir à main de Marina et de sa pince à épiler ? Je vais te le dire. C'était un des romans les plus vulgaires et les plus réjouissants qui aient jamais « fait » la « une » de la revue des livres du *Times* de Manhattan. Je suis bien sûre qu'il traînait encore dans le cosy-corner de ta Cordula, où vous étiez assis tempe contre tempe, après m'avoir plaquée.

— *Cat* », dit Van.

« Oh, bien pire. Le *Tabby* du vieux Beckstein est un chef-d'œuvre comparé à cet... à cet *Amour sous les tilleuls* écrit par un certain Eelmann et transporté de l'allemand en anglais par Thomas Gladstone, lequel devait appartenir à une compagnie de Porteurs et Paqueteurs, puisque sur la page qu'Adotchka, *adova dotchka* (fille d'Enfer), semble goûter si fort le mot qui veut dire « auto » est rendu par « *wagon* » (camion). Et dire, dire que la petite Lucette a été obligée d'étudier Eelmann et trois terribles Tom dans ses cours de littérature à Los !

— Tu te souviens de cette nullité, mais je me rappelle nos trois heures de baisers sans relâche tout de suite après.

— Voir la prochaine illustration », dit Ada d'un ton sinistre.

« Le scélérat ! s'écria Van; il a dû ramper derrière nous sur le ventre avec tout son petit matériel... Il va falloir que je le détruise.

— Plus de destruction, Van. Rien que l'amour.

— Mais, *girl*, regarde ça ! Ici l'on me voit en train de déglutir ta langue, et là je suis englué dans ton épiglotte, et...

— Entracte, demanda Ada. Vite-vite.

— Je suis prêt à vous être agréable jusqu'à l'âge de quatre-vingt-dix ans, dit Van (la vulgarité du *peep show* était contagieuse), quatre-vingt-dix fois par mois tant plus que moins.

— Oh, tant plus... et plus encore ! Disons cent cinquante, ce qui représenterait... ce qui représenterait... »

Mais dans la tourmente soudaine les calculs s'envolèrent à tous les diables.

« Eh bien, dit Van, quand l'esprit eut pris la relève, revenons-en à notre enfance défigurée. J'ai hâte... (il ramasse l'album sur la descente de lit) d'être débarrassé de cette corvée. Tiens, un nouveau personnage. Je lis sur l'étiquette : Dr Krolik.

— Une seconde, s'il te plaît. C'est peut-être la meilleure Vanishing Van, mais ce n'est pas très propre tout de même. Eh oui, c'est lui mon pauvre maître d'histoire naturelle. »

Knickerbockers et panama, convoitant sa *babotchka* (« papillon » en russe). Une passion, une frénésie. On se demande ce que Diane pourrait connaître de *cette* chasse ?

« Comme c'est étrange : tel que le petit Kim nous le montre ici il a l'air beaucoup moins poilu et moins gras que je ne l'imaginais. En réalité, ma chérie, c'est un vieux Lièvre de Mars, robuste et beau. Explique-moi ça !

— Il n'y a rien à expliquer. J'ai demandé un jour à Kim de m'aider à porter là-bas certaines boîtes et à les rapporter : en voici la preuve visible. D'ailleurs ce Krolik n'est pas *mon* Krolik, mais son frère Karol ou Karapars Krolik. Né en Turquie et docteur en philo.

— J'adore la façon dont tes yeux se plissent quand tu dis un mensonge. Lointain mirage en Effronterie Mineure.

— Je ne mens pas... (Avec une adorable dignité :) Il *est* bien docteur en philosophie.

— Van *ist auch one* », murmura Van en prononçant « *one* » comme « *wann* ».

« Notre rêve le plus cher, reprit Ada, à Krolik et à moi, était de décrire et représenter les premières phases, depuis l'œuf jusqu'à la chrysalide, de toutes les Argynnides grandes et petites, en commençant par celles du Nouveau Monde. Je me serais chargée de faire construire un argynninarium (une sorte de couveuse à l'abri de toutes les contagions avec des régulateurs de température et autres dispositifs ingénieux — tel un fond d'odeurs nocturnes et d'appels de bêtes de nuit pour recréer en certaines circonstances difficiles une atmosphère naturelle... nos chenilles exigent des soins exquis ! Il en existe des centaines d'espèces et bonnes sous-espèces dans les deux hémisphères, mais je répète, nous aurions commencé par l'Amérique. L'on nous aurait envoyé par avion des lieux les plus divers, en commençant par les stations arctiques, Liaska, Le Bras d'Or, Victor Island, des pondeuses vivantes avec les plantes dont leurs chenilles se nourrissent, telles que violettes de maintes variétés. Notre magnanerie serait en même temps un violarium ou prospéreraient quantité de plantes merveilleuses, depuis la race *endiconensis* de la violette des marais du Nord jusqu'à la minuscule mais admirable *Viola kroliki,* décrite il y a peu de temps par le professeur Hall de Goodson Bay. J'aurais fourni des planches en couleurs de tous les stades et des dessins au trait représentant les appareils génitaux et autres de l'insecte parfait. C'eût été une œuvre merveilleuse.

— Une œuvre d'amour », dit Van en tournant la page.

« Hélas, mon cher collaborateur est mort intestat et toutes ses collections, y compris la part modeste qui lui venait de moi, ont été livrées par une véritable garenne de Kroliks collatéraux à des agents allemands et des marchands tartares. C'est ignoble, injuste, et tellement triste !

— Nous te trouverons un autre directeur de science. Voyons un peu ce qui se passe ici. »

Trois valets de pied, Price, Norris et Ward, accoutrés en pompiers de carnaval. Le jeune Bout baisant avec dévotion le tarse veiné d'un joli pied nu levé et posé sur une balustrade. Vus la nuit, du jardin, par la fenêtre de la bibliothèque : deux petits fantômes blancs à l'intérieur collant leur nez à la vitre.

Artistiquement disposées en éventail sur une même page sept *fotochki* prises en autant de minutes — d'une cachette suffisamment éloignée, dans un décor de hautes herbes, de fleurs champêtres, de festons de feuillage. L'ombre des frondaisons, les caprices des pédoncules camouflant délicatement les détails fondamentaux et ne laissant deviner guère plus que le corps à corps de deux enfants incomplètement vêtus.

Sur la miniature centrale le seul membre d'Ada qu'on pouvait apercevoir était son bras maigre et tendu, brandissant comme une bannière au-dessus de l'herbe constellée de pâquerettes la robe qu'elle venait de quitter. Sur l'image supérieure la loupe (qu'on venait de retrouver sous les draps) montrait distinctement, culminant au-dessus des pâquerettes, le genre de champignons au chapeau étroit qui porte dans le droit écossais (depuis la proscription de la sorcellerie) le nom de « *Lord of Erection* ». Une autre plante remarquable, le Melon de Marvell, qui imite le derrière d'un gaillard occupé, se découpait sur l'horizon floral d'une troisième photographie. Sur les trois natures mortes suivantes, la force des choses (« *the fever of intercourse* ») avait suffisamment dérangé l'herbe touffue pour qu'on puisse distinguer les détails d'une composition embrouillée, mélange de lutte tzigane et de doubles prises de tête-à-terre interdites par le règlement. Sur la dernière photographie, la plus basse de la série en éventail, Ada était représentée par deux mains rajustant une chevelure, tandis que son Adam se tenait debout au-dessus d'elle; une fougère ou une fleur dissimulait en partie sa cuisse avec la désinvolture du pinceau d'un vieux maître attentif à préserver la chasteté de l'Eden.

Van, avec un ton de voix également désinvolte : « Tu fumes trop, mon amour, mon ventre est couvert de tes cendres. J'imagine que Bouteillan connaît l'adresse exacte du professeur Beauharnais dans l'Athènes des Arts graphiques.

— Tu ne vas pas le massacrer, dit Ada. Kim est un anormal, un maître chanteur peut-être, mais il y a dans sa turpitude l'*istochnyï ston* (« vagissement viscéral ») d'un art infirme. Au reste, cette page est la seule qui soit vraiment scabreuse. Et n'oublions pas qu'une roussette de huit ans était aussi tapie à l'affût dans le fourré.

— *Art, my foute !* C'est le corbillard de l'art, la carte du Tendre sur un rouleau de papier hygiénique ! Je regrette que tu m'aies montré ça. Ce singe a prostitué nos propres images mentales. De deux choses l'une : ou bien je lui arracherai les yeux à coups de cravache ou bien, pour le rachat de notre enfance, je la prendrai pour sujet d'un livre : *Ardis, chronique familiale*.

— Oh oui, oui, dit Ada (sautant une autre infamie, observée, semble-t-il, par un trou de la cloison du grenier). Regarde. Notre petite île du Calife !

— Je ne veux plus rien voir. Je te soupçonne de trouver du piment à ces choses immondes. Des dingues s'excitent sur les bandes illustrées moto-bikini.

— Je t'en prie, Van. Il faut que tu regardes. Ce sont nos saules, tu te souviens ?

Le château que baigne l'Adour :
Touristes, visitez sa tour.

Il se trouve que c'est notre seule photo en couleurs. Les saules paraissent vaguement verdâtres parce que l'écorce de leurs branches est verdâtre. En réalité, ils n'ont point encore leurs feuilles, le printemps commence à peine. On aperçoit au milieu des joncs notre barque rouge *Souvenance*. Et voici la dernière : apothéose d'Ardis vue par Kim. »

Tout le personnel était rassemblé en plusieurs rangs sur les marches du porche à colonnes derrière la baronne Veen, présidente de la Banque, et la vice-présidente, Ida Larivière. Ces deux dames étaient flanquées des deux plus jolies dactylos de la maison, Blanche de la Tourberie (éthérée, barbouillée de larmes, adorable en tout point) et une jeune négresse engagée, quelques jours avant le départ de Van, pour aider French, qui, debout derrière elle au second rang, la dominait d'un air assez maussade. Le point focal du second rang était occupé par Bouteillan qui portait encore le costume sport qu'il avait le jour du départ de Van (cette photo-là avait dû être ratée ou écartée). A la droite du maître d'hôtel se tenaient trois laquais; à sa gauche Bout (qui avait été le valet de Van), puis le gros cuisinier au teint farineux (père de Blanche) et, à côté de Mme French, un gentleman au thème « tweed » terriblement exagéré avec, sur une épaule, tout un harnachement de courroies et d'appareils d'excursionniste : ce monsieur, au dire d'Ada, était un touriste anglais qui n'avait traversé l'Océan que pour visiter Château-Bryant et qui s'était égaré en cheminant à bicyclette; au moment où la photo avait été prise, il s'imaginait avoir rencontré par hasard un groupe de co-touristes occupés à visiter un autre vieux manoir qui valait le coup d'œil. Les derniers rangs étaient meublés de domestiques mâles ou souillons moins illustres, ainsi que de jardiniers, valets d'écurie, ombres de colonnes, soubrettes de soubrettes, filles de cuisine et d'arrière-cuisine, boniches, niches — de moins en moins distincts comme sur ces réclames de banque où l'on voit, derrière les directeurs, toute sorte de petits employés délimités par des épaules plus heureuses mais qui ne renoncent pas pour autant à affirmer leur personnage dans le groupe et gardent obstinément le sourire, aux grades de plus en plus éloignés de leur humble dissolution.

« Est-ce que ce n'est pas Jones l'asthmatique que j'aperçois au second rang ? J'ai toujours eu un faible pour le bonhomme.

— Non, dit Ada, c'est Price. Jones est arrivé quatre ans plus tard. Il est devenu un des premiers policemen de Bas Ladore. Et voilà nous avons tout vu. »

Van d'un doigt nonchalant retourna aux saules et dit :

« Toutes les photos de cet album ont été prises en 1884... sauf celle-ci. Nous n'avons jamais descendu la rivière de Ladore en barque au début du printemps. J'observe avec satisfaction que tu n'as pas perdu cette remarquable faculté de rougir.

— C'est de sa faute. Il a dû glisser dans son montage une *fototchka* prise à une date postérieure, peut-être en 1888. Nous la supprimerons, si tu le veux.

— Mon cœur, dit Van, tout 1888 a été supprimé. Point n'est besoin d'être fin limier pour s'apercevoir qu'on a arraché de cet album au moins autant de pages qu'on y en a laissé. Pour moi, je ne m'en soucie guère — je veux dire que je ne tiens pas, personnellement, à voir les testicules d'Orphée et autres pendeloques des amis herborisant à tes côtés. Mais 1888 a été mis en réserve et tu peux être certaine qu'il viendra nous l'apporter quand il aura dépensé le premier billet de mille.

— C'est moi qui ai supprimé 1888, avoua la fière Ada, mais pour ce qui est de l'homme qu'on voit derrière Blanche sur la photo du perron, je te jure, je te jure de la façon la plus solennelle qu'il n'était et n'a jamais été pour moi qu'un parfait étranger.

— Tant mieux pour lui, dit Van. Mais en vérité cela n'a guère d'importance. C'est notre passé tout entier qui a été caricaturé et condamné. Tout bien considéré je n'écrirai pas cette Chronique familiale. Ma pauvre petite Blanche... où peut-elle être à présent ?

— Oh, elle est toujours là. Elle se porte le mieux du monde. Tu ne sais peut-être pas qu'elle est revenue après que tu l'eus enlevée. Elle a épousé notre cocher russe — celui qui avait remplacé Bengal Ben, comme l'appelaient les domestiques.

— Vraiment ? C'est délicieux. Mme Trofim Fartoukov. Voilà bien ce que je n'aurais jamais imaginé.

— Ils ont un enfant aveugle », dit Ada.

« L'amour est aveugle », dit Van.

« Elle m'a révélé que tu l'avais entreprise le premier matin de ton premier séjour au château.

— Non illustré par Kim, dit Van. Est-ce que leur enfant sera toujours aveugle ? Enfin... est-ce que vous leur avez trouvé un médecin de toute première classe ?

— Il restera aveugle irrémédiablement. Mais à propos de l'amour et de ses mythes te rends-tu compte — parce que moi, je ne m'en étais jamais rendu compte avant d'en parler avec Blanche il y a deux ans — que tous les figurants de notre aventure avaient de fort bons yeux. Oublions Kim, il n'est que le bouffon inévitable, mais je ne sais si tu te rends compte qu'une véritable légende se créait autour de nous tandis que nous jouions et que nous faisions l'amour. »

Elle répéta je ne sais combien de fois (comme si elle cherchait à sauver le passé de la trivialité prosaïque de l'album) qu'elle n'avait jamais soupçonné sur le moment que leur premier été dans les vergers et les orchidariums d'Ardis était devenu dans la campagne environnante un secret et un credo sacré. Les petites bonnes enclines au romanesque et dont les lectures se réduisaient à *Gwen de Vere* et *Klara*

Mertvago adoraient Van, adoraient Ada, adoraient leurs ardeurs dans les bocages d'Ardis, et les galants de ces demoiselles, quand ils venaient pincer une ballade sur la lyre russe à sept cordes dans l'ombre des racémosas en fleurs ou dans les vieilles roseraies (cependant que les fenêtres du château s'éteignaient une à une), ajoutaient des vers nouveaux — naïfs, marmitonnesques, mais sortis droit du cœur — aux antiques refrains des cycles populaires. Des officiers de police d'un naturel excentrique s'éprenaient des prestiges de l'inceste. Des jardiniers paraphrasaient ces iridescentes poésies persanes qui célèbrent l'irrigation et les Quatre Flèches d'Amour. Des veilleurs de nuit combattaient l'insomnie et la brûlante gonorrhée avec les armes des *Aventures de Vaniada*. Sur les pentes des collines lointaines, des pâtres épargnés par la foudre se servaient de leurs trompes gigantesques comme de cornets acoustiques pour capter les couplets qu'on chantait à Ladore. Dans des manoirs dallés de marbre des châtelaines vierges attisaient leurs flammes solitaires en s'éventant avec la romance de Van. Et viendrait un autre siècle, et la fable enluminée redoublerait d'éclat sous la touche toujours plus riche des pinceaux du temps...

« Autant dire, conclut Van, que notre situation est proprement désespérée. »

CHAPITRE VIII

SACHANT combien ses sœurs étaient éprises de cuisine et de *floor show* russe, Van les emmena dîner le soir du samedi suivant dans le meilleur restaurant franco-estotien de Manhattan Major, l' « Ursus ». Nos deux belles portaient la robe du soir très courte et très décolletée que Vass mirageait cette saison — pour employer le mot de cette saison. Celle d'Ada était d'un noir vaporeux, celle de Lucette d'un vert cantharide lustré. Le rouge à lèvres de l'une faisait écho par le ton (mais non par la teinte) au rouge à lèvres de l'autre; leurs paupières étaient fardées dans le style « paradisier étonné » qui était à la mode à Los aussi bien qu'à Lute. Métaphores hybrides, propos évasifs seyaient aux trois Veen, les enfants de Vénus.

L'*oukla*, le chachlik et l'*Aï* étaient des succès faciles et familiers, mais la présence d'un contralto liaskan et d'une basse de Banff, interprètes réputés de vieilles romances russes, donnèrent à la soirée un poignant d'une qualité rare avec quelques frissons déchirants de *tziganchtchina* dans Glinka et dans Grigoriev. Et puis il y avait Flora, la fragile Flora, danseuse de music-hall à peine nubile et presque nue dont l'origine était incertaine (était-elle roumaine, romani, ramseyenne ?) et dont Van avait plusieurs fois payé les ineffables services au cours de l'automne précédent.

En parfait « homme du monde » Van assista à l'exhibition de ses charmes talentueux avec une indifférence suave (trop suave peut-être), mais il n'est pas douteux que ce spectacle n'ait ajouté un piment secret à l'excitation amoureuse qui fourmillait en lui depuis l'instant où ses deux belles compagnes avaient été débarrassées de leurs fourrures et placées devant lui dans le flamboiement multicolore du festin; et cet émoi était encore augmenté par la conscience (précautionneusement profilée sous des œillères invisibles) de la méfiance jalouse, intuitive et furtive avec laquelle Ada *et* Lucette épiaient sans sourire les réactions de sa physionomie à l'expression discrète de complicité professionnelle qui paraissait, chaque fois que le numéro de danse la ramenait devant lui, sur le visage de la *blyadouchka* (petite putain); car c'est par ce nom prononcé d'un ton d'insouciance maladroite que nos jeunes demoiselles désignaient Flora, qui, soit dit en passant, coûtait extrêmement cher et était parfaitement exquise. Mais bientôt les sanglots longs des violons commencèrent à troubler et quasi étrangler Ada et Van — conditionnement juvénile d'un attrait romantique qui, à un moment donné, força Ada à quitter la salle toute en larmes pour aller « se poudrer le nez » tandis que Van se levait, mû par un sanglot spasmodique qu'il maudit mille fois mais ne put refréner.

Il retourna à sa pitance et caressa cruellement le bras au duvet abricot de Lucette, qui lui dit alors en russe : « Je suis soûle, je suis tout ce que l'on voudra, mais il y a une chose que j'adore (*obojaïou*), j'adore, j'adore, j'adore plus que la vie et c'est toi, toi (*tebya, tebya*), je souffre de toi, insupportablement (*ia toskouyu po tebe nevynosimo*); sois gentil, ne me laisse plus siffler (*khlestat'*) de champagne, pas seulement parce que je finirai par me jeter dans le Goodson si je ne dois pas espérer te posséder un jour, pas seulement non plus à cause de cette chose physique, de cette chose rouge — oh, mon pauvre *douchen'ka* (« chéri », plus que « chéri »), quand je pense qu'on t'a presque arraché le cœur... il m'a semblé qu'elle avait bien au moins vingt centimètres de long...

— Dix-neuf », murmura le modeste Van que la musique empêchait de bien entendre.

« ... mais parce que tu es Van, Van tout entier, et rien que Van, peau et plaie, la seule vérité de notre seule vie, de *ma* vie maudite, Van, Van, Van. »

Ici Van se releva : agitant avec élégance un éventail noir, Ada revenait suivie par mille regards, en même temps que couraient sur les touches les premières mesures d'une romance (sur le superbe *Siyala notch'* de Fet) — et la basse toussait à la russe, dans sa main fermée, avant de commencer.

Nuit radieuse. Jardin plein de lune. Rayons
Prosternés à nos pieds. Au salon sans lumière
Un piano grand ouvert — et ses cordes vibraient
Comme nos cœurs à nous qui suivaient ta chanson.

Puis Banoffski se lança dans les grands amphibraques de M.I. Glinka (Mikhaïl Ivanovitch avait été l'hôte d'Ardis, un été d'autrefois quand leur oncle vivait encore — on avait conservé le banc vert où le musicien, prétendait-on, était venu souvent s'asseoir, à l'ombre des robiniers, épongeant son vaste front).

Calme-toi, passion déchirante...

D'autres chanteurs succédèrent au premier et les romances devenaient de plus en plus tristes : *Les doux baisers sont oubliés* et *C'était au début du printemps, l'herbe pointait à peine* et *Que de chants j'ai connus sous le toit paternel, on chantait la douleur, l'allégresse* et la ballade faussement folkloriste :

Un rocher tout moussu qui se dresse au-dessus
D'un grand fleuve, le Ross des Tartares...

...Et une série d'élégies routières comme celle, par exemple, où la clochette de l'arc de la limonière des anciens véhicules accompagne la chanson du cocher :

La clochette tinte, monotone,
Sur la route qui poudroie un peu...

...et ce vieux chant de soldat où respire un génie tellement singulier :

Nadejda, je vais revenir
Quand on sonnera la retraite...

... et les seuls vers lyriques vraiment mémorables de Tourgueniev, qui commencent ainsi :

L'aube nébuleuse, l'aube grisonnée,
Les tristes chaumes, recouverts de neige

... et naturellement le célèbre morceau pseudo-tzigane composé par Apollon Grigoriev (un autre ami de l'oncle Ivan) :

O toi, au moins toi, parle-moi,
Ma compagne à sept cordes,
La lune est partout à la fois
Et tout mon cœur déborde.

« Je déclare que nous sommes rassasiés de clair de lune et de soufflé à la fraise... ce dernier, j'en ai bien peur, ne s'est pas tout à fait « monté » à la hauteur des circonstances, dit Ada dans son style le plus affecté de miss austenienne. Rentrons tous nous mettre au lit. Tu l'as vu notre immense lit, ma minette ? Regarde, notre cavalier est en train de bâiller *to declench his masher* (argot vulgaire de Ladore).

— Ah ! comme... (ascension du Mont Baille) comme c'est vrai », reconnut Van en cessant de palper la joue duveteuse d'une pêche de Cupidon qu'il avait meurtrie mais non goûtée.

Le maître d'hôtel, le sommelier, le chachlikman et toute une tribu de garçons avaient été totalement médusés par les quantités de *zernistaïa ikra* et d'*Aï* consommées par les trois Veen à la mine vaporeuse, et fixaient maintenant un œil aux facettes multiples sur le plateau qu'on rapportait à Van chargé de monnaie d'or et de billets de banque.

« Comment se fait-il, demanda Lucette en embrassant Ada sur la joue au moment où elles se levèrent ensemble (et que leurs bras derrière leurs dos exécutaient des gestes natatoires à la recherche de fourrures qui devaient être alors enfermées dans le coffre de l'établissement ou en quelque autre lieu), comment se fait-il que la première chanson *Ouj gasli v komnatakh ogni* et son parfum de roses t'aient bouleversée davantage que ton Fet favori et cet autre sur le clairon qui écarte son coude pointu ?

— Van aussi était bouleversé », répondit hermétiquement Ada avant d'effleurer de ses lèvres au rouge ravivé la plus fantaisiste des taches de rousseur d'une Luce pompette.

D'une manière détachée, purement tactile, comme s'il avait rencontré ces deux Grâces aux gestes lents, aux hanches oscillantes, le soir même, et tandis qu'il les dirigeait vers la sortie (pour y recevoir leurs manteaux de chinchilla des mains d'une autre cohorte humaine nombreuse, empressée, inéquitablement, inexplicablement impécunieuse, qui se précipitait au-devant d'elles), Van posa une main — la gauche — sur le long dos nu d'Ada et l'autre sur l'épine dorsale de Lucette tout aussi nue et aussi longue (avait-elle pensé suture ou satyre ? Lapsus d'une langue susseyante). Avec détachement, il distilla et dégusta la première, puis la seconde sensation. L'ensellure de sa belle était d'ivoire brûlant, celle de Lucette duveteuse et moite. Lui aussi avait bu sa ration de champagne, à savoir quatre bouteilles sur une demi-douzaine moins une « paillette », un rizzom (comme on disait à Chose), et derrière les deux fourrures bleutées, avant de ganter sa main droite, il la huma niaisement.

« Eh, dis donc Veen, hennit sur un ton fort britannique une voix toute proche (il ne manquait pas de noceurs dans les parages), il ne t'en faut pas deux tout de même, hein ? »

Van se retourna prêt à calotter le grossier personnage, mais ce n'était que Flora — fameuse taquine, imitatrice admirable. Il voulut lui glisser un billet de banque, mais elle fuit, ses bracelets et les étoiles de ses seins jetant des éclairs d'adieu attendris.

A peine Edmund (et non Edmond, qui pour des raisons de sécurité — il connaissait Ada — avait été renvoyé à Kingston) les avait-il reconduits au logis qu'Ada gonfla les joues, écarquilla les yeux et courut dans la salle de bains de Van. La sienne avait été cédée à l'invitée titubante. Van, qui se trouvait dans une position géographique un peu plus proche que celle de l'aînée, fut contraint de recourir aux commodités modestes d'une troisième « vessie » (prononciation canadienne de W.C.) attenante à son cabinet de toilette et qu'il honora d'un jet fort soutenu. Ayant retiré sa cravate et le veston de son smoking, il déboutonna le col de sa chemise de soie et s'immobilisa dans une attitude d'hésitation virile : par-delà leur chambre à coucher et le petit salon, Ada faisait couler son bain; un rythme de guitare récemment entendu s'adaptait au bruit du robinet, *aquatiquement* (une des rares occasions où Van se ressouvenait d'elle et des paroles parfaitement normales qu'elle avait dites dans son dernier sanatorium d'Agavie).

Il passa la langue sur ses lèvres sèches, s'éclaircit le gosier, puis prenant le parti de tuer deux pinsons avec une seule pigne se dirigea vers l'autre extrémité — l'extrémité sud — de son appartement, en passant par le boudeur et la salle à mangeoire (nous avons toujours tendance à parler canadois quand nous sommes ivres). Dans la chambre d'amis, il trouva le dos de Lucette, laquelle était en train d'enfiler par la tête sa chemise de nuit vert pâle. A la vue de ses hanches étroites et nues, notre misérable libertin ne put que s'émouvoir de la symétrie idéale de ces exquises fossettes jumelles que les jeunes corps les plus achevés sont seuls à posséder au-dessus des fesses, sur la ceinture sacrée de la beauté. Oh, elles étaient plus parfaites encore que celles d'Ada. Fort heureusement elle se retourna, lissa ses boucles rousses ébouriffées et l'ourlet de sa chemise tomba au niveau de ses genoux.

« Rends-moi service, mon ange, dit Van. Elle m'a bien parlé de son *estanciero* valentinois, mais voilà que son nom m'échappe, et je déteste la contrarier par des questions intempestives.

— Tu ne peux avoir oublié ce qu'elle ne t'a jamais dit, répondit la loyale Lucette. Nenni. Je ne puis jouer ce mauvais tour à ton, notre amoureuse, car nous savons fort bien que tu es assez bon tireur pour atteindre cette serrure d'un coup de pistolet.

— Je t'en prie, petite renarde. Je te récompenserai par un baiser très spécial.

— Oh, Van, dit Lucette avec un grand soupir. Tu me promets que tu ne lui diras pas que je te l'ai dit ?

— Je te le promets. Non, non, non, poursuivit-il en prenant l'accent russe, tandis que Lucette, dans l'abandon irréfléchi de l'amour, commençait à presser son ventre contre le sien. *Nikak-s niet :* ni bouche, ni philtre, ni bout du nez, ni regards noyés. L'aisselle de la petite renarde, rien que cela... à moins que (reculant avec une expression d'incertitude parodique)... à moins que tu ne te rases à cet endroit.

— Non, je pue encore pire quand je me rase », avoua la simple Lucette qui docilement se dénuda l'épaule.

« Haut le bras ! Montrez le Paradis ! Terra ! Vénus ! » ordonna Van, qui, le temps de quelques battements de cœur synchronisés, enfouit sa bouche butineuse dans le creux brûlant, humide, périlleux.

Lucette se laissa choir sur une chaise, une main appuyée au front.

« Fin du spectacle, dit Van. Je veux savoir le nom de ce personnage.

— Vinelander », dit Lucette.

Il entendit la voix d'Ada Vinelander qui réclamait ses mules (que, comme dans la principauté de Cordulenka, il avait peine à distinguer de souliers de bal), et, une minute plus tard, sans qu'il se fût produit la moindre interruption de la tension établie, Van, dans un rêve ivre, se trouva en train de faire l'amour avec Rose... non, avec Ada, mais à la mode rosacée, sur une sorte de commode basse. Elle se plaignit qu'il lui faisait mal « comme un tigre turc ». Il se mit au lit et était sur le point de s'assoupir pour de bon lorsqu'elle quitta sa couche. Où allait-elle ? Lucette demandait à voir l'album.

« Je reviens dans un petit frottement (jargon de collégienne tribadique), dit-elle, alors ne t'endors pas. A propos, à partir de maintenant et jusqu'à nouvel ordre, ce sera *Chère-amie-fait-morata* (jeu sur les noms générique et spécifique de la célèbre mouche).

— Mais pas de *Vorschmacks* sapphiques », grogna Van, la figure enfouie dans son oreiller.

« Oh Van, dit Ada en se retournant pour secouer la tête, une main sur le bouton de porte opalin, tout au bout d'une chambre sans fin. Nous avons parlé de cela. Tu reconnais toi-même que je ne suis qu'une « *pale wild girl with gipsy hair* » dans la ballade immortelle de Longwood, dans un nullivers, dans le « monde maculé » de Rattner, ce monde où la seule loi est celle de la variation fortuite. Tu ne peux exiger, continua-t-elle quelque part entre les deux joues de l'oreiller de Van (car Ada avait depuis longtemps disparu avec son album rouille sang), tu ne peux exiger de la pudicité d'une delphinette ! Tu sais bien que je n'aime vraiment que les mâles, et pour mon malheur, un seul d'entre eux. »

Il y avait toujours quelque chose de très coloré, de

très impressionniste, mais aussi d'infantile dans les allusions que faisait Ada à ses affaires de chair, quelque chose qui évoquait la peinture-attrape ou ces petits labyrinthes de verre où sont emprisonnés deux pois, ou le tir au pigeon d'Ardis — tu te rappelles ? — qui lançait des oiseaux d'argile et des pommes de pin en guise de cibles, ou encore le *cockamaroo* anglais ou *bix* russe, qui se jouait avec une petite queue sur le tapis vert d'une table accidentée de trous et d'arceaux, de clochettes et de broches, au milieu desquels la bille éburnéenne grosse comme une balle de ping-pong zigzaguait avec des « bix-pix » percutants.

Les tropes sont les rêves du langage. Par le labyrinthe des buis et les arches de billard d'Ardis, Van entra dans le sommeil. Quant il rouvrit les yeux il était neuf heures du matin. Elle était couchée en croissant, séparée de lui, sans rien au-delà de la parenthèse ouverte, dont le contenu n'était pas prêt encore à se faire enclore, et la belle, l'adorable, la traîtresse chevelure de bronze bleu nuit sentait Ardis et aussi l'« Oh-de-grâce » de Lucette.

Lui avait-elle télégraphié ? Annulé ? Mrs. Vigner... non Vingolfer... non, Vinelander — premier Rousski à goûter le raisin labruscat.

« *Mné snitsa saPERnik CHTCHASTLIVOÏ !* » (Mikhaïl Ivanovitch faisant des demi-cercles sur le sable du bout de sa canne, assis sur son banc, le dos voûté, sous les grappes crémeuses.)

« Je rêve d'un rival qui triomphe ! »

Pour moi, en attendant, c'est le Dr Gueule Debois et sa pilule de Kafféina la plus forte.

A vingt ans, Ada n'était pas une lève-tôt. Depuis le commencement de leur vie commune Van prenait tous les matins sa douche avant qu'elle n'eût ouvert les yeux, puis de la salle de bains, tout en se rasant, sonnait Valerio qui faisait passer la table roulante déjà dressée de la cabine de l'ascenseur dans le salon attenant à leur chambre à coucher. Mais ce dimanche-là, ignorant ce que Lucette aimerait prendre (il se rappelait son ancienne passion pour le cacao) et pressé de s'occuper d'Ada avant le point du jour, dût-il troubler la tiédeur de son sommeil, Van activa ses ablutions, se sécha avec énergie, se poudra l'aine, et sans prendre la peine de passer quoi que ce soit rentra dans la chambre, étendard levé, pour y trouver Lucette ébouriffée, maussade, et toujours vêtue de sa chemise de nuit verte saule, assise sur l'autre bout du lit concubital, cependant qu'Ada, les seins gonflés, et déjà parée — pour des raisons rituelles et fatidiques — de la rivière de diamants que Van lui avait donnée, tirait la première bouffée de la journée et s'efforçait d'obtenir de sa petite sœur qu'elle décidât s'il lui plairait d'essayer les crêpes du Monaco au sirop de Potomac ou le bacon incomparable, ambre et rubis, du même établissement. A la vue de Van qui sans trahir la moindre défaillance dans son maintien viril s'apprêtait à poser un genou légitime sur le bord proche du formidable lit (Mississipi Rose avait un jour amené dans ce même lieu, par souci d'éducation visuelle et progressive, ses deux petites sœurs caramel, accompagnées d'une poupée presque aussi grande qu'elles mais blanche de peau) Lucette haussa les épaules et se disposait à partir quand Ada la retint d'une main avide.

« Dans le lit, mon petit. Quant à toi, Dieu des Jardins, sonne le service : trois cafés, six œufs mollets, des quantités de toasts beurrés, des monceaux de...

— Ah, ça non, interrompit Van. Deux cafés, quatre œufs, *et caetera*. Je refuse de faire savoir au personnel que j'ai deux filles dans mon lit. Une (*teste* Flora) suffit simplement à mes petites exigences.

— Ses petites exigences ! renifla Lucette. Ada, laisse-moi partir. J'ai besoin de prendre un bain et lui, il a besoin de toi.

— Tu ne bougeras pas d'ici », s'écria hardiment Ada, et d'un gracieux plongeon de la main elle dépouilla sa sœur de sa chemise de nuit. Instinctivement Lucette courba la tête et arrondit son dos frêle, puis elle se laissa tomber sur la moitié extérieure de l'oreiller d'Ada, pâmée comme une martyre pudibonde, ses boucles étalant leur éclat orangé contre le velours noir qui capitonnait la tête de lit.

« Décroise les bras, nigaude », ordonna Ada repoussant lestement du pied le drap qui couvrait en partie six jambes. En même temps et sans tourner la tête elle écarta d'une taloche le sournois qui s'en prenait à ses arrières, tandis que son autre main exécutait des passes magiques sur les seins menus mais bien faits, emperlés de sueur, et sur le ventre plat et palpitant d'une nymphe des sables, et glissait jusqu'à l'oiseau de feu que Van avait un jour aperçu et qui maintenant pourvu de toutes ses plumes, n'était pas moins fascinant à sa manière que le corbeau bleu de la favorite. Enchanteresse ! Acrasie !

Ce qui s'offre à présent à nos yeux correspond moins à une situation casanovienne (ce double cavaleur avait un crayon résolument monochromatique, dans la ligne des Mémoires de cette époque aux tons ternes) qu'à un tableau bien plus ancien de l'école vénitienne (*sensu largo*) reproduit avec suffisamment d'habileté (dans les « Chefs-d'Œuvres Interdits ») pour rivaliser avec l'examen minutieux d'un bordel vu à vol d'oiseau.

Considérons l'image que nous aurait renvoyée le miroir céleste naïvement imaginé par Eric dans ses rêves de débauche (en réalité ce lieu zénithal est plongé dans une ombre opaque car les volets sont toujours fermés, empêchant la lumière grise du matin de pénétrer). Nous découvrons la grande île du lit éclairé à notre gauche (la droite de Lucette) par une lampe qui brûle avec une incandescence murmurante sur la table de chevet située à l'ouest du lit. Le drap de dessus et la couverture gisent en désordre au sud de l'île qu'aucune digue ne protège et d'où l'œil qui vient d'aborder remonte vers le nord pour explorer les lieux. Il rencontre d'abord les jambes, ouvertes de force, de la plus jeune des miss Veen. Une goutte de rosée sur la mousse rousse va trouver bientôt une réponse stylistique dans la larme aqua-marine tombée sur l'ardente pommette. Une nouvelle excursion, du port vers l'intérieur, nous fait découvrir la cuisse gauche longue et blanche de la fille qui est au milieu. Nous visitons des échoppes de souvenirs : les griffes laquées de rouge d'Ada qui entraînent d'est en ouest, de la pénombre à la rousseur éclatante, la main d'un homme rétive sans excès et pardonnable à la fin de céder, et les feux de son collier de diamants qui pour le coup n'a pas beaucoup plus de valeur que les aigues-marines qu'on voit briller de l'autre côté (ouest) de la rue Novelty Novel. Le nu masculin à la cicatrice qui occupe la côte orientale de l'île est à moitié dans l'ombre et présente dans l'ensemble moins d'intérêt, quoique son degré d'excitation dépasse de beaucoup ce qui est bon pour lui ou pour certain genre de touristes. Le mur tapissé d'un papier neuf qui se trouve immédiatement à l'ouest de la lampe à dorocène (laquelle, et pour cause, ronfle à présent beaucoup plus fort que tout à l'heure) est orné en l'honneur de la Belle du centre d'un chèvrefeuille péruvien visité (pas seulement pour l'arôme de son nectar, j'en ai bien peur, mais aussi pour les petites bêtes qui s'y sont engluées) par le merveilleux colibris du genre *Loddigesia*; sur la table de chevet placée de ce côté du lit on voit une vulgaire boîte d'allumettes, un *karavantchik* de cigarettes, un cendrier du Monaco, un exemplaire du pauvre thriller de Voltemand, une orchidée, l'Oncidium Luride, dans une flûte de verre d'améthyste. Le pendant de ce meuble placé à côté de Van porte une lampe identique extrêmement puissante mais éteinte, un dorophone, une boîte de Wipex, une loupe, l'Album d'Ardis et un tirage à part d'un essai du Dr Anbury (pseudonyme facétieux du jeune Rattner) : *De la musique douce considérée comme une cause des tumeurs cérébrales*. Les sons ont des couleurs, les couleurs des parfums. La flamme de l'ambre de Lucette traverse la nuit de l'odeur et de l'ardeur d'Ada et s'arrête au bouc lavandin de Van. Dix longs doigts fervents et pervers appartenant à deux jeunes démons caressent la petite compagne qu'ils ont réduite à merci. De sa longue chevelure noire Ada effleure accidentellement le bibelot local qu'elle tient dans sa main gauche; fière de son acquisition elle ne peut se retenir d'en exposer le fonctionnement. Non signé et non encadré.

Le compte rendu nous semble à peu près complet (car le colifichet magique se liquéfia presque aussitôt et Lucette saisit sa chemise de nuit et s'enfuit en courant dans sa chambre). Ce n'était qu'une de ces boutiques où les doigts du bijoutier ont une façon tendre de faire valoir le caractère précieux d'un joyau par un mouvement qui rappelle la façon dont les ailes postérieures d'une Lycénide posée s'entre-frottent ou le glissement impondérable du pouce d'un prestidigitateur sur la pièce de monnaie qu'il dissout; mais c'est bien dans ce genre de boutique que le tableau anonyme attribué à Grillo ou à Obieto, caprice ou intention délibérée, *Ober* ou *Unterart*, se laisse découvrir par l'artiste fureteur.

« Ce qu'elle peut être nerveuse, la pauvre petite, dit Ada en tendant le bras au-dessus de Van vers la boîte de Wipex. Tu peux faire monter le petit déjeuner maintenant — à moins... Oh, l'agréable spectacle ! mes compliments. Je n'ai jamais vu d'homme se refaire si vite.

— C'est ce que m'ont déjà dit des dizaines de tendrons et des centaines de catins plus expertes que la future Mrs. Vinelander.

— Je ne suis peut-être plus aussi intelligente qu'avant, dit tristement Ada, mais je connais quelqu'un qui n'est pas simplement une putain mais un putois, et c'est Cordula Tobacco, alias Mme Perwitski. Je lis dans le journal de ce matin qu'en France quatre-vingt-dix-neuf pour cent des chats meurent du cancer. Je ne sais quelle est la situation en Sarmatie, patrie des chats-puants. »

Quelque temps après, Van adora [sic ! Ed.] les crêpes du Monaco. Mais Lucette ne reparut point et quand Ada, toujours parée de ses diamants (signe qu'il lui fallait encore au moins un *caro* Van et une Camel avant de prendre son bain matinal), regarda dans la chambre d'amis, elle découvrit que la valise blanche et la fourrure bleue avaient disparu. Un billet griffonné au mascara vert d'Arlène était épinglé sur l'oreiller.

Une nuit encore et je deviens folle. Vais faire du ski à Verma avec d'autres pauvres larves laineuses pour une quinzaine environ. Malheureuse.

Pour Elle (Poor L.)

Van se dirigea vers un lutrin monastique dont il avait fait l'acquisition pour pouvoir écrire dans la position verticale de la pensée vertébrée et traça les lignes qui suivent :

Pauvre L.

Nous sommes désolés que tu sois partie si vite — et plus désolés encore d'avoir entraîné notre Esmeralda, notre sirène, dans un très vilain jeu. Ce jeu, nous n'y jouerons jamais plus avec toi, cher petit oiseau de feu, nous apollons [apologize]. *Les souve-*

nirs, les braises et les membranes de la beauté font perdre la tête aux artistes et aux crétins. Des pilotes de formidables aéronefs èt même des cochers grossiers et malodorants perdent l'esprit pour deux yeux verts et une boucle cuivrée. Nous voulions t'admirer et t'amuser, B.O.P. (bird of paradise). *Nous sommes allés trop loin. C'est moi, Van, qui suis allé trop loin. Nous regrettons cette scène honteuse quoique fondamentalement innocente. Détruis et oublie.*

Tendrement à toi A. et V. (dans l'ordre alphabétique).

« J'appelle ça de la foutaise pompeuse et puritaine, dit Ada en parcourant la lettre de Van. Pourquoi « apoller » de lui avoir fait connaître un délicieux petit spasme ? Je l'aime et je ne te permettrais jamais de lui faire de mal. C'est étrange, tu sais; il y a dans le ton de ta lettre quelque chose qui me rend vraiment jalouse pour la première fois de ma vie. Van, Van, un jour, je ne sais pas où, après une danse ou un bain de soleil, tu verras, tu coucheras avec elle, Van !

— A moins que tu n'aies épuisé ta provision de philtres d'amour. Me permets-tu de lui envoyer cette lettre ?

— Oui... mais j'y ajouterai trois mots en post-scriptum :

La déclaration ci-dessus est de la plume de Van et je ne la signe qu'à contrecœur. Elle est pompeuse et puritaine. Je t'adore, mon petit, et jamais je ne lui permettrais de te faire de mal — ni comme frère, ni comme fou. Quand tu en auras assez de Queen, pourquoi ne partirais-tu pas pour la Hollande ou l'Italie ? »

A.

« Et maintenant sortons respirer une bouffée vivifiante, proposa Van. Je vais faire seller Pardus et Peg.

— Hier soir, dit Ada, deux hommes m'ont reconnue. Deux Californiens qui ne se connaissent pas : aucun n'a osé me saluer à cause de ce « bretteur » en smoking de soie qui m'accompagnait et qui ne cessait de jeter à la ronde des regards menaçants. L'un était Anskar, le producteur; l'autre, qui soupait avec une cocotte, c'est Paul Whinnier, un des amis londoniens de ton père. J'espérais un peu que nous retournerions au lit.

— D'abord nous allons faire une promenade dans le parc », annonça Van avec autorité. Il fit appeler un messager dominical qu'il chargea de porter la lettre à l'hôtel de Lucette ou à la station d'hiver de Verma, si Lucette était déjà partie.

« Je suppose que tu sais ce que tu es en train de faire », dit Ada.

« Oui », répondit-il.

« Tu es en train de lui briser le cœur », dit Ada.

« Mon Ada, mon adorée, s'écria Van, je suis un vide radieux. Je suis le convalescent qui sort d'une longue et terrible maladie. Tu as versé des pleurs sur mon hideuse cicatrice mais désormais la vie ne sera plus qu'amour et rire et sucre d'orge... Je ne puis m'appesantir sur les cœurs brisés, le mien est raccommodé depuis trop peu de temps. Tu porteras un voile bleu et moi la fausse moustache qui me fera ressembler à Pierre Legrand, mon maître d'armes.

— Au fond, dit Ada, des cousins germains ont parfaitement le droit de monter à cheval ensemble. Et même de danser ou de patiner s'ils en ont envie. En somme, être cousins germains, c'est presque être frère et sœur. L'air est bleu, glacé, immobile. »

Elle fut bientôt prête, et ils s'embrassèrent tendrement dans le vestibule, entre l'escalier et l'ascenseur, avant de se séparer pour descendre.

« Tour, murmura-t-elle en réponse au regard interrogateur de Van, tout comme elle y répondait aux matins de miel d'autrefois, quand ils cherchaient à évaluer leur bonheur. Et toi ?

— Une vraie ziggourat. »

CHAPITRE IX

APRÈS quelques recherches ils découvrirent un très petit cinéma spécialisé dans les *Colored Westerns* (c'est ainsi qu'on appelait ces déserts du non-art), qui donnait une reprise de *Les Jeunes et les Damnés* (1890). C'est à ce point de dégénérescence qu'étaient tombés finalement *Les Enfants maudits* (1887) de Mlle Larivière ! Elle avait imaginé dans son scénario un château en France et deux adolescents qui empoisonnaient leur mère, veuve coupable d'avoir séduit un jeune voisin qui était l'amant d'un de ces jumeaux. L'auteur avait fait maintes concessions à la liberté de l'époque et à l'esprit mal tourné des faiseurs de scripts mais tout comme la vedette elle désavoua le résultat final des multiples tripotages qui furent infligés à l'intrigue. C'était devenu l'histoire d'un meurtre dans l'Arizona. La victime s'était muée en un veuf prêt à épouser une prostituée alcoolique, dont Marina eut le bon sens de refuser d'interpréter le rôle. Mais la pauvre petite Ada s'était accrochée à son rôle insignifiant : une scène de deux minutes dans une taverne sur la route. Pendant les répétitions elle eut l'impression de ne pas jouer trop mal une barmaid serpentine... jusqu'au jour où le metteur en scène lui reprocha d'évoluer comme un jeune dromadaire. Elle n'avait pas daigné voir le produit fini et ne tenait pas outre mesure à ce que Van le découvrît maintenant, mais il lui rappela que le même metteur en scène, G. A. Vronski, lui avait dit qu'elle était du moins assez jolie pour servir un jour de doublure à Lenore Colline, qui à vingt ans avait eu la même gaucherie séduisante et arquait et resserrait les épaules tout comme faisait Ada quand elle traversait une pièce. Après avoir supporté un court métrage préliminaire ils n'abordèrent aux délices des *Jeunes et des Damnés* que pour s'apercevoir que la scène de la barmaid dans la séquence de la taverne avait été coupée — il n'en restait que l'ombre parfaitement distincte du coude d'Ada, comme Van eut la gentillesse de l'affirmer.

Le lendemain, dans leur petit salon au divan noir, aux coussins jaunes, à la baie hermétique dont la fenêtre neuve semblait agrandir les flocons de neige dans leur chute lente et verticale (stylisés par une curieuse coïncidence sur la couverture du dernier numéro de *Le Beau et le Papillon* posé sur le rebord de la fenêtre), Ada parlait de sa « carrière théâtrale ». Le sujet débattu écœurait secrètement Van (de sorte que, par contraste, la passion d'Ada pour l'histoire naturelle acquérait à ses yeux une splendeur nostalgique). Pour lui le mot écrit n'existait que dans sa pureté abstraite, dans son irrépétable appel à un esprit également idéal. Il appartenait exclusivement à son créateur et (contrairement à ce que soutenait Ada) ne pouvait être prononcé ou joué par un mime sans que du même coup le mortel poignard d'un esprit étranger ne détruise l'artiste dans l'antre même de son art. Une pièce écrite était intrinsèquement supérieure à la meilleure des représentations, quand bien même l'auteur l'aurait lui-même mise en scène. Cela dit, Van convenait avec Ada que l'écran parlant était certainement préférable au théâtre vivant pour la simple raison qu'il permettait au metteur en scène d'atteindre et de maintenir ses propres normes de perfection pendant un nombre illimité de représentations.

Ni l'un ni l'autre n'envisageait les séparations que la vie professionnelle d'Ada pourrait exiger. Ni l'un ni l'autre n'envisageait la possibilité de partir ensemble pour une destination exposée aux cent yeux d'Argus, de vivre ensemble à Hollywood, U.S.A., à Ivydell, Angleterre, ou même à l'hôtel Cohnritz (ce blanc palais de sucre) au Caire. A vrai dire ils n'imaginaient pas d'autre forme d'existence que le tableau vivant qu'ils composaient en cet instant sous le joli ciel bleu colombe de Manhattan.

A quatorze ans Ada avait eu la conviction qu'elle atteindrait d'un vol de fusée le ciel des étoiles, pour y éclater avec un grand boum en larmes de triomphe prismatiques. Elle étudia dans des écoles spécialisées. Des comédiennes talentueuses, mais qui n'avaient pas connu le succès, et Stan Slavski lui-même (sans lien de parenté, bien qu'il ne s'agisse pas d'un nom de théâtre) lui donnèrent des leçons particulières de drame, de désespoir, d'espérance. Ses débuts furent un petit désastre obscur. Ses apparitions subséquentes ne furent sincèrement applaudies que par ses amis intimes.

« Notre premier amour, dit-elle à Van, c'est la première ovation d'une salle debout, et c'est *cela* qui fait les grands artistes. Voilà ce que m'ont affirmé Stan et sa petite amie, qui a joué le rôle de Miss Spangle Triangle dans *Flying Rings*. La consécration véritable peut ne venir qu'avec la dernière couronne.

— *Bosh* (fariboles) ! » dit Van.

« Justement, lui aussi s'est fait huer par des Aliborons, dans des Amsterdams beaucoup plus anciennes, et vois où nous en sommes après trois siècles : il n'est poupin de Groupe pop qui ne le copie point. Je crois toujours que j'ai du talent, mais qui sait, au fond, si je ne confonds pas le *podkhod* (approche) correct avec le talent, qui se moque bien des règles déduites de l'art d'antan.

— Eh bien, voilà au moins une chose que tu sais, dit Van; et tu t'es longuement expliquée sur ce point dans une de tes lettres.

— Il me semble, par exemple, avoir toujours senti que le comédien ne devait axer son jeu ni sur un « personnage », ni sur un « type » de tel ou tel acabit, ni sur les charlataneries d'un thème social, mais exclusivement sur la poésie subjective et unique de l'auteur, parce que les dramaturges (le plus grand d'entre eux nous l'a démontré) sont plus proches des poètes que des romanciers. Dans la vie « réelle » nous sommes des créatures de hasard, plongées dans un vide absolu, à moins naturellement que nous ne soyons nous-mêmes des artistes; mais dans une bonne pièce je me sens abritée par l'auteur, acceptée par le tribunal des censeurs, je me sens en sécurité, sans rien d'autre devant moi que cette obscurité totale qui respire (au lieu de notre Temps à Quatre Murs), je me sens entourée par les bras d'un Will décontenancé (il m'avait prise pour toi) ou d'un Anton Pavlovitch (dont les goûts sont beaucoup plus normaux et qui a toujours été passionnément épris des longs cheveux noirs).

— Cela aussi, tu me l'as écrit un jour. »

Les débuts de la carrière d'Ada, en 1891, coïncidèrent avec la fin de celle de sa mère, qui avait duré vingt-cinq ans. Qui plus est, toutes les deux jouèrent la même pièce, *Les Quatre Sœurs* de Tchekhov. Ada jouait Irina sur la modeste scène de l'Académie dramatique de Yakima dans une version quelque peu abrégée où le personnage de Sœur Varvara, la verbeuse *originalka* (« femme excentrique ») comme l'appelle Macha, n'était connu que par les allusions des autres personnages — ses scènes avaient été supprimées, de sorte que la pièce aurait pu s'appeler *Les Trois Sœurs* (c'est d'ailleurs le titre que lui donna le plus spirituel des critiques de l'endroit). C'était justement le rôle de la religieuse (notablement amplifié) que Marina jouait alors dans une adaptation cinématographique très léchée de la pièce de Tchekhov; le film et la Dourmanova furent salués par un concert de louanges qu'ils n'avaient guère méritées.

« Depuis que j'avais pris la résolution de monter sur les planches, dit Ada (ici nous nous servons de ses notes), j'étais hantée par l'idée de la médiocrité de Marina; j'en jugeais par les dires de la critique, qui tantôt feignait de l'ignorer, tantôt l'envoyait à la fosse commune en compagnie d' « *adequate sustainers* ». Quand le rôle était suffisamment important pour qu'on ne pût le passer sous silence, la gamme des épithètes allait d' « inerte » à « sensible » (le compliment le plus élogieux que ses interprétations lui aient jamais valu). Et voilà qu'à l'instant le plus délicat de *ma* carrière elle faisait photocopier, pour les envoyer aux amis et aux ennemis, des commentaires exaspérants tels que : la Dourmanova est superbe en nonne névrosée; elle a réussi à métamorphoser un rôle essentiellement épisodique et statique en *et cetera, et cetera, et cetera*. Naturellement le cinéma ne pose pas de problèmes de langage, continua Ada (Van avala, plus qu'il ne réprima, un bâillement). Marina et trois de ses camarades n'avaient nul besoin de l'excellent doublage que l'on fournit aux autres acteurs, qui ne connaissaient pas la langue de Tchekhov. Mais notre pauvre spectacle de Yakima ne pouvait compter que sur deux vrais Russes, Altshuler, le protégé de Stan, qui jouait le rôle du baron Nicolaï Lvovitch Tuzenbach-Krone-Altschauer, et moi-même, dans celui d'Irina, la « pauvre et noble enfant », qui est télégraphiste au premier acte, secrétaire de mairie au second, et maîtresse d'école à la fin de la pièce. Tout le reste n'était qu'une macédoine d'accents anglais, français, italien. A propos, comment dit-on « fenêtre » en italien ?

— *Finestra, sestra* », dit Van, imitant un souffleur fou.

« Irina (sanglotant) : Où tout cela s'en est-il allé ? Où ? Où ? Oh mon Dieu, mon Dieu ! J'ai tout oublié, tout oublié. Tout se brouille dans mon esprit... Je ne sais même plus comment on dit « plafond » ou bien... « fenêtre » en italien !

— Non, « fenêtre » précède « plafond » dans cette tirade. Elle commence par regarder autour d'elle et c'est après qu'elle lève les yeux — mouvement naturel de la pensée.

— Oui, c'est cela : encore aux prises avec « fenêtre » elle lève les yeux et se heurte au non moins énigmatique « plafond ». Je suis certaine d'ailleurs d'avoir joué ce passage dans la ligne psychologique. Mais qu'est-ce que cela peut faire, qu'est-ce que cela pouvait faire même alors ? Notre représentation fut parfaitement détestable, mon baron ratait une ligne sur deux. Mais Marina... Marina était merveilleuse dans son univers d'ombres ! « Dix années plus une déjà se sont écoulées depuis que j'ai quitté Moscou... » (Ada qui joue maintenant Varvara imite ce ton de psalmodie dévote indiqué par Tchekhov — *pevoutchiï ton bogomolki* — et que Marina savait rendre avec une perfection tellement irritante. « A présent la vieille rue Basmannaïa où tu es venue au monde (elle se tourne vers Irina) il y a une vingtaine de petites années *(godkov)* est devenue cette Busman Road que bordent à droite et à gauche ateliers et garages (Irina essaie de retenir ses larmes). Alors, pourquoi aurais-tu envie de rentrer, Arinouchka ? (Irina répond par un sanglot.) » Naturellement, comme l'aurait fait tout bon comédien, maman, Dieu la bénisse, improvisait un peu. En outre, sa voix, sa jeune voix russe et mélodieuse, a été substituée au vulgaire anglais dublinois de Lenore. »

Van avait vu le film et il l'avait aimé. L'actrice irlandaise Lenore Colline, infiniment gracieuse, infiniment mélancolique —

Oh ! qui me rendra ma colline
Et le grand chêne, and my colleen !

— l'avait mis au supplice tant elle ressemblait à une photographie d'Ada Ardis posant aux côtés de sa mère dans *Belladonna*, revue cinématographique que Greg Erminine avait envoyée à Van, pensant qu'il serait ravi de voir sa tante et sa cousine photographiées ensemble sur un patio en Californie, juste avant la sortie du film. Au premier acte, la fille aînée du feu général Sergueï Prozorov, Varvara, venue de son lointain couvent du Tsitsikar, arrive à Perm (encore appelée Permaceti), ville située dans la région isolée de la baie d'Akimsk en Canadie septentrionale, pour prendre le thé avec Olga, Macha et Irina à l'occasion du jour de fête de cette dernière. A la consternation de la nonne, ses trois sœurs ne rêvent que d'une chose : quitter l'humide et froide « Permanente » (comme Irina l'appelle par dérision) et ses nuées de moustiques — à cela près l'endroit le plus charmant et le plus tranquille du monde — pour s'en aller mener la grande vie à Moscou, Id., ville de perdition et ancienne capitale de l'Estotilande. Dans la première édition de son drame (lequel ne parvint jamais tout à fait à pousser ce doux soupir qu'exhale un chef-d'œuvre), Tchechoff — c'est ainsi qu'il écrivait son nom cette année-là, dans l'exécrable pension russe du 9 rue Gounod à Nice — accumulait dans les deux petites pages d'une « exposition » dérisoire tous les renseignements dont il voulait se débarrasser, grandes masses de souvenirs et de dates dont les frêles épaules de trois malheureuses Estotiennes étaient bien incapables de supporter le poids. Par la suite, il redistribua ce lot d'informations dans une scène beaucoup plus longue, et l'arrivée de la quatrième sœur, la *monachka* Varvara, lui donna l'occasion de mentionner tout ce qu'il fallait dans le dialogue pour satisfaire l'insatiable curiosité des spectateurs. C'était prouver son habileté d'homme de théâtre : malheureusement (comme il arrive si souvent lorsque l'auteur n'introduit un personnage que pour se tirer d'embarras) la nonne prolonge sa visite, et ce ne sera pas avant le troisième acte — l'avant-dernier — que l'auteur parviendra à la réexpédier dans son couvent.

« Je suppose, dit Van (il connaissait son amie), que tu n'as demandé aucun tuyau à Marina pour l'interprétation de ton Irina ?

— Non, certes, je ne lui ai rien demandé. Cela aurait fini par une querelle. Ses conseils m'ont toujours exaspérée, parce que prodigués de manière sarcastique et blessante. J'ai vu des mères-oiseaux entrer dans des accès de fureur et de moquerie neurotique quand leurs pauvres petits à qui la queue n'avait pas même poussé n'apprenaient pas assez vite à voler. Je connais trop cela. A propos, voilà le programme de *mon* petit fiasco. »

Van parcourut du regard la liste des comédiens et remarqua deux détails amusants : le rôle de l'officier d'artillerie Fédotik, dont l'attribut comique consiste en un appareil photographique dont il fait incessamment jouer le déclic, avait été confié à un certain « Kim (diminutif de Yakim) Eskimossoff », tandis que le dénommé John Létourneau jouait le personnage de Skvortsov (témoin dans le duel assez irrégulier du dernier acte) dont le nom est dérivé de *skvorets*, étourneau. Quand Van lui fit part de cette dernière observation, Ada rougit, selon son habitude de l'Ancien Monde.

« Oui, dit-elle, c'était un garçon tout à fait charmant; j'ai plus ou moins flirté avec lui, mais la tension et les conflits de la bisexualité étaient au-dessus de ses forces — il était, depuis sa puberté, le giton d'un maître de ballet, le gros Dangleleaf. Il a fini par se suicider. Tu vois (« la rougeur de ses joues avait cédé la place à une pâleur mate »), je ne te cache pas une seule tache de ce qui rime avec Perm.

— Je vois. Et Yakim...

— Oh, Yakim n'était rien pour moi.

— Ce n'est pas ce que je veux dire. Yakim au moins n'a pas pris (à l'instar de son homonyme) une photo de ton frère dans la pièce enlaçant sa petite amie. Interprétée par Aube de Laire.

— Je n'en suis pas certaine. Je crois me souvenir que notre metteur en scène ne dédaignait pas un peu de « *comic relief* » (détente comique).

— Aube « en robe rose et verte », à la fin du premier acte.

— Je crois avoir entendu un déclic en coulisse et dans la salle quelques échos de franche gaieté. Tout ce qu'avait à faire le pauvre Létourneau consistait à crier « Ohé » d'une barque sur la Kama, pour inviter mon fiancé à se rendre sur le terrain. »

Mais tournons-nous vers le métaphorisme didactique de l'ami de Tchekhov, le comte Tolstoï.

Nous connaissons tous les vieilles garde-robes qu'abritent les vieux hôtels de la zone subalpine de l'Ancien Monde. D'abord, on en ouvre la porte avec d'infinies précautions, très lentement, très doucement, dans le vain espoir d'étouffer l'atroce craquement, le grincement grincheux que ladite porte fait entendre à mi-course. Et puis l'on découvre bientôt que lorsqu'on l'ouvre ou la ferme avec célérité, d'une poussée hardie, le gond diabolique est pris par surprise et son cri ne vient plus troubler notre silence triomphant. Malgré l'exquise et souveraine félicité qui les inondait et les rassasiait (et nous ne voulons pas seulement parler de la rose meurtrie d'Eros) Ada et Van savaient que certaines portes de la mémoire doivent rester fermées, de peur que leur plainte monstrueuse ne déchire jusqu'au dernier nerf de l'âme. Mais si l'opération est exécutée avec prestesse, si les souillures indélébiles ne sont nommées que dans l'entre-saut de deux saillies, il se peut faire que le pouvoir anesthésique de la vie atténue l'inoubliable supplice qui pouvait résulter de cette porte qu'on ouvre.

De temps en temps Ada ironisait sur les petits péchés sexuels de Van, quoiqu'elle fût généralement encline à les ignorer, comme elle semblait implicitement revendiquer, pour ses menus écarts, une tolérance égale à la sienne. Van était plus inquisiteur mais il n'en apprit guère plus de sa bouche qu'il n'en avait appris par ses lettres. Ada attribuait à ses anciens admirateurs tous les défauts que nous savons déjà : incompétence en besogne, inanité et nullité. Pour elle, en revanche, elle n'avait rien à se reprocher que les faciles complaisances de la pitié féminine; les arguments hygiéniques et sanitaires qu'elle invoquait blessaient Van plus que n'aurait fait l'insolent aveu d'une trahison passionnée. Ada avait pris le parti de « transcender » les écarts auxquels la sensualité avait pu les entraîner l'un et l'autre. Pour elle, l'adjectif sensuel caractérisait ce qui n'avait ni sens ni âme et ne pouvait donc tenir aucune place dans l'ineffable ci-après auquel croyaient tacitement, timidement, les deux jeunes gens. Van faisait de son mieux pour s'aligner sur cette logique mais il ne parvenait pas à oublier la honte et le supplice, même quand il atteignait des cimes de bonheur qu'il n'avait pas connues dans les heures les plus lumineuses qui avaient précédé les heures les plus sombres de son passé.

CHAPITRE X

ILS prirent beaucoup de précautions — toutes parfaitement inutiles puisque rien ne peut modifier la fin (écrite et classée) du présent chapitre. Seules Lucette et l'agence qui faisaient suivre le courrier d'Ada et celui de Van connaissaient l'adresse de ce dernier. Par l'intermédiaire d'une très aimable dame d'honneur de la banque de Démon, Van s'assura que son père ne paraîtrait pas à Manhattan avant le 30 mars. Ils ne sortaient ni ne rentraient jamais ensemble, et convenaient d'un lieu de rendez-vous — la bibliothèque ou quelque marché — point de départ de leurs courses de la journée... Et voilà que le seul jour où ils faillirent à la règle qu'ils s'étaient imposée (Ada était restée bloquée pendant quelques instants d'affolement dans l'ascenseur et Van avait dévalé avec trop d'allégresse de leur cime commune) ils débouchèrent au centre du champ de vision de la vieille Mrs. Erquatre, qui passait justement devant leur porte d'entrée avec son minuscule et soyeux Yorkshire aux longs poils gris et beige. La rencontre fut aussi complète que brutale : elle connaissait les deux familles depuis des années, et c'est avec intérêt qu'elle apprit d'une Ada qui jacassait plus qu'elle ne bavardait que Van s'était trouvé en ville juste au moment où elle, Ada, était rentrée de l'Ouest, que Marina se portait bien, que Démon était à Mexico ou à Oxmice, et que Lenore Colline avait un même adorable petit chien avec une même adorable raie le long de l'échine. Ce même jour (3 février 1893) Van regraissa la patte au portier déjà regorgeant d'espèces afin qu'il réponde à toutes les questions que pourrait lui poser n'importe quel visiteur — et surtout une veuve de dentiste avec un chien-chenille — à propos de n'importe quel Veen par une brève déclaration d'ignorance absolue. Le seul personnage qu'ils aient oublié de prendre en considération était cette vieille fripouille que l'on représente habituellement sous l'aspect d'un squelette ou d'un ange.

Le père de Van venait de quitter un Santiago pour aller observer dans un autre les effets d'un tremblement de terre, lorsque l'hôpital de Ladore lui télégraphia que Dan était mourant. Il partit sur-le-champ pour Manhattan, les ailes sifflantes, les yeux en feu. Il n'avait pas beaucoup de distractions dans la vie.

A l'aéroport de la ville blanche au clair de lune que nous appelons Tent et que les marins de Tobakov, qui l'ont construite, nommèrent Palatka, dans le nord de la Floride (aéroport où des ennuis de moteur le forcèrent à changer d'avion), Démon demanda l'interurbain, et un rapport exhaustif et excessivement détaillé de la mort de Dan lui fut fait par le Dr Nikouline (petit-fils du grand rongeurologue Kounikoulinov — on est toujours dans la laitue). La vie de Daniel Veen avait été un mélange de la chose toute faite et du grotesque, mais sa mort se para d'une teinte artistique, parce qu'elle refléta (comme son cousin — et non son médecin — le perçut immédiatement) la passion tardivement conçue par Dan pour les tableaux vrais ou faux inséparables du nom de Hiéronymus Bosch.

Le lendemain 5 février, vers neuf heures du matin, heure (d'hiver) de Manhattan, alors qu'il se rendait chez le notaire de Dan et juste au moment où il s'apprêtait à traverser l'avenue Alexis, Démon aperçut une ancienne mais vague connaissance, Mrs. Erquatre, qui avançait dans sa direction sur le même trottoir en compagnie de son bichon. Sans hésiter Démon descendit du trottoir et, n'ayant pas de chapeau à lever (on ne portait pas de chapeau avec une cape imperméable et, en outre, il venait de prendre une pilule aussi puissante qu'exotique pour pouvoir affronter l'épreuve de la journée après un voyage insomniaque), se borna — fort convenablement — à agiter son svelte parapluie, puis se rappela avec une vive nuance de volupté l'une des demoiselles rince-bouche de son mari et passa sans accroc devant le cheval peu fringant d'une voiture de primeurs, tout à fait en dehors du chemin de Mrs. R4. Mais, précisément dans le cas d'une telle éventualité, le destin s'était ménagé une alternative. Comme Démon passait d'un pas pressé (ou, par rapport à la pilule, en flânant) devant le Monaco, où il avait souvent déjeuné, il se dit que son fils (qu'il avait été incapable de « contacter ») partageait peut-être encore le *penthouse* de ce bel immeuble avec la terne petite Cordula de Prey. Il n'y était jamais monté — à moins que... peut-être ? Pour une entrevue d'affaires avec Van ? Sur une terrasse embuée de soleil ? Avec un drink opalin ? (Il y était monté, c'est vrai, mais Cordula n'était pas terne et de plus elle n'y était pas.)

Avec la pensée toute simple (du point de vue d'une jolie combinaison) qu'il n'y avait après tout qu'un seul ciel (blanc, moucheté de minuscules et multicolores étincelles optiques), Démon s'engouffra dans le hall pour attraper l'ascenseur, dans lequel un serveur roux venait de pénétrer avec le petit déjeuner pour deux sur une table à roulettes mobiles et, glissé entre les coupoles d'argent luisantes et très, très légèrement éraflées, le *Manhattan Times*. Son fils habitait-il toujours là-haut, demanda automatiquement Démon en déposant parmi les dômes une pièce de métal plus noble. Si, reconnut l'imbécile rayonnant, il y avait habité avec sa dame tout l'hiver.

« Alors nous voyagerons de conserve », dit Démon, humant non sans gourmandise anticipée l'arôme du café du Monaco qu'exacerbait l'ombre des herbes et fleurs tropicales ondulant dans la brise de son esprit.

En cette matinée mémorable, Van, après avoir commandé le petit déjeuner, s'était extirpé de son bain et avait revêtu un peignoir de *terrycloth* rouge fraise, lorsqu'il lui sembla entendre la voix de Valerio dans le salon voisin. Il dirigea ses pas vers la porte d'icelui, chantonnant des notes sans suite, heureux en pensant à cette nouvelle journée de bonheur croissant (encore une autre petite arête gênante rognée, un autre nœud douloureux du passé remodelé de façon à entrer dans la nouvelle trame lumineuse).

Démon, tout de noir vêtu, guêtres noires, foulard noir, son monocle fixé à un ruban noir plus large qu'à l'accoutumée, était assis à la table du petit déjeuner, tenant d'une main une tasse de café et de l'autre une page financière du *Times* pliée selon les lois de la commodité.

Il sursauta légèrement et posa sa tasse d'un geste plutôt brusque en remarquant la coïncidence de couleur entre le peignoir et un détail — brillamment éclairé ce jour-là dans son souvenir — du coin inférieur gauche de certain tableau reproduit dans le catalogue copieusement illustré de son esprit.

Tout ce que Van put trouver à dire fut « Je ne suis pas seul », mais Démon était trop plein de la riche matière des mauvaises nouvelles qu'il apportait pour prêter attention à l'avertissement stupide de Van, qui aurait dû simplement entrer dans la chambre à coucher contiguë et en ressortir un moment plus tard (fermant la porte à clef derrière lui et bannissant ainsi des années et des années de vie perdue) mais qui se contenta de rester debout à côté de la chaise sur laquelle son père était assis.

Selon Bess (qui veut dire « esprit malin » en russe), la plantureuse — mais par ailleurs dégoûtante — infirmière de Dan, qu'il avait préférée à toutes les autres et emmenée à Ardis parce qu'elle parvenait à tirer encore buccalement quelques dernières gouttes de *playzero* (plaisir) — comme disait la vieille catin — de son corps fatigué, il se plaignait depuis quelque temps, avant le brusque départ d'Ada déjà, qu'un diable réunissant les caractéristiques de la grenouille et du rongeur cherchait à l'enfourcher et à le faire galoper jusqu'à ce lieu de supplice qu'est l'éternité. Dan décrivait son cavalier au Dr Nikouline comme un être noir, au ventre pâle, à l'écu dorsal noir et brillant comme le dos d'un bousier, et brandissant un couteau au bout de sa patte antérieure. Un matin glacé de la fin de janvier, Dan avait réussi à s'échapper par un dédale de caves et une remise à outils et à gagner les buissons sans feuilles du parc d'Ardis; il ne portait rien qu'une serviette de bain rouge qui pendait de sa croupe comme une manière de caparaçon et malgré les difficultés du chemin s'était traîné à quatre pattes, tel une monture estropiée ployant sous un invisible cavalier, fort avant dans les bois. D'autre part, si Van avait essayé de la prévenir, elle aurait peut-être commis son grand bâillement « adique » et prononcé quelque parole irrévocablement intime au moment où il aurait ouvert l'épaisse porte protectrice.

« Je vous en prie, dit Van, descendez et je vous rejoindrai au bar dès que je serai habillé. Je suis dans une situation très délicate.

— Allons, allons ! rétorqua Démon, rajustant son monocle. Cordula ne se fâchera pas.

— C'est une autre fille, beaucoup plus impressionnable (encore un affreux cafouillis !) Au diable Cordula ! Cordula est maintenant Mrs. Tobak.

— Oh ! bien sûr ! s'exclama Démon. Que je suis stupide ! Je me souviens que le fiancé d'Ada me l'a dit. Il a travaillé pendant quelque temps à Phoenix dans la même banque que le jeune Tobak. Bien sûr ! Un blond aux yeux bleus, carré d'épaules. Un type splendide. Backbay Tobakovitch !

— Je m'en fiche... même s'il a l'air d'un crapaud albinos mutilé, crucifié, dit Van. De grâce, papa, il faut vraiment que je...

— Curieux, ce que tu viens de dire là. Je ne suis passé que pour te faire savoir que le pauvre cousin Dan est mort d'une mort singulièrement « boschesque ». Il s'est imaginé qu'un rongeur fantastique le chevauchait et le faisait sortir de la maison. On l'a trouvé trop tard : il a expiré à la clinique de Nikouline, divaguant sur ce détail du tableau. J'ai un mal fou à rassembler toute la famille. Le tableau est maintenant au musée des beaux-arts de Vienne.

— Père, je regrette... mais j'essaie de vous dire...

— Si je savais écrire, continua Démon d'un ton rêveur, je montrerais — beaucoup trop longuement, sans doute — avec quelle passion, quelle incandescence, et de quelle manière incestueuse... c'est le mot... la science et l'art se marient dans un chardon, une grive, un insecte de ce bosquet ducal. Ada épouse un sportif, un terrien, mais son esprit à elle est un musée clos; elle et la chère Lucette ont un jour attiré mon attention, par une coïncidence cauchemardesque, sur certains détails de cet autre triptyque, ce formidable jardin de délices bouffonnes peint vers 1500, et nommément sur les papillons qu'on y voit : un Myrtil femelle au centre du volet droit, et une Petite Tortue sur le volet central, placée là comme si elle était posée sur une fleur... note le « comme si », car nous avons ici un exemple de savoir précis, celui de ces deux admirables petites filles qui disent qu'on voit en fait le mauvais côté de l'insecte, car, comme on nous le montre de profil, c'est le dessous que l'on devrait voir; mais de toute évidence Bosch a trouvé une ou deux ailes de ce papillon au milieu d'une toile d'araignée dans le coin de l'encadrement de sa fenêtre et il nous en montre le côté supérieur, plus joli, peignant ainsi un insecte plié à rebours. Cela dit, je me soucie comme d'une guigne de la signification ésotérique, du mythe de la mite et de l'appâteur de chef-d'œuvre qui fait exprimer à Bosch quelque « *bosh* » (faribole) de son époque; je suis allergique à l'allégorie et je suis bien sûr que s'il hybridait au hasard des fantoches nés de son imagination c'était uniquement pour s'amuser, pour le plaisir du contour et de la couleur aussi... et ce qu'il nous faut étudier, comme je le disais à tes cousines, c'est le plaisir de l'œil, le goût et la sensation au toucher de cette fraise grande comme une femme que l'on étreint avec lui, ou l'exquise surprise d'un orifice inhabituel... Mais tu ne me suis pas, tu veux que je parte pour pouvoir interrompre le sommeil matinal de la belle, heureuse bête ! A propos, je n'ai pu avertir Lucette, qui est quelque part en Italie, mais j'ai fini par découvrir Marina à Tsitsikar, où elle flirte avec l'évêque de Biélokonsk; elle arrivera à la fin de l'après-midi, portant sans nul doute des « pleureuses » fort seyantes, et nous partirons à trois à Ladore, car je ne crois pas que... »

Se pouvait-il qu'il fût sous l'influence de quelque fulgurante drogue chilienne ? Ce torrent était tout simplement irrépressible : un spectre solaire fou, une palette parlante...

« ... non vraiment je ne crois pas que nous devrions déranger Ada dans son Agavie. Il est... je veux dire Vinelander... le descendant de l'un de ces grands Varangiens qui ont vaincu les Tartares Cuivrés ou les Mongols Rouges ou Dieu sait qui — lesquels avaient vaincu les anciens Cavaliers de Bronze — avant que nous n'introduisions au moment propice dans l'histoire des casinos occidentaux notre roulette russe et le lanturelu irlandais.

— Je suis infiniment, affreusement désolé, dit Van. La mort d'oncle Dan et l'état d'agitation dans lequel vous vous trouvez... mais le café de mon amie refroidit et je ne me vois pas entrer en trébuchant dans notre chambre avec tout ce bataclan.

— Je pars, je pars. Après tout, nous ne nous sommes pas vus... depuis quand ? Le mois d'août ? En tout cas, j'espère qu'elle est plus jolie que la Cordula que tu avais avant, fils volage ! »

De la volatine, peut-être ? Ou de la dragonaire ? Il sentait indubitablement l'éther. De grâce, de grâce, de grâce, allez-vous-en.

« Mes gants, ma cape. Merci. Je peux me servir de tes toilettes ? Non ? Bon, bon. J'en trouverai ailleurs. Viens dès que tu pourras, nous retrouverons Marina à l'aéroport vers quatre heures, nous volerons prestissimo à la veillée du corps et... »

C'est ici qu'Ada entra. Pas nue... oh, non : revêtue d'un peignoir rose pour ne pas choquer Valerio, se brossant les cheveux tranquillement, douce et somnolente. Elle commit l'erreur de s'écrier « *Good God* » et de se rejeter dans la pénombre de la chambre à coucher. Tout fut perdu en cette fraction de seconde.

« Ou mieux... venez tous les deux tout de suite... je vais annuler mon rendez-vous et rentrer à la maison sur-le-champ. » Il parlait, ou croyait parler, avec cette maîtrise de soi et cette clarté d'énonciation qui effrayaient et hypnotisaient si bien les gaffeurs et les tranche-montagnes, le courtier volubile et l'élève coupable. Maintenant particulièrement... au moment où tout venait d'être jeté aux cabots de l'enfer, *k tchertyam sobatch'im*, de Jeroen Anthniszoon van Äken et aux *molti aspetti affascinati* de son *enigmatica arte*, ainsi que Dan l'expliqua dans un dernier soupir au Dr Nikouline et à l'infirmière Bellabestia (« Bess »), à qui il légua une pleine malle de catalogues de musées et son cathéter numéro deux.

CHAPITRE XI

La drogue dragonne avait cessé d'agir; ses effets secondaires ne sont pas agréables, à la fatigue physique s'ajoutant une certaine indigence de la pensée, comme si toute couleur se fût retirée de l'esprit. Enveloppé dans une robe de chambre grise, Démon était allongé sur un canapé gris dans son cabinet de travail du troisième étage. Son fils était debout devant la fenêtre et tournait le dos au silence. Ada, qui était arrivée deux minutes plus tôt avec Van, attendait dans une pièce du second étage tendue d'un capiton de damas. Sur la façade d'un gratte-ciel qui se dressait de l'autre côté de la ruelle une fenêtre était ouverte exactement en face de la fenêtre du bureau de Démon Veen : un homme revêtu d'un tablier dressait un chevalet et penchait la tête à droite puis à gauche, à la recherche de l'angle adéquat.

La première chose que dit Démon fut :

« J'entends que tu me regardes quand je te parle. »

Van comprit que la conversation fatidique avait dû commencer déjà dans l'esprit de son père : celui-ci venait de prononcer sa remontrance sur le ton de quelqu'un qui s'interrompt au milieu d'une phrase pour ouvrir une parenthèse. Van s'inclina légèrement et prit un siège.

« Toutefois, avant que je ne t'avertisse de ces deux faits, j'aimerais savoir depuis quand ce... depuis quand cette... » (il voulait dire sans doute : depuis quand cela dure ou quelque chose d'aussi banal — mais toutes les fins sont toujours banales : les pendaisons, l'aiguillon de feu de la Vieille Fille de Nuremberg, la balle qu'on se tire dans le crâne, les derniers mots que l'on prononce à l'hôpital flambant neuf de Ladore, la chute de trente mille pieds dans le vide qu'on avait pris pour la porte des lavabos dans l'avion, le poison que vous verse votre femme, le tant soit peu d'hospitalité qu'on attend d'un indigène de la Crimée, toutes nos félicitations qu'on adresse à Mr. et Mrs. Vinelander...)

« Il y aura bientôt neuf ans, dit Van. Je l'ai séduite pendant l'été 1884. Sauf une fois, nous n'avons plus fait l'amour jusqu'en 1888. Puis, après une longue séparation, nous avons vécu ensemble tout un hiver. En tout, j'ai dû la posséder un millier de fois. Elle est toute ma vie. »

Un silence assez long, qui n'était pas sans rappeler la « panne » du comédien avec qui on est en scène, suivit cette tirade très étudiée.

Finalement Démon : « Le second fait pourrait bien t'inspirer plus d'horreur encore que le premier. Pour moi il m'a causé beaucoup plus de souci — moral, bien sûr, pas pécuniaire — que mes liens de parenté avec Ada... que sa mère a fini par révéler au cousin Dan, de sorte qu'en un sens... »

Encore un silence recouvrant le filet d'eau souterrain.

« Une autre fois je te parlerai du maître chanteur Miller... pas aujourd'hui, c'est trop mesquin. »

(L'épouse du Dr Lapiner, née comtesse Alp, n'avait pas trouvé suffisant d'abandonner le foyer conjugal en 1871 pour vivre avec Norbert von Miller, poète amateur, traducteur de russe au Consulat d'Italie à Genève et trafiquant professionnel de néonégrine [qui ne se trouve qu'au Valais]; elle avait encore révélé à son amant les détails mélodramatiques du subterfuge que le bon médecin avait imaginé pour rendre service aux deux dames, délivrant l'une et comblant l'autre. L'universel Norbert parlait l'anglais avec un accent extravagant, admirait infiniment les gens riches, et quand il nommait quelqu'un ne manquait jamais de préciser qu'il avait « éno-ormément d'argent » — il prononçait ces mots avec une sorte de délectation idolâtre et se renversait dans son fauteuil en projetant devant lui ses bras arrondis comme pour étreindre une invisible fortune. Il avait le crâne rond et totalement chauve, le nez en nombril de cadavre, les mains très blanches, très molles, très moites, très chargées de gemmes étincelantes. Sa maîtresse ne tarda pas à le quitter. Le Dr Lapiner mourut en 1872; à peu près à la même époque le baron épousa l'innocente fille d'un aubergiste et commença à faire chanter Démon Veen. Cela dura près de vingt ans, jusqu'au jour où Miller, déjà vieux, fut abattu par un policier italien sur un sentier frontalier peu connu qui était apparemment devenu plus abrupt et plus boueux d'année en année. Par bonté, ou par habitude, Démon continua de verser à la veuve Miller — qui croyait naïvement toucher l'assurance du défunt — la rente trimestrielle qui s'était arrondie à chaque nouvelle grossesse de la robuste Helvète. Démon disait souvent qu'il publierait un jour les vers de mirliton dont le « Chanteur de Mille Airs » agrémentait ses lettres.

Papa maigrit, maman grossit.
Nouveau bébé vient ce mois-ci,
Sois bon, et moi je serai bon :
Son four est grand, faut du charbon.

Ajoutons pour compléter cette utile parenthèse que dans les premiers jours de février 1893, peu de temps après la mort du poète, deux autres maîtres chanteurs moins heureux que le premier attendaient en coulisse : l'un était Kim, qui n'aurait pas hésité à revenir tourmenter Ada si on ne l'avait trouvé dans sa chaumière l'œil droit suspendu au bout d'un filament rouge et le gauche noyé dans son sang; l'autre était le fils d'un des anciens employés de la fameuse agence des messages clandestins; il se mit en campagne en 1928 après que ladite agence eut été fermée par le gouvernement américain, mais le passé n'avait plus d'importance et l'optimisme des coquins de seconde génération n'avait d'autre récompense à attendre que la paille d'un cachot.

Au terme du plus long de ces multiples silences, la voix de Démon s'éleva pour dire, avec une vigueur qui lui avait jusque-là fait défaut :

« Van, tu prends connaissance des faits que je te communique avec un calme incompréhensible. Je ne me rappelle aucun exemple, réel ou fictif, d'un père contraint de révéler pareilles choses à son fils dans de pareilles circonstances. Mais toi, tu joues avec un crayon et tu parais aussi serein que si nous parlions de tes dettes de jeu ou des revendications d'une fille que tu aurais engrossée sous un pont. »

Lui parler de l'herbarium de Marina ? Des indiscrétions de domestiques (anonymes) ? D'une date de mariage falsifiée ? De tout ce que deux enfants particulièrement éveillés avaient si joyeusement glané ? Je le ferai. Il le fit.

« Elle avait douze ans, ajouta-t-il, j'étais un primate mâle de quatorze ans et demi et nous ne nous en faisions pas. Et il est trop tard aujourd'hui pour s'en faire.

— Trop tard ! » s'écria Démon en se dressant sur son divan.

« De grâce, papa, ne te laisse pas emporter. La nature, comme je te l'ai dit un jour, s'est montrée clémente à mon égard. Je pouvais me permettre d'être insouciant dans tous les sens du terme.

— Je me moque et de sémantique et de sémination. Je ne sais et ne veux savoir qu'une chose : il n'est *pas* trop tard pour que cesse cette chose ignoble.

— Evitons les éclats de voix et les épithètes d'épicier », interrompit Van.

« Soit, dit Démon. Je retire l'adjectif et je te demande, très calmement : est-il trop tard pour empêcher que ta liaison avec ta sœur ne brise sa vie ? »

Van s'attendait à ce couplet, et dit qu'il s'y était attendu. Son accusateur avait renoncé à invoquer

« l'ignominie ». Etait-ce trop que de lui demander de préciser ce qu'il entendait par « briser » ?

La conversation prit un tour neutre bien plus terrible que l'aveu préliminaire d'écarts anciens que nos jeunes amants avaient pardonnés depuis longtemps à leurs parents. Comment Van envisageait-il la carrière théâtrale de sa sœur ? Reconnaissait-il qu'elle serait inévitablement brisée, si leurs relations devaient se poursuivre ? Envisageait-il de vivre dans la dissimulation d'un exil luxurieux ? Etait-il résolu à priver Ada de son droit légitime à un mariage normal et à la satisfaction normale de ses ambitions à la maternité ? Aux joies normales de l'existence ?

« N'oublie pas « l'adultère normal » », interrompit Van.

« Combien cela serait préférable », dit sombrement Démon en s'asseyant sur le bord du canapé les coudes plantés sur les genoux, le front serré entre les mains. « L'horreur de cette situation est un abîme creusé à mesure que mon regard s'y enfonce. Tu m'obliges à évoquer des poncifs tels que « famille », « honneur », « rang », « légalité ». Oh ! j'ai soudoyé je ne sais combien de représentants de l'ordre établi dans ma vie déréglée, mais ni toi ni moi ne pouvons acheter une civilisation tout entière, un pays tout entier. Et le choc émotionnel de découvrir que pendant près de dix années toi et cette délicieuse enfant vous avez trompé vos malheureux parents... »

Van s'attendait à ce que Démon agitât le grelot du « tu-veux-tuer-ta-pauvre-mère », mais Démon eut assez d'esprit pour s'en abstenir. Rien ne pouvait « tuer » Marina. Si des échos scandaleux d'inceste parvenaient jamais à ses oreilles, le souci de protéger sa « paix intérieure » saurait les lui rendre inaudibles — ou du moins les envelopper d'un halo romanesque pour leur éviter tout contact avec le réel. Cela, Van et son père le savaient également. L'image de Marina, un instant entrevue, disparut dans un fondu complaisant.

« Je ne puis te déshériter, reprit Démon. Aqua t'a laissé suffisamment de « *ridge* » et de biens pour rendre inefficace le châtiment classique. Je ne puis davantage te dénoncer aux autorités sans compromettre ma fille, que je tiens à protéger coûte que coûte. Mais il est une chose que je puis faire, je puis te maudire, je puis faire en sorte que ceci soit notre dernière, notre dernière... »

Van, dont l'index caressait dans un incessant mouvement de va-et-vient le bord muet mais lisse et réconfortant du bureau d'acajou, entendit avec horreur le sanglot qui secouait tout le corps de Démon et vit un déluge de larmes couler sur ses joues creuses et tannées. Quinze ans plus tôt, à l'anniversaire de Van, Démon dans une parodie d'amateur s'était transformé en Boris Godounov et avait répandu des larmes étranges, effrayantes, d'un noir de jais, avant de rouler au bas des marches d'un trône burlesque dans l'abandon total de la mort à la force de gravité. Ces striures foncées dans la séance d'aujourd'hui venaient-elles de ce qu'il se noircissait les orbites, les cils, les paupières, les sourcils ? Le joueur funeste... la pâle et fatale jeune fille d'un autre mélodrame célèbre... de notre mélodrame. Van tendit à son père un mouchoir propre pour remplacer le chiffon sale. Le calme marmoréen qu'il éprouvait lui-même ne le surprenait pas : le ridicule d'un duo larmoyant avec son père obstruait opportunément le conduit naturel des émotions.

Démon retrouva bientôt son sang-froid (sinon son apparence juvénile) et dit :

« Je me fie à toi et à ton bon sens. Tu ne permettras pas à un vieux libertin de renier son fils unique. Si tu l'aimes, tu veux qu'elle soit heureuse : auprès de toi elle ne sera jamais aussi heureuse qu'elle pourra l'être quand tu auras renoncé à elle. Tu peux partir. En passant, dis-lui de venir me voir. »

Van descendit. Mon premier est un véhicule qui enfile des marguerites mortes aux rayons de ses roues. Mon second est un vieux terme de Manhattan pour désigner l'« argent ». Et mon tout fait un trou. *Cart. Ridge.* Car. Touche.

En passant sur le palier du second étage Van aperçut par les portes ouvertes de deux pièces en enfilade Ada en robe noire, debout, le dos tourné, devant la fenêtre ovale du boudoir. Il chargea le valet de pied de lui transmettre le message de son père et traversa presque en courant les échos familiers du vestibule aux dalles de pierre.

Mon second est aussi l'arête alpine où deux talus se touchent. Tiroir inférieur droit de mon nouveau bureau, dont je ne me suis presque jamais servi et qui est tout aussi grand que celui de papa (avec les compliments de Sig).

Van estima qu'il lui faudrait aussi longtemps pour trouver un taxi à cette heure du jour que pour franchir, à la cadence rapide qui lui était ordinaire, les dix pâtés de maison qui le séparaient d'Alexis Avenue. Il ne portait ni veston, ni chapeau, ni cravate. L'aigre et forte bise étrécissait sa vue obscurcie par un givre salé et ses boucles noires en serpents de Méduse. Il entra pour la dernière fois dans son logis si stupidement riant, courut à son bureau qui était un meuble vraiment magnifique et traça les lignes suivantes :

Fais ce qu'il te dit. Sa logique, apparemment absurde, semble présupposer l'existence vague d'une sorte d'ère « victorienne », telle qu'en connaissent les habitants de Terra s'il faut en croire mes fous, mais dans le paroxysme de ma [*illisible*] *j'ai brusquement compris qu'il avait raison. Oui. Raison ici comme là, et non par-ci par-là, comme il arrive presque toujours. Tu vois,* girl, *ce que les choses sont et ce qu'il faut qu'elles soient. Dans la dernière fenêtre que nous avons partagée, nous avons tous les deux vu un homme en train de [nous ?] peindre, mais le niveau de vision que tu avais de ton deuxième étage t'a probablement empêché de remarquer qu'il portait quelque chose qui avait l'air d'un tablier de boucher horriblement barbouillé.* Good-bye, girl.

Van cacheta la lettre, trouva son pistolet Thunderbolt là où il pensait le trouver, introduisit une cartouche dans le magasin et la transféra dans la chambre. Alors, se plaçant devant la glace d'une armoire, il appuya l'automatique contre sa tête à l'endroit du ptérion et pressa sur la gâchette, dont la concavité subtile épousait commodément le doigt. Rien ne se produisit — ou tout, peut-être. Peut-être en cet instant sa destinée bifurqua-t-elle comme elle le fait sans doute parfois la nuit, dans un lit inconnu de préférence, aux heures de grand bonheur ou de grand désespoir, quand il advient que nous mourons en dormant mais reprenons normalement notre existence, sans rupture apparente dans la série truquée, le matin (fort proprement préparé) suivant, traînant derrière nous l'attelage discret mais solidement attaché d'un passé artificiel. Quoiqu'il en soit, l'objet qu'il tenait dans la main n'était plus un pistolet mais un peigne de poche qu'il passait dans ses cheveux au-dessus de la tempe droite. Ils seront gris déjà le jour à venir où Ada, alors dans la trentaine, lui dira, parlant de leur séparation volontaire :

« Je me serais tuée aussi si j'avais trouvé Rose gémissant sur ton cadavre. « Secondes pensées sont les bonnes », comme ton autre « bonne », la blanche, disait dans son gentil jargon. Pour ce qui est du tablier tu as tout à fait raison. Mais ce que tu n'as pas vu, toi, c'est que l'artiste était en train d'achever un grand tableau représentant ton petit palazzo résigné flanqué de ses deux gigantesques gardes du corps.

Peut-être le destinait-il à la couverture d'un magazine qui ne le publia pas. Mais tu sais, ajouta-t-elle, il y a une chose que je regrette, c'est l'usage que tu fis d'un alpenstock pour donner libre cours à la fureur d'une brute — il ne s'agit pas de toi, il ne s'agit pas de mon Van. Je n'aurais jamais dû te parler du policier de Ladore. Tu n'aurais jamais dû le mettre dans ta confidence, ni te faire son complice pour incendier ces archives... et la plus grande partie de la forêt de pins de Kalougano. *Eto ounizitel'no* (c'est humiliant).

— Réparation en a été faite, répondit le gros Van avec un gloussement de gros homme. Je veille à l'entretien de Kim, qui coule des jours douillets dans une Maison de retraite pour victimes d'accidents du travail. Il reçoit de moi des tas de livres, joliment traduits en braille, sur les nouveaux procédés de la chromophotographie. »

Il existe d'autres bifurcations, d'autres suites possibles dans l'esprit-rêve, mais pour l'heure il suffit.

TROISIÈME PARTIE

CHAPITRE PREMIER

IL voyagea, il étudia, il enseigna.

Il contempla les pyramides de Ladorah (dont le nom, surtout, l'avait attiré) sous les rayons de la pleine lune qui argentait les sables incrustés d'ombres noires et pointues. Il chassa le gibier sur le lac Van en compagnie du gouverneur anglais de l'Arménie et de sa nièce. Du balcon de son hôtel à Sidra il admira, sur le conseil du directeur de l'établissement, le sillage orange d'un soleil couchant qui transformait les vaguelettes de la mer lavande en écailles de cyprin doré, et ce spectacle le dédommagea largement du papier à rayures d'un exotisme voulu qui tapissait les pièces exiguës où la jeune Lady Scramble (sa secrétaire) et lui-même étaient descendus. Sur une autre terrasse devant une autre baie légendaire, Eberthella Brown, la danseuse favorite du schah de l'endroit (petit être naïf qui s'imaginait que les mots « baptême du désir » avaient une signification sexuelle), renversa son café du matin en apercevant une chenille longue de vingt centimètres, aux anneaux hérissés de touffes rousses, qui rampait sur l'appui de la balustrade et qui se roula en boule et demeura sans connaissance dans la main de Van, qui, après l'avoir déposée dans un buisson, passa plusieurs heures à extraire de ses doigts au moyen de la pince à épiler de la donzelle, les poils rutilants et urticants de ce bel animal.

Il apprit à goûter le petit frisson insolite du rôdeur qui s'enfonce dans les ruelles sombres d'une ville étrangère, sachant fort bien qu'il n'y découvrirait que la crasse, et l'ennui, et des boîtes de conserves « Billy » défoncées, et le tam-tamarre d'un jazz-band importé sortant de cafés syphilitiques. Souvent il lui sembla que les villes célèbres, les musées, les anciennes chambres de torture, les jardins suspendus n'étaient que des points sur la carte de sa propre démence.

Il aimait écrire ses livres (*Signatures illisibles,* 1895; *Clairvoyeurisme,* 1903; *L'Espace meublé,* 1913; *La Texture du Temps,* commencé en 1922) dans des refuges de montagnes, dans les wagons-salons des grands express, sur les *sundecks* de blancs paquebots, sur les tables de pierre des parcs latins. Parfois il lui semblait sortir d'un état d'hypnose indéfiniment prolongé : il découvrait avec étonnement que le navire qui l'emportait avait inversé sa route, ou que l'ordre des doigts de sa main gauche était interverti et commençait à gauche par un pouce comme sur une main droite, ou encore que le Mercure de marbre qui regardait par-dessus son épaule s'était transformé en un *arbor vitae* attentif. Il prenait conscience tout à coup que trois, sept, treize années, dans un premier cycle de séparation, puis quatre, huit, seize dans un autre, s'étaient écoulées depuis qu'il avait pour la dernière fois enlacé, inondé Ada de ses larmes.

Les nombres, les rangées, les séries — le cauchemar et la malédiction se faisaient les bourreaux de la pensée pure et du temps pur — semblaient s'être ligués pour mécaniser son esprit. Trois éléments, le feu, l'eau et l'air détruisirent tour à tour Marina, Lucette et Démon. Terra attendait.

Depuis sept ans qu'elle avait dit adieu à son mari — cadavre fort réussi — et à une existence qui ne lui semblait plus en rapport avec la situation, et qu'elle s'était retirée sur la Côte d'Azur dans sa villa (celle que Démon lui avait autrefois offerte) encore étincelante, encore magiquement organisée par une domesticité parfaite, la mère de Van souffrait de diverses maladies « obscures » que chacun pensait qu'elle inventait de toutes pièces ou simulait avec talent, et qu'elle prétendait guérir par le seul effort de la volonté (ce qu'elle réussissait en partie). Van lui fit des visites moins fréquentes que la fidèle Lucette, qu'il rencontra chez elle en deux ou trois occasions. Une fois, en 1899, comme il entrait dans le jardin d'arbousiers et de lauriers de la villa Armina, il aperçut un vieux prêtre orthodoxe barbu et vêtu d'un complet noir d'une neutralité parfaite qui repartait à motocyclette pour son presbytère niçois situé près du tennis public. Marina parla à Van de religion, de Terra, de théâtre, mais il semblait qu'elle eût oublié Ada; elle ne prononçait jamais son nom, et, de même que Van ne devina point qu'elle savait *tout* sur les horreurs et les ardeurs d'Ardis, personne ne soupçonna jamais les souffrances qui ravageaient ses entrailles sanglantes et qu'elle cherchait à soulager par des incantations et par des exercices d' « autoconcentration » ou d'« autodissolution » (leur contraire). Elle avouait avec un sourire énigmatique un peu supérieur que bien qu'elle fût grandement séduite par les bouffées bleues qui s'échappaient en cadence de l'encensoir, par les riches vibrations de la mélopée du *diakonos* sur l'ambon, par l'icône d'un brun huileux offerte sous un filigrane protecteur au baiser des fidèles, son âme demeurait irréversiblement attachée, *naperekor* (n'en déplaise à) Dacha Vinelander, à la sagesse suprême de l'hindouisme.

Au début de 1900, quelques jours avant de voir Marina pour la dernière fois dans sa clinique de Nice (où pour la *première* fois il apprit le nom de sa maladie), Van fit un cauchemar « verbal » dont il crut pouvoir attribuer la cause aux effluves musqués de la Villa Vénus de Miramas (Bouches Rouges-du-Rhône). Deux créatures informes épaisses et transparentes étaient engagées dans une discussion contradictoire. « Je ne peux pas », répétait l'une (elle voulait dire « je ne peux mourir » — entreprise difficile à mener à bien volontairement sans l'aide du poignard, de la balle ou du poison) et l'autre affirmait : « On ne le peut qu'en serrant, qu'en serrant... » Elle mourut quinze jours plus tard et son corps fut brûlé selon ses dernières instructions.

Van, esprit lucide, se savait moins brave au moral qu'au physique. Il devait toujours (j'entends jusqu'à une date postérieure aux années 1960) se rappeler avec répugnance, comme s'il eût voulu effacer de sa mémoire une action mesquine, poltronne et stupide (car, après tout, qui sait ? les andouillers futurs auraient pu être plantés dès alors, à l'hôtel où étaient descendus les Vinelander, faisant face aux lampes vertes qui rendaient le vert des palmiers plus vert encore), la façon dont il réagit à Kingston au télégramme envoyé de Nice par Lucette (« Mère morte ce matin la tiret crémation tiret aura lieu après demain au coucher du soleil ») : il demanda qu'on lui fît savoir (« prière faire savoir ») qui d'autre assisterait à la cérémonie; Lucette lui répondit aussitôt que Démon était déjà arrivé avec Andreï et Ada, à quoi Van répondit à son tour : « Désolé de ne pouvoir être avec vous. »

Il avait erré dans le parc de Cascadilla, à Kingston, dans le crépuscule printanier peuplé de parfums vagabonds, ô combien plus séraphique que ces assauts de télégrammes. La dernière fois qu'il avait vu Marina (desséchée, parcheminée comme une momie), il lui avait dit qu'il était obligé de retourner en Amérique (quoique en vérité rien ne pressât — mais il y avait cette odeur de chambre d'hôpital qu'aucune brise ne parvenait à dissiper) et elle lui avait demandé avec cette expression nouvelle et tendre et ce regard de myope (car c'était un regard intérieur) : « Tu ne peux pas attendre que je sois partie ? » Il avait répondu : « Je serai de retour le 25. Je dois faire un exposé sur la psychologie du suicide », et elle lui avait dit, explicitant le lien de parenté dont elle pouvait enfin faire l'aveu maintenant que tout était *tripitaka :* « Parle-leur de ta pauvre tante Aqua », et lui, au lieu de répondre : « Oui, mère » avait hoché la tête avec un sourire forcé. Recroquevillé dans le dernier rayon de soleil bas, sur ce bout de banc où il avait très peu de temps auparavant peloté et pollué une étudiante noire, maigre fille gauche qui avait ses faveurs, Van se mit à la torture en remâchant son manque d'amour filial — vaste engrenage d'insouciance, de dédain amusé, de répulsion physique, de congédiement habituel. Dans un frénétique désir de réparation, il regarda autour de lui, sommant l'esprit de Marina de lui donner un signe clair et convaincant de la survivance de son être derrière le voile du temps, derrière la chair de l'espace. Il n'y eut pas de réponse : aucun pétale ne tomba sur son banc, aucun moucheron n'effleura sa main. Il se demanda ce qui pouvait bien le maintenir en vie sur cette terrible Antiterra, alors que Terra n'était qu'un mythe et tout art qu'un jeu, et que rien n'avait plus d'importance depuis qu'il avait frappé la joue chaude et poilue de Valerio; d'où, de quel profond puits d'espoir tirait-il encore une étoile frissonnante, alors que tout était entaché de souffrance et de désespoir et qu'un autre homme partageait toutes les chambres d'Ada.

CHAPITRE II

PAR une matinée maussade entre le printemps et l'été de 1901, à Paris, Van coiffé d'un feutre noir, une main enfoncée dans la poche de son paletot et jouant avec quelques pièces de monnaie tièdes, et l'autre, gantée de daim, balançant avec panache un parapluie anglais enroulé, passait devant la terrasse d'un des cafés les plus rébarbatifs de tous ceux qui bordent l'avenue Guillaume Pitt quand un homme chauve et replet, vêtu d'un complet marron froissé dont le gilet s'ornait d'une chaîne de montre, se leva de sa table et l'interpella.

Van, perplexe, considéra pendant un instant ces joues rondes et rubicondes, cette barbiche noire...

« *Ne ouznaïoch'* (Tu ne me reconnais pas) ?

— Greg ! Grigorii Akimovitch ! » s'écria Van en se dégantant vivement.

« Je me suis laissé pousser une vraie *Vollbart* l'été dernier. Tu ne m'aurais jamais reconnu. Tu prends une bière ? Je me demande ce que tu fais pour garder cet air de jeune homme.

— Une question de régime, dit le professeur Veen en mettant ses lunettes et en faisant signe à un garçon avec le croc de son parapluie. Champagne au lieu de bière. Cela n'empêche guère de gagner du poids mais vous tient le scrotum frais et ferme.

— Je ne suis pas maigre, moi non plus, non ?

— Parle-moi de Grace... Je ne puis l'imaginer accumulant les kilos.

— Jumeaux un jour, jumeaux toujours. Ma femme, d'ailleurs, est assez corpulente elle aussi.

Tak ty jenat (Toi, marié) ? Je l'ignorais dans ma retraite. Depuis quand ?

— Deux ans.

— Avec qui ?
— Fleur Sween.
— La fille du poète ?
— Non, non, la nièce du marquis... »

Qui sait ? Il aurait pu répondre « Ada Veen », si Mr. Vinelander n'avait été un prétendant plus preste. Il me semble avoir rencontré cet oncle quelque part. Mais changeons de sujet. Union pitoyable sans doute : une maîtresse femme, une femme solide, et lui plus ennuyeux que jamais.

« Nous nous sommes vus pour la dernière fois il y a treize ans. Tu montais un poney noir... non, une Silentium noire. *Bojé moï !*

— Oui. *Bojé moï*... c'est bien le mot. Oh, ces adorables, adorables supplices dans l'adorable Ardis. Sais-tu que j'étais *absolutno bezoumno* (éperdument) amoureux de ta cousine !

— Ma cousine ? Miss Veen ? Je l'ignorais. Combien de temps...

— Elle non plus ne le savait pas. J'étais terriblement...

— Combien de temps penses-tu rester...

— ... terriblement timide; c'est que je me rendais bien compte que je ne pouvais entrer en concurrence avec ses nombreux soupirants. »

Nombreux ? Deux ? Trois ? Se pourrait-il qu'il n'eût jamais entendu parler du principal soupirant ? Qu'il ignore encore ce que savaient tous les buissons d'églantiers, toutes les soubrettes des trois manoirs ? Noble discrétion de celles qui font nos lits.

« Combien de temps penses-tu rester encore à Lute ? Non, Greg, c'est moi qui ai commandé. Tu paieras la deuxième bouteille. Dis-moi un peu...

— Comme c'est étrange quand on y songe ! C'était la fantaisie, la frénésie, c'était la réalité à la puissance X. Franchement, j'aurais consenti de bon cœur à me faire trancher la tête par un Tartare si en échange elle m'avait permis de poser les lèvres sur sa cheville. Toi, tu es son cousin, presque son frère; comment comprendrais-tu la puissance de cette obsession ? Oh, ces pique-niques ! Et le pauvre Percy de Prey qui se vantait de ses succès auprès d'elle et me rendait fou d'envie et de pitié, et le Dr Krolik qui l'aimait aussi à ce qu'on disait, et Phil Rack, ce compositeur de génie... morts, morts, tous morts !

— Je n'entends quasiment rien à la musique, mais quel plaisir j'ai pris à faire hurler de douleur ton copain ! J'ai rendez-vous dans quelques minutes, hélas. *Za tvoïo zdorovié, Grigorii Akimovitch.*

— Arkadievitch », dit Greg qui avait laissé passer la faute une première fois, mais la corrigeait maintenant machinalement.

« *Ach*, c'est ma foi vrai ! Stupide lapsus d'une langue négligente. Comment se porte Arkadiï Grigorievitch ?

— Il est mort. Quelques jours avant ta tante. Il me semble que les journaux ont rendu un bel hommage à son talent. Et où se trouve à présent Adelaïda Danilovna ? Est-ce Christophe Vinelander ou son frère qu'elle a épousé ?

— Elle est en Californie ou dans l'Arizona. L'homme s'appelle Andreï, à ce que j'ai cru comprendre. Il se peut que je me trompe. A dire vrai je n'ai jamais très bien connu ma cousine. Je ne suis allé que deux fois à Ardis, après tout, et chaque fois pour quelques semaines seulement, il y a des années.

— Quelqu'un m'a dit qu'elle était actrice de cinéma.

— Je n'en sais rien. Je ne l'ai jamais vue sur l'écran.

— Oh, ce serait terrible, franchement, d'allumer sa dorotélé et de la voir paraître tout à coup. Ce serait comme un homme qui se noie et qui revoit tout son passé... et les arbres, et les fleurs, et Dack avec sa petite couronne. Elle a dû être terriblement affectée par la mort terrible de sa mère. »

En voilà un qui aime le mot « terrible ». Et « franchement ». Terrible ce complet. Terrible tumeur. Pourquoi devrais-je supporter cela ? Révoltant — mais fascinant d'une façon presque surnaturelle : mon ombre babillarde, mon double burlesque.

Van allait se lever pour partir quand un chauffeur en livrée fort bien mis se présenta pour annoncer à « milord » que sa dame était parquée au coin de la rue de Saïgon et qu'elle lui mandait de se présenter devant elle.

« Ah, dit Van, je vois que tu utilises ton titre britannique. Ton père préférait se faire passer pour un colonel tchékhovien.

— Fleur est anglo-écossaise, et ma foi ça lui plaît. Elle trouve qu'un titre vous pose mieux à l'étranger. A propos, quelqu'un m'a dit... oui, c'est Tobak... que Lucette était descendue à l'Alphonse Quatre. Je ne t'ai pas demandé de nouvelles de ton père ? Il se porte bien ? » (Van fait une révérence.) « Et que devient la *gouvernantka belletristka* ?

— Son dernier roman s'appelle *L'Ami Luc*. Elle vient d'obtenir le prix de l'Académie Lebon pour l'abondance de sa plumisterie. »

Ils se séparèrent en riant.

Un moment plus tard, comme il arrive si souvent dans les vaudevilles et dans les villes étrangères, Van se trouva nez à nez avec une autre connaissance. Avec un frisson de plaisir, il aperçut Cordula, moulée dans une étroite jupe coquelicot, qui prodiguait en langage d'enfant des paroles de consolation à deux malheureux bébés caniches attachés au piquet d'attente devant la boutique d'un marchand de saucisses. Van lui fit une caresse du bout des doigts, et comme elle se redressait et se retournait indignée (indignation qui fit instantanément place à la gaieté des retrouvailles) il cita le distique, usé mais adapté aux circonstances, qu'il connaissait depuis le temps lointain où ses camarades de classe lui en rebattaient les oreilles :

Les Veen ne parlent qu'aux Tobak
Mais les Tobak ne parlent qu'aux chiens.

Le passage du temps n'avait fait que polir la joliesse de Cordula et quoique la mode eût changé plus d'une fois depuis 1889, cette année-là les coiffures et la forme des jupes avaient fait un retour éphémère (une autre fille infiniment plus élégante que Cordula était déjà fort en avance sur elle) au style qui fleurissait quelque douze ans plus tôt, abolissant l'interruption de l'approbation et du plaisir remémorés. Cordula se répandit en un torrent de questions polies mais Van avait une affaire plus importante à régler sur l'heure — pendant que la flamme papillotait encore.

« N'affadissons pas, dit-il, la tumescence du temps retrouvé par un épanchement de paroles oiseuses. Je crève d'énergie, si c'est cela que tu veux savoir. Et maintenant parlons bien. Je te soumets une requête pressante, quelque insolente et stupide qu'elle puisse te paraître. Es-tu disposée à collaborer avec moi à la cocufication de ton époux ? C'est impératif.

— Van, tout de même ! s'écria Cordula courroucée. Tu dépasses les bornes. Je suis une épouse comblée. Mon Tobatchok m'adore. Nous aurions dix enfants à l'heure qu'il est, si je n'avais pas fait attention avec lui et avec les autres.

— Tu seras bien aise d'apprendre que cet autre-ci a été reconnu parfaitement stérile par la Faculté.

— C'est bien ce que je suis le moins, hélas. Je ferais pouliner une mule rien qu'à la regarder. D'ailleurs je déjeune tout à l'heure chez les Goal.

— C'est bizarre, tout de même. Une petite fille excitante comme toi qui se laisse si gentiment attendrir par des caniches et qui a le cœur d'éconduire un pauvre vieux Van pansu et roidi.

— *The Veens are much too gay as dogs go* (en fait de galanterie les Veen sont des mâtins bien trop dangereux).

— Puisque tu collectionnes les adages, laisse-moi t'en citer un qui vient de l'Arabie : Le Paradis n'est qu'à un *assbaa* au sud de la ceinture d'une belle fille. Eh bien ?

— Tu es impossible. Où et quand ?

— Où ? Dans ce petit hôtel miteux, de l'autre côté de la rue. Quand ? Tout de suite, bien sûr. Je ne t'ai encore jamais vue sur un bidet... c'est là tout ce que nous permet le « tout confort ».

— Il faut absolument que je sois rentrée avant onze heures et demie. C'est déjà presque onze heures.

— Nous en avons pour cinq minutes. Je t'en prie ! »

En selle, Cordula ressemblait à une petite fille qui fait la courageuse la première fois qu'elle monte sur un manège de chevaux de bois. Elle faisait une moue rectangulaire tandis qu'elle recourait au service du trivial appareil. Les tristes, les maussades péripatéticiennes le font le visage mort, les lèvres serrées. Elle s'y assit deux fois. Leur joyeux exercice et sa répétition durèrent en tout non pas cinq mais quinze minutes. Van, très satisfait de lui-même, l'accompagna un bout dans le vert et brun Bois de Belleau, en direction de son *osobnyatchyok* (hôtel particulier).

« J'y pense, dit Van, je ne me sers plus de notre appartement d'Alexis Avenue. Depuis sept ou huit ans, j'y ai installé de pauvres gens — la famille d'un officier de police qui a servi comme valet de pied chez l'oncle Dan à la campagne. Mon policier est mort maintenant et sa veuve et ses trois fils sont retournés à Ladore. J'ai l'intention de me défaire de cet appartement. Accepte-le comme le cadeau de mariage un peu tardif d'un fidèle admirateur. Tu veux bien ? A la bonne heure. Nous recommencerons une autre fois. Il faut que je sois à Londres demain et, le trois, mon paquebot préféré, *l'Amiral Tobakoff*, me ramène à Manhattan. Au revoir. Dis-lui de se méfier des portes basses. Les cornes sont souvent très sensibles dans leur premier âge. Greg Erminine me dit que Lucette est à l'Alphonse Quatre ?

— C'est exact. Et l'autre, où est-elle ?

— Je crois qu'il vaut mieux nous quitter ici. Tu ferais mieux de rentrer tout doucement chez toi.

— Au revoir. Tu es un très vilain garçon et moi une très vilaine fille. Mais c'était bien gai, quoique tu m'aies parlé comme tu ne parlerais pas à une amie mais comme tu parles sans doute aux petites putains. Voici une adresse ultra-secrète où tu pourras toujours (fouillant dans son sac à main) me joindre (elle trouva une carte de visite portant les armes de son mari et griffonna un cryptographe postal) à Malbrook, dans le Mayne. J'y passe toujours le mois d'août. »

Elle regarda à droite et à gauche, se haussa sur la pointe des pieds comme une ballerine et embrassa Van sur la bouche. Chère Cordula !

CHAPITRE III

Le concierge sans âge, au menton bourbonien, aux cheveux noirs et plaqués, que Van au temps de Chose avait surnommé Alphonse Cinq, croyait bien avoir aperçu Mlle Veen un instant plus tôt dans le salon Récamier où Vivian Vale exposait ses voiles d'or. Dans un envol de queue-de-pie et un grincement de grille tournant sur ses gonds, Alphonse sortit en courant de sa loge pour aller voir. Surmontant le bec de son parapluie, l'œil de Van glissa sur un tourniquet de livres brochés de la Collection Sapsucker (aux dos ornés de ce curieux petit pic zébré) : *La Gitanilla, Salzman, Salzman, Salzman, Invitation à l'extase, Le Go-go Gang, Le Seuil de la souffrance, Carillons de Chose, La Gitanilla*... Passèrent un vieux collègue de Démon à Wall Street, le très « patricien » Kithar K. L. Sween, qui écrivait des vers, et un personnage plus vieux encore, le magnat de l'immobilier, Milton Eliot, qui ne reconnurent pas (bien que plusieurs miroirs le trahissent) un Van reconnaissant.

Le portier revint en secouant la tête. Par pure bonté d'âme, Van lui glissa une guinée Goal et lui dit qu'il repasserait à une heure et demie. Il traversa le hall (où l'auteur de *Lignes agoniques* et Mr. Eliot, affalés dans des fauteuils, maints plis de veston remontant sur leurs épaules, étaient en train de comparer leurs cigares), et, sortant de l'hôtel par une porte latérale, traversa la rue des Jeunes-Martyres pour prendre un verre chez Ovenman.

Il s'arrêta au vestiaire le temps de donner son pardessus, mais garda son feutre noir et son parapluie fusiforme comme il l'avait vu faire à son père dans ce genre de lieux bordelisants — quoiqu'à la mode — et que les honnêtes femmes ne fréquentent pas, du moins sans être accompagnées. Il se dirigea vers le bar et commençait à essuyer les verres de ses lunettes à monture noire quand dans un brouillard optique (revanche récente de l'Espace !) il aperçut la fille dont il se rappelait avoir aperçu la silhouette (autrefois beaucoup plus nette) à intervalles irréguliers depuis l'âge de sa puberté. Entrée seule, elle buvait seule, toujours seule, comme l'*Incognita* de Blok. Il éprouva une impression bizarre... C'était comme un morceau rejoué par erreur, un membre de phrase mal placé sur la page d'épreuves, une scène trop tôt projetée, la répétition d'une faute, une erreur dans l'itinéraire du Temps. Il se hâta de rasseoir sur ses oreilles les branches épaisses de ses lunettes et s'approcha d'elle en silence.

Pendant une seconde, il se tint derrière elle, offrant son profil au souvenir et au lecteur (comme elle, par rapport à nous et au bar), la crosse de son jonc gainé de soie (vue pareillement de profil) touchant presque ses lèvres. Devant la toile de fond dorée d'un paravent de sakarama, elle s'approchait du bar d'un pas glissant. Elle était encore debout, elle prenait un tabouret, elle avait déjà posé sur le comptoir une main gantée de blanc. Elle portait une robe romantique noire et fermée sous le cou, aux manches longues, au corsage ajusté, à la jupe large. Son long cou s'élevait avec grâce au-dessus de la molle corolle noire d'une collerette plissée. Avec le regard morne du libertin nous suivons la ligne fière et pure de la gorge, du menton relevé. Les lèvres d'un rouge luisant sont entrouvertes, avides, lèvres d'enfants de fée, et l'on aperçoit la lueur blanche de larges incisives supérieures. Nous connaissons, nous aimons cette pommette haut placée (dont la peau rose et brûlante retient une trace de poudre), la frange oblique des longs cils noirs, l'œil félin à la paupière fardée — tout cela vu de profil, nous le répétons doucement. Sous le large bord onduleux du chapeau de faille noire que surmonte un gros nœud, noir aussi, une spirale de cuivre ardent, bouclée d'une main experte et désapprêtée avec art, descend sur la joue enflammée; la lumière des ampoules gemmées joue sur le bouffant de la coiffure, lequel, observé latéralement, projette sa masse convexe entre le bord extravagant du chapeau Rubens et le trait fin et allongé du sourcil. Ce profil irlandais qu'une ombre de langueur slave adoucit et pare d'une expression d'attente mystérieuse et de surprise nostalgique sera considéré, je l'espère, par les amis et admirateurs de mes mémoires comme un chef-d'œuvre naturel infiniment plus beau et plus frais que le portrait de cette gourgandine parisienne à la gueule de guenon qui figure dans une pose identique sur l'affreuse affiche peinte pour Ovenman par un artiste à l'existence brisée.

« Hello, Ed », dit Van en s'adressant au barman, et elle se retourna au son de sa chère voix rauque.

« Je ne m'attendais pas à te voir porter des lunettes. Tu as failli recevoir le « paquet » promis à l'homme que j'imaginais lorgnant mon chapeau. Van chéri ! *Douchka moï !*

— Ton chapeau, dit-il, est positivement lautréamontesque... je veux dire lautrecaquesque... Non, décidément je n'arrive pas à former l'adjectif. »

Ed Barton servit à Lucette ce qu'elle appelait une Chambéryzette.

« *Gin and bitter* pour moi.

— Je suis si heureuse et si triste, murmura-t-elle en russe. *Moïo groustnoé chtchastié !* Combien de temps penses-tu rester dans notre vieille Lute ? »

Van répondit qu'il partait le lendemain pour l'Angleterre et que deux jours plus tard, le 3 juin (on était le 31 mai), il repartait pour l'Amérique à bord de *l'Amiral Tobakoff*. Elle s'écria qu'elle allait partir avec lui, que c'était une merveilleuse idée et qu'il lui était indifférent d'aller ici où là, à l'Ouest, à l'Est, à Toulouse, à Los Teques. Il lui fit remarquer qu'il était beaucoup trop tard pour réserver une cabine (sur un bateau pas très grandiose et tellement plus petit que la *Queen Guinevere*), après quoi il changea de sujet.

« La dernière fois que je t'ai vue, dit Van, c'était il y a deux ans dans une gare. Tu venais de quitter la villa Armina, moi j'arrivais. Tu portais une robe à fleurs qui se confondait avec les fleurs que tu portais car tu bougeais très vite — tu venais de sauter d'une calèche verte pour rebondir dans l'Express Ausonien qui m'avait amené à Nice.

— Très expressionniste. Je ne t'ai pas vu, sinon je me serais arrêtée pour te dire ce que je venais d'apprendre. Imagine-toi que maman savait tout : ta commère de père lui avait tout raconté sur Ada et toi !

— Mais non pas sur toi et elle. »

Lucette le pria de ne plus nommer cette créature révoltante, affolante. Elle était furieuse contre Ada et jalouse par procuration. Son Andreï, ou plutôt la sœur d'Andreï agissant au nom de son frère (car il était trop bête, même pour faire ça) s'intéressait à l'art pompier progressiste, dont elle collectionnait les productions, raclures de décrottoirs, traînées excrémentielles sur toile, imitations des graffiti d'un crétin, idoles primitives, masques d'aborigènes, objets trouvés ou plutôt troués, pieu poli avec son trou poli à la Heinrich Heideland. La nouvelle épousée trouva la cour du ranch ornée d'une sculpture (si c'est le mot juste) due aux polissoirs du vieil Heinrich lui-même et de ses quatre solides assistants, un morceau d'acajou bourgeois, hideux, énorme, haut de dix pieds pour le moins, intitulé *Maternité*, et mère (à rebours) de tous les gnomes de plâtre et champignons de fer de fonte que de plus anciens Vinelander plantaient devant la façade de leurs datchas liaskanes.

Le barman essuyait au ralenti indéfiniment le même verre, en écoutant le réquisitoire de Lucette avec le sourire amolli de la béatitude parfaite.

« Et pourtant (*odnako*), dit Van en russe, tu t'es bien amusée là-bas en 1896. C'est Marina qui me l'a dit.

— Eh bien, non (*nitchego podobnago*) ! J'ai quitté Agavia sans mes bagages au milieu de la nuit, avec Brigitte qui sanglotait. Je n'ai jamais vu pareil ménage. Ada était devenue stupide. Les propos de table se limitaient aux trois C : cactus, chevaux, cuisine, plus les commentaires de Dorothy sur le mysticisme cubiste. Lui est un de ces Russes qui *chlyopayut* (se traînent) pieds nus aux cabinets, se rasent en maillot de corps, portent des jarretières, trouvent inconvenant le geste de remonter son pantalon, mais quand ils cherchent de la menue monnaie tiennent avec la main gauche la poche droite de leur pantalon et vice versa, ce qui est non seulement inconvenant mais vulgaire. Démon est peut-être déçu qu'ils n'aient pas d'enfants, mais en vérité il a pris le personnage en grippe après la première flambée de son zèle de beau-père. Dorothy est un monstre pieux et précieux dont les visites se prolongent pendant plusieurs mois, qui impose ses menus et possède une collection particulière de clefs qui lui donnent accès aux chambres des domestiques — ce qu'aurait dû savoir notre stupide maîtresse de maison — sans compter d'autres clefs plus petites au moyen desquelles elle s'insinue dans les cœurs. Sais-tu qu'elle a essayé de convertir à l'orthodoxie pratiquante non seulement tous les nègres américains qu'elle a pu happer au passage, mais encore notre mère déjà suffisamment *pravoslavnaïa* — il est vrai que dans ce dernier cas elle n'a réussi qu'à faire monter les actions de Trimurti. Par une belle et nostalgique nuit...

— *Po-russki* », dit Van; un couple anglais venait de commander à boire et s'installait tout près pour écouter tranquillement.

« *Kak-to notch'yu* (une nuit, profitant de l'absence d'Andreï qui était allé se faire enlever les amygdales ou je ne sais plus quoi, la chère, la vigilante Dorotchka pénétra dans la chambre de ma camériste, alertée par un bruit suspect. Elle trouva la pauvre Brigitte endormie sur une chaise à bascule, et sur le lit Ada et moi en train de nous adonner à nos anciens jeux (*tryahnouvchih starinoï*). C'est alors que j'ai dit à Dora que je ne pouvais tolérer ses manières et que je suis partie séance tenante pour Monarch Bay.

— Il y a des gens vraiment bizarres, dit Van. Si tu as fini ce breuvage poisseux, rentrons à ton hôtel et déjeunons ensemble. »

Elle voulait du poisson, lui de la viande froide avec de la salade.

« Sais-tu qui j'ai rencontré ce matin ? Ce brave Greg Erminine. C'est lui qui m'a dit que tu étais dans les parages. Sa femme est un peu snob, il paraît.

— Tout le monde est un peu snob. Ta Cordula, qui n'est pas loin non plus, ne pardonne pas à Choura Tobak, le violoniste, de voisiner avec son époux dans l'annuaire du téléphone. Dès que nous aurons fini de déjeuner, nous monterons dans ma chambre, au numéro vingt-cinq — mon âge. J'ai un fabuleux divan japonais et des montagnes d'orchidées que m'a fait porter ce matin un de mes chevaliers servants. *Ach, bojé moï*, je n'y avais pas pensé... Il faut que je mette la chose au clair, elles sont peut-être pour Brigitte, qui se marie après-demain à trois heures et demie avec un maître d'hôtel de l'Alphonse Trois, à Auteuil. Pour elle ou pour moi, elles sont verdâtres, avec des taches oranges et violettes — une variété d'*Oncidium* délicate, « grenouilles des cyprès », comme on les appelle bêtement dans le commerce. Et je m'étendrai comme une martyre. Tu te souviens ?

— Toujours demi-martyre... je veux dire demi-vierge ? » demanda Van.

« Quart de vierge. Oh, Van, essaie-moi ! Mon divan est noir avec des coussins jaunes.

— Tu pourras t'asseoir une minute sur mes genoux.

— Non... à moins que nous ne soyons nus et que tu ne m'empales.

— Comme je te l'ai souvent reproché, mignonne, tu as beau appartenir à une famille princière, tu t'exprimes comme la plus dissolue des Lucindas. Est-ce un dada dans ta coterie, Lucette ?

— Je n'appartiens à aucune « coterie », je suis une solitaire. De temps en temps je sors avec deux diplomates, un Grec et un Anglais; je leur permets de me tripoter et de s'amuser ensemble en ma présence. Un banal peintre mondain fait mon portrait et quand je suis bien disposée, sa femme et lui me caressent. Ton ami Dick Cheshire me fait des cadeaux, me donne des tuyaux pour les courses. C'est une morne existence, Van. J'apprécie... oh, j'apprécie des tas de choses ! » continua Lucette d'une voix rêveuse et mélancolique en piquant sa fourchette dans les flancs d'une truite bleue, laquelle à en juger par sa forme convulsée et ses yeux exorbités avait subi vivante le supplice atroce du court-bouillon. « J'apprécie la peinture flamande et hollandaise, les fleurs, la bonne cuisine, Flaubert, Shakespeare, le shopping, la nage, le ski et les baisers des Belles et des Bêtes, mais tout ça, tous ces menus plaisirs, cette sauce, et tous les trésors de la Hollande ne forment cependant qu'une pellicule fine, fine *(tonen'kïi-tonen'kïi)* sous laquelle il n'y a rien, absolument rien, sauf bien sûr ton image... ton image qui ne fait que creuser ce vide et lui ajouter les souffrances de la truite suppliciée. Je ne suis — comme Dolorès — « qu'une image peinte dans l'air ».

— Je n'ai pas pu finir ce roman... Beaucoup trop prétentieux.

— Prétentieux mais vrai. J'y retrouve, exactement décrit, mon sentiment de l'existence... un fragment, une traînée de couleur. Viens, voyageons ensemble. Partons pour un pays lointain où nous trouverons des fresques et des fontaines. Pourquoi ne pourrions-nous pas aller dans quelque pays lointain où il y a des vieilles fontaines ? En bateau ? En sleeping ?

— L'avion est plus sûr et plus rapide, dit Van. Et pour l'amour de Pieu, parle russe. »

Le poète Sween, qui déjeunait en compagnie d'un jeune ami doté d'une paire de côtelettes toréadoresques et de plusieurs autres charmes, s'inclina gravement vers leur table. En même temps, un officier de marine portant l'uniforme azuré des Gulf Stream Guards et qui marchait dans le sillage d'une femme aux cheveux d'ébène, à la peau d'ivoire, dit à l'adresse de nos deux amis : « Hello Lucette, hello Van ! »

— Hello Alph », dit Van, tandis que Lucette répondait à ce salut par un sourire absent : au-dessus du galbe de ses deux mains jointes son œil moqueur suivait le retrait de la dame. Van s'éclaircit le gosier et jeta un regard sombre à sa demi-sœur.

« Elle doit avoir au moins trente-cinq ans, dit Lucette, mais elle espère encore devenir sa reine. »

(Le père de l'officier bleu, Alphonse Ier du Portugal, potentat fantoche manipulé par l'Oncle Victor, avait abdiqué depuis peu, sur le conseil de Gamaliel, en faveur d'un régime républicain, mais Lucette pensait à la beauté fragile et non aux caprices de la politique.)

« C'était Lenore Colline. Van, qu'est-ce que tu as ?

— Les chats ne regardent pas les étoiles. Cela ne se fait pas. La ressemblance est beaucoup moins frappante que naguère... Il faut dire que je ne suis pas au courant des altérations qui ont pu survenir dans l'original. A propos, comment se porte la carrière ?

— Si c'est à la carrière de ma sœur que tu fais allusion, j'espère qu'elle n'a pas mieux tourné que son mariage. Démon n'aura obtenu d'autre succès que de te livrer à moi. Je vais rarement au cinéma, j'ai refusé d'adresser la parole à Dora et à sa belle-sœur quand nous nous sommes rencontrées aux obsèques de maman et je n'ai pas eu vent de ses récents exploits, tant à la scène qu'à l'écran.

— Cette femme a-t-elle parlé à son frère de vos ébats innocents ?

— Bien sûr que non. Elle *drojite* (tremble) de ternir sa félicité. Mais je suis certaine que c'est elle qui a forcé Ada à m'écrire que je ne devais pas essayer de briser un mariage heureux. J'absous Daruchka qui appartient de naissance à la race des maîtres chanteurs, mais non pas Adotchka. Et je n'aime pas du tout ton cabochon. Je t'accorde qu'il fait bon effet sur ta chère main velue, mais papa en portait un pareil à son ignoble patte rose. Papa représentait le type de l'explorateur silencieux. Je me souviens d'un match de hockey-fillettes auquel il m'avait emmenée... j'ai été obligé de lui dire que j'appellerais au secours s'il n'interrompait pas ses « recherches ».

— *Das auch noch* », soupira Van en rangeant dans sa poche le lourd et ténébreux saphir. Il l'aurait abandonné de bon cœur dans un cendrier s'il n'eût été le dernier présent de Marina.

« Ecoute, Van, dit Lucette (en vidant sa quatrième flûte). Pourquoi ne pas risquer ? C'est tout simple. Tu m'épouses. Mon Ardis est à toi. Nous y habitons. Tu écris. Je me fonds dans le paysage; jamais je ne te dérange. Nous invitons Ada — seule, bien sûr — à passer un petit moment dans *ses* domaines, car j'avais toujours pensé que maman lui laisserait Ardis. Lorsqu'elle arrive, je vais à Aspen, à Gstaad ou à Schittau, et pendant que je skie dans l'Aspenis tu vis auprès d'elle dans un bloc de cristal où la neige tombe, tombe comme pour l'éternité. Puis je reviens en trombe, mais elle peut rester, elle est la bienvenue. Je peux rôder dans les parages pour le cas où vous auriez tous les deux besoin de moi. Finalement elle retourne chez son mari pour quelques sinistres mois. Tu m'écoutes ?

— Oui. Le projet est superbe, dit Van. Il n'a qu'un inconvénient, c'est qu'elle ne viendra jamais. Il est trois heures. J'ai rendez-vous avec un homme qui doit remettre à neuf la villa Armina dont j'ai hérité et qui abritera un de mes harems. Cette façon de taper les gens sur le poignet pour les faire cesser de parler n'est pas ce que tu as hérité de mieux de tes ancêtres irlandais en fait de belles manières. Je vais te reconduire jusque chez toi. Il est clair que tu as besoin de te reposer.

— Il faut que je téléphone. C'est très très très important. Mais je ne veux pas que tu écoutes », dit Lucette en cherchant sa clef dans un petit sac à main noir.

Ils entrèrent ensemble dans l'appartement de Lucette. Bien décidé à n'y rester qu'une minute, Van ôta ses lunettes et pressa ses lèvres contre les lèvres de Lucette : elle avait exactement le même goût qu'Ada à Ardis au commencement de l'après-midi : épithélium salé, salive sucrée, cerises, café. Si Van n'avait fait l'amour si récemment et si bien il n'aurait pas résisté à la tentation, l'impardonnable émotion. Comme il se dégageait, elle le retint par la manche.

« Encore un baiser, encore un baiser », répétait-elle d'une voix balbutiante en remuant à peine ses lèvres entrouvertes dans une hébétude agitée, faisant de son mieux pour l'empêcher de réfléchir... de dire non.

Il dit que cela suffisait.

« Pourquoi, oh pourquoi ? Je t'en prie. »

Il repoussa doucement ses doigts tremblants et glacés.

« Pourquoi, Van ? Pourquoi, pourquoi, pourquoi ?

— Tu sais très bien pourquoi. C'est elle que j'aime, pas toi, et je refuse catégoriquement de compliquer les choses par la perpétration d'un nouvel inceste.

— C'est la meilleure, dit Lucette. Je crois me souvenir qu'en plus d'une occasion tu es allé assez loin avec moi, même quand j'étais une petite fille. Ton refus n'est qu'une échappatoire; d'ailleurs, d'ailleurs, tu l'as trompée avec des millions de filles, sale tricheur !

— Je ne te permettrai pas de me parler sur ce

ton », dit Van prenant prétexte de ce langage pitoyable pour sauver sa retraite.

« Pardon, j' « apolle », je t'aime », murmurait-elle, éperdument, et dans ce *murmure* elle essayait de mettre la force d'un *cri*, car le couloir n'était que portes et les portes qu'oreilles. Mais il poursuivit son chemin en agitant les deux bras en l'air sans se retourner — et pourtant sans rancune — et disparut.

CHAPITRE IV

Un problème taquin exigea la présence du Dr Veen en Angleterre. Le vieux Paar de Chose lui avait écrit que la « Clinique » souhaitait qu'il étudiât un cas surprenant de chromesthésie, mais qu'étant donné certains aspects du cas en question (entre autres une vague possibilité de supercherie), Van devait faire le voyage et décider lui-même s'il valait la peine d'envoyer le malade à Kingston, où il serait soumis à une observation plus poussée. Un certain Spencer Muldoon, venu au monde sans yeux, âgé de quarante ans, célibataire, sans amis, et le troisième personnage aveugle de cette chronique, avait eu des hallucinations au cours de violentes crises paranoïaques — il invoquait, en les appelant par leur nom, des substances et des formes qu'il avait appris à identifier par le toucher ou pensait reconnaître à l'horreur des histoires qu'il avait entendues à leur sujet (arbres qui tombent, sauriens préhistoriques) et qui maintenant l'assaillaient de tous côtés — alternant avec des périodes de stupeur suivies invariablement d'un retour à son état normal, accalmie qui durait une semaine ou deux, pendant lesquelles il manipulait ses livres de braille ou écoutait, les paupières rougies par l'extase, des disques de musique, de chants d'oiseaux et de poésie irlandaise.

Sa faculté de distribuer l'espace en rangées et en files d'objets « forts » et « faibles » selon un schéma ressemblant à un motif de papier peint demeura un mystère, jusqu'au soir où un étudiant adonné à la recherche (E.R. — il désira garder l'anonymat), qui avait l'intention de tracer certains graphiques en rapport avec la métabase d'un autre malade, laissa par hasard à la portée de Muldoon une de ces longues boîtes contenant des crayons de couleur neufs et non taillés dont la seule évocation (Dixon Pink Anadel !) fait parler au souvenir le langage de l'arc-en-ciel; les nuances des bâtonnets peints et vernis étaient rangées dans leur bel étui de métal selon les exigences du spectre. Le pauvre Muldoon ne pouvait avoir retenu de son enfance rien qui s'apparentât à un tel écho iridien, mais lorsque ses doigts tâtonnants ouvrirent la boîte et palpèrent les crayons, une certaine expression de délectation sensuelle se montra sur son visage d'une pâleur de parchemin. Ayant observé que les sourcils de l'aveugle se soulevaient un peu au rouge, davantage à l'orangé, davantage encore au cri strident du jaune, et retombaient au passage des autres couleurs du prisme optique, E.R. lui indiqua comme en passant que les bois avaient diverses teintes, « rouge », « orangé », « jaune », *et caetera*, et Muldoon répliqua d'un air tout aussi dégagé qu'ils différaient également au toucher les uns des autres.

Au cours de plusieurs tests effectués par E.R. et ses collègues Muldoon expliqua qu'en passant la main sur tous les crayons successivement il percevait une gamme de « fourmicotements », sensations particulières ayant quelque rapport avec les fourmillements résultant de l'entrée en contact de la peau avec les « picots » des orties (il avait été élevé à la campagne, quelque part entre Ormagh et Armagh, et dans son enfance aventureuse avait, pauvre créature grossièrement chaussée, roulé fréquemment dans des fossés, voire des ravins), et parla fort étrangement du « fort » fourmicotement vert d'un morceau de buvard et du « faible » fourmicotement rose et mouillé du nez suant de Miss Langford, l'infirmière, vérifiant lui-même ces couleurs d'après celles que les chercheurs avaient assignées au départ aux crayons. Le résultat de ces tests fut que l'on fut bien obligé d'admettre que les doigts de l'aveugle pouvaient faire parvenir à son cerveau « une transcription tactile du prisme optique », ainsi que l'écrivit Paar dans le rapport détaillé qu'il envoya à Van.

Quand la lettre arriva, Muldoon n'était pas encore tout à fait sorti d'un état de stupeur qui s'était prolongé plus qu'aucun des précédents. Comptant l'examiner le lendemain, Van passa une journée charmante à discuter avec un groupe de psychologues passionnés et s'amusa à repérer, parmi les infirmières, le strabisme familier d'Elsie Langford, une fille décharnée au teint fiévreux et aux dents en avant qui avait été obscurément mêlée à une affaire « d'esprits frappeurs » dans une autre institution médicale. Il dîna avec le vieux Paar dans son appartement de Chose et lui dit qu'il désirait que l'on transférât le pauvre type, *ainsi que* Miss Langford, à Kingston, dès qu'il serait en état de voyager. Le pauvre type mourut cette nuit-là dans son sommeil, laissant toute cette histoire en suspens dans l'air, auréolée d'un nimbe de brillante inconséquence.

Van, dont les fleurs roses des marronniers de Chose réveillaient toujours les ardeurs amoureuses, décida de gaspiller cette soudaine profusion de temps avant son départ pour l'Amérique en une cure de vingt-quatre heures dans la plus élégante et la plus efficace de toutes les Villas Vénus d'Europe; mais au cours du voyage un peu longuet dans la limousine antique, pelucheuse, légèrement parfumée (musc ? tabac turc ?) que l'Albania, son hôtel à Londres, lui procurait habituellement pour ses déplacements en Angleterre, d'autres sentiments turbulents rejoignirent, sans les dissiper, ses désirs moroses. Balancé mollement par la suspension, ses pieds chaussés de *pumps* appuyés sur un support, le bras passé dans une embrasse, il se rappela son premier voyage en train à Ardis et s'essaya à faire ce qu'il recommandait parfois à un malade pour exercer les « muscles de la conscience » — à savoir, se remettre non seulement dans l'état d'esprit où l'on se trouvait avant un changement radical dans sa vie mais encore dans un état de totale ignorance quant à ce changement. Il savait que cela ne pouvait se faire, qu'une tentative opiniâtre, à défaut de la réalisation, était possible, parce qu'il ne se serait pas souvenu de la préface d'Ada si la vie n'avait pas tourné la page de telle sorte que son texte rayonnant traversât maintenant comme un éclair tous les temps de son esprit. Il se demanda s'il se rappellerait son actuel et banal voyage. Un printemps anglais tardif accompagné de réminiscences littéraires s'attardait dans l'air du soir. La « canoréo » incorporée (un ancien système musical qu'une commission anglo-américaine n'avait réautorisé que récemment) diffusait une déchirante chanson italienne. Qu'était-il ? Qui était-il ? Pourquoi était-il ? Il pensa à sa mollesse, à sa maladresse, à sa paresse d'esprit. Il pensa à sa solitude, ses passions et ses dangers. Il vit à travers la séparation de verre les plis gras, sains et rassurants de la nuque de son chauffeur. Une file de vaines images se présentèrent à son esprit... Edmund, Edmond, la toute simple Cordula, la fantastiquement complexe Lucette et, par une association d'idées machinale, une petite fille dépravée de Cannes, nommée Lisette, avec des seins comme de ravissants abcès, dont un grand frère malodorant monnayait les grâces fragiles dans une vieille cabine de bain.

Il éteignit la canoréo et prit le cognac dissimulé

derrière un panneau coulissant, buvant à même la bouteille parce que les trois verres étaient sales. Il se sentait entouré par de grands arbres qui s'abattaient et par les bêtes monstrueuses des tâches irréalisées, et peut-être irréalisables. L'une d'elles était Ada, à laquelle, il le savait, il ne pourrait jamais renoncer; c'est à elle qu'il livrerait les restes de son être au premier coup de trompette de la destinée. Une autre de ces tâches était son œuvre philosophique, si curieusement entravée par sa propre vertu, par cette originalité du style qui constitue la seule honnêteté vraie d'un écrivain. Il devait s'en acquitter à sa façon, mais le cognac était détestable et l'histoire de la pensée hérissée de clichés, et c'est cette histoire qu'il devait surmonter.

Il savait n'être pas tout à fait un savant, mais complètement un artiste. Paradoxalement et inutilement, c'est dans sa « carrière académique », par ses conférences arrogantes et nonchalantes, par sa direction de séminaires, par les rapports qu'il avait publiés sur des esprits malades, que, ayant débuté comme une sorte de prodige avant même sa vingtième année, il jouissait à l'âge de trente et un ans « d'honneurs » et d'une « situation » que beaucoup d'individus incroyablement laborieux n'atteignent pas à cinquante ans. Dans ses moments de tristesse, comme maintenant, il attribuait au moins une partie de sa « réussite » à son rang, à sa fortune, aux nombreuses donations qu'il continuait (en une sorte de prolongement des pourboires excessifs qu'il donnait aux mendiants hagards qui faisaient les chambres, manœuvraient les ascenseurs, souriaient dans les couloirs des hôtels) à faire pleuvoir sur des institutions et des étudiants valables. Peut-être Van Veen ne se trompait-il pas trop lourdement dans sa cynique supposition; car, sur notre Antiterra (de même que sur Terra, selon ses propres écrits), une Administration puissamment routinière préfère, lorsqu'elle n'est pas émotionnée par la construction soudaine d'un immeuble ou le tonnerre de fonds torrentiels, la grisaille sûre de la médiocrité académique à l'éclat suspect d'un V.V.

Les rossignols chantaient lorsqu'il arriva à son ignoble et fabuleuse destination. Comme à l'accoutumée il sentit monter en lui une brusque exaltation au moment où la voiture s'engagea dans l'allée de chênes entre deux rangées de statues phallophoriques qui présentaient les armes. En habitué qu'on accueillait avec plaisir depuis quinze ans, Van ne s'était pas donné la peine de « téléphoner » (le nouveau terme officiel). Une torche le cingla : hélas, il était tombé sur une nuit de « gala » !

Les chauffeurs des membres se garaient en général dans un parc spécial près de la loge, où il y avait une agréable cantine pour les domestiques avec des boissons non alcoolisées et quelques putains laides et pas chères. Mais ce soir-là, plusieurs grosses voitures de police occupaient les boxes et débordaient jusque sous un arbre voisin. Van dit à Kingsley d'attendre un moment sous les chênes, revêtit sa *bautta* et partit en quête de renseignements. Son sentier préféré le conduisit très vite, entre deux murs, à l'une des vastes pelouses qui veloutaient les abords du manoir. Le parc était inondé d'une lumière livide, et aussi populeux que Park Avenue, comparaison qui venait aisément à l'esprit étant donné que les déguisements des astucieux limiers appartenaient à un type qui rappela à Van son pays natal. Il connaissait même certains de ces hommes de vue : c'étaient les mêmes qui patrouillaient devant le club de son père à Manhattan, chaque fois que le bon Gamaliel (non réélu après son quatrième mandat) y dînait dans son gâtisme bon enfant. Ils mimaient ce qu'ils avaient l'habitude de mimer : vendeurs de pamplemousses, noirs marchands ambulants de bananes et de banjos, « gratte-papier » obsolètes ou du moins hors saison qui se rendaient toujours à nouveau à d'improbables bureaux, lecteurs de journaux russes péripatétiques qui ralentissaient jusqu'à s'arrêter complètement puis reprenaient leur promenade derrière leurs *Estotskiya Vesti* grands ouverts.

Van se souvint qu'Alexandre Screepatch, le nouveau président des Amériques-Unies (un Russe pléthorique), était venu rendre visite au roi Victor, et il en conclut avec raison que les deux hommes devaient être plongés maintenant dans la lénitude. L'aspect comique de l'attitude des détectives (convenant, peut-être, à la notion dépassée qu'ils avaient du trottoir américain, mais ne s'adaptant guère à un labyrinthe étrangement illuminé de haies anglaises) tempéra sa déception, tandis qu'il frissonnait à la pensée dégoûtante de partager les ébats de personnages historiques ou d'avoir à se contenter des fillettes aux petits visages braves qu'ils auraient commencé à utiliser puis rejetées.

C'est alors qu'une statue enveloppée d'un drap de lit voulut interpeller Van de son piédestal de marbre mais glissa et atterrit sur le dos dans les fougères. Ignorant le dieu étalé là Van revint à la Jolls-Joyce dont le moteur tournait toujours. Le rougeaud Kingsley, vieil ami éprouvé, lui proposa de le conduire dans une autre maison, quelque cent quarante kilomètres plus au nord, mais Van refusa par principe et se fit ramener à l'Albania.

CHAPITRE V

Le 3 juin à 5 heures de l'après-midi le paquebot quitta le Hâvre-de-Grâce et le soir du même jour Van embarquait à Old Hantsport. Maussade et somnolent (il avait passé la plus grande partie de la journée à jouer à la courte paume avec Delaurier, le célèbre entraîneur nègre), il regardait le brasier du soleil déclinant en ocelles d'or vert à quelques longueurs de serpent de mer à tribord, sur la pente extérieure de la lame d'étrave. Il décida bientôt de se coucher, descendit sur le pont A, dévora quelques fruits de la nature morte qui avait été préparée pour lui dans son salon, essaya de lire au lit les épreuves d'un essai qu'il avait écrit pour un *Fetschrift* à l'occasion du quatre-vingtième anniversaire du professeur Counterstone, abandonna et s'endormit. Vers minuit se leva une furieuse tempête; mais malgré le tangage et les grincements (le *Tobakoff* était un vieux navire aigri), Van parvint à dormir profondément et sa seule réaction subliminale à l'orage fut la projection en rêve d'un paon aquatique sombrant lentement, avant de culbuter comme un grèbe qui plonge, près du rivage, sur le lac qui porte son nom dans l'ancien royaume d'Arrowroot. Se rappelant ce rêve si net il en attribua l'origine à son récent séjour en Arménie, où il était allé chasser le gibier à plume en compagnie d'Armborough et de la nièce de ce gentleman, jeune fille accomplie autant que complaisante. Il eut envie de noter son rêve... et découvrit avec amusement que ses trois crayons non seulement avaient déserté sa table de chevet mais encore s'étaient sagement alignés à la queue leu leu tout au long du seuil de la porte extérieure du salon contigu, après avoir franchi dans leur escapade interrompue un bon espace de moquette bleue.

Le steward lui apporta un petit déjeuner « continental », la gazette du bord et la liste des passagers de première classe. Sous la rubrique « Tourisme en Italie », Van lut qu'un fermier de Domodossola avait exhumé les ossements et le caparaçon d'un des éléphants d'Hannibal et que deux psychiatres américains (dont les noms n'étaient pas cités) venaient de périr d'étrange façon dans la chaîne du Bocaletto : l'aîné avait succombé à une défaillance cardiaque et son petit ami s'était suicidé. Après avoir spéculé pendant quelques instants sur l'intérêt morbide que l'amiral portait aux montagnes de l'Italie, Van découpa le fait divers et consulta la liste des passagers (plaisamment surmontée du même écusson qui ornait le papier à lettres de Cordula) pour voir s'il n'y avait personne dont il souhaitait éviter la rencontre dans les prochains jours. Il releva les noms du couple Robinson, Bob et Rachel, deux vieux raseurs de la famille (Bob s'était retiré des affaires après avoir dirigé pendant de longues années un des bureaux de l'oncle Dan). Son regard enjamba le Dr Ivan Veen et s'arrêta au nom suivant. Quelle invisible main lui étreignit le cœur ? Pourquoi passa-t-il la langue sur ses grosses lèvres ? Formules creuses convenant aux romanciers solennels du temps jadis qui croyaient pouvoir tout expliquer.

La surface oblique de l'eau s'inclinait dans sa baignoire sur le même rythme d'escarpolette que la mer, éclatante de bleu, moutonnante d'argent, dans le hublot de sa chambre à coucher. Il appela Miss Lucinda Veen, dont l'appartement se trouvait sur le premier pont, au milieu du navire, exactement au-dessus du sien, mais elle n'était pas chez elle. Il enfila un polo en laine blanche, prit ses lunettes fumées et partit à sa recherche. Elle n'était pas sur le Pont des Jeux, duquel il aperçut, en contrebas, une autre rousse étendue dans une chaise de toile sur le solarium : elle écrivait une lettre d'une main rapide et passionnée et Van se dit qu'il suffisait de se laisser glisser de la positivité pesante à la fiction de la nouvelette pour mettre à la place qu'il occupait à ce moment un mari jaloux, armé de binoculaires, s'évertuant à déchiffrer d'en haut cet épanchement d'une tendresse illicite.

Elle n'était pas non plus sur le Pont Promenade, où de vieilles gens empaquetées dans des couvertures attendaient le bouillon d'onze heures avec des gargouillements borborygmiques anticipés en lisant *Salzman*, le best-seller numéro un. Van descendit au grill et réserva une table pour deux, après quoi il se dirigea vers le bar où il salua cordialement le gras et chauve Toby, qui avait servi sur le *Queen Guinevere* en 1889, en 1890 et en 1891, au temps qu'*elle* n'était pas encore mariée et qu'il était encore un imbécile rancuneux. Que ne s'étaient-ils enfuis, alors, à Lopaduse, sous le nom de Mr. et Mrs. Dairs ou Sardi !

Il avisa leur demi-sœur sur le pont du gaillard d'avant, périlleusement jolie dans sa robe au décolleté profond dont le vent bousculait la floraison éclatante, et qui parlait avec les Robinson — bronzés, mais fort âgés. Elle se tourna vers lui, rejetant en arrière ses cheveux fous que le vent avait rabattus sur son visage, avec un regard où se mêlaient le triomphe et l'embarras, et ils ne tardèrent pas à prendre congé de Rachel et de Bob, qui les regardèrent partir avec des sourires épanouis en agitant leurs mains symétriquement levées pour les saluer, elle, lui, la vie, la mort, les heureux jours d'antan où Démon payait toutes les dettes de jeu de leur fils, avant qu'il ne trouvât la mort dans une collision frontale de voitures.

Lucette dévora la côtelette pojarsky avec reconnaissance : il ne la grondait pas d'avoir soudain surgi sur son passage comme une sorte de voyageur clandestin de nature transcendantale (plutôt que transatlantique); dans son impatience à le retrouver, elle avait oublié de prendre son petit déjeuner, après s'être couchée sans dîner la veille au soir. Elle qui n'aimait rien tant que les creux et les crêtes de la mer quand elle pratiquait un sport nautique, les *ups* et les *oops* quand elle voyageait dans les airs, avait été ignoblement malade sur le *Tobakoff*, son premier paquebot.

Mais les Robinson lui avaient donné un remède miracle, elle avait dormi dix heures d'affilée, dix heures dans les bras de Van, et maintenant elle espérait bien qu'ils étaient à peu près réveillés tous les deux, en dépit d'un reste de vertige laissé par le médicament.

Très gentiment Van lui demanda où elle pensait aller.

A Ardis, avec lui — la réponse fut prompte — pour toujours, toujours. Le grand-père de Robinson était mort en Arabie à l'âge de cent trente et un ans, Van avait donc encore tout un siècle devant lui; elle allait faire construire plusieurs pavillons dans le parc afin qu'il pût loger ses harems successifs. L'un après l'autre ils se transformeraient en maisons de retraite pour vieilles dames et plus tard encore en mausolées. Elle lui dit aussi qu'une gravure hippique *(Pale Fire with Tom Cox Up)* était suspendue au-dessus du lit de Tobak et de la chère Cordula dans l'appartement libre qu'elle avait réussi à obtenir en une minute et qu'elle se demandait dans quelle mesure cette image pouvait affecter la vie amoureuse de Tobak pendant leurs voyages maritimes. Van interrompit le bavardage fébrile de Lucette et lui demanda si les robinets de sa baignoire portaient les mêmes inscriptions que les siens : *Hot Domestic, Cold Salt*. « Oui, s'écria-t-elle, Vieux salé, Vieux Salzman, Ardente Chambrière, Comateux Capitaine ! »

Ils se revirent dans l'après-midi.

La plupart des passagers de première classe qui se trouvaient à bord du *Tobakoff* dans l'après-midi du 4 juin 1901 au beau milieu de l'Atlantique (méridien de l'Islande, parallèle d'Ardis) semblaient peu disposés aux ébats en plein air. L'azur brûlant était parcouru de souffles glacés et les débordements rythmiques de l'antique piscine lavaient incessamment le carrelage vert; mais Lucette était une fille intrépide, endurcie aux bises vivifiantes non moins qu'au détestable soleil. Le printemps à Fialta, un mois de mai torride à Minataor (la plus célèbre des îles artificielles), avaient donné à ses membres la couleur des brugnons; mouillé, le corps de Lucette semblait laqué, mais dès que la brise avait séché sa peau, il retrouvait son velouté naturel. Ses pommettes en feu et les paillettes cuivrées qui dépassaient de son étroit bonnet de caoutchouc sur la nuque et sur le front la faisaient ressembler à l'Ange casqué de l'Icône de Yukonsk, dont le pouvoir surnaturel passait pour métamorphoser les blondes vierges anémiques en *konskiya deti*, adolescents roux et rousselés, enfants du Cheval du Soleil.

Après avoir nagé pendant quelques minutes elle revint sur la terrasse où Van s'était étendu et lui dit :

« Tu ne peux imaginer (« Je puis tout imaginer », corrigea-t-il)... O.K., tu *peux* imaginer quelles mers de lotions, quels étangs d'onguents je suis obligée d'employer, dans le secret de mes balcons ou dans la solitude de grottes marines, avant de m'exposer aux éléments. Je joue sans cesse sur la frontière délicate qui sépare l'abrasion du bronzage... Ou le *lobster* de l'*Obst* comme l'écrit Herb, mon peintre bien-aimé; je suis en train de lire son journal, publié par les soins de sa dernière duchesse et écrit en trois langues mêlées; c'est charmant, je te le prêterai. Tu vois, mon amour, je me considérerais comme une tricheuse pie si le peu de moi-même que je cache au public n'était pas de la même couleur que ce que tout le monde peut voir.

— Tu m'as paru de la tête aux pieds d'une couleur sablonneuse quand tu as été examinée en 1892, dit Van.

« C'est une fille toute neuve que tu as aujourd'hui devant toi, murmura Lucette. *A happy new girl*. Seule avec toi sur un navire abandonné... avec dix jours au moins avant mes prochaines règles. Je t'ai envoyé une petite lettre stupide à Kingston, pour le cas où je ne t'aurais pas trouvé. »

Ils étaient étendus sur un tapis de plage, face à face, dans des attitudes symétriques, Van la tête posée dans sa main droite, Lucette appuyée sur le coude gauche. La bretelle de son soutien-gorge vert avait glissé sur son bras frêle, découvrant des gouttes et des striures d'eau à la base d'un mamelon. Un abîme de quelques pouces séparait le jersey de Van du ventre nu de Lucette, la laine noire de son caleçon de bain du masque pubien vert et trempé. Le soleil satinait sa hanche; un creux ombragé menait à la cicatrice d'une appendicectomie effectuée cinq ans plus tôt. Son regard semi-voilé l'épiait avec une opaque avidité, et elle avait raison, ils étaient véritablement tout seuls; il avait possédé Marion Armborough à la barbe de son oncle dans des circonstances beaucoup plus compliquées : le hors-bord sautait comme un poisson volant et son hôte gardait toujours un fusil de chasse près du volant. Sans joie il sentit se dérouler pesamment le solide serpent du désir; avec amertume, il regretta de ne pas avoir épuisé le démon à la Villa Vénus.

Il ne repoussa pas la main aveugle qui montait lentement le long de sa cuisse et maudit la nature d'avoir planté un arbre noueux gorgé de vile sève dans l'entrejambe des mâles. Soudain Lucette s'écarta en soupirant un « merde » distingué. L'Eden était plein de gens.

Deux enfants demi-nus à la gaieté criarde arrivèrent en courant au bord de la piscine. Une nourrice noire les poursuivait, fort en colère, en brandissant leurs minuscules soutien-gorge. Une tête chauve émergea de l'eau par un phénomène de génération spontanée et renifla bruyamment. Le maître nageur apparut à la porte du vestiaire. En même temps une grande et superbe créature aux chevilles élégantes et aux cuisses hideusement charnues passa majestueusement devant les Veen et faillit poser le pied sur l'étui à cigarettes clouté d'émeraudes de Lucette. Fors un ruban doré et une crinière blondie, son long dos beige, tout en ondulations de chairs, était nu depuis les épaules jusqu'au sommet des fesses, lesquelles révélaient dans le mouvement lentement alterné de leur balancement lubrique les bombements inférieurs sur lesquels se tendait le pagne de lamé. Juste avant de disparaître à l'angle d'une coursive, la titianesque Titanesse tourna à demi son visage brun et salua Van d'un sonore « hullo ! »

Lucette voulut savoir *kto siya pava* (qui est cette dame imposante).

« J'ai cru que c'était à toi qu'elle s'adressait, répondit Van. Je n'ai pu distinguer son visage et je ne me rappelle pas ce derrière.

— Elle t'a fait un grand sourire bestial », dit Lucette en rajustant son casque vert avec des mouvements d'ailes d'une grâce émouvante qui faisaient flamboyer de façon non moins émouvante le plumage rousset de ses aisselles.

« Tu viens avec moi... Hm ? » proposa-t-elle en se relevant.

Van secoua la tête et dit en la regardant : « Tu te lèves comme l'Aurore.

— Son premier compliment », dit Lucette avec un petit hochement de côté comme si elle s'adressait à un confident invisible.

Van mit ses lunettes de soleil fumées et regarda Lucette qui était déjà debout sur le plongeoir, ses côtes encadrant le creux formé par une brusque inspiration, alors qu'elle s'apprêtait à ardre dans l'ambre. Il se demanda, dans une note en bas de page mentale (qui pourrait bien devenir un jour accessible au public) si les lunettes de soleil et autres appareils de vision qui déforment à coup sûr notre concept de l'espace n'influençaient pas aussi le style de notre discours. Les deux fillettes bien tournées, la nounou, le triton titillé, le *magister natatorium*, tous regardaient, comme Van.

« Le second compliment est prêt, lui dit-il, comme elle revenait s'asseoir à côté de lui. Tu plonges divinement. Moi je fais un vilain plouf.

— Mais tu nages plus vite ! se plaignit-elle en faisant glisser ses épaulettes et en se couchant sur le ventre. *Mejdou protchim* (à propos), est-ce vrai qu'on n'apprenait pas à nager aux marins du temps de Tobakoff pour éviter qu'ils ne meurent demi-fous de détresse si leur bateau venait à sombrer ?

— Pour les marins ordinaires, cela se peut, mais quand *mitchman* Tobakoff en personne fit naufrage au large de Gavaille, il nagea tout à son aise pendant des heures, en chantant des « bribes de vieilles chansons » comme Ophélie et autres choses du même genre pour effrayer les requins, avant d'être repêché — un de ces miracles qui requièrent un minimum de coopération de la part de tous ceux qui s'y trouvent mêlés. Du moins je le suppose. »

Elle dit que Démon lui avait annoncé l'année précédente aux funérailles qu'il négociait l'achat d'une île dans les Gavailles (« Incorrigible rêveur », dit Van d'un ton quelque peu affecté). A Nice, il avait « pleuré comme une fontaine » mais on l'avait vu sangloter avec plus d'abandon encore à Valentina, au cours d'une cérémonie antérieure à laquelle la pauvre Marina n'avait pas davantage assisté. La cérémonie du mariage — selon le rite grec, s'il vous plaît — avait ressemblé à une de ces scènes involontairement parodiques des vieux films : le prêtre était gaga, le *dyakon* était ivre et — fort heureusement peut-être l'épais voile blanc d'Ada était aussi imperméable à la lumière que les crêpes d'une veuve. Van déclara qu'il ne voulait pas entendre parler de cela.

« Oh, il le faut, dit-elle, ne serait-ce que parce que

l'un des *chafers* (garçons d'honneur qui tiennent tour à tour la couronne nuptiale au-dessus de la tête de la mariée), par l'impassibilité de son profil et l'impertinence de son attitude (il s'obstinait à tenir le lourd *venets* métallique trop haut, trop athlétiquement haut, comme s'il eût voulu l'éloigner le plus possible de la tête d'Ada), te ressemblait trait pour trait comme un frère jumeau pâle et mal rasé que tu aurais délégué pour te représenter, où que tu fusses alors. »

En un lieu joliment nommé Agony, sur la Terra del Fuego. Il sentit un étrange frisson en se ressouvenant qu'au moment où il avait reçu l'invitation aux noces (envoyée par avion par la sinistre sœur du fiancé), il avait été hanté, nuit après nuit, par le rêve chaque fois moins net (comme le film d'Ada qu'il devait poursuivre de cinéma en cinéma à une époque ultérieure de son existence), qu'il tenait cette couronne au-dessus d'elle.

« Ton père, ajouta Lucette, avait payé un homme de *Belladonna* pour prendre des photographies, mais, bien sûr, la vraie gloire ne commence que le jour où l'on trouve son nom dans les mots croisés de ce cinémagazine... et nous savons tous que cela n'arrivera jamais. Jamais ! Bon, est-ce que tu me détestes maintenant ?

— Non, dit-il en passant la main sur le dos de Lucette chauffé par le soleil et en lui caressant le coccyx pour faire ronronner le petit chat. Non, hélas ! je t'aime d'un amour fraternel et peut-être encore plus tendrement. Veux-tu que je commande à boire ?

— Ce que je veux, c'est que tu continues encore, encore », soupira Lucette, le nez enseveli dans son oreiller de caoutchouc.

« Voilà le garçon qui arrive. Qu'est-ce que nous allons prendre ? Des Honoloolers ?

— Tu prendras ça avec miss Condor quand j'irai

m'habiller. Pour l'instant je ne veux que du thé. Ne mélangeons pas les drogues et l'alcool. Il faut que je prenne la fameuse pilule des Robinson dans le courant de la soirée. Oui, dans le courant de la soirée.

— Deux thés, s'il vous plaît.

— Et beaucoup de sandwiches, George. Foie gras, jambon, n'importe quoi.

— Il n'y a rien de plus mal élevé que de donner un nom inventé à un pauvre gars qui ne peut pas répondre « Bien Mademoiselle Condor ! » Je dois dire entre parenthèses que c'est le meilleur calembour franco-anglais que j'aie jamais entendu.

— Mais il s'appelle George ! Il a été extraordinairement gentil avec moi, hier, quand j'ai rendu au beau milieu du salon de thé.

— Aux exquises tout est exquis », murmura Van.

« Et les vieux Robinson ne l'ont pas été moins, reprit-elle. Il y a peu de chances, je suppose, qu'ils viennent se montrer ici. Ils m'ont en quelque sorte trotté après, avec une obstination d'ailleurs très touchante, depuis que le hasard nous a fait déjeuner à la même table dans le train du bateau et que j'ai compris qui ils étaient, certaine d'ailleurs qu'ils ne reconnaîtraient pas la petite fille boulotte qu'ils avaient vue en dix-huit cent quatre-vingt-cinq ou six; mais ils sont hypnotiquement bavards... « nous pensions d'abord que vous étiez française... ce saumon est vraiment délicieux... de quelle ville êtes-vous ? » et je ne suis qu'une pauvre idiote et de fil en aiguille... La jeunesse est moins abusée par le passage du temps que n'est la vieillesse endurcie. Ceux qui ne changent plus guère ne s'habituent pas aux changements des êtres plus jeunes qu'ils n'ont pas vus depuis longtemps.

— Voilà qui est finement observé, ma chérie, dit Van... A cela près que le temps en soi est immobile et immuable.

— Oui, il y a toujours *moi* sur tes genoux et la route qui s'éloigne à reculons. Les routes bougent ?

— Les routes bougent. »

Après le thé, Lucette se rappela qu'elle avait pris rendez-vous chez le coiffeur et elle partit en grande hâte. Van retira son jersey et resta là, songeur, à tripoter le petit étui aux gemmes vertes qui contenait encore cinq Rosepetals, s'efforçant de goûter la chaleur du soleil de platine dans son aura de « *filmcolour* » mais ne parvenant qu'à attiser, à chaque frisson et chaque soulèvement du navire, la flamme des mauvaises tentations.

Bientôt, comme une espionne sortant de son affût, la *pava* (la paonne) réapparut — cette fois pour s'excuser.

Poliment, Van se mit sur ses pieds, et, levant ses lunettes sur son front, entreprit de s'excuser à son tour (de l'avoir bien innocemment induite en erreur), mais son petit laïus tourna court lorsqu'il leva les yeux sur le visage de son interlocutrice et découvrit avec stupeur la grossière et grotesque caricature de traits inoubliables à jamais. Cette peau de mulâtresse, ces cheveux d'un blond argenté, ces grosses lèvres violettes, lui restituaient comme un négatif dérisoire *sa* blancheur ivoirine, *son* noir de corbeau, *sa* moue pâle.

« On m'a dit, expliqua-t-elle, qu'un grand ami à moi, Vivian Vale, le cootooriay... vooz'avay entendue ?... s'était fait couper la barbe, auquel cas il devrait beaucoup vous ressembler, okay ?

— Logiquement non, madame », répondit Van.

Elle hésita une seconde, passa la langue sur ses lèvres, ne sachant trop s'il était grossier ou entreprenant, quand Lucette revint pour chercher ses Rosepetals. « *See you aprey* », dit Miss Condor.

Le regard de Lucette escorta d'un bon débarras le mouvement indolent des replis et lobes fessiers.

« Van, tu m'as trompée. C'est... *c'est* une de tes affreuses filles !

— Je te jure, dit Van, qu'elle m'est parfaitement inconnue. Tu sais bien que je ne te tromperais pas.

— Oh, tu m'as trompée très très souvent quand j'étais toute petite. Si tu recommences maintenant, « tu sais que j'en vais mourir » comme dit la chanson.

— Tu m'as promis un harem », la rabroua gentiment Van.

« Pas aujourd'hui, pas aujourd'hui. Aujourd'hui est un jour sacré. »

La joue qu'il se préparait à embrasser fut remplacée par une bouche preste et folle.

« Viens voir ma cabine, supplia-t-elle comme il la repoussait avec la force même de sa réaction animale au feu de ses lèvres et de sa langue. Je veux simplement te montrer leurs peignoirs et leur piano. L'odeur de Cordula traîne dans tous les tiroirs. Je t'en supplie.

— Et maintenant, file, dit Van. Tu n'as pas le droit de m'exciter comme ça. Je louerai les services de Miss Condor pour me servir de chaperon si tu n'apprends pas à te mieux conduire. Nous dînons à sept heures et quart. »

Dans sa chambre, Van trouva une invitation quelque peu tardive à dîner à la table du capitaine. Le carton était adressé au docteur et à Mrs. Ivan Veen. Van avait déjà voyagé sur ce bateau une fois, entre deux « Queens ». Il se souvenait du capitaine Cowley comme d'un raseur et d'un âne bâté.

Il appela le steward et le pria de retourner l'invitation avec ces deux mots griffonnés au crayon « couple inconnu ». Il resta vingt minutes dans son bain, s'efforçant de fixer son esprit sur autre chose que le corps d'une vierge hystérique. Il découvrit dans ses épreuves une omission insidieuse, l'absence d'une ligne entière, absence qui n'empêchait pas le paragraphe défectueux de paraître fort plausible au lecteur inattentif. La fin de la phrase amputée et le commencement de la ligne suivante, que l'erreur du typographe avait placée immédiatement au-dessous de la première et dont la première lettre était en bas de casse, s'enchaînaient de telle façon que la syntaxe était correcte et, dans l'égarement qui frappait ses sens, Van n'aurait sans doute pas remarqué l'insipidité du résultat s'il ne s'était souvenu (souvenir confirmé par le manuscrit) qu'à cet endroit devait figurer une citation somme toute assez heureuse : *Insiste, anime meus et adtende fortiter* (courage, mon âme, et applique-toi fermement).

« Tu es bien sûre de ne pas préférer le restaurant ? » demanda Van à Lucette quand ils se retrouvèrent à la porte du grill. Elle avait l'air encore plus nue dans sa petite robe de soirée que tantôt en « *bickny* ». « En bas il y a foule et un jazz-band masturbatoire. Ce serait peut-être plus gai, non ? »

Elle secoua doucement sa tête parée de bijoux.

Ils dînèrent d'énormes et succulentes « crevettes grougrou » (la larve jaune d'une calandre palmiste) et d'un rôti d'ourson à la Tobakoff. Cinq ou six tables seulement étaient occupées et, exception faite d'une fâcheuse vibration de machines qu'ils n'avaient pas remarquée, pendant le déjeuner, tout était estompé, ouaté, intime. Van prit avantage du silence étrangement réservé de Lucette pour lui parler du défunt palpeur de crayons, Mr. Muldoon, et d'un cas de glossolalie observé à Kingston — celui d'une femme du Yukonsk qui, dans l'hypnose, parlait plusieurs dialectes du genre slave qui existaient peut-être sur Terra mais certainement pas en Estotiland. Un autre cas, hélas, accaparait subverbalement son attention.

Lucette lui posait des questions avec des regards

dévots de jolie étudiante de Queenston ou de Kings. Il n'était guère besoin d'une expérience scientifique approfondie de la part d'un professeur pour s'apercevoir que cet embarras charmant et ces notes basses veloutant sa voix étaient aussi concertées que l'effervescence de l'après-midi. En réalité, Lucette était en proie aux affres d'une détresse émotive que seule l'héroïque maîtrise de soi d'une aristocrate américaine lui permettait de surmonter avec succès. Depuis longtemps elle s'était persuadée qu'en obligeant l'homme qu'elle aimait d'un amour absurde mais irrévocable à coucher avec elle, ne fût-ce qu'une fois, elle parviendrait, secondée par quelque prodigieuse opération de la nature, à transformer un événement épidermique et fugace en un lien spirituel éternel; mais elle savait aussi que si l'événement ne se produisait pas dans la première nuit de leur voyage, ses rapports avec Van retomberaient dans le jeu exténuant, désespéré, désespérément familier du badinage et contre-badinage, avec sa pointe convenue de piment érotique — convenue, mais plus à vif que jamais. Van comprenait son état ou du moins, dans son désespoir, croira-t-il rétrospectivement qu'il l'avait compris quand il ne trouvera plus d'autre remède que l'essence de prose atlantique du Dr Henry James dans le placard à pharmacie du passé — avec sa porte qui claque et sa brosse à dents qui dégringole.

Tout en regardant d'un œil sombre ses frêles épaules nues si souples, si mobiles que l'on n'eût pas été surpris de les lui voir croiser devant elle comme des ailes d'ange stylisées, Van, dans son abjection, considérait qu'il lui faudrait souffrir pendant cinq jours les tortures du rut s'il se conformait à la règle d'honneur inscrite au plus profond de son âme, non seulement parce que Lucette était adorable et ne ressemblait à nulle autre, mais encore parce qu'il n'avait jamais pu passer plus de quarante-huit heures sans jouir d'une fille. Et l'enchaînement de circonstance que Lucette appelait de tous ses vœux était précisément ce que Van appréhendait le plus : une fois qu'il aurait goûté sa plaie et sa prise, Lucette le retiendrait insatiablement captif pendant des semaines, pendant des mois peut-être, et peut-être davantage, mais le jour viendrait inévitablement de la dure séparation, avec une nouvelle espérance et le vieux désespoir n'arrivant jamais à créer un réel équilibre. Mais il y avait pis : bien que conscient et honteux de son désir pour une enfant malade, il sentait, dans un obscur retour d'anciennes émotions, son désir s'aiguiser à cette honte.

Ils prirent le café — un café turc épais et sucré — et Van regarda furtivement sa montre pour vérifier... quoi ? combien de temps il serait capable d'endurer le supplice du renoncement ? Quand surviendraient certains événements... comme un concours de danse dans la salle de bal ? Ou l'âge qu'elle avait (Lucinda Veen n'avait que cinq heures si l'on inversait le « cours du temps » humain.)

Elle était si touchante qu'au moment où ils sortirent du grill Van ne put s'empêcher (tant il est vrai que la sensualité est le meilleur bouillon de culture des erreurs fatales) de caresser sa jeune épaule satinée et d'adapter pour un instant (le plus heureux de la vie de Lucette), comme la bille au bilboquet, le creux de sa paume à sa convexité idéale. Alors Lucette marcha devant lui, aussi consciente du regard qu'il posait sur elle que si elle eût été en train de gagner un prix de maintien. Il ne trouvait, pour décrire sa robe, d'autre adjectif que « struthien » (en admettant qu'il existât des autruches aux boucles cuivrées), car elle accentuait le balancement de son pas, la longueur de ses jambes gainées de bas ninon. Objectivement parlant, le chic de Lucette avait quelque chose de plus aigu que celui de sa sœur « vaginale ». Tandis qu'ils se promenaient de pont en pont, traversaient des paliers où des matelots russes s'empressaient de tendre des cordons de velours (et jetaient des regards de sympathie sur ce beau couple qui parlait leur langue incomparable), Lucette lui faisait penser à quelque créature acrobatique insensible au déchaînement des houles. Il s'aperçut, avec un déplaisir de gentleman, que son menton levé, ses ailes noires, sa démarche dégagée, attiraient non seulement les bleus regards de l'innocence mais encore les yeux de lubriques compagnons de voyage, qui la dévisageaient. Il s'écria bien haut qu'il giflerait le prochain impertinent qui se présenterait et recula involontairement, avec des gestes de menaces comiques, jusqu'à s'empêtrer dans une chaise longue pliée (parcourant lui aussi la bobine du temps à contresens), ce qui arracha à Lucette un glapissement de rire. Elle se sentait maintenant beaucoup plus heureuse, appréciant cette humeur de champagne, cet entrain chevaleresque de Van. Elle le détourna du mirage de ses admirateurs pour le ramener à l'ascenseur.

Ils regardèrent sans beaucoup d'intérêt les frivolités exposées dans une vitrine. Lucette n'eut que mépris pour un costume de bain tissu d'or. La présence d'une cravache et d'un piolet intriguèrent Van. Une demi-douzaine d'exemplaires de *Salzman* dans leurs jaquettes glacées formaient une pile impressionnante entre un portrait de l'auteur — beau, pensif, aujourd'hui complètement oublié — et un bouquet d'immortelles dans un vase Mingo-Bingo.

Van agrippa une corde rouge et ils entrèrent dans le *lounge*.

« A qui ressemblait-elle donc ? demanda Lucette. « En laid et en lard » ?

— Je ne sais pas, mentit-il. A qui ?

— Passons, dit-elle. Cette nuit tu es à moi, à moi, à moi. »

Elle citait Kipling — la même phrase que sa sœur

avait coutume d'adresser à Dack. Van cherchait autour de lui un fétu de procrastination procustienne.

« Aie pitié de moi, dit Lucette, je suis lasse de marcher, faible, fiévreuse et je déteste la tempête. Allons tous nous coucher !

— Oh ! regarde, s'écria Van, en montrant une affiche. On joue par ici quelque chose qui s'appelle *La Dernière Frasque de Don Juan*. En avant-première. Et pour adultes seulement. *Tropical Tobakoff !*

— Ce doit être une de ces « barbes-ituriques » », dit Lucie (collège de Houssaie, 1890), mais déjà Van avait écarté la portière de velours.

Le documentaire venait seulement de commencer : une croisière au Groenland, mer houleuse en technicolor criarde. L'itinéraire manquait d'à-propos, puisque leur *Tobakoff* n'envisageait pas de relâcher à Godhavn; en outre, la salle de projection oscillait à contre-rythme des lames de cobalt et d'émeraude qui passaient sur l'écran. Il n'y avait pas à s'étonner que l'endroit fût *emptovato* comme le fit remarquer Lucette, en ajoutant que les Robinson lui avaient sauvé la vie en lui donnant la veille un plein tube de Pilules Quietus.

« Tu en veux une ? *One pill a day keeps « no shah » away. No shah, nausea :* calembour. Tu peux croquer, c'est délicieux.

— Le nom est sympathique. Non, merci, ma délicieuse. D'ailleurs il ne t'en reste que cinq.

— Ne t'inquiète pas, j'ai tout prévu. Nous en avons peut-être pour moins de cinq jours.

— Davantage, au contraire, mais peu importe. Nos mensurations du temps ne veulent rien dire et la pendule la plus exacte est une farce. Tu liras tout cela un jour. Patience.

— Peut-être pas. Je veux dire que je n'aurai peut-être pas suffisamment de patience. Je veux dire... la femme de ménage de Leonardo n'a jamais pu finir de lire dans ses mains. Je pourrais bien m'endormir avant d'arriver au bout de ton prochain livre.

— Légende de cours d'Histoire de l'Art », dit Van. « Voilà le dernier iceberg, je le reconnais à la musique. Van, sortons d'ici. Tu tiens tellement à voir Hool en Hooan ? »

Dans l'obscurité les lèvres de Lucette glissèrent sur la joue de Van; elle lui prit la main, elle embrassa le dos de ses doigts, et lui se demanda soudain : après tout, pourquoi pas ? Ce soir ? Ce soir.

Il prenait plaisir à voir l'impatience de Lucette, il se laissait troubler par cette impatience, l'imbécile, il se permettait, le crétin, de murmurer à son oreille, comme pour prolonger la flamme libre, neuve, abricotée, de l'anticipation :

« Si tu es bien sage, nous prendrons un verre à minuit dans mon appartement. »

Le grand film venait de commencer. Les trois grands rôles principaux — un Don Juan cadavéreux, un Leporello pansu qui chevauchait une bourrique, et une Donna Anna point trop irrésistible et manifestement quadragénaire — étaient joués par des acteurs chevronnés dont les silhouettes défilaient en images « demi-fixes » ou, comme disent d'aucuns, en « transparences », dans une brève introduction. Contrairement aux prévisions il se trouva que le film était fort bon.

Sur la route qui le mène au château perdu dont l'austère dame, devenue veuve par son épée, lui a enfin promis une longue nuit d'amour dans sa chambre chaste et glacée, le libertin vieillissant dorlote sa virilité en repoussant les avances d'une succession de beautés robustes. Une *gitana* prédit au ténébreux cavalier qu'il n'atteindra pas le but de son voyage sans avoir auparavant succombé aux séductions de sa sœur Dolorès, la danseuse (démarquage de la *novella* d'Osberg, comme devait le prouver le procès qui s'ensuivit). La *gitana* prédit aussi quelque chose à Van, car avant même que Dolorès ne fût sortie de la tente du cirque pour donner à boire au cheval de Don Juan, il sut qui elle allait être.

Dans les rayons magiques du projecteur, dans le délire contrôlé de sa grâce de ballerine, dix ans de sa vie s'étaient évaporés et elle était redevenue « *that slip of a girl* (la fillette fluette) qui n'en porte pas » (pour contrarier son institutrice, Van avait un jour imaginé ce contresens d'un traducteur français imaginaire) : souvenir d'une banalité, qui empiétait sur le frisson de son émotion présente avec la stupidité dissonnante d'un naïf étranger demandant son chemin à un voyeur à l'affût dans un dédale de ruelles louches.

Lucette reconnut Ada trois ou quatre secondes après, et sa main étreignit le poignet de Van.

« Oh, quel désastre ! Il fallait que cela arrive. C'est elle ! Partons, je t'en supplie, partons. Il ne faut pas que tu la voies se *dégrader*. Elle est atrocement maquillée. Tous ses gestes sont puérils et faux...

— Rien qu'une minute », dit Van.

Atroce ? fausse ? Elle était absolument parfaite — étrange et désespérément familière. Par quelque effet de l'art, par quelque hasard enchanté, les scènes brèves qu'on lui avait confiées formaient une récapitulation parfaite des Adas de 1884, de 1888, de 1892.

La *gitanilla* se penche sur la table vivante que représente le dos servile de Leporello et trace sur un morceau de parchemin une carte sommaire de la route qui conduit au château. Le cou révèle sa blancheur sous la longue chevelure noire entrouverte par le mouvement des épaules. Ce n'est plus la Dolorès d'un autre homme mais une petite fille qui tortille son pinceau d'aquarelliste dans le sang de Van... et le château de Donna Anna devient une fleur des marais.

Don Juan passe devant trois moulins à vent dont les ailes tournent, noires, sur le coloris sinistre du soleil couchant, et sauve Dolorès de la colère du meunier qui l'accuse de lui avoir volé une poignée de farine et déchire sa robe légère. Encore vaillant, quoique le souffle commence à lui manquer, Juan transporte Dolorès (dont le pied nu chatouille acrobatiquement son visage) sur la rive opposée d'un ruisseau et la dépose sur le gazon d'un bosquet d'oliviers. Les voilà debout face à face. Elle manie voluptueusement le pommeau constellé de son épée, elle frotte son ventre dur contre la culotte brodée et tout à coup la grimace d'un spasme précoce crispe le visage expressif du pauvre chevalier. Il se dégage avec un geste de colère et s'éloigne en titubant pour rejoindre son destrier.

Van, cependant, ne comprit que bien plus tard (quand il vit — quand il fut *obligé* de voir et de revoir et de revoir encore — le film entier jusqu'à son épilogue mélancolique et grotesque dans le château de Donna Anna) que ce qu'il avait pris d'abord pour une étreinte accidentelle constituait en réalité la vengeance du Cocu de Pierre. Bouleversé au-delà de toute expression par ces quelques minutes de spectacle, il décida de partir avant même la fin de la scène du bosquet d'oliviers. Juste à ce moment-là, trois vieilles dames aux visages de glace signifièrent leur désapprobation du film en se levant de leurs sièges contigus à celui de Lucette (qui était assez mince pour rester assise) et en passant devant Van (qui se lève) en trois frôlement saccadés. En même temps il remarqua deux personnes, les Robinson perdus depuis longtemps, qui avaient apparemment été séparés jusque-là de Lucette par les trois vieille dames et maintenant se rapprochaient d'elle. Rayonnants, fondus en des sourires de bienveillance et d'effacement, ils se coulèrent et s'écroulèrent dans les fauteuils voisins de celui de Lucette, qui se tourna vers eux avec ce qui fut sa dernière, dernière, dernière libre offrande de politesse inébranlable — plus forte que l'échec et que la mort.

Ils avançaient déjà le cou au-delà de Lucette, rides épanouies, doigts en émoi vibratile, dans la direction de Van, quand celui-ci s'empressa de profiter de leur intrusion pour murmurer une excuse humoristique (« mon pied marin ne marche plus ») et abandonner la salle de cinéma à son obscur roulis.

Dans cette succession d'actes fatals qu'après soixante ans écoulés je ne parviens encore à réduire en poudre d'inexistence qu'en travaillant sur une suite de mots jusqu'à ce que j'aie trouvé le rythme juste, moi, Van, je gagnai ma salle de bains, fermai la porte qui se rouvrit aussitôt toute grande et d'elle-même se referma, et, retrouvant l'usage d'un expédient temporaire beaucoup moins excessif que celui du père Sergius (lequel, dans la célèbre anecdote du comte Tolstoï, tranche le mauvais membre), je délestai hardiment les ballasts de la lubricité comme je l'avais fait pour la dernière fois dix-sept ans auparavant. Et qu'il est triste et révélateur de constater que l'image qui se projetait sur ce paroxysme (tandis que la porte récalcitrante se rouvrait comme une main pavillonnant à l'oreille d'un sourd) n'était pas l'image récente et légitime de Lucette mais la vision ineffaçable d'un cou nu qui se penche, d'une cascade entrouverte de cheveux noirs, et d'un pinceau pointé de violet.

Par souci de sécurité, il répéta l'acte vil et nécessaire.

A présent, il considérait la situation avec sang-froid. Il se dit qu'il n'avait rien de mieux à faire que de se mettre au lit et d'éteindre la lumière « ectrique » (ce succédané était en train de reconquérir discrètement la faveur internationale). A mesure que ses yeux s'habituaient à l'obscurité le fantôme bleu de la chambre peu à peu prenait forme. Il se félicitait de sa force de caractère. Il fit bon accueil à la douleur sourde dans sa racine tarie. Il accueillit avec approbation la pensée — qui lui parut soudain si absolument vraie, si neuve, aussi lividement réelle que l'ouverture de la porte du petit salon qui s'élargissait lentement — que dès le lendemain (ce lendemain dont le séparaient au moins et au mieux soixante-dix années) il expliquerait à Lucette, au titre de philosophe et de frère d'une autre sœur, qu'il savait combien il était torturant et absurde de placer toute sa fortune spirituelle sur la carte d'un caprice de la chair, qu'ils se trouvaient l'un et l'autre dans des situations analogues, mais qu'il s'arrangeait pourtant pour vivre, pour travailler, pour éviter de dépérir, parce qu'il refusait de briser la vie de Lucette en l'entraînant dans une aventure éphémère, et parce qu'Ada était encore une enfant. A ce point de ce discours intérieur, Van eut le sentiment confus qu'une vaguelette de sommeil commençait de rider la surface de sa logique, mais la sonnerie du téléphone le rejeta en pleine conscience. Entre deux tintements la machine parlante semblait se ramasser pour prendre un nouvel élan et il décida d'abord de la laisser sonner toute seule; mais l'insistance de cet appel finit par avoir raison de ses nerfs, et il empoigna le récepteur.

Il n'est pas douteux qu'en invoquant le premier prétexte venu pour éloigner Lucette de son lit Van avait moralement raison. Mais, en tant qu'artiste et gentleman, il savait que l'agrégat de mots qui sortit de sa bouche était vulgaire et cruel, et c'est seulement parce que Lucette ne pouvait admettre qu'il fût l'un ou l'autre qu'elle le crut.

« *Mojno pridti teper* (est-ce que je peux venir maintenant ?) » demanda Lucette.

« *Ya ne odin* » (je ne suis pas seul), répondit Van. Un petit silence, et puis elle raccrocha.

Après que Van se fut esquivé, Lucette était restée prise au piège douillet des Robinson (Rachel en balançant son gros sac à main, s'était immédiatement faufilée jusqu'à la place que Van avait abandonnée et Bob s'était rapproché d'un siège). Par une sorte de pudeur, Lucette ne leur révéla pas que la jeune actrice (très obscurément et très fugitivement désignée sous le nom de « Theresa Zegris » dans la liste récapitulative « ascendante » des acteurs) qui avait réussi à obtenir le rôle bref mais non accessoire de la gitane fatale n'était autre que la pâle écolière qu'ils avaient pu voir à Ladore. Prosélytes de l'abstinence, ils invitèrent Lucette à venir prendre un Coke dans leur cabine, qui était petite, étouffante et mal isolée; on entendait les paroles et les plaintes de deux enfants que mettait au lit une nurse silencieuse et nauséeuse, si tard, si tard... Deux enfants ? Non, mais plutôt des nouveaux époux, très jeunes et très déçus, en voyage de noces.

« Nous nous rendons compte, dit Robert Robinson en s'approchant de son réfrigérateur portatif pour se resservir, nous nous rendons parfaitement compte que le Dr Veen est entièrement absorbé par ses intéressants travaux — il m'arrive parfois de regretter d'avoir pris ma retraite — mais croyez-vous, Lucy... *prosit*... qu'il accepterait de dîner demain soir avec vous et nous et peut-être un Autre Couple dont il sera certainement ravi de faire la connaissance. Faut-il que Mrs. Robinson lui envoie une invitation en règle ? Et la signerez-vous, vous aussi ?

— Je ne sais pas, je suis très fatiguée, dit Lucette; et le rock and roll empire. Je crois que je vais monter dans ma cage pour prendre une de vos Quietus. De toute façon, dînons tous ensemble demain. J'avais vraiment besoin de boire froid... c'était délicieux. »

Quand elle eut reposé le récepteur nacré, Lucette changea de vêtement. Elle mit un pantalon noir et une chemise citron (d'abord prévus pour le lendemain matin), chercha vainement une feuille de papier à lettre sans écusson ni caravelle, arracha la page de garde du journal d'Herb *Dix Marches* et essaya de trouver quelque chose d'amusant, de scintillant et d'anodin à écrire sur un faire-part de suicide. Mais elle avait pensé à tout, sauf à ce billet, et elle déchira la vie vierge en deux et jeta les morceaux dans les W.C. Elle se servit un autre verre d'eau morte à une carafe retenue par une chaînette, avala l'une après l'autre quatre pilules vertes et, suçant la cinquième, se dirigea vers l'ascenseur qui la transporta en un clin d'œil de son trois pièces au tapis rouge du bar du Pont Promenade. Deux jeunes hommes du genre limace étaient en train de se laisser glisser de leurs oronges, et quand ils se retournèrent pour sortir l'aîné dit au plus jeune : « Tu peux berner ton lord, mon petit, mais moi, oh non ! tu ne m'auras pas. »

Lucette but un « poney cosaque » de vodka Klass, boisson détestable, mais efficace, en prit un autre et fut à peine capable d'en avaler un troisième, parce qu'un vertige fou l'envahissait. Nage comme un fou pour échapper aux requins, Tobakovitch !

Elle n'avait pas son sac avec elle et faillit tomber du siège ridiculement convexe sur lequel elle était perchée en fouillant dans la poche de sa chemise à la recherche d'un billet égaré.

« *Beddy dee* », dit Toby le barman avec un sourire paternel qu'elle prit pour une invite polissonne. « Il est l'heure de dormir, miss », ajouta-t-il en tapotant la main dégantée de Lucette. Elle recula, indignée, et se força à répondre avec hauteur et d'une voix très distincte :

« Mon cousin Mr. Veen vous réglera demain en même temps qu'il vous défoncera la mâchoire. » Six, sept... non, plus que cela, une dizaine de marches pour arriver là-haut. Dix marches. On s'aide des bras et des jambes. Dimanche. Déjeuner sur l'herbe. Tout le monde pue. Ma belle-mère avale son râtelier. Sa petite chienne, après avoir trop couru, fait deux efforts et vomit tranquillement un pudding rose sur la nappe du pique-nique. Après quoi, elle s'éloigne en se dandinant. Ces marches, c'est quelque chose.

Pour se hisser sur le pont, Lucette fut obligée de s'accrocher à la rampe. Elle montait en zigzaguant comme une infirme. Arrivée à destination elle ressentit l'impact solide de la nuit noire et la mobilité du séjour fortuit qu'elle était sur le point de quitter.

Bien que jamais encore Lucette n'eût plongé dans la mort — non, la « mer », Violet — d'une pareille hauteur au milieu d'un tel désordre d'ombres et de reflets serpentiformes, elle entra presque sans une éclaboussure dans la vague qui se gonfla pour l'accueillir. Cette fin parfaite fut gâtée par le geste instinctif qui la ramena immédiatement à la surface, alors qu'elle avait résolu, au cours de sa dernière nuit à terre, de s'abandonner dans le sein de l'onde à la torpeur du narcotique, si jamais il fallait en venir à cette extrémité. La petite étourdie ne s'était pas exercée à la technique du suicide comme le fait quotidiennement, par exemple, le parachutiste en chute libre dans l'élément d'un chapitre à venir. La houle tumultueuse et l'indétermination de Lucette qui ne savait de quel côté tourner ses regards au milieu des ténèbres, des poudroiements d'écume, des tentacules — t.e.n.t. — de sa propre chevelure, firent qu'elle ne put distinguer les lumières du paquebot — qu'on imaginera comme une masse de ténèbres aux mille yeux qui s'éloigne puissamment dans un triomphe impitoyable. Voilà que j'ai perdu la note suivante.

Je l'ai retrouvée...

Le ciel n'était pas moins impitoyable et noir et le corps de Lucette, sa tête, et surtout ce maudit pantalon n'en finissaient pas d'imbiber l'Oceanus Nox, n majuscule, o. x. Chaque gifle de sel amer et glacé faisait remonter dans sa bouche un goût d'anis écœurant, et son cou et ses bras étaient envahis par une torpeur — « torpeur », pas « peur » — croissante. Comme elle commençait à perdre trace d'elle-même, elle pensa qu'il convenait de révéler à une série reculante de Lucette — en les chargeant de se passer le mot de proche en proche comme dans le mirage d'un palais de glaces — que la mort ne représentait rien d'autre qu'un assortiment plus complet des fragments innombrables de la solitude.

Elle ne vit pas dans un éclair repasser toute son existence, comme nous l'avons tous craint; le caoutchouc rouge d'une poupée chérie resta décomposé parmi les myosotis d'un ruisseau inanalysable. Pourtant, pendant qu'elle nageait en rond comme un Tobakoff amateur dans un cercle de fugitive panique et de miséricordieux engourdissement, elle vit quelques images sans suite. Elle vit deux petites pantoufles de vair que Brigitte avait oublié d'emballer; elle vit Van s'essuyer la bouche avant de répondre, jeter sa serviette sans avoir rien dit et se lever de table en même temps qu'elle; elle vit une fille aux longs cheveux noirs qui se penche, vite, en passant, pour claquer des mains au-dessus d'un dachshund couronné de fleurs à demi défaites.

Le capitaine fit mettre à la mer un canot à moteur brillamment éclairé. Van, le maître nageur et Toby encapuchonné dans un ciré jaune étaient au nombre des aspirants sauveteurs. Mais un grand morceau de mer avait fui et Lucette était trop fatiguée pour attendre. Le ferraillement d'un vieil et robuste hélicoptère remplit bientôt la nuit, mais son rayon diligent ne rencontra que la tête noire de Van, qui, précipité à la mer par un écart du canot (pris au dépourvu par sa propre ombre), hurlait sans fin le nom de la fille noyée sur les eaux noires veinées d'écume dédalienne.

CHAPITRE VI

Père,

Tu trouveras sous ce pli une lettre dont l'objet s'explique de lui-même et que tu auras la bonté de lire et de transmettre à Mrs. Vinelander, dont j'ignore l'adresse, si tu n'y vois point d'objection. Pour ton édification personnelle, je te dirai — bien que la chose n'ait plus guère d'importance au point où nous en sommes — que Lucette n'a jamais été ma maîtresse, contrairement à ce qu'un dégoûtant imbécile dont je ne parviens pas à retrouver la trace a donné à entendre dans son « compte rendu » du malheur. On me dit que tu rentres le mois prochain dans l'Est. Demande à ta secrétaire actuelle de m'appeler à Kingston, si tu désires me voir.

Ada,

Je désire corriger et compléter le récit de sa mort tel qu'il a été publié ici dès avant mon retour. Nous ne voyagions pas « ensemble ». Nous nous sommes embarqués dans des ports différents et j'ignorais qu'elle fût à bord. Nos relations sont restées ce qu'elles étaient depuis toujours. J'ai passé avec elle toute la journée du lendemain (4 juin) sauf les deux heures qui ont précédé le dîner. Nous sommes restés étendus au soleil. Elle apprécia la brise vivifiante et l'eau salée et claire de la piscine. Elle faisait de son mieux pour paraître insouciante mais je me suis vite aperçu combien les choses allaient mal. L'attachement romanesque auquel elle s'abandonnait, l'engouement qu'elle cultivait ne pouvaient être tranchés par la logique. Pour couronner le tout, une personne avec laquelle il lui était impossible de rivaliser entra inopinément en scène. Les Robinson, Robert et Rachel, qui, je le sais, avaient l'intention de te faire parvenir une lettre par l'intermédiaire de mon père, ont été les avant-derniers à s'entretenir avec elle cette nuit-là. Le dernier fut le barman; elle l'avait inquiété par l'étrangeté de sa conduite; il la suivit sur le pont et la vit sauter sans pouvoir l'en empêcher.

Après une semblable perte, il me paraît inévitable qu'on veuille recueillir le moindre détail, chacune des cordes cassées, chaque frange effilochée du passé immédiat. J'avais assisté avec elle à la plus grande partie d'un film intitulé Châteaux en Espagne *(ou quelque chose comme cela) et le héros libertin se faisait conduire au dernier d'entre eux quand je me décidai à la laisser entre les mains des Robinson, qui nous avaient retrouvés dans la salle. Je me mis au lit; on vint m'appeler vers une heure du matin, heure maritime, quelques secondes après qu'elle se fut précipitée par-dessus bord. Les efforts entrepris pour la retrouver furent menés avec une ampleur raisonnable, mais finalement, après une heure de confusion et d'espoir, le capitaine dut prendre l'affreuse décision de poursuivre le voyage. S'il s'était laissé soudoyer, nous serions encore en train de tourner en rond autour du lieu fatal.*

En tant que psychologue, je sais ce qu'il y a de faux à spéculer si Ophélie n'aurait pas de toute façon fini par se noyer, sans l'aide d'une branche traîtresse, même si elle avait épousé son Voltemand. Je crois, impersonnellement, que si V. l'eût aimée elle serait morte dans son lit, les cheveux blancs, l'âme sereine; mais puisqu'il n'aimait pas vraiment la malheureuse petite vierge et qu'aucune somme de tendresse charnelle ne pourra jamais passer pour amour vrai — et par-dessus tout que cette fatale fille andalouse, qui, je le répète, venait de rentrer en scène, était inoubliable

— je suis bien obligé, chère Ada et cher Andreï, d'en arriver à cette conclusion : quoi que l'on eût pu inventer, elle aurait mis fin à ses jours. Il se peut que dans d'autres mondes plus édifiants et moralement plus profonds que cette boulette de boue il existe des contraintes, des principes, des consolations — et même une certaine fierté — à rendre heureuse une femme que l'on n'aime pas véritablement; mais sur cette planète, les Lucette sont perdues d'avance.

J'ai été obligé de détruire quelques pauvres petites choses qui lui avaient appartenu — un étui à cigarettes, une robe du soir en tulle, un livre français corné à la description d'un pique-nique — parce que je ne pouvais soutenir leur regard. Je reste votre dévoué serviteur.

Mon fils,

J'ai suivi à la lettre les instructions de ta lettre. Ton style épistolaire est tellement entortillé que j'aurais soupçonné la présence d'un code si je n'avais su que tu appartenais à l'Ecole des Décadents, en compagnie de ce vieux polisson de Léon et du phtisique Anton. Je me fiche éperdument que tu aies couché ou non avec Lucette, mais je sais par Dorothy Vinelander que la pauvre enfant avait été amoureuse de toi. Le film dont tu parles ne pouvait être que La Dernière Frasque de Don Juan *où Ada, effectivement, joue (à ravir) le rôle d'une jeune Espagnole. Un mauvais sort poursuit la carrière dramatique de la pauvre enfant. Howard Hool s'est plaint, après la sortie du film, qu'on lui avait fait jouer un hybride impossible des deux « Don »; que Yuzlik (le metteur en scène) avait initialement conçu sa « fantaisie » comme une adaptation de l'informe roman de Cervantès; que plusieurs débris du scénario original restaient collés comme des flocons de laine sale au nouveau thème et qu'en suivant la piste sonore d'une oreille attentive on pouvait entendre dans la scène de la taverne un compagnon de débauche s'adresser à deux reprises à Hool en l'appelant « Quicks ». Hool est parvenu à racheter et détruire un certain nombre de copies et d'autres ont été confisquées par les hommes de loi de l'écrivain Osberg, qui prétend que la scène de la gitanilla a été volée à l'une de ses propres concoctions. Le résultat est qu'il est impossible d'acheter une bobine du film, qui s'évanouira comme la fumée du proverbe quand il aura fini sa tournée sur les écrans de province. Viens dîner avec moi le 10 juillet. Tenue de soirée.*

Cher ami,

Nous fûmes, mon mari et moi, profondément bouleversés par l'effroyable nouvelle. C'est à moi — et je m'en souviendrai toujours ! — que presque à la veille de sa mort cette pauvre fille s'est adressée pour arranger les choses sur le Tobakoff *qui est toujours bondé, et que désormais je ne prendrai plus, par un peu de superstition et beaucoup de sympathie pour la douce, la tendre Lucette. J'étais si heureuse de faire mon possible, car quelqu'un m'avait dit que vous aussi y seriez; d'ailleurs, elle m'en a parlé elle-même : elle semblait tellement joyeuse de passer quelques jours sur le « pont des gaillards » avec son cher cousin ! La psychologie du suicide est un mystère que nul savant ne peut expliquer.*

Je n'ai jamais versé tant de larmes, la plume m'en tombe des doigts. Nous revenons à Malbrook vers la mi-août. Bien à vous,

Cordula de Prey-Tobak.

Van,

Andreï et moi avons été profondément touchés par

les détails supplémentaires que nous apporte ta chère (c'est-à-dire insuffisamment affranchie) lettre. Nous avions reçu auparavant, par l'intermédiaire de Mr. Grombtchevski, un mot des pauvres Robinson, qui ne se pardonnent pas, les braves gens, de lui avoir donné ce médicament contre le mal de mer, dont une dose excessive jointe aux effets de l'alcool, a dû diminuer sa force de survie — si, dans l'eau froide et noire, elle a changé d'idée. Tu ne peux savoir, mon cher Van, à quel point je suis malheureuse — d'autant plus, hélas, que nous n'avions pas appris, sous les arbres d'Ardis, que tant de malheur pouvait exister.

Mon unique amour,

Cette lettre ne sera jamais confiée à la poste. Enfermée dans son coffret d'acier, elle demeurera ensevelie sous un cyprès dans le jardin de la villa Armina et, si par hasard dans un demi-millénaire elle revient au jour, personne ne saura qui l'a écrite ni pour qui. Elle n'aurait d'ailleurs pas été écrite du tout, si ta dernière ligne, ton cri de malheur, n'était pas mon cri de triomphe. Le poids de cette fièvre doit être... [la fin de la phrase avait été oblitérée par une tache de rouille quand le coffret fut exhumé en 1928. La lettre continue comme suit :] *...rentré aux Etats-Unis je me lançai dans une quête singulière. A Manhattan, à Kingston, à Ladore, dans des douzaines d'autres villes, je ne cessai de poursuivre de cinéma en cinéma le film que je n'avais pas...* [ici l'encre est complètement décolorée] *sur le paquebot, et chaque fois je découvrais dans ton jeu un nouveau sujet de glorieux martyre, une nouvelle convulsion de beauté. Ce* [illisible] *est une réfutation péremptoire des instantanés infâmes de l'infâme Kim. Artistiquement et ardisiaquement parlant, le meilleur passage est l'une des dernières images — celle où tu suis pieds nus Don Juan,* *qui traverse une longue galerie de marbre et marche vers son destin, vers l'échafaud du lit aux rideaux noirs de Donna Anna, autour duquel tu voltiges, mon papillon Zegris, tu redresses une chandelle qui penche burlesquement, tu chuchotes à l'oreille de la dame qui fronce le sourcil des conseils aussi charmants que vains; et dans la scène qui suit tu risques un regard par-dessus le paravent mauresque, et tout à coup tu éclates d'un rire si naturel, si désarmant, si délicieux qu'on se demande s'il existe aucune forme d'art qui pourrait se passer de cette explosion érotique de gaieté d'écolière. Et dire, mon Aurore d'Espagne, que ta cabriole magique ne dure en tout que onze minutes chronomètre en main... quatre à cinq scènes de deux ou trois minutes chacune !*

Hélas, vint une nuit où, dans un quartier lugubre encombré d'ateliers et de buvettes enfumées, pour la toute dernière fois et seulement à moitié — parce qu'arrivé à la scène de la séduction le film s'est mis à battre une paupière noire avant de se recroqueviller — j'ai pu apercevoir... [toute la fin de la lettre est détériorée].

CHAPITRE VII

Il célébra le début de ce siècle prospère et serein (dont Ada et moi avons déjà vécu plus d'une moitié) en mettant en chantier son second conte philosophique, une « dénonciation de l'espace » (qui ne devait jamais être achevée, mais qui forme rétrospectivement une préface à sa *Texture du Temps*). Un fragment de ce traité, d'un style passablement recherché mais blessant et robuste à souhait, parut dans le premier numéro (janvier 1904) d'une revue américaine mensuelle aujourd'hui célèbre, *L'Artisan*. On peut en lire un commentaire dans une des lettres tragiquement correctes (toutes ont été détruites, sauf celle-ci) que sa sœur lui envoyait de temps en temps par la poste. Ce genre de correspondance non clandestine avait débuté avec l'accord tacite de Démon après l'échange épistolaire qui avait suivi la mort de Lucette.

Et, triste, au-dessus du Caucase
Le Démon vole lentement.
Sous lui le Glacier Bek s'embrase
Tel le biseau d'un diamant.

Il semblerait, en effet, qu'en continuant à s'ignorer l'un l'autre Van et Ada eussent pu éveiller davantage de médiance que la lettre suivante :

Agavia Ranch
5 février 1905

Je viens de lire Réflexions à Sidra *d'Ivan Veen, et je tiens ce livre pour une grande œuvre, cher professeur. Les « flèches perdues du destin » et maints autres traits poétiques m'ont rappelé les deux ou trois fois où tu es venu chez nous à la campagne prendre le thé et goûter nos muffins, il y a quelque vingt ans. J'étais alors, tu t'en souviens (phrase présomptueuse), une petite fille modèle qui s'exerçait au tir à l'arc près d'une urne et d'une balustrade; tu étais, toi, un écolier timide (dont il se pourrait bien que j'aie été un tout petit peu amoureuse s'il faut en croire ce que disait ma mère !) et tu ramassais avec soumission les flèches que j'avais perdues dans les bosquets perdus du château perdu où se passa l'enfance de la pauvre Lucette et de l'heureuse, heureuse Adette, et qui est aujourd'hui une « Maison de retraite pour Noirs aveugles ». Ma mère et L. auraient très certainement approuvé le conseil de Dacha qui souhaitait que notre Ardis fût pieusement offert à sa secte. Dacha, ma belle-sœur, qui m'a fait connaître ton traité (il faut absolument que tu la voies bientôt, si si, elle est tellement rêveuse, tellement charmante, tellement plus intelligente que moi), Dacha me demande de te dire qu'elle espère « refaire » ta connaissance — peut-être au Bellevue à Mont-Roux, en Suisse, au mois d'octobre. Je crois bien que tu as rencontré un jour la jolie Miss « Kim » Singer, eh bien! c'est exactement le genre de notre chère Dacha. Elle s'entend à merveille à pressentir et à poursuivre l'originalité; elle se consacre à toutes sortes d'études dont je ne puis pas même te dire le nom; elle a terminé Chose, où elle apprenait l'histoire (notre Lucette l'appelait « Sale Histoire »... Comme c'est triste, comme c'est drôle !). Pour elle tu es le « beau ténébreux », parce qu'un jour, un jour porté par des ailes de libellule peu avant mon mariage, elle assista — je veux dire simplement un beau jour, je m'égare dans mon style, mon péristyle — à une de tes conférences publiques sur les rêves et qu'après la séance elle alla te trouver avec son dernier petit cauchemar proprement tapé et agrafé, et que tu la regardas d'un œil noir et refusas de le prendre. Bref, elle s'est adressée à l'oncle Dementiï pour qu'il exhorte le beaux ténébreux à venir à Mont-Roux, à l'Hôtel Bellevue, au mois d'octobre, vers le 17 je crois, mais il s'est contenté de répondre en riant que c'était à elle et à moi d'arranger les choses.*

Encore toutes mes « congrats *», cher Ivan! Nous pensons tous les deux que tu es un merveilleux, un inimitable artiste qui devrait lui aussi « se contenter de rire » quand des critiques crétins (et particulièrement les critiques anglais appartenant à la* lower-upper-middle class) *taxent ton style de « préciosité »,* *tout comme un fermier américain trouve son curé « bizarre » parce qu'il entend le grec...*

P.S. Douchevno klanyayus *(« Je m'incline de toute mon âme » — construction incorrecte et vulgaire qui évoque la pénible image d'une âme faisant des révérences)* nachemou zaotchno dorogomou professorou *(devant notre cher quoique invisible professeur)*, o kotorom mnogo slychal *(dont j'ai tellement entendu parler)* ot dobrago Dementiïa Dedalovitcha i sestritsy *(par l'excellent Démon et par ma sœur)*.

S ouvajeniem *(avec respect)*,
Andreï Vinelander.

L'espace meublé, *Furnished Space* (que nous ne connaissons que dans la mesure où il est meublé et rempli, même si son contenu est « absence de substance » — notion qui offre également une assiette à l'esprit), est de nature principalement aquatique, du moins sur notre globe. C'est sous cette forme qu'il détruisit Lucette. Sous une autre forme, plus ou moins atmosphérique mais tout aussi gravitationnelle et répugnante, il détruisit Démon.

Un matin de mars 1905, sur la terrasse de la villa Armina, assis, tel un sultan, sur un tapis au milieu de quatre ou cinq nudités nonchalantes, Van ouvrit paresseusement l'édition niçoise d'un quotidien américain. Au cours de la quatrième ou cinquième catastrophe aérienne du siècle naissant, une gigantesque machine volante s'était désintégrée inexplicablement à quinze mille pieds au-dessus de l'océan Pacifique entre les îles Lisianski et Laïsanov dans la région de Gavaille. La liste des « personnalités » disparues comprenait le chef de publicité d'un grand magasin, le contremaître intérimaire de la section tôlerie d'une entreprise de fac-similés, l'administrateur d'une firme de disques, l'associé principal d'un cabinet juridique, un architecte avec une imposante expérience antérieure dans l'aviation (ici une première coquille impossible à rectifier), le vice-président d'une société d'assurances, un autre vice-président, celui, cette fois, d'un conseil de régulation, quoique cela pût être...

« Moi affamée », dit une maussade beauté libanaise âgée de quinze étés torrides.

« Sonne », dit Van, continuant dans un état de singulière fascination à lire ce catalogue de vies étiquetées : le président d'une société de vente en gros de vins et spiritueux, le directeur d'une compagnie spécialisée dans l'installation des turbines, un fabricant de crayons, deux professeurs de philosophie, deux « reporters » (qui n'avaient plus rien à rapporter), le sous-contrôleur d'une banque de vins et spirituels (faute d'impression, mots déplacés), le sous-contrôleur d'une institution de gestion, un président, le secrétaire d'une agence littéraire...

Les noms de ces importants personnages et ceux d'environ quatre-vingts autres hommes, femmes, enfants silencieux, morts dans le bleu des airs, ne devaient être révélés au public qu'après que leurs parents auraient tous été avertis; mais la liste préalable de ces banales abstractions avait paru trop impressionnante pour n'être pas immédiatement offerte au lecteur en guise d'apéritif et ce ne fut que le lendemain matin que Van apprit que le président d'une banque, perdu dans la mutilation finale du texte, était son père.

« Les flèches perdues du destin de chacun restent éparpillées autour de lui », etc. (*Réflexions à Sidra*).

Van avait vu pour la dernière fois son père un jour du printemps 1904 dans leur maison. Il y avait là d'autres personnes : le vieil Eliot, l'agent immobilier, deux hommes de loi (Grombtchevski et Gromwell), le Dr Aix, expert en objets d'art, Rosalind Knight, la nouvelle secrétaire de Démon, et le solennel Kithar Sween, banquier qui s'était fait auteur « d'avant-garde » à l'âge de soixante-cinq ans; il avait produit dans le cours d'une seule et miraculeuse année : *Le Tour de taille,* satire en vers libres sur les mœurs culinaires anglo-américaines, et *Le Cardinal Grichkine,* interminable récit d'une subtilité délibérée, écrit à la louange de l'Eglise romaine. Le poème n'était guère plus que le clin d'œil d'un hibou; quant au roman, il avait été déjà jugé « séminal » par de jeunes et célèbres critiques (Norman Girsh, Louis Deer — bien d'autres encore) qui le vantaient tous de la même voix déférente... mais qui montait si haut qu'une oreille ordinaire ne comprenait quasiment rien à cette volubilité de soprano; tout cela semblait cependant très passionnant, et après un grand tralala d'essais *in memoriam* parus en 1910 (« Kithar Sween, l'homme et l'écrivain », « Sween : l'aristocrate et le poète », « Kithar Kirman Lavehr Sween : essai de biographie »), la satire et le roman tombèrent aussi complètement dans l'oubli que la surveillance exercée par notre contremaître intérimaire sur la régulation de l'expérience antérieure — ou l'édit de Démon.

A table, on parla surtout affaires. Démon avait récemment fait l'acquisition d'une petite île du Pacifique idéalement ronde, avec une maison rose sur la falaise verte et une plage de sable qui ressemblait (vue des airs) à un volant de dentelle, et il voulait vendre le précieux petit palazzo d'East Manhattan, dont Van ne voulait pas. Mr. Sween, praticien cupide dont les gros doigts s'ornaient de bagues flamboyantes, dit qu'il pourrait bien l'acheter si Démon lui laissait en prime certains tableaux. L'affaire n'aboutit point.

Van poursuivit ses recherches personnelles, jusqu'au jour où il fut nommé à la chaire de philosophie « Rattner » de l'université de Kingston (il n'avait que trente-cinq ans !). Ce ne fut qu'en désespoir de cause, à la suite de circonstances dramatiques, que le Conseil se résolut à ce choix, les deux autres postulants, savants chevronnés beaucoup plus âgés et plus qualifiés que Van et appréciés jusqu'en Tartarie (contrée qu'ils avaient souvent visitée le regard rayonnant d'attendrissement et la main dans la main), avaient mystérieusement disparu (morts peut-être sous de faux noms dans l'accident toujours inexpliqué qui s'était produit au-dessus de l'océan souriant) « à la onzième heure » : en effet, il était prévu que la chaire devait être démontée si elle restait vide plus longtemps que ne l'y autorisaient les règlements de Kingston — cela pour donner à un autre siège, moins convoité peut-être mais parfaitement estimable, une chance d'être apporté de l'arrière-vestibule. Van n'avait nul besoin de cet honneur et ne l'apprécia guère, mais il l'accepta dans un esprit de perversité bon enfant ou de gratitude perverse, ou tout simplement en mémoire de son père qui s'était trouvé plus ou moins mêlé à l'aventure. Il ne prit pas sa charge trop au sérieux, réduisant au plus strict minimum (une douzaine par an) le nombre des conférences qu'il débitait d'un ton traînant et nasillant, dû essentiellement à l'« enregistreur de voix » d'un modèle nouveau et fort rare sur le marché qu'il dissimulait dans la poche de son gilet à côté d'une boîte de pilules antiseptiques Vénus — pendant qu'il remuait les lèvres en silence et pensait à la page inachevée qui l'attendait sous la lampe encore éclairée de son bureau parmi les feuilles éparses de son manuscrit. Il passa à Kingston une vingtaine de mornes années (agrémentées de voyages à l'étranger), personnage obscur autour duquel ne se créa nulle légende, ni dans l'université ni dans la ville. Peu aimé de ses austères collègues, inconnus dans les cafés de l'endroit, nullement regretté par ses élèves mâles, il se retira en 1922 et vécut dès lors en Europe.

CHAPITRE VIII

Arrivons mont roux bellevue dimanche
dîner adoration détresse arcs-en-ciel

Ce télégramme audacieux fut apporté à Van en même temps que son petit déjeuner au Manhattan Palace à Genève, le samedi 10 octobre 1905. Le même jour Van partit pour Mont-Roux, à l'autre bout du lac, et descendit selon son habitude à l'hôtel des Trois Cygnes. Le concierge, petit homme fluet mais d'une antiquité presque mythologique, était mort quatre ans plus tôt pendant le dernier séjour de Van. Au lieu du visage ratatiné de Julien et de son sourire discret de complicité mystérieuse que le voyageur voyait s'allumer comme une lampe derrière une paroi de parchemin, ce fut le visage rose et rond d'un ex-chasseur (portant maintenant redingote) qui accueillit le vieux, le gros Van.

« Lucien, dit le Dr Veen en regardant par-dessus ses lunettes, je puis recevoir — votre prédécesseur le savait fort bien — toutes sortes de visiteurs étranges, magiciens, dames masquées, demi-fous, que sais-je ? et j'attends des miracles de discrétion de nos trois cygnes muets. Voici une prime préliminaire.

— Merci infiniment », dit le concierge et, comme d'habitude, Van fut infiniment touché par cette hyperbole courtoise qui ne favorisait certes point le tarissement de la pensée philosophique.

Il réserva deux pièces spacieuses, le 509 et le 510, un salon Ancien Monde aux meubles tendus de vert doré, et une charmante chambre à coucher attenante à une salle de bains de forme carrée qui était visiblement une ancienne chambre transformée (vers 1875 — date à laquelle l'hôtel avait été rénové et splendifié). Van lut avec un émoi anticipé ces mots inscrits sur un carton octogonal délicatement suspendu à son cordonnet rouge : Prière de ne pas déranger. *Do not disturb.* Accrochez cet avis à la poignée extérieure de la porte. *Inform Telephone Exchange.* Avisez en particulier la téléphoniste (dans la version anglaise, pas d'accent d'insistance, pas de fille à la voix limpide).

Van commanda à la fleuriste du rez-de-chaussée une orgie d'orchidées et au garçon d'étage un sandwich au jambon. Il survécut à une longue nuit (les choucas des Alpes harcelant une aube sans nuages) dans un lit qui atteignait à peine les deux tiers du lit fabuleux de l'inoubliable appartement qu'ils avaient occupé douze ans plus tôt. Il prit son breakfast sur le balcon et ignora une mouette venue en reconnaissance. Il déjeuna tard, s'abandonna aux langueurs d'une sieste opulente, prit un second bain pour noyer le temps, et mit deux heures pour atteindre au pas de promenade, en s'arrêtant tous les deux bancs, les bâtiments neufs du Bellevue Palace, situés très exactement à huit cents mètres au sud-est.

Une barque rouge déparait le miroir bleu (au temps de Casanova il y en aurait eu des centaines !); les grèbes étaient là pour l'hiver, mais les foulques n'étaient pas encore revenues.

Ardis, Manhattan, Mont-Roux, notre petite rousse est morte. Le merveilleux portrait de Père par Vrubel, ces diamants déments qui me regardent, qui sont peints au-dedans de moi.

Paré de la chaude incandescence des châtaigniers ondulés, le mont Rousset, dont les pentes boisées s'étagent derrière la ville, se montrait digne de son nom et de sa réputation automnale, et sur la rive opposée du Léman (Léman voulant dire l'Amant) se dessinait au loin la cime de Sex Noir, le Rocher Noir.

Il avait trop chaud, il se sentait mal à l'aise dans sa

chemise de soie et son costume de flanelle grise — un des plus vieux de sa garde-robe, qu'il avait choisi de porter parce qu'il y paraissait plus svelte... mais il aurait bien fait d'oublier ce gilet par trop juste. Nerveux comme un gamin à son premier rendez-vous ! Il se demanda ce qu'il lui fallait plutôt espérer : que la présence d'Ada fût dès le premier instant diluée dans celle des autres ou qu'elle s'arrangeât pour être seule avec lui au moins pendant les premières minutes. Les lunettes qu'il portait et sa petite moustache noire le faisaient-elles vraiment paraître plus jeune, comme le lui affirmaient des putains polies ?

Quand il se trouva enfin devant la façade blanche aux marquises bleues du Bellevue (qui pour être le séjour favori de riches Estotilandais, Rheinlandais et Vinelandais, n'appartenait pas pour autant à la même superclasse que le vieux, l'immense, le sympathique « Trois Cygnes » avec sa patine fauve et ses dorures), Van découvrit avec consternation que sa montre était encore loin de marquer sept heures — la première heure pour dîner dans les établissements du pays. Il retraversa l'allée et prit un double kirsch avec un morceau de sucre dans un café. Le cadavre desséché d'un moro-sphinx gisait sur l'appui de la fenêtre des cabinets. Heureusement, les symboles n'existent ni dans les rêves ni dans les intervalles de la vie consciente.

Van poussa la porte tournante du Bellevue, trébucha sur une valise bariolée et fit une entrée burlesque au pas de course. Le portier rabroua le malheureux *cameriere* au vert tablier qui avait posé l'objet à cet endroit. Oui, on attendait monsieur dans le grand salon. Un touriste allemand courut derrière Van pour le prier, avec exubérance et non sans humour, d'excuser la valise fautive dont il se présenta comme le propriétaire.

« S'il en est ainsi, dit Van, vous ne devriez pas permettre aux spas de plaquer leurs réclames sur vos appendices intimes. »

Cette réponse était absurde, et de l'épisode tout entier se dégageait un vague relent paramnésique... Une seconde plus tard, Van recevait dans le dos une balle de pistolet mortelle (ce sont des choses qui arrivent, certains touristes sont complètement déséquilibrés) et entrait dans une nouvelle phase d'existence.

Il s'arrêta sur le seuil du grand salon, mais à peine avait-il commencé à scruter son contenu humain épars qu'un remous soudain se produisit dans un groupe éloigné. Ada, dédaignant l'étiquette, se précipitait vers lui. Son élan solitaire et rapide consuma à rebours toutes leurs années de séparation, lorsque l'étrangère au scintillement de jais qui portait maintenant la haute coiffure à la mode redevint la petite fille en noir aux bras pâles qui n'avait jamais cessé de lui appartenir. A ce tournant particulier du temps, il se trouva qu'ils étaient les seuls personnages qui fussent manifestement actifs et debout dans l'immense salle, et des regards les observèrent quand ils se rejoignirent à mi-chemin, comme sur une scène; mais ce qui aurait dû être, au point culminant de cette approche impétueuse, de l'extase qui paraissait dans ses yeux et dans le feu de ses bijoux, une grande explosion d'amour volubile fut marqué par un silence incongru. Sans s'incliner, il releva jusqu'à ses lèvres et baisa sa main de cygne — après quoi ils restèrent l'un devant l'autre, les yeux dans les yeux, lui jouant avec des pièces de monnaie dans les poches de son pantalon, sous son veston remonté en bosse, elle manipulant son collier, et l'on eût dit que chacun réfléchissait la lumière incertaine à laquelle s'était catastrophiquement réduit tout l'éblouissement de leur accueil réciproque. Elle était Ada plus que jamais, mais un éclat d'élégance nouvelle s'était ajouté à son charme sauvage. Ses cheveux encore plus noirs étaient tirés en arrière et relevés au-dessus de la nuque en un chignon luisant et la ligne Lucette de son cou nu, mince et droit, le frappa comme une surprise déchirante. Il essaya de former une phrase succincte (pour l'avertir du stratagème qui devait leur permettre de se fixer un rendez-vous), mais il n'avait pas fini de s'éclaircir le gosier qu'elle l'interrompait par cette injonction marmottée : *Sbrit' usy !* (qu'elle parte, cette moustache) et se retournait pour le conduire au fond du salon, dans ce coin éloigné d'où elle avait mis tant d'années à venir le joindre.

La première personne à qui elle le présenta, quand ils eurent atteint cette île de fauteuils et d'androïdes réunis autour d'une table basse dont un cendrier de cuivre constituait le noyau, fut la belle-sœur promise, petite dame courte et grassouillette, en gris institutrice, au visage très ovale, aux cheveux châtains coupés à la garçonne, au teint jaunâtre, à l'œil bleu fumée rien moins que rieur, doté d'une petite excroissance charnue assez semblable à un grain de maïs mûr posé sur l'aile du nez comme un ornement ajouté après coup par la nature à la courbe hypercritique de la narine — chose qui n'est pas rare sur les visages russes fabriqués en série.

La main qui se tendit ensuite était celle d'un seigneur, grand, beau, particulièrement solide et cordial, qui ne pouvait être que le prince Grémine de l'incroyable libretto et dont la poignée de mains énergique et franche donna à Van l'irrésistible envie de laver au moyen d'un liquide désinfectant tout contact avec les parties de l'époux ouvertes au public. Mais comme Ada, à nouveau rayonnante, faisait les présentations en agitant une baguette magique invisible, le personnage que Van venait sottement de prendre pour Andreï Vinelander fut métamorphosé en Yuzlik, le talentueux metteur en scène de ce *Don Juan* sur lequel s'était acharné le destin contraire. « Vasco de Gama, je présume », murmura Yuzlik. A côté de lui, ignorés de lui, inconnus d'Ada et aujourd'hui morts depuis longtemps de tristes maladies anonymes, se tenaient dans des attitudes serviles les deux agents de Lemorio, l'étincelant comédien (goujat barbu d'un génie exceptionnel — oublié lui aussi — que Yuzlik désirait passionnément pour son prochain film). Deux fois déjà, à Rome et à San Remo, Lemorio lui avait fait faux bond, lui envoyant à chaque fois, pour établir des « contacts préliminaires », ces deux personnages minables, incompétents, virtuellement fous, à qui Yuzlik n'avait plus rien à dire, ayant épuisé tous les sujets de conversation — les potins du jour, la vie amoureuse de Lemorio, le hooliganisme de Hool, aussi bien que les hobbies des trois fils de Yuzlik et du fils adoptif des agents, un joli petit Eurasien qui avait été récemment tué dans une bagarre de boîte de nuit... ce qui coupait court à ce thème-là. Ada avait béni la présence réelle et inattendue de Yuzlik dans le hall de Bellevue non seulement parce que cette présence faisait contrepoids à la fausseté et à l'embarras de cette première soirée, mais encore parce qu'elle, Ada, espérait obtenir un rôle dans *Ce que Daisy savait*; cependant, outre que le trouble de son esprit ne lui laissait plus le loisir de songer aux enchantements professionnels, elle eut vite compris que si Lemorio acceptait le rôle il réclamerait pour l'une de ses maîtresses le rôle qu'Ada convoitait.

Van finit par arriver au mari d'Ada.

Il avait assassiné le bon Andreï Andreïevitch Vinclander si souvent, si radicalement, au coin de tant de ténébreuses ruelles, que ce soir-là le pauvre homme au hideux et funèbre costume croisé, au visage mou et pâteux dont les traits se raccordaient comme ils pouvaient, aux yeux de chien triste alourdis de poches, au front pointillé de gouttes de sueur, présentait tous les signes déprimants d'une résurrection peu nécessaire. Par une négligence plutôt subliminale, Ada oublia de présenter les deux hommes l'un à l'autre. Son mari lui-même déclina ses nom, prénom et patronyme avec les intonations didactiques d'un commentateur de film éducatif russe. « *Obnimemsya, dorogoï* » (embrassons-nous, mon vieux), ajouta-t-il d'une voix plus vibrante sans doute, mais avec la même expression lugubre (qui rappelait bizarrement celle de Kossyguine, le maire de Yukonsk, recevant un bouquet des mains d'une girl-scout ou inspectant les dégâts causés par un tremblement de terre). Son haleine répandait une odeur dans laquelle Van reconnut avec étonnement celle d'un tranquillisant énergique à base de néocodéine, qui est prescrit dans les cas de pseudo-bronchite psychopathique. Comme le morne visage chiffonné d'Andreï s'approchait du sien, Van distingua un certain nombre de verrues et d'excroissances diverses dont aucune cependant n'occupait la même place provocante que le codicille nasique de sa sœur. Ces cheveux ternes étaient aussi courts que ceux d'un soldat; il les taillait lui-même, à la tondeuse. Il avait l'aspect correct et soigné du hobereau estotien qui prend son bain une fois par semaine.

Nous passâmes tous dans la salle à manger. Comme il allongeait le bras pour devancer le geste d'un garçon qui ouvrait une porte, Van effleura le passé, et le passé (qui jouait toujours avec son collier) le récompensa d'un regard oblique « à la Dolorès ».

La disposition des convives fut confiée au hasard.

Le vieux couple que formaient les deux agents de Lemorio — qui pour n'être pas mariés vivaient depuis assez longtemps comme mari et mari pour justifier des noces d'écran d'argent — demeura uni à table, entre Yuzlik qui ne leur adressa pas la parole et Van que Dorothy s'employait à torturer. Quant à Andreï (qui esquissa un menu signe de croix sur son indéboutonnable abdomen avant de nouer sa serviette autour de son cou), il se trouva placé entre sa sœur et sa femme. Il demanda la « cart de Van » (ce qui causa au vrai Van une douce gaieté), mais, comme il était amateur de boissons fortes, il ne jeta qu'un regard hébété sur la page des « Blancs suisses » avant de passer la parole à Ada qui commanda aussitôt du champagne. Il lui déclara le lendemain matin que son « *Kouzen proizvodit* (produisait) *oudivitel'no simpatitchnoé vpetchatlenié* » (une impression remarquablement sympathique). La panoplie verbale de ce brave homme consistait presque exclusivement en lieux communs russes remarquablement sympathiques mais n'aimant pas parler de lui-même il parlait d'autant moins que le monologue sonore de sa sœur (qui clapotait autour du roc de Van) le magnétisait, l'hypnotisait et occupait entièrement son attention puérile. Dorothy préluda par une modeste plainte au récit longtemps différé de son cauchemar favori (« Naturellement, je n'ignore pas que c'est pour vos malades une *jidovskaïa prerogativa* que de faire de mauvais rêves »), mais, chaque fois que l'analyste récalcitrant levait les yeux de son assiette pour les porter sur sa voisine, son attention se fixait avec tant d'insistance sur la croix grecque de taille presque ecclésiastique qui brillait sur une poitrine dénuée à tous autres égards de toute espèce d'intérêt, que Dorothy crut à propos d'interrompre son récit (où il était question de l'éruption d'un volcan de rêve) pour dire : « Je déduis de vos écrits que vous êtes terriblement cynique. Oh, je partage tout à fait l'opinion de Simone Traser qu'une pointe de cynisme est l'ornement naturel d'un vrai mâle, toutefois je préfère vous avertir, pour le cas où vous voudriez en faire une, que je n'admets pas les plaisanteries anti-orthodoxes. »

Mais déjà Van en avait plus qu'assez de sa voisine folle — mais folle d'une folie inintéressante. Il parvint juste à rétablir l'équilibre de son verre, qu'un geste qu'il avait fait pour attirer l'attention d'Ada avait presque renversé, et dit sans plus de façon et sur un ton qu'Ada qualifia un peu plus tard de mordant, menaçant et totalement inadmissible :

« Demain matin, je veux t'accaparer, ma chère. Comme mon avocat, ou le tien, ou les deux te l'ont peut-être appris, les dépôts de Lucette dans diverses banques suisses... » Là-dessus il débita un compte rendu préparé et inventé *in toto* de l'état des affaires de Lucette. « Je te propose, si tu n'as pas d'autre obligation (son regard interrogatif évita les Vinelander et s'adressa successivement aux trois cinéastes, qui l'un après l'autre hochèrent la tête en signe d'approbation idiote), que nous allions toi et moi voir maître Jorat, ou Raton, le nom m'échappe, mon conseiller enfin, à Luzon, qui est à une demi-heure en voiture. Il m'a donné certains papiers qui sont à mon hôtel et qu'il faut que tu soupires... je veux dire que tu signes avec un soupir, car l'affaire est bien ennuyeuse. Entendu ? Entendu.

— Mais Ada, claironna Dora, vous oubliez que demain matin nous voulions visiter l'Institut d'Harmonie florale au Château Piron !

— Vous le visiterez après-demain, ou mardi ou l'autre mardi, dit Van. J'aurais eu grand plaisir à vous conduire tous trois dans ce lieu de méditation fascinant, mais ma petite Unseretti n'a de place que pour un passager, et je crains que cette affaire de dépôts introuvables ne soit extrêmement urgente. »

Yuzlik mourait d'envie de placer un mot. Van céda devant le bienveillant automate.

« Je suis ravi et honoré de dîner avec Vasco de Gama », dit Yuzlik en levant son verre à la hauteur de son remarquable appareil facial.

La même leçon erronée (qui renseigna Van sur les sources d'information de Yuzlik) se rencontre dans *Les Carillons de Chose* (recueil de souvenirs écrit par un ancien camarade de Van, devenu Lord Chose, qui avait grimpé au treillage du best-seller et s'y maintenait... surtout à cause de quelques allusions indécentes mais très drôles à la Villa Vénus de Ranton Brooks). Tandis qu'il mâchait la moelle d'une réplique adéquate et savourait une bouchée de *sharlott* à la recherche d'une réponse appropriée (je ne parle pas de la charlatanesque « charlotte russe » qui se sert dans la plupart des restaurants, mais du castel de croûte chaude et dorée garni d'une marmelade de pommes — tourte due aux talents de Takomine, le chef venu de Rose Bay en Californie), Van se sentait partagé entre deux désirs contraires : insulter Yuzlik qui avait osé poser la main sur la main d'Ada quand il lui avait demandé de lui passer le beurre un moment plus tôt (Van était infiniment plus jaloux de ce mâle à l'œil limpide que d'Andreï; avec un frisson d'orgueil et de haine, il se rappela que dans la nuit de la Saint-Sylvestre 1893, au restaurant, il avait pris à partie l'un de ses cousins, le fat Van Zemski, qui s'était permis la même caresse en venant les saluer à leur table de réveillon, et dont il avait plus tard brisé la mâchoire, sous un prétexte quelconque, au club du jeune prince), et l'autre : révéler à Yuzlik combien il avait admiré *La Dernière Frasque de Don Juan*. Comme il ne pouvait se permettre (pour des raisons bien évidentes) de satisfaire sa première envie, il renonça spontanément à la seconde, qui lui parut secrètement entachée de lâche politesse, et se contenta de répondre après avoir finalement avalé la mixture baignée d'ambre liquide :

« Le livre de Jack Chose est fort amusant, je n'en disconviens pas, en particulier le passage où il est question de pomme sures et de diarrhée et les extraits de l'Album Conque de Vénus (les regards de Yuzlik se fixèrent dans une position oblique comme s'il faisait un effort de mémoire, puis il inclina énergiquement le chef dans un hommage démonstratif à un souvenir commun)... mais le pendard n'aurait dû ni révéler mon nom ni écorcher mon thespionyme. »

Pendant ce morne dîner (qu'égayèrent seulement la *sharlott* et cinq bouteilles de Moët dont Van consomma plus de trois) il évita de regarder Ada sur cette partie du corps qu'on appelle « le visage » — partie vivante et divine et mystérieusement scandaleuse, qui sous cette forme essentielle (laissons de côté les masques pâteux, verruqueux...) ne se rencontre que rarement chez les êtres humains. Ada, pour sa part, ne pouvait empêcher ses yeux sombres de se tourner à tout moment vers lui, comme si à chaque regard elle retrouvait son équilibre, mais quand la compagnie repassa dans le salon pour prendre le café, des problèmes de focalisation commencèrent à tourmenter Van et le retrait des trois cinéastes, en diminuant ses points de repère, aggrava tragiquement cette situation.

ANDREÏ : *Adotchka, douchka* (ma chérie) *razskaji je pro rantcho, pro skot* (parle-lui du ranch, du bétail) *emou je lubopytno* (cela ne peut manquer de l'intéresser).

ADA (*comme sortant d'un sommeil léthargique*) : *O tchyom ty* (tu me disais quelque chose) ?

ANDREÏ : *Ya govoru, raszkaji emou pro tvoïo jit'yo byt'yo* (je te disais, parle-lui de ta vie quotidienne, de ton existence ordinaire). *Avos' zaglyanet k nam* (il pourrait peut-être venir nous voir).

ADA : *Ostav', tchto tam interesnago* (qu'est-ce qu'il y a de si intéressant à dire) ?

DACHA (*à Ivan*) : N'écoutez pas ce qu'elle dit. *Massa inte-*

resnago (des tas de choses intéressantes) *Delo brata ogromnoé volnouyuchtchee delo, trebouyuchtchee ne men'che trouda, tchem ouchyonaïa dissertatsiïa* (son travail n'est pas une petite affaire, aussi exigeant que le travail d'un savant). *Nachi sel'skohozyaïstvennyïa machiny i ikh teni* (nos machines agricoles et leurs ombres)... *eto tselaïa, kollektsiïa predmetov modernoï skoul'ptoury i jivopisi* (forment une véritable collection d'art moderne que, je le devine, vous aimez autant que moi).

IVAN (*à Andreï*) : Je ne connais rien à l'agriculture ni à l'élevage, mais mille mercis quand même.

(*Un silence.*)

IVAN (*ne sachant trop qu'ajouter*) : Oui, je serais certainement ravi de voir un jour vos appareils. Ils me font toujours penser à des monstres préhistoriques au cou de girafe qu'on verrait brouter çà et là ou méditer avec mélancolie sur l'extinction des espèces... mais peut-être est-ce aux excavatrices que je suis en train de penser...

DOROTHY : Les machines d'Andreï sont on ne peut moins préhistoriques (*morne rire*).

ANDREÏ : *Slovom milosti prosim* (de toute façon vous serez le bienvenu). *Boudete jarit' verhom s kousinoï* (vous passerez à cheval avec votre cousine des moments d'une folle gaieté).

(*Un silence.*)

IVAN (*à Ada*) : Demain matin à neuf heures et demie. Ce ne sera pas trop tôt pour toi ? Je suis aux Trois Cygnes. Je viendrai te chercher dans ma minuscule voiture... pas à cheval (*il adresse à Andreï un sourire de cadavre*).

DACHA : *Dovol'no skoutchno* (quel dommage tout de même) que le séjour d'Ada sur les bords enchantés du Léman doive être gâté par des visites chez les avocats et les banquiers. Je suis bien sûre que vous pourriez satisfaire la plupart de ces besoins en lui demandant de venir deux ou trois fois chez vous au lieu de l'entraîner à Luzon ou à Genève.

Ce jabotage insane retourna au thème du compte en banque de Lucette. Ivan Dementievitch expliqua qu'elle avait égaré l'un après l'autre tous ses carnets de chèques et que personne ne savait exactement dans combien de banques différentes elle avait déposé les sommes considérables dont elle disposait. Bientôt, Andreï, qui s'était mis à ressembler au livide maire de Yukonsk après l'ouverture de la Foire des Rameaux russe ou après l'essai d'un nouveau modèle d'extincteur sur un incendie de forêt, se leva de sa chaise avec peine, s'excusa de monter se coucher de si bonne heure et serra la main de Van comme s'il devait ne jamais le revoir (ce qui fut le cas, d'ailleurs). Van resta seul avec les deux dames dans le salon désert et froid où la direction avait procédé imperceptiblement à une réduction mesquine de la lumière faradique.

« Comment avez-vous trouvé mon frère ? demanda Dorothy. *On redtchaïchiï tchelovek* (c'est un homme comme il y en a peu). Je ne saurais vous dire à quel point il a été affecté par la mort terrible de votre père, et, naturellement, aussi par la fin bizarre de Lucette. Même lui, le meilleur des hommes, il ne pouvait s'empêcher de regretter ce sans-gêne parisien qu'elle affichait, mais il admirait grandement sa personne... Vous aussi, d'ailleurs, n'est-ce pas ? Non, non, inutile de prétendre le contraire, j'ai toujours dit que sa grâce semblait le complément naturel de celle d'Ada : réunies, leurs deux moitiés réalisaient ensemble quelque chose comme la beauté parfaite dans le sens platonicien du terme (encore ce lugubre sourire). Ada est certainement une « beauté parfaite », une vraie *muirninotchka*, même quand elle fait cette grimace, mais elle n'est belle que selon nos petites règles humaines, selon l'esthétique de notre société... n'ai-je pas raison, professeur ?... de la même façon qu'un plat, ou un mariage, ou une petite grue française peuvent être dits parfaits.

— Fais-lui une révérence », dit sombrement Van à Ada.

« Oh, mon Adotchka sait combien je lui suis dévouée (Dorothy ouvre la paume dans le sillage de celle d'Ada qui se retire)... J'ai partagé tous ses ennuis. De combien de cow-boys *podjarykh* (serrés à l'entrejambes) il nous a fallu nous défaire parce qu'ils *delali eï glazki* (la reluquaient) ! Et que de pertes sensibles nous avons faites l'une et l'autre depuis le commencement de ce siècle nouveau ! Sa mère et la mienne; l'archevêque d'Ivankover et le Dr Swissair de Lumbago (où nous allâmes le voir ma mère et moi, avec quelle vénération, en 1888); trois oncles éminents (qu'heureusement je connaissais à peine); et votre père, qui, je l'ai toujours soutenu, ressemblait bien plus à un aristocrate russe qu'à un baron irlandais. A propos, dans le délire de ses derniers instants... cela ne te contrarie pas, Ada, que je divulgue à ton cousin ces potins de famille... notre merveilleuse Marina était obsédée par deux hallucinations mentales qui s'excluaient l'une l'autre : qu'Ada et vous étiez mari et femme et en même temps frère et sœur. Le heurt entre ces deux erreurs la plongeait dans des affres sans nom. Comment votre école de psychiatrie explique-t-elle ce genre de conflits ?

— C'est que je ne vais plus à l'école, dit Van en

étouffant un bâillement, et dans ce que j'écris je m'efforce non « d'expliquer » les choses mais simplement de les décrire.

— Vous ne pouvez nier, cependant, que certains aperçus... »

On continua sur ce ton pendant plus d'une heure, et les mâchoires contractées de Van commençaient à le faire souffrir. Enfin Ada se leva. Dorothy en fit autant mais continua de parler debout :

« Demain nous aurons à dîner notre chère tante Béloskunski-Bélokonski, une charmante vieille demoiselle qui habite une villa au-dessus de Valvey. Terriblement grande dame et tout ça. Elle aime taquiner Andrucha en disant qu'un simple cultivateur comme lui n'aurait pas dû épouser la fille d'une actrice et d'un marchand de tableaux. Vous ferez-nous l'honneur d'être des nôtres, Jean ?

— Hélas non, chère Daria Andreïevna, répondit Jean. Je dois surveiller les kilos. D'ailleurs j'ai un dîner d'affaires demain soir.

— Au moins (souriant)... vous pourriez m'appeler Dacha.

— Si je le fais c'est pour Andreï, expliqua Ada, car en vérité la grande dame en question est une vulgaire vieille chèvre.

— Ada ! » fit Dacha avec un regard de reproche bénin.

Avant que les deux dames ne se dirigent vers l'ascenseur, Ada jeta un regard à Van, et lui, qui n'était pas un novice en stratégie amoureuse, se garda de lui faire remarquer qu'elle « oubliait » sur la chaise son petit réticule de soie noire. Il ne les accompagna que jusqu'à la galerie qui conduisait à l'ascenseur, et, serrant son gage, il attendit le retour prévu derrière une colonne d'ordre bâtard comme il s'en voit dans les halls d'hôtels, sachant qu'au moment où l'œil du lift tournerait au rouge sous la pression d'un pouce prompt elle dirait à sa maudite compagne (qui était certainement en train de réviser sa première opinion sur le « beau ténébreux » : « *Akh, soumotchkou zabyla* (oublié mon sac) ! » et reviendrait en courant comme la Ninon du vieux Vere se jeter dans ses bras.

Leurs lèvres ouvertes se mêlèrent avec fureur, avec tendresse, puis Van se jeta sur son nouveau, jeune, divin cou japonais qu'il avait convoité comme un vrai Jupiter Olorinus pendant toute la soirée.

« Nous irons, vroom-vroom, tout droit chez moi dès que tu auras ouvert les yeux. Oublie ton bain, saute dans ta lenclose (*jump into your clothes*)... » et dans un débordement de sève brûlante il recommença à la dévorer jusqu'au moment (Dorothy devait être arrivée au ciel !) où elle posa trois doigts voltigeurs sur ses lèvres mouillées et disparut.

« Essuie ton cou ! » lui cria-t-il dans un chuchotement (qui donc, et où, dans ce livre, dans cette vie, a essayé déjà de « chuchoter un cri » ?).

Cette nuit-là, dans un rêve post-Moët, assis sur le talc d'une plage tropicale où maints corps s'étalaient au soleil, d'abord occupé à frotter l'épieu rouge et irrité d'un adolescent tordu par le désir, il se trouvait aussitôt après en train de regarder à travers ses lunettes noires les ombres symétriques qui longeaient une épine dorsale luisante, marquée entre les côtes d'ombres moins appuyées, et qui appartenait à Lucette ou à Ada, assise un peu plus loin sur une serviette de plage. Bientôt elle se retourna et se coucha sur le ventre; elle portait elle aussi des lunettes de soleil, et ni lui ni elle, à travers l'ambre noir, ne pouvait deviner la direction exacte du regard de l'autre, bien qu'il sût, à la fossette que creusait un imperceptible sourire, qu'elle regardait cette rutilance écorchée (qui était la sienne depuis le début). Quelqu'un qui passait avec une table roulante dit : « C'est une des *Vane Sisters*. » Il se réveilla en murmurant, avec l'approbation du spécialiste, ce jeu de mots onirique où se retrouvaient son nom et son prénom, arracha de son conduit auditif les boulettes de cire, et dans un merveilleux acte de réhabilitation et d'enchaînement la table du petit déjeuner tinta dans le corridor en franchissant le seuil de la chambre voisine, et Ada entra la bouche déjà pleine et barbouillée de miel. Il n'était que huit heures moins le quart !

« Débrouillarde ! fit Van. Mais avant tout il faut que j'aille au petit endroit. »

Ce rendez-vous et les neuf qui suivirent devaient représenter la plus haute cime d'un amour de vingt et un ans : majorité périlleuse, compliquée, radieuse indiciblement. Le style italianisant de l'appartement de Van, ses lampes murales aux ornements compliqués de verre caramel pâle, ses boutons de porcelaine qui provoquaient tantôt l'apparition de la lumière, tantôt celle d'une soubrette, ses fenêtres corsetées de jalousies, guimpées de mousseline et drapées de lourds rideaux qui rendaient l'aube aussi rétive à se dépouiller de ses voiles qu'une prude en crinoline, les portes convexes d'une énorme armoire blanche du genre « Vierge de Nuremberg » qui trônait dans le vestibule, même l'estampe en couleur signée Randon et représentant un trois-mâts roide posé sur un zigzag de vagues vertes dans le port de Marseille... en un mot l'atmosphère alberghienne de ces nouveaux rendez-vous leur ajoutait une touche de roman classique (ici, Alexeï et Anna ont peut-être laissé leurs lignes de petits points !) qu'Ada accueillait comme un cadre, une forme, une chose qui soutenait et protégeait la vie, par ailleurs privée de providence sur notre Desdémonia où les artistes sont les seuls dieux. Quand après trois ou quatre heures d'amour effréné Van et Mrs. Vinelander quittaient leur somptueuse retraite pour retrouver les brumes bleutées d'un extraordinaire mois d'octobre qui garda sa tiédeur et sa poésie pendant toute la durée de l'adultère, ils avaient le sentiment de se trouver encore sous la protection de ces Priapes peints que les Romains de jadis plaçaient dans les bosquets de Rufomonticulus.

« Je vais t'accompagner à pied jusqu'au Bellevue. Nous revenons d'une conférence avec les banquiers de Luzon et je te reconduis de chez moi chez toi. » C'était la phrase consacrée que Van prononçait invariablement pour mettre le destin au courant de la situation. Dès le premier jour ils prirent la précaution d'éviter absolument toute exposition équivoque sur leur balcon tourné vers le lac et visible à chaque fleur mauve ou jaune qui ornait les plates-bandes de la promenade.

Ils quittaient l'hôtel par une porte dérobée.

Une allée bordée de buis et dominée par un séquoia semper virens d'apparence nostalgique (et que les touristes américains prenaient pour un cèdre du Liban — quand ils le remarquaient) les conduisait à la rue du Mûrier (ridiculement mal nommée) où un paulownia princier (ça, un mûrier, s'esclaffa Ada) qui se dressait pompeusement sur la terrasse incongrue d'un chalet d'aisance perdait généreusement ses feuilles en forme de cœur vert foncé, tout en gardant une frondaison suffisante pour jeter des arabesques d'ombre sur la partie du tronc exposée au midi. Un ginkgo (d'un vert doré beaucoup plus lumineux que son voisin, un bouleau de la région qui tournait au jaune terne) marquait le coin d'une allée pavée menant au quai. Ils suivaient dans la direction sud la célèbre promenade Filliétaz, qui, sur la rive suisse du lac, réunit Valvey au château de Chillon. La saison était finie et des oiseaux hivernants, ainsi qu'un certain nombre de ressortissants d'Europe centrale en knickerbockers, avaient remplacé les familles anglaises aussi bien que les aristocrates russes de Nipissing et Nipigon.

« L'espace qui domine ma lèvre supérieure se sent d'une nudité indécente. (Il s'était rasé la moustache en sa présence avec des hurlements de douleur.) Et je ne peux pas tout le temps rentrer mon ventre.

— Oh, je t'aime mieux avec ce charmant excédent de poids... j'ai davantage de toi. C'est le gène maternel, je suppose, parce que Démon devenait de plus en plus maigre. Il avait tout de don Quichotte quand je l'ai vu à l'enterrement de maman. Un enterrement des plus curieux. Il portait un deuil bleu. Le fils d'Onski, qui est manchot, l'a étreint de son unique bras, et tous les deux se sont mis à pleurer comme des fontaines. Puis, un personnage en robe, qui avait l'air d'un figurant dans une incarnation de Vichnou en technicolor, a fait un sermon incompréhensible. Ensuite, elle est partie en fumée. Il me dit alors en sanglotant : « Je ne vais pas, moi, décevoir les pauvres larves du cimetière ! » Deux heures environ après qu'il eut manqué à cette promesse, nous avons eu des visiteurs inattendus au ranch... une gamine de huit ans extraordinairement gracieuse sous son voile noir, accompagnée d'une sorte de duègne en noir elle aussi et de deux gardes du corps. La sorcière a réclamé des sommes fantastiques que Démon, disait-elle, n'avait pas eu le temps de payer, sommes dues pour avoir « crevé l'hymen »... sur quoi j'ai fait jeter *vsu* (l'entière) *kompaniyu* à la porte par un de nos gars les plus costauds.

— Extraordinaire, dit Van. Il les prenait de plus en plus jeunes... je veux dire les filles, pas les cow-boys forts et silencieux. Sa vieille Rosalinde avait une nièce de dix ans, une cocotte avertie. Il n'aurait pas tardé à aller les chiper dans la couveuse.

— Tu n'as jamais aimé ton père », dit tristement Ada.

« Si, je l'ai aimé, et je l'aime toujours... tendrement, respectueusement, avec compréhension, car, après tout, cette poésie mineure de la chair ne m'est pas étrangère. Mais, en ce qui nous concerne, toi et moi, il a été enterré le même jour que notre oncle Dan.

— Je sais, je sais. C'est pitoyable ! Et à quoi cela a-t-il servi ? Je ne devrais peut-être pas te le dire, mais ses visites à Agavia se sont faites plus rares et plus courtes chaque année. Oui, c'était pitoyable de les entendre parler, Andreï et lui. Je veux dire, Andreï n'a pas le verbe facile, encore qu'il appréciât grandement — sans le comprendre tout à fait — ce flux fou de faits fantastiques et fantaisistes et s'exclamât souvent, avec son « tsk-tsk » russe et un hochement de tête... flatteur et tout : « Quel *balagour* (loustic) vous êtes ! » Et pui, un jour, Démon m'a averti qu'il ne viendrait plus si Andreï lui racontait encore sa stupide plaisanterie (*Nou i balagour-je vy, Dementiï Labirintovitch*) ou s'il devait écouter encore ce que Dorothy, l'impayable Dorothy pensait de ma façon de camper dans les montagnes, sans personne d'autre que Mayo, un vacher, pour me protéger des lions.

— Pourrait-on en entendre davantage à ce sujet ? » demanda Van.

« Personne n'en a su plus. Tout cela est arrivé à une époque où je ne parlais pas à mon mari et à ma belle-sœur. Je ne pouvais donc diriger la situation. De toute façon, Démon n'est pas revenu, même quand il se trouvait à moins de trois cents kilomètres. Il s'est contenté de poster, de quelque maison de jeu, ta très, très belle lettre au sujet de Lucette et mon film.

— On voudrait connaître aussi quelques détails concrets à propos des liens conjugaux... fréquence des rapports, petits noms pour les excroissances secrètes, odeurs préférées...

— *Platok momental'no* (un mouchoir, vite) ! Ta narine droite est pleine de jade humide », dit Ada, avant de montrer du doigt, sur la pelouse, un panneau circulaire bordé de rouge, sur lequel était représenté, au-dessous de l'inscription Chiens interdits, un invraisemblable bâtard noir à un ruban blanc. Pourquoi, s'étonna-t-elle, les magistrats helvétiques devaient-ils vous interdire de croiser un caniche avec un scottish terrier ?

Les derniers papillons de 1905, des Vulcains et des Paons du Jour indolents, un Petit Nacré, un Souci, tiraient le plus grand parti possible des modestes fleurs de l'automne. Un tramway passa sur leur gauche, tout près de la promenade où ils se reposaient et où ils s'embrassèrent prudemment, quand le gémissement des roues se fut tu. Les rails, frappés par le soleil, prenaient une belle teinte cobalt — midi reflété dans le métal brillant.

« Mangeons du fromage et buvons du vin blanc sous cette pergola, suggéra Van. Les Vinelander déjeuneront à deux aujourd'hui. »

Quelque truc à musique jouait un air tapageur des jungles; les sacs d'un couple de Tyroliens béaient désagréablement à proximité, et Van soudoya le serveur pour qu'il installe leur table plus loin sur les planches d'un embarcadère désaffecté.

Ada admira la population d'oiseaux aquatiques : des Morillons noirs à flancs contrastés blancs qui les faisaient ressembler à des gens sortant d'un magasin (cette comparaison et les suivantes sont toutes d'Ada) avec un carton plat et allongé (une nouvelle cravate ? des gants ?) sous chaque bras, tandis que leur petite huppe noire évoquait la tête de Van lorsqu'il avait quatorze ans et qu'il venait de faire trempette dans le ruisseau; des foulques (qui, en fin de compte, étaient revenues) nageant avec un curieux mouvement du cou, comme si elles pompaient — les chevaux marchent de la même façon; des petits grèbes et des grands grèbes huppés qui avançaient la tête haute, avec, dans leur attitude, quelque chose d'héraldique.

Ils avaient, dit-elle, des rites nuptiaux merveilleux, se tenant dressés l'un en face de l'autre, tout proches... comme ça (ses index formaient une parenthèse)... un peu comme deux serre-livres sans livres entre eux deux, et secouant la tête à tour de rôle avec des éclair de cuivre.

« Je t'ai demandé de me parler des rites d'Andreï.

— Ach ! Andreï est si excité par tous ces oiseaux européens ! C'est un grand chasseur et il connaît notre gibier d'Occident remarquablement bien. Nous avons là-bas un ravissant petit grèbe qui a comme un ruban noir autour de son gros bec blanc. Andreï l'appelle *pestrokluvaïa tchomga*. Et la grande *tchomga* à huppe est la *hohlouchka*, dit-il. Si tu prends encore une fois cet air renfrogné quand je dis une chose innocente et dans l'ensemble plutôt divertissante, je t'embrasse sur le bout du nez devant tout le monde. »

Juste un brin artificiel... Pas de sa meilleure veine Veen. Mais elle se reprit instantanément :

« Oh, regarde ces mouettes qui jouent à la poule ! »

Plusieurs rieuses, dont quelques-unes portaient encore leur bonnet noir et serré de l'été, s'étaient posées sur la balustrade vermeille du bord du lac, la queue du côté de l'allée, et attendaient de voir lesquelles d'entre elles resteraient courageusement perchées à l'approche du prochain passant. La majorité se précipita vers l'eau à grands coups d'ailes lorsqu'Ada et Van se rapprochèrent; une dissidente contracta les plumes de sa queue et fit un mouvement analogue à celui de plier les genoux mais tint bon et resta sur la balustrade.

« Je crois que nous n'avons observé cette espèce qu'une seule fois en Arizona, dans un endroit appelé Saltsink — une sorte de lac fabriqué par l'homme. Nos mouettes communes ont les extrémités des ailes tout à fait différentes. »

Un grèbe huppé qui flottait à quelque distance, lentement, très lentement commença à s'enfoncer, puis brusquement exécuta un plongeon de poisson sauteur, montrant son ventre blanc et luisant, et disparut.

« Pourquoi diable, demanda Van, ne lui as-tu pas fait savoir, d'une façon ou d'une autre, que tu n'étais pas fâchée contre elle ? Ta lettre mensongère l'a rendue très malheureuse !

— Pah ! fit Ada. Elle m'a mise dans une situation des plus embarrassantes. Je comprends très bien qu'elle ait été furieuse contre Dorothy (qui pensait bien faire, la pauvre idiote assez bête pour me mettre en garde contre d'éventuelles « infections » telles que la « lesbianite labiale ». *Labial lestianitis !*), mais ce n'était pas une raison pour qu'elle aille voir Andreï en ville et lui dise qu'elle et l'homme que j'avais aimé avant mon mariage étaient de grands amis. Il n'a pas osé m'infliger son regain de curiosité, mais il s'est plaint à Dorothy de la *neopravdannaïa jestokost'* (cruauté injustifiée) de Lucette.

— Ada, Ada, gémit Van, je veux que tu te débarrasses de ton bougre de mari *et* de sa sœur *sur-le-champ !*

— Donne-moi quinze jours, dit-elle. Je dois retourner au ranch. L'idée qu'elle pourrait farfouiller dans mes affaires m'est insupportable. »

Au début, tout sembla se dérouler selon les instructions de quelque génie bienveillant.

A la grande joie de Van (joie dont sa maîtresse n'approuva ni ne réprouva la peu discrète manifestation), Andreï dut garder la chambre à cause d'un rhume presque toute la semaine. Dorothy, garde-malade parfaite, se montra considérablement plus empressée qu'Ada (qui, n'étant jamais malade elle-même, ne pouvait supporter la vue d'un égrotant) au chevet de son frère, lisant au pauvre hère suant et suffocant de vieux numéros du *Golos Feniksa* (Echo de Phoenix), mais, le vendredi, le médecin de l'hôtel l'expédia à l'hôpital américain tout proche, où même sa sœur ne fut pas autorisée à lui rendre visite, « à cause de la nécessité d'examens de routine constants » — ou plutôt parce que le malheureux désirait appréhender la catastrophe dans une mâle solitude.

Pendant les jours qui suivirent, Dorothy employa son temps libre à espionner Ada. Elle était sûre de trois choses : qu'Ada avait un amant en Suisse, que Van était son frère, et qu'il organisait des rendez-vous secrets entre son irrésistible sœur et la personne qu'elle avait aimée avant son mariage. Le fait, remarquable et combien plaisant, que les trois choses étaient vraies, mais n'avaient aucun sens, hâchées ainsi, procura à Van une nouvelle cause de divertissement.

Les Trois Cygnes ombrageaient une forteresse. Quiconque s'y manifestait, *in corpore* ou par la voix, s'entendait répondre par le concierge ou ses acolytes que Van était sorti, qu'on ne connaissait pas de Madame André Vinelander, et que tout ce qu'on pouvait faire était de prendre un message. La voiture, parquée à l'écart dans un bosquet, ne pouvait trahir leur présence. Dans la matinée, il utilisait régulièrement l'ascenseur de service, qui communiquait directement avec l'arrière-cour. Lucien, homme de quelque esprit, apprit bientôt à reconnaître le contralto de Dorothy : « La voix cuivrée a téléphoné », « La Trompette n'était pas contente ce matin », *et caetera*. Puis les bienveillantes Parques prirent un jour de congé.

Andreï avait eu une première et copieuse hémorragie lors d'un voyage d'affaires à Phoenix, dans le courant du mois d'août. Optimiste incurable, indépendant, pas éclairé outre mesure, il l'avait mise sur le compte d'un saignement de nez qui aurait emprunté le mauvais chemin et n'en avait parlé à personne afin d'éviter des « parlottes stupides ». Il avait, depuis des années, la toux corsée de ceux qui fument deux paquets par jour, mais, lorsque quelques jours après cet « écoulement de sang postnasal » il cracha une glaire écarlate dans sa cuvette, il résolut de supprimer les cigarettes et de s'en tenir aux *tsigarki* (cigarillos). Le second contretemps se produisit en la présence d'Ada, juste avant leur départ pour l'Europe; il parvint à escamoter son mouchoir taché de sang avant qu'elle ne le vît, mais elle se souvenait de l'avoir entendu dire : « *Vot te na* » (c'est bizarre), d'une voix préoccupée. Pensant comme la plupart des autres Estotiens que c'était en Europe centrale que l'on trouvait les meilleurs médecins, il se dit qu'il consulterait un spécialiste de Zurich dont un membre de sa « loge » (lieu de rencontre d'amonceleurs d'argent fraternels) lui avait donné le nom, s'il crachait encore du sang. L'hôpital américain de Valvey, voisin de l'Eglise russe construite par Vladimir Chevalier, son grand-oncle, se révéla suffisamment compétent pour diagnostiquer une tuberculose avancée du poumon gauche.

Le mercredi 22 octobre, au début de l'après-midi, Dorothy, essayant « frénétiquement » de repérer Ada (qui après sa visite habituelle aux Trois Cygnes passait quelques heures profitables au « Salon de coiffure et de beauté » de Paphia), laissa un message pour Van, qui n'en prit connaissance que tard dans la nuit en rentrant d'un voyage à Sorcière, ville située quelque cent cinquante kilomètres plus à l'est, dans le Valais, où il avait acheté une villa pour lui « et ma cousine » et soupé avec l'ex-propriétaire, l'aimable Madame Scarlet, veuve d'un banquier, et sa fille Eveline, blonde boutonneuse mais jolie, qui parurent toutes les deux érotiquement émues de la rapidité avec laquelle l'affaire avait été conduite.

Il était encore calme et plein d'espoir; il croyait encore, après avoir étudié attentivement le rapport hystérique de Dorothy, que rien ne menaçait leur destinée, qu'au mieux Andreï mourrait sur l'heure, épargnant à Ada les tracas d'un divorce, et qu'au pire on l'enverrait sans tarder à la montagne, dans un sanatorium de roman où il traînerait encore pendant les quelques paragraphes du grand nettoyage de l'épilogue, loin de la réalité de leur vie à deux. Le vendredi matin, à neuf heures, comme il avait été convenu la veille, il se rendit au Bellevue, avec l'agréable perspective de l'emmener en automobile à Sorcière pour lui montrer la villa.

Avec assez d'à-propos, un orage avait au cours de la nuit brisé l'échine du miraculeux été. Avec plus d'à-propos encore, l'arrivée intempestive de ses règles avait écourté les caresses d'hier. Il pleuvait lorsqu'il claqua la portière de sa voiture, remonta son pantalon de velours, et, enjambant les flaques d'eau, passa entre une ambulance et une grosse Yak noire qui attendaient l'une derrière l'autre devant l'hôtel.

Toutes les ailes de la Yak étaient déployées, deux chasseurs avaient commencé à empiler les bagages sous la surveillance du chauffeur, et diverses parties de la vieille voiture de louage répondaient par des grincements discrets aux grognements des chargeurs.

Il prit soudain conscience du froid reptilien sur sa calvitie naissante et s'apprêtait à s'engager dans le tambour vitré de l'entrée lorsque celui-ci fit apparaître Ada, un peu à la manière de ces baromètres en bois sculpté dont les portes révèlent tantôt une marionnette mâle et tantôt une marionnette femelle. Son accoutrement — l'imperméable pardessus une robe à col montant, le fichu sur ses cheveux relevés, le sac de croco à bandoulière — formait un ensemble un tantinet démodé et même provincial. « Elle n'avait pas de visage », comme disent les Russes pour décrire une expression d'accablement total.

Contournant l'hôtel, elle le mena jusqu'à une

affreuse rotonde à l'abri du morne crachin et là voulut l'embrasser, mais il évita ses lèvres. Elle partait dans un instant. L'impuissant et héroïque Andreï avait été ramené à l'hôtel en ambulance. Dorothy avait pu obtenir trois places dans l'avion Genève-Phoenix. Les deux voitures les emmenaient, lui, elle et l'héroïque sœur, directement à l'impuissant aéroport.

Elle réclama un mouchoir, il en sortit un bleu de la poche de sa *windjack*, mais ses larmes avaient commencé à couler et elle se couvrit les yeux tandis qu'il se tenait devant elle, la main tendue.

« C'est dans le rôle ? » demanda-t-il froidement.

Elle secoua la tête, prit le mouchoir avec un merci de petite fille, se moucha et respira péniblement et avala sa salive et se mit à parler — et une seconde plus tard tout, tout, était perdu.

Elle ne pouvait rien dire à son mari tant qu'il était malade. Van devait attendre qu'Andreï soit suffisamment remis pour supporter la nouvelle et cela pouvait prendre quelque temps. Bien sûr, elle allait devoir faire tout ce qui était possible pour assurer sa complète guérison; il y avait un faiseur de miracles en Arizona...

« En quelque sorte, on rafistole un type avant de le pendre », dit Van.

« Et quand je pense, s'écria Ada, en secouant les mains d'un geste raide, comme lorsqu'on lâche un plateau ou un couvercle, quand je pense qu'il s'est fait un devoir de ne rien laisser paraître ! Oh, naturellement que je ne peux le quitter maintenant !

— Oui, on connaît l'histoire... le joueur de flûte dont il faut soigner l'impotence, l'enseigne téméraire qui peut ne jamais revenir d'une guerre lointaine !

— Ne ricane pas ! s'exclama Ada. Pauvre, pauvre petit homme ! Comment oses-tu te moquer ? »

Comme le voulait un trait particulier de sa nature, même au temps de sa jeunesse, Van était enclin à soulager ses accès de colère et ses déceptions en proférant des formules grandiloquentes et énigmatiques qui faisaient autant de mal qu'un ongle cassé sur du satin — la doublure de l'Enfer.

« Château Vrai, Château Clair ! s'écria-t-il présentement. Hélène de Troie, Ada d'Ardis ! Vous avez trahi l'Arbre et le Phalène !

— *Perestagne* (arrête, *stop*) !

— Ardis Premier, Ardis Deux, Man-Hat-Tan, et maintenant Mont-Roux...

— *Perestagne !* » répéta Ada (comme un imbécile s'adressant à un épileptique).

« Oh ! Qui me rendra mon Hélène...

— *Ach, perestagne !*

— ... et le phalène.

— Je « t'emplie » (« prie » et « supplie »), arrête, Van. Tu sais que j'en vais mourir.

— Mais, mais, mais (se frappant chaque fois le front)... être à deux doigts de, de, de... et il faut que cet idiot joue les Keats !

— *Boje moï*, je dois partir. Dis-moi quelque chose, mon chéri, mon unique, quelque chose qui m'aide ! »

Il y eut un étroit précipice de silence, rompu seulement par le bruit de la pluie tambourinant sur le toit de l'abri.

« Reste avec moi, *girl* », dit Van, oubliant tout : orgueil, fureur, les conventions ordinaires de la pitié.

Un instant, elle sembla hésiter... ou du moins envisager d'hésiter; mais une voix résonnante leur parvint de l'allée et ils virent Dorothy, en cape grise et chapeau viril, qui appelait Ada en brandissant énergiquement son parapluie déroulé.

« Je ne peux pas, je ne peux pas, je t'écrirai », murmura mon pauvre amour en larmes.

Van baisa une main froide comme les feuilles, puis,

laissant le Bellevue se soucier de sa voiture, laissant tous les Cygnes se soucier de ses affaires et Mme Scarlet des ennuis de peau d'Eveline, il parcourut à pied, le long de routes détrempées, les quelque dix kilomètres qui le séparaient de Rennaz et de là s'envola pour Nice, Biskra, Le Cap, Nairobi, les montagnes arcasiennes...

Et triste, au-dessus de l'Arcase...

Ecrirait-elle ? Oh, elle le fit ! Oh, tout se passa d'une façon extra-superbe ! L'imagination et la réalité s'affrontèrent en une rivalité sans fin et dans des rires de gamines. Andreï ne vécut pas plus de quelques mois, *po pal'tzam* (en comptant sur les doigts) un, deux, trois, quatre... mettons cinq. Andreï se portait à merveille au printemps de dix-neuf cent six ou sept, s'arrangeant fort bien d'un poumon dégonflé et d'une barbe couleur paille (rien de tel que la végétation faciale pour occuper un malade). La vie bifurqua et rebifurqua. Oui, elle lui dit tout. Il insulta Van sur le porche peint en mauve d'un hôtel de Douglas où Van attendait son Ada dans une version définitive des *Enfants maudits*. Monsieur de Tobak (un ancien cocu) et Lord Erminine (qui servait pour la seconde fois) furent les témoins du duel, en compagnie de quelques grands yuccas et de petits cactus. Vinelander portait une *visitka*, « jaquette » à longs pans arrondis (c'était bien son genre), Van un costume blanc. Aucun des deux hommes ne voulait prendre de risques : ils tirèrent en même temps. Tout deux tombèrent. La balle de M. Jaquette se logea dans la semelle extérieure du soulier gauche (blanc, à talon noir) de Van, le faisant trébucher et lui causant un léger fourmillement dans le pied — ce fut tout. Van toucha son adversaire en plein dans le bas-ventre — une blessure sérieuse dont il se remit en temps opportun ou ne se remit jamais (ici la bifurcation nage dans le brouillard). En fait, tout fut beaucoup plus terne.

Ainsi elle écrivait comme elle l'avait promis ? Oh, oui, oui ! En dix-sept ans il reçut d'elle une centaine de courtes notes contenant chacune une centaine de mots et constituant environ trente pages imprimées d'une substance insignifiante, traitant principalement de la santé de son mari et de la faune régionale. Après l'avoir aidée à soigner Andreï au ranch d'Agavia pendant quelques années pleines d'acrimonie (elle reprochait à Ada chaque misérable instant consacré à la chasse aux papillons, à leur étalage, à l'élevage des chenilles) et s'être offensée de ce qu'Ada eût choisi l'excellente et célèbre clinique Grotonovitch (pour les interminables périodes de soin de son mari) plutôt que l'élégant sanatorium de la princesse Alachine, Dorothy Vinelander se retira dans une ville conventuelle presque arctique (Ilemna, l'actuelle Novostabia), où elle épousa par la suite un M. Brod ou Bred, tendre et passionné, brun et beau, représentant en ciboires et autres objets sacramentels dans tous les Severnïya Territorii, et qui devait diriger subséquemment — et dirige peut-être encore un demi-siècle plus tard — les reconstitutions archéologiques de Goreloe (« l'Herculanum liaskan »); quant aux trésors enterrés qu'il découvrit dans le mariage, c'est une autre question.

L'état d'Andreï continua à s'aggraver toujours plus, mais très lentement. Au cours de deux ou trois dernières années de l'existence oisive qu'il passa sur des lits de repos articulés dont la position de chaque partie pouvait être modifiée à l'infini, il perdit l'usage de la parole, tout en restant capable de hocher ou secouer la tête, froncer les sourcils pour réfléchir ou ébaucher un sourire lorsqu'il respirait le fumet de la nourriture (qui est véritablement à l'origine de nos premières joies). Il mourut un soir de printemps, seul dans une chambre d'hôpital, et l'été de la même année (1922) sa veuve fit don de ses collections au muséum du Parc National et s'envola pour la Suisse, afin d'y avoir, avec un Van âgé de cinquante-deux ans, une « entrevue explorative ».

QUATRIÈME PARTIE

CHAPITRE PREMIER

C'EST ici qu'un carabin s'enquit, de l'air arrogant de quelqu'un qui demanderait à voir le permis de conduire d'un monsieur, comment le « prof » s'y prenait pour concilier son refus d'accorder au futur le statut de Temps avec le fait que l'on ne pouvait guère considérer le futur comme inexistant, « puisqu'il comporte au moins un futur, je veux dire un facteur impliquant une notion aussi importante que la nécessité absolue ».

Le jeter à la porte. Qui a dit que *je* mourrais ?

Pour réfuter avec plus d'élégance l'argument du déterministe : loin de nous attendre avec sa montre à arrêt et sa corde à potence quelque part devant nous, l'inconscience entoure le Passé et le Présent de *toutes* parts, car elle est une manifestation non du Temps lui-même, mais du déclin organique naturel à toutes choses — qu'elles aient ou non conscience du Temps. Le fait que je sache que d'autres meurent n'a rien à voir avec la question. Je sais aussi que vous, et moi probablement, sommes nés, mais cela ne prouve pas que nous soyons passés par la phase chronale que l'on appelle Passé : c'est mon Présent, mon court moment de conscience, qui me dit que je l'ai fait, et non le tonnerre silencieux de l'infinie inconscience qui caractérise ma naissance, il y a cinquante-deux ans et cent quatre-vingt-quinze jours. Mon premier souvenir remonte à la mi-juillet 1870, c'est-à-dire à mon septième mois de vie (pour la plupart des gens, le souvenir conscient n'intervient que plus tard, à partir de trois ou quatre ans) : un matin, dans notre villa de la Riviera, un morceau de plâtre vert arraché à la décoration du plafond par un tremblement de terre vint s'écraser dans mon berceau. Les cent quatre-vingt-quinze jours qui précédèrent cet événement, ne se distinguant pas de l'infinie inconscience, ne peuvent être incorporés au temps perceptif, ce qui fait que, en ce qui concerne mon esprit et l'orgueil que j'en tire, j'ai aujourd'hui (mi-juillet 1922) très exactement cinquante-deux ans « et trêve de mon style plafond peint ».

Dans ce même sens du temps perceptif individuel, je peux faire marche arrière dans mon Passé, goûter le moment actuel du souvenir autant que j'ai goûté la corne d'abondance de laquelle se détacha l'ananas de stuc qui me manqua de peu, et imaginer qu'un cataclysme cosmique ou corporel pourrait dans un instant... non me tuer, mais me plonger dans un état de stupeur permanente, d'un type nouveau et sensationnel pour la science, ôtant ainsi tout sens chronal ou logique à la dissolution naturelle. Qui plus est, ce raisonnement dispose d'une forme de temps bien moins intéressante (quoique importante, importante), le Temps Universel (« on en a passé du temps à couper des têtes »), appelé aussi Temps Objectif (en réalité, un tissu grossier de temps particuliers), bref, l'histoire de l'humanité et de l'humour, etc. Rien n'empêche l'humanité de ne pas avoir d'avenir en tant que telle — si, par exemple, notre genre humain, évoluant imperceptiblement (c'est là l'astuce de mon raisonnement) se transforme en une espèce *novo sapiens* ou quelque autre sous-genre, qui possède d'autres façons d'être et de rêver, au-delà de la notion humaine de

Temps. Dans ce sens, l'homme ne mourra jamais, car il se peut qu'il n'existe pas, dans son processus évolutif, de point taxonomique correspondant au dernier stade de l'homme au long de la chaîne des petits changements qui le transformera en un *Neohomo* où quelque horrible et palpitante humeur visqueuse. Je crois que notre ami ne nous embêtera pas davantage.

Mon but, en écrivant *La Texture du Temps*, ouvrage difficile et délectable que je m'apprête à déposer sur le pupitre déjà éclairé du lecteur encore absent, est de purifier ma propre notion de Temps. Je veux examiner l'essence du Temps, non son cours, car je ne crois pas que son essence puisse être réduite à son cours. Je veux caresser le Temps.

On peut être amoureux de l'Espace et de ses possibilités : la vitesse, par exemple, la vitesse lisse, le sifflement de son sabre, la gloire aquiline de la vélocité domptée, le cri de joie du virage; et l'on peut être un amateur de Temps, un fin gourmet de la durée. J'aime sensuellement le Temps, son étoffe et son étendue, la chute de ses plis, l'impalpabilité même de sa gaze grisâtre, la fraîcheur de son continuum. Je voudrais faire quelque chose, me livrer à un simulacre de possession. Je sais que tous ceux qui ont essayé de parvenir au château enchanté se sont perdus dans la nuit ou embourbés dans l'Espace. Je sais aussi que le Temps est un bouillon de culture parfait pour les métaphores.

Pourquoi est-il si difficile — si honteusement difficile — de fixer la notion de Temps dans son esprit et de l'y garder aux fins de l'examiner ? Quel effort, quels tâtonnements, quelle irritante fatigue ! C'est aussi dur que de fouiller d'une main la boîte à gants à la recherche de la carte routière — on trouve celle du Monténégro ou des Dolomites, de l'argent, un télégramme, tout sauf cette étendue de terre chaotique qui sépare Ardez de Soprano-quelque-chose — la nuit, sous une pluie battante, tout en essayant de tirer avantage d'un feu rouge dans le noir opaque, pendant que fonctionne le métronome, le chronomètre des essuie-glaces : le doigt aveugle de l'espace crevant et déchirant la texture du temps. Et Aurelius Augustinus lui aussi, dans ses démêlés avec le même thème, il y a quinze cents ans, a connu ce tourment curieusement physique de l'esprit qui défaille, les *chtchekotiki* (chatouillements) de l'approximation, les évasions du cerveau épuisé — mais lui, au moins, pouvait recharger son cerveau avec l'énergie que Dieu lui dispensait (placer une note ici sur le plaisir que l'on prend à le voir activer son travail, tout en entremêlant ses cogitations, sous les étoiles et dans le désert, de vigoureux petits coups de prière).

Encore perdu. Où en étais-je ? Où suis-je ? Route de terre battue. Voiture arrêtée. Le temps est rythme : rythme d'insecte d'une nuit chaude et humide, onde cérébrale, respiration ou le martèlement dans ma tempe — voilà nos montres fidèles; et la raison corrige le battement fébrile. Un de mes malades pouvait discerner le rythme d'éclairs qui se succédaient tous les trois millièmes de seconde (0.003 !). Continuons.

Qu'est-ce qui m'a poussé du coude et réconforté tout à l'heure au passage d'une idée ? Ah oui ! La seule chose peut-être qui laisse entrevoir un sens du Temps est le rythme; non les battements récurrents du rythme, mais le vide qui sépare deux de ces battements, le creux gris entre les notes noires : le Tendre Intervalle. La pulsation elle-même ne fait que rappeler la triste idée de mensuration mais entre deux pulsations se cache quelque chose qui ressemble au Temps véritable. Comment puis-je l'extraire de ce tendre creux ? Le rythme ne doit être ni trop lent ni trop rapide. A un battement par minute, mon sens de la succession est complètement dépassé, et cinq oscillations par seconde résultent en un brouillard sans issue. Le rythme lent dissout le Temps, le rythme rapide ne lui laisse pas de place. Qu'on me donne, disons, trois secondes, et je pourrai faire ces deux choses : percevoir le rythme et sonder l'intervalle. Ai-je parlé d'un creux, d'un trou sombre ? Mais ce n'est que l'Espace, le traître, qui revient par la porte de derrière, colportant son pendule, tandis que je cherche à tâtons la signification du Temps. Ce que je m'efforce de saisir, c'est précisément le Temps que l'Espace m'aide à mesurer, et il n'est pas étonnant que je ne parvienne pas à saisir le Temps, puisque l'absorption de connaissances prend elle-même du temps.

Si mon œil me renseigne sur l'Espace, mon oreille me renseigne sur le Temps. Mais alors que l'on peut contempler l'Espace, naïvement peut-être, mais directement, je ne puis écouter le Temps qu'entre les accents, préoccupé et précautionneux pendant un court instant concave, avec la certitude croissante que je n'écoute pas le Temps lui-même, mais le sang qui circule dans mon cerveau et de mon cerveau à travers les veines du cou se dirige vers le cœur, siège de maux particuliers qui n'ont rien à voir avec le Temps.

La direction du Temps, la flèche du Temps, le Temps à sens unique, voilà quelque chose qui me paraît utile un instant, mais se réduit bien vite à une illusion liée par des liens obscurs aux mystères de la croissance et la gravitation. L'irréversibilité du Temps (qui ne mène nulle part, disons-le tout de suite) est une affaire de clocher : si nos organes et nos orgitrons n'avaient pas été asymétriques, nous aurions pu avoir une vision du Temps amphithéâtrale et parfaitement grandiose, comme ces montagnes aux contours hâchés dans la nuit toute en loques entourant un hameau clignotant et satisfait. On nous dit que, si une créature perd ses dents et devient un oiseau, tout ce qu'elle pourra faire lorsqu'elle aura une nouvelle fois besoin de dents sera de développer un bec dentelé — qui ne sera jamais la véritable dentition dont elle était auparavant pourvue. Nous sommes en plein Eocène, et les acteurs sont des fossiles. C'est un exemple amusant de la façon de tricher de la nature, mais qui n'a pas plus de rapport, direct ou indirect, avec le Temps essentiel, rectiligne ou rond, que n'en a le fait que j'écris de gauche à droite avec le cours de ma pensée.

Et, parlant d'évolution, peut-on imaginer l'origine du Temps, les pierres de gué sur lesquelles il passa et les mutations qu'il rejeta ? Y a-t-il jamais eu une forme de Temps « primitive », au cours de laquelle, par exemple, le Passé ne s'étant pas encore clairement différencié du Présent, ses formes et ses fantômes apparaissaient à travers un « à présent » encore flasque, long et larvaire ? Ou cette évolution n'a-t-elle concerné que la seule mesure du temps, du sablier à l'horloge atomique, et de l'horloge atomique au pulsar portatif ? Et combien de temps a-t-il fallu à l'Ancien Temps pour devenir le Temps de Newton ? *Ponder the Egg,* comme disait un coq français à ses poules.

Temps Pur, Temps Perceptif, Temps Tangible, Temps libre de tout contenu, contexte et commentaire courant — voilà *mon* temps et *mon* thème. Tout le reste n'est que symbole numérique ou bien quelque aspect de l'Espace. La texture de l'Espace n'est pas celle du Temps et le type anormal bigarré à quatre dimensions qu'ont élevé les relativistes est un quadrupède dont on aurait remplacé une patte par l'ombre d'une patte. Mon temps est aussi le Temps Immobile (nous aurons vite fait de nous débarrasser du temps « qui coule », temps de la clepsydre et des water-closets).

Le seul Temps auquel je m'intéresse est le Temps arrêté par moi et dont mon esprit et ma volonté bandés s'occupent attentivement. Aussi serait-il oiseux et mauvais de faire intervenir le temps « qui passe ».

Bien sûr, je me rase plus longtemps quand ma pensée « essaie » des mots; bien sûr, je ne suis pas conscient de mon retard avant d'avoir consulté ma montre; bien sûr, à cinquante ans, les années me semblent passer plus vite, parce qu'elles constituent des fractions de plus en plus petites de mon fonds croissant d'existence, et aussi parce que je m'ennuie moins souvent que je ne m'ennuyais enfant, entre un jeu assommant et un livre plus assommant encore. Mais cette « accélération » dépend précisément du fait que nous ne faisons pas attention au Temps.

C'est une entreprise bizarre que cette tentative de déterminer quelque chose qui consiste en phases fantomatiques. Pourtant, je suis persuadé que mon lecteur, qui fronce à la lecture de ces lignes (mais en oublie du moins son petit déjeuner), admettra qu'il n'y a rien de plus splendide que la pensée solitaire; or, la pensée solitaire doit poursuivre son chemin, ou — pour être plus moderne — sa route, à bord, par exemple, d'une voiture grecque merveilleusement équilibrée et sensible, qui prouve la douceur de son caractère et l'excellence de sa tenue de route à chacun des virages du col alpestre.

Avant de continuer, nous devons nous débarrasser de deux erreurs. La première est la confusion des éléments temporels et des éléments spatiaux. Nous avons déjà dénoncé dans ces notes (actuellement en cours de rédaction à la faveur d'une demi-journée de repos prise sur un voyage décisif) cet imposteur qu'est l'Espace; nous ferons son procès plus tard au cours de notre investigation. La seconde erreur à rejeter est une habitude de langage pratiquée de toute éternité. Nous considérons le Temps comme une espèce de ruisseau, sans grand rapport avec un vrai torrent alpin dont la blancheur se détache sur un fond de rocher noir, ou un grand fleuve limoneux dans une vallée venteuse, mais coulant toujours à travers nos paysages chronographiques. Nous avons une telle habitude de ce spectacle mythique, et un tel besoin de liquéfier le moindre petit bout de vie que nous finissons par ne plus pouvoir parler de Temps sans parler de mouvement. Il est vrai, certes, que ce sens du mouvement s'abreuve à bien des sources naturelles, ou du moins familières : la connaissance innée qu'a le corps de sa circulation sanguine, le vertige antique provoqué par la course des astres, et, bien sûr, nos méthodes de mensuration, telles que l'ombre glissante du style sur le cadran solaire, l'écoulement du sable d'un sablier, le trot d'une aiguille des secondes... et nous revoici dans l'Espace. Notez les cadres, les réceptacles. L'idée que le Temps « coule » aussi naturellement qu'une pomme tombe sur une table de jardin implique qu'il coule dans et à travers quelque chose, et si nous considérons que ce « quelque chose » est l'Espace, il ne nous reste plus alors qu'une métaphore coulant sur un ruban métrique.

Mais, *anime meus*, méfie-toi de l'ondulation dite *marcel-wave* de l'art élégant; évite le lit de Proust et le *pun* (calembour) assassin (lui-même un suicide, comme le remarqueront ceux qui connaissent leur Verlaine).

Nous sommes maintenant prêts à nous attaquer à l'Espace. Nous rejetons sans remords le concept artificiel d'un temps infecté par l'espace, parasité par l'espace, l'espace-temps de la littérature relativiste. Quiconque en a envie peut soutenir que l'Espace est la face externe du Temps, ou le corps du Temps, ou que le Temps est imbu de l'Espace et vice versa, ou que, d'une certaine et curieuse manière, l'Espace n'est que le déchet du Temps, voire son cadavre, ou qu'au bout du compte, au fin bout du compte, le Temps est l'Espace; ce genre de bavardage peut plaire, surtout lorsqu'on est jeune; mais personne ne me fera croire que le mouvement d'un objet (disons une aiguille) à travers un morceau déterminé d'Espace (disons un cadran) est par nature identique au « passage » du Temps. Un objet qui se meut ne fait que traverser une étendue de quelque autre matière qui sert à le mesurer; il ne nous dit rien sur la structure véritable et impalpable du Temps. Pareillement, un ruban gradué, même d'une longueur infinie, n'est pas l'Espace et le compteur kilométrique le plus précis ne peut représenter la route que je vois comme un sombre miroir de pluie sous les roues qui tournent, que j'entends comme un frottement chuintant, que je respire comme une nuit humide de juillet dans les Alpes, que je sens comme une base lisse. Nous autres, pauvres Espaciens, sommes mieux adaptés, dans notre Lacrimaval tridimensionnel, à l'Extension qu'à la Durée : notre corps est capable de s'étendre bien davantage que notre mémoire volontaire. Je ne peux (bien que j'aie cherché hier encore à le réduire en éléments mnémoniques) me rappeler le numéro de ma nouvelle voiture, mais je peux sentir l'asphalte sous mes pneus avant, comme si ceux-ci faisaient partie de mon propre corps. Pourtant l'Espace lui-même (comme le Temps) est quelque chose que je ne puis comprendre : un endroit où s'accomplit le mouvement. Un protoplasme dans lequel la matière — concentration de protoplasme spatial — est comprise et organisée. On peut mesurer des globules de matière et les distances qui les séparent les uns des autres, mais le protoplasme spatial lui-même est incalculable.

Nous mesurons le Temps (l'aiguille des secondes trotte, celle des minutes avance par saccades d'une petite marque à une autre petite marque) en fonction de l'Espace (sans connaître la nature ni de l'un ni de l'autre), mais l'évaluation de l'Espace ne demande pas toujours du Temps — ou du moins n'en demande pas plus que n'en recèle le point « en ce moment précis » d'un présent spécieux. La possession perceptive d'une unité d'Espace est pratiquement instantanée, lorsque, par exemple, le regard d'un très bon conducteur enregistre le symbole d'un panneau de la circulation — la gueule noire et la belle archivole entourées d'un triangle rouge (un mélange de couleurs et de formes que ceux qui l'ont bien vu reconnaissent en un « rien » de temps comme le symbole d'un tunnel routier) ou quelque chose d'une importance moins immédiate, tel que le délicieux signe de Vénus ♀, dont on pourrait croire à tort qu'il signifie la permission pour les petites putains de faire du stop, et qui, en fait, indique aux fidèles ou aux curieux qu'une église se mire dans la rivière voisine. Je suggère l'emploi supplémentaire d'un § pour les personnes qui lisent en conduisant.

L'Espace est lié à nos sens de la vue, du toucher, et de l'effort musculaire; le Temps a quelque vague rapport avec l'ouïe (et pourtant, un sourd percevrait le « passage » du temps incomparablement mieux qu'un homme-tronc aveugle ne percevrait la simple idée du « passage »). « L'Espace est un grouillement dans notre œil. Et le Temps un tintement à l'oreille », dit un poète moderne, John Shade, cité par un philosophe imaginaire (« Martin Gardiner ») dans *The Ambidextrous Universe*, page 165. L'Espace voltige jusqu'au sol, mais le Temps reste entre le pouce et le penseur, quand M. Bergson emploie ses ciseaux. L'Espace introduit ses œufs dans les nids du Temps : un « avant » ici, un « après » là, et une couvée piquetée des « points mondiaux » de Minkovski. Une étendue d'Espace est organiquement plus facile à mesurer mentalement qu'une « étendue » de Temps. La notion d'Espace a dû être formée avant la notion de Temps (Guyau dans Whitrow). Le néant indiscernable (Locke) de l'espace infini se distingue mentalement (et ne pourrait d'ailleurs être imaginé autrement) du vide ovoïde du Temps. L'Espace prospère sur des quantités irrationnelles, le Temps ne se réduit pas à des racines sur un tableau noir. Il se peut que la même tranche d'Espace semble plus vaste à une mouche qu'à S. Alexander, mais ce qui est un moment pour lui *n'est pas* « des heures pour une mouche », car, si cela était, les mouches se garderaient bien d'attendre qu'on leur tape dessus. Je ne puis imaginer l'Espace sans le Temps, mais je peux très bien imaginer le Temps sans l'Espace. « L'Espace-Temps »... ce hideux hybride, dont le trait d'union même semble faux. On peut haïr l'Espace et aimer le Temps.

Il y a des gens qui savent plier une carte routière. Pas l'auteur de ce livre.

Je crois qu'il est temps que je parle un peu de mon attitude vis-à-vis de la « Relativité ». Ce n'est pas celle d'un sympathisant. Ce qu'un grand nombre de cosmogonistes ont tendance à considérer comme une vérité objective est en réalité le vice propre aux mathématiques déguisé fièrement en vérité. Le corps de la personne étonnée qui se déplace dans l'Espace est aplati dans la direction du mouvement et rétrécit d'une façon catastrophique à mesure que sa vélocité se rapproche de la vitesse au-delà de laquelle, en vertu d'un verdict véreux, il ne peut y avoir de vitesse. C'est son malheur et non le mien — mais je rejette l'histoire de sa montre qui se met à ralentir. Le Temps, qui, pour être appréhendé, exige la plus grande pureté de conscience psychologique, est l'élément le plus rationnel de la vie, et ma raison se trouve insultée par les envolées de la Fiction Technologique. Une conclusion particulièrement grotesque, tirée (par Engelwein, je crois) de la Théorie de la Relativité — qu'elle détruit, lorsqu'elle est tirée correctement — est que le galactonaute et ses animaux domestiques, au retour d'une randonnée dans les véloces spas de l'Espace, seraient plus jeunes que s'ils étaient demeurés tout le temps chez eux. Imaginez-les, sortant de leur arche aérienne — comme ces Rotariens rajeunis par leurs barboteuses, suintant de l'un de ces énormes cars de location qui s'arrêtent, avec un abus hideux de clignoteurs, devant la voiture d'un automobiliste impatient, juste à l'endroit où la route se ratatine pour passer dans le goulet d'un village de montagne.

On peut considérer que des événements sont perçus simultanément, lorsqu'ils appartiennent au même moment d'attention; de la même façon (insidieuse comparaison, obstacle qu'on n'écarte jamais !) qu'on peut posséder visuellement une unité d'espace — par exemple, un disque vermillon avec, en son noyau blanc, une petite voiture vue de face, interdisant l'accès de la ruelle dans laquelle, néanmoins, je viens de tourner d'un furieux coup de volant. Je sais que les relativistes, gênés par leurs « signaux lumineux » et leurs « horloges de voyage », essaient de démolir l'idée de simultanéité à l'échelle cosmique, mais imaginons une main gigantesque dont le pouce reposerait sur une étoile et l'auriculaire sur une autre... ne toucherait-elle pas en même temps les deux étoiles — ou les coïncidences tactiles sont-elles encore plus fallacieuses que les coïncidences visuelles ? Je crois que je ferais mieux de reculer et de sortir de cette impasse.

Dans les mois les plus productifs de l'épiscopat de saint Augustin, une telle sécheresse affecta Hippone qu'il fallut remplacer les clepsydres par des sabliers. Saint Augustin définissait le Passé comme ce qui n'est plus et le Futur comme ce qui n'est pas encore (en fait, le futur est un fantasme appartenant à une autre catégorie de pensée, essentiellement différente de celle du Passé, qui, lui, était au moins là il y a un instant — où l'ai-je mis ? dans ma poche ? Mais ma quête elle-même est déjà « passé »).

Le Passé est immuable, intangible et non susceptible d'être « jamais visité » — qualificatifs qui ne peuvent s'appliquer à cette partie de l'Espace que je vois, par exemple, sous l'aspect d'une villa blanche avec un garage plus blanc encore (plus neuf) et sept cyprès de tailles différentes, du grand dimanche au petit samedi, commandant le chemin privé qui serpente entre les arbustes rabougris jusqu'à la route (publique) qui relie Sorcière à l'autoroute de Mont-Roux (distant de plus de cent cinquante kilomètres).

Je vais maintenant entreprendre de considérer le Passé comme une accumulation de *sensa*, objets de perception, et non comme cette dissolution du Temps qu'impliquent certaines métaphores immémoriales exprimant la transition. Le « passage du temps » n'est qu'une imagination de l'esprit sans contrepartie objective, mais se prêtant au jeu d'analogies spatiales. On ne le voit qu'en jetant un regard en arrière sur les formes et les ombres, les arolles et les mélèzes qui s'éloignent pêle-mêle. Le perpétuel désastre du temps qui s'en va, des éboulements, des glissements de terrain, des route de montagne sur lesquelles tombent toujours des pierres et travaillent toujours des hommes.

Nous construisons des modèles du passé, que nous utilisons plus tard spatio-logiquement pour matérialiser et rebâtir le Temps. Prenons un exemple familier. Zembre, ancienne petite ville sur la Minder, près de Sorcière dans le Valais, disparaissait de plus en plus au milieu des immeubles nouvellement construits. Au début de ce siècle, elle avait pris un aspect résolument moderne, et la Conservation des monuments intervint. Aujourd'hui, après des années de reconstruction minutieuse, une réplique du vieux Zembre, avec son château, son église et son moulin extrapolés sur l'autre rive de la Minder, se dresse en face de la cité modernisée, dont elle n'est séparée que par la longueur d'un pont. Or, si l'on remplace la vision spatiale (celle de l'hélicoptère) par une vision chronale (celle du rétrospecteur et le modèle matériel du vieux Zembre par un modèle mental de la cité dans le Passé (disons vers 1822), on découvre que la ville moderne et le modèle de la ville ancienne sont autre chose que deux points situés au même endroit en des moments différents (dans la perspective spatiale, ils *sont* au même moment en des endroits différents). L'espace dans lequel se fige la ville moderne est instantanément réel, alors que celui qui sert de cadre à son image rétrospective (distincte de la reconstitution matérielle) chatoie dans un espace imaginaire, et il n'existe pas de pont qui nous permettrait de passer de l'un à l'autre. En d'autres termes (ainsi que l'on s'exprime lorsque l'auteur et le lecteur pataugent enfin dans une irrémédiable confusion d'esprit), lorsque nous construisons dans notre esprit un modèle de la vieille cité sur la Minder, nous ne faisons que le « spatialiser » (ou l'extirper véritablement de son propre élément pour le jeter sur les rives de l'Espace). C'est pourquoi l'expression « un siècle » ne correspond *aucunement* aux cent pieds d'acier du pont qui relie la ville moderne et la ville modèle. *Voilà* ce que nous voulions prouver et que nous avons prouvé.

Le Passé est donc une accumulation constante d'images. On peut à l'envi l'écouter et le contempler, le goûter et le coupeller, de telle sorte qu'il perde la signification qu'il revêt au sens théorique le plus large, c'est-à-dire une succession ordonnée d'événements liés entre eux. Il se transforme alors en un généreux chaos, d'où le génie du souvenir total, mandé en ce matin de l'été 1922, peut tirer tout ce qu'il veut : des diamants éparpillés sur le parquet, en 1888; une beauté rousse chapeautée de noir, dans un bar parisien, en 1901; une unique et humide rose rouge parmi des roses artificielles, en 1883; le demi-sourire pensif d'une jeune gouvernante anglaise, refermant délicatement le prépuce de son élève après le petit extra du soir, en 1880; en 1884, une petite fille, qui, les doigts écartés, suce le miel du petit déjeuner engluant ses ongles affreusement rongés; la même, à trente-trois ans, avouant quelque peu tardivement qu'elle n'aime pas les fleurs dans des vases; l'atroce douleur qui le frappa au flanc, sous le regard de deux enfants portant un panier de champignons, dans la forêt de pins qui brûlait joyeusement; et le coup de trompe effrayé de la voiture belge qu'il a rattrapée et dépassée hier dans ce virage sans visibilité de la route alpestre. De telles images ne nous disent rien de la texture du temps de laquelle elles participent — sauf dans un cas, par ailleurs difficile à trancher. La coloration d'un objet surgi dans le souvenir (ou toute autre de ses caractéristiques affectant le sens de la vue) diffère-t-elle d'une date à l'autre ? Pourrais-je savoir par sa teinte si cet objet se place plus tôt ou plus tard, plus bas ou plus haut, dans la stratigraphie de mon Passé ? Existe-t-il quelque uranium de l'esprit, dont on pourrait utiliser la décomposition pour mesurer l'âge d'un souvenir ? La principale difficulté, je m'empresse de l'expliquer, réside dans l'incapacité de l'expérimentateur à se servir du *même* objet en des moments différents (par exemple, le poêle hollandais aux petits voiliers bleus de la nursery du château d'Ardis en 1884 et en 1888), du fait que les diverses impressions (en l'occurrence, deux) se mélangent et forment une image composée dans l'esprit; mais, si l'on choisit des objets différents (par exemple, le visage de deux cochers mémorables, Ben Wright en 1884 et Trofim Fartoukov en 1888), il devient impossible, pour autant que j'aie pu le constater au cours de ma recherche, d'éviter l'intrusion non seulement de caractéristiques différentes, mais encore de circonstances émotionnelles, qui ne permettent pas de considérer que les deux objets étaient essentiellement égaux, avant, si l'on peut dire, d'être exposés à l'action du Temps. Je ne suis pas certain qu'on ne puisse découvrir de semblables objets. Dans le cadre de ma profession — et dans mes laboratoires de psychologie — j'ai inventé un certain nombre de tests fort ingénieux (dont un — la méthode pour découvrir si une femme est vierge sans avoir recours à l'examen médical — porte aujourd'hui mon nom). Nous pouvons admettre par conséquent que l'on *peut* effectuer l'expérience — et quel supplice de Tantale que la découverte de certains niveaux exacts de saturation décroissante ou d'éclat grandissant, si exacts que le « quelque chose » que je perçois vaguement dans l'image d'une personne dont je me souviens, mais que je ne peux identifier, et qui « en quelque sorte » assigne cette personne à mon enfance plutôt qu'à mon adolescence, puisse recevoir, sinon un nom, du moins une date précise, *ex grege* le 1er janvier 1908 (euréka, le *ex grege* a été efficace : cette personne, c'est l'ancien précepteur de mon père, qui m'apportait *Alice in the Camera Obscura* pour mon huitième anniversaire).

Notre perception du Passé n'est pas marquée par l'enchaînement d'événements successifs aussi fortement que notre perception du Présent et des instants qui précèdent immédiatement son point de réalité. Je me rase ordinairement tous les matins, et j'ai pour habitude de changer mes lames de rasoir après deux rasages; de temps à autre, il m'arrive de sauter un jour et d'avoir à faucher le lendemain une épaisseur extraordinaire de poils rebelles, dont mes doigts constatent la présence opiniâtre après chaque coup de rasoir — et dans ce cas, je n'utilise mes lames qu'une seule fois. Or, lorsque j'évoque une série de rasages récents, je néglige l'élément de succession : tout ce que je veux savoir, c'est si la lame insérée dans mon rasoir a servi une ou deux fois; si elle n'a servi qu'une fois, l'ordre des deux jours (avec ou sans rasage) ne revêt aucune importance dans mon esprit; en fait, j'ai tendance à entendre et à sentir le second — et cuisant — matin d'abord, et à ne placer qu'*après* le jour sans rasage, en conséquence de quoi ma barbe croît pour ainsi dire à reculons.

Si, forts de nos misérables bribes de savoir effiloché concernant la matière colorée du Passé, nous modifions maintenant notre vision et ne considérons plus ce Passé que comme une cohérente reconstruction d'événements écoulés, dont certains sont retenus par un esprit ordinaire avec moins de clarté que les autres (ou ne sont pas retenus du tout), nous pouvons nous livrer à un jeu bien plus facile avec la lumière et l'ombre de ses avenues. Les représentations de la mémoire comportent la post-représentation de sons régurgités, pour ainsi dire, par l'oreille, qui les a enregistrés un moment plus tôt, alors que l'esprit s'appliquait à éviter des écoliers, de sorte que nous pouvons véritablement réentendre le message de la cloche après avoir laissé derrière nous Turtsen et son clocher maintenant silencieux mais toujours résonnant. L'analyse de ces derniers événements du Passé immédiat demande moins de temps physique qu'il n'en a fallu au mécanisme de la cloche pour frapper ses coups, et ce mystérieux « moins » est une particularité du Passé encore frais dans lequel, au cours de cette inspection immédiate de sons fantômes, s'est coulé le Présent. Le « moins » signifie que le Passé n'a nul besoin d'horloges et que la succession de ses événements ne participe pas du temps des montres mais de quelque chose qui est plus en harmonie avec le rythme authentique du Temps. Nous avons laissé entendre plus haut que les intervalles blafards entre les accents sombres comportent la *sensation* de la texture du Temps. Cela s'applique aussi, quoique plus vaguement, aux impressions produites par la perception des intervalles de temps oublié ou « neutre » entre des événements colorés. C'est sous forme de couleurs (gris-bleu, violet, gris rougeâtre) que je me rappelle les trois conférences d'adieu — publiques toutes les trois — sur le Temps de M. Bergson que j'ai données il y a quelques mois dans une grande université. Je me rappelle moins clairement, et suis même capable de rayer complètement de mon esprit, les intervalles de six jours entre le bleu et le violet, et entre le violet et le gris. Mais j'ai une vision parfaitement nette des circonstances dans lesquelles se sont déroulées les conférences elles-mêmes. J'étais légèrement en retard pour la première (qui traitait du Passé), ce qui me permit de voir, non sans un plaisant frisson, comme si j'étais venu assister à mon propre enterrement, les fenêtres brillamment éclairées de Counterstone Hall et la silhouette menue d'un étudiant japonais qui, étant lui-même en retard, me dépassa au grand galop et fut happé par la porte d'entrée bien avant que j'aie atteint les marches de l'escalier semi-circulaire. Lors de ma deuxième conférence (celle sur le Présent), pendant les cinq secondes de silence et « d'attention intérieure » que j'exigeai de mon auditoire pour illustrer un argument que j'allais, ou plutôt que le bijou parlant lové dans la poche de mon gilet allait faire ressortir, à propos de la véritable perception du temps, les ronflements gargantuesques d'un dormeur à la barbe blanche emplirent la salle — qui, naturellement, croula. Au cours de la troisième et dernière conférence, sur le Futur (« Faux Temps »), l'appareil dissimulé qui reproduisait ma voix et qui fonctionnait parfaitement venait de subir quelque obscure avarie mécanique, et je préférai simuler une crise cardiaque et me voir emporter dans la nuit à tout jamais (en tant que conférencier, du moins) que d'essayer de déchiffrer et de trier le paquet de notes pâles et froissées qui obsèdent les mauvais orateurs dans des rêves bien connus (que le Dr Froid de

Signy-Mondieu-Mondieu attribue au fait d'avoir lu dans sa petite enfance les lettres d'amour de parents adultères). Je donne ces détails ridicules, mais saillants, pour montrer que les événements choisis pour l'expérience doivent être non seulement « clinquants » et concentrés (trois conférences en trois semaines), mais encore liés entre eux par leur dominante (les mésaventures d'un conférencier). Je perçois les deux intervalles de cinq jours comme deux fossettes jumelles, remplies d'une sorte de grisaille unie, brumeuse, avec des légères traces de confetti épars (qui se coloreraient peut-être brusquement, si je laissais se former quelque souvenir fortuit en deçà des limites diagnostiques). A cause de sa situation au milieu de choses mortes, ce continuum blafard ne peut être tâté, goûté ou écouté avec autant de sensualité que le « Creux entre les battements », le Creux de Veen; mais il est un caractère qu'il partage avec lui : l'immobilité du Temps perceptif. La synesthésie, à laquelle je suis excessivement prédisposé, s'avère d'une grande utilité dans ce genre d'entreprise — entreprise qui va maintenant atteindre son point crucial, la fleuraison du Présent.

Et voici que souffle le vent du Présent au sommet du Passé — des cols que je suis fier d'avoir atteints au cours de ma vie, l'Umbrail, la Fuela, la Furka, de ma conscience la plus nette ! Le moment ne change, au point de perception, que parce que je suis moi-même constamment dans un état de banale métamorphose. Pour avoir le temps de prendre le temps du Temps, je dois projeter mon esprit dans la direction opposée à celle que je suis — comme on le fait lorsqu'on longe un rideau de peupliers et que l'on veut isoler et arrêter un de ces arbres : l'indistincte et confuse masse de verdure découvre alors et offre — oui, offre — chacune de ses feuilles. Il y a un crétin derrière moi.

Cet acte d'attention, je l'ai baptisé l'an dernier « Présent Délibéré » pour le distinguer d'une forme plus générale appelée (par Clay en 1882) « Présent Spécieux ». La construction consciente de l'un et le cours familier de l'autre nous donnent trois ou quatre secondes d'immédiateté. Cette immédiateté est la seule réalité que nous connaissions : elle suit le néant coloré de ce qui n'est plus et précède le néant absolu du futur. Nous pouvons donc, dans un sens tout à fait littéral, dire que la vie humaine consciente ne dure jamais qu'un moment, puisque à aucun moment d'attention délibérée à notre propre courant de conscience nous ne savons si ce même moment ne sera pas le dernier. Ainsi que je l'expliquerai plus loin, je ne pense pas que « l'anticipation » (« action de se réjouir d'une promotion ou de redouter un impair social », si l'on en croit le malheureux penseur S.A.) joue un rôle très important dans la formation du présent spécieux, ni que le futur se transforme en troisième volet du Temps, même si nous anticipons une chose ou l'autre — un virage de la route familière ou la vision pittoresque de deux collines escarpées, l'une portant un château, l'autre une église — car plus la prévision est lucide et moins elle pourrait être prophétique. Si l'imbécile qui me suit avait décidé de me dépasser juste maintenant, il aurait heurté de plein fouet le camion qui vient de déboucher du tournant, et la vue et moi-même aurions bien pu disparaître dans la collision multiple.

Notre modeste Présent est donc cette parcelle du Temps dont nous avons une connaissance directe et véritable, le souvenir tout frais du Passé récent étant perçu encore comme une partie du moment présent. En ce qui concerne la vie quotidienne et l'habituelle satisfaction du corps (dont la santé est passablement bonne, qui a encore des forces, qui respire la verte brise, qui savoure l'arrière-goût de la plus exquise nourriture qui soit au monde : un œuf à la coque), il n'est pas important que nous ne puissions jamais jouir du *véritable* Présent, qui est un instant de durée zéro, représenté par une belle tache de graisse, tout comme le point adimensionnel de la géométrie est représenté par un point de bonnes dimensions à l'encre d'imprimerie sur du papier palpable. L'automobiliste normal peut, si l'on en croit les psychologues et les policiers, percevoir, visuellement, une unité de temps ne dépassant pas en étendue un dixième de seconde (j'ai eu un malade — un ancien joueur — qui mettait cinq fois moins de temps à reconnaître une carte à jouer !). Il serait intéressant de mesurer le temps qu'il nous faut pour détecter un espoir déçu ou comblé. Les odeurs peuvent être très brutales et, chez la plupart des gens, les sens de l'ouïe et du toucher réagissent plus rapidement que celui de la vue. Ces deux auto-stoppeurs sentaient vraiment — chez l'homme, c'en était révoltant.

Il nous faut maintenant définir cette connaissance du passé immédiat sans laquelle le Présent n'est qu'un point imaginaire. L'Espace, une fois de plus, revient nous importuner, si je dis que ce que nous considérons comme « Présent » est l'édification constante du Passé, dont le niveau s'élève doucement et implacablement. Que c'est maigre ! Et que c'est magique !

Les voici, les deux collines rocheuses et couronnées de ruines dont mon esprit conservait depuis dix-sept ans un souvenir romantique et brillant comme une décalcomanie — pas tout à fait exact, je l'avoue : la mémoire aime l'*otsebyatina* (« ce que l'on ajoute soi-même »); mais le léger écart est présentement supprimé, et cet acte de correction artistique rehausse l'impression poignante du Présent. Le sentiment le plus aigu d'immédiateté, traduit en langage visuel, est la possession délibérée d'un segment d'Espace capté par l'œil. Ce contact est le seul que le Temps ait avec l'Espace, mais il se répercute fort loin. Le Présent, pour être éternel, doit dépendre de l'embrassement conscient d'une étendue infinie. C'est alors seulement qu'il peut être mis en équation avec l'Espace Eternel. J'ai été blessé dans mon duel avec l'Imposteur.

J'entre maintenant dans la ville de Mont-Roux sous les guirlandes d'un accueil qui me fend le cœur. Nous sommes le lundi 14 juillet 1922; il est cinq heures treize de l'après-midi à ma montre-bracelet, onze heures cinquante-deux au cadran de mon tableau de bord, quatre heures dix à toutes les horloges de la ville. L'auteur est dans un état mélangé de joie, d'épuisement, d'espérance et de peur. Il a fait de l'alpinisme dans les incomparables Balkans avec deux guides autrichiens et une fille temporairement adoptée. Il a passé la plus grande partie du mois de mai en Dalmatie et le mois de juin dans les Dolomites, et a reçu aux deux endroits des lettres d'Ada annonçant la mort de son mari (le 23 avril, dans l'Arizona). Il s'est mis à rouler vers l'ouest au volant d'une Argus bleu sombre, qu'il prise bien davantage que saphirs et morphos parce qu'Ada a commandé qu'une voiture toute semblable lui soit livrée à son arrivée à Genève. Il a acquis trois nouvelles villas, deux sur l'Adriatique, une à Ardez, dans le nord des Grisons. Le dimanche 13 juillet dans la soirée, le concierge de l'Alraun Palace à Alvena lui a remis un télégramme qui l'attendait depuis vendredi :

ARRIVE MONT-ROUX TROIS CYGNES LUNDI POUR DÎNER JE VEUX QUE TU ME DISES FRANCHEMENT SI LA DATE ET TOUT LE TRALALA NE TE CONVIENNENT PAS.

Le message qu'il expédia par « instantanogramme » (tout nouveau) à l'aéroport de Genève se terminait par le dernier mot de *son* télégramme de 1905. Bien que la nuit menaçât d'être torrentielle, il se mit en route pour le pays de Vaud. A force de vitesse et de déraison, il manqua la route d'Oberhalbstein à la bifurcation de Silvaplana (quelque cent cinquante kilomètres au sud d'Alvena), se livra à de multiples contorsions pour rejoindre le nord par Chiavenna et le Splügen et atteindre finalement, dans des conditions apocalyptiques, la Nationale 19 (un trajet inutile de cent kilomètres), vira par erreur à l'est, vers Coire, commit en jurant horriblement un tourner sur route, fila vers l'ouest, et couvrit en quelque deux heures les cent soixante-quinze kilomètres qui le séparaient encore de Brigue. Dans son rétroviseur la pâle rougeur de l'aube avait depuis longtemps cédé le pas à l'éclat passionné du jour, lorsqu'il s'engagea au sud dans les boucles de la nouvelle route de Pfynwald à Sorcière — où, dix-sept ans plus tôt, il avait acheté une maison (l'actuelle Villa Jolana). Les trois ou quatre domestiques qu'il y avait laissés pour veiller sur la propriété avaient profité de son absence prolongée pour disparaître; aussi lui fallut-il, avec l'aide enthousiaste de deux auto-stoppeurs échoués dans les parages — un gars venant de Hilden parfaitement répugnant et sa Hilda traîne-savate chevelue et langoureuse — jouer les cambrioleurs pour pénétrer dans sa maison. Ses deux acolytes se trompaient s'ils escomptaient y trouver butin et boisson. Après les avoir jetés dehors, il chercha en vain le sommeil sur un lit sans draps, et se transporta finalement dans le jardin ivre d'oiseaux, d'où il dut chasser encore ses deux amis qui copulaient dans la piscine asséchée. Il était maintenant près de midi. Il travailla deux heures à sa *Texture du Temps*, commencée dans les Dolomites au Lammermoor (qui n'était pas le meilleur des hôtels dans lesquels il avait récemment séjourné). La raison utilitaire qui le poussait au travail devait l'empêcher de songer interminablement à l'épreuve de bonheur qui l'attendait quelque cent cinquante kilomètres plus à l'ouest; en revanche, il ne résista pas à la saine envie de prendre un petit déjeuner chaud et interrompit son griffonnage pour se consacrer à la découverte d'un restaurant sur le bord de la route qui le conduisait à Mont-Roux.

Les Trois Cygnes, dont il avait réservé les chambres 508, 509 et 510, avaient subi divers changements depuis 1905. Le Lucien au nez prune et au ventre important qui l'accueillit ne le reconnut qu'au second coup d'œil... et déclara alors que monsieur ne « dépérissait » certes pas — quoique, en fait, Van fût presque retombé au poids qu'il avait dix-sept ans plus tôt, ayant perdu plusieurs kilos dans les Balkans grâce à la varappe pratiquée en compagnie de l'acharnée petite Acrazia (déposée depuis dans un pensionnat élégant des environs de Florence). Non, Madame Vinn Landère n'avait pas appelé. Oui, le hall avait été rénové. Le Suisse allemand Louis Wicht dirigeait l'hôtel depuis la mort de son beau-père, Luigi Fantini. Dans le grand salon, dont la porte ouverte permettait une vue partielle, l'immense et mémorable peinture — trois Lédas aux hanches larges échangeant des impressions lacustres — avait été remplacée par un chef-d'œuvre néo-primitif où trois œufs jaunes et une paire de gants de plombier se détachaient sur ce qui semblait être le carrelage mouillé d'une salle de bains. Lorsque Van, suivi d'un réceptionnaire vêtu de noir, entra dans l'ascenseur, celui-ci émit sous la pression de son pied un son creux et métallique, et, une fois mis en marche, commença à diffuser un reportage fragmentaire de quelque compétition — peut-être une course de tricycles. Van ne put s'empêcher de regretter que cette boîte aveugle et fonctionnelle (encore plus exiguë que le monte-seaux de service qu'il avait utilisé jadis) remplaçât désormais le luxueux véhicule d'antan — véritable salle des glaces ascendante — dont le célèbre manipulateur (huit langues, favoris blancs) avait été transformé en bouton.

Dans l'entrée du 509, Van reconnut le *Bruslot à la sonde* à côté du placard blanc qui semblait toujours sur le point d'accoucher (et sous les portes à coulisse rondes duquel se prenait invariablement le coin du tapis aujourd'hui disparu). Dans le salon lui-même, il ne reconnut qu'un secrétaire de dame et la vue qu'on avait du balcon. Tout le reste — les ornements semi-transparents en forme d'épis de blé, les capitules de verre, les fauteuils recouverts de soie — avait été évincé au profit d'accessoires *hochmodern*.

Il prit une douche, et se changea, et finit la gourde de cognac de son nécessaire de voyage, et téléphona à l'aéroport de Genève, et apprit que le dernier avion en provenance d'Amérique venait d'arriver. Il sortit faire un tour et vit que le célèbre « mûrier » qui déployait ses membres volumineux au-dessus d'un modeste W.C. public, sur la terrasse qui surplombait et fermait l'allée pavée, était épanoui en une somptueuse efflorescence bleu-violet. Il but une bière dans le café qui faisait face à la gare, puis, automatiquement, pénétra dans la boutique toute proche du fleuriste. Il avait dû devenir gaga pour oublier ce qu'elle avait dit la dernière fois de son étrange anthophobie (née en quelque sorte de cette débauche à trois trente ans plus tôt). Les roses, elle ne les avait d'ailleurs jamais aimées. Il dévisagea et fut dévisagé à son tour bien plus effrontément par des petites Carols de Belgique, des Pink Sensations à longue tige, des Superstars vermillon. Il y avait encore des zinnias, et des chrysanthèmes, et des aphélandres en pot, et deux gracieux cyprins à queue de voile dans un aquarium inséré dans le mur. Pour ne pas décevoir l'aimable vieille fleuriste, il acheta dix-sept Baccara sans parfum, demanda l'annuaire, l'ouvrit à Ad-Au, Mont-Roux, tomba sur « Addor, Yolande, Mlle, secrét., rue Des Délices, 6 », et, avec une présence d'esprit tout américaine, fit envoyer son bouquet à cette adresse.

Déjà les gens rentraient en se pressant de leur travail. Dans sa robe tachée de transpiration, Mademoiselle Addor montait son escalier. Les rues, dans la sourdine du Passé, avaient été considérablement plus calmes. La vieille colonne Morris, sur laquelle l'actuelle reine du Portugal avait jadis figuré en tant qu'actrice, ne se dressait plus au coin du Chemin de Mustrux (ancienne déformation du nom de la ville). Les camions grondaient dans les rues de Mont-Roux.

La femme de chambre avait tiré les rideaux. Il les ouvrit tous d'un geste brutal, décidé, semble-t-il, à prolonger jusqu'à sa limite dernière la torture de cette journée. Le balcon avec ses ferronneries saillait suffisamment pour recueillir les rayons obliques du soleil. Il se rappela sa dernière et fugitive vision du lac, en ce sombre jour d'octobre 1905 où il s'était séparé d'Ada. Des fuligules montaient et s'abaissaient sur la houle grêlée de pluie, jouissaient de l'onde double avec application; le long des quais, des spirales d'écume s'enroulaient sur la crête grise des vagues poussées vers le rivage, et un bouillonnement plus fort soulevait par moments suffisamment d'eau pour éclabousser la promenade au-delà du parapet. Mais aujourd'hui, en cette radieuse soirée d'été, il n'était pas question d'oiseaux nageurs ou de vagues mousseuses; on ne voyait que quelques mouettes blanches qui volaient au-dessus de leur ombre noire. Le beau lac rêveur, frisé de vaguelettes vertes, ruché de bleu, s'étendait, vaste et serein, les surfaces lisses et claires alternant avec les espaces finement ridés; et dans le coin du tableau, en bas, à droite, comme si le peintre avait voulu un exemple de lumière très particulière, le sillage étincelant du soleil couchant palpitait à travers le feuillage d'un peuplier lacustre, qui semblait à la fois enflammé et liquéfié.

Au loin, un type penché en arrière sur une paire de

skis nautiques à la remorque d'un hors-bord entreprit de crever la toile; il coula, par bonheur, avant d'avoir pu faire grand mal, et au même instant le téléphone du salon se mit à sonner.

Or il se trouvait qu'elle n'avait jamais — au cours de sa vie d'adulte du moins — conversé avec lui par téléphone; aussi le téléphone avait-il conservé l'essence même, la brillante vibration de ses cordes vocales, le petit « saut » de son larynx, le rire se collant au contour de la phrase, par crainte, semblait-il, de se laisser choir dans son allégresse gamine du dos des mots rapides qui le portaient. C'était le timbre de leur passé, comme si le passé avait lui-même la communication — une miraculeuse communication (« Ardis, dix-huit quatre-vingt-six »... Comment ? Non, non, pas huitante-huit... huitante-six »). Jeune, dorée, la voix pétillait de toutes les caractéristiques mélodieuses qu'il connaissait, ou plutôt, reconnut sur-le-champ dans l'ordre où elles apparurent : cet entrain, ce débordement de plaisir quasi érotique, cette assurance et cette animation — sans compter, ce qui était particulièrement délicieux, le fait que, très innocemment, elle n'avait pas conscience des modulations qui le ravissaient.

Elle avait eu des ennuis avec ses bagages. Elle en avait encore. Ses deux femmes de chambre, qui étaient censées avoir embarqué la veille à bord d'un Laputa (avion de marchandises) avec ses malles, étaient restées en rade quelque part. Elle n'avait qu'une petite valise. Le concierge essayait de se renseigner par téléphone en ce moment. Est-ce que Van voulait bien descendre ? Elle était *neveroïatno golodnaïa* (morte de faim).

En ressuscitant le passé et en le reliant au présent, aux montagnes bleu ardoise qui s'assombrissaient par-delà le lac, au sillage du soleil couchant dont les paillettes dansaient entre les feuilles du peuplier, la voix au téléphone constituait la pièce maîtresse de la perception la plus profonde qu'il eût du temps tangible, le scintillant « à présent » qui était la seule réalité de la texture du Temps. A la gloire du sommet succédèrent les difficultés de la descente.

Ada l'avait averti, dans une de ses récentes lettres, qu'elle avait « changé considérablement, tant de ligne que de couleur ». Elle portait un corset qui accentuait la majesté nouvelle de son corps, enveloppé dans une robe de velours noir, d'une coupe flottante, à la fois excentrique et monastique, telle que les avait aimées leur mère. Ses cheveux, coupés court dans le style « page », étaient teints, d'un bronze brillant. Son cou et ses mains étaient toujours aussi pâles et délicats mais se gonflaient de tendons et de veines inconnus. Elle ne lésinait pas sur le fard pour camoufler les lignes qui partaient du coin de ses grosses lèvres carminées et de ses yeux ombrés de kohol, dont l'iris opaque semblait maintenant moins mystérieux que myope à cause du battement nerveux des cils peints. Il remarqua que son sourire révélait une prémolaire supérieure aurifiée; il en avait une toute pareille de l'autre côté. Le reflet métallique de sa frange l'affligea moins que cette robe de velours aux épaules carrées, à la jupe ample descendant bien au-dessous du genou, garnie aux hanches de rembourrures qui devaient à la fois amincir la taille et dissimuler par exagération les formes désormais rebondies du bassin. Il ne restait rien de sa grâce dégingandée, et ce nouvel aspect de la maturité, ainsi que le velours, prenaient, dans leur agaçante dignité, valeur d'obstacles et d'armes défensives. Il l'aimait bien trop tendrement, bien trop irrévocablement, pour se laisser déprimer outre mesure par des inquiétudes d'ordre sexuel; mais pour le moment ses sens demeuraient inertes — à tel point, en fait, qu'il ne se sentit pas la moindre envie (tandis qu'ils levaient l'un et l'autre leurs étincelantes coupes à champagne en une parodie du rituel du grand grèbe huppé) d'engager son orgueil masculin dans une étreinte peu chaleureuse tout de suite après le dîner. Si l'on s'attendait à ce qu'il le fît, c'était dommage; dans le cas contraire, c'était pire encore. Autrefois, lorsqu'ils se retrouvaient, la gêne, qui subsistait comme un mal sourd après les vives douleurs dues au scalpel du Destin, était très vite noyée dans le désir en laissant la vie retrouver son chemin par la suite. Mais aujourd'hui, ils étaient réduits à leurs propres ressources.

Les banalités utilitaires de leur conversation — ou plutôt du sombre monologue de Van — au cours du dîner lui semblèrent absolument dégradantes. Il finit par expliquer — luttant contre son mutisme attentif, patouillant dans les flaques de silence, se haïssant lui-même — qu'il avait eu un voyage long et fatigant, qu'il avait mal dormi, qu'il travaillait à une étude sur la nature du Temps, sujet qui exigeait un combat farouche avec la pieuvre de son propre esprit. Elle jeta un coup d'œil sur sa montre-bracelet.

« Ce que je te raconte, dit-il durement, n'a rien à voir avec les montres. » Le serveur apporta le café. Elle sourit, et il s'aperçut que son sourire était provoqué par une conversation à la table voisine, où un Anglais triste et ventripotent qui venait d'arriver avait entrepris de discuter du menu avec le maître d'hôtel.

« Pour commencer, dit l'Anglais, je prendrai les bananes.

— Il n'y a pas écrit « bananes », monsieur, mais « ananas » — du jus d'ananas.

— Oh, je vois. Eh bien, donnez-moi *some clear soup!* »

Le jeune Van rendit son sourire à la jeune Ada. Curieusement, ce court échange de mots à la table voisine fut ressenti avec délices comme une sorte de délivrance.

« Quand j'étais petit, dit Van, lors de mon premier — ou plutôt de mon second — séjour en Suisse, je pensais que le « Verglas » des panneaux de signalisation était le nom de quelque ville magique, située un peu plus en avant, au pied de toutes les pentes enneigées, une ville qu'on ne voyait jamais, mais qui attendait son heure. J'ai reçu ton télégramme en Engadine, où il y a des endroits *réellement* magiques, tels que Alraun ou Alruna — qui veut dire petit démon arabe dans le miroir d'un sorcier allemand. A propos, nous avons l'appartement d'autrefois là-haut, avec une chambre de plus, le numéro 508.

— Oh mon Dieu. Je crains que tu ne doives rendre cette malheureuse chambre. Si je restais pour la nuit, le 510 nous suffirait, mais j'ai de mauvaises nouvelles pour toi. Je ne peux rester. Je dois retourner à Genève tout de suite après le dîner pour récupérer mes affaires et mes femmes de chambre, que les autorités ont, semble-t-il, placées dans un Home pour Femmes Perdues, parce qu'elles n'ont pas pu payer les nouveaux droits de douane absolument moyenâgeux — après tout, la Suisse n'est-elle pas dans l'État de Washington en quelque sorte ? Ecoute, ne prends pas cet air maussade — (caressant sa main tachée de brun, où leur marque de naissance commune s'était perdue parmi le lentigo de l'âge, comme un petit enfant dans le bois automnal d'un conte de fées; on peut les suivre en reconnaissant tout au plus le pouce déformé de Mascodagama et les beaux ongles en amandes) — je promets de te faire signe dans un jour ou deux, et nous ferons alors une croisière en Grèce avec les Baynard... ils ont un yacht et trois fillettes adorables qui se baignent encore sans maillot, okay ?

— Je ne sais pas ce que je déteste le plus, répliqua-t-il, des yachts ou des Baynard; mais puis-je te servir à quelque chose à Genève ? »

A rien. Baynard avait épousé sa Cordula, après un

divorce sensationnel — des vétérinaires écossais avaient dû scier les andouillers de son mari (dernier rappel, pour cette plaisanterie).

L'Argus d'Ada n'avait pas encore été livrée. Le noir lustré et lugubre de la Yak de louage et les guêtres démodées de son conducteur lui rappelèrent le départ de la même Ada en 1905.

Quand elle fut partie, il remonta, tel un ludion ou le fantôme du Temps au garde-à-vous, jusqu'à son cinquième solitaire. S'ils avaient vécu ensemble pendant ces dix-sept misérables années, ils n'auraient pas connu ce choc et cette humiliation; leur vieillissement n'aurait été qu'un ajustement progressif, aussi imperceptible que le Temps lui-même.

Son Travail-en-cours, une liasse de notes embrouillée dans ses pyjamas, vint à son secours, comme à Sorcière. Van avala un Favodorme, et, pendant tout le temps qu'il fallut au comprimé pour le délivrer de lui-même, s'adonna, assis au secrétaire du salon, à ses « élucubrationnettes ».

Les outrages et les ravages de l'âge tant déplorés par les poètes renseignent-ils le naturaliste du Temps sur l'essence du Temps ? Très peu. L'imagination d'un romancier seule pouvait être attirée par cette petite boîte ovale, ayant un jour contenu du Duvet de Ninon (une marque de poudre, avec un oiseau de paradis sur le couvercle), oubliée dans un tiroir mal fermé de l'arc de triomphe — pas un triomphe sur le Temps, toutefois — du secrétaire. Il semblait bien que la chose bleue-verte-orangée fût destinée à éveiller en Van la pensée trompeuse qu'elle attendait, depuis dix-sept ans, la main lente comme en un rêve du découvreur souriant et fasciné : un piètre tour de restitution simulée, une coïncidence montée de toutes pièces... et une terrible bévue, puisque c'était Lucette, aujourd'hui une sirène dans les bocages de l'Atlantique, et non Ada, aujourd'hui une étrangère dans une limousine noire près de Morges, qui avait aimé cette poudre. La jeter, de peur qu'elle n'abuse un philosophe moins résistant; ce dont je m'occupe, c'est de la délicate texture du Temps, vierge de tous événements brodés.

Récapitulons.

Physiologiquement, le sens du Temps est sens de continuel devenir, et si le « devenir » a une voix, il se pourrait que cette dernière soit, assez naturellement, une vibration soutenue; mais, pour l'amour de Pieu, ne confondons pas le Temps avec les Tintements d'oreille, et le murmure de conque de la durée avec les pulsations de notre sang. Philosophiquement, d'autre part, le Temps n'est que genèse du souvenir. La vie de chaque individu comporte, du berceau à la tombe, l'élaboration et la consolidation progressives de cette *échine dorsale de la conscience*, qui est le Temps des forts. « Etre » veut dire savoir que l'on « a été ». « Ne pas être » implique la seule « nouvelle » espèce de (faux) temps : le futur. Je l'écarte. La vie, l'amour, les librairies ne possèdent pas de futur.

Le Temps est tout sauf ce triptyque populaire : un Passé qui n'existe plus, le point sans durée du Présent, et un « pas encore » qui peut ne jamais arriver. Non. Il n'y a que deux volets. Le Passé (à jamais existant dans mon esprit) et le Présent (auquel mon esprit confère durée et, par conséquent, réalité). Si nous envisageons un troisième volet de l'espoir satisfait : le prévu, le prédestiné, le pouvoir de prévision, de pronostic parfait, nous appliquons toujours notre esprit au Présent.

Si l'on perçoit le Passé comme un emmagasinage de Temps, et si le Présent est le processus de cette perception, le futur, en revanche, n'est pas un élément du Temps, n'a rien à voir avec le Temps et la gaze vaporeuse de sa texture physique. Le futur n'est qu'un charlatan à la cour de Chronos. Des penseurs, des penseurs sociaux, imaginent un Présent tendu au-delà de lui-même vers un « futur » non encore réalisé — mais c'est une utopie toute topique, une politique progressiste. Les sophistes de la technologie démontrent qu'en exploitant les Lois de la lumière, en utilisant de nouveaux télescopes capables de déchiffrer des caractères ordinaires à des distances cosmiques, par les yeux nostalgiques de nos agents sur quelque autre planète, nous avons réellement la possibilité de voir notre propre passé (Goodson découvrant le Goodson, etc.) y compris des documents prouvant que nous ne savions pas ce que l'avenir nous réservait (et que nous le savons *maintenant*), et que, par conséquent, le futur existait hier, ce qui fait, par induction, qu'il existe aujourd'hui. Voilà qui, en matière de physique, est peut-être excellent mais participe de la plus exécrable logique, et la Tortue du Passé ne rattrapera jamais l'Achille de l'Avenir, quelle que soit la façon dont nous analysons les distances sur nos tableaux noirs embrumés.

Au mieux, ce que nous faisons quand nous cherchons à admettre le futur (au pire, nous exécutons des tours sans intérêt) est d'étendre énormément le présent spécieux, à tel point qu'il imprègne n'importe quelle quantité de temps de toutes les espèces possibles d'information, d'anticipation, de préconnaissance. Au mieux, le « futur » est l'idée d'un hypothétique présent basé sur notre expérience de la succession, sur notre foi en la logique et en l'habitude. En fait, bien sûr, nos espoirs ne parviennent pas davantage à provoquer son existence que nos regrets à changer le Passé. Ce dernier a du moins la saveur, le sel, le style de notre être individuel. Mais le futur se tient hors de portée de nos rêves et de nos sensations. A chaque instant, c'est une infinité de possibles bifurcations. Un schème déterministe abolirait la notion même de temps (c'est ici que le comprimé laissa flotter sa première nuelle). L'inconnu, l'impratiqué, l'inattendu, et toutes leurs éclatantes intersections, sont parties intégrantes de la vie humaine. Le schème précis, en arrachant à l'aurore son élément de surprise, raserait par là même tous les rayons du soleil...

Le Favodorme commençait à agir sérieusement. Il finit de revêtir son pyjama (opération qui avait nécessité une bonne heure de tâtonnements et de gestes maladroits, jamais achevés pour la plupart) et se glissa non moins maladroitement dans son lit. Il rêva qu'il parlait dans la salle de conférence d'un transatlantique et qu'un hippie qui ressemblait à l'autostoppeur hildenois lui demandait en ricanant comment le conférencier expliquait le fait que dans nos rêves nous savons que nous allons nous réveiller; n'était-ce pas une certitude analogue à celle de la mort, et, dans ce cas, le futur n'était-il pas...

A l'aube, après un brusque gémissement, il se retrouva assis dans son lit, tremblant : s'il n'agissait pas *sur l'heure*, il la perdrait à tout jamais ! Il décida de se rendre immédiatement au Manhattan de Genève.

Van salua le renouveau de selles sculpturales, après huit jours d'une bourbe noirâtre qui souillait, à chaque fois, les parois de la cuvette jusqu'à une hauteur telle que tous les efforts de la chasse d'eau ne pouvaient en venir à bout. L'huile d'olive et le genre des water-closets italiens. Il se rasa, prit un bain, s'habilla rapidement. Etait-il trop tôt pour commander son petit déjeuner ? Devait-il l'appeler à son hôtel avant de se mettre en route ? Louer un avion ? Ou, peut-être, était-il plus simple de...

Les vantaux de la porte-fenêtre du salon étaient grands ouverts. Des bancs de brouillard s'étalaient encore au travers des montagnes bleues de l'autre côté du lac, mais un peu d'ocre teintait ici et là les crêtes d'un sommet sous l'étendue turquoise d'un ciel sans nuages. Quatre énormes camions passèrent coup sur coup dans un bruit de tonnerre. Il s'approcha de la balustrade du balcon. N'était-il pas plus simple de satisfaire le caprice familier d'en finir... de se jeter — plouf ! — sur le pavé ? L'avait-il jamais fait ? Au fond on ne pouvait être certain. A un étage au-dessous, sur le balcon d'à côté, se tenait Ada, absorbée dans la contemplation du paysage.

Il vit son *bob* roux, son cou et ses bras blancs, les fleurs pâles du léger peignoir qu'elle portait, ses jambes nues, ses mules argentées à talon haut. Pensivement, juvénilement, voluptueusement, elle se grattait la cuisse à la naissance de la fesse droite : signature rose sur velin de Ladore au crépuscule d'un soir à moustiques. Allait-elle lever les yeux ? Toutes ses fleurs se tournèrent vers le haut, vers lui, radieuses, et, en un geste d'offrande royal, elle exhaussa les montagnes, la brume, le lac avec trois cygnes, et les lui présenta.

Il passa dans le corridor et se précipita, par un petit escalier tournant, au quatrième étage. Il sentit l'envahir au creux de l'estomac la crainte que ce ne fût pas le 410, comme il se l'était figuré, mais le 412, voire le 414. Que se passerait-il si elle n'avait pas compris, si elle ne faisait pas le guet ? Elle avait compris, elle l'attendait.

« Un peu plus tard », tandis que Van, à genoux et cherchant à retrouver sa voix, embrassait ses chères mains froides avec une infinie reconnaissance, en un fier défi lancé à la mort, le mauvais sort vaincu, penchée au-dessus de lui dans l'éclat rêveur de l'après-aimer, elle demanda :

« Tu pensais vraiment que j'étais partie ?

— *Obmanchtchitsa* (fourbe), *obmanchtchitsa* », ne put que répéter Van, avec toute la ferveur et l'exultation du bonheur satisfait.

« Je lui ai dit de faire demi-tour près de Morjey

(« morses » ou « veaux marins », jeu de mots russe sur « Morges » — le message d'une sirène peut-être). Et *toi*, tu dormais ! Tu pouvais dormir !

— Je travaillais. Mon brouillon est terminé. »

Elle lui avoua qu'à son retour au milieu de la nuit elle avait emprunté à la bibliothèque de l'hôtel (le veilleur de nuit, lecteur gourmand, avait la clef) et emmené dans sa chambre le volume de l'Encyclopedia Britannica qui contenait l'article sur l'Espace-Temps :

« « L'Espace (dit cet article non sans équivoque) est la propriété — tu es ma propriété — en vertu de laquelle — tu es ma vertu — les corps rigides peuvent occuper différentes positions. » Joli ? Joli.

— Mon Ada, ne te moque pas de notre prose philosophique, lui remontra son amant. Tout ce qui compte pour le moment est que j'ai donné une nouvelle vie au Temps en l'amputant de son frère siamois l'Espace et du faux futur. Mon propos était d'écrire une sorte de *novella*, sous la forme d'un traité sur la Texture du Temps, une étude sur le voile de sa substance, illustrée de métaphores toujours plus nombreuses, qui construiraient progressivement une histoire d'amour logique, iraient du passé au présent, s'épanouiraient en un récit concret, et tout aussi progressivement annuleraient les analogies pour se désintégrer à nouveau dans une douce abstraction.

— Je me demande, dit Ada, je me demande si cette tentative de découverte mérite les couleurs d'un vitrail. On peut savoir le temps qu'on a pris. On peut savoir le temps qu'on a donné. Mais on ne peut savoir ce qu'est le Temps. Nos sens n'ont simplement pas été faits pour le percevoir. C'est comme... »

CINQUIÈME PARTIE

CHAPITRE PREMIER

Moi, Van Veen, je vous salue, je salue la vie, Ada Veen, le Dr Lagosse, Stephan Noutkin, Violet Knox, Ronald Oranger. C'est aujourd'hui mon quatre-vingt-dix-septième anniversaire. De mon merveilleux fauteuil Tourepos, j'entends grincer une bêche et crisser des pas dans le jardin étincelant de neige. J'entends aussi mon vieux valet de chambre russe, qui est plus sourd qu'il ne croit, ouvrir et fermer des tiroirs garnis d'anneaux dans mon cabinet de toilette. Cette Cinquième Partie ne doit pas être considérée comme un épilogue : c'est la vraie introduction de mon *Ada ou l'Ardeur, Chronique familiale,* quatre-vingt-dix-sept pour cent de vérité, trois pour cent de vraisemblance.

De leurs nombreuses demeures tant en Europe que sous les Tropiques, c'est le château d'Ex dans les Alpes suisses — construction récente agrémentée d'une colonnade et de tours crénelées — qui devint leur résidence préférée, particulièrement au gros de l'hiver, lorsque l'air célèbre par son éclat, le fameux cristal d'Ex, « rivalise avec les plus hautes expressions de la pensée humaine — les mathématiques pures et le décryptement » (formule publicitaire non publiée).

Deux fois par an au moins, notre heureux couple s'offrait un assez long voyage. Ada n'élevait ni ne collectionnait plus les papillons, mais, dans son active vieillesse, elle se mit à les filmer dans leur milieu naturel, au bas de son jardin ou au bout du monde, voletant et voltigeant, se posant sur des fleurs ou sur des ordures, parcourant à tire-d'aile gazon et granit, s'accouplant ou combattant. Van l'accompagnait dans ses voyages de cinématographie au Brésil, au Congo, en Nouvelle-Guinée, mais il préférait secrètement la saveur d'un drink sous la tente à la longueur de l'attente sous un arbre — à l'affût d'une espèce rare qui viendrait, attirée par l'appât, s'imprimer sur la pellicule de couleur. Il faudrait un autre livre pour décrire les aventures d'Ada en Adalande. On peut voir les films — et leurs acteurs crucifiés (exemplaires étiquetés sous verre) — sur demande au Musée Lucinda, 5, Park Lane, Manhattan.

CHAPITRE II

Il avait été fidèle à la devise ancestrale : « Belle santé est domaine hérité. » A cinquante ans, il ne se rappelait avoir vu fuir et s'amenuiser devant le chariot qui le transportait qu'un seul corridor d'hôpital (et deux pieds impeccablement chaussés de blanc, qui s'éloignaient avec légèreté). Cependant, il remarquait à présent que des fissures fourchues furtivement mais fréquemment lézardaient le mur de son bien-être physique, comme si l'inévitable décomposition lui dépêchait, à travers le temps terne et statique, ses premiers émissaires. S'il avait le nez bouché, il suffoquait en rêve, et, à la porte du moindre rhume, veillaient les névralgies intercostales et leurs piques émoussées. Plus sa table de nuit s'agrandit, plus elle s'encombra d'articles qui lui étaient absolument nécessaires pour la nuit : gouttes nasales, bonbons d'eucalyptus, boulettes de cire pour les oreilles, pilules digestives, somnifères, eau minérale, pommade de zinc en tube avec un bouchon de rechange pour le cas où le premier se perdrait sous le lit, et un grand mouchoir pour essuyer la sueur qui s'accumulait entre ses mâchoires et clavicule droites, non encore habituées à l'empâtement nouveau des chairs et à son insistance à dormir sur le seul côté droit afin de ne pas entendre son cœur : il avait commis la faute, un soir de 1920, de calculer (en comptant sur un autre demi-siècle d'existence) combien il lui restait encore de battements, et maintenant l'absurde rapidité du compte à rebours l'irritait et accélérait le rythme auquel il s'entendait mourir. Au cours de ses pérégrinations solitaires et parfaitement superflues, il s'était mis à ressentir avec une sensibilité maladive les bruits nocturnes des hôtels de luxe (la gogophonie d'un camion : trois « détressibels »; les vociférations niaises échangées par de jeunes apprentis le samedi soir dans la rue déserte : trente; des ronflements transmis de l'étage au-dessous par le radiateur : trois cents); mais, quoique indispensables dans les moments de désespoir total, les boules de cire rose avaient l'inconvénient (surtout lorsqu'il avait trop bu) d'amplifier la pulsation de ses tempes, les piaulements bizarres qui s'échappaient de sa cavité nasale non encore explorée, et le craquement atroce de ses vertèbres cervicales. Il imputait à un écho de ce craquement, transmis par le système vasculaire au cerveau avant l'installation du sommeil, la mystérieuse détonation qui se produisait quelque part dans sa tête au moment où ses sens trahissaient sa conscience. Les pastilles à la menthe et autres bonbons alcalins se révélaient parfois impuissants à soulager les bonnes vieilles brûlures d'estomac dont il souffrait invariablement lorsqu'il avait goûté à des sauces trop riches, mais, d'un autre côté, il se réjouissait avec un enthousiasme juvénile de l'effet merveilleux d'une cuillerée de bicarbonate de soude dissoute dans de l'eau — qui ne manquait pas de provoquer trois ou quatre renvois aussi volumineux que les bulles des bandes dessinées de son enfance.

Avant d'avoir fait la connaissance (à quatre-vingt ans) du tendre et délicat, savant et paillard Dr Lagosse, qui, dès lors, habita avec Ada et lui et les accompagna dans leurs voyages, il détestait les médecins. Malgré ses études médicales, il ne pouvait se débarrasser du sentiment inavoué, digne de la crédulité d'un péquenot, que le médecin qui pressait la poire d'un sphygmomanomètre ou écoutait sa respiration sifflante savait déjà (mais gardait secrète encore) la nature de la maladie incurable qu'il avait diagnostiquée avec autant de certitude que la mort elle-même. Il se rappelait, non sans une grimace, feu son beau-frère, lorsqu'il se surprenait à cacher à Ada que sa vessie l'importunait trop fréquemment ou qu'il avait eu un nouvel étourdissement après s'être coupé les ongles des orteils (il accomplissait lui-même ce petit travail, ne pouvant supporter qu'une main humaine, quelle qu'elle soit, touche ses pieds nus).

Comme s'il faisait de son mieux pour profiter de son corps, qui allait bientôt lui être retiré, à l'instar d'une assiette dont on récolte les dernières et savoureuses miettes, il appréciait à présent des plaisirs aussi modestes que la satisfaction de faire jaillir de sa peau le vermisseau d'un point noir, ou d'atteindre, de l'ongle pointu de son petit doigt, l'ambre précieux d'une démangeaison au fond de son oreille gauche (la droite était moins intéressante), ou de se livrer à ce que Bouteillan flétrissait jadis du nom de plaisir anglais — qui consistait à s'immerger dans son bain jusqu'au menton, à retenir son souffle et à laisser couler de soi une eau secrète et silencieuse.

D'autre part, les maux de la vie l'affectaient plus vivement que par le passé. Il gémissait, les tympans martyrisés, lorsqu'un saxophone donnait de la voix, ou lorsqu'un de ces jeunes abrutis, véritables sous-hommes, déclenchait le tonnerre infernal de sa motocyclette. Le comportement obstructionniste d'objets stupides et hostiles — la mauvaise poche, le lacet de soulier qui se rompt, le cintre inoccupé qui se dérobe et tombe avec un haussement d'épaules tintinnabulant dans l'obscurité d'une penderie — lui faisait prononcer le juron œdipien de ses ancêtres russes.

Il avait cessé de vieillir vers l'âge de soixante-cinq ans, mais, à soixante-cinq ans il était plus changé dans sa musculature et dans son ossature que d'autres, qui n'avaient jamais pratiqué, comme il l'avait fait dans la force de l'âge, une grande diversité de disciplines athlétiques. Le tennis et le squash cédèrent le pas au ping-pong; puis, un jour, il oublia sa palette préférée, chaude encore de son étreinte, dans son club, et ne revint jamais. Au cours de la sixième décennie de son âge, le punching-ball remplaça la boxe et la lutte des années précédentes. Des surprises d'ordre gravitationnel rendaient désormais grotesque toute progression sur une paire de skis. Il pouvait encore croiser le fer à soixante ans, mais la sueur l'aveuglait au bout de quelques minutes; aussi l'escrime connut-elle bientôt le sort du tennis de table. Il n'avait jamais réussi à se défaire d'un préjugé un peu snob contre le golf; de toute manière, il était trop tard pour commencer. A soixante-dix ans, il tenta de trotter un peu avant le petit déjeuner dans une allée écartée, mais les chairs ballottantes de sa poitrine lui rappelèrent avec trop d'horreur qu'il pesait trente kilos de plus que dans sa jeunesse. A quatre-vingt-dix ans, il dansait encore sur les mains... dans un rêve itératif.

En temps normal, un ou deux somnifères l'aidaient à tenir en échec le monstre de l'insomnie, réduite à une petite brume divine, pendant trois ou quatre heures, mais parfois, surtout lorsqu'il venait de terminer un travail intellectuel, le supplice d'une nuit sans sommeil se muait en une migraine matinale. Aucun remède ne pouvait venir à bout de ce tourment. Il s'étendait, se roulait en boule, se déroulait, éteignait et rallumait sa lampe de chevet (un glougloutant succédané, la véritable « ambaracité » ayant été interdite à nouveau en 1930), et un désespoir physique se répandait dans son être irréductible. Son pouls était solide et soutenu, il avait digéré son souper fort convenablement, n'avait point dépassé sa dose quotidienne de bourgogne (une bouteille)... et pourtant cette odieuse insomnie continuait à faire de lui un réprouvé dans sa propre demeure : Ada dormait profondément, ou lisait, confortablement installée quelques portes plus loin; plus loin encore, dans leurs appartements, les divers domestiques avaient depuis longtemps rejoint la multitude hostile des dormeurs du lieu, qui semblaient recouvrir les collines avoisinantes sous l'épaisse noirceur de leur repos; à lui seul était refusée cette inconscience qu'il méprisait si farouchement et recherchait avec tant d'assiduité.

CHAPITRE III

PENDANT tout le temps qu'avait duré leur dernière séparation, son libertinage était demeuré essentiellement aussi acharné que par le passé, mais il lui arrivait de ne plus faire l'amour que tous les quatre jours, et il découvrait parfois avec saisissement qu'une semaine entière s'était écoulée dans une sereine chasteté. Il arrivait encore que la suite des ravissantes filles de joie alternât avec une série de grâces non professionnelles à des villégiatures de hasard ou fût interrompue par un mois d'invention amoureuse passé en la compagnie de quelque frivole mondaine (il se rappelait avec un frisson de plaisir particulier une vierge anglaise à la chevelure rousse, Lucy Manfristan, séduite le 4 juin 1911 derrière les murs du jardin de son manoir normand et emmenée à Fialta sur l'Adriatique); mais ces faux romans d'amour le fatiguaient bientôt; la *palazzina* avec sa canalisation fort médiocre était vite abandonnée, la fille brûlée de soleil renvoyée, et il lui fallait un intermède vraiment salé et vicieux pour ressusciter sa virilité.

Lorsqu'en 1922 il commença une nouvelle vie avec Ada, Van prit la ferme résolution de lui être fidèle. Hormis les quelques occasions, discrètes et douloureusement épuisantes, où il s'abandonna à ce que le Dr Lena Wien a fort justement désigné sous le terme de « voyeurisme onaniste », il parvint à persévérer dans cette résolution. L'épreuve s'avéra moralement rémunératrice; physiquement, elle était absurde. Aussi vrai que les pédiatres sont fréquemment affligés de familles impossibles, notre psychologue présentait un cas assez ordinaire de dédoublement de la personnalité. Son amour pour Ada était un état d'existence, un bourdonnement de bonheur constant, différent de tout ce qu'il avait pu observer dans la vie des malades mentaux et autres individus bizarres. Il se serait précipité sans hésitation dans la poix bouillante pour la sauver, tout comme il aurait relevé n'importe quel gant pour défendre son propre honneur. Leur vie commune était le contre-chant de leur premier été de 1884. Elle ne refusa jamais de l'aider à trouver l'assouvissement, toujours plus précieux à mesure qu'il devenait plus rare, d'un coucher de soleil entièrement partagé. Il voyait, réfléchi en elle, tout ce que son esprit farouche et difficile recherchait dans la vie. Une tendresse débordante le poussait à s'agenouiller à ses pieds, en des attitudes dramatiques et pourtant parfaitement sincères, surprenantes pour quiconque entrait dans la pièce avec un aspirateur. Le même jour, d'autres compartiments et sous-compartiments de son être grouillaient de regrets et d'envies, de projets de viols et de débauches. Les moments les plus dangereux étaient les déménagements, l'instant où ils se retrouvaient dans une nouvelle villa, avec de nouveaux domestiques et de nouveaux voisins, et où tous ses sens étaient exposés avec une précision fantastique et glacée à la petite bohémienne en train de chiper des pêches ou à la fille délurée de la blanchisseuse.

En vain se disait-il que ces basses démangeaisons ne différaient pas, dans leur insignifiance intrinsèque, du prurit anal que l'on essaie de soulager par des grattements intempestifs. Il savait pourtant qu'en se risquant à satisfaire le désir qu'il avait de telle gamine il pouvait ruiner toute sa vie avec Ada. Quelle horrible et gratuite blessure son comportement lui infligerait, il en eut la révélation un jour de 1926 ou 1927, lorsqu'il surprit le regard de désespoir altier qu'elle jeta autour d'elle avant d'aller jusqu'à la voiture qui devait l'emmener en voyage — un voyage où il avait refusé, au dernier moment, de l'accompagner. Il avait refusé, simulant les grimaces et la claudication des goutteux, parce qu'il venait de se rendre compte — et elle aussi s'en était rendu compte — que la jeune et superbe indigène qui fumait dans la véranda derrière la maison offrirait ses mangues au Maître aussitôt que la gouvernante du Maître serait partie pour le Festival du film à Sindbad. Le chauffeur avait déjà ouvert la porte de la voiture lorsqu'en poussant un véritable mugissement Van rejoignit Ada, et ils partirent ensemble, volubiles, les yeux noyés de larmes et s'amusant de sa folie.

« C'est drôle, dit Ada, comme par ici elles ont les dents noires et toutes cassées, ces *blyadouchki*. »

(« Ursus ». Lucette habillée de vert vif. « Calme-toi,

passion délirante. » Les seins et les bracelets de Flora. Le buccin spiralé du Temps.)

Il découvrit que ce pouvait être un divertissement raffiné que de résister constamment à la tentation tout en rêvant constamment d'y succomber quelque part, quelque jour et de quelque manière. Il découvrit aussi qu'en dépit de l'ardeur des flammes qui dansaient dans ces pièges séduisants il ne pouvait se passer d'Ada un seul jour; que la solitude dont il avait besoin pour pécher proprement ne signifiait pas que quelques secondes d'isolement derrière une buissaic, mais une bonne nuit passée dans l'enceinte d'une forteresse inexpugnable; et qu'en fin de compte les tentations, réelles ou évoquées avant le sommeil, étaient de moins en moins fréquentes. A soixante-quinze ans, des relations bimensuelles avec la très coopérative Ada — des *Blitzpartien*, le plus souvent — le satisfaisaient parfaitement. Les secrétaires qu'il engagea successivement devinrent de plus en plus laides (culminant avec une femelle à chevelure de noix de coco et bouche de cheval qui envoyait des billets doux à Ada); et, lorsque Violet Knox vint bouleverser cette terne procession, Van Veen avait quatre-vingt-sept ans et était complètement impuissant.

CHAPITRE IV

VIOLET Knox [aujourd'hui Mrs. Ronald Oranger. Note de l'Editeur], née en 1940, vint habiter avec nous en 1957. C'était (et c'est toujours, dix ans plus tard) une délicieuse Anglaise blonde aux yeux de poupée, à la peau de velours, à la croupe joliment moulée dans une jupe de tweed [...]; hélas ! de tels charmes ne pouvaient plus carnifier ma fantaisie. C'est elle qui a tapé ces mémoires — la joie de ces années qui sont sans doute les dix dernières de mon existence. Fille, sœur, demi-sœur parfaite, elle entretenait depuis dix ans les enfants que sa mère avait eus de deux mariages, et en plus mettant de côté [quelque chose]. Je la payai [généreusement] par mois, sachant fort bien que j'avais besoin de me ménager un silence qui ne fût pas embarrassé chez une jeune fille diligente et perplexe. Ada l'appelait « *Fialotchka* » et s'offrait le luxe d'admirer le cou de camée, les narines roses et la queue de cheval blonde de « la petite Violette ». Parfois, après le dîner, alors que nous savourions nos liqueurs, mon Ada contemplait d'un œil rêveur ma dactylographe (grand amateur de Koo-ahn-Trow), et puis, vite, vite, bécotait sa joue rougissante. La situation aurait pu être considérablement plus compliquée si elle s'était présentée vingt ans plus tôt.

Je ne sais vraiment pas pourquoi j'accorde autant d'attention aux cheveux blancs et à l'appareil flasque du vénérable Veen. Les noceurs ne se réforment jamais. Ils brûlent, crachent quelques dernières vertes étincelles, et s'éteignent. Beaucoup plus considérable doit être l'importance attachée par l'auto-chercheur et sa fidèle compagne à l'incroyable raz de marée intellectuel, à l'explosion créatrice, qui se produisirent dans le cerveau de ce nonagénaire étrange, solitaire, et assez repoussant (exclamations : « non, non ! » entre parenthèses éditoriales, sororiales, lectoriales).

Il exécrait plus farouchement que jamais tout art faux, des banalités informes de la ferraille sculptée aux italiques d'un romancier prétentieux qui entendait exprimer ainsi les rafales de pensée de son héros fraternel. Il supportait moins encore qu'auparavant l'école psychiatrique de « Sig » (Signy-M.D.-M.D.). Il plaça la confession, saluée comme un événement considérable, de son fondateur (« Etudiant, je me mis à dé*florer* les jeunes filles parce que j'avais raté mon examen de botanique ») en exergue à l'un de ses derniers articles (1959) intitulé *La Farce de la thérapie de groupe dans les troubles de la sexualité*, le plus détonant et le plus satisfaisant de son espèce (l'Union des Conseillers conjugaux et Catharticiens pensa d'abord lui intenter un procès, mais préféra par la suite se dégonfler).

Violet frappe à la porte de la bibliothèque et introduit Mr. Oranger, petit homme grassouillet orné d'un nœud papillon, qui s'arrête sur le seuil, claque les talons, et (alors qu'en se tournant le pesant ermite imprime à sa robe de ratine un mouvement maladroit) s'élance presque au trot, non pas tant pour arrêter d'une tape magistrale l'avalanche de feuilles détachées que le coude du grand homme a fait glisser sur le plan incliné du lutrin que pour exprimer l'impatience de son admiration.

Ada, qui s'amusait à traduire (pour les éditions Oranger *en regard*) Griboïedov en français et en anglais, Baudelaire en anglais et en russe, et John Shade en russe et en français, lisait fréquemment à Van, d'une voix caverneuse de médium, les versions commises (et publiées) par d'autres individus sévissant dans ce champ de la demi-conscience. Les traductions de vers en anglais avaient tout particulièrement le don d'épanouir le visage de Van en un sourire grotesque, qui, lorsqu'il ne portait pas ses dentiers, le faisait ressembler trait pour trait à un masque de la comédie grecque. Il n'aurait pu dire qui lui répugnait le plus, du médiocre bien intentionné, dont les tentatives de fidélité au texte étaient frustrées par un manque d'intuition artistique, aussi bien que par des erreurs d'interprétation hilarantes, ou du poète professionnel, qui embellissait de ses propres inventions l'auteur défunt et sans défense (ici une moustache, là les parties intimes) — méthode qui, sous la paraphrase, camouflait plaisamment son ignorance de la langue d'origine en mêlant les bévues d'une érudition inepte aux caprices d'un pastiche fleuri.

Un après-midi de 1957, tandis qu'Ada, Mr. Oranger (catalysateur né) et Van discutaient de ces choses (l'ouvrage de Van et d'Ada, *Information et Forme*, venait de paraître) notre vieux polémiste se prit à penser tout à coup que tous les ouvrages qu'il avait publiés — même les plus abscons et spécialisés, tels *Suicide et Santé d'esprit* (1912), *Compitalia* (1921) et *Quand un aliéniste ne peut dormir* (1932), pour n'en citer que quelques-uns — n'étaient pas des travaux épistémologiques qu'un savant se serait imposés à lui-même, mais des exercices de style allègres et belliqueux. On lui demanda alors pourquoi il ne se laissait pas tenter, pourquoi il ne choisissait pas un vaste terrain de jeu où s'affronteraient l'Inspiration et l'Intention, et, de fil en aiguille, il fut décidé qu'il écrirait ses mémoires — qui seraient publiés après sa mort.

Il écrivait très lentement. Il lui fallut six ans pour rédiger un premier jet et le dicter à Miss Knox, après quoi il revit le texte dactylographié, rédigea la nouvelle version entièrement de sa main (1963-1965) et redicta le tout à l'infatigable Violet, dont les jolis doigts produisirent un exemplaire définitif en 1967. E, p, i — pourquoi cet « y », ma chère !

CHAPITRE V

ADA, qui souffrait de ce que son frère fût insuffisamment célèbre, fut réconfortée et ravie du succès de *La Texture du Temps* (1924). Cet ouvrage, disait-elle, lui rappelait toujours, d'une étrange et délicate façon, les jeux d'ombre et de lumière auxquels elle jouait, enfant, dans les avenues écartées du château d'Ardis.

Elle disait avoir été en quelque sorte responsable de la métamorphose des charmantes larves qui avaient filé la soie du « Temps de Veen » (nom donné désormais à ce concept et prononcé aussi respectueusement et aussi simplement que la « Durée de Bergson » ou la « Bordure lumineuse de Whitehead »). Mais un livre considérablement plus ancien et moins fort, les pauvres petites *Lettres de Terra*, dont il n'existait qu'une demi-douzaine d'exemplaires (deux à la villa Armina et le reste sur les rayons des bibliothèques universitaires), était encore plus proche de son cœur, à cause des souvenirs non littéraires qui le rattachaient à leur séjour de 1892-1893 à Manhattan. A soixante ans, Van rejeta avec mauvaise humeur et mépris la proposition qu'elle hasarda humblement de le rééditer, en même temps que les réflexions de Sidra et un opuscule anti-signien très amusant sur le Temps dans les Rêves. A soixante-dix ans, il regretta son ancien dédain, quand le brillant cinéaste français Victor Vitry tourna sans l'autorisation de personne un film basé sur les *Lettres de Terra*, écrites par « Voltemand » un demi-siècle plus tôt.

Vitry faisait remonter à 1940 la visite de Theresa à Antiterra — mais 1940 selon le calendrier terranéen et 1890 environ selon le nôtre. L'artifice permettait quelques plongeons fort plaisants dans les modes et les manières de notre passé (tu te rappelais que les chevaux portaient des chapeaux — oui, des *chapeaux* — quand une vague de chaleur s'abattait sur Manhattan ?) et donnait l'impression, tant exploitée déjà par la littérature de physique-fiction, que le cosmonaute voyageait à rebours dans le temps. Les philosophes posèrent quelques méchantes questions, mais furent ignorés par les cinéphiles à la jobardise consentie. Par contraste avec le cours serein de l'histoire de Démonie au vingtième siècle, la coalition anglo-américaine dirigeant un hémisphère, et la Tartarie gouvernant l'autre mystérieusement derrière son Voile d'Or, on montrait une série de guerres et de révolutions, qui démantelaient le puzzle des Etats indépendants sur Terra. Dans un historique impressionnant de Terra, réalisé par Vitry (certainement le plus grand génie cinématographique à pouvoir diriger une production d'une telle envergure et employer un si grand nombre de figurants — d'aucuns disent plus d'un million, d'autres un demi-million d'hommes et autant de miroirs), des royaumes s'écroulaient, des dictatures se levaient, et des républiques se tenaient, mi-assises, mi-couchées, dans toutes sortes de postures inconfortables. La conception était controversable, l'exécution impeccable. Regardez tous ces petits soldats qui détalent dans la campagne balafrée de tranchées, au milieu d'explosions de terre boueuse et de toutes sortes de choses qui font *boum-boum* ici et là en français muet !

En 1905, avec un puissant haut-le-cœur et une longue ondulation de l'échine, la Norvège se détacha de la peu commode Suède, sa géante jumelle, tandis qu'en un acte de séparation similaire le Parlement français votait, non sans quelques manifestations entre parenthèses (« vive émotion »), le divorce entre l'Etat et l'Eglise. Puis, en 1911, les troupes norvégiennes, sous la conduite d'Amundsen, atteignirent le Pôle Sud, et au même moment les Italiens fondirent sur la Turquie. En 1914, l'Allemagne envahit la Belgique et les Américains éventrèrent Panama. En 1918, les mêmes Américains et les Français vainquirent l'Allemagne, qui s'empressait de vaincre la Russie (qui avait vaincu ses propres Tartares quelque temps auparavant). La Norvège avait alors Siegrid Mitchel, l'Amérique Margaret Undset, et la France Sidonie Colette. En 1926 Abd-el-Krim se rendit, après une autre guerre photogénique, et la Horde d'Or réduisait une fois de plus la Russie. En 1933, Athaulf Hindler (connu également sous le nom de Mitteleur — de « mitteler », mutiler) accéda au pouvoir en Allemagne, et un nouveau conflit, à une échelle plus spectaculaire encore que la guerre de 1914-1918, était en train de démarrer, lorsque Vitry se trouva avoir épuisé les vieux films documentaires; Theresa, dont le rôle était joué par sa femme, quitta Terra dans une capsule cosmique, après avoir « couvert » les Jeux Olympiques de Berlin (les Norvégiens remportèrent la majorité des prix, mais les Américains furent sacrés champions d'escrime, performance remarquable, et battirent les Allemands par trois buts à un dans le match final de football).

Van et Ada virent le film neuf fois, dans sept langues différentes, puis s'en procurèrent une copie pour leur usage domestique. Ils jugèrent la reconstitution historique fantaisiste jusqu'à l'absurde et envisagèrent d'entamer une action en justice contre Vitry — non pour s'être emparé de l'idée des L.D.T., mais pour avoir déformé la politique terrestrielle, établie par Van avec tant d'adresse et de diligence à partir de sources extra-sensorielles et de rêves confinant à la folie. Mais cinquante années s'étaient écoulées, et la *novella* n'avait pas été déposée; en fait, Van ne pouvait même pas prouver que « Voltemand », c'était lui. Des journalistes découvrirent cependant sa paternité et, dans un geste magnanime, Van accepta qu'elle fût rendue publique.

Trois circonstances contribuèrent au succès exceptionnel du film. La première, bien sûr, fut que la religion établie, désapprouvant l'attrait exercé par Terra sur les sectes avides de sensation, tenta de faire interdire le film. La seconde était que le rusé Vitry n'avait pas supprimé certaine petite scène : dans un *flash-back* qui nous ramenait à une révolution dans l'ancienne France, un malheureux figurant jouant le rôle de l'un des aides-bourreaux fut accidentellement décapité, alors qu'il poussait le comédien Steller, qui interprétait un roi peu coopératif, sous le couperet. Enfin, la troisième raison de ce succès, plus humaine encore que les deux autres, était que la charmante vedette, la Norvégienne (d'origine) Gedda Vitry, après avoir, dans les séquences existentialistes, émoustillé le spectateur avec ses jupes étriquées et ses haillons sexy, émergeait de sa capsule sur Antiterra entièrement nue, quoique miniaturisée bien sûr — un millimètre d'affolante féminité dansant dans le « cercle enchanté du microscope » tel un elfe lascif, et découvrant, sacrebleu, dans certaines postures, une infime étincelle de frisons pubiens poudrés d'or !

Des petites poupées L.D.T., des pendeloques de corail et d'ivoire L.D.T. apparurent dans les boutiques de souvenirs, d'Agonie en Patagonie, à Couilleridez, Le Bras d'Or. Des clubs L.D.T. poussèrent un peu partout. Des minettes L.D.T. commandaient des mini-menus dans des mini-snacks façonnés comme des vaisseaux spatiaux sur les bords des routes. De la formidable correspondance qui s'accumula sur le bureau de Van au cours de ses quelques années de célébrité mondiale, il ressortait que des milliers d'individus plus ou moins déséquilibrés croyaient (si percutant était l'impact visuel du film Veen-Vitry) à l'identité secrète et dissimulée par le gouvernement de Terra et d'Antiterra. La réalité démonienne s'estompa jusqu'à n'être plus qu'une banale illusion. En fait, nous avions connu tout cela. Des politiciens, appelés le Vieux Felt et l'Oncle Joe dans d'anciennes bandes dessinées, avaient réellement existé. Les pays tropicaux ne signifiaient pas simplement Réserves naturelles de la Vie sauvage, mais également famine, et mort, et ignorance, et chamans, et agents de la lointaine Atomsk. Notre monde *était*, en fait, le milieu du vingtième siècle. Terra se remettait, après avoir enduré le bûcher et la question, supporté les brutes et les bêtes qu'engendre inévitablement l'Allemagne lorsqu'elle réalise ses rêves de gloire. Les paysans et les poètes russes n'avaient pas été déportés en Estotie et dans les Terres Arides une éternité plus tôt... ils mouraient, en ce moment même, dans les camps d'esclaves de Tartarie. Même le gouverneur de France n'était pas Charlie Chose, l'affable neveu de Lord Goal, mais un général français qui avait fort mauvais caractère.

CHAPITRE VI

NIRVANA, Nevada, Vaniada. A propos, ne devrais-je pas ajouter, mon Ada, que ce n'est que lors de notre toute dernière entrevue, peu après mon cauchemar prématuré — je veux dire prémonitoire — sur le thème de « qu'en serrant... », que mon pauvre mannequin de mère m'a appelé par mon petit nom, Vania, Vanucha — elle ne l'avait jamais fait auparavant, c'était si singulier, si tend...(la voix se perd, les radiateurs tintent).

« Mannequin de mère »... en riant. « Les anges aussi ont des balais... pour balayer les images horribles de notre âme. Ma nurse noire avait une dentelle suisse de blanches lubies. »

Brusque glace dévalant le chéneau : stalactite au cœur brisé.

Dans leur mémoire conjointe étaient enregistrées et repassées les premières pensées qu'ils accordèrent à l'étrange notion de mort. Il y a une scène qu'il serait plaisant de rejouer sur la toile de fond verte et mobile de l'un de nos décors d'Ardis. Le dialogue sur la « double garantie » dans l'éternité. Commencer juste avant cela.

« Je sais qu'il y a un Van dans le Nirvana. Je serai

avec lui dans les profondeurs *moego ada*, de mon Enfer », dit Ada.

« Oui, oui » (ici, effets d'oiseaux, et branches qui acquiescent et ce que tu appelais alors des « gouttes d'or »).

« En tant qu'amants *et* frère et sœur, s'écria-t-elle, nous avons une chance double d'être ensemble dans l'éternité, dans la terrarité. Quatre paires d'yeux au paradis !

— Gentil, gentil », dit Van.

Quelque chose dans le genre. Il y a *une* grande difficulté. L'étrange mirage miroitant qui figure la mort ne doit pas apparaître trop vite dans notre chronique, et pourtant il faut qu'il imbibe les premières scènes d'amour. Difficile, mais pas insurmontable (je sais faire n'importe quoi, danser le tango et les claquettes sur mes deux fantastiques mains). A propos, qui est-ce qui meurt le premier ?

Ada. Van. Ada. Vaniada. Personne. Chacun des deux espérait s'en aller le premier, ce qui impliquait pour l'autre une vie plus longue, et souhaitait s'en aller le dernier, afin d'épargner à l'autre la douleur et les vicissitudes du veuvage. Ce serait une solution pour toi d'épouser Violet.

« Merci. J'ai tâté de deux tribades dans ma vie, ça suffit. Ce cher Emile dit « terme qu'on évite d'employer ». Comme il a raison !

— A défaut de Violet, une gamine du coin à la Gauguin. Ou Yolande Kickshaw. »

Pourquoi ? Bonne question. De toute façon, il ne faut pas donner ce passage à taper à Violet. Je crains que nous ne fassions du mal à un tas de gens (cadence américaine ajourée) ! Allons, l'art ne peut faire de mal. Si, il le peut, et comment donc !

En fait, cette question de qui précédera l'autre dans la mort n'a plus guère d'importance maintenant. Je veux dire que le héros et l'héroïne devraient être si proches l'un de l'autre au moment où commence l'horreur, si organiquement proches, qu'ils s'enchevêtrent, s'entrecroisent et entresouffrent, et que, même si la fin de Vaniada est racontée dans l'épilogue, nous, auteurs et lecteurs, soyons incapables de discerner (myopes, myopes) quel est celui qui survit à l'autre, Dava ou Vada, Anda ou Vanda.

J'avais une camarade d'école qui s'appelait Vanda. Et moi, je connaissais une fille qui s'appelait Adora, une petite gosse dans mon dernier floramor. Qu'est-ce qui me fait considérer ce bout de chapitre comme le sanglot le plus pur de tout le livre ? Quelle est la pire chose dans le fait de mourir ?

Car on se rend compte, n'est-ce pas, que la mort a trois facettes (correspondant en gros à la tripartition populaire du Temps). Il y a d'abord le déchirement — le fait d'abandonner à tout jamais tous ses souvenirs. C'est un lieu commun, mais quel courage n'a-t-il pas fallu à l'homme pour repasser toujours et encore par ce lieu commun, par cette comédie, et accepter d'accumuler toujours et encore des trésors de conscience qui lui seront toujours arrachés ! La seconde facette, c'est l'affreuse souffrance physique — pour des raisons évidentes, nous ne nous y attarderons pas. Enfin, il y a l'informe pseudo-futur, nu et noir, éternelle durée de non-durabilité, paradoxe des paradoxes eschatologiques de nos cerveaux enclos !

« Oui, dit Ada (alors âgée de onze ans et agitant à tout instant ses longs cheveux), oui... mais prenons un paralytique qui oublie progressivement tout le passé, d'attaque en attaque, et meurt comme un bon garçon dans son sommeil, et qui a cru toute sa vie que l'âme était immortelle, n'est-ce pas une solution commode, et désirable ?

— Piètre consolation, dit Van (alors âgé de quatorze ans et mourant d'autres désirs). On perd son immortalité en perdant la mémoire. Et si vous débarquez sur Terra Caelestis, avec votre oreiller et votre pot de chambre, on ne vous met pas avec Shakespeare ou même Longfellow, mais avec des crétins et des guitaristes. »

Elle protesta que, si le futur n'existait pas, on avait le droit de s'inventer un avenir et qu'alors son propre futur existait, dans la mesure où l'on existait soi-même. Quatre-vingts ans passèrent rapidement — le temps de glisser une autre image dans la lanterne magique. Ils avaient passé la plus grande partie de la matinée à remanier leur traduction d'un passage (vers 569 à 572) du célèbre poème *Pale Fire* de John Shade :

...Sovety my daïom
Kak byt' vdovtsou; on poteryal dvoukh jyon;
On ikh vstretchaet... lubyachtchikh, lubimykh,
Revnouyuchtchikh ego droug k droujke...

(...Nous conseillons parfois
Un veuf. Il a perdu deux femmes. Il les voit —
Aimées toutes deux et toutes deux aimantes —
Jalouses toutes deux l'une de l'autre...)

(... We give advice
To widower. He has been married twice :
He meets his wiwes; both loved, both loving, both
Jealous of one another...)

Van fit remarquer que le hic c'est que... on est libre, bien sûr, d'imaginer n'importe quel genre d'au-delà : le paradis généralisé promis par les prophètes et les poètes orientaux, ou une combinaison de paradis individuels; mais le travail de l'imagination est handicapé — de façon irrémédiable — par un interdit logique : on ne peut inviter ses amis — ses ennemis non plus, d'ailleurs — à la fête. La transposition dans une vie élyséenne de toutes les relations humaines que nous avons eues et dont nous nous souvenons se mue inévitablement en une continuation médiocre de notre merveilleuse mortalité. Seul un Chinois, ou un enfant retardé, peut s'imaginer qu'il sera accueilli dans ce Prochain Fascicule du Monde, au milieu de toutes espèces de ventres aplatis et de queues qui remuent en guise de bienvenue, par le moustique qu'il a exécuté quatre-vingts ans plus tôt sur sa jambe nue qu'on dut lui couper plus tard et qui, maintenant, revient derrière le moustique gesticulant — stomp, stomp, stomp, me voici, recolle-moi.

Elle ne rit pas. Elle se répéta les vers qui leur avaient donné tant de mal. Les étrécisseurs de cerveau à Signy soutiendraient allégrement que la raison pour laquelle les trois « *both* » (« toutes deux ») avaient été sautés dans la version russe n'était pas, oh, mais pas du tout, qu'il aurait fallu ajouter au moins un vers porte-bagages si l'on avait voulu fourrer ces trois mots encombrants de trois syllabes chacun *(obeikh)* dans le mètre :

« Oh ! Van, oh ! Van, nous ne l'avons pas aimée assez. *C'est elle* que tu aurais dû épouser, celle qui était assise, se tenant les genoux, en collants noirs, sur la balustrade de pierre, et tout serait bien allé alors... je serais restée avec vous deux au château d'Ardis... et au lieu de saisir ce bonheur, que l'on nous offrait gratis, au lieu d'avoir tout cela, nous l'avons taquinée jusqu'à ce qu'elle en meure ! »

Est-ce que c'était l'heure de la morphine ? Non, pas encore. Dans la *Texture*, il n'avait pas mentionné « le temps et le tourment ». Dommage, puisqu'il entre un élément de temps pur dans le tournant, dans la stable, solide, épaisse durée de la douleur, qu'on-ne-peut-supporter; aucune ressemblance avec une « gaze grisâtre » dans cette douleur, solide comme un sombre tronc d'arbre, oh ! je n'en peux plus, appelle Lagosse !

Van le trouva en train de lire dans le calme du jardin. Le médecin suivit Ada dans la maison. Pendant tout un été qui avait été un supplice, les Veen avaient cru (ou s'étaient mutuellement fait croire) que c'était un soupçon de névralgie.

Un soupçon ? Un géant, au visage tordu par l'effort, cramponnant et triturant un engin d'atroce souffrance. Plutôt humiliant que la douleur physique vous rende suprêmement indifférent à des problèmes moraux tels que le destin de Lucette, et plutôt amusant, si toutefois c'est le mot juste, de constater que l'on se préoccupe de questions de style jusque dans ces moments atroces. Le médecin suisse, à qui l'on avait tout raconté (et qui avait même connu un neveu du Dr Lapiner à la faculté de médecine) manifesta un intérêt intense pour le livre presque terminé mais corrigé seulement en partie, et déclara cocassement que ce n'était pas une ou des personnes, mais le « bouquin » qu'il voulait voir guéri de tous ces accrocs avant qu'il ne soit trop tard. Il était trop tard. Le manuscrit que tous considéraient comme le suprême exploit de Violet, un idéal de propreté, présenté sur papier Atticus spécial, dans un caractère cursif spécial (reproduction idéalisée de l'écriture de Van), dont la copie de maître avait été reliée en vachette évêque pour le quatre-vingt-dix-septième anniversaire de Van, avait été immédiatement massacré par un véritable enfer de ratures à l'encre rouge et au crayon bleu. On peut même présumer que si notre couple, martyres de la durée couchés sur le dos, décidait enfin de mourir, il plongerait, ce faisant, dans le livre achevé, dans l'Eden ou l'Averne, dans la prose de l'ouvrage ou la poésie de ses rabats.

Leur château d'Ex, récemment édifié, était incrusté dans un hiver de cristal. Par quelque erreur bizarre, le dernier *Who's Who* mentionnait, dans la liste de ses principaux mémoires, le titre d'un ouvrage qu'il n'avait jamais écrit, quoique projeté d'écrire plusieurs tourments : *L'Inconscience et l'Inconscient*. Il n'était plus tourment de le faire maintenant... et il était grand tourment de terminer *Ada*. « Quel livre, mon Dieu, mon Dieu », s'exclama le Dr [Professeur. Note de l'Éditeur] Lagosse, en soupesant la copie originale que les parents pâles et plats des deux enfants du vieux conte *(Babes in the Woods)* — petit volume de la nursery du château d'Ardis — perdus parmi les feuilles mortes ne pouvaient plus tenir dans leurs mains sur la première et mystérieuse image : deux personnes dans un lit.

Le château d'Artis — les Ardeurs et les Arbres d'Ardis — voilà le leitmotiv qui revient en vagues perlées dans *Ada*, vaste et délicieuse chronique, dont la plus grande partie a pour décor une Amérique à la clarté de rêve — car nos souvenirs d'enfance ne sont-ils pas comparables aux caravelles voguant vers la Vinelande, qu'encerclent indolemment les blancs oiseaux des rêves ? Le protagoniste, héritier de l'une de nos plus illustres et plus opulentes familles, est le Dr Van Veen, fils du baron « Démon » Veen, mémorable personnalité de Reno et de Manhattan. La fin d'une époque extraordinaire coïncide avec la non moins extraordinaire enfance de Van. Il n'est rien dans la littérature mondiale, sauf peut-être les réminiscences du comte Tolstoï, qui puisse le disputer en allégresse pure, innocence arcadienne, avec les chapitres de ce livre qui traitent d'« Ardis ». Dans cette fabuleuse propriété de campagne de l'oncle de Van, Daniel Veen, grand amateur d'art, un ardent amour d'enfance va naître et se développer en une série de scènes fascinantes entre Van et la jolie Ada, une gamine vraiment exceptionnelle, fille de Marina, l'épouse entichée de théâtre de Daniel. Le fait que leurs relations ne sont pas qu'un dangereux cousinage, mais présentent un aspect défendu par la loi, est suggéré dès les premières pages.

Malgré les nombreuses complications de l'intrigue et de la psychologie, le récit va bon train. Avant même que nous ayons le temps de souffler et de contempler tranquillement le nouveau décor au milieu duquel le tapis magique de l'auteur nous a « versés », une autre charmante créature, Lucette Veen, sœur cadette d'Ada, s'emballe pour Van, notre noceur irrésistible. La destinée tragique de Lucette représente un des « highlights » de ce délicieux livre.

Le reste de l'histoire de Van a pour sujet — présenté d'une manière franche et colorée — sa longue aventure amoureuse avec Ada. Leur roman est interrompu par son mariage dans l'Arizona avec un éleveur de bétail dont l'ancêtre fabuleux découvrit l'Amérique du Nord. Le mari meurt, les amants sont réunis. Ils passent leur vieillesse à voyager ensemble et à séjourner dans les nombreuses villas, chacune plus belle que l'autre, que Van a érigées un peu partout dans l'hémisphère occidental.

La délicatesse du détail pittoresque n'est pas le moindre des ornements de la présente chronique : une galerie treillissée; un plafond peint; un joli jouet échoué parmi les myosotis d'un ruisseau; des papillons et des orchis papilionacés en marge du roman, un lointain voilé vu d'un perron de marbre; une daine héraldique qui tourne la tête vers nous dans le parc ancestral; et bien des choses encore.

TABLE

ŒUVRES DE VLADIMIR NABOKOV

CHAMBRE OBSCURE *(Laughter in the Dark)*, roman, traduit par Doussia Ergaz, Grasset, 1934, 1959.

LA COURSE DU FOU *(The Defense)*, roman, traduit par Denis Roche, Fayard, 1934, paru postérieurement sous le titre LA DÉFENSE LOUJINE, traduction de Génia et René Cannac, Gallimard, 1964.

L'AGUET *(The Eye)*, roman, traduit par Denis Roche, Œuvres libres N° 164, Fayard, 1935, paru postérieurement sous le titre LE GUETTEUR, traduction de Georges Magnane, Gallimard, 1968.

LA MÉPRISE *(Despair)*, roman, traduit par Marcel Stora, Gallimard, 1939, 1959.

LA VRAIE VIE DE SÉBASTIEN KNIGHT *(The Real Life of Sebastian Knight)*, roman, traduit par Yvonne Davet, Albin Michel, 1951 Gallimard, 1962.

NIKOLAI GOGOL *(Nikolai Gogol)*, biographie critique, traduit par Marcelle Sibon, La Table Ronde, 1953.

LOLITA *(Lolita)*, roman, traduit par Eric Kahane, Gallimard, 1959.

INVITATION AU SUPPLICE *(Invitation to a Beheading)*, roman, traduit par Jarl Priel, Gallimard, 1960.

AUTRES RIVAGES *(Speak, Memory)*, Mémoires, traduit par Yvonne Davet, Gallimard, 1961.

PNINE *(Pnin)*, roman, traduit par Michel Chrestjen, Gallimard, 1962.

FEU PÂLE *(Pale Fire)*, roman, traduit par Raymond Girard et Maurice-Edgar Coindreau, Gallimard, 1965.

LE DON *(The Gift)*, roman, traduit par Raymond Girard, Gallimard, 1967.

ROI, DAME, VALET *(King, Queen, Knave)*, roman, traduit par Georges Magnane, Gallimard, 1971.

ADA OU L'ARDEUR *(Ada or Ardor)*, roman, traduit par Gilles Chahine avec la coll. de J.-B. Blandenier, Fayard, 1975.

Regarde regarde les Arlequins, roman,
traduit par Jean-Bernard Blandenier, Fayard, 1978.

La Transparence des choses, roman,
traduit par Donald Harper et Jean-Bernard Blandenier,
Fayard, 1979.

Machenka, roman,
traduit par Marcelle Sibon, Fayard, 1981.

Littératures 1 — Austen, Dickens, Flaubert, Stevenson, Proust,
Kafka, Joyce. Introduction de John Updike,
présenté et annoté par Fredson Bowers,
traduit par Hélène Pasquier, Fayard, 1983.

Composition réalisée en ordinateur par IOTA

IMPRIMÉ EN FRANCE PAR BRODARD ET TAUPIN
Usine de La Flèche (Sarthe).
LIBRAIRIE GÉNÉRALE FRANÇAISE - 6, rue Pierre-Sarrazin - 75006 Paris.
ISBN : 2 - 253 - 03317 - 0

42/3036/3